# 경영학원론

PRINCIPLES OF MANAGEMENT

제4판

# 경영학원론

김태웅 · 장영봉 · 이우헌

# 서문

기업은 그 존재목적을 달성하기 위해 여러 가지 활동을 한다. 기업이라는 조직체를 만들기 위해서는 필요한 자금을 조달한 뒤, 생산설비를 갖추고 이를 이용하여 제품이나 서비스를 만들어낼 인력을 고용해야 한다. 그뿐만 아니라 만들어낸 제품이나 서비스의 특성을 알리고 판매하며, 경쟁자보다 더 좋은 것을 만들어내기 위한 연구도 계속해야 한다. 기업이 수행해야 하는 활동은 기능에 따라 마케팅, 재무, 생산, 인적자원 관리, 경영정보, 회계 등 다양한 분야로 나뉜다. 3~4명으로 구성된 소기업에서부터 수만 명의 종업원을 거느린 대기업에 이르기까지 규모만 다를 뿐 기업이 지속적으로 성장하기 위해 해야 하는 활동의 속성에는 차이가 없다.

경영이란 말도 일상적인 용어가 되었지만 관리란 말도 많이 쓴다. 경영을 조직 전체를 이끌어 간다는 의미로 생각한다면 관리는 조직 내의 특정부문을 다루는 것으로 이해하곤 한다. 기업과 주변 환경을 대상으로 하는 활동을 과정 중심으로 보면 무엇인가 가치를 창출하는 활동을 계획하고, 조직하며, 지휘하고, 조정하며, 통제하는 과정으로 볼 수 있다. 경영학은 이런 다양하고도 골치 아픈 조직 내의 활동에 대한 전개 방향을 제시해 줄 수 있는 학문분야이다.

조직은 이윤을 추구하는 영리조직만이 있는 것은 아니며 이윤 이외의 것을 추구하기 위하여 노력하는 조직도 있다. 예를 들어 정부도 하나의 조직으로 볼 수 있는데, 정부는 일반 기업과 달리 재화나 서비스를 판매하여 이윤을 극대화하고자 노력하는 것이 아니고 주어진 예산의 범위에서 어떻게 하면 국가경제를 발전시켜 삶의 질을 향상시킬 수 있느냐에 초점을 맞춘다. 교육기관인 학교도 또 다른 형태의 조직이라고 할 수 있다. 학교가 추구하는 것은 우수한 인재를 양성하는 것이다. 자선단체, 종교단체 등의 비영리조직도 경영활동을 필요로 한다. 조직의 속성과 관계없이 경영은 일종의 조직운영을 위한 소프트웨어라고도 볼 수 있다.

이런 경영에 관한 기본이론을 공부한다는 것은 쉽지 않다. 물론 경영학 이론을 공부하지 않고 기업경영을 훌륭하게 이끌어낸 분들도 많다. 경영은 기업을 운영하는 과정에서 자연스럽게 습득할 수 있는 노하우로 생각할 수도 있다. 시행착오를 거듭하면서 나름대로의 경영노하우를 구축할 수 있다. 그러나 수익성과 전망이 좋다는 소문이 조금만 나도 순식간에 경쟁기업들이 우후죽순처럼 생겨나는 요즈음의 시장환경을 감안한다면 시행착오와 경험을 통한 노하우 습득은 더 이상 대안이 될 수 없다. 자기 회사라면 사정이 낫겠지만, 대가를 받고 일하는 조직구성원 입장에서는 시행착오란 생각할 여유조차 없다. 이젠 기업조직의 구성원이라면 누구든 간에 체계적이고도 치밀한 경영의 기본원리를 학습할 필요가 있다.

본서는 경영학 이론의 입문서이다. 이 책 한권으로 경영학 이론을 마스터할 수는 없다. 그저 경영에서는 어떤 활동들이 전개되고 있는지 그리고 그런 활동들이 어떤 논리를 토대로 하나의 전문전공영역으로 확산되고 있는지 정도만을 간략히 스케치하고 있을 뿐이다. 그래도 책 내용은 매우 다양한 주제와 이론을 담고 있어 재미삼아 읽어봐서는 이해하기가 쉽지 않다.

본서는 14개의 장으로 구성되어 있다. 제1장에서 제7장까지는 경영을 하나의 의사결정프로세스로 생각할 때 등장하는 이슈들에 대한 내용을 담고 있다. 상대적으로 평이하고 이해하기 어렵지 않다. 제8장에서 제14장까지는 마케팅, 재무, 생산 · 공급망관리, 인적자원관리, 정보기술, 회계, 글로벌 경영 등 기능별로 중요 이슈에 대해 설명하고 있어 상당한 집중력을 요한다. 통상적으로 대학 학기가 중간고사와 기말고사 기간을 빼면 14주이기 때문에 본서의 구성도 14개 장으로 제한하였다.

무엇보다도 불쑥 던진 원고의 출판을 기꺼이 후원해 주신 신영사의 권영섭 사장님과 편집부 여러분께 진심으로 감사를 드리는 바이다. 쉽게 쓰고자 노력했지만 평가는 독자 여러분께 맡길 수밖에 없다. 경영학 이론이 계속 변화하는 만큼 앞으로 지속적인 수정과 보완을 거쳐 이해하기 쉬우면서도 내실 있는 경영학 입문서로 발전시킬 것을 약속드린다.

2023년 6월

김태웅, 장영봉, 이우헌

# 차 례

CHAPTER 1

## 기업과 경영



CHAPTER 2

## 기업과 경영환경

CHAPTER 4

## 경영관리의 이해

CHAPTER 5

## 기업활동의 계획수립



CHAPTER 6

## 기업활동의 조직화

CHAPTER 7

# 기업활동의 지휘와 통제

CHAPTER 10

# 재무관리

CHAPTER 11

# 생산 · 공급망관리

CHAPTER 12

## 인적자원의 관리



CHAPTER 13

## 정보기술과 정보시스템의 활용

Chapter 1

# 기업과 경영



기업은 영리를 추구하기 위해 모인 영리조직이기 때문에 기업의 목표는 기업가치의 극대화라 할 수 있다. 기업가치를 극대화하기 위해서는 수많은 활동을 하게 되는데, 이러한 활동을 경영이라고 할 수 있다. 즉 기업과 경영의 관계를 살펴보면 기업은 외형적으로 나타나는 조직체로서 하드웨어라 할 수 있으며 경영은 이를 뒷받침하여 관리 · 발전시킬 수 있는 방안을 제공하는 소프트웨어이다. 본장에서는 기업과 경영의 의의 및 관계에 관하여 살펴보도록 한다.

# 제 1 절 기업과 자원

## 1. 기업의 의의

기업은 보는 시각에 따라 달라질 수 있다. 기업을 활동이라는 측면에서 보면 '사람들이 모여서 일하는 곳'이 될 수도 있고, '제품 또는 서비스를 생산하거나 판매하는 곳'이 될 수도 있다. 기업이 추구하는 목표에 초점을 둔다면 '이윤을 얻기 위하여 노력하는 조직' 등이 해당된다. 한편 기업의 역할에 초점을 둔다면 '고용기회를 제공하는 조직', '국가경제발전의 원동력이 되는 조직' 등이 된다.

기업을 정의하기에 앞서 먼저 조직에 대하여 간단하게 살펴보자. 조직이란 '두 사람 이상이 공통의 목표를 달성하기 위하여 상호작용하는 단위'라고 할 수 있다. 조직은 공통의 목표가 무엇이냐에 따라 영리조직과 비영리조직으로 구분할 수 있다. 영리조직은 여러 가지 목표 중에서 이윤극대화를 주된 목표로 하는 조직을 의미하는데, 기업이 바로 여기에 해당된다.

그러나 조직은 이윤을 추구하는 영리조직만 있는 것은 아니며, 이윤 이외의 것을 추구하기 위하여 노력하는 조직도 있다. 예를 들어 정부도 하나의 조직으로 볼 수 있는데, 정부는 일반기업과 달리 재화나 서비스를 판매하여 이윤을 극대화하고자 노력하는 것이 아니고 주어진 예산의 범위에서 어떻게 하면 국가경제를 발전시켜 삶의 질을 향상시킬 수 있느냐에 초점을 맞춘다. 교육기관인 학교도 또 다른 형태의 조직이다. 학교가 추구하는 것은 우수한 인재를 양성하는 것이라고 할 수 있다. 이 외에도 비영리조직에는 자선단체, 종교단체 등 다양한 종류가 있다.

기업은 [그림 1-1]에서와 같이 규모에 따라 대기업, 중기업, 소기업으로 구분되며, 중기업과 소기업을 묶어 흔히 중소기업이라고 부르기도 한다. 소유형태에 따라 구분하면 국가나 지방자치단체가 소유·운영하는 공기업과 민간에서 운영하는 사기업으로 구분된다. 국영기업 및 공사 등과 같이 특정 목적을 수행하는 기업이 공기업에 해당하는데, 공기업은 본래 공공의 이익을 추구하는 것이므로 비영리조직의 범주에 속한다고 볼 수 있으나 기업을 운영

[그림 1-1]
조직과 기업의 유형

하기 위해서는 최소한의 이윤 확보가 필요하므로 정확한 의미에서는 비영리조직과 영리조직의 성격을 모두 갖고 있다고 할 수 있다. 요약하면 기업은 '여러 사람이 모여 재화나 서비스를 생산·판매함으로써 이윤극대화를 추구하는 조직'이라고 할 수 있다.

## 2. 기업의 구성요소

기업의 주된 활동인 제품이나 서비스를 생산하거나 판매하기 위해서는 노동, 자본, 토지 및 천연자원, 설비 등 여러 가지 요소들을 필요로 하며, 이러한 것들이 바로 기업을 구성하는 요소이다. 최근 기술발달이 급속하게 이루어지고 있는 정보사회에서는 기술, 정보 등도 중요한 생산요소에 포함된다. 생산요소, 즉 기업을 지속적으로 운영하기 위한 자원은 [그림 1-2]에서와 같이 자원의 형태에 따라 유형자원, 무형자원, 그리고 인적자원으로 나누어 볼 수 있다. 유형자원에는 사업을 처음 시작하고자 할 때 가장 확보하기 어려운 재무적 자원, 건물이나 공장과 같은 물질적 자원 등이 포함된다. 무형자원은 기업이 보유하고 있는 고유의 기술, 경영노하우 및 기업의 상표나 명성과 같이 눈에는 보이지 않으나 기업운영을 성공적으로 이끌기 위한 자원을 의미한다.

기업의 자원 중 가장 중요한 것은 유형, 무형 자원을 이끌어내는 인적자

[그림 1-2]
기업의 자원유형

원이다. 시장이나 환경의 변화를 인지하고 이에 대응하여 소비자가 좋아할 상품과 서비스의 속성을 결정하는 활동, 이런 아이디어를 제품으로 만들어 내는 기술의 개발 등 기업운영을 위한 핵심적 능력은 모두 유능한 인적자원으로부터 비롯된다. 반도체나 각종 첨단 디지털 기기 생산의 경우 종업원들의 숙련된 경험과 손끝에 의해 품질이 크게 좌우되며, 호텔이나 레스토랑과 같은 서비스 업종은 고객을 맞이하는 종업원들의 태도와 능력이 사업 성공을 결정짓는다. 결과적으로 기술과 경영노하우 등과 같은 무형자원은 기업내외의 인적자원을 통해 형성되며, 유형자원의 획득이나 운영 역시 유능한 인적자원 없이는 불가능하다.

흔히들 이야기하는 기업의 핵심역량이 단순히 '기업이 잘할 수 있는 활동'을 뜻하지는 않는다. 핵심역량은 다른 기업이 쉽게 모방할 수 없는 기업의 차별적 능력으로, 기업이 보유하고 있는 자원 중에서 경쟁기업에 비하여 훨씬 우월한 능력을 가져다줄 수 있는 자원의 모음이라 할 수 있다.

기업이 제품과 서비스를 생산·판매하기 위해서는 다양한 자원을 투입해야 하는데, 이에 따르는 비용을 총비용이라고 부른다. 생산된 제품과 서비스를 소비자나 정부 또는 다른 기업에 판매할 때 거두어들인 수익을 총수익이라고 한다. 총수익과 총비용의 차이가 바로 이윤이 되므로 기업이 이윤극대화를 추구한다는 것은 생산요소, 즉 자원을 효율적으로 사용하여 최소의 비용으로 최대의 수익을 얻기 위해 노력한다는 의미이다.

## 3. 기업의 역할

기업은 국민경제활동을 구성하는 가장 중요한 경제주체이다. 즉 기업은 한 나라의 경제발전에 추진력을 제공함으로써 경제발전은 물론 사회, 정치 등 각 분야의 발전에 기여한다. 경제주체로서 기업의 역할을 구체적으로 살펴보면 세 가지로 정리할 수 있다.

첫째, 기업은 이윤극대화를 달성하기 위하여 최소의 투입물로 최대의 산출물을 생산함으로써 제한된 자원을 다른 어떤 조직보다도 효율적으로 이용한다. 둘째, 기업은 소비자가 필요로 하는 제품과 서비스를 생산함으로써 소비자의 욕구를 만족시킨다. 셋째, 기업은 생산이나 판매 활동을 통하여 이윤을 극대화하려고 노력하고 있으며, 이러한 이윤이 배분되는 과정에서 관련자들의 소득을 증가시킨다. 그 외에도 기업은 새로운 고용기회를 창출한다는 점과 제품 및 서비스의 다양화, 비용절감, 신기술 개발 등 국민경제에서 중요한 역할을 하고 있다.

기업은 이와 같은 경제적 측면이 강조되는 역할 외에도 사회에 대한 일정책임을 지는 활동도 전개한다. 기업은 경제적 이익 추구 외에도 사회적 요구에 부응하는 다양한 봉사역할에도 적극적이다. 여유자금과 인적자원을 동원하여 여러 가지 사회문제에 대한 해결책을 제시해 줄 수도 있고, 이를 통해 지역사회와의 관계 개선과 기업이미지 제고 등의 부수적인 성과도 거둘 수 있다. 중소기업의 경우 이런 부수적인 활동을 전개할 만한 여력이 없겠지만, 대기업의 경우 이윤극대화와 사회적 책임을 병행해야 한다는 요구가 점점 더 높아지고 있다.

# 제 2 절 경영과 경영자

## 1. 경영의 의의

국민경제가 발전하기 위해서는 기업활동이 활발해야 한다. 기업이 활동하기 위해서는 도구가 필요한데, 바로 이것이 '경영'이다. 경영이란 인적 · 유형 · 무형자원을 투입하여 최종 산출물인 제품이나 서비스를 생산하고 판매하는 과정이다. 즉, 기업경영은 [그림 1-3]에서와 같이 구입, 생산, 판매의 세 단계가 이어지는 과정으로 볼 수 있다.

첫째 단계는 제품이나 서비스를 생산하기 위하여 필요로 하는 투입물을 구입하는 것이고, 둘째 단계는 구입한 생산요소를 투입하여 제품 또는 서비스를 생산하는 것이며, 마지막 단계는 산출물을 소비자, 다른 기업 또는 정부 등에 판매하여 수익을 창출하는 과정이다. 기업경영은 인터넷과 컴퓨터 발달 등을 위시한 신기술의 급속한 개발, 기업간 경쟁의 심화, 소비자 권익 보호, 조직구성원의 전문화, 소셜네트워크와 같은 다양한 의사소통수단 등장 등에 따라 그 중요성이 더욱 강조되고 있다. 경영에 필요한 지식도 단순한 경영기법의 수준을 넘어 경제학, 심리학, 사회학 등 지금까지는 다른 범주로 생각했던 분야의 학문까지 요구하는 수준에 이르렀다.

경영은 흔히 이윤을 추구하는 영리조직에만 필요한 것으로 인식되기 쉽다. 그러나 모든 조직이 목표가 있고 그 목표를 어떻게 하면 효율적으로 달성하느냐가 바로 경영이라는 점에서 영리를 추구하는 조직뿐만 아니라 비영리조직에도 경영의 개념이 필요하다. 또한, 경영은 조직의 상층부에 있는 일

[그림 1-3]
기업경영이 이루어지는 과정

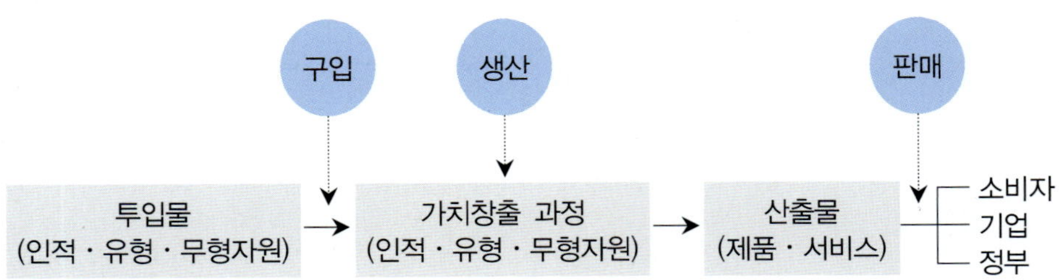

부 특정인에게만 적용되는 것이 아니라, 조직의 하부에 있는 구성원을 포함한 조직구성원 전원을 대상으로 한다.

## 2. 경영자의 유형

기업경영을 책임지는 사람을 경영자라고 부르지만, 큰 기업의 회장이나 사장만이 경영자는 아니다. 4～5명으로 구성된 작은 조직에서도 경영은 필요하다.

경영자의 유형을 살펴보면 [그림 1-4]와 같다. 첫째, 경영자가 기업을 소유하느냐에 따른 기준으로 소유경영자와 전문경영자로 구분할 수 있다. 소유경영자는 기업의 소유자가 경영자인 경우로 자기 자신의 자본을 갖고 기업을 설립하여 기업의 소유권자가 될 뿐 아니라 기업경영도 담당한다. 기업의 경영규모가 작은 중소규모 기업에서 많이 볼 수 있는데, 소유경영자는 경제적 및 경영적 부담을 모두 지므로 책임경영이 이루어질 수 있다.

전문경영자는 기업의 소유와는 관계없이 전문적인 지식을 가지고 경영에만 전담하는 사람을 말하며, 기업의 규모가 점점 더 커지고 경영환경이 변함에 따라 전문경영자의 필요성이 강조되고 있다. 이러한 전문경영자의 수는 계속 증가하여, 우리나라의 경우 많은 기업들이 소유와 경영을 분리하여 경영을 전문경영자에게 위임하는 경향이 점점 더 많이 나타나고 있다.

둘째, 계층에 따른 기준으로 최고경영자, 중간관리자, 일선관리자로 구분할 수 있다. 최고경영자는 조직의 가장 위에 위치한 계층으로서 전체 조직에 대하여 최종적인 책임을 갖는다. 회장, 사장, 전무, 상무 등 흔히 말하는 임원

[그림 1-4]
경영자의 유형

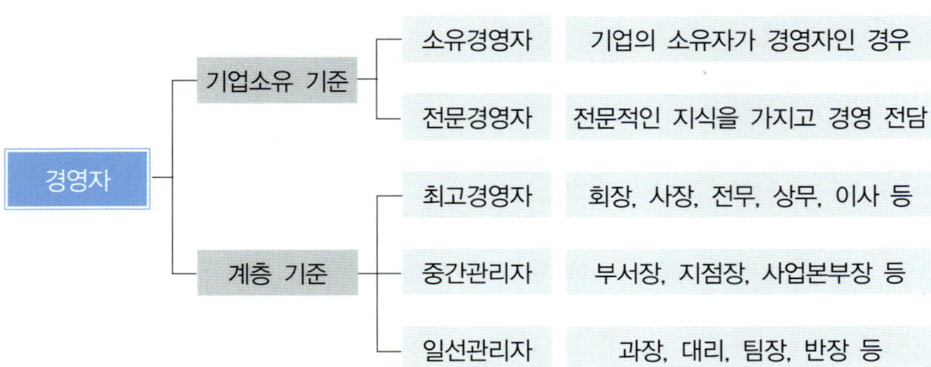

이 여기에 속한다. 최고경영자는 중간관리자들에 대하여 직접적인 책임을 진다. 이들은 주로 전반적인 조직의 운영에 대하여 관심을 갖고 거시적인 관점에서 계획을 수립하며, 이를 실행하는 데 있어서 중간관리자와 서로 협조하는 역할을 수행한다. 최고경영자 중에서 회장이나 사장 등 기업의 모든 업무 분야를 총괄하고 책임지는 경영자를 CEO(chief executive officer)라고 부른다. CEO들은 경영의 기능 중에서 주로 전략계획을 담당하게 된다.

중간관리자는 조직의 중간계층에 위치한 경영자로서 일선관리자의 업무에 대하여 책임을 짐과 동시에 최고경영자의 조정을 받는다. 부서장, 지점장 또는 경우에 따라 사업본부장 등이 여기에 속한다. 이들이 하는 중요한 업무는 조직의 목표가 수립되면 이 목표가 달성될 수 있도록 각 부서별로 세부계획을 수립하고 계획을 수정하는 데 전적인 책임을 지며, 주로 관리통제의 기능을 담당하게 된다.

일선관리자는 조직의 하위계층에 위치한 경영자로서 실무에 종사하는 구성원들의 업무에 대하여 직접적인 책임을 지는데, 기업에서는 과장, 대리, 팀장, 반장 등이 여기에 속한다. 이들의 임무는 최고경영자나 중간관리자에 비하여 과소평가될 수 있으나, 이들은 일선에서 일하는 종사자들이 정해진 방향으로 또한 정해진 속도로 일을 하고 있는가를 검토하는 계층으로서 조직에서 없어서는 안 되는 매우 중요한 역할을 수행하고 있다. 또한 이들은 현장의 종업원들을 가장 가까이 접할 수 있는 사람으로서 최고경영자들이 느끼지 못하는 현장의 고충을 해결하는 역할도 수행한다. 즉 일선관리자는 제품과 서비스의 생산과 판매에 직접적으로 관련된 다양한 활동을 전개하면서 일선종업원과 경영층을 연결하는 매개체 역할을 한다.

## 3. 경영자에게 요구되는 자질

중간 및 일선 관리자를 포함하는 경영자는 계획을 수립하고 부하직원을 지휘·감독한다. 이를 위해서는 다양한 지식과 경험을 갖추고 있어야 하는 것은 물론, 나름대로의 자질도 갖추고 있어야 한다. 일반적으로 경영자에게는 다음과 같은 세 가지 자질이 요구된다.

- 기술적인 실무능력 : 기술적인 자질은 전문적인 분야에서 맡은 바 업무를 이해하고 능숙하게 수행하는 능력을 말한다. 예를 들어 생산부서를 맡고 있는 부서장은 최소한 제품을 생산하는 방법에 대해서는 전문가가 되어야 하며, 공인회계사는 회계업무에 관해서는 남들보다 더 풍부한 지식과 능력을 가져야 한다. 이러한 기술적 자질은 실무를 직접 수행하는 사람에게는 아주 중요한 자질이나, 직급이 높아질수록 책임져야 하는 업무의 범위가 더 넓어지므로 다양한 기술적 실무능력에 대한 식견을 가지고 있어야 한다.
- 인간관계를 유지하는 능력 : 조직은 사람들이 모여 있는 곳이다. 따라서 일상적 일과 중의 하나가 바로 사람을 만나는 일이다. 인간적인 자질이란 조직구성원으로서 다른 구성원과 원만한 인간관계를 유지하는 것은 물론, 단위조직의 장으로서 부하직원들과 마찰 없이 순조롭게 업무를 통솔하는 능력을 말한다. 이러한 자질을 가진 사람일수록 다른 사람과 대화를 많이 하고 상대방의 이야기를 경청한다. 또한 동기부여를 통하여 부하직원들이 좋은 분위기, 신바람 나는 분위기에서 일을 할 수 있도록 함으로써 주어진 목표를 효율적으로 달성하게 된다.
- 숲을 볼 수 있는 능력 : 조직을 운영하는 데에는 조직 내에서 세부적으로 업무를 잘 처리하는 능력도 필요하지만 조직이 지금 어떠한 상황에 놓여 있으며, 어떤 방향으로 가고 있는지를 정확히 파악하는 것이 중요하다. 다시 말해 숲 속에서 나무만 보지 않고 숲 밖에서 숲 전체를 보는 안목과 능력이 필요하다. 이러한 능력은 경영자 모두에게 요구되는 것이지만 최고경영자 계층에는 더 많이 요구된다.

**[그림 1-5]**
경영자의 유형과 자질

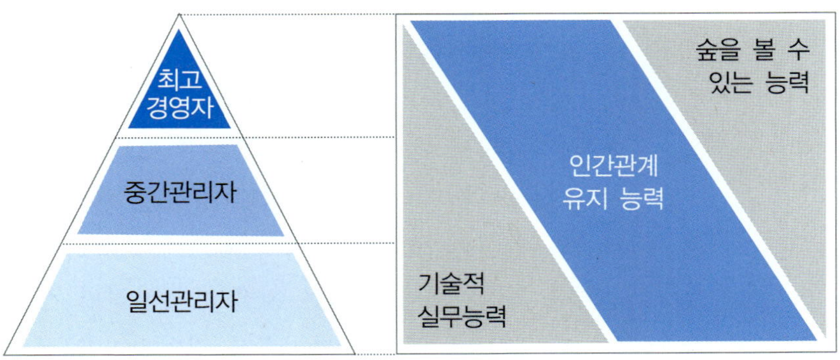

이와 같은 경영자의 세 가지 자질은 모든 계층의 경영자에게 요구되는 능력이지만, 경영자 계층에 따라 중요도가 달라진다. 원만한 대인관계를 유지하는 능력은 모든 계층의 경영자에게 비슷하게 요구되는 자질이지만, 실무능력은 일선관리자에게 상대적으로 많이 요구되는 반면, 숲을 보는 능력은 최고경영자에게 더 요구되는 자질이라고 할 수 있다.

최고경영자의 자질과 관련해서는 많은 연구가 발표된 바 있는데, 대개 새로운 변화를 추구하는 리더십을 지니고 조직의 장기 비전을 조직구성원에게 제시하며, 이와 같은 변화에 참여시키기 위해 스스로 전도사의 역할을 한다는 공통점이 있다. 또한 개인의 일생이나 제품의 라이프사이클을 뛰어넘어 오랫동안 번창할 수 있는 기업을 만드는 데 주력하면서 이 과정에서 조직구성원의 창의력을 극대화하고 최대의 가치를 창출할 수 있도록 회사 내의 분위기를 조성한다. 이 외에도 다음과 같은 네 가지가 경영자의 덕목으로 자주 거론된다.

첫째는 끊임없이 배우는 자세이다. 유능한 경영자는 끊임없이 배우는 과정과 경험을 쌓으면서 길러진다. 이를 위해서는 어느 정도의 교육수준이 뒷받침되어야 하는데, 한 조사에 의하면 우리나라 대기업의 최고경영자 중 대졸 이상이 75% 정도인 것으로 나타났으며, 이 중에서 15~20% 정도는 석사학위를 가지고 있는 것으로 집계되어 최고경영자들의 학력 수준이 상대적으로 높은 것으로 조사되었다. 특히 제조업과 첨단 과학기술, 정보통신기술(ICT) 등의 융합이 보편화되는 4차 산업혁명이 진행되면서 유능한 경영자는 재무・회계・마케팅 같은 경영지식 외에도 첨단 기술에 대한 폭넓은 이해가 요구된다. 자신의 분야를 넘어서 다른 분야의 전문가에게 손을 내미는 능력도 중요한 자질로 꼽힐 수밖에 없는데, 소비자의 입맛이 급변하고 기술이 빠르게 등장하고 사라지는 상황에서는 경영자 한 사람이 모든 혁신을 주도할 수 없기 때문이다.

둘째는 합리적이고 솔선수범하는 자세를 들 수 있다. 경쟁이 치열한 시대에 경쟁에서 이기려면 경영자는 확고한 비전을 갖고 새로운 일을 적극적으로 개척해 나가야 한다. 조직에 영감을 주고 인재들의 도전의식을 자극하는 리더가 있어야 기업이 변화에 빠르게 적응하고 경쟁력을 유지할 수 있기 때문이다. 또한 책임을 지는 것을 두려워하면 성공적인 경영자가 될 수 없다. 그러나 조직의 규모가 커질수록 경영자가 모든 일을 다 할 수는 없다. 부하직원들이 주어진 일을 효율적으로 처리하도록 하기 위해서는 경영자 스스로 합리적이고 솔선수범해야 한다.

셋째는 변화를 추구하는 자세이다. 기업은 변화하는 환경에 적응하면서 성공과 실패를 경험한다. 특히 21세기 기업환경은 인터넷을 중심으로 한 정보혁명과 맞물려 과거보다 훨씬 빠르고 광범위하게 변화하고 있다. 이러한 환경변화에서 기업이 성장하기 위해서는 경영방식을 바꾸는 등 기업 내부의 많은 변화가 필요하다. 그러나 대부분의 경우에 있어서 사람들은 변화를 좋아하지 않는다. 특히 현재의 경영실적이 만족스러운 경우에는 변화에 대한 필요성을 느끼지 못하게 되고 기업규모가 큰 경우에는 변화에 따른 파급효과가 클 것이라는 우려로 인하여 변화를 시도하는 데 주저하게 된다. 이처럼 변화의 필요성을 느끼지 못하거나 두려워하여 현실에 안주하게 되면 경쟁기업이나 후발기업으로부터 추월을 당하여 결국 경쟁에서 패배하는 심각한 위험에 빠질 수 있다. 따라서 경영자는 기업이 성장하는 과정에서 나타날 수 있는 관료적 병리현상을 타파하면서 끊임없이 변화를 추구하고 혁신하는 자세를 갖추어야 한다.

넷째는 세계를 인식하는 자세이다. 기업이 자국 내에서뿐만 아니라 해외활동을 성공적으로 수행하기 위해서는 경영자의 능력이 이를 뒷받침해야 한다. 앞으로의 경영자는 국내적인 관점에서 벗어나 세계적으로 생각하는 능력을 가지고 있어야 한다. 즉 경쟁상대가 더 이상 국내기업에 국한된 것이 아니고 같은 유형의 제품을 생산하는 모든 외국기업들이 경쟁기업이라는 관점에서 경영을 펼쳐야 한다. 또한 자국 소비자만을 대상으로 한 상품전략은 더 이상 성공을 거둘 수 없으며, 지리적으로 떨어져 있다 하더라도 전 세계에 걸쳐 있는 소비자가 잠재적인 구매력을 지니고 있다는 관점에서 전략을 수립해야 한다.

쉬어가기

## 나중에 온 이 사람에게도 노동시간이 다른데 왜 같은 품삯을 주는 겁니까?

'나중에 온 이 사람에게도'. 영국의 비평가이자 사회사상가인 존 러스킨(Ruskin)이 쓴 이 작품은 제목만으로도 많은 것을 전달합니다. 이 이야기는 기독교 성경에 나오는 포도원의 비유로 시작합니다.

포도원 주인은 포도원에서 일할 사람을 찾아 나섰습니다. 9시쯤 장터에 나가 보니 사람들이 있기에, 그들과 하루 품삯을 '1데나리온'으로 약속하고 일을 맡깁니다. 주인은 정오와 오후 3시, 오후 5시에 나가서 데려온 이들에게도 같은 일거리를 줬지요. 오후 6시쯤 날이 저물자 관리인은 주인의 뜻대로 나중에 온 사람부터 품삯을 주기 시작합니다. 오후 5시쯤부터 일한 사람들에게 주어진 품삯은 1데나리온이었습니다. 오후 3시와 12시에 온 사람들은 물론, 아침 9시에 온 이들도 1데나리온을 받았습니다. 아침 일찍부터 일했던 일꾼들은 주인에게 불만을 털어놓습니다. "1시간쯤 일한 저들과 우리를 어떻게 똑같이 대할 수 있습니까?" 주인이 답했습니다. "내가 부당하다고 생각하십니까? 당신은 나와 1데나리온을 약속하고 일하러 오지 않았습니까?"

포도원 주인은 왜 모든 일꾼에게 같은 삯을 치른 것일까요? '그렇게 계약했기 때문'입니다. 오전 9시에 온 일꾼과도, 오후 12시 · 3시 · 5시에 온 일꾼과도 각각 그렇게 약속한 것이지요. 그렇다면 왜 모두에게 같은 품삯을 주기로 한 걸까요? 생존의 문제와 직결되기 때문입니다. 당시 1데나리온은 노동자의 하루 품삯으로, 그만큼의 돈이 있어야 기본적인 생활이 가능했대요. 이런 의미에서 이를 '공평한 포도원 주인의 비유'라고 부르기도 해요.

존 러스킨은 이 비유를 들어 근대경제학이 경제행위의 주체인 인간의 '머리'만을 보고 있다고 지적합니다. 인간의 합리적 · 이성적인 면만 고려해 모든 것을 이해관계로 풀려고 한다는 것이지요. 기존 경제학에 따르면 인간은 철저한 계산에 따라 비용(cost)은 줄이고, 이윤(benefit)은 늘리고자 합니다. 그러다 보니 경제행위자들간에 이해관계 대립이 생길 수밖에 없고, 결국 득실의 경제학이 된다는 거예요. 그는 기존 경제학이 너무 이성적으로 기울고 있음을 경계했고, 그런 경제가 지속될 때 문제가 생기면 해결방안을 찾기 어렵다고 봤어요.

러스킨은 인간의 '머리'와 함께 '가슴'도 보는 경제학을 강조합니다. 여기서 가슴이란 '가족적인', '연민'을 의미합니다. 더 넓은 범위에서 경제행위자를 보는 것이지요. 예를 들어 노동자와 공장주 사이에 대립이 발생한다면 어떻게 해결할 수 있을까요? 기존 경제학에서는 양적인 문제로, 수요와 공급의 문제로 해결하려고 하기 때문에 근본적 해결이 불가능합니다. 러스킨은 이들의 대립 관계를 연대장과 부하의 관계, 또는 함장과 승조원의 관계로 풉니다. 배가 가라앉을 때 함장은 승조원들을 모두 탈출시킨 뒤에 탈출하지요. 연대장 역시 부하들을 목숨보다 아껴 보호하고요. 만약 공장주가 노동자를 이런 태도로 대변한다면 노사문제 해결은 어렵지 않을 거예요. 기존의 경제학이 '득실의 경제학'이라면, 러스킨의 경제학은 '정의의 경제학'이 됩니다.

경제행위를 할 때 포도원 주인처럼 공평하게 나눈다거나 다른 이에게 양보하기는 쉽지 않지요. 그렇기에 러스킨은 '상인의 도'를 말합니다. 군인이나 변호사, 의사나 목사가 자신의 직업에 맞는 도를 따르는 것처럼 상인들도 도를 갖춰야 한다는 거예요. 경제에도 상도와 사명감이 있어야 합니다. 조선시대의 거상 임상옥이 말한 것처럼 '장사는 이윤을 남기는 것이 아니라 사람을 남기는 것'이어야 해요. 오늘날 기업인들에게 적용하자면 '고객의 가치를 창출하는 것'을 목표로 삼아야 합니다. 조선의 임상옥과 영국의 비평가 존 러스킨은 19세기 인물이지만 경제에 대한 탁월한 통찰력과 지혜를 가지고 있었습니다. 경제에 대한 이들의 시각은 오늘날에도 여전히 깊은 울림을 줍니다.

**고용주와 노동자의 올바른 관계는 '정의와 애정'에 달려 있다**

다음은 존 러스킨이 쓴 '나중에 온 이 사람에게도'의 원문 중 일부입니다.

"원래 고용주와 노동자의 이해관계가 일치하거나 상반된다는 것도 일반적으로 입증할 수는 없다. 그것은 상황에 따라서 그 어느 것도 될 수 있기 때문이다. 일이 제대로 이루어지고, 그 일에 대해 정당한 대가를 얻는 것은 항상 양쪽에 이익이 된다. 하지만 이익을 분배하는 단계에서는 한쪽의 이익이 다른 쪽의 손해가 될 수도 있고, 또는 그렇지 않을 수도 있다. 너무 낮은 임금을 지급하여 종업원이 병약해지거나 의기소침해지도록 내버려두는 것은 결코 고용주에게 이익이 되지 않는다. 또한 너무 많은 임금을 지급하여 그 때문에 고용주의 이윤이 줄어서 사업 확장에 지장이 생기거나 또는 사업을 안전하게 자기 뜻대로 경영할 수 없게 되면, 그것도 결코 종업원에게 이익이 되지 않는다.(중략)

가령 어떤 군함의 함장이 그게 옳다고 생각해서인지 또는 부득이한 사정 때문이지 자기 아들을 일반수병의 지위에 놓게 되었다고 가정해 보자. 그때 함장은 부하수병들에게도 자기 아들을 다루듯이 대해야 한다. 이와 마찬가지로 어떤 공장주가 그게 옳다고 생각해서인지 또는 부득이한 사정 때문인지 자기 아들을 일반노동자의 지위에 두게 되었다고 가정해 보자. 그때 공장주는 부하노동자들에게도 자기 아들을 다루듯이 대해야 한다.(중략) 그리고 난파했을 때 선장은 배를 떠나는 마지막 사람이 되어야 하고, 식량이 떨어졌을 경우에는 마지막 빵 한 조각도 부하선원들과 나누어 먹어야 한다. 그와 마찬가지로 공장주는 상업상의 위기나 곤경에 빠지면 부하노동자들과 함께 어려움을 겪고, 노동자들이 느끼는 것보다 더 심한 고통을 스스로 감수해야 한다."

(조선일보, 2013.9.9)

## 구조적 공백과 기업경영

최근 경제적 행위를 네트워크 관점에서 연구하는 것이 인기를 끌고 있다. 다양한 분야가 있으나 여기서는 거래 관계 구조에서 특정 경제주체가 점하고 있는 위치의 특성이 성과에 미치는 영향에 대해 설명하고자 한다.

마피아는 19세기말 이탈리아 시실리 섬에서 생겨났다. 마피아는 주 정부 정책 실행의 대리인 역할을 하였다. 당시만 해도 중앙정부가 정책을 실행하려고 해도 실행할 지방조직이 없었다. 그런데 그 역할을 마피아가 했다. 이에 대한 반대급부로 마피아는 주 정부로부터 정치적 보호를 받았다. 또한 농장주들에게는 토지관리권을 받았으며, 이에 대한 반대급부로 주 정부에 대하여 농장주의 이익을 대변하였다. 그리고 농노들에게 "마피아 소속원"으로의 신분상승의 기회를 제공해 주는 대신 보호의 대가를 받고 인력을 공급받았다. 여기서 마피아들이 차지하고 있는 위치를 구조적 공백(Structural Hole)이라고 한다. 마피아가 없으면 각 주체들이 효과적으로 연결될 수 없다. 하지만 마피아가 있음으로 해서 각 주체들은 자신들이 원하는 것을 얻을 수 있다. 마피아가 혼자서 이 위치를 점한다면 엄청난 이익을 올릴 수 있다.

아래에서는 구조적 공백의 개념을 잘 활용한 월마트와 찰스 스왑의 사례를 설명하고자 한다.

#### (1) 월마트 사례

1890년대에 설립된 대형 할인점 K-Mart는 적자에 허덕이다가 시어즈 백화점에 인수되었는데, 1960년대 말에 설립된 경쟁업체 월마트는 초고속 성장을 거듭하여 매출액 세계 1위를 점하고 있다. 비결이 뭘까? 월마트가 구조적 공백을 찾아내고 이 위치를 독점적으로 점유하고 있는 데서 찾을 수 있을 것이다.

월마트는 인구가 적은 중소도시에 그 지역의 수요를 다 충족시킬 만한 규모의 매장을 개설해 가면서 성장하는 전략을 채택하였다. 해당지역의 중소상인들은 경쟁력이 없기 때문에 도태될 수밖에 없다. 월마트의 경쟁업체인 대형 할인점은 월마트가 점포를 개설한 곳에는 들어갈 엄두를 내지 못한다. 일단 월마트가 장악한 지역에 들어가면 출혈경쟁을 감수해야 하기 때문이다. 월마트는 이런 식으로 중소도시에 점포를 개설하면서 성장하였다. 물론 최근에는 일부 대도시에도 진출을 하고 있지만, 월마트는 아직도 중소도시의 소비자들을 장악하고 있는 것이다. 그래서 이쪽 지역에 있는 소비자들은 월마트 외에는 이용할 수 있는 다른 점포가 없다. 공급업자들의 입장에서 월마트가 장악하고 있는 지역의 소비자들에게 물건을 팔기 위해서는 월마트를 통하지 않으면 안 된다. 월마트가 있는 지역에는 경쟁자가 없다. 그래서 월마트가 공급업자들로부터 보다 싸게 물건을 공급받을 수 있다.

반면에 K-Mart는 미국 대도시를 중심으로 점포를 운영해왔다. 백화점뿐만 아니라 경쟁하는 대형 할인점이 많았기 때문에 높은 수익을 낼 수가 없었다.

### (2) 찰스 스왑 사례

찰스 스왑(Charles Schwab)은 미국 증권업계에서 1975년에 증권거래 중개를 시작하여 급성장을 이루어낸 신데렐라 같은 증권회사이다. 이 회사가 미국 증권산업에서 새 역사를 쓸 수 있었던 비결은 무엇일까? 이 회사가 성공한 이유를 분석해 보면 구조적 공백을 찾아내고, 그것을 채워주기 위해서 여러 가지 투자를 하면서 성공했다는 것을 알 수 있다. 대표적인 것이 "One Source"라는 뮤추얼펀드 슈퍼마켓이다.

먼저 뮤추얼펀드를 구매하는 투자자들의 충족되지 않은 니즈가 있었다. 첫째, 구매자들이 원하는 것은 신속한 거래 완결이었다. 과거에는 투자자들이 뮤추얼펀드를 사겠다고 결심해서 실제로 구매가 완결되기까지 열흘 정도의 시간이 걸렸다. 이 회사는 훨씬 짧은 기간에 거래를 완결할 수 있게 하는 시스템을 만들었다. 둘째, 구매자들은 저렴한 판매수수료를 원했다. 이 회사는 투자자들에게서 판매수수료를 받지 않고, 펀드를 만들어서 판매하는 회사에게서 판매 수수료를 받았다. 셋째, 투자자들은 펀드를 만들어서 판매하는 증권회사들과 개별적으로 거래하는 것보다는 한 곳에서 자기가 원하는 다양한 투자상품을 모두 살 수 있는 것을 원했다. 펀드 슈퍼마켓이 다양한 펀드를 보유하고 있으면 자연스럽게 해결되는 문제이다.

반면에 이 슈퍼마켓에서 펀드를 판매하고자 하는 의사를 가진 회사는 많았다. 펀드를 만들어 파는 업체들 중에서 유통망을 보유하지 못한 소형업체들은 누군가가 큰 장을 만들어 준다면 일반적으로 구매자가 지불하는 판매수수료를 대신 지불할 의사가 있었다. 이 회사는 원소스(One Source)라는 것을 만들어서 스스로 유통할 수 없는 업체들이 투자자들에게 판매할 수 있는 기회를 제공했다.

찰스 스왑은 이 슈퍼마켓을 통해 엄청난 수의 고객을 모아 일류 증권회사로 도약할 수 있었다. 그런데 이렇게 구조적 공백의 위치를 점하여 큰 수익을 창출하면 모방자가 나타나게 마련이다. 모방자가 많아져서 경쟁이 심해지면 이런 위치를 점함으로써 수익을 낼 수 없다. 그렇기 때문에 이 위치를 홀로 독차지하기 위해 찰스 스왑은 브랜드 인지도를 높이기 위한 광고와 빠르고 신속한 거래 완결과 정보 제공을 가능하게 하는 IT에 대해 지속적인 투자를 해 나가고 있다. 그럼으로써 경쟁을 제한하고 높은 수익을 내는 것이다.

(출처 : https://cba.snu.ac.kr/ko/sblcolumn?mode=view&bbsidx=77875)

# 연습문제

1 다음 중 기업 및 기업운영에 대한 설명으로 옳은 것은?

> ㄱ. 규모에 따라 대기업, 중기업, 소기업으로 구분되며, 중기업과 소기업을 묶어 흔히 중소기업이라고 부르기도 한다.
> ㄴ. 기업은 여러 사람이 모여 재화나 서비스를 생산 · 판매함으로써 이윤극대화를 추구하는 조직이라 할 수 있다.
> ㄷ. 기업의 핵심역량은 다른 기업이 쉽게 모방할 수 없는 기업의 차별적 능력을 의미한다.

① ㄱ, ㄴ　　② ㄱ, ㄷ
③ ㄴ, ㄷ　　④ ㄱ, ㄴ, ㄷ

2 기업은 공기업과 사기업으로 나눌 수 있다. 무엇을 토대로 분류한 것인가?

① 규모　　② 소유형태
③ 판매제품의 종류　　④ 지역적 위치

3 다음 중 기업의 역할이라 할 수 있는 것은?

> ㄱ. 소비자의 욕구 충족
> ㄴ. 지역사회 개발을 통한 복지수준 제고
> ㄷ. 소득의 창출

① ㄱ, ㄴ　　② ㄱ, ㄷ
③ ㄴ, ㄷ　　④ ㄱ, ㄴ, ㄷ

4 다음 중 경영에 관한 설명으로 옳은 것은?

ㄱ. 영리를 추구하는 조직뿐만 아니라 비영리조직에도 경영의 개념이 필요하다.
ㄴ. 경영은 핵심의사결정을 이끌어가는 조직 상층부의 일부 특정인에게만 적용되는 개념이다.
ㄷ. 경영이란 인적·유형·무형자원을 투입하여 최종 산출물인 제품이나 서비스를 생산하고 판매하는 과정이다.

① ㄱ, ㄴ ② ㄱ, ㄷ
③ ㄴ, ㄷ ④ ㄱ, ㄴ, ㄷ

5 다음 중 경제주체로서 기업의 역할에 해당하는 것은?

ㄱ. 기업은 새로운 고용기회를 창출한다는 점과 제품 및 서비스의 다양화, 비용절감, 신기술 개발 등 국민경제에서 중요한 역할을 하고 있다.
ㄴ. 기업은 생산이나 판매 활동을 통하여 이윤을 극대화하려고 노력하고 있으며, 이러한 이윤이 배분되는 과정에서 관련자들의 소득을 증가시킨다.
ㄷ. 기업은 소비자가 필요로 하는 제품과 서비스를 생산함으로써 소비자의 욕구를 만족시킨다.

① ㄱ, ㄴ ② ㄱ, ㄷ
③ ㄴ, ㄷ ④ ㄱ, ㄴ, ㄷ

6 다음 중 경영자의 유형에 대한 설명으로 바른 것은?

ㄱ. 기업으로부터 받는 급여수준에 따라 최고경영자, 중간관리자, 일선관리자로 구분한다.
ㄴ. 전문경영자는 기업의 소유와는 관계없이 전문적인 지식을 가지고 경영에만 전담하는 사람을 말한다.
ㄷ. 최고경영자 중에서 회장이나 사장 등 기업의 모든 업무분야를 총괄하고 책임지는 경영자를 CEO(chief executive officer)라고 부른다.

① ㄱ, ㄴ ② ㄱ, ㄷ
③ ㄴ, ㄷ ④ ㄱ, ㄴ, ㄷ

7 다음 중 경영자에게 요구되는 자질로 볼 수 있는 것은?

ㄱ. 기술적인 실무능력
ㄴ. 인간관계를 유지하는 능력
ㄷ. 숲을 볼 수 있는 능력

① ㄱ, ㄴ ② ㄱ, ㄷ
③ ㄴ, ㄷ ④ ㄱ, ㄴ, ㄷ

8 다른 기업이 쉽게 모방할 수 없는 기업의 차별적 능력으로 기업이 보유하고 있는 자원 중에서 경쟁기업에 비하여 훨씬 우월한 능력을 가져다줄 수 있는 자원의 모음을 무엇이라 하는가?

① 핵심역량 ② 무형자원
③ 기술능력 ④ 특허기반역량

9 다음은 기업운영을 위해 필요한 자원에 관한 설명이다. 바르지 않은 것은?

① 자원의 형태에 따라 유형자원, 무형자원, 그리고 인적자원으로 나눌 수 있다.
② 무형자원은 기업이 보유하고 있는 고유의 기술, 경영노하우 및 기업의 상표나 명성과 같이 눈에는 보이지 않으나 기업운영을 성공적으로 이끌기 위한 자원을 의미한다.
③ 시장이나 환경의 변화를 인지하고 이에 대응하여 소비자가 좋아할 상품과 서비스의 속성을 결정하는 활동 등 기업운영을 위한 핵심적 능력은 모두 유능한 인적자원으로부터 비롯되므로 가장 중요한 자원이다.
④ 기술과 경영노하우 등과 같은 무형자원은 기업 외부에서 손쉽게 구입할 수 있어, 충분한 유형자원만 공급되면 창업 초기에는 무형자원에 대해 관심을 기울일 필요가 없다.

10 다음에 제시된 기업의 자원 중 그 성격이 나머지 세 항목과는 다른 것은?

① 기술 ② 상표
③ 정보 ④ 보유현금

| 정답 | 1. ④ 2. ② 3. ② 4. ② 5. ④ 6. ③ 7. ④ 8. ① 9. ④ 10. ④ |
|---|---|

Chapter 2

# 기업과 경영환경



오늘날 기업을 둘러싼 경영환경은 급속히 변하고 있으며 그 추세는 향후 더욱 가속될 전망이다. 경영환경의 분석이 중요한 의미를 가지는 이유는 경영자가 계획을 수립하고 조직의 기틀을 형성하며 변화시키는 경영활동의 기초작업이 되기 때문이다. 본장에서는 경영환경의 의의와 유형에 관하여 알아보도록 하자.

# 제1절 경영환경의 의의

기업은 주위 환경에 대한 적응과정을 통해 성장하며, 외부환경과의 싸움을 통해 새로운 가치를 창출한다. 직면하고 있는 환경변화에 둔감한 기업은 시장에서 사라지고 만다. 환경을 구성하는 다양한 요소들이 어떻게 변화할지 예상하고 이에 대응하는 움직임을 준비해야만 지속적으로 이윤을 창출할 수 있다. 기업환경은 조직을 둘러싼 상태로서 내부환경과 외부환경으로 구분할 수 있다. 내부환경은 기업의 독특한 특성이나 기업문화를 말하는 것이고, 외부환경은 기업 밖에 있으면서 기업의 경영활동에 영향을 주는 요소들이다. 기업은 외부환경 외에도 내부환경 변화에 대한 적절한 대응과 갈등 조정이 필요하다. 외부환경은 모든 기업에 영향을 미치나 내부환경은 해당기업에만 직접적으로 영향을 미치기 때문에 더욱 조심스러운 대응방식이 요구된다.

기업의 외부환경은 조직의 의사결정이나 투입에서 산출에 이르는 변환과정에 영향을 미치는 정도에 따라 일반환경과 과업환경으로 구분된다. 일반환경(general environment)은 국내외의 경제적 상황을 포함하는 경제적 환경, 법률 및 제도적 환경을 결정하는 국가 및 정치적 환경, 생산양식을 결정하는 기술적 환경, 그리고 사회문화적 환경 등으로 간략하게 분류할 수 있다. 일반환경요인은 모든 기업에 일반적으로 영향을 미치는 것으로서 그 범위가 넓고

[그림 2-1]
기업환경의 구성요소

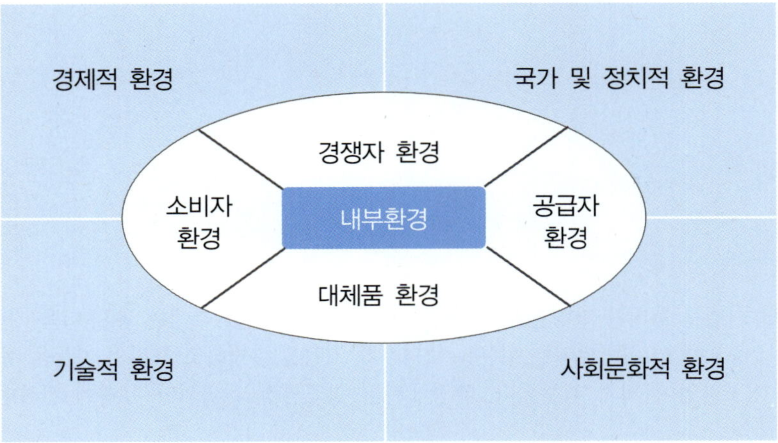

기업에 미치는 영향이 간접적이다.

과업환경(task environment)은 기업활동의 성공과 실패를 결정하는 소비자 환경, 같은 상품을 공급하는 기업들로 구성되는 경쟁자 환경, 생산활동에 필요한 원료를 공급하는 기업들로 구성되는 공급자 환경, 그리고 기업이 만들어내는 상품을 대신할 수 있는 대체품 환경 등으로 나뉜다. 이러한 환경요인은 기업이 전략수립 및 목표달성에 관한 의사결정을 할 때 직접적으로 영향을 미치는 환경으로서 각 기업의 특성에 따라 고유하게 나타난다. 한편 기업의 내부환경은 기업이 보유하고 있는 자원, 조직구조나 분위기, 종업원 등으로 구성된다.

일반환경과 과업환경은 상호작용하면서 기업 특성이나 활동영역에 따라 변화한다. 일반환경을 구성하는 요소들은 과업환경의 구성요소에 영향을 미침으로써 기업에 대해 간접적으로 작용하기도 한다. 예를 들어 경제발전은 소비자 의식수준의 변화와 다양한 상품의 시장 출시를 불러일으키며 이러한 변화는 기업의 경영활동에 큰 영향을 미친다.

## 제 2 절 일반환경

### 1. 경제적 환경

경제적 환경은 자본주의와 사회주의로 구분되는 경제체제뿐만 아니라 기업이 위치한 지역의 경제적 환경, 국가적 경제의 수준, 물가, 환율, 국제수지 등의 요소도 포함된다.

첫째, 지역의 경제적 환경과 관련하여 기업이 위치한 지역의 시장규모와 동일한 시장에서 경쟁하는 기업의 수 등은 기업성과에 직접적인 영향을 미친다. 국가경제의 조건 역시 기업경영에 큰 영향을 미친다. 한국경제의 경우 매우 급격한 산업구조의 변화를 겪었다. 1960년대에는 농업 및 경공업 중심이었지만 1980년대부터 점차 중화학공업, 제철, 자동차 등의 고부가가치 산업의 비중이 높아졌으며, 이제는 반도체, 고부가가치 조선, 디지털 기기 등의 첨단산업이 경제의 기반을 이루고 있다. 이러한 국가경제의 변화는 바로 기업활동의 결과인 동시에 기업경영의 방향을 제시하는 것이기도 하다.

둘째, 정부의 정책은 물가, 환율, 금리 등 일반적인 경제환경에 영향을 미친다. 예를 들어 정부의 최저임금 인상은 저임금 근로자의 복지에 매우 긍정적인 영향을 미치지만 이들을 고용하는 기업 입장에서는 상당한 부담으로 작용할 수 있다. 또한 금융당국의 기준금리 조정도 기업과 가계의 금융비용 부담에 직접적인 영향을 미친다.

셋째, 오늘날의 경제는 세계화, 글로벌화가 엄청난 속도로 진행되는 과정에 있다. 이제 국가경제는 세계경제와 분리하여 생각하기 어려우며, 세계경제가 기업에 미치는 영향 역시 커지고 있다. 우리가 일상적으로 사용하는 각종 제품은 하나의 국가에서 모두 생산된 것이 거의 없다. 테크놀로지와 정보통신기술의 급속한 발전은 세계를 하나의 시장으로 묶어버리고 세계의 어느 한구석에서 발생한 사건도 하루가 지나지 않아 다 퍼지게 된다. 삼성전자의 TV와 스마트폰을 전 세계 어디에서든지 볼 수 있으며 맥도날드 간판 역시 수십 개 나라에서 찾아볼 수 있다. 기업규모가 상상을 초월할 정도로 커지면서 기획, 설계, 생산의 여러 기능이 서로 다른 나라에서 이루어지는 것은 흔한 현상이다. 경제의 세계화에 대해서는 다음의 글로벌 환경에서 좀더 자세히 살펴보기로 하자.

## 2. 글로벌 환경

지난 30여 년 동안 세계는 독일의 통일, 구소련의 붕괴와 함께 동서냉전구조가 허물어지는 현상을 목격하게 되었다. 우리나라도 북방정책의 적극적 추진을 통해 베트남을 비롯한 거의 모든 구사회주의 국가와 외교관계를 맺게 되었다. 이젠 정치나 군사 문제보다는 국익을 앞세우는 경제문제가 더욱 중요시되어가고 있다.

이런 상황에서 기업의 국제화는 피하기 어려운 추세인 것 같다. 국내시장만을 목표로 삼고 싶어도 경쟁상대는 국내기업뿐만 아니라 외국의 유수한 기업들까지 포함시켜야 할 때가 된 것이다. 그뿐만 아니라 외부와 단절된 상태에서는 기업경쟁력을 유지·향상시키는 것이 불가능하다. 기업은 이제 세계 어느 곳에서나 경쟁력을 발휘할 수 있는 상품이나 서비스 또는 경영관리 기능, 연구개발 기능, 마케팅 기능 등 최소 어느 것 하나 또는 복수의 핵심역량을 갖추고 있지 않으면 생존을 위협받게 되었다.

2000년대에 들어서면서 우리나라는 중국의 급부상, 국내 인건비의 지속적인 상승, 환경문제에의 사회적 관심 고조, 노조의 강화 등의 이유로 인해 제조업 공동화 및 우리 기업의 글로벌화가 급속도로 진행되고 있다. 21세기에 접어들면서 기업의 국제화에 영향을 미치고 있는 요인 중 가장 중요한 현상은 산업의 글로벌화와 지역적 블록화라 할 수 있다. 글로벌화(globalization)란 국가간 자원이동에 있어서 장벽이 점차 낮아지고 국가간의 상호의존도가 높아지는 현상을 말한다. 이 같은 추세가 계속되면 언젠가는 국경 없는 세계경제가 등장할 것이 틀림없다.

그렇다면 글로벌화가 급속히 진행되는 요인은 무엇인가? 첫째, 통신과 대중매체기술의 급속한 발전을 들 수 있다. 통신위성이나 인터넷 등과 같은 초고속 통신수단의 등장은 전 세계적으로 정보의 신속한 전파를 가능하게 하였으며, 인터넷이나 스마트폰, 각종 소셜네트워크 매체는 한 나라에서 벌어지고 있는 사건들을 온 세계가 직접 눈으로 볼 수 있도록 해주고 있다. 둘째, 국가간 무역장벽의 급속한 완화와 외환자유화현상을 들 수 있다. 특히 금융시장의 개방은 국가간의 자금이동을 손쉽게 하여 관련국가의 국민경제에 큰 영향을 미치고 있다. 셋째, 세계적인 유통망과 생산시설을 갖춘 다국적 기업들의 등장이 글로벌화를 촉진시키고 있다. 다국적 기업이란 글로벌화보다는 현지화에 치중하여 현지기업과 경쟁하며 지역마다 독립적으로 자회사를 운영해 가는 기업이다. 다시 말해 각 지역에서의 경쟁우위, 판매, 이익을 극대화함으로써 세계시장에서의 성과를 극대화하려는 기업이다. 해외거점의 활동이 활발하여 본사와는 거의 독립적인 경영을 하고 있다.

다국적 기업들은 제품개발에서부터 전 세계를 시장으로 생각한다. 기술의 급격한 변화와 기술개발에 소요되는 엄청난 비용을 감당해내기 위해서는 전 세계를 시장으로 삼을 수밖에 없다. 여러 나라에 산재해 있는 연구인력과 시설을 적절히 이용하고, 생산원가를 낮추기 위해 생산활동도 여러 나라에서 나누어 실시함으로써 결과적으로 나라간의 상호의존도를 높이고 있다. 생산요소비용은 국가마다 다르며 노동자들의 숙련도도 국가별로 차이가 나게 마련이다. 따라서 생산비용이 낮은 국가에 생산활동을 집중적으로 배정함으로써 생산원가를 낮출 수 있다.

이러한 글로벌화는 경쟁시장이 국내·국외로 구분되지 않게 되었다는 것을 의미한다. 이는 곧 기업의 모든 의사결정이 글로벌 시각을 통해 이루어지지 않고서는 지속적인 성장이 불가능해질 것이라는 점을 나타낸다. 세계경제에서 글로벌화와 함께 나타나고 있는 또 하나의 추세는 블록화, 즉 지역경제의 통합현상이다. 지역경제의 통합이란 제품이나 서비스의 교역, 노동력과 자본의 이동과 같은 경제교류에 존재하고 있는 인위적인 장벽을 없앰으로써 2개 이상의 국가들이 마치 한 나라가 된 것처럼 변해가는 과정이라 할 수 있다. 이러한 경제블록들은 블록 내의 국가에는 넓은 단일시장을 제공한다는 긍정적인 측면이 있지만 이들이 보호주의적 무역정책을 쓰는 경우 블록 밖의 국가들은 더욱 시장침투가 어려워진다는 점에서 많은 관심을 불러일으키고 있다.

블록화 현상의 예로서는 EU의 경제 통합과 미국·캐나다·멕시코 등 북미 세 국가들의 NAFTA 결성을 들 수 있다. EU는 1992년 말로 단일유럽을 이루기 위한 일차적인 경제통합작업을 마무리하였고, 북미 세 국가의 NAFTA협정은 1994년 하반기에 발효되었다. 또한 EU는 1999년 1월에는 단일통화인 유로(Euro)를 창출하기도 하였다. NAFTA와 같은 자유무역지대의 가맹국간에는 재화의 자유무역을 보장하지만, 역외의 비가맹국에 대해서는 가맹국들이 독자적으로 관세 및 무역제한조치를 택할 수 있다. NAFTA와 EU는 표면상 자유무역을 표방하고 있으나, 실상은 요새와 같은 강력한 무역장벽을 높이 설치할 움직임을 보이고 있다. 즉, 역내 국가들끼리는 거의 완전한 자유무역을 실현하여 자유무역의 이점을 최대한 활용하되, 역외 국가들에 대해서는 강력한 보호장벽을 설치함으로써 경제블록화의 효과를 극대화시킨다는 것이다.

## 3. 국가 및 정치적 환경

기업의 활동은 국가가 규정하는 법적인 범위에서 이루어져야 한다. 따라서 국가의 제도 및 법적 규범, 그리고 이를 창출하는 정치적 과정은 기업의 지위와 생산활동에 직·간접의 영향을 미친다. 예를 들어, 국가와 정부는 특정

산업을 공기업이 독점하도록 규정할 수 있으며 업종전문화정책과 같이 대기업으로 하여금 몇 개의 산업에 특화하도록 강요할 수도 있다. 반면에 정부는 국가의 발전을 위하여 특정기업에 대한 보조와 지원도 가능하다. 따라서 기업은 국가와 제도의 제약을 벗어나기 위해 또는 기업에 유리한 환경을 조성하기 위해 각종 정치적 과정에 영향을 미치려는 시도를 한다.

국가는 기업에 대하여 일정한 의무를 부여하는 한편, 자유로운 활동을 보호하는 역할도 한다. 첫째, 국가는 기업의 활동결과에 대한 조세의 의무를 부여하고 있으며 조세를 거두어들이는 권한을 독점적으로 보유하고 있다. 국가가 얼마나 많은 세금을 거두어들일 것인가에 관한 의사결정이 기업경영에 미치는 영향은 매우 크다. 서유럽 선진국의 기업들이 높은 세부담 때문에 해외로 이전하는 경우를 보더라도 조세정책이 기업활동에 미치는 효과를 짐작할 수 있다. 둘째, 기업의 활동, 소비자의 권익, 그리고 국가간의 경제적 관계를 규율하는 각종 제도를 운영한다. 예를 들어 국가는 매우 큰 단위의 소비자인데, 정부의 조달규모 및 대상의 결정, 경쟁입찰 또는 수의계약 등의 공급자 선정방식, 나아가 외국기업의 참여허용문제 등은 관련기업의 성과에 직결된다. 셋째, 국가는 고용, 생산, 물가 등 경제의 전반적인 목표를 달성하기 위하여 재정 및 통화금융정책을 수립한다. 정부의 이런 정책은 기업의 자금사정에 큰 영향을 미친다.

## 4. 기술적 환경

기술이라고 하면 대체로 설비, 장치, 생산라인 등 생산과정을 떠올리게 된다. 그러나 기술이란 이러한 것만이 아니라 기능과 지식을 적용하는 방식, 이론 등을 총체적으로 일컫는 것이다. 따라서 이를 적용하는 인간에 내재하는 지식의 종류와 수준도 역시 중요시해야 한다.

최근 정보통신기술의 개발이 매우 빠른 속도로 진행되고 있는데, 이러한 기술적 환경의 변화는 다양한 산업에 구조적 변화를 일으키고 있다. 예를 들어 은행 및 금융산업의 경우 정보기술의 발달은 세계의 금융시장을 연결함으로써 특정시장에서의 변화가 즉각적으로 세계로 전파되는 결과를 가져왔다. 증권가격, 자금흐름 그리고 판매량 등에 관한 다양한 정보를 세계에서 동시에 취득하는 것이 가능해진 것이다. 제조업에 있어서도 컴퓨터가 통제하는 생산라인과 기계, 로봇, 컴퓨터에 의한 스마트 팩토리 등의 발전은 기업으로 하여금 시장의 수요변화에 빠른 속도로 대응하고 제품의 질을 향상시키는 데 기여하고 있다. 스마트폰이나 소셜네트워크(social network)의 급속한 확산은 소비자의 권익을 제고하는 데 큰 기여를 하고 있으며, 기업 입장에서도 새로운 홍보채널로 그 가치가 급부각되고 있다.

## 5. 사회문화적 환경

사회문화적 환경이란 사회를 구성하고 있는 개인의 행위에 영향을 미치는 집단이나, 문화 · 가치관 · 전통 내지 관습 등과 같은 사회제도 및 사회적 태도 등을 말한다. 따라서 앞에서 논의한 여러 가지 환경요소적 요인을 포괄하는 성격을 띠고 있다. 사회문화적 환경은 시대적으로 변하며 지역적으로도 큰 차이를 보이고 있어 기업에 영향을 미치는 경로를 파악하기 어렵지만 다음과 같은 몇 가지 측면을 고려해야 한다.

첫째, 현재의 시대적 흐름을 지배하고 있는 기본원칙의 복합성이다. 19세기 후반 이후 자본주의적 경제질서가 형성되면서 이에 상응하는 사회적 이념으로 등장한 것은 자연히 민주주의, 개인주의 그리고 자유주의 등이라고 할 수 있다. 즉 자본주의 체제에서는 사회가 각자의 판단에 입각한 결정이 상호 조화되어 운영되게 마련이라는 것이다. 그럼에도 불구하고 옛날부터 사회를 지배해온 각종의 원칙들도 한편으로는 상호보완관계, 다른 한편으로는 갈등관계를 가지면서 유지되고 있다. 전통적인 가족주의와 충효사상, 인본주의 등이 그 예라고 할 수 있다. 이와 같이 복합적인 사회원리는 기업의 의사결정이 자본주의적 원리만이 아니라 상황에 따라 비경제적인 사회적 요구의 영향을 받게 만든다.

둘째, 사회문화적 환경의 지역적 다양성이다. 국가적으로 다른 사회문화적 환경은 글로벌 기업으로 하여금 국가별로 다른 경영기법의 채택을 강요한다. 상거래에 있어서 법적, 공식적 절차를 중요시하는 서구적 환경과 비공식적인 인간관계가 중요한 아시아적 환경의 차이도 존재한다. 물론 한 국가 내에서도 지역별로 사회문화적 환경상의 차이가 있다.

셋째, 오늘날 사회문화적 환경이 급격히 변동하는 양상을 보이고 있다. 경제의 산업화 및 세계화, 그리고 디지털 문화의 급속한 확산이 진행되면서 문화는 전반적으로 도시화하는 동시에 동서양 문화가 수렴하는 경향이 나타나고 있다. 이와 같은 변화는 소비문화, 노동자의 근로의식 등에서 새로운 양상을 초래함으로써 기업경영에 중요한 변수로 작용한다.

## 제 3 절 과업환경

기업이 처해 있는 과업환경은 결국 속해 있는 산업의 경쟁 정도를 결정짓는 요소이다. 산업이란 서로 가까운 대체재를 공급하고 있는 기업들의 집단으로 정의할 수 있는데, 이때 가까운 대체재란 기본적으로 같은 고객욕구를 충족시키고 있는 제품이나 서비스를 말한다. 예를 들어, 햄버거와 피자는 비슷한 고객욕구를 대상으로 하고 있으며 서로 대체재적인 관계에 있다. 햄버거와 피자를 만들어 파는 회사는 제조나 판매 기술에 있어 서로 다른 점이 있으나 서로 가까운 대체재라는 점에서 패스트푸드 산업에 속해 있다.

마이클 포터는 다섯 가지 영향요인 모형(five forces model)을 통해 기업이 처해 있는 과업환경의 요소를 잘 설명하고 있다. 포터는 잠재적 경쟁자의 진입위협, 기존기업간의 경쟁, 수요자의 교섭력, 공급자의 교섭력, 대체재의 위협 등의 요인을 제시하고, 이 다섯 가지 영향요인들이 강하게 작용할수록 수

[그림 2-2] 마이클 포터의 다섯 가지 영향요인 모형

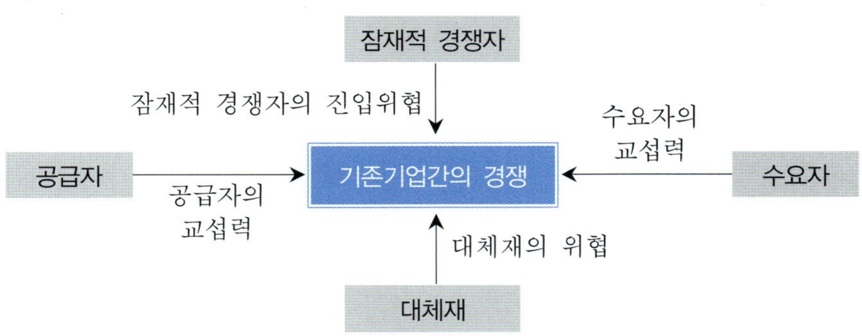

익성을 확보할 수 있는 능력에 제약을 받기 때문에 불리하다고 주장하였다. 반면, 영향요인들이 약하게 작용할 때 높은 수익성을 확보할 수 있는 기회가 많이 작용한다. 이제 이 요인들을 각각 하나의 환경요소로 보고 간략히 살펴보고자 한다.

## 1. 소비자 환경

소비자는 기업으로부터 재화와 서비스를 구입한다는 점에서 기업이 처해 있는 환경요소 중 가장 중요한 것이다. 소비자의 소비행태 변화는 직접적으로 기업의 경영성과에 영향을 미친다. 소비자의 소비행태는 경제발전에 따른 소득수준의 변화, 각종 사회문화적 환경의 변화, 소비자주권에 대한 인식을 촉발하는 교육 및 정치적 의식의 변화 등 대체로 거시적 환경요소에 의하여 많은 영향을 받는다. 예를 들어 우리나라에서 소비자보호주의의 등장은 종래의 기업과 소비자 간의 관계를 크게 바꾸고 있는데, 이와 같은 상황의 전개는 소비자들의 교육 및 소득수준 향상, 각종 여론단체들의 적극적인 활동, 그리고 이와 같은 여론을 반영한 정부의 정책에 기인하는 바가 크다.

소비자가 기업에 대하여 갖는 힘은 상황에 따라 다르게 나타난다. 첫째, 소비자의 특정기업 제품에 대한 구매량이 많을수록 상대적으로 커진다. 예를 들어, 최종제품을 소량 구입하는 최종소비자와 소매를 위하여 대량구입하는 중간상인을 비교하면 기업은 후자에 대하여 보다 불리한 위치에 처한다. 정부조달의 경우, 소비자인 정부는 수요독점자로서의 위치를 갖게 됨으로써 공급자에 비하여 우월한 위치를 점한다.

둘째, 소비자운동의 결과로 소비자의 단결력이 강할수록 기업은 보다 어려운 소비자 환경에 놓이게 된다. 소비자의 단결은 정치적인 힘을 지니게 됨으로써 소비자의 권리를 제도화할 가능성이 크다. 예를 들어 상품에 대한 리콜제도도 소비자운동의 결과로 보아야 할 것이다.

셋째, 산업 내의 경쟁기업이 많이 존재할수록 소비자의 힘은 강해지며 기업으로 하여금 소비자와 협상하게 만드는 경향이 커질 것이다. 오늘날 각국의 시장이 개방됨에 따라 소비자는 제품의 선택 폭이 넓어지고 기업은 그만큼 더 경쟁적인 환경에 놓이고 있다.

한편 발전속도를 가늠하기 힘든 인터넷의 무한한 잠재력은 기업에만 새로운 기회를 제공하는 것은 아니다. 기존에 소외되어 있던 소비자들을 서비스혁신에 큰 영향을 미치는 이해관계자 집단으로 뭉치게 하는 기반을 제공하기도 한다. 지금 시장에는 그 어느 때보다도 많은 제품과 서비스가 쏟아져 나오고 있으며 또한 점점 더 다양한 경로를 통해 소비자에게 전달되고 있다. 명품점, 온라인 상점, 할인점 등이 늘어나면서 저마다 독특한 수많은 제품과 서비스를 공급하고 있다. 이렇듯 상품의 공급시스템에도 큰 변화가 일어나고 있지만 소비자의 역할에도 큰 변화가 일어나고 있다.

이전까지 소비자가 고립된 존재였다면, 이제는 네트워크로 연결된 모습의 소비자이다. 지금까지 무지한 소비자를 가정했다면, 이제는 각종 정보에 해박한 소비자를 상정해야 한다. 수동적인 모습을 벗어나 적극적인 태도의 소비자가 탄생한 것이다. 이렇게 변화한 모습의 소비자는 이전과는 여러 측면에서 다르다.[1)]

- 정보획득 : 소비자들은 이제 인터넷을 통해 다양하면서도 많은 양의 정보를 손쉽게 획득할 수 있게 되었다. 오락산업, 금융산업, 의료산업 등에서 경험할 수 있듯이 네트워크로 연결된 수십만 명의 소비자가 집단적으로 행동하며 각종 산업의 전통적인 사업방식에 도전하고 있다. 온라인 게임, 모바일 콘텐츠, 디지털 카메라 등을 즐기는 사람들의 온라인 및 오프라인 상에서의 커뮤니티 활동을 좋은 예로 들 수 있다. 이들은 커뮤니티 활동을 통해 새로운 서비스에 대한 평가를 내리고 상호간에 궁금한 것에 대해 의견을 나누기도 한다.
- 글로벌 시각 : 소비자들은 웹을 통해 전 세계로부터 기업과 상품, 기술, 성능, 가격, 소비자 반응도 등의 정보를 얻을 수 있게 되었다. 이제는 전 세계 어디에서나 인터넷을 통해 원하는 상품과 서비스를 찾아볼 수 있다. 지역에 따른 정보 접근의 격차가 아직 존재하지만, 그 격차는 빠르게 좁혀지고 있으며 이로 인해 경쟁의 양상도 급변하게 되었다. 예를 들면, 소비자들이 지리적 경계를 뛰어넘어 상품의 종류, 가격, 성능을 비교하게 되면서, 다국적 기업들이 더 이상 지역마다 서로 다른 가

1) Prahalad, C.K. and V. Ramaswamy(2004), *The Future of Competition : Co-creating Unique Value with Customers* (김성수 역, 세종서적), Harvard Business School, pp.21∼25.

격과 품질의 제품을 제공하기 어렵게 되었다.

- 네트워킹 : 유무선 인터넷의 폭발적인 보급과 스마트폰, 소셜네트워크와 같은 다양한 커뮤니케이션 매체의 발달로 인하여 취향이나 취미 그리고 경험이 비슷한 사람끼리 모임을 만들고자 하는 자연스러운 욕구가 충족되고 있다. 소비자간의 커뮤니케이션은 더욱 손쉬워지고 그 범위도 급속히 확대되고 있다. '테마별 소비자 커뮤니티'에서는 지역이나 계층에 구애됨이 없이 자신의 아이디어와 느낌을 공유하고 있는데, 이런 활동이 기존의 시장을 뒤흔들며 새로운 시장 규칙에 영향을 미치고 있다. 소비자 커뮤니티는 회사로부터 완전히 독립되어 있기에 강력한 힘을 발휘할 수 있다. 이와 같은 소비자들의 네트워킹은 지금까지 일방적으로 전달되던 하향식 마케팅 커뮤니케이션을 뒤집어놓고 있다.
- 실험 : 소비자들이 인터넷을 활용하는 또 한 가지 방식은 상품개발, 특히 디지털 상품의 개발과 실험이다. 모바일 콘텐츠, 온라인 게임, 이러닝 콘텐츠, 소프트웨어 등과 같은 디지털 제품에 대한 소비자의 의견 공유가 활발히 이루어지고 있으며, 취미생활을 하는 동호회를 통해서도 다양한 경험이 확산되고 있다. 소비자들은 바로 이런 네트워크를 통해 간접실험을 해 나갈 수 있게 되었다. 다양한 경험과 지식을 갖춘 여러 계층의 사람들이 모여들어 자신만의 기술과 정보, 흥미의 창고를 만들어 함께 그 경험을 공유하고 있다.
- 소비자운동 : 많은 경험과 지식을 공유하게 된 소비자들은 이전보다 더 현명한 선택을 하게 되었고, 함께 의견을 나누는 네트워크를 통해서 기업에 대해 좀더 적극적인 요구를 하게 되었다. 수백 개의 웹사이트들이 소비자운동의 중심지가 되어가고 있다.

이러한 소비자의 역할 변화가 몰고 온 궁극적인 결과는 무엇인가? 상품의 개발, 생산 프로세스의 개발, 마케팅 메시지의 개발, 유통채널의 결정 등을 기업들이 더 이상 소비자와의 상호작용 없이 독단적으로 할 수 없게 되었다. 소비자들은 이제 기업경영의 모든 영역에 걸쳐 영향력을 발휘하게 되었다. 새로운 매체로 무장하고 기존의 상품에 불만을 가진 소비자들은 기업과의 적극적인 협력을 통해 함께 가치창출을 하기를 원한다.

## 2. 경쟁자 환경 : 경쟁밀도와 잠재적 경쟁자의 위협

어떠한 산업에서도 기업은 반드시 경쟁자를 갖는다. 세계가 하나로 좁아지고 상호의존도가 커지면서 서로 도움을 줄 수 있는 역할도 하지만 기업간 경쟁은 극한상태에 이르고 있다. 우리나라 기업들도 저임금을 무기로 하던 많은 업종들이 중국 및 동남아로 공장을 이전하여 새로운 기회를 모색하게 되고, 국내시장은 이런 나라에서 생산된 상품이 봇물 터지듯 밀려들어오고 있다. 유사한 상품을 생산하던 기업들은 어쩔 수 없이 업종을 변경하거나 폐업하는 단계에 이르기도 했다. 특별히 지리적으로 한정된 곳에 공급할 수밖에 없는 서비스를 제공하는 기업들을 제외하고는 모든 기업들이 치열한 경쟁구조를 벗어나기 힘들어졌다. 동네 햄버거가게도 맥도날드, 버거킹과 같은 글로벌 기업의 국내 체인점, 롯데리아 등과 같은 국내 대기업의 체인점과 끝없는 경쟁을 할 수밖에 없다. 누구도 경쟁에서 자유로울 수 없다.

같은 산업에 속해 있는 기업간의 경쟁밀도는 [그림 2-3]에서와 같이 경쟁자들의 수와 그들의 활동특성, 제품차별화 정도, 고정비용과 퇴출장벽(exit barriers) 등 여러 가지 요인에 의해 결정된다. 우선 경쟁업체의 수가 많고 경쟁활동이 치열할수록 당연히 경쟁은 심해지며, 기업들이 생산해 내는 제품간에 차별화 여지가 적을수록 가격경쟁에 의존하게 된다. 왜냐하면 제품과 서비스에 대해 기업간 차별성이 없다고 인식될 때 소비자는 가격을 중시하기 때문이다. 따라서 제품차별화의 정도가 약한 산업일수록 기업간 가격경쟁이 심하다. 공장설비나 부동산 등에 대한 대규모 투자로 인해 구조적으로 고정

**[그림 2-3]**
기업간 경쟁밀도를 결정짓는 요인

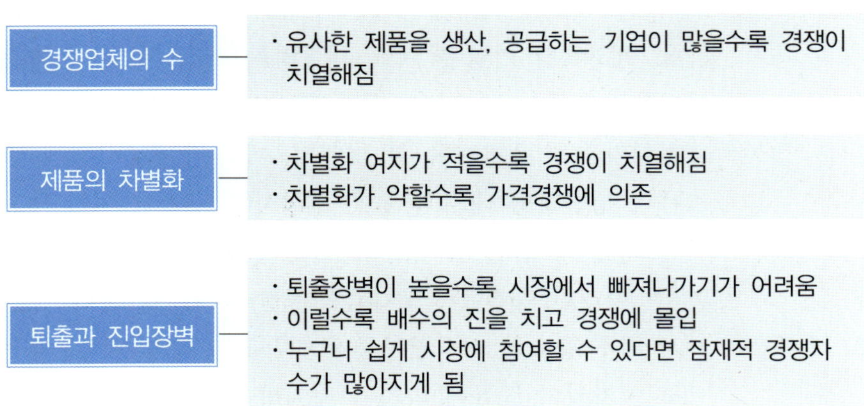

비 비중이 높을 경우 가동률을 높이려는 압력을 받게 되어 무리한 물량경쟁이 촉발될 수 있다. 이 경우 지나친 가격인하 경쟁으로 치닫는 수가 있다.

마지막으로 퇴출장벽이 높을 경우에도 기업간 경쟁은 심해진다. 사업에서 손을 떼려 해도 많은 비용이 소요되므로 기업들이 배수진을 치고 경쟁에 임하기 때문이다. 이때 퇴출장벽에는 경제적 · 감정적 요인들이 있다. 경제적 요인에 관한 예를 들면, 보유자산이 특수목적에 전문화된 것일수록 청산시 시장가치가 적기 때문에 그만큼 많은 비용을 지불해야 퇴출이 가능해진다. 또한 사업에 대한 자부심과 자존심 등 심리적 요인이 퇴출장벽이 될 수 있다.

현재 경쟁하고 있지는 않지만 마음만 먹으면 언제나 같은 업종에 들어올 수 있는 능력을 갖춘 기업도 어려운 존재이다. 잠재적 경쟁자의 진입위협이 크면 클수록 기존의 기업들은 수익성과 시장점유율 측면에서 위협을 느끼게 된다. 따라서 이러한 진입위협이 클수록 기존 기업의 수익성은 더 많이 위협받는다고 할 수 있다. 반면에 진입위협이 낮을수록 기존기업들은 쉽게 가격을 올리고 더 많은 수익을 확보할 수 있는 기회를 갖게 된다.

## 3. 공급자 환경

기업은 주변 환경으로부터 자원을 획득하고 이를 이용하여 제품과 서비스를 생산 · 판매한다. 따라서 기업의 생산활동의 첫 단계는 무엇보다도 생산에 필요한 자원의 획득이라고 할 수 있다. 공급자들은 생산에 필요한 자원을 공급하는데, 그 대상은 인적자원, 물적자원, 그리고 자본 등이다. 공급자들이 기업의 전략에 미치는 영향력은 상당하다. 예를 들어 공급자가 자원의 공급가격을 변경하면 기업은 이에 대응하는 생산 및 판매 활동의 조정이 필요하다. 원료가격이 오를 경우, 기업의 시장점유율 유지를 위하여 이익이 줄더라도 현행가격을 유지해야 할 것인지, 아니면 제품가격에 반영할 것인지 또는 제품의 생산방법 내지 함량을 변경시킬 것인지 여러 가지 선택의 기로에 접하게 되는 것이다.

이러한 측면에서 볼 때, 적절한 공급자를 선택하는 것은 기업경영에 있어서 매우 중요한 의사결정문제이다. 공급자의 선택문제는 공급자의 숫자, 제공하는 자원의 종류에 따라 달라지며, 기업과 공급자 간에는 매우 다양한 형태의 상호관계가 성립한다. 예를 들어 공급자가 극소수이거나 대체품이 별로 없는 경우 또는 공급자의 제품이 어떤 면에서 독특하거나 구매자들이 다른 대체품을 구하려면 비용이 들거나 번잡할 때 공급자의 영향력은 강해진다.

공급자와의 개별적인 관계가 중요한 경우도 있다. 제품의 신속한 공급이 매우 중요한 경우에는 신뢰할 만한 공급자의 확보가 경쟁의 관건으로 등장한다. 기업의 입장에서는 이와 같은 공급자의 확보를 위하여 평상시에도 제품의 판매상황과 무관하게 일정하게 자원을 구입함으로써 신뢰를 구축할 필요가 있을 것이다.

공급자 환경에 있어서 제품시장 및 자원시장의 구조, 개별 공급자와의 관계만큼 중요한 것은 생산자원의 공급을 결정하는 환경변화에 대한 예측이라고 할 것이다. 예를 들어, 자본의 공급은 국내 자본시장의 구조뿐만 아니라 정부의 대외정책에 의해서도 영향을 받는다. 기업이 해외로부터 차입할 수 있는 길이 확보된다면, 자본의 가용성은 물론 국내의 금리도 인하하는 효과를 발생시키게 된다. 따라서 공급자의 환경을 변화시킬 수 있는 각종 요인에 대한 분석과 예측을 토대로 기업 스스로 유리한 환경을 도모할 필요가 있다.

## 4. 대체재의 공급환경

대체재란 특정제품과 직접적으로 경쟁을 하지 않지만 기업의 판매와 수익에 영향을 줄 수 있는 제품을 말한다. 예를 들면 플라스틱은 철강제품의 대체재이며, 비닐제품은 가죽제품의 대체재가 될 수 있다. 이러한 대체재의 존재는 강한 위협이 된다.

따라서 기업의 가격책정에 영향을 미치며, 그 결과 수익성에도 영향을 준다. 만약 뚜렷한 대체재가 존재하지 않는다면, 그만큼 위협이 줄어들고 가격책정에 있어서도 유리한 입장에 있을 수 있기 때문에 기업의 수익성 증대에 도움을 준다.

# 제4절 내부환경

내부환경은 기업운영을 위해 필요한 다양한 자원과 조직구조, 조직 내 분위기 그리고 종업원 등과 관련된 요소를 말한다. 기업마다 독특한 특성을 가지며 기업경영의 대상일 수도 있다.

## 1. 종업원 환경

종업원은 기업의 경영자원 중 가장 중요한 자원으로 생산활동적 측면에서 볼 때에는 투입요소로서의 성격을 띠고 있다. 그러나 기업운영과정에서 종업원은 독립적인 의사를 표명함으로써 경영활동의 방향에 영향을 미치는 주체로서의 기능도 가진다. 따라서 궁극적인 기업목표의 달성을 위해서는 종업원을 투입요소 중의 하나로만 간주할 것이 아니라 기업조직의 운영상 반드시 고려해야 할 의사결정 주체임을 인식해야 한다.

그 이유는 무엇보다도 대부분의 기업에 있어서 종업원들은 노조의 회원이라는 사실에 있다. 노조는 기업 내에서 회원을 모집하고 회비를 거두며 종업원을 대표하고 유사시에 종업원을 보호하는 역할을 한다. 특히, 노조는 종업원을 대표하여 적정한 임금과 노동환경 그리고 직업의 안정성을 확보하기 위한 활동을 한다. 따라서 오늘날 노조는 경영에 있어서 매우 중요한 요소로 작용할 수밖에 없다.

노조의 목표가 종업원의 이익을 보호하는 것이라는 점에서 노조의 발생 초기에 기업과 노조는 상호 적대적인 관계를 형성하는 경우가 일반적이다. 그러나 기업이 국내뿐만 아니라 해외로부터의 경쟁에 노출되는 정도가 높아짐에 따라 지나친 노조활동은 기업의 비용을 증대시키고 생산성을 저하하면서 경쟁력을 떨어뜨림으로써 결국은 직업의 안정성을 저해하는 결과를 가져오는 경우도 많아졌다. 이에 따라, 종래의 적대적인 관계에서 상호 협조하여 기업의 성장과 직업의 안정성 유지를 도모하는 경우도 늘어나고 있다. 이 과정에서 기업은 종업원을 경영에 참가시키는 한편, 종업원 지주제도 등을 통하여 종업원이 기업의 장기적 발전에 관심을 가지도록 유도하는 정책을 많이 사용하게 되었다.

종업원 환경은 기업과 노조만의 관계를 통하여 형성되는 것은 아니다. 경제발전, 사회운동 그리고 정부의 정책에 따라 발생하는 제도적 변화에 따라 주어지는 경우도 있다. 특히 오늘날의 경제가 세계화함에 따라 노조에 대한 제도 및 기준을 국제적 수준과 맞추어 나가야 할 필요성도 발생하고 있다. 이에 따라 최저임금제도의 실시, 복수노조의 허용 등 각종 제도적 변화가 발생하게 되면 곧바로 기업 내의 종업원 환경에 직접적으로 영향을 미치게 된다.

## 2. 경영자원

종업원이나 그 외 기업 내의 인적자원 외에도 경영자원을 구성하는 요소들은 매우 다양하다. 재무적 자원과 물적자원의 여유 정도, 고유의 생산기술이나 경영노하우 또는 기업의 상표나 명성과 같은 무형자원 등 여러 경영자원이 내부환경을 구성한다. 마음대로 사용할 수 있을 정도로 이들 자원이 충분히 공급되면 좋겠지만 어느 기업도 이런 여유를 가지기는 불가능하다. 자원의 구입에는 돈이 들어가기 때문이다.

기업의 보유자원이 경쟁에서 이겨나가고 새로운 직장을 창출해 내기 위한 경쟁우위의 원천으로 사용되기 위해서는 가치성, 희소성, 대체불가성, 모방불가성의 속성을 지니며 해당기업의 소유물이어야 한다.[2] 물론 모든 내부자원이 이런 속성을 다 지닐 수는 없지만 자원의 속성이 이를 닮아갈수록 경쟁력 우위를 점하기 쉽다는 것이다.

[그림 2-4] 경쟁우위를 위한 기업 내부자원의 속성

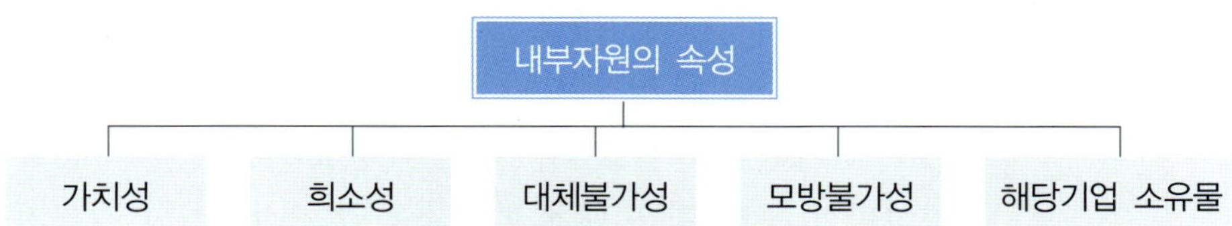


2) Hill, C.W.L. and S. McShane(2008), *Principles of Management*, McGraw-Hill / Irwin.

- 자원의 가치성 : 기업의 경영자원은 기업활동에 필수적인 요소이어야 한다. 경쟁우위를 차지하기 위해 필요한 제품과 서비스의 품질을 확보하고 남보다 저렴하게 생산할 수 있으며 누구보다도 신속하게 공급할 수 있는 능력을 갖추는 데 기여할 수 있어야 한다.
- 희소성 : 누구나 돈만 주면 살 수 있는 것은 경쟁력 강화에 큰 도움이 되지 않는다. 다른 기업이 해당자원을 보유하고 있을 가능성이 낮을수록 자원의 희소성은 커진다.
- 대체불가성 : 기업이 보유하고 있는 가치 있는 자원도 다른 기업이 똑같이 모방은 못하더라도 다른 유사품으로 대체할 수 있다면 경쟁력을 올리는 데 큰 도움이 되지 않을 것이다.
- 모방불가성 : 세계적인 기업의 이미지나 평판, 경영노하우, 최고경영자의 리더십 등은 다른 것으로 대체할 수도 없지만, 돈을 주고 사기도 힘들다. 모방불가능한 속성을 지닌 기업 내부의 자원이 많을수록 경쟁에서 이겨나가기 용이하다.

## 3. 조직의 분위기 및 문화

모든 물적자원이 갖추어져 있고 이를 활용하여 제품과 서비스를 창출해 낼 수 있는 기술이 있다 하더라도, 신상품을 계속적으로 개발하고 새로운 시장을 개척하여 지속적인 기업성장을 도모하기 위해서는 이런 자원들을 제대로 활용하여 목표달성에 최선을 다해야 한다는 기업 내의 분위기가 뒷받침되어야 한다. 기업조직이란 사람들로 이루어지는 것이므로 구성원들의 정신적인 면을 조직의 특성과 목표에 잘 부합시키는 것이 매우 중요하다.

조직의 분위기는 흔히 조직문화(organizational culture)라는 단어로 대체되기도 한다. 조직문화는 조직 내의 규범뿐만 아니라 가치관, 믿음 등 조직구성원들이 공유하는 무형적인 것을 모두 포함하며, 조직구성원 전체가 당연한 것으로 받아들이고 이를 따른다는 특성을 가진다. 조직문화는 가치, 가정, 믿음, 사고방식 등과 같은 내재적 요소들로 구성되지만 실질적으로는 이런 무형적인 것들이 녹아들어간 조직구성원의 다양한 활동패턴을 통해 이해할 수 있다. 따라서 조직문화가 올바르게 정립될 때에 조직은 바른 방향으로 발전하게 되며, 그렇지 못할 경우 조직은 퇴보한다.

조직문화는 눈에 보이지 않는 무형적 자원이면서 내부환경을 구성하는 요소 중의 하나로서 조직 내에서 여러 역할을 담당한다. 조직문화를 기업경영에 필요한 무형자원의 하나로 보는 이유는 기업 고유의 문화야말로 구성원들의 강한 열정과 에너지를 촉발하여 하나의 구심점에 결집시키는 경쟁력의 핵심이기 때문이다. 기업이 지속적으로 성장하기 위해서는 일류가 되겠다는 강한 의욕과 지속적으로 새로운 가치를 창출하기 위한 구성원들의 혁신 노력이 필요한데, 기업문화가 바로 그 원동력이 된다. 기업의 비전과 목표를 가슴 속 깊이 내면화하여 자발적으로 실천해 나가는 구성원들이 바로 강력한 변화를 추진하는 밑거름이 되기 때문이다.

# 연습문제

1 다음의 환경에 관한 설명 중 바르게 된 것은?

ㄱ. 내부환경은 기업의 독특한 특성이나 기업문화를 말하는 것이고, 외부환경은 기업 밖에 있으면서 기업의 경영활동에 영향을 주는 요소들이다.
ㄴ. 일반환경과 과업환경은 상호작용하면서 기업 특성이나 활동영역에 따라 변화한다. 일반환경을 구성하는 요소들은 과업환경의 구성요소에 영향을 미침으로써 기업에 대해 간접적으로 작용하기도 한다.
ㄷ. 외부환경은 기업활동의 성공과 실패를 결정하는 소비자 환경, 같은 상품을 공급하는 기업들로 구성되는 경쟁자 환경, 생산활동에 필요한 원료를 공급하는 기업들로 구성되는 공급자 환경, 그리고 기업이 만들어내는 상품을 대신할 수 있는 대체품 환경 등으로 나뉜다.

① ㄱ, ㄴ ② ㄱ, ㄷ
③ ㄴ, ㄷ ④ ㄱ, ㄴ, ㄷ

2 다음 항목 중 일반환경에 포함되는 것은?

① 기업의 독특한 특성이나 기업문화 ② 정치적 환경
③ 소비자 환경 ④ 공급자 환경

3 글로벌화가 급속히 진행되는 요인으로 보기 힘든 것은?

① 통신과 대중매체기술의 급속한 발전
② 국가간 무역장벽의 급속한 완화와 외환자유화현상
③ 세계적인 유통망과 생산시설을 갖춘 다국적 기업들의 등장
④ 선진국의 인구감소로 인한 산업공동화의 발생

4 다음의 정치적·기술적·사회문화적 환경에 관한 설명 중 바르게 된 것은?

ㄱ. 정치적 환경에는 국가의 제도 및 법적 규범 그리고 이를 산출하는 정치적 과정이 포함된다.
ㄴ. 기술적 환경에는 기능과 지식을 적용하는 방식, 이론, 테크놀로지 등의 발전과정이 모두 포함된다.
ㄷ. 사회문화적 환경은 사회를 구성하고 있는 개인의 행위에 영향을 미치는 집단이나, 문화·가치관·전통 내지 관습 등과 같은 사회제도 및 사회적 태도 등을 말한다.

① ㄱ, ㄴ ② ㄱ, ㄷ
③ ㄴ, ㄷ ④ ㄱ, ㄴ, ㄷ

5 마이클 포터는 다섯 가지 영향요인 모형(five forces model)을 통해 기업이 처해 있는 과업환경의 요소를 잘 설명하고 있다. 다음 중 다섯 가지 영향요인에 속하지 않는 것은?

① 잠재적 경쟁자의 진입위협 ② 기존 기업과의 경쟁
③ 수요자와 공급자의 교섭력 ④ 보완재의 존재여부

6 같은 산업에 속해 있는 기업간의 경쟁밀도는 여러 가지 요인에 의해 결정된다. 다음 중 그 설명이 바르게 된 것은?

ㄱ. 시장특성에 따라 제품차별화의 여지가 적을수록 기업들은 가격경쟁에 의존하게 된다. 왜냐하면 제품과 서비스에 대해 기업간 차별성이 없다고 인식될 때 소비자는 가격을 중시하기 때문이다. 따라서 제품차별화의 정도가 약한 산업일수록 경쟁이 심하다.
ㄴ. 구조적으로 고정비의 비중이 높은 경우 가동률을 높이려는 압력을 받게 된다. 따라서 무리한 물량경쟁이 촉발될 수 있으며, 이 경우 지나친 가격인하 경쟁으로 치닫는 수가 있다.
ㄷ. 가격담합이나 소비자권익 등에 관한 정부규제가 느슨해지는 경우 기업들의 진입이 용이해져 시장참여기업수가 늘어나 전체적인 경쟁밀도가 강해진다.

① ㄱ, ㄴ ② ㄱ, ㄷ
③ ㄴ, ㄷ ④ ㄱ, ㄴ, ㄷ

7 다음 중 기업의 내부환경에 속하는 것은?

① 조직분위기　　② 은행 및 투자기관
③ 한국노총　　④ 능력 있는 인적자원의 공급시장

8 기업의 보유자원이 경쟁에서 이겨나가고 새로운 직장을 창출해 내기 위한 경쟁우위의 원천으로 사용되기 위해서는 몇 가지 속성을 갖추어야 한다. 다음 중 그 속성에 대한 설명이 바르게 된 것은?

> ㄱ. 자원의 가치성 : 기업의 경영자원은 기업활동에 필수적인 요소이어야 한다. 경쟁우위를 차지하기 위해 필요한 제품과 서비스의 품질을 확보하고 남보다 저렴하게 생산할 수 있으며 누구보다도 신속하게 공급할 수 있는 능력을 갖추는 데 기여할 수 있어야 한다.
> ㄴ. 대체불가성 : 기업이 보유하고 있는 가치 있는 자원도 다른 기업이 똑같이 모방은 못하더라도 다른 유사품으로 대체할 수 있다면 경쟁력 제고에 큰 도움이 되지 않는다.
> ㄷ. 모방불가성 : 세계적인 기업의 이미지나 평판, 경영노하우, 최고경영자의 리더십 등은 다른 것으로 대체할 수도 없지만, 돈을 주고 사기도 힘들다. 모방불가능한 속성을 지닌 기업 내부의 자원이 많을수록 경쟁에서 이겨나가기 용이하다.

① ㄱ, ㄴ　　② ㄱ, ㄷ
③ ㄴ, ㄷ　　④ ㄱ, ㄴ, ㄷ

9 다음 중에서 기업의 생산활동적 측면에서 볼 때에는 투입요소이면서 또한 환경요소의 역할도 하는 것은?

① 공급업자　　② 고객 · 소비자
③ 경쟁업체　　④ 종업원

10 조세의 의무 부여, 기업의 활동과 소비자 권익의 경제적 관계를 규율하는 각종 제도 등은 어디에 속하는 환경요소인가?

① 경제적 환경　　② 사회문화적 환경
③ 정치적 환경　　④ 소비자 환경

**11** 다음 중 과업환경에 속하는 것은?

ㄱ. 경제적 환경
ㄴ. 공급자 환경
ㄷ. 소비자 환경

① ㄱ, ㄴ
② ㄱ, ㄷ
③ ㄴ, ㄷ
④ ㄱ, ㄴ, ㄷ

**12** 다음 중 조직문화에 대한 설명으로 바르지 않은 것은?

① 바람직한 조직문화는 조직구성원간의 갈등을 해소시켜 주며 노동조합 결성의 필요성도 줄여준다.
② 조직문화는 조직구성원들에게 소속감을 부여하고 안정된 업무수행을 가능하게 하며 조직 내에서의 행동에 대한 통제기능을 담당한다.
③ 조직문화는 눈에 보이지 않는 무형적 자원으로 기업 내의 긍정적 분위기 조성에 상당한 기여를 한다.
④ 조직문화는 "조직구성원들간에 공유된 가치관"이라고 정의할 수 있다.

| 정답 | 1. ① 2. ② 3. ④ 4. ④ 5. ④ 6. ① 7. ① 8. ④ 9. ④ 10. ③ 11. ③ 12. ① |
|---|---|

Chapter 3

# 기업의 사회적 책임과 지속가능경영



기업이 국가경제에서 가장 중요한 역할을 차지하게 되면서 사회적 책임을 다하라는 목소리가 더욱 커지고 있다. 과연 이윤극대화를 목표로 하는 기업에도 사회적 책임이 따르는가에 대해 의문이 제기되기도 하지만 기업의 역할이 증대되면 될수록 사회적 책임을 다해야 국가경제의 발전과 더불어 기업 자체의 생존과 번영도 가능해질 것이다. 따라서 기업을 경영하는 경영자가 책임완수에 대한 긍정적 가치관을 가지는 것이 필요하다고 하겠다. 본장에서는 기업의 사회적 책임과 지속가능경영에 관하여 알아보도록 하자.

# 제 1 절 기업의 사회적 책임

## 1. 사회적 책임의 중요성

2000년대의 세계는 인터넷의 급속한 확산으로 지식과 정보가 경제의 핵심요소가 되는 디지털 혁명이 진행중이다. 다른 한편으로, 1997년 말에 닥친 경제위기 이후 중산층 붕괴에 의한 부의 양극화 현상과 급속한 고령화는 경제 및 사회 전반에 커다란 변화를 불러일으키고 있다. 경제적 격차로 발생하는 사회적 문제 해결은 본래 정부의 영역이다. 그러나 사회가 다원화되면서 정부가 모든 일을 수행하는 데 한계를 갖게 되었다. 따라서 정부의 힘이 미치지 못하는 영역에서 민간기업들이 펼치는 복지활동은 사회적 책임의 수행이라는 의미를 갖는다. 현대 사회에서 기업은 사회를 구성하는 중요한 단위조직체이며 사회라는 울타리를 벗어나서 존재할 수 없는 존재이다. 기업활동은 단순히 경제적 활동으로만 끝나지 않고 정치, 사회, 문화 전반의 영역에 영향을 미치는 사회적 중요성을 가진다. 동시에 기업을 둘러싸고 있는 환경이 날로 복잡해짐에 따라 기업에 대한 사회의 요구도 점차 증대하고 있다.

기업의 사회적 책임에 대한 개념은 경제, 사회문화적 환경의 변화와 함께 변천해 왔다. 경제발전 초기에 사용되었던 기업의 사회적 책임의 의미와 선진국 경제로 이행하는 현 시점에서의 사회적 책임 개념은 분명히 구분된다. 1980년대까지는 양질의 제품을 저렴한 가격에 생산하여 국가발전에 이바지한다는 정신이 그 시대 기업들이 가졌던 사회적 책임이었다. 이때의 사회적 책임이 제품과 서비스의 공급자 역할에 초점이 맞추어졌다면 오늘날 기업의 사회적 책임은 전혀 다른 차원의 경영활동을 요구한다.

오늘날 우리나라에서 기업의 사회적 책임에 대한 관심이 고조되고 있는 이유는 다음의 세 가지로 요약할 수 있다. 첫째는 기업에 대한 사회의 기대치가 점점 높아지고 있다는 점이다. 이에 따라 소비자단체, 환경보호단체 등을 중심으로 한 기업활동의 외부 감시기구가 강력해지고 언론의 눈초리도 더욱 매서워지고 있어서 기업은 이들 이해관계자들과 교류하지 않을 수 없게 되었다. 둘째, 기업의 범법행위와 사회적 공익의 침해에 대한 처벌이 갈수록 무거워지고 있는데, 이는 특히 환경과 관련해서 더욱 강하게 나타나고 있다. 마지막으로 기업 내부에서도 단기이익 중시에서 장기적으로 이익을 확보하려는 방향으로 선회하고 있다는 점을 꼽을 수 있다.

초기 산업화 시대에는 기업이 자기 이익만을 추구하는 것으로 그 사명을 다할 수 있었으며 사회적 목표와도 어느 정도 일치할 수 있었다. '사업이 잘되면 나라에 이득이 된다'는 생각이 일반적으로 통용되었던 것이다. 그러나 정부의 힘이 강화되고 기업을 둘러싼 여러 단체들이 영향력을 행사하면서 기업은 합법적 행위뿐 아니라 윤리적으로도 합당한 행위를 해야 한다는 요구가 나타나기 시작했고, 결국 오늘날의 기업은 합법성과 윤리적 수용이라는 이중의 기준을 충족시킬 수밖에 없게 되었다.

윤리적 책임의 요구는 사회공헌이라는 형태로 구체화되어 나타나게 되는데, 우리나라에서는 이러한 요구가 대기업에 집중되어 나타나는 현상을 보이고 있다. 그것은 사회 전반적으로 시장경제 시스템이 미비하고 대기업을 일반 사회와는 거리가 있는 '특별히 부유한 존재'로서 인식하고 있는 국민감정에서 비롯한다. 이러한 성향은 지방분권화의 진전에 따라 더욱 뚜렷하게 나타날 것으로 전망되므로, 기업은 지역사회와의 상생을 능동적으로 모색할 필요가 있다.

## 2. 사회적 책임에 대한 시각

개인에 따라 윤리의식 수준이 다르듯이 사회적 책임 또는 기업윤리도 기업마다 그 내용이 다를 수 있다. 기업의 사회적 책임은 그 기업의 최고경영자를 위시한 조직구성원 전체가 자발적으로 감당해야 하는 책임이지만 또 한편으로는 정부나 소비자의 압력에 의해 강제적으로 부담되기도 한다. 기업의 사회적 책임에 관해서는 다음과 같이 상반된 주장이 제기되어 있는 상태이다.

### (1) 전통적 시각

밀턴 프리드만과 같은 경제학자는 기업의 사회적 책임이란 주주의 이익을 극대화하는 데에 있다고 주장하였다. 전문경영자 제도가 점차 정착해감에 따라 경영자란 단지 주주재산의 관리에 대해 일정부분 책임을 지는 고용인이다. 따라서 그들의 주된 책임은 투자에 대한 이익을 최대관심사로 여기는 주주들의 이익을 극대화하는 사업을 유지·확대하는 것이다. 그러나 경영자가 조직 내의 자원을 사회적 활동에 사용할 때 누군가가 이에 대한 비용을 지불해야 한다. 사회적 책임에 관한 활동은 곧 이익과 배당을 줄여 주주에게 손해를 입히거나 장기적인 투자자원의 확보를 어렵게 하여 조직의 지속적인 성장과 발전을 저해한다. 만약 사회적 책임활동의 비용을 지불하기 위해 종업원의 임금을 줄이거나 재화나 서비스의 가격을 올린다면 결과적으로 종업원이나 소비자들만 손해를 본다.

기업의 사회적 책임에 대해 반대하는 입장의 근거를 정리하면 다음과 같다. 첫째, 기업의 1차적인 책임은 경제활동에 관심을 집중함으로써 이윤을 극대화하는 것이다. 둘째, 기업이 사회적 목표를 추구하게 되면 결과적으로 누군가가 비용을 지불하게 된다. 기업 스스로가 이 비용을 흡수하거나 가격인상을 통해 소비자에게 비용을 전가할 수밖에 없다. 셋째, 이미 기업은 사회적으로 큰 영향력을 가지고 있는데, 추가적인 사회참여는 기업의 힘과 영향력을 더욱 증대시킨다. 넷째, 기업의 경영자들은 이윤의 추구에는 전문가이지만 사회적 문제를 제대로 다룰 수 있는 기술이나 지식이 부족하다. 다섯째, 일반대중이 반드시 기업의 사회활동 참여에 찬성하지는 않는다. 의견이 일치되지 않은 상황에서 기업의 사회활동 참여를 강요하게 되면 큰 마찰을 일으킬 수도 있다.

### (2) 사회경제적 시각

기업이 자본을 공급한 주주에게만 책임을 지는 독립적 개체가 될 수 없다. 정부는 국민을 위해 존속하며, 모든 기업은 정부로부터 어떤 형식으로든지 허가를 받아 운영하고 있다. 그러므로 기업은 기업 자체를 만들어내고 유지시키는 더 큰 사회에 대해 책임을 져야 한다는 것이다. 학자에 따라서는 기업의 첫 번째 책임이란 이익의 극대화에 있는 것이 아니고 조직의 장기적인 유지·존속에 있다고 주장하기도 한다.

기업은 장기적인 이익의 극대화에 초점을 두어야 한다. 이를 위해서는 사회적 요구와 이를 충족시키기 위한 비용을 부담해야 한다. 기업은 공해물

질을 방출하지 않아야 하고, 소비자를 속이는 광고를 하지 않아야 하며, 불공정한 거래관행을 고쳐야 한다. 또한 여러 봉사단체와 지역사회에 적극적인 지원을 아끼지 않음으로써 보다 살기 좋은 사회의 건설에 더욱 적극적인 역할을 맡아야 한다.

기업이 적극적으로 사회적 책임을 져야 한다는 입장의 근거를 정리하면 다음과 같다.

첫째, 일반대중들이 기업을 보는 관점이 달라졌다. 이제 기업은 경제적 이익의 추구뿐만 아니라 사회적 요구에 부응하는 봉사역할에도 적극적인 지원을 해야 한다고 생각하고 있다. 여러 가지 사회문제의 해결을 통해 보다 나은 삶의 질을 제공할 수 있다.

둘째, 책임 있는 경영활동을 통해 지역사회와의 관계를 개선하고 기업이미지를 좋게 바꿀 수 있다. 이러한 활동은 보다 많은 고객을 끌어들이고, 우수한 인적자원을 확보하며, 새로운 시장개척을 손쉽게 해줄 수 있는 토대가 되어 결과적으로 지속적 이익을 보장해 준다.

셋째, 적극적 사회적 참여는 정부의 불필요한 간섭과 규제를 사전에 막아준다. 그 결과 기업의 의사결정에 더 많은 자유와 융통성을 부여할 수 있다.

넷째, 기업은 일반대중에게 막강한 영향력을 행사하므로 마땅히 같은 정도의 책임을 져야 한다. 더욱이 기업의 규모가 클수록 그 책임은 더 커진다.

다섯째, 기업은 돈과 유능한 전문가, 경영자들을 보유하고 있으므로 도움을 필요로 하는 사회문제에 적극적으로 지원해야 한다.

여섯째, 사회적 문제는 그대로 내버려두면 언젠가는 기업에도 큰 골칫거리로 되돌아온다. 그와 같은 문제들이 발생하기 전에 미리 적극적 참여활동을 통해 예방하는 것이 낫다.

최근에는 기업의 이윤극대화와 사회적 책임을 병행할 수 있다는 주장이 제기되고 있다. 이에 따르면 주주도 이해관계자에 포함되기 때문에 장기적인 관점에서 보면 주주와 이해관계자의 이해관계는 결국 같다는 시각이다. 다만 이렇게 하기 위해서는 기업이 단기이익이 아닌 장기이익을 추구해야 한다고 한다. 즉 기업의 목표는 이윤극대화에 있지만 그것이 기존의 단기적인 이익 추구와는 구별되는 장기적인 이익의 극대화에 초점을 맞추어야 한다는 것이다.

## 제2절 사회적 책임의 단계

### 1. 사회적 책임의 4단계

사회적 책임에 대한 여러 이론을 종합해 보면 사회적 책임이란 법과 경제가 요구하는 것을 넘어서 사회 전체에 바람직한 장기적 목표를 추구할 의무를 말한다. 물론 기업은 법을 준수하고 경제적 이익을 추구하는 것을 전제로 하는 조직이다. 이는 기업의 사회적 책임과는 무관한 기업의 기본 의무이자 책임이며 이를 제대로 지키지 못하면 기업의 존속 자체가 어려워진다. 그러나 사회적 책임은 법이 요구하는 기본의무를 다하는 것으로 충분하지 않다. 사회적 책임이란 사회를 보다 살기 좋은 것으로 만드는 데 기여할 수 있는 일을 하고 사회를 황폐화시키는 일을 하지 않는다는 윤리적인 의무를 가미한다. 즉 법에 규정된 공해방지시설을 설치하고 장애인을 고용하며 불공정한 거래행위를 하지 않는 것과 같은 법규를 지키는 일은 사회적 책임에 포함되지도 않는다. 당연히 해야 할 일을 하는 것에 불과하다. 사회적 책임에는 "우리 회사는 100% 재활용 종이를 사용한다", "우리 회사는 탁아소와 기숙사시설을 완비하여 종업원들의 복지에 많은 관심을 기울이고 있다"와 같이 법으로 규정되지 않은, 그러나 사회구성원에게 큰 도움을 주는 활동들이 포함된다.

기업이 사회적 책임(corporate social responsibility)을 수행한다는 것은 일반적으로 "이해관계자를 비롯해 사회구성원들이 기업에 대해 기대하는 경제적·법적·윤리적·자선적 책임에 부응하면서 사업을 운영하는 것"이라 할 수 있다. 즉 기업은 단계별로 경제적 책임, 법적 책임, 윤리적 책임, 자선적 책임이 있다는 것이다.[1)]

제1단계는 경제적 책임(economic responsibility) 단계로서 기업조직은 소비자가 원하는 우수한 제품과 서비스를 공급함으로써 이익을 올리며 기업가치 극대화에 노력한다. 1단계는 주주와 경영자의 경제적 이익에 초점을 둔다. 즉 이익의 극대화와 비용의 절감을 통해 기업의 존속과 성장이 가능하도록 해야

1) Carroll, A.B.(1991), "The Pyramid of Corporate Social Responsibility : Toward the Moral Management of Organizational Stakeholders," *Business Horizons*, July-August, pp.30～48.

[그림 3-1]
사회적 책임의 4단계

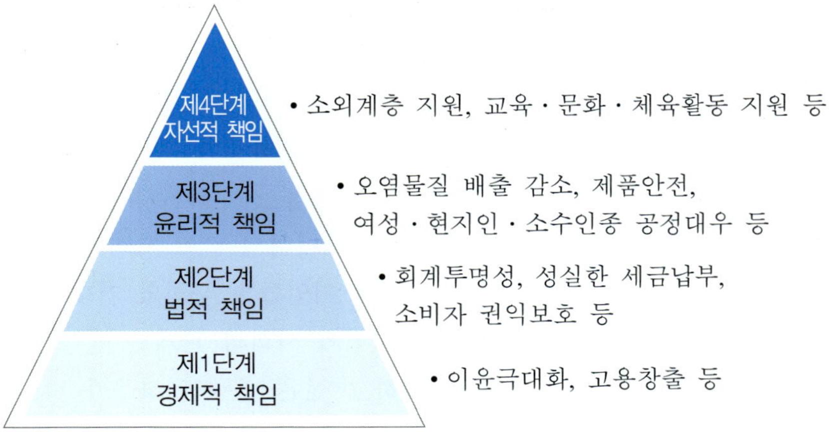


한다. 기업의 지속적 성장이 뒷받침하지 않고서는 다른 유형의 사회적 책임이란 생각할 수도 없다.

제2단계는 법적 책임(legal responsibility) 단계로서 기업은 이윤을 추구하는 조직이기는 하지만 법과 규제의 테두리 내에서 운영되어야 한다. 법과 규제는 사회적 정의구현을 위해 구성원들의 합의하에 만들어놓은 일종의 규범이라 할 수 있지만 이를 잘 준수했다고 해서 해당기업이 윤리적인 기업이라 볼 수는 없다. 당연히 지켜야 할 것을 지킨 것뿐이기 때문이다. 제2단계 책임 역시 1단계 책임과 마찬가지로 기업이 준수해야 할 당연한 의무라고 볼 수 있다.

제3단계는 윤리적 책임(ethical responsibility) 단계로서 법이나 규제 등으로 명문화되어 있지는 않지만 기업이 따라주기를 바라는 다양한 활동을 포함한다. 즉, 법으로 강제되지는 않지만 기업의 경영활동이 사회에 미치는 영향까지 고려했을 때 윤리적으로 타당해야 한다는 것을 의미한다. 환경경영, 제품안전, 종업원에 대한 정당한 대우, 협력업체와의 상생관계 모색, 윤리규범 준수 등 광범위한 활동이 여기에 포함된다.

마지막 제4단계는 자선적 책임(philanthropic responsibility) 단계로서 기업의 직접적 경영활동과는 별개로 이루어지는 자선 및 자원봉사 활동, 기부금 제공이나 지역사회 공헌활동을 의미한다. 단기적 이익은 축소되더라도 사회정의의 실현과 사회 · 문화적 활동의 지원에 적극적으로 힘쓰게 된다. 물론 제4단계에 해당하는 활동을 하지 않았다고 해서 기업을 비윤리적이라고 평가절하하지는 않지만, 일반대중들은 기업규모에 걸맞은 자선적 책임활동을 수행하기를 기대한다.

기업의 책임이 반드시 1단계에서 4단계로 순차적으로 확대되는 것은 아니다. 다만 최근 사회적 관심과 요구가 높아지고 있는 분야는 3단계와 4단계에 해당하는 보다 높은 차원의 책임의식인 것은 사실이다. 그렇지만 3, 4단계의 책임을 다하는 듯한 활동을 전개하면서 1, 2단계의 책임활동을 등한시하는 것은 비윤리적이다. 우리나라와 같이 사회의 변화속도가 빠르고 언론매체의 영향력이 큰 사회에서 기업들은 사회의 기대수준에 맞게 행동하는 데 어려움을 겪기도 한다. 기업과 사회의 관계는 팽팽한 긴장관계이고 기업에 있어 사회적 책임은 피하고 싶은 비용인 경우가 많았다. 물론 창업 초기부터 기업인의 철학에 의해 복지사업이나 장학사업과 같은 자발적인 자선활동이 이루어지기도 했지만 경영과는 별개로 진행되는 경우가 일반적이었다.

기업의 사회적 책임에 대한 요구가 높아지고 있는 것은 우리나라만이 아니라 글로벌한 현상이다. 사회적 문제를 해결해야 할 1차적 책임이 있는 정부나 국제기구는 여러 면에서 문제해결 능력의 한계를 드러내고 있다. 고령화가 빠르게 진행되고 있는 우리나라도 앞으로 정부의 재정난이 더 심해지면서 빈곤, 환경 등 자국의 문제를 해결하는 데에도 어려움을 겪을 것으로 예상된다. 또 정부와 공공부문의 비효율성 때문에 가능하면 민영화, 시장원리 도입 등을 통해 민간부문의 역할을 늘려 나가는 것이 세계적인 추세이다.

반면 세계경제의 성장과 교역, 투자를 주도하고 있는 다국적 기업들의 영향력은 날로 확대되고 있다. 이들 거대 기업들은 단순히 돈만 가진 것이 아니라 사회적 문제를 해결할 수 있는 기술과 역량까지도 가지고 있다. 에너지 문제를 해결할 기술을 가진 것도 기업이요, 후진국의 식수문제를 해결할 수 있는 능력을 가진 것도 기업인 것이다. 사정이 이렇다 보니 일반인들이 기업에 거는 기대는 갈수록 커지고 있다. 자선단체에 대한 지원, 교육문제, 인권문제, 범죄문제, 빈곤문제와 같은 사회문제에 대해서도 일반인들은 기업이 책임져야 할 분야로 인식하고 있었다.

중요한 것은 일반인들의 인식 변화가 거기서 그치는 것이 아니라 고객, 투자자, 종업원, 정부 등 기업을 둘러싼 이해관계자들의 행동 변화로 나타나고 있다는 것이다. 국내외 대부분의 설문조사에서 소비자들은 프리미엄을 주고서라도 윤리적 기업들의 제품을 사겠다는 의사를 보이고 있다. 예를 들어 개발도상국 농민들을 보호하기 위한 공정거래(fair trade) 제품이나 환경문제를 유발하지 않는 유기농 제품에 대한 선호도가 선진국을 중심으로 높아지고 있다. 이것은 정확한 정보나 대안이 있을 경우 윤리적 소비가 계속 확대될 수 있음을 보여주는 것이다.

고객들의 윤리적 의식은 구매업체나 협력업체에도 영향을 미친다. 유통업체나 구매업체가 친환경 제품만 판매하겠다고 결정하는 순간 그 영향은 납품업체들에 그대로 파급된다. 또 종업원들의 관심도 높아지고 있다. 사회적 책임을 훌륭히 수행할 때 종업원들의 회사에 대한 자부심이나 충성심이 높아지는 것으로 보고되고 있다. 좋은 인재를 확보하거나 유지하는 데에도 상당한 기여를 할 수 있다. 앞으로도 각 분야에서 고객욕구 중의 하나인 사회적 가치까지도 만족시키려는 기업들이 계속 늘어날 것이다. 종업원들이나 협력업체, 기관투자자 등 과거에는 예상치 않았던 이해관계자들로부터 요구를 받고 기업들은 자신들의 사회적 책임활동을 뒤돌아보고 개선하려는 노력에 착수하게 될 것이다.

## 2. 사회적 책임이행을 위한 전제조건

기업이 적극적인 사회적 책임활동을 이행하기는 쉽지 않다. 1단계 사회적 책임이야 기업경영자의 기본책무이므로 당연한 활동에 속하며, 2단계 책임 역시 경영자가 범법행위를 하지 말아야 된다는 인간으로서의 기본양심이 있는 한 이행하기 쉽다. 1, 2단계의 사회적 책임조차 무시하는 경영자는 기업 운영을 맡을 자격이 없다고 보는 것이 타당하다. 문제는 3, 4단계의 사회적 책임 관련 활동에 대한 것이며, 이를 이행하기 위해서는 다음과 같은 몇 가지 전제조건들을 갖춰야 할 것이다.[2)]

### (1) 사회적 책임에 대한 뚜렷한 비전

우선 기업의 비전이나 핵심가치가 사회적 책임과 부합해야 한다. 단순히 이미지를 제고한다거나 마케팅 수단으로 활용하려는 사회적 책임활동은 일시

2) 이 소절의 내용은 다음 보고서를 주로 참고하였음. 오문석(2008), 사회적 책임, 레벨업이 필요하다, LGERI 리포트(5월 28일).

적인 장식품에 그칠 가능성이 크다. 사회적 책임을 다하기 위해서는 자신의 비즈니스만이 아니라 사회적 영향을 고려해야 하고 때론 손해를 볼 각오도 해야 한다. 오직 돈을 버는 게 목적인 기업이 사회적 책임을 지속적으로 수행하기를 기대하기는 어려울 것이다. 기업의 목적 자체를 사회적 책임 관점에서 새롭게 정립할 필요가 있는 것이다.

2007년 보스턴 대학이 조사한 결과를 보면 '기업들로 하여금 사회적 책임활동을 이행하게 하는 동인이 무엇인가'라는 질문에 대해 미국 기업인들의 76%가 전통과 가치라고 대답한 바 있다. 기업조직의 구성원들이 당연하게 받아들이는 핵심가치로 사회적 책임이 자리잡을 때 비로소 기업의 의사결정에도 중요한 영향을 미칠 수 있는 것이다. 실제로 사회적 책임분야에서 높은 평가를 받고 있는 기업들은 대부분 사회적 책임에 관한 비전을 분명히 하고 있으며, 구체적인 목표도 제대로 설정하고 있다.

화학산업에서 BASF와 함께 사회적 책임활동 우수기업으로 평가받고 있는 다우(Dow)의 경우 지난 2006년 "2015 Sustainability Goals"라는 비전을 발표했다. 1995년 이후 10여 년간의 성과를 돌아보고 앞으로 달성할 새로운 장기목표를 설정한 것이다. 여기에는 화학기술의 혁신을 통해 기후변화, 환경문제와 같은 지구적 문제 해결에 적극 나서겠다는 의지와 함께 에너지 효율 25% 향상 등과 같이 구체적인 목표도 포함되어 있다. 또 식량, 주택, 식수, 건강 등의 문제를 해결할 수 있는 제품개발과 제품안전 등에 대한 목표를 제시하고 있다. 이러한 목표는 과학과 기술을 통해 인류진보에 기여한다는 기업의 비전이나 사회공헌 등을 통해 가장 존경받는 기업이 되겠다는 기업의지와도 잘 맞아떨어진다.

### (2) 냉철한 자기 진단 프로세스

사회적 책임을 기업 비전에 명시하고 목표를 제시해도 매일매일의 기업 경영방식에 반영되지 않는다면 사회적 책임은 그저 회의테이블에서 겉도는 얘기가 될 가능성이 높다. 이윤추구가 1차적인 목표인 기업에 있어서 정기적인 자기 진단이 없으면 일상적인 업무 곳곳에 숨어 있는 위험을 지나치기 쉽다.

영국 통신회사 브리티시 텔레콤(BT)의 경우 2000년대 들어 해외진출이 늘어나면서 사회적 책임 영역도 확장하게 된다. 인권, 공정거래, 인종문제, 디지털 격차 등 그동안 중시하지 않았던 사회적 책임 분야도 포함시키기로 한 것이다. 이러한 목적으로 BT는 'health check'라고 부르는 평가과정을 통해 사업에 중대한 영향을 미칠 수 있는 사회적 및 환경적 위험요인은 무엇이고, 또 기회요인은 무엇인지 확인하게 하고 해결방안을 도출하도록 한다. 2006년에만 이 회사는 납품업체와 관련하여 413개에 달하는 리스크 진단을 수행했는데, 이러한 사회적 책임이행 활동이 고객만족에도 크게 기여하고 있다고 보고 있다. 지난 8년간의 고객 설문조사 결과를 분석한 결과, 사회적 책임이행 활동이 자사의 명성을 끌어올린 것은 물론이고 고객만족도도 높이고 있는 것으로 나타났다.

반대로 나이키는 사회적 책임을 수동적으로 대하다 큰 어려움을 겪은 이후에 적극적으로 관리에 나선 사례이다. 이 회사는 1990년대에 아시아 지역에 아웃소싱을 통하여 성공을 거듭했지만, 1998년 타임지가 베트남에 있는 납품업체의 노동착취를 기사로 보도하면서 명성에 큰 타격을 입고 거센 불매운동까지 겪어야 했다. 납품업체에 대한 윤리규정을 강화하고 중간관리자들로 하여금 관리에 나서게 하는 것은 물론, 외부감사까지 활용하여 윤리문제를 철저하게 점검하고 있다. 이 회사는 자발적으로 하청업체의 이름과 위치를 공개하고 있다. 만약 이 업체들에서 노동착취나 아동노동과 같은 사회적 문제가 발견될 경우 언제든지 정보를 제공하면 즉각 시정하겠다는 의지를 보여주는 것이다.

### (3) 이해관계자들과의 커뮤니케이션 능력

기업이 사회적 책임을 다하기 위해 많은 노력을 기울이더라도 기대한 만큼의 결과가 나오는 것은 아니다. 대기업의 경우 시민단체들의 표적이 되기 일쑤이다. 따라서 사회적 관심이 어디에 있는지 파악하고 이러한 문제에 대해 어떻게 대응하고 있다는 것을 밝히는 쌍방향 커뮤니케이션이 필요하다. 이를 위해 많은 기업들이 이해관계자들과의 소통 프로그램을 도입하고 있다. 고객, 종업원, 투자자, 협력업체, 구매업체, 시민단체 등 기업을 둘러싼 주요 이해관계자들이 기업을 어떻게 바라보고 있으며 원하는 것이 무엇인지 살펴볼 필요가 있다. 또 의견을 듣는 것만 아니라 기업이 사회적 책임을 수행하기 위해 어떤 노력을 기울이고 있는지 적극적으로 설명할 필요도 있다.

사회적 책임 분야에서 현재 높은 평가를 받고 있는 기업 중에는 과거에 한두 번씩 비난받을 사건을 일으킨 경우도 많다. 그러나 이들이 아직도 신뢰를 유지하고 있는 것은 그 이후 이해관계자들의 목소리를 적극적으로 수용하는 태도와 사회적 책임을 시스템화하는 노력을 보였기 때문이다. 앞에서 언급한 나이키를 비롯해 Shell, BP 같은 정유업체들이 좋은 사례이다. 이들은 사고 이후 책임 있는 주요 경영진들을 해고한다거나 이해관계자들의 의견을 적극 수렴하는 시스템을 만들어 그나마 좋은 평가를 유지하고 있다.

## 제 3 절 지속가능경영과 사회적 책임

### 1. 지속가능경영의 등장배경

4단계로 구분하여 설명했던 사회적 책임은 이제 지속가능경영이라는 새로운 개념 테두리 안에서 더욱 체계적으로 논의되고 있다. 경제적 성과가 기업의 당연한 목표라는 사실은 변함이 없으나 환경과 사회적인 이슈가 부각되지 않았던 예전의 경영방식을 탈피하지 못하고는 장기적이고 지속적인 이윤을 창출할 수 있는가에 대한 심각한 고민이 시작되면서 지속가능경영이라는 개념이 나타났다. 미래세대를 준비한다는 취지의 "지속가능한 발전"은 이미 전 세계적으로 공감대를 확보하고 있다. 지속가능한 발전의 핵심적 개념은 '다음 세대가 그들이 원하는 것을 충족할 수 있는 기회를 줄이지 않으면서 지금 우리 세대가 원하는 것을 충족하는 것'이다. 즉, 우리가 원하는 것을 충족한다는 것은 우리 세대 모든 인류의 풍족한 삶을 추구하는 것을 의미하고, 다음 세대가 원하는 것을 충족한다는 것은 현 세대의 잘못된 경제활동이나 생활방식 때문에 우리 후손이 어려움을 겪지 않도록 한다는 것을 의미한다. 즉 적어도 현재 수준의 환경과 물질자원을 남겨 주어야 한다는 것을 의미한다.

지속가능한 발전은 지속적인 경제적 성장을 통해 환경개선, 사회적 형평성, 그리고 빈곤의 경감을 추구하고자 하는 것으로 정리할 수 있다. 지속가능한 발전을 달성하기 위한 산업계 차원의 노력이 바로 지속가능경영(sustainability management)이다. 지속가능경영은 지속가능발전을 위한 환경, 경제, 사회의 통합적 책임을 이행하는 활동으로 정의된다.

다국적 선진기업 160여 개의 연합체인 지속가능발전세계기업협의회(WBCSD, 2002)는 기업의 사회적 책임을 지속가능경영의 개념으로 제시하고 있으며, 구체적으로 "근로자, 그들의 가족, 지역사회와 사회전반의 삶의 질을 개선시키며 이들과 더불어 지속가능한 경제적 발전을 하기 위한 기업들의 노력"으로 정의하고 있다. 지속가능경영은 지속가능한 발전에서 추구하는 중요한 세 가지 축(triple bottom line)인 경제, 환경, 사회 측면에서 기업이 지속적인 성과를 내고 궁극적으로 경쟁우위를 확보하여 기업의 가치를 증진시키는 것을 말한다. 사회적 측면에서 투명경영을 바탕으로 환경자원을 보전하고 인류의 보편적 가치를 추구할 수 있는 사회적 책임을 포함하여 경제적 성과까지 창출할 수 있는 경영방식으로도 이해할 수 있다.

많은 학자들은 '지속가능성＝비용'이라는 전통적 견해를 비판하면서 높은 수준의 환경규제는 기업의 혁신동기가 될 뿐 아니라 글로벌 스탠더드를 통하여 상대적인 경쟁력을 가질 수 있을 것이라고 주장하고 있다. 즉, 지속가능경영을 추구하는 초기에는 비용이 들지만 어떤 시점을 지나면 기업성과로 이어진다는 논리이다. 기업경영에서 지속가능경영이 중요한 이유는 크게 위험 및 기회와 연계되어 있기 때문이다.[3)]

첫째, 지속가능경영은 무시할 수 없는 시대적 흐름이고 경쟁의 장으로 나아가기 위한 필수적인 요소라는 점이다. 금지물질인 카드뮴이 검출되어 2,000억원 이상의 손실을 보았던 2001년 소니의 플레이스테이션 사례, 동남아 저개발국가의 아동노동착취를 통하여 생산된 신발을 판매하여 시장의 거센 불매운동을 겪었고 결국 30% 이상의 판매손실을 기록했던 나이키와 아디다스의 사례, 분식회계로 결국 파산할 수밖에 없었던 엔론 등의 사례를 통하여 환경과 사회적 책임을 다하지 못하면 결국 기업의 생존을 위협받는다는 사실을 확인할 수 있다.

둘째, 지속가능경영을 통해 다양한 기회를 창출할 수 있다는 점이다. 글로벌 선진기업의 경우 지속가능경영이 필요한지에 대한 진부한 논쟁에서 벗

---

3) 본절의 내용은 KBCSD(Korea Business Council for Sustainable Development, 지속가능발전기업협의회)가 2007년에 발간한 지속가능경영보고서를 일부 발췌, 정리한 것임.

어나 지속가능경영을 새로운 경쟁무기로 이용하는 전략을 추구하는 형태로 발전하고 있다. 환경, 사회적 책임을 다하는 회사가 실제로 경제적인 성과도 높으며 주주에게도 훨씬 높은 수익을 안겨준다는 것이 속속 밝혀지고 있다. 지난 30여 년간 힘겨운 노력을 경주해 온 우리나라 기업들은 현재 진정한 글로벌 최고 수준의 기업경영, 존엄과 품위를 가진 존경받는 기업이 될 것인가, 아니면 뒤를 따라가는 추종자로서 힘겨운 장벽을 다시 넘어야 하는가의 기로에 다시 서 있다고 볼 수 있다. 지속가능경영을 비용이 아닌 투자, 순응이 아닌 기회와 가치로 인식해야 하는 충분한 이유이다.

## 2. 지속가능경영의 전략적 목표

기업이 지속가능한 발전을 지향할 때 추구할 수 있는 전략목표로 초창기에는 상호연관된 [그림 3-2]와 같은 6대 핵심주제가 대두되었다.

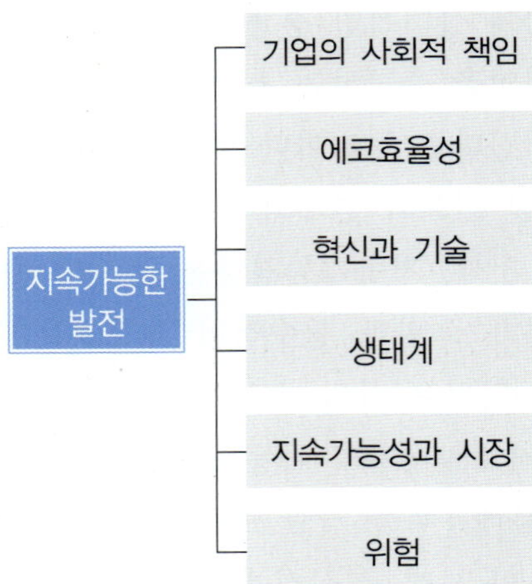


[그림 3-2]
지속가능한 발전을 위한 6대 핵심주제

- 기업의 사회적 책임 : 지속가능한 발전은 장기적인 성공을 위하여 사회, 환경, 경제적인 측면에서 균형된 시각을 요구한다. 사회적 책임은 기업이 종업원, 그들의 가족, 지역사회, 일반국민과 함께 일하면서 그들의 삶의 질을 높이고 지속적인 경제적 발전을 이루는 데 헌신하는 기업의 책임과 약속으로 정의되고 있다.

- 에코효율성(eco-efficiency) : 에코효율성은 경제적 효율성과 생태적 효율성을 동시에 추구하는 경영방식이다. 에코효율성은 자원생산성을 높여 기업의 경쟁력을 높여줄 것으로 보고, 생산공정의 최적화, 폐기물 재활용, 제품혁신, 서비스화, 네트워크 및 가상조직이라는 다섯 가지 방법을 통하여 달성할 수 있다고 제시하고 있다.
- 혁신과 기술 : 지구상에 자원은 한정되어 있어 지속적인 성장에는 다양한 장애요인이 발생한다. 이를 해결할 수 있는 거의 유일한 해결책이 기술혁신이며, 경제적 · 사회적 · 제도적 혁신도 병행되어야 한다.
- 생태계(ecosystems) : 생태계가 제공하는 서비스의 가치는 사회의 경제활동으로 창출되는 가치의 거의 2배에 해당하는데, 특히 물과 생물다양성을 강조한다.
- 지속가능성과 시장 : 지속적인 인간발전은 투명하고 경쟁적인 시장을 통하여 달성가능하다. 시장을 통한 지속가능한 발전을 달성할 수 있는 핵심요소로는 혁신, 에코효율성의 실천, 이해관계자와의 파트너십, 고객에 대한 완전정보 제공, 독점 및 부패 등 잘못된 시장체제 상황의 개선, 지구에 대한 가치평가, 빈곤퇴치를 지향하는 시장구축 등을 제안하고 있다.
- 위험(risk) : 기후변화와 같은 대규모의 시스템적인 위험은 사회, 인류건강, 환경, 그리고 비즈니스 자체에 커다란 영향을 미친다. 이러한 위험은 주로 기업 외부에서 발생하는 것으로 자연현상, 사회, 경제, 기술적 변화에 의하여 발생한다.

그 후 2010년대 중반을 넘어서면서 우리나라의 경우 산업계의 관심분야를 재점검하여 '생태계 보존', '에너지 기후변화', '인구구조의 변화', '고용과 인재 양성', '지속가능한 가치사슬', '물 관리' 및 '안전관리' 등을 지속가능경영의 새로운 목표이자 과제로 제시한 바 있다.[4] 이들 목표들은 매우 밀접한 상호연관성을 가지는데, 예를 들어 우선 '인구구조의 변화'는 경제활동 중 '고용과 인재양성' 등 노동측면에 영향을 주며, 자본의 생산과 조달, 토지의 사용에 영향을 미친다. 조직구성원들이 안정적으로 생산활동에 기여할 수 있

4) 이에 대한 추가적인 설명은 지속가능발전기업협의회(2015)의 『Sustainable Korea 2030 : 산업계 지속가능발전 중장기 마스터플랜』을 참조하기 바람.

게 하기 위해서는 '안전관리'에 대한 노력이 필요하다. 이러한 기본적인 투입요소가 결합되어 지속적인 성장이 가능해지며, 이 과정에 투입되는 물적 자원의 사용에 따라 '기후변화', '물 관리' 등이 주요 이슈로 대두된다. 기업은 에너지, 물, 자연자원 등을 효율적으로 사용하며 폐기된 것들을 재자원화하여 '지속가능한 가치사슬'을 구축할 필요가 있다. 생태계 보호뿐만 아니라 원자재 소비의 절감 및 재사용 등을 통해 원가절감을 도모하며 자연자원 고갈에 따른 심각한 환경문제에 적절히 대응하면서 지속적인 성장을 계획할 수 있다.

## 제4절 세 가지 차원의 지속가능경영

지속가능한 발전을 달성하기 위해 추구해야 하는 전략목표는 [그림 3-3]에서와 같이 세 가지 차원의 지속가능성을 추구하는 경영활동을 통해 구체적으로 달성될 수 있다. 이제 각 차원에 대해 간략히 살펴보기로 하자.

[그림 3-3] 세 가지 차원의 지속가능경영

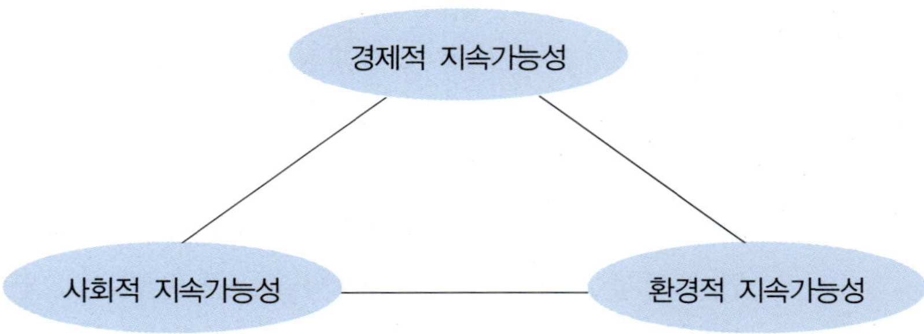

## 1. 경제적 지속가능성

성장 위주의 경제개발정책은 저임금을 바탕으로 하는 노동집약적 산업에 대한 집중적 투자를 유도했고 이는 결과적으로 계층간 빈부격차 확대와 근로조건 악화와 같은 사회적 문제를 불러일으켰다. 이를 극복하기 위해 지역사회에 대한 기여, 투명경영에 대한 요구와 공정경쟁 및 혁신 등과 같은 글로벌 스탠더드 준수가 경제적 지속가능성의 주요 내용으로 제시되고 있다.

### (1) 지역사회에의 경제적 기여

지역사회는 기업의 대표적인 2차적 이해관계자로서 기업경영활동의 터전을 제공해 주고 있다. 기업이 해당지역 사업장을 통해 지역주민을 고용하고, 관련 협력업체들과 더불어 공급망을 형성함으로써 간접 고용효과를 가져온다. 또한 해당 지자체는 세금을 통해 지역사회의 질을 향상시키는 데 투자를 하며, 이를 통한 직·간접적 혜택을 기업과 더불어 지역사회 전체가 공유할 수 있는 기반을 형성할 수 있다.

### (2) 기업투명성

기업경영의 투명성은 기업의 의사결정과 행동 등에 대한 정보가 접근가능하고 가시적이며 이해가능하도록 만들어진 상태를 의미한다. 기업이 정보를 고의적으로 축소, 확대 및 변경하는 행위를 반복하게 되면 투명성이 결여된 상태라고 볼 수 있다. 최근 투명경영의 중요성은 점점 더 강조되고 있다. 시장에서 신뢰를 상실하면 자금조달에 차질을 빚을 수 있고 파산할 가능성도 있다. 우리 기업의 경영투명성은 아직 그리 높지 않다. 국가와 기업의 부패문제는 외국 투자자의 투자를 주저하게 하고 경제성장을 저해한다.

### (3) 회계투명성

기업에 투자를 하고 대출해 주는 주주나 은행 입장에서는 회계투명성, 즉 기업의 회계자료가 실제 경영상태를 정확히 반영하고 있음을 확신할 수 있어야 한다. 주주나 은행 또는 증권시장의 주식참여자들은 기업투명성을 높이도록 요구하고 있으며, 그 결과 감사위원회, 사외이사 등의 제도적 장치가 도입되었다. 회계투명성은 기업 내부의 생산성과 효율성 및 대외 경쟁력을 증진시켜 기업성과를 극대화함으로써 기업의 이해관계자 편익을 증대시킨다.

회계투명성과 관련한 사건 중 가장 유명한 것은 미국 엔론의 회계부정사건이다. 2001년 가을 3분기 실적발표 당시 33.8달러였던 주가가 2001년 11월 28일에는 1.1달러로 급락하였고 결과적으로 2달 만에 파산했다. 실적악화, 분식회계 발표, 회계감사 부패 등 다양한 사기행각이 잇달아 드러나면서 신규자금 조달이 불가능해진 엔론은 파산했다. 아직도 일부 기업에서 자행되고 있는 비자금 조성, 이중장부, 허위 서류와 증빙, 가짜 영수증, 허위 거래 등은 그 자체가 범죄행위이며, 이를 감싸기 위한 회계부정 역시 범죄행위이다. 회계 및 자금의 투명성이 결여된 기업에 대해 불이익이 돌아가고 기업에 대한 평가가 달라질 수 있는 시장압력이 존재해야 한다.

### (4) 정보공개

1997년 말 금융위기를 겪으면서 대외 신인도의 하락은 투명성 결여와 직접적 연관성이 있었다. 해외 투자자에게 신뢰감을 줄 수 있는 투명경영과 회계자료 관리가 절실히 필요하게 된 것이다. 경영투명성과 관련한 국내기업의 주요 문제점은 우선 기업의 이해관계자에 대해 기업경영내용에 대한 정보제공이 충분하지 않으며 정확한 감사기능이 미흡하다는 점이다. 기업경영에 관한 정보에 외부 이해관계자의 접근이 어려워 기업경영권을 장악하고 있는 대주주가 자신만의 이익을 극대화하는 것이 가능하다는 점이다.

정보공개를 통한 투명경영은 이해관계자의 신뢰와 지원을 확보하고 유지하여 핵심경영자원의 조달에 우위를 가질 수 있으며, 경영위기시 우호세력을 확보할 수 있게 한다. 경영상태와 성과에 대한 적절한 정보공개는 이해관계자의 권익보호와 올바른 의사결정을 위해 필요하다. 이를 위해 앞서 언급한 회계의 투명성은 이해관계자들에게 정확한 정보를 제공하는 기본적인 요건이라 할 수 있다.

기업투명성은 외부의 요구뿐만 아니라 기업 스스로의 경영성과 향상을 위해서도 꼭 필요하다. 생산, 매출, 수익 등 경영과 관련된 주요 정보를 공개함으로써 직원들이 기업의 경영상태를 파악할 수 있게 되고, 일터에 대한 자부심도 키울 수 있게 된다.

### (5) 공정경쟁

기업간 거래에 있어서 뇌물은 공정한 거래질서를 해친다. 불법적 관행을 산업계에서 청산하고 공정경쟁 원칙을 확립하며 투명경영을 기업 내부 전반에 확산시켜야 한다. 이런 문화가 확립되지 않고서는 국가 이미지 개선 및 신뢰도 회복, 글로벌 스탠더드에 부합하는 경영체제 확립 등은 거의 불가능하다.

## 2. 사회적 지속가능성

기업이 사회적 책임을 가진다는 것은 결국 기업이 사회적으로 영향력을 행사할 수 있는 기업권력을 보유하고 있거나 이를 행사했기 때문에 제기되는 것이다. 즉, 기업이 책임은 회피하고 자신의 권력만 행사할 경우, 일반대중이나 관련 이해관계자들에게 직·간접적 피해를 줄 수 있기 때문에 사회는 기업이 행사하는 권력과 균형을 이룰 수 있는 책임 있는 기업행동을 요구하게 되는 것이다. 사회적 지속가능성은 다음과 같은 다양한 활동을 통해 가능하다.

### (1) 사회공헌

사회공헌활동이란 기업의 본질인 이윤추구활동에서 한걸음 더 나아가, 보다 적극적으로 사회발전에 기여하고자 하는 일련의 대 사회활동을 일컫는다. 사회공헌활동은 사회가 기업에 기대하는 경제적인 역할차원을 넘어, 보다 적극적인 차원에서 수행되는 것이며, 기업의 자원과 능력을 적극 활용하여 사회와 보다 바람직한 관계를 형성하고자 하는 의도에서 행해진다.

기업의 사회공헌활동은 빈곤층에 대한 기부활동에서 시작하였지만, 최근에는 교육·환경·복지 및 문화 활동을 지원하는 등 그 범위가 점차 확대되고 있다. 미국의 학자 코틀러는 CSR(corporate social responsibility) 마케팅이라는 개념을 통해 다양한 사회공헌활동의 예를 제시한 바 있다.[5] 예를 들어 공익 캠페인(cause promotion), 공익연계 마케팅(cause-related marketing), 사회마케팅(corporate social marketing), 기업자선활동(corporate philanthropy), 지역사회 자원봉사 등이다. 공익 캠페인은 특정 사회문제에 대한 대중의 관심을 환기시키기 위한 캠페인 활동으로 미디어에서 공익광고 형태로 자주 등장한다. 공익연계 마케팅은 기업이 특정상품의 판매과정에서 수익의 일정부분을 특정 사회단체나 사회문제 해결에 기부금 형태로 제공하는 활동이며, 사회마케팅은 복지, 건강, 안전, 환경 등의 분야에서 일반대중의 행동이 사회적으로 바람직한 방향으로 변화해 갈 수 있도록 지원하는 다양한 노력을 의미한다. 사회 마케팅은 인센티브나 프로모션 등을 통해 긍정적인 변화를 이끌어내고자 노력한다. 기업의 자선활동은 말 그대로 특정 사회문제 해결을 위해 기업의 자산을 직접 기부하는 활동을 의미한다. 비영리기관에 대한 재정적인 지원 외에도 노하우나 유통채널 공유와 같은 비금전적 지원도 이루어진다. 지역사회에 대한 자원봉사는 기업의 임직원들이 지역사회 문제에 직접 동참하는 활동을 말하며, 조직구성원들의 동기유발과 회사 차원의 물질적 지원이 전제되어야 한다.

다양한 사회공헌활동의 중요성과 가치가 강조되고는 있으나 우리나라 기업들은 아직까지 사회공헌활동에 수동적인 것이 현실이다. 사회공헌활동이 자발적이기보다는 사회적 압력에 의해 마지못해 참여하는 경향이 있으며, 기업의 특성과 관계없이 일률적인 공헌활동과 사회공헌 담당부서의 전문성 결여로 조직 내 위상도 낮다. 사회공헌활동에 대한 기업들의 체계적이고 지속적인 관심과 전문성을 갖춘 관리를 통해 기업 내외의 다양한 이해관계자들로부터 신뢰를 확보하는 데 노력해야 한다.

### (2) 준법경영

준법경영은 경영활동의 옳고 그름을 구분해 주는 규범적 기준을 사회의 윤리적 가치체계에 두는 경영을 의미한다. 법적 책임이 없어도 사회의 윤리적 기준과 상충하면 사회가 요구하는 윤리기준을 선택하는 경영방식이다. 기업 내부적으로 준법경영에 대한 최고경영층 의지가 특히 강조되며, 준법경영이 일관적이고 지속적으로 실행될 수 있는 실천시스템이 구축되어야 한다. 이를

5) 필립 코틀러와 낸시 리(2007), 남문희 역, 『CSR 마케팅』, 리더스북.

위해 기업 내 제도적 지원장치가 필요하며, 기업 외부적으로는 NGO, 지방자치단체 등과 파트너십을 맺어 사회적 네트워크를 구축할 필요가 있다. 언론을 포함한 사회의 적극적 관심은 기업 준법경영의 성과를 사회로 환원시키는 중요한 동기부여를 제공할 수 있다.

### (3) 인권경영

기업경영의 범위와 경제범위가 글로벌화되어감에 따라 기업경영활동 또한 국내뿐만 아니라 다양한 국가들을 대상으로 하게 되었다. 이에 따라 국내 근로자들의 인권수준이 선진국가들을 대상으로 하였을 경우와 상대적 후진국가들을 대상으로 하였을 경우 상당한 차이를 드러내고 있음이 밝혀지고 있다. 해외 사업장에서 외국인 근로자를 고용하고, 또 국내 사업장에서 외국인 근로자를 고용할 경우에도 내국인과 동일한 기준을 적용하여 고용하는 것도 지속가능경영의 인권경영활동의 중요한 부분이다.

## 3. 환경적 지속가능성

새로운 경영방식으로서의 환경경영은 사전예방적 접근에 따라 오염물질이나 폐기물의 발생을 원천적으로 축소 또는 제거하려는 노력을 요구한다. 단순히 법 규제준수에 머무는 수동적 태도에서 벗어나 법규 기준 이상의 환경성과를 통해 차별성을 확보함으로써 기업경쟁력을 높이려는 전략적 접근이다. 기업의 친환경 공급망 관리도 환경경영의 일환으로 많은 글로벌 기업들이 도입하고 있는데, 이는 원자재 및 부품, 소모품 조달 및 협력업체(납품업체, 유통업체 등) 선정단계에서 환경성을 평가하여 결정하는 기업활동이다. 직접 구매관계에 있는 공급업체가 제공하는 상품의 환경성 외에도 간접 구매관계에 있는 2, 3차 구매관계의 공급업체들까지 그 범위를 확장한다는 것이다.

기업 측면에서 보았을 때, 최종제품의 환경품질은 공급업체들의 적극적인 참여와 환경성 개선노력을 기반으로 한다. 따라서 자사의 생산공정과 사후처리에 그치는 것이 아니라, 관련 공급업체들까지 포함하는 친환경 공급망 관리를 통해 에코효율성을 효율적으로 개선할 수 있다. 이와 함께 기후변화

대응, 생물다양성 보호활동 등도 환경적 지속가능성 제고를 위한 활동으로 평가할 수 있다.

## 4. ESG 경영

지속가능경영의 성과는 재무적인 수치나 정보로 수준을 비교하기 어렵기 때문에 최근 전 세계적으로 ESG 경영이라는 개념이 투자의사결정과정에서 빈번히 논의되고 있다. ESG는 지속가능경영의 성과를 측정·평가하기 위한 지표로서 [그림 3-4]에 제시되어 있는 바와 같이 '환경(Environment), 사회(Social), 지배구조(Governance)'의 앞 자만 따서 연결한 것으로 기업이 고객 및 주주·직원에게 얼마나 기여하는가, 환경에 대한 책임을 다하는가, 지배구조는 투명한가를 다각적으로 평가하는 지표이다. 따라서 ESG 경영은 이런 객관적 지표들이 높은 값을 유지할 수 있는 다양한 노력에 초점을 둔다는 것이고, ESG 요소를 투자기준으로 활용한다는 것은 기업의 재무적 성과뿐 아니라 환경보호, 사회적 책임, 기업의 지배구조와 같은 비재무적 성과를 보고 투자결정을 내리겠다는 의미이다.

[그림 3-4]
ESG의 개념

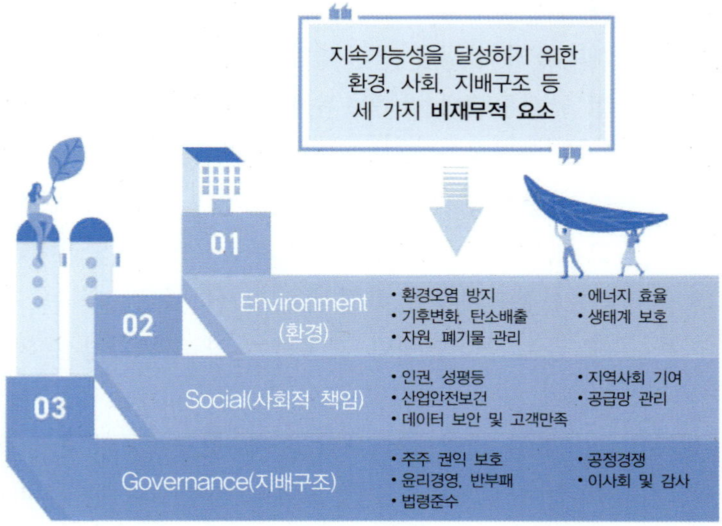


출처 : 중소벤처기업부(2021), 『중소벤처기업을 위한 ESG 경영안내서, 이해편』, https://www.mss.go.kr

기업의 사회적 책임(Corporate Social Responsibility : CSR)이 기업의 관점에서 사회적 책임을 완수하기 위한 활동을 경영에 통합시키는 것이고, 공유가치창출(Creating Shared Value : CSV)은 기업의 비즈니스 기회와 지역사회의 니즈가 만나는 곳에 사업적 가치를 창출하여 경제적·사회적 이익을 추구하는 것이라면, ESG는 투자자 관점에서 사회적 책임을 다하는 기업에 투자하기 위해 필요한 지표와 정보를 나타낸다. ESG 평가가 높을수록 단순히 사회적 평판이 좋은 기업이라기보다는 다양한 환경 및 사회적 리스크에 강한 기업이라 할 수 있다. ESG 경영은 기업이 직원과 고객, 환경, 사회단체 등 모든 이해관계자들을 위한 가치창출을 통해 기업가치를 높이고 기업 외부 환경으로부터 나타날 수 있는 다양한 리스크를 극복하는 데 도움을 줄 수 있다.

따라서 ESG 경영의 주된 목적은 착한 기업을 키우는 것이 아니라 불확실성 시대의 환경, 사회, 지배구조라는 복합적 리스크에 얼마나 잘 대응하고 지속적 경영으로 이어나갈 수 있느냐 하는 것이다. 지속적인 성장을 보장받

**[그림 3-5]**
CSR, CSV, ESG 개념의 비교

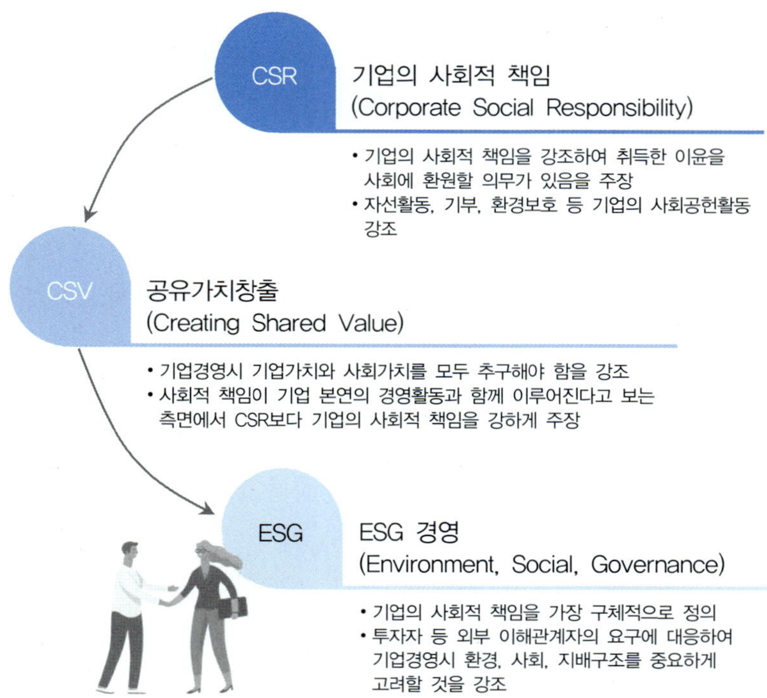


출처 : 중소벤처기업부(2021), 『중소벤처기업을 위한 ESG 경영안내서, 이해편』, https://www.mss.go.kr

을 수 있는 기업은 환경과 사회 문제의 해결을 위해 앞장서며 투자자들의 장기적 수익을 추구하고, 기업활동이 사회적 이익에 긍정적인 영향을 줄 수 있는 기업이다. 많은 글로벌 기업들은 기업의 지속가능성과 사회, 환경의 지속가능성을 위해 여러 경영방식이나 생산방법을 시도하고 있다. 지속가능성을 위한 기업의 실천에는 소비자의 역할도 중요하다. 소비자의 니즈와 선호에 맞춘 제품을 생산하기 위해 기업들이 기술개발이나 경영방식의 혁신적 변화를 시도할 것이기 때문이다.

## 제 5 절 기업시민의식

기업시민의식(corporate citizenship)은 기업의 사회적 책임과 함께 자주 거론되는 용어이다. 기업도 개인과 마찬가지로 지역사회와 국가의 한 구성원으로서 일정한 권리와 책임을 갖는다는 의미로서 기업의 지속가능경영과 사회적 책임의 연장선상에서 논의되곤 한다. 기업시민의식은 지역사회활동, 자선활동, 환경보호활동 및 기업지배구조 개선 등 다양한 영역에 걸쳐 나타난다. 기업시민의식을 추구하는 기업은 지역사회와의 관계를 돈독히 하며 다양한 사회적 이슈에 대해 지속가능한 전략을 전개하고자 노력한다.

기업에 따라 기업시민의식에 대한 접근방법이 다르다. 어떤 기업들은 기업시민의식을 기업의 사회적 책임과 유사한 개념으로 인식하기도 하며, 앞에서 살펴본 지속가능경영과 유사한 개념으로 간주하기도 한다. 기업시민의식을 통해 기업가치를 극대화하고 있는 많은 기업들은 그 자체가 기업문화에 녹아들어가 있다고 할 수 있다.

미국의 윤리경영학자 Carroll은 기업시민의식을 기업의 사회적 책임 네 가지 측면을 통합한 개념으로 정의하고 "기업은 이윤을 창출해야 하고, 법을 준수해야 하고, 윤리적 행동을 취해야 하며, 자선적 기부를 해야 한다"고 하면서 이 모든 것을 포함하는 것이 기업시민의식이라고 주장한 바 있다.[6] 그 후 기업시민의식의 개념은 전반적 기업활동에서 이해관계자를 고려하는 관점으로 변화하였다. 개인의 시민의식 개념을 바탕으로 기업을 하나의 시민으로 생각한다면 기업에게도 지역사회의 구성원으로 하나의 시민에 상응하는 역할이 요구된다. 고객, 직원, 주주 등과 같은 기업의 전통적인 이해관계자 외에도 지역주민과 지역사회가 이해관계자 집단에 포함된다.

미국 보스턴 칼리지의 기업시민의식연구소에 의하면 기업시민의식의 실체는 손해의 최소화, 후생의 극대화, 핵심 이해관계자에 대한 책임의식 제고와 대응 및 강력한 재무적 성과 지원 등이 가능하도록 기업의 핵심가치를 이끌어 내야 하는 데에 있는 것으로 정의하고 있다.[7]

### (1) 손해의 최소화

기업시민의식은 조직구성원, 고객, 지역사회, 생태계, 주주, 협력업체 등을 포함한 이해관계자에 대한 부정적 영향이 최소화되도록 기업의 영업활동과 의사결정을 수행해야 한다는 원칙이다. 윤리경영, 부패방지를 위한 지원, 인권보호, 환경적 재해방지, 종업원에 대한 책임 있는 처우, 결점을 찾아볼 수 없는 마케팅활동, 제품과 서비스의 품질보증과 안전한 공급 등이 주요 내용이라 할 수 있다.

### (2) 후생의 극대화

기업시민의식은 주주를 포함한 여러 이해관계자들의 편익과 후생 제고를 위해 투자재원을 할당해야 한다는 것이다. 예를 들면 교육, 건강, 청년의 성장과 발전, 저소득층의 경제적 발전, 종업원의 복지 등 사회적 문제해결을 지원해 주기 위한 자발적인 참여, 고용안정, 공정한 임금제도, 사회적으로 가치 있는 제품과 서비스의 생산 등을 도모해야 한다.

---

6) Carroll, A.B.(1998), "The four faces of corporate citizenship," *Business and society review* 100(1), pp.1～7.

7) 다음 논문 및 사이트에서 재인용. 지은실(2007), "기업시민정신의 특성과 외국기업의 실천현황에 대한 연구," 전문경영인연구 10(1), pp.185～205 및 www.bc.edu/corporatecitizenship. 원어로는 minimizes harm, maximizes benefit, is accountable and responsive to key stakeholders, supports strong financial results로 제시되어 있음.

### (3) 핵심 이해관계자에 대한 책임의식 제고와 대응

기업시민의식은 윤리경영과 투명경영의 실천, 기업활동의 투명성 제고 및 신뢰구축을 요구한다. 즉, 기업의 지배구조에 대한 이해관계자의 의견반영, 윤리강령의 공포 및 실천, 경영활동에 대해 다양한 이해관계자의 의견청취 등이 이루어져야 한다.

### (4) 강력한 재무적 성과 지원

기업시민의식은 이해관계자 집단에 대한 안정적인 이익환원과 재정적인 성과지원을 필요로 한다. 기업시민의식을 실천한다는 것은 기업의 핵심가치를 구현하며 안정적인 재정성과 창출을 통해 기업 이윤의 환원과 이해관계자에 대한 재정적 지원이 가능해야 한다는 의미이다.

기업시민의식은 기업의 경영활동에 있어 강조되어온 사회적 책임과 이윤추구의 두 가지 측면을 모두 고려하며, 모든 이해관계자들과 함께 기업의 지속적이면서 윤리적인 성장을 도모하고자 하는 노력이라고 할 수 있다.

모든 기업들이 갑자기 높은 수준의 기업시민의식을 발휘하지는 않는다. 기업시민의식의 초기 단계에서는 법적 의무의 준수(legal compliance) 정도에 그치게 된다. 일종의 손해의 최소화 단계인데 윤리경영, 부패방지를 위한 지원, 인권보호, 환경폐기물 방출 방지, 종업원에 대한 책임 있는 처우, 제품과 서비스의 품질 및 안전보증 등과 같은 당연히 해야 하는 일을 하는 수준에 머물게 된다.

두 번째 단계는 전통적인 사회적 책임단계로서 자선활동과 적극적인 환경보호활동을 전개하는 단계이다. 이 단계에서는 이해관계자 집단으로부터의 적극적인 의견청취 및 이들의 이해관계를 전략적으로 반영하는 활동이 전개되어야 한다.

세 번째 단계는 앞에서 논의한 바 있는 경제적 · 사회적 · 환경적 지속가능성을 극대화하기 위한 가치창출에 기여하는 과정이다.

마지막 네 번째 단계는 혁명적 쇄신(revolutionary renewal)을 도모하는 과정이라 할 수 있다.[8] 네 번째 단계의 기업들은 비즈니스를 단지 책임감 있게 지속가능한 방식으로 이끌어가는 것에 그치지 않는다. 이들 기업의 전략적 의도는 세계의 사회적 · 환경적 문제를 해결하는 가운데 책임감 있고 지속가능한 비즈니스를 새롭게 창출한다는 것에 있다. 이러한 기업들의 도전은 사회문제와 비즈니스를 연결시키는 전략, 즉 비즈니스와 사회를 위한 공동가치의 창출에 마케팅, 생산, 재무, 연구개발 등의 기능을 적극적으로 동원함으로써 기업시민의식을 극대화하는 활동 그 자체가 최고경영진의 주된 업무로 변화하게 된다.

[그림 3-6]은 바로 이와 같은 기업시민의식이 가져다줄 파급효과를 4단계로 구분하여 간략히 도시한 것이다.

**[그림 3-6]** 기업시민의식의 단계적 파급효과

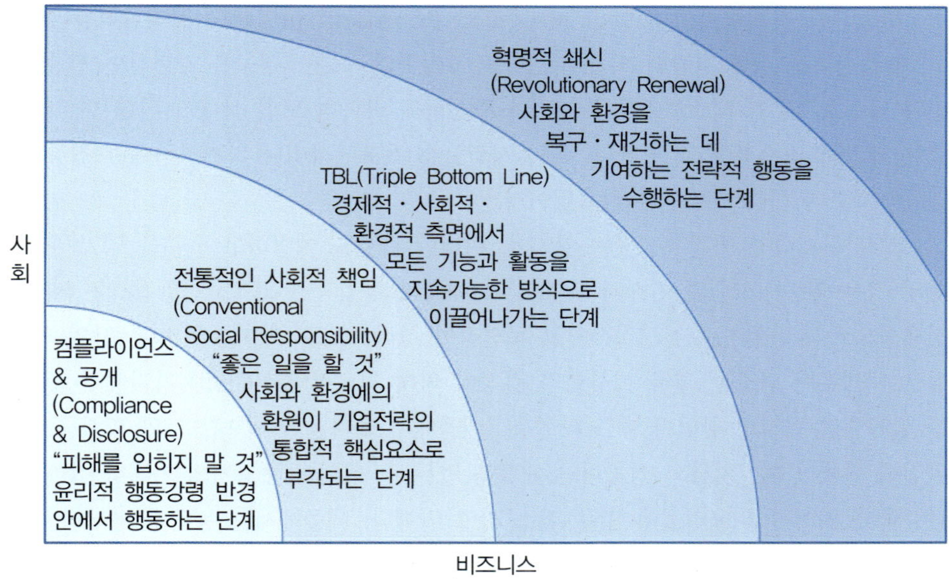


출처 : Bright, D.S., R.E. Fry, and D.L. Cooperrider(2006), "Transformative innovations for the mutual benefit of business society and environment," *BAWB Interactive Working Paper Series* 1, pp.17~31.

8) Googins, B. 외(2007), 강주현 · 안젤라 역(2008), 『세계 최고 기업들의 기업시민활동』, FKI미디어, pp.60~62, pp.80~88 참고.

쉬어가기

### 안하무인 '갑질' 왜 나오나… 권력에 취하면 공감능력 떨어지고 충동적으로 변해

우리나라에서 대기업뿐만 아니라 중견기업 오너 3, 4세의 안하무인식 갑질은 어제오늘의 일이 아니다. 이러한 갑질은 어디서 싹트는 것일까. 갑질은 권력관계에서 강자인 갑이 힘없는 을에게 부당행위를 하는 것을 말한다. 이런 갑질은 마땅히 누릴 것을 누리고 있다는 특권의식에서 나온다. '나는 특별하다'는 특권의식이 사회적 통념을 기반으로 한 도덕성에서 벗어나 혼자만의 도덕체계를 만든다는 것이 전문가들의 진단이다. 특권의식으로 인해 상대방을 배려하지 못하고, 자신이 모든 것을 통제할 수 있다는 환상을 가지게 된다는 얘기다.

뇌·신경 심리학자인 이안 로버트슨(Ian Robertson) 아일랜드 트리니티칼리지 교수는 저서 '승자의 뇌'에서 권력을 쥐면 사람의 뇌가 바뀐다고 주장했다. 그는 "성공을 경험하면 혈중에 신경전달물질인 도파민과 남성호르몬인 테스토스테론 분비가 활성화돼 화학적 도취 상대가 된다"며 "이는 술이나 마약 등에서 얻는 쾌감과 비슷하다"고 말했다. 이런 사람들은 목표달성이나 자기만족에만 집중해 공감능력이 떨어지고 충동적이고 독선적으로 변한다는 것이다.

뇌가 문제라면 어쩔 수 없는 일일까. 이러한 갑질을 예방하고 폭주를 막기 위한 견제장치가 있다. 기업의 경우에는 이사회와 감사가 그것이다. 애플의 창업자인 고 스티브 잡스는 제품 개발이나 마케팅에서 천재성으로 유명했지만 신경질적이고 독선적인 성격으로도 악명을 떨쳤다. 남의 의견을 경청하지 않고 고집을 내세우던 잡스는 결국 이사회의 결정에 의해 최고경영자(CEO) 자리에서 쫓겨났다. 잡스와 25년 동안 함께했던 픽사의 창업자 에드 캣멀은 "애플에서 쫓겨난 뒤에 넥스트와 픽사를 거치면서 잡스의 성격은 완전히 변했다"며 "지금의 성공적인 애플을 만든 건 커리어 초창기의 가혹한 잡스가 아니라 그 이후의 공감능력이 뛰어나고 배려심이 많은 잡스"라고 말했다. 애플에서는 능력이 뛰어나지만 독선적인 리더를 쫓아낼 수 있었던 견제장치가 제대로 가동하고 있었던 것이다.

하지만 우리나라 기업에는 기업 내에서 오너를 견제할 수 있는 장치가 부족하다. 오너 3, 4세의 갑질이 계속될 것이라는 우려가 나오는 것도 이 때문이다. 특히 능력과 상관없이 경영진에 오른 오너 일가의 '사람에 대한 인식 변화' 없이는 언제든지 반복될 수밖에 없다. 잘못한 뒤에도 경영일선으로 복귀할 수 있는 '족벌 경영 시스템' 역시 문제다. 이에 따라 총수 일가의 지배구조를 견제할 수 있는 이사회 제도, 소수주주의 목소리를 담을 수 있는 견제 시스템 등이 함께 가동돼야 한다는 지적이다. 장세진 카이스트 경영대 교수는 이번 사건에 대해 "경영을 해서는 안 될 사람이 경영진에 있어 일어난 문제"라며 "주주는 주주행동주의로 행동에 나서고, 소비자들은 불매운동을 하며 기업을 압박하는 것이 가장 현실적"이라고 말했다. 이안 로버트슨 교수도 이 점을 지적한다. 로버트슨 교수는 "오너의 자식이라고 해도 특권이 주어지지 않아야 한다"며 "일반적인 직원과 완전히 동등하게 대하는 회사 문화와 엄격한 관리가 필요하다. 권력을 가진 동시에, 자신이 맡은 역할을 충분히 해내지 못할 것이라고 느낀다면 그 사람은 타인을 괴롭힐 가능성이 높다"고 강조했다.

뇌·신경 심리학자인 이안 로버트슨(Ian Robertson) 아일랜드 트리니티칼리지 교수는 '네이처' 등 과학 저널에 논문 250편을 썼으며, 2013년에 출간된 '승자의 뇌(The Winner Effect)'를 비롯해 10여 권의 책을 낸 세계적 석학이다. 다음은 로버트슨 교수와의 이메일 인터뷰 내용이다.

**한국의 대기업 오너 자녀가 부적절한 언행을 해 논란이 되고 있는데**

"이 문제에는 세 가지 요인이 연관돼 있다. 첫 번째는 부와 권력이다. 부와 권력은 사람들의 공감능력을 약하게 만들고, 다른 사람들을 객체화한다. 자기 인식, 억제력이 약해지고 충동적이게 되며, 리스크를 덜 고려하게 된다. 또 위선적으로 생각하며 스스로 다른 사람들에게 적용되는 규칙이 자신에게는 적용되지 않는다고 생각한다. 이런 걸 고려하면 왜 부와 권력을 가진 사람이 다른 사람들이 생각했을 때 공격적이고, 위험하며, 받아들일 수 없는 행동을 하는지 설명가능하다.

두 번째로 외부인이 아니라 창업자의 가족에게 기업을 승계하면 수익성이 떨어진다는 연구가 있다. 하나의 예시로, 덴마크에서는 회사의 승계가 창업자로부터 외부인이 아니라, 창업자로부터 그의 가족으로 이어졌다. 그러자 승계가 이루어지는 시기에 수익성이 최소 4% 떨어졌다. 떨어지는 폭은 규모가 더 크고 고성장인 산업일수록 더 컸다.

세 번째 요인은 특권을 가진 오너 자식들의 행동을 설명한다. 한 연구에 따르면, 권력을 가진 사람이 그가 맡은 역할을 자신이 충분히 해내지 못할 것이라고 느끼면 괴롭히는 사람이 될 가능성이 높다는 것을 보여준다. 권력과 자신이 맡은 일에 대한 능력 부족이라는 강력한 조합은 부하직원을 채찍질만 하게 만드는 독이 될 수 있다는 것이다."

**오너들의 자식은 그럼 어떻게 해야 할까**

"한 회사의 창업자로서 성공하는 것은 다양한 요인들이 복합적으로 나타난 결과다. 근면함, 지속성, 재능, 연관성 등이다. 무엇보다 운도 중요하다. 성실하고 재능 있는 사업가들은 많지만 대다수는 부자가 되지 못한다. 성공적인 부모 아래에서 태어난 자식이 부모만큼 성공할 가능성은 상당히 낮다. 특히 그 자식이 성실함, 재능, 연관성 그리고 운과 같이 부모가 가진 성질을 그대로 가졌을 확률이 낮기 때문에 스스로 성공할 가능성은 상대적으로 낮다. 이건 앞서 말한 세 번째 요인과 연관이 있다. 그들은 스스로 인생의 길을 찾아야 하며 성공한 부모의 그늘에서 벗어나려고 노력해야 한다. 다른 분야에서 사업을 시작하거나 아니면 사업을 아예 하지 않는 방식으로 말이다. 자신의 성공이 스스로의 노력과 재능으로 얻은 것이 아니라 부모에게서 얻었다는 생각을 늘 가지고 있는 사람은 충분히 성숙한, 자신감 있는 사람이 되는 것이 힘들다. 이건 그들에게 '맡은 일을 감당할 능력이 내겐 충분치 않다'는 생각을 하게 하는 원인이 될 수 있다."

**재벌 2, 3세의 언행을 분석한다면**

"권력과 돈은 뇌의 '보상 시스템'에서 코카인처럼 작용한다. 만약 많은 돈과 권력에 취하게 된다면 코카인처럼 행동을 왜곡시킬 수 있다. 이건 권력이 여자와 남자 모두에게서 뇌의 '보상 네트워크'에서 도파민 활동을 증가시키는 테스토스테론을 높이기 때문이다." 로버트슨 교수는 인간의 뇌에 있는 '보상 네트워크'에 대해 이렇게 설명했다. 뇌의 '보상 네트워크'란 뇌에서 좋은 느낌이 들게 하는 부분이다. 권력을 잡게 되면 이 부분이 작동하는데, 테스토스테론이란 남성호르몬을 분출시키고, 그것이 도파민이라는 신경전달물질 분출을 촉진해 보상 네트워크를 움직인다. 그래서 사람을 더 과감하고 모든 일에 긍정적이며 심한 스트레스를 견디게 한다. 즉 권력이 항우울제 역할을 하는데, 이런 작용이 권력자를 독단적이고 파괴적으로 만들기도 한다. (조선일보, 2018.4.23)

## 기업은 ESG 경영 자랑하지만… 소비자 63% '잘 모른다'

대기업과 중견기업은 물론 공기업까지 경쟁적으로 'ESG(환경 · 사회 · 지배구조) 경영'을 도입하고 있지만 정작 소비자 10명 중 6명은 ESG 경영 자체를 잘 모르는 것으로 나타났다. 특히 여성의 ESG 경영 인식도가 남성에 비해 크게 낮았다. 이 같은 결과는 최근 이화여대 경영학부의 박정은 교수와 곽윤주 연구원이 실시한 '기업의 ESG 활동에 관한 소비자의 인식과 소비자의 신뢰와 행동 의도에 미치는 영향' 연구에서 확인됐다. 국내에서 소비자의 ESG 인지도에 대한 연구는 드물다.

ESG는 환경(Environment) · 사회(Social) · 지배구조(Governance)를 뜻하는 말로 기업의 환경보호와 사회적 공헌, 투명한 지배구조 개선 노력 등을 의미한다. 연구팀은 만 20세 이상 성인 207명을 대상으로 ESG 인식에 대한 온라인 설문조사를 했다. 직장인, 자영업주, 공무원, 학생, 전업주부 등이 포함됐으며 남성 응답자가 72명, 여성 응답자가 135명이었다. 연구팀은 우선 'ESG 경영의 의미를 알고 있느냐'고 물었다. 이에 응답자의 45.9%가 '전혀 알지 못한다'고 답했으며, '알지 못한다'는 답변도 16.9%나 됐다. 전체 응답자의 62.8%가 ESG 경영을 모르고 있다는 의미다. 반면 '알고 있다'는 16.9%였고, '잘 알고 있다'는 응답은 6.8%에 불과했다. '보통이다'는 13.5%였다. 성별로 따져보면 여성 응답자의 74.8%가 알지 못한다고 응답한 반면 남성은 '알지 못한다'는 답변이 40.3%로 상대적으로 적었다. '알고 있다'는 응답은 여성이 14.8%였고, 남성은 40.3%였다. 연령별로는 40대와 50대가 다른 연령대보다 상대적으로 ESG 경영에 대한 인식도가 높게 나타났다.

또 연구팀은 한국지배구조원의 ESG 평가를 바탕으로 20개의 기업 목록을 제시하고 하나의 기업을 고르게 하는 방식으로 개별기업의 ESG 활동에 대한 인식도를 조사했다. ESG 경영을 잘하고 있거나 못한다고 인식되는 기업을 선택하라는 의미였다. 그 결과 응답자의 83%가 오뚜기와 풀무원, 남양유업, 삼성전자, LG전자 등 5개 기업을 선택했다. 많은 소비자가 일부 기업의 ESG만을 알고 있다는 것으로 풀이된다. 박정은 교수는 "연구결과, 기업들이 경쟁적으로 ESG 경영을 내세우는 것과 달리 소비자들은 제대로 그 의미를 인식하지 못하고 있는 것으로 나타났다"며 "ESG에 대한 대 소비자 홍보와 교육이 상당히 부족하다는 의미"라고 설명했다. 박 교수는 또 "왜 ESG를 하는지에 대한 설명 없이 단순히 우리 기업은 높은 등급을 받았다는 식의 홍보는 지양해야 할 것"이라며 "적극적인 홍보를 통해 ESG의 중요성을 알리고, 고객 참여를 유도해 소비자 경험을 증대시킬 필요가 있다"고 덧붙였다.

현재 세계적으로 지속가능한 발전을 위한 기업과 투자자의 사회적 책임이 강조되면서 많은 금융기관이 기업의 ESG 평가 정보를 활용하는 것으로 알려져 있다. 영국과 스웨덴, 독일, 프랑스 등에선 연기금을 중심으로 ESG 정보 공시 의무제도를 도입하고 있다. 우리나라도 2025년부터 자산총액 2조원 이상의 유가증권시장 상장회사의 ESG 공시 의무화가 도입될 예정이다. 또 2030년부터는 모든 코스피 상장사로 범위가 확대된다. (중앙일보, 2022.3.6, https://www.joongang.co.kr/article/25053193#home)

## 연습문제

1 다음 중에서 사회적 책임의 핵심이 아닌 것은?

① 사회정의의 실현
② 기업규모 확대를 통한 생산원가 절감
③ 안전하고 좋은 품질의 제품공급
④ 환경보전과 고용확대

2 기업이 적극적으로 사회적 책임을 져야 한다는 입장의 근거는 무엇인가?

ㄱ. 기업은 국민에게 큰 영향을 끼치므로 같은 정도의 책임도 져야 한다.
ㄴ. 책임 있는 경영활동으로 지역사회와의 관계를 개선하고 기업이미지를 좋게 바꿀 수 있다.
ㄷ. 적극적인 사회적 참여는 정부의 불필요한 간섭과 규제를 사전에 막아준다.

① ㄱ, ㄴ
② ㄱ, ㄷ
③ ㄴ, ㄷ
④ ㄱ, ㄴ, ㄷ

3 기업의 사회적 책임을 4단계로 나눌 때 두 번째 단계에 해당하는 활동은?

① 소비자 권익보호와 회계투명성 유지
② 이윤극대화와 고용창출
③ 미시적 환경을 구성하는 여러 구성원들의 요구 충족
④ 소비자 만족의 극대화

4 우리나라에서 기업의 사회적 책임에 대한 관심이 높아지고 있는 이유로 타당성이 있는 것은?

ㄱ. 기업에 대한 사회의 기대치가 점점 높아지고 있기 때문에
ㄴ. 대기업의 신규종업원 채용규모가 지속적으로 줄어들어가고 있기 때문에
ㄷ. 기업의 범법행위와 사회적 공익의 침해에 대한 처벌이 갈수록 무거워지고 있기 때문에

① ㄱ, ㄴ
② ㄱ, ㄷ
③ ㄴ, ㄷ
④ ㄱ, ㄴ, ㄷ

5 밀턴 프리드만과 같은 경제학자는 기업의 사회적 책임이란 주주의 이익을 극대화하는 데에 있다고 주장하였다. 이런 학자들이 기업의 사회적 책임에 대해 반대하는 근거로 제시하는 것에 해당하지 않는 것은?

① 기업의 1차적인 책임은 경제활동에 관심을 집중함으로써 이윤을 극대화하는 것에 있기 때문이다.
② 기업이 사회적 목표를 추구하게 되면 결과적으로 국가로 들어가야 할 세금이 줄어들어 재정정책에 악영향을 미치기 때문이다.
③ 기업은 사회적으로 큰 영향력을 가지고 있는데, 추가적인 사회참여는 기업의 힘과 영향력을 더욱 증대시키기 때문이다.
④ 기업의 경영자들은 이윤의 추구에는 전문가이지만 사회적 문제를 제대로 다룰 수 있는 기술이나 지식은 부족하기 때문이다.

6 다음 중 사회적 책임이행을 위한 전제조건에 해당하는 것은?

ㄱ. 사회적 책임에 대한 뚜렷한 비전
ㄴ. 이해관계자들과의 커뮤니케이션 능력
ㄷ. 냉철한 자기 진단 프로세스

① ㄱ, ㄴ
② ㄱ, ㄷ
③ ㄴ, ㄷ
④ ㄱ, ㄴ, ㄷ

7 다음 중 정보공개를 통한 투명경영에 관한 설명으로 옳은 것은?

ㄱ. 정보공개를 통한 투명경영은 이해관계자의 신뢰와 지원을 확보함으로써 핵심경영자원의 조달에 우위를 가질 수 있다.
ㄴ. 경영상태와 성과에 대한 적절한 정보공개는 이해관계자의 권익보호와 올바른 의사결정 프로세스 구축에 기여한다.
ㄷ. 기업 경영과 관련된 주요 정보를 공개함으로써 직원들이 기업의 경영상태를 파악할 수 있게 되고, 일터에 대한 자부심도 키울 수 있게 된다.

① ㄱ, ㄴ
② ㄱ, ㄷ
③ ㄴ, ㄷ
④ ㄱ, ㄴ, ㄷ

8 다음 중 사회적 지속가능성에 해당하는 활동은?

① 회계투명성
② 준법경영
③ 기업투명성
④ 지역사회에의 경제적 기여

9 다음 중 기업의 사회공헌활동에 포함되는 것은?

ㄱ. 공익 캠페인(cause promotion)
ㄴ. 공익연계 마케팅(cause-related marketing)
ㄷ. 기업자선활동(corporate philanthropy)

① ㄱ, ㄴ
② ㄱ, ㄷ
③ ㄴ, ㄷ
④ ㄱ, ㄴ, ㄷ

10 다음 중 기업의 사회공헌활동에 대한 설명으로 바르지 않은 것은?

① 공익 캠페인은 특정 사회문제에 대한 대중의 관심을 환기시키기 위한 캠페인 활동으로 미디어에서 공익광고 형태로 자주 등장한다.
② 공익연계 마케팅은 기업이 특정상품의 판매과정에서 수익의 일정부분을 특정 사회단체나 사회문제 해결에 기부금 형태로 제공하는 활동이다.
③ 사회마케팅은 기업의 임직원들이 지역사회 문제에 직접 동참하는 활동을 말하며, 조직구성원들의 동기유발과 회사 차원의 물질적 지원이 전제되어야 한다.
④ 기업의 자선활동은 말 그대로 특정 사회문제 해결을 위해 기업의 자산을 직접 기부하는 활동을 의미한다. 재정적 지원 외에도 노하우나 유통채널 공유와 같은 비금전적 지원도 이루어진다.

11 다음 중 사회마케팅(corporate social marketing)에 대한 설명인 것은?

① 특정 사회문제에 대한 대중의 관심을 환기시키기 위한 캠페인 활동으로 미디어에서 공익광고 형태로 자주 등장한다.
② 기업이 특정상품의 판매과정에서 수익의 일정부분을 특정 사회단체나 사회문제 해결에 기부금 형태로 제공하는 활동이다.

③ 환경보호와 지역사회발전에 기업의 임직원들이 직접 동참하는 활동을 말한다.
④ 복지, 건강, 안전, 환경 등의 분야에서 일반대중의 행동이 사회적으로 바람직한 방향으로 변화해 갈 수 있도록 지원하는 다양한 노력을 의미한다.

12 다음 중 ESG 경영의 요소가 아닌 것은?

① Economy(경제)
② Social(사회)
③ Environment(환경)
④ Governance(지배구조)

13 다음 중 CSR과 CSV 및 ESG에 대한 설명이 바르게 된 것은?

ㄱ. CSR은 기업의 관점에서 사회적 책임을 완수하기 위한 활동을 경영에 통합시키는 것을 의미한다.
ㄴ. CSV는 기업의 비즈니스 기회와 지역사회의 니즈가 만나는 곳에 사업적 가치를 창출함으로써 경제적·사회적 이익을 추구하는 것이다.
ㄷ. ESG는 투자자 관점에서 사회적 책임을 다하는 기업에 투자하기 위해 필요한 지표와 정보를 제공한다.

① ㄱ, ㄴ
② ㄱ, ㄷ
③ ㄴ, ㄷ
④ ㄱ, ㄴ, ㄷ

14 다음 중 기업시민의식(corporate citizenship)에 대한 설명인 것은?

ㄱ. 기업시민의식은 기업도 개인과 마찬가지로 지역사회와 국가의 한 구성원으로서 일정한 권리와 책임을 갖는다는 의미로서 기업의 지속가능경영과 사회적 책임의 연장선상의 개념이다.
ㄴ. 기업시민의식은 지역사회활동, 자선활동, 환경보호활동 및 기업지배구조 개선 등 다양한 영역에 걸쳐 나타난다.
ㄷ. 기업의 성장과 더불어 지역사회도 발전하게 되므로 지역사회 구성원들도 기업의 성장과정에서 나타날 수 있는 단기적인 불편이나 손실 등은 다소나마 용납해 주는 것이 바람직하다.

① ㄱ, ㄴ
② ㄱ, ㄷ
③ ㄴ, ㄷ
④ ㄱ, ㄴ, ㄷ

15 미국 보스턴 칼리지 기업시민의식연구소에서 제시한 기업시민의식의 목표 또는 내용에 해당하지 않는 것은?

① 강력한 재무적 성과 지원
② 기업의 시장점유율 확대 및 이를 통한 고용창출의 극대화
③ 핵심 이해관계자에 대한 책임의식 제고 및 대응
④ 손해 최소화와 후생 극대화

| 정답 | 1. ② 2. ④ 3. ① 4. ② 5. ② 6. ④ 7. ④ 8. ② 9. ④ 10. ③ 11. ④ 12. ① 13. ④ 14. ① 15. ② |
|---|---|

Chapter **4**

# 경영관리의 이해



경영관리란 경영조직체가 그 목적을 달성하기 위해 수행하는 활동을 의미하는 것으로 업무 측면에서는 마케팅, 재무, 생산, 인사 및 노사관계, 회계와 정보처리, 연구개발 활동으로 구분되며 프로세스 측면에서는 계획, 조직, 지휘, 통제를 의미한다. 또한 이러한 활동들은 의사결정을 토대로 이루어지며 경영자들은 계층별로 서로 다른 상황에서 경영관리를 위한 결정을 내리게 된다. 본장에서는 경영관리 이해의 기초개념인 경영관리의 기능과 활동에 관하여 살펴보도록 한다.

# 제 1 절 경영관리의 업무기능

## 1. 경영관리의 의의와 유형화

기업은 그 존재목적을 달성하기 위해 여러 가지 활동을 한다. 기업이라는 조직체를 만들기 위해서는 우선 필요한 자금을 조달한 뒤, 생산설비를 갖추고 이를 이용하여 제품이나 서비스를 만들어낼 인력을 고용해야 한다. 그뿐만 아니라 만들어낸 제품이나 서비스의 특성을 알리고 판매하며, 경쟁자보다 더 좋은 것을 만들어내기 위한 연구도 계속해야 한다.

유명한 경영학자인 피터 드러커(Peter F. Drucker)는 기업은 단순히 금전적으로 가치 있는 자원의 집합체 차원을 넘어서 상품을 생산하고 사회에 기여함으로써 수익을 창출하게 된다는 주장을 한 바 있다.[1] 이익은 기업 생산의 결과물로서 혁신과 인재양성을 통해 장기적인 성장을 도모해야 한다는 당시로서는 매우 파격적인 주장도 한 바 있다. 드러커는 또한 기업의 경영(management)과 책임에 대해 다음 8가지 제안을 발표함으로써 1950년대 경영학 이론에 상당한 영향을 미쳤다.

- 경영은 기업의 생존과 성공을 결정짓는 분명하고도 중요한 기능이다.
- 경영관리업무(managerial task)는 과학적 분석결과를 중시하지만 실행 중심이다. 경영 교육은 이런 경영관리 스킬을 향상시키고 다듬는 과정이다.
- 경영관리업무는 창의적 요소와 적응적 요소를 통합하는 역할을 한다.
- 경영에는 마케팅과 혁신이라는 두 가지 기업가적 차원이 있다. 마케팅은 고객이 누구인지 식별하는 데 초점을 두며, 혁신은 상품, 서비스, 프로세스, 시스템 등의 창출에 주안점을 둔다.
- 경영자(managers)는 문제 정의, 대안 개발, 대안의 장단점 검토, 대안을 실행하기 위한 방법의 선택, 그리고 실행과 피드백으로 구성되는 체계적인 의사결정과정을 따라야 한다.

---

1) Zahra, S.A.(2003), "The practice of management : reflections on Peter F. Drucker's landmark book," *Academy of Management Perspectives*, 17(3), pp.16～23.

**[그림 4-1]**
드러커가 제시한
의사결정과정의 단계

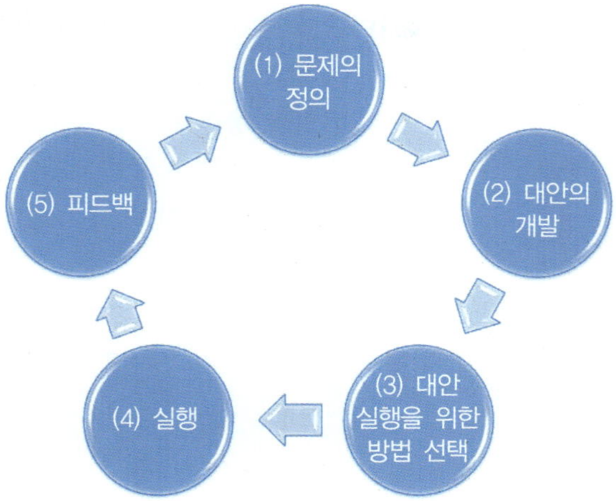


- 경영자는 조직을 구축하고 다양한 기능을 통합할 책임이 있다.
- 경영자는 지식근로자를 육성하고 이끌어갈 책임이 있다.
- 진실함(integrity)은 경영자적 자질의 특질로서 자본을 공급한 주주와 고객, 그리고 사회에 대한 책임감(accountability)[2]도 따르게 된다.

드러커는 경영의 핵심기능으로 마케팅과 혁신만을 제시하였지만, 기업이 수행해야 하는 활동은 그 특성에 따라 〈표 4-1〉과 같이 몇 가지 분야로 나눌 수 있다.

이런 여러 기능이 서로 조화를 이루며 수행되어야만 기업이 성장 · 발전할 수 있다. 예를 들어 품질이 좋지 않은 제품은 아무리 광고를 잘하여도 일시적으로는 팔리겠지만 장기적으로는 시장에서 외면당할 수밖에 없다. 반대로 아무리 우수한 제품이나 서비스를 개발하였다 하더라도 소비자에게 이를 알리기 위한 마케팅활동이 뒷받침해 주지 않으면 성공할 수가 없다. 경쟁이 심하지 않았을 때에는 별다른 계획을 세우지 않고 주먹구구식으로 기업을 운영해 가더라도 성장하는 데 별 문제가 없었다. 그러나 경쟁이 심화된 최근에는 앞서 언급한 여러 기능들을 통합적으로 잘 수행하지 않고서는 지속적으로 성장 · 발전하기 어렵다.

통합이란 조직 내 여러 부문의 의사결정이 기업 전체의 목표와 일관성을

2) 즉, 경영 및 관리결과에 대한 책임을 지는 것은 물론 업무를 처리하는 과정이 적절하고 최선을 다했으며 그 과정에서 부적절한 행위가 있었는지 여부에 대한 평가도 받는다는 의미이다.

〈표 4-1〉
기업의 활동분야

| 활동분야 | 주요 활동내용 |
|---|---|
| 마케팅활동 | 새로운 제품과 서비스의 개발, 가격결정, 판매촉진, 유통을 담당 |
| 재무활동 | 기업의 생존에 가장 중요한 기능을 담당하는 분야로 자금의 조달과 배분을 담당 |
| 생산·공급망 관리활동 | 계획한 대로 생산활동을 이끌어가기 위해 필요한 원자재와 부품의 구매, 품질관리, 생산스케줄의 수립과 조정, 재고관리, 협력업체와의 공동작업 등을 담당 |
| 인적자원 관리활동 | 기업의 활동에 필요한 인력의 고용과 교육, 임금관리, 노사관계 등을 담당 |
| 경영정보 | 기업 내의 모든 활동의 결과를 숫자로 보고하고 분석하는 활동을 담당 |
| 글로벌 경영 | 수출, 수입, 합작투자, 라이선스 도입 등 해외진출과 관련된 여러 활동을 담당 |

가지며 부분적인 이해득실보다는 전체적인 득실을 먼저 감안하도록 이루어진다는 의미이다. 전체는 부분의 합보다 크다는 생각이 앞서야 한다. 전체를 관리하기 위해서는 각 구성요소를 연결하는 고리에 대한 이해가 뿌리박혀 있어야 한다. 한 부문의 의사결정은 반드시 다른 부문에도 영향을 미친다는 생각을 염두에 두고 자신이 속해 있는 부서의 이익을 위해서는 다른 부서를 희생시켜도 무방하다는 생각을 버려야 한다.

기업규모가 작을 때에는 통합의 문제는 신경 쓸 것이 없다. 사장이 고객을 만나 직접 주문을 받고 납품조건을 결정하며 주문서도 작성한다. 판매담당자도 급하면 밖에 나가 당장 작업할 사람을 구해오고 늦게 도착한 자재를 작업장 안으로 옮기는 것도 도와준다. 생산라인에 근무하는 작업자는 자신이 현재 맡고 있는 일 외에도 급하면 동료의 작업을 거들어주어 제시간에 모든 작업을 완수하게끔 한다. 이 제품을 구매할 최종고객이 누군지도 알며, 자신이 불량품을 만들면 다음 작업장에 있는 자신의 친한 동료가 자기에게 와서 불량품의 생산을 슬며시 지적해 줄 것이라는 것도 안다. 비록 훈련이나 교육은 충분히 받지 못하고 공정관리나 지속적 개선을 위한 능력이 부족해도 서로서로 잘 연결되고 단합되어 있다.

그러나 규모가 커지면 이 같은 연결의식은 쉽게 상실되며 같은 일을 하는 사람들끼리 무리를 이루어 집단이기주의를 표명하게 된다. 구매부서는 구입한 부품이 어떻게 언제 쓰이는지 상관하지 않고 가능한 한 싼 가격으로만 구입하고자 할 것이며, 일선작업부서는 생산성 증대를 위해 가장 만들기 쉬운 것들만 집중적으로 생산한다. 엔지니어링 부서는 밀려 있는 일감을 빨리 처리하기 위해 작업현장의 기술수준을 무시한 채 대략 제품의 규격과 공차를 결정하여 건네준다. 배송부서는 한 트럭분을 채우기 전까지는 출발하지 않으려 한다. 이런 식으로 각자 해야 할 일만을 잘하면 모든 것이 잘된다는 생각은 버려야 한다.

이러한 부서간 갈등과 이기주의를 없애기 위해서는 우선 자신의 고객, 자신이 속해 있는 부서의 고객, 자기 회사의 고객이 누구인지 파악해야 할 뿐만 아니라, 〈표 4-1〉에 예시된 마케팅활동, 재무활동, 생산활동, 인적자원관리활동, 경영정보, 글로벌 경영활동 등을 조정 · 통합하는 기능을 담당하는 팀이나 위원회가 필요하다. 많은 글로벌 기업들은 이런 역할을 담당하는 부서를 설치하여 다양한 조직 내의 활동을 모니터링하면서 같은 방향으로 여러 활동이 전개되도록 의사결정을 조정 · 통합하는 역할을 맡기고 있다.

## 2. 경영과 관리

경영과 관리는 모두 조직을 대상으로 하지만 경영은 조직 전체를 이끌어 간다는 의미로 많이 쓰이고 관리는 조직 내의 특정부문을 다루는 것으로 이해하곤 한다. 예를 들면, 그 특정한 부문이 조직 내의 자금일 때 이를 재무관리라고 하고, 판매나 고객에 대한 서비스일 때에는 마케팅관리, 인적자원일 때에는 인사관리라 한다. 따라서 관리의 의미는 조직 내의 특정 일부분을 다루는 것으로서 이해하면 된다. 이러한 여러 가지의 관리기능을 총괄하여 하나의 덩어리로 지칭할 때 경영이라는 단어를 쓰게 된다.

기업활동을 대상으로 하는 관리의 개념을 최초로 제시한 사람은 프랑스의 헨리 페이욜(Henry Fayol)이었다. 페이욜은 프랑스 산업계의 경험을 토대로 하여 경영이란 계획하고, 조직하며, 지휘하고, 조정하며, 통제하는 과정으로 정의하였다. 그 후 많은 학자들이 이와 유사한 개념을 토대로 기업기능의 관리를 설명하였으며 요즈음에는 계획수립, 조직화, 지휘, 통제의 네 가지 기능으로 간추려 설명하고 있다. 이 네 가지 기능은 [그림 4-2]에서 보는 바와 같이 순차적으로 수행되지만 경우에 따라서는 여러 기능이 동시에 수행되는 수

[그림 4-2]
관리의 순환과정

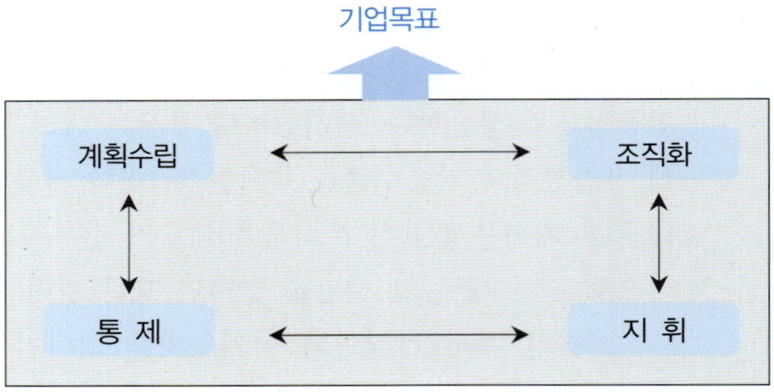


도 있다. 관리의 과정은 통제에 이르러 끝나는 것이 아니라 이 결과가 계획수립에 반영됨으로써 이 네 가지 기능은 서로 밀접히 연관되어 있는 순환과정을 형성한다.

관리기능과 함께 생각할 수 있는 것이 앞에서 간략히 살펴본 업무기능으로서 인사, 재무, 마케팅, 회계, 생산 등이 있다. 경영학을 구성하는 다양한 전공영역은 바로 이 업무기능에 따라 나누어진 것이며, 기업이 부서를 만들 때 보편적으로 참고하는 분류방법이다. 관리기능과 업무기능 사이에 직접적으로 어떠한 관계가 있는지를 발견하기는 어려우나 [그림 4-3]에서와 같이 관리기능이 있음으로써 업무기능이 보다 효율적으로 수행될 수 있는 것은 분명하다.

[그림 4-3]
경영의 다양한 기능과 계층

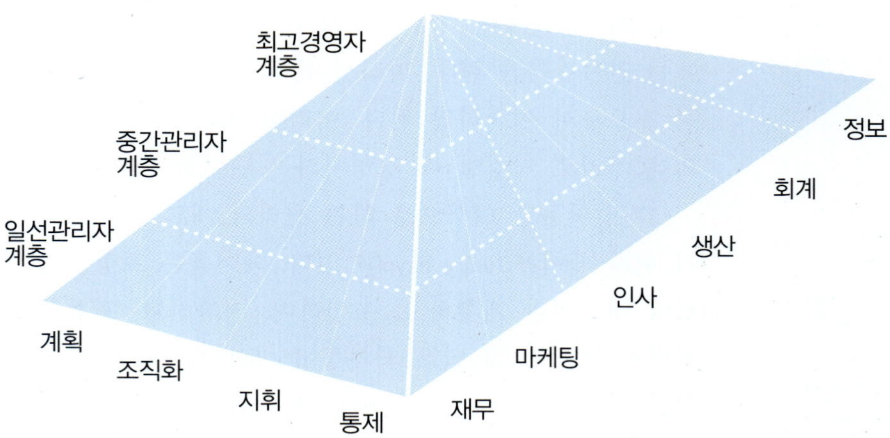

### (1) 계획수립

계획수립이란 조직의 목표를 설정하고 이 목표를 달성하기 위한 방법을 결정하는 과정이다. 조직유형에 관계없이 가장 먼저 결정되어야 하는 것이 바로 조직목표이다. 왜냐하면, 조직목표가 정해져야만 그 조직이 무엇을 어떻게 해야 하는가를 알 수 있기 때문이다. 목표 없이 조직을 운영하는 것은 마치 어디로 가야 할지도 모르면서 무작정 차를 운전하는 것과 같다. 일단 조직목표가 결정된 후에는 그 목표를 달성하기 위하여 어떠한 방법들을 이용해야 하는가를 정해야 한다. 목표를 달성하기 위한 조직 전체 차원의 방법이 결정되고, 나아가서 조직 내의 여러 부서들간에 어떤 활동을 나누어 해야 하는가가 순차적으로 결정된다.

실제로 계획은 여러 단계로 나뉘어 수립된다. 가장 높은 수준의 계획은 기업의 목표를 결정하고 이를 달성하기 위한 종합적인 전략을 수립하는 과정이며, 가장 낮은 수준의 계획은 매일매일 해야 할 일들의 내용과 순서를 결정하는 것이다.

### (2) 조직화

조직화는 조직의 목표를 달성하기 위해 조직구성원들이 담당해야 할 역할의 구조를 설정하는 과정이다. 즉, 조직화는 수행해야 할 업무의 설정과 이 업무를 담당할 인원의 배치로 구성된다. 업무의 설정에서는 조직운영에 필요한 여러 업무들이 결정되고, 나아가서 각 업무들이 담당하는 일이 무엇이며 다른 업무와 어떻게 연관되어 있는지를 정한다.

예를 들면, 생산관리 담당자의 역할은 제품을 생산하는 과정에서 가능한 한 생산단가를 낮추고, 동시에 제품품질을 적정수준 이상으로 유지하는 것이라 정의하며, 나아가서 판매부서의 소비자 담당자와 긴밀히 의견교환을 하는 것으로 담당업무를 설정할 수 있다. 이렇게 업무가 설정되면 누가 그 업무를 맡을지 결정해야 한다. 즉 인원의 배치인데, 생산관리의 지식과 경험을 갖춘 사람이 그 업무에 배치되어야 할 것이다.

이와 같은 업무의 설정과 인원배치를 다른 말로 조직구조를 짠다고 표현하기도 한다. 이와 같은 조직화, 즉 조직구조의 설정에서 가장 대표적인 것은 부서화(departmentalization)인데, 이는 하나의 조직을 크게 몇 개의 부서로 나누는 것을 말한다. 예를 들면 재무담당, 판매담당, 생산담당, 인사담당 부서들로 나누어 각 부서에 적절한 사람들을 배치하는 것이다. 따라서 조직화는 계획을 실행에 옮기기 위해 준비하거나 혹은 전열을 가다듬는 단계라고 할 수 있다.

조직화기능은 계획기능과 마찬가지로 환경변화에 대응하기 위해 지속적으로 수행되어야 한다. 예를 들어 생산하는 품목이나 제조공정을 바꾸는 경우 종업원의 직무와 작업의 흐름은 어쩔 수 없이 재조정된다. 또한 급변하는 상황에 민첩하게 대응하기 위해서 일선종업원에게 많은 권한을 위임하기도 한다. 이와 같은 결정도 모두 조직화기능을 수행한 결과이다.

### (3) 지 휘

모든 조직의 핵심적인 자원은 사람이다. 이러한 인적자원을 이끌어 가고 통합하는 지휘(leading)의 기능도 경영자의 몫이다. 지휘란 단순히 하급자가 해야 할 일을 지시하고 그 일의 진행을 감독하는 활동에 그치지 않는다.

지휘의 기능에서는 두 가지의 중요한 역할이 포함된다. 첫째, 계획한 목표가 달성될 수 있도록 조직구성원들을 잘 이끌어 가는 것이다. 이를 위해 구성원들이 열심히 일하도록 격려해야 하며, 의사소통이 원활히 이루어지도록 한다. 의사소통이 중요한 이유는 정확한 의사전달을 통해서만 구성원간의 의견교환이 이루어지며 긴밀한 상호협력이 가능해지기 때문이다. 둘째, 부서간 혹은 동료간의 불화나 갈등을 줄여야 한다. 조직의 전체적 목표를 달성하는 데 불화나 갈등은 심각한 장애요인이 되는데, 이는 조직구성원간의 상호협력을 저해하기 때문이다.

### (4) 통 제

관리의 순환과정에서 마지막 단계는 통제이다. 목표를 설정하고 계획을 수립하며 조직의 구조를 결정하고 필요한 사람들을 선발·교육시키고 일에 대한 의욕을 불러일으켰다 하더라도 모든 일이 계획한 대로 진행되고 있는지 확인할 필요가 있다. 즉 조직성과를 관찰하고 이를 목표와 비교하는 과정이 필요하다. 만약 실제 성과가 목표에 미치지 못하고 조직운영이 엉뚱한 방향으로 흘러간다면 이를 원래의 궤도로 되돌려 보내려는 노력이 필요하다. 이처럼 조직성과를 관찰하고 목표와 비교하며 이를 토대로 조직의 운영방식과 진로를 수정하는 과정이 바로 통제활동이다. 이 과정에서 나온 각종 자료들은 다시 계획수립과정에서 매우 중요한 정보로 쓰이게 된다.

통제기능은 세 가지 중요한 역할을 한다. 첫째는 감시(monitoring)의 역할이다. 이는 조직구성원들이 맡은 업무를 얼마나 적절히 수행하는가, 그리고 목표달성에 얼마나 부응하는가를 감시하는 것이다. 둘째는 비교(comparing)의 역할이다. 이는 조직이 기대하는 성과에 실제 성과가 어느 정도 접근하였는가를 비교하는 것이다. 마지막으로 수정(correcting)의 역할이다. 이는 무엇인가 잘못된 것이 있다고 판단될 때에 이를 수정하는 것이다. 예를 들면, 비교 후에 기대한 만큼의 성과가 달성되지 못하였을 경우, 무엇이 잘못되었는가를 연구하여 계획, 조직화, 지휘의 각 단계에서 필요한 수정을 가하게 된다.

따라서 기업조직에서의 관리란 기업이라는 조직의 목표와 사명을 설정하고, 이를 달성하기 위해 조직 내의 인적 · 물적 · 재무적 · 기술적 자원의 사용을 계획하고 조직화하며, 지휘하고, 통제하는 과정이라 할 수 있다. 처음 조직을 구축하는 경우에는 무엇보다도 자원의 충분한 확보가 중요하다. 그러나 지속적인 성장과 발전을 위해서는 조직이 처해 있는 환경에 적절히 대응할 수 있는 관리를 필요로 한다. 관리는 소규모 기업이나 대기업, 영리기업이나 비영리기업에 관계없이 모든 기업에 적용된다.

## 제 2 절 계층별 의사결정문제 유형

### 1. 계층별 의사결정문제

기업조직에 몸담고 있는 사람은 모두 계획수립, 조직화, 지휘, 통제 등의 활동에 종사하지만 모두 같은 수준의 책임을 지지는 않으며, 제각기 서로 다른 상황에서 결정을 내린다. 예를 들어 자재구매 담당자는 국내에서 부품을 구입할 것인가 또는 외국회사에 주문을 낼 것인가를 고민할 수도 있다. 마케팅 담당자는 TV를 통해 광고를 할 것인가 또는 신문에 크게 광고를 낼 것인가를 결정해야 하는 문제에 부딪힐 수 있다. 자금담당자는 회사 건물을 담보로 하여 은행에서 자금을 빌릴 것인가 아니면 자본금을 늘려 필요한 자금을 확보할 것인가 등의 결정에 고심하곤 한다.

이제 각 계층별 경영관리자들이 부딪히는 문제들을 간략히 살펴보기로 하자.

### (1) 최고경영자 계층의 의사결정문제

기업의 관리계층은 [그림 4-4]에서처럼 3단계로 나뉜 피라미드에 비유할 수 있다. 피라미드의 맨 위에 위치하는 최고경영자 계층에서는 조직 전체의 목표와 나아갈 방향 그리고 여러 부서들간의 전체적 조화를 꾀하기 위한 종합적인 의사결정이 이루어진다. 예를 들어 공장 건설, 신제품 개발, 기술 도입, 기업 인수 등과 같은 전략적 의사결정문제가 최고경영자 계층의 주된 관심사이다. 이런 의사결정문제들은 대개 기업 전체에 큰 영향을 미치므로 쉽게 결정할 수 있는 문제들이 아니다. 또한 충분한 정보를 얻기가 힘들어 상당히 불확실한 상황하에서 의사결정을 해야 한다. 그렇지만 이런 문제들은 자주 발생하지는 않는다. 이런 유형의 문제를 비정형적 의사결정(non-programmed decision-making)문제라고 부르는데, 문제 자체가 새롭고, 중요하며, 일상적이지 않고, 의사결정을 위해 합의된 절차도 명확하지 않다. 최고경영자들이 고민

[그림 4-4]
경영자의 피라미드 계층구조

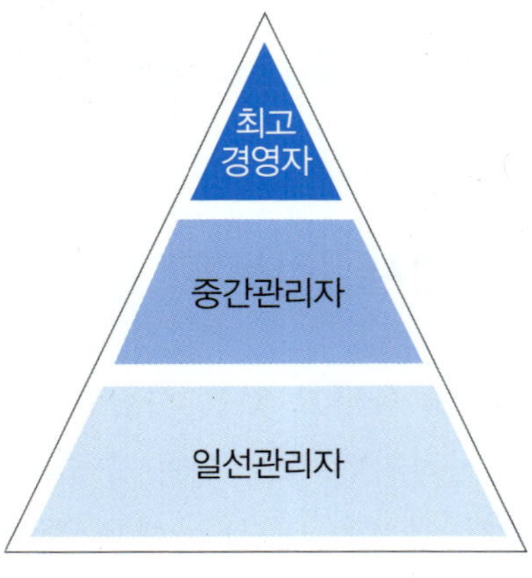

하는 많은 이슈들이 이런 속성을 띠게 된다.

### (2) 중간관리자 계층의 의사결정문제

피라미드의 중간계층에 해당하는 중간관리자 계층에서는 각 부서에서 어떠한 역할과 활동 등을 해야 하는지에 대한 의사결정을 한다. 예를 들면 생산담당부서에서는 언제 어떤 제품을 몇 개나 생산하며 어디로 납품해야 하는지 등에 관한 업무를 수행하고, 재무부서에서는 조직목표에 가장 잘 부합하는 예산편성이 어떻게 이루어져야 하는지 고민하며, 판매관리부서에서는 판매망 구축과 고객서비스를 어떻게 해야 할지를 결정한다. 이와 같은 의사결정문제들을 전술적 의사결정이라 하는데, 최고경영자 계층이 처리해야 하는 문제들보다는 그 영향범위가 좁으며 의사결정시에도 상대적으로 불확실성이 낮은 정보를 얻을 수도 있다.

중간관리자와 일선관리자 계층에 속하는 조직구성원들이 접하게 되는 많은 업무들은 일상적으로 반복되는 경우가 많아 표준화된 처리방식과 규칙이 사전에 미리 정해져 있어 정형적 의사결정(programmed decision-making)문제로 불리기도 한다. 의사결정문제가 복잡다단하더라도 이를 해결할 수 있는 도구나 솔루션이 개발되어 있다면 이는 정형적 의사결정문제에 해당할 것이다. 예를 들어 패스트패션을 주도하는 기업 중의 하나인 자라(Zara)는 전 세계 90여 개국에 2,000개가 넘는 매장을 보유하고 있다. 각 매장에서 한 주일에 평균 두 번 정도 주문이 자라 본사로 들어오지만 IT 기반의 솔루션을 통해 각 매장으로의 배송품목과 배송량이 자동으로 결정되고 이 정보가 물류센터로 전달된다. 엄청나게 복잡해 보이지만 이를 다루기 위한 확실한 절차가 개발되어 있어 이런 문제도 정형적 의사결정에 해당한다. 만약 이런 도구가 개발되지 못했다면 2,000여 개 매장의 운영 자체가 불가능했을 것이다.

### (3) 일선관리자 계층의 의사결정문제

마지막으로 피라미드의 하위계층에 속하는 일선관리자들은 현장에서 작업을 하거나 업무를 수행하는 데에서 생기는 여러 문제점들을 해결하는 데 많은 시간을 할애한다. 생산부서의 일선관리자들은 작업도중 생기는 여러 가지 문제들을 근로자들과 함께 풀어 나가는 일을 맡으며, 판매부서의 일선감독자들은 소비자들로부터 들어오는 자사 상품에 대한 평가를 분석하여 생산부서에 전달하는 일을 하기도 한다. 이러한 의사결정문제들을 운영적 의사결정이라 한다. 일선관리자들이 처리해야 하는 문제들은 그 범위가 매우 좁으며 매일 매일 유사한 문제들이 발생한다. 그리고 문제 구조도 복잡하지 않아서 고도의 분석능력이나 기술을 요구하지 않는다.

### (4) 계층별 의사결정문제의 특징 비교

조직구성원의 비율을 살펴보면 일반적으로 최고경영자 계층보다는 중간관리자 계층이 두텁고 중간관리자 계층보다는 일선관리자 계층에 속하는 관리자가 더 많다. 또한 권한과 임무도 피라미드의 상층부로 갈수록 점점 더 복잡해진다. 종업원이 서너 명밖에 되지 않는 매우 작은 규모의 기업인 경우 대부분의 중요 의사결정은 사장이 직접 하기 때문에 종업원들은 이런 문제에 접할 일이 별로 없다. 그렇지만 기업규모가 점점 커지면 모든 결정을 한 사람이 할 수 없게 되고, 어쩔 수 없이 의사결정권한을 아랫사람에게 위임하면서 관리계층이 생겨나게 된다. 물론 조직의 계층화가 심해질수록 신속한 의사결정을 하기 힘들어진다. 참고로 각 계층별 의사결정문제의 특징을 요약하면 〈표 4-2〉와 같다.

〈표 4-2〉 계층별 의사결정 문제의 특징

| 의사결정문제의 유형 | 담당계층 | 의사결정문제의 특성 | | |
|---|---|---|---|---|
| | | 영향을 미치는 범위 | 발생빈도 | 필요한 정보의 획득가능성 |
| 전략적 문제 | 최고경영자 계층 | 넓음 | 가끔 발생함 | 어려움 |
| 전술적 문제 | 중간관리자 계층 | 중간 | 자주 발생함 | 중간 |
| 운영적 문제 | 일선관리자 계층 | 좁음 | 거의 매일 발생함 | 쉬움 |

모든 경영자와 관리자가 관리기능을 수행하고 있지만 각 기능을 수행하는 데 투입하는 시간의 비율은 각각 다르다. [그림 4-5]는 계층별로 하루의 일과시간을 어떻게 나눠 쓰는가를 예시한 자료이다. 예를 들어 최고경영자

[그림 4-5]
관리기능 수행에 투입하는 시간의 계층별 비교

계층에 속한 경영자들은 일선관리자에 비해 계획수립과 조직화에 많은 시간을 투입하며, 일선관리자 계층은 현장 종업원 및 근로자의 지휘 및 감독에 많은 시간을 할애한다. 물론 이러한 구분이 명확하지는 않으며 기업구조에 따라 달라진다. 다만 상위계층으로 갈수록 장기적인 계획수립과 조직화에 더 많은 시간을 투입하는 것은 분명하며, 하위계층으로 갈수록 일이 진행되는 현장 및 현업처리에 더 많은 시간을 투자한다.

### (5) 효과적 의사결정의 방해요인

그렇다면 효과적인 의사결정을 방해하는 요인에는 어떤 것들이 있을까? 첫째로 불확실성(uncertainty)을 들 수 있다. 주어진 모든 정보를 반영하여 도출한 오늘의 베스트 대안도 이를 실행에 옮길 즈음에는 상상하기도 싫은 결과를 초래할 수도 있다. 불확실성을 완전히 극복하는 것은 불가능하므로 이를 어느 정도 고려한 대안을 선택하는 것도 한 방법이다. 둘째로는 몰입의 상승효과(escalation of commitment)라고 불리는 인간의 심리현상을 들 수 있다. 몰입의 상승은 경영자가 예기치 못한 부정적인 상황이나 결과에 직면할 때, 그들의 결정을 합리화하기 위해 고집하는 행동 패턴을 말한다. 지난 번 결정으로 인해 기대했던 성과보다 계속 지출해야 하는 비용이 더 크다는 증거가 있더라도, 이미 축적되어 있는 투자가 아까워 기존의 잘못된 결정을 계속 유지해 나가는 것도 이런 예에 속한다. 셋째는 몰입의 상승과 유사한 개념인 확증편향(confirmation bias)이다. 흔히 "사람은 보고 싶은 것만 본다"와 같은 현상으로 경영자가 기존에 가지고 있던 믿음이나 신념, 지식 등과는 다소 거리가 있는 정보에는 상대적으로 관심을 두지 않는 경우이다. 익숙하지 않은 생각이나 사고, 봐도 이해가 되지 않는 정보나 자료 등을 무시하게 되면 당연히 효과적인 의사결정을 도모하기 힘들다.

그 외에도 기업을 구성하는 부문간의 갈등(conflict)이나 구성원간의 갈등도 효과적인 의사결정의 장애요인으로 작용할 수 있다. 기업 전체를 볼 때에는 바람직한 대안이라 하더라도 그 대안이 구현되는 경우 특정 부서나 개인이 불이익을 받는다는 분위기가 조성되면 효과적인 대안 도출이 쉽지 않을 것이다.

## 2. 경영자의 역할

1960년대 말 캐나다의 민츠버그(Henry Mintzberg)는 여러 조직에서 경영자의 활동을 체계적으로 연구한 뒤 경영자의 역할에 대해 종전과는 전혀 다른 결론을 내렸다. 경영은 주어진 자료를 잘 이해하고 분석한 뒤 의사결정을 하기보다는, 다양하면서도 뚜렷한 패턴을 찾기 어려운 서로 관계가 없어 보이는 일들을 처리하고 있음을 발견하였다. 또한 이들 경영자가 하는 일 중 반 이상이 9분 내에 끝이 날 정도로 짧은 시간을 요하는 문제가 많음을 발견했다. 이 외에도 민츠버그는 [그림 4-6]에 요약되어 있는 것과 같이 경영자는 열 가지 역할을 수행하고 있다고 발표한 바 있다.

[그림 4-6]
경영자의
열 가지 역할

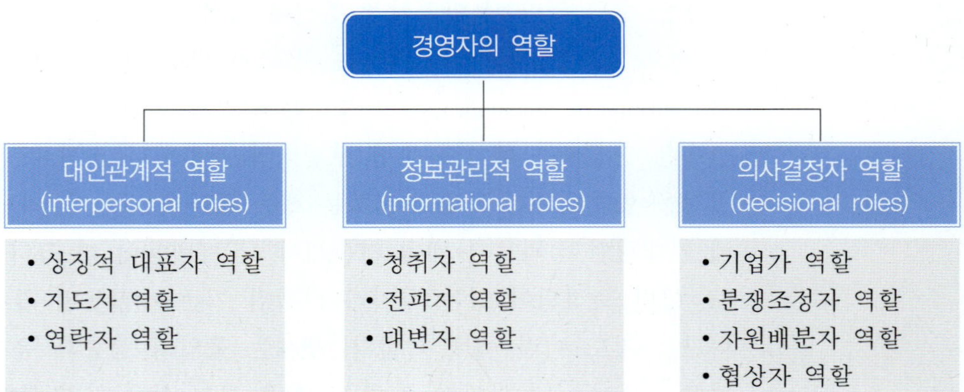

- 대인관계적 역할(interpersonal roles) : 모든 경영자는 기업을 원만히 운영해 나가기 위해 상징적 대표자 역할, 지도자 역할, 연락자 역할을 해야 한다. 상징적 대표자 역할이란 한 조직의 장으로서 서류에 서명을 하고 중요 방문객을 접대하는 역할 등을 말하며, 지도자 역할이란 종업원들을 고용하고 교육시키며 주어진 일을 자발적으로 수행할 수 있도록 동기를 유발시키는 역할을 의미한다. 한편 연락자 역할이란 외부사람들과의 관계를 원만히 유지하고 개발하는 역할을 말한다.
- 정보관리적 역할(informational roles) : 올바른 의사결정을 하기 위해서는 정확하고 신속한 정보의 수집 · 분석이 필요하다. 경영자의 정보관리적 역할이란 정보의 청취자, 전파자, 대변자의 역할을 포함한다. 정보의 청취자 역할은 기업경영에 필요한 정보를 꾸준히 탐색 · 수집하는 역할을 말하며, 전파자 역할은 필요한 정보를 필요한 사람에게 전달해 주는 역할을 의미한다. 마지막으로 대변자 역할은 조직 내에서 수집 · 분석한 정보를 조직 외부의 이해관계자에게 전달해 주는 역할이다.
- 의사결정자 역할(decisional roles) : 의사결정자 역할이란 수집된 정보를 토대로 하여 여러 가지 경영문제를 풀어가는 역할로 기업가 역할, 분쟁조정자 역할, 자원배분자 역할, 협상자 역할로 나뉜다. 기업가 역할이란 장기적인 전략을 수립하고 새로운 분야를 개척하는 역할이며, 분쟁조정자 역할이란 구매고객 도산, 노조 파업, 압력단체 항의 등과 같은 전혀 예기치 못한 일이 발생했을 때 이를 맡아 처리하는 역할을 말한다. 자원배분자 역할이란 한정된 자원을 적절히 배정하는 역할이며, 협상자 역할이란 노동조합과의 단체교섭, 공급업자의 계약조건 협의 등과 같이 중요 문제에서 조직을 대표하는 역할을 말한다.

## 제3절 경영관리에 대한 사고방식의 변화

지금은 재무, 마케팅, 생산, 회계, 경영정보 등 여러 분야에 걸쳐 광범위하고도 심도 깊은 이론들이 정립되어 하나의 독특한 학문영역으로 인정받고 있지만, 경영학의 역사는 극히 짧다. 경영분야 이론의 발전과정을 거슬러 올라가보면 그 뿌리는 19세기 중반부터 확산되기 시작한 분업원리와 관료주의적 사고에서 찾을 수 있다.

### 1. 애덤 스미스의 분업원리와 산업혁명

20세기 초 미국과 유럽에서는 자동차, 가정용 전자제품, 새로운 식료품 등과 같이 이전에는 존재하지도 않았던 제품들이 개발됨에 따라 여기저기서 새로운 산업이 우후죽순처럼 일어났다. 더구나 제1차 세계대전이 발발하면서 기계, 비행기, 화학무기, 폭탄, 저장용 식품 등과 같은 전쟁수행용 품목의 개발과 생산이 급성장하였다. 전쟁이 끝난 뒤에도 이들 제품들을 생산하던 기업들은 생산능력을 소비재생산으로 전환하기 위한 연구개발 노력을 집중하였다. 이처럼 급성장하는 시장을 목표로 하는 기업들은 생산량 극대화가 최고의 목표였다. 즉 경쟁력 있는 저렴한 가격으로 가능한 한 많이 만들어 공급하는 것이 최대의 관심사였고 결과적으로 미국과 유럽에서의 제조업은 그 유례를 찾아보기 힘들 정도로 급속한 성장을 거두게 되었다.

이러한 대량생산의 원리는 18세기의 유명한 경제학자인 애덤 스미스(Adam Smith)의 분업이론(division of labor)에 기초를 둔다. 애덤 스미스는 핀(pin) 제조공정의 관찰을 통해, 제조공정을 여러 개의 작은 작업으로 세분화시켜 각 개별 작업을 나누어 담당하면 생산성이 급증하게 된다는 사실을 발견하였다. 그 후 이 이론은 더욱 발전되어 작업 세분화와 이 세분화된 작업의 기계화를 통해 제품품질의 변동을 없애고 관리통제를 손쉽게 하고자 하는 방향으로 초점이 맞추어졌다.

또한 18세기에 나타난 산업혁명에서는 대량생산을 가능하게 하는 각종 기계와 설비의 출현으로 생산에서의 효율성 증대를 꾀할 수 있었다. 새롭게 개량된 기계들이 노동력을 점차적으로 대체해 감으로써 한 사람이 생산할 수 있는 양의 급격한 증가를 꾀할 수 있게 되었다.

노동의 분업과 산업혁명은 경제생활에서의 엄청난 변화를 초래하였다. 무엇보다도 중요한 변화는 대규모 공장에서 대량생산이 가능하게 되었다는 것이다. 이 변화는 경영자들에게 대규모 인적 및 물적 자원들을 어떻게 효율적으로 경영하는가 하는 문제를 안겨 주었다. 대규모 공장의 경영과 관리문제를 해결하기 위한 노력이 곧 이어졌으며, 이는 기업조직의 발달이라는 새로운 현상을 낳게 되었다.

## 2. 관료주의적 사고

관료주의적 사고와 관리는 엄격한 규칙과 절차, 계층구조적인 조직체계 그리고 노동의 분업에 토대를 두고 있다. 공공부문의 관료제도와 애덤 스미스의 분업원리를 더욱 광범위하게 확산시키는 역할을 한 관료주의는 20세기 초 산업혁명으로 인해 생겨난 혼란스러운 변화에 대응하기 위해 나타났다. 관료주의 사고는 막스 베버(Max Weber)에 의해 잘 정리되었는데, 그는 인간의 감정이 개입될 여지를 완전히 제거하고 규칙에 의해 움직일 수 있는 합리적 관료제가 가장 효율적인 조직이 될 수 있을 것으로 주장하였다. 그가 제시한 관료주의의 핵심개념은 다음과 같다.

- 조직의 활동을 합리적으로 조정하기 위해서는 일 처리를 위한 절차가 명확하게 규정되어 있어야 한다. 모든 과업은 일관되고 상세한 규칙과 규정에 입각해서 이루어진다. 이러한 규칙과 규정을 따를 때 개인차에 의해 업무성과가 영향을 받을 가능성이 줄어든다.
- 조직은 계층화의 원칙에 따라 최고층을 정점으로 하는 권한, 통제, 책임의 피라미드식 수직적 구조를 갖는다. 각자의 지위에 따른 명령과 책임 범위가 엄격하다.
- 관료제는 노동의 분화와 전문화의 특징을 갖는다. 조직목표 달성에 필요한 모든 과업들은 고도로 전문화된 직무로 분할되어야 한다. 이

렇게 분화된 과업을 하다 보면 구성원의 전문적인 지식이나 능률이 증대된다.

- 연공에 따라 승진이 이루어지며 조직구성원이 필요한 기술과 지식을 익혀 별탈 없이 일을 수행하면 정년 때까지 자리를 보장해 준다. 이러한 고용과 승진 체계에 의해 신분보장이 이루어질 때 구성원들의 충성심이 확보될 수 있다.

관료주의적 생각은 조직이 어떻게 움직여야 하는가에 대한 명확한 청사진을 제공한다. 관료주의에 기반하는 관리는 일의 정확성과 일관성을 유지할 수 있고 많은 일을 단시간에 할 수 있어 생산성을 높일 수 있다는 이점이 있다. 특히 세부사항까지 지시를 통해 엄격히 준수되므로 지식이나 경험 없이도 손쉽게 일을 처리할 수 있다. 이런 관료주의의 장점을 정리하면 다음과 같다.

- 관료주의는 인력을 충원하는 데 있어서 직무와 관련되지 않은 채용기준, 즉 청탁이나 정실에 의해 기준이 좌우되는 것을 배제한다. 관료적인 선발절차와 방법에 의해서 직무수행능력 요건을 기준으로 인력을 보충하기 때문에 객관성이 확보된다.
- 애매모호함을 제거할 수 있다. 관료주의는 각종 규정과 규칙을 중심으로 조직을 구축하므로 업무수행에 있어 애매모호한 불확실성을 없애고 업무수행을 확실하게 하는 장점이 있다. 특히 미리 결정된 행동패턴에 따라서 행동을 하도록 제도가 짜여 있기 때문에 구성원들의 행동을 통일시킬 수 있다.
- 위계질서를 확보할 수 있다. 관료주의는 직위를 매개로 하여 조직의 틀을 상하관계의 체인으로써 명확히 구축해 놓기 때문에, 조직관리상의 위계질서가 지켜지고 이에 따라 조직이 자동적으로 굴러갈 수 있다.

그러나 이런 장점을 가진 관료주의적 사고는 예상치 못한 부작용들을 초래하여 요즈음에는 관료주의 하면 곧 규칙이나 절차의 원리원칙적인 적용, 아주 느린 업무처리, 책임의 전가, 쓸데없는 시간과 노력의 낭비, 권위주의적 사고, 과도한 비밀유지 관습 등의 상황을 꼬집어 말할 때 흔히 쓰이게 되었다.

관료주의의 폐해를 빗대는 사례로 흔히 거론되는 것이 파킨슨의 법칙이다. 관료적 병리현상에 대해 처음으로 문제를 제기한 사람이 영국의 경제학자 파킨슨인데, 그는 1955년 영국의 해군성과 식민지성의 행정인력 증감 추세를 연구하는 과정에서 조직이란 주어진 역할이나 업무와는 상관없이 항상 사람을 증가시키는 속성이 있다는 사실을 발견하고 이를 파킨슨 법칙이라는 제목으로 발표하였다. 예를 들어 영국 해군성의 경우, 1914년에 62척이던 주력 함정이 1928년에 20척으로 감소한 반면, 인원은 2,000여명에서 3,569여명으로 증가하였다. 해군성의 인원은 그 후에도 계속 증가하여 1935년 8,118명, 1954년 33,788명으로 크게 늘었다고 한다.

## 3. 과학적 관리

관료주의적 사고가 조직구조와 일의 처리방법에 대한 방향을 제시하는 데에 반해, 과학적 관리는 제조업체에서의 개별 작업자의 관리에 초점을 둔다. 테일러(Frederick Taylor)는 1911년에 그의 유명한 저서인『과학적 관리법의 원리』(The Principles of Scientific Management)를 발표하면서 분업이론과 기계화논리를 더욱 확대하였다.

테일러는 작업을 담당하는 직접노동인력과 각종 계획과 관리를 담당하는 간접부문을 분리함으로써 작업현장에서의 의사결정의 여지를 대폭 줄이고 피라미드식 관리구조를 도입해야 한다고 주장하였다. 이러한 방법을 통해 경영자와 종업원의 이해가 일치될 수 있다는 신념으로 당시의 비능률적이고 낭비적인 업무수행방식을 개선하고, 노동자와 경영자 간의 갈등을 해결하고자 노력하였다. 테일러의 관리원칙에 따르면 조직이 개선된 관리방법을 도입하면 생산성과 산출량이 증가하고, 그 결과 노동자에게는 임금 상승, 경영자에게는 이익의 증대를 가져오게 될 것이라고 주장했다.

테일러는 작업현장의 다양한 문제들을 다루는 관리자 입장에서 조직을 바라본 것으로 생각해 볼 수 있다. 테일러가 주장하는 것은 개별 근로자들이 하고 있는 작업을 과학적으로 분석함으로써 최소 비용으로 최대 생산을 할 수 있는 작업방법을 알아낼 수 있다는 것이다. 이를 위하여 고안된 분석방법이 바로 시간과 동작연구이다.

시간과 동작연구는 어떤 일을 할 때 작업자가 수행하는 모든 움직임을 분석하여 불필요한 동작을 없애고 일을 처리하는 데 필요한 활동만 명확히 하여 일하는 데 걸리는 시간과 노력을 최소화한다. 예를 들면, 하나의 작업에 필요한 동작을 여러 부분동작으로 나누어 각 부분동작이 소비하는 시간을 초시계로 측정한다. 이러한 연구는 각 부분동작이 소비하는 시간이 최대한 줄어들었다고 생각될 때까지 계속된다. 이런 방법으로 작업을 분화하면 사람은 많이 투입되지만 시간당 생산량은 최대치에 이를 수 있다. 테일러는 이런 방식을 생산과정 전체에 적용하면 전체적으로 생산량이 증가하게 되고, 근로자 개인에게 돌아가는 경제적 몫도 늘어난다고 결론지었다.

20세기 초 대량생산의 대명사처럼 불리는 미국 포드자동차회사의 T형 자동차는 바로 이 이론의 대표적인 적용 예로 볼 수 있다. T형 모델의 생산은 기존의 소규모 노동집약적 제조스타일을 벗어나 새로운 테크놀로지와 관리조직을 탄생시켰다. 포디즘(Fordism)이라고 불릴 만큼 큰 영향을 미쳤던 포드사의 자동차생산방식은 테일러의 과학적 관리법을 더욱 발전시켜 고급숙련공의 필요성 감소, 조립공정의 기계화, 원자재공급과 부품생산의 통합화, 제조공정 전체의 일체화 등 그 당시로서는 혁신적인 생산체제를 구축하였다. 작업자들의 역할은 단지 파트나 부품을 기계에 투입하는 것으로 단순화되고 말았다. 생산성이 최고도에 달했을 때 포드사의 하루 생산량은 8,000대였다고 한다.

이러한 경쟁력을 바탕으로 포드사는 1909년부터 약 15년 이상을 시장의 리더로 이끌어 갈 수 있었다. 그러나 1920년대 중반부터 다양한 설계와 선택사양으로 여러 종류의 차를 선보인 경쟁업체들의 반격으로 포드사의 시장점유율은 점차 떨어지고 있었다. 이런 위기를 맞아 포드사는 기존라인에 선택사양을 추가함으로써 소비자의 선택폭을 늘려주고자 노력했으나 원자재, 부품, 중간조립품, 조립의 생산라인 자체가 오직 T형 모델만의 생산을 위해 극도로 통합화되어 있었기 때문에 제품의 다양화는 곧 한계에 달하고 말았다. T형 모델의 뒤를 이은 A형 모델의 생산준비에 1년이라는 시간과 2억달러라는 어마어마한 자금이 투여되었다. 디트로이트에서만 약 6만명의 근로자가 해고되었으며 15,000대 이상의 기계를 폐기하고 약 25,000대 정도의 기계를 다른 용도로 분해・재조립하였지만 경쟁력은 이미 상실한 뒤였다.[3)]

테일러의 과학적 관리법에 토대를 둔 포드사의 현대적 대량생산원리의 특징을 요약하면 다음과 같다.

- 제품과 부품의 표준화, 제조설비와 작업방법의 표준화
- 동작연구와 시간연구를 통해 작업을 효율적으로 수행하기 위한 최적 조건을 식별하고 작업의 세분화를 통해 통제가 쉽고 반복가능한 다수의 동작으로 분해함으로써 대량생산의 기초 구축
- 작업자별 기능의 세분화 및 이를 통한 단순화
- 생산율의 균일화 및 성과에 따른 급여
- 관리업무는 전문가(specialist)들만이 전담하게 함으로써 관료적 피라미드식 조직 구축

## 4. 페이욜의 관리론

페이욜은 오랜 기간 동안의 광산회사 경영에서 얻은 지식을 토대로 기업조직이 갖추어야 하는 몇 가지 원칙을 제시하였다. 테일러와 마찬가지로 페이욜의 사상 또한 과학으로서의 경영 및 조직이론 발전에 커다란 영향을 미쳤다. 페이욜은 미국에서 과학적 관리론이 발전되고 있는 동안, 프랑스에서 독자적으로 그의 이론을 전개시켜 나갔다. 다만 테일러의 조직이론이 생산현장 수준에서 다루어진 데 반해, 페이욜은 조직상층의 관점에서 이론을 전개시켜 나갔다는 점에 큰 차이가 있다. 페이욜은 1916년에 『산업 및 일반관리』라는 저서를 냄으로써, 기능에 따른 관리를 처음으로 제시하였다. 이런 분류체계는 오늘날까지도 수많은 경영학입문 교재의 기초로 이용되고 있다.

페이욜은 14가지 주요 관리원칙을 제시하였는데, 분업, 규율, 보상, 권한과 책임, 질서, 공정, 단결의 원칙과 같은 기본적인 원리에서부터 명령 단일화의 원칙, 계층화의 원칙(scalar chain), 집권화의 원칙 등을 포함하며 단순히 관리의 원칙이라기보다 조직구조와 운영에 관한 원칙이라고 할 수 있다.

예를 들어, 명령 단일화의 원칙은 조직 내에서 사람들은 한 사람으로부터 명령을 받는다는 것을 의미한다. 즉, 각 조직구성원에게 명령을 내릴 수

3) Bessant, J.(1991), *Managing Advanced Manufacturing Technology*, NCC Blackwell, pp.17～20 참조.

있는 사람은 한 사람뿐이라는 의미로서, 명령체계의 통일성과 일관성을 유지하기 위한 방법이다. 명령 단일화의 가장 대표적인 경우가 군대조직이다. 계층화의 원칙은 조직은 계층과 서열이 명확해야 하며 계층별로 권한이 확실하게 구분되어야 한다는 의미로서, 조직 내의 관리구조를 나타내는 원칙이다. 집권화의 원칙은 권한의 집권화(centralization)와 분권화(decentralization)가 균형을 이루어야 한다는 것이다. 의사결정권한이 조직의 상위계층에 집중되어 있는 경우를 집권화, 의사결정 프로세스에서 하위계층과 권한을 공유하는 경우를 분권화라 정의하고, 조직은 집권화와 분권화의 균형을 도모해야 할 필요가 있음을 역설한 바 있다. 그 외 보상의 원칙은 적절한 노동이 투입되었다면 이에 상응하는 적절한 보상이 지급되어야 한다는 원칙이며, 권한의 원칙은 부하에게 명령을 내릴 수 있는 권한이 지위에 따라 적절히 주어지는 것을 의미한다.

## 5. 호손실험

테일러, 페이욜, 베버가 주장한 경영과 관리이론들은 모두 조직 내에서 일하는 사람들의 심리적 특성이 조직에 미치는 영향을 무시하고 있다. 1930년대에 접어들면서는 서서히 조직구성원들의 심리적 측면이 작업성과에 미치는 영향에 대한 연구에 관심을 갖게 되었다.

호손실험은 이런 연구의 대표적인 사례이다. 호손실험이란 미국의 웨스턴 일렉트릭이라는 전자회사 소속의 호손이라고 명명된 일리노이주의 공장에서 1924년부터 1930년대 초반까지 이루어진 여러 개의 실험들을 말한다. 여러 실험 중에서 일반에게 잘 알려진 것은 작업장 불빛의 밝기 정도가 개개 근로자들의 생산성에 어떻게 영향을 미치는가 하는 것이었다. 이 실험에서는 실험대상이 된 근로자들을 두 개의 방에 나누어 놓은 다음, 한 방에서는 불빛의 밝기를 일정하게 밝게 해놓고, 다른 방에서는 불빛의 밝기를 2, 3주 간격으로 점차적으로 낮추어 작업을 하게 하였다. 당시 기계적 조직의 관리방식에 젖어 있던 학자들은 불빛의 밝기라는 물질적인 조건이 개개인의 작업성과에 영향을 미치리라고 짐작하였다. 따라서 불빛이 점차적으로 어두워지는 방에서의 작업성과가 다른 방에서의 작업성과보다 낮아지리라는 것은 당연한 기대였다. 그러나 실험결과는 전혀 예상 밖이었다. 양쪽 방에서의 작업성과가 모두 상승한 것이다.

이러한 결과가 나온 이유를 알기 위해서 웨스턴 일렉트릭은 대학교수였던 엘튼 메이요(Elton Mayo)에게 의뢰하였다. 메이요의 연구가 밝혀낸 것은, 실험대상이 된 양쪽 방의 근로자들은 자신들의 작업성과가 비교되고 있다는 것을 알고 있었고, 따라서 두 집단 사이의 경쟁심리가 성과에 큰 영향을 미쳤다는 것이다. 경쟁심리가 작업장에서의 불빛 밝기에 상관없이 양쪽 방에서의 작업성과를 상승시켰던 것이다. 즉 불빛의 밝기라는 물질적 조건은 중요요인이 아니었고, 오히려 집단간 경쟁심리라는 심리적 조건이 더 큰 영향을 미친 것이다.

또 다른 하나의 실험도 역시 물질적 조건이 작업성과에 어떠한 영향을 미치는가에 관한 것이었다. 구체적으로 이 실험에서는 개인의 작업능력에 따라 급여에 차등을 두는 능력급제가 개인의 작업성과에 어떠한 영향을 미치는가를 측정하였다. 애초에 학자들이 기대하기는 능력급제가 적용될 경우 개개인들의 생산량에 따라서 급여가 결정되므로 이 능력급제가 개인 생산량을 증가시키는 가장 중요한 요인이 될 것이라는 것이었다. 그렇지만 결과는 달랐다. 능력급제라는 물질적 조건은 별로 중요하지 않았고, 오히려 개인이 소속된 집단의 결속력이나 규범이라는 심리적 조건이 가장 큰 영향을 미치는 것으로 나타났다.

위의 두 실험이 설명하는 것은 급여나 작업방법 혹은 작업조건들이 조직의 경영과 관리에서 중요한 요인으로 고려되지 않을 수도 있다는 것이다. 오히려 개인이 갖는 심리적 측면이 작업성과에 더 큰 영향을 미치는 중요한 요인들로 고려된다.

## 6. 시스템적 사고방식

시스템이란 서로 관련 있는 부분들이 유기적으로 결합되어 있는 것을 의미한다. 사람의 몸도 하나의 시스템이다. 사람 몸의 여러 기관, 근육, 뼈, 신경조직, 의식 등이 서로 연결되어 살아 있는 사람을 구성한다. 조직도 여러 개의 부서가 그 부서에 할당된 일을 처리하는 사람들에 의해 서로 연결된 하나의

[그림 4-7]
시스템의 구조

시스템이다. [그림 4-7]에 제시되어 있듯이 시스템은 투입물, 산출물 그리고 투입물을 산출물로 바꾸어주는 변환과정으로 구성된다. 산출물이 별로 좋지 않으면 피드백과정을 통해 투입물과 변환과정을 수정한다.

현대적 경영에서 시스템적 사고는 필요불가결한 요소가 되어버렸다. 시스템적 사고가 기업경영에 등장하게 된 배경을 살펴보면 대략 다음과 같다. 첫째, 기업의 경영활동을 효율화하기 위해 도입한 분업화와 전문화 현상은 그 정도가 지나치면 부문 상호간의 충돌이나 마찰을 야기하기 쉽다. 즉, 연구개발, 생산, 판매, 인사, 재무 등의 부서로 분화된 각 하위시스템들이 각자 자기목표 충족을 위해 개별 독주하는 경향이 있기 때문에 기업 전체의 통합성을 잃을 가능성이 크다. 둘째, 기업경영에 관해 분야별로 전문화된 이론들이 각각 자기 전문영역에 빠져 버리는 경향이 있다. 새로운 체계로서 통합되어 있지 않아 전체로서의 효과가 의문시된다는 한계가 있다. 따라서 시스템적 사고에 익숙한 경영관리자는 자신이 내리는 의사결정이 다른 사람이나 다른 부서에 미칠 영향을 생각하면서 결정을 내릴 수밖에 없다.

쉬어가기

## 경험의 덫 – 전투 60번 치러도 노새는 노새일 뿐, 천리마가 될 순 없다

1757년 로이텐 전투에서 프로이센의 프리드리히 2세는 통념을 깬 전술로 오스트리아의 대군을 물리쳤다. 그는 특정 전략이나 전술을 무비판적으로 받아들이기보다 근본적인 원리나 배경을 이해했기 때문에 유연하게 부대를 운용했다.

프리드리히는 1757년 11월 로스바흐 전투에서 3만명의 군사로 5만명의 프랑스군을 궤멸시켰다. 승리의 기쁨도 잠깐, 프로이센이 프랑스를 상대하는 틈을 노려 오스트리아가 프로이센의 슐레지엔 지방을 침공했다. 프리드리히는 서둘러 슐레지엔으로 회군했다. 오스트리아는 프로이센의 회군을 예측하고 프로이센군을 요격하기 유리한 곳에 자리를 잡고 기다렸다. 그 장소가 로이텐이었다. 일반적으로 공격하려면 수비군보다 5배 많은 병력이 필요하다고 한다. 상대가 유리한 지형을 장악하고, 충분히 진지를 구축하고 있으면 필요 인원은 10배로 늘어난다. 그런데 겨우 3만명의 프로이센군은 유리한 지역에 진지를 구축하고 있는 8만명의 오스트리아군을 공격해야 했다.

프로이센군이 취할 수 있는 방법은 공격지점 한 곳을 정한 뒤 희생을 각오하고 병력을 집중 투입해서 승부를 거는 것이었다. 오스트리아군은 지형을 완벽하게 선점하려다 보니 진이 길어져 8km나 되었다. 즉 대형이 너무 얇아졌다. 오스트리아군이 프로이센을 궤멸시키려면 공격 예상 지점에 병력을 집중시켜야만 했다. 오스트리아군은 프로이센의 공격지점이 우익이라고 예측하고 예비대를 그쪽으로 옮겼다. 프로이센 기병이 우익의 오스트리아군 눈앞에 나타나 일부러 법석을 떨었기 때문이다. 그러나 이건 속임수였다. 프로이센은 전 병력을 좌익으로 몰아갔다. 프로이센군의 전략은 지금부터 시작이었다. 오스트리아군의 눈앞에서 프로이센의 횡대 부대가 카드섹션을 하듯이 움직이더니 순식간에 종대를 형성해서 오스트리아군의 왼쪽 끝 지점으로 몰려갔다. 오스트리아군이 미처 진지 배치를 재편하기 전에 왼쪽 끝에서부터 프로이센군이 공격을 시작했다. 긴 직사각형의 형태를 띤 오스트리아군은 가로 길이로 보면 프로이센군의 세 배에 가까웠지만, 세로 길이는 얇아서 병력의 우위는 의미가 없었다. 오스트리아군은 대패하고 2만여 명이 전사했다. 프로이센의 사상자는 겨우 6,400명이었다.

프로이센군의 비밀 병기는 횡대에서 종대로의 전환이었다. 우향우나 좌향좌를 해서 횡대에서 종대로 전환한 것이 아니고 여러 횡대로 구성된 대형이 행진하면서 분해-결합하는 방식이다. 제식훈련 중에서도 제일 고난도 기술로 꼽힌다. 프로이센군은 평소에 이 훈련을 엄청나게 해두었기 때문에 로이텐에서 오스트리아군을 속이고 측면을 때릴 수 있었다.

훗날 한 대위가 프리드리히 2세에게 "폐하처럼 훌륭한 전략가가 되기 위해서는 어떻게 해야 하느냐"고 물었다. 왕은 전쟁사를 열심히 공부하라고 말했다. 대위는 고개를 갸우뚱하며 "자신은 이론보다는 실전 경험이 더 중요하다고 생각한다"고 답했다. 그러자 왕은 이렇게 말했다. "우리 부대에 전투를 60회나 치른 노새가 두 마리 있다. 그러나 개들은 아직도 노새다.” 그는 전쟁사를 읽으면서 전술의 역사 속에 숨어 있는 원칙과 전제를 찾으려고 노력했다. 그래야 변화에 대응하고 창조적 대책을 창출하는 능력이 생겨난다고 믿었다. 어떤 전술이나 방법이 승리할 수 있었던 원리와 배경을 생각하지 않고 ‘이 전술은 좋고, 이 전술은 나쁘다’, ‘누구는 이 방식으로 성공했다’라는 식의 외형만을 배운다면 또다시 노새가 되는 실수를 반복할 수밖에 없다. (동아일보, 2010.3.20)

## 리더의 탁월한 의사결정

뇌과학 측면에서 의사결정을 연구하다 보니, ‘의사결정을 잘하는 비결이 뭐냐’는 질문을 종종 받곤 한다. 특히 정치를 하거나 기업을 운영하는 리더들은 중대한 의사결정을 해야 하는 고통스러운 순간을 종종 맞닥뜨리기 때문에, 자주 이런 질문을 해오곤 한다. ‘그때그때 달라요!’라고 웃으며 대답하지만, 성공한 리더들에게 비슷한 질문을 던지면 되돌아오는 대답이 대충 비슷하다는 것이다. 그들이 동의하는 건, 100% 완벽한 의사결정은 없다는 것. 적절한 의사결정을 하는 것만큼이나, 그것을 적절한 시기에 하는 것이 중요하다는 것. 그리고 자신의 선택이 잘못됐다고 깨닫는 순간 빨리 수정하라는 것이다.

의사결정을 잘하는 사람들은 이 결정을 언제까지 하는 게 가장 적절한가를 먼저 생각한다. 적절한 시기에 최선의 결정을 하는 게 중요하다는 걸 누구보다 잘 알고 있다는 뜻이다. 그래서 결정의 순간 전까지 최대한 정보를 빠르게 모으고 다른 사람들과 깊게 상의하면서, 상황을 정확히 판단하려 애쓴다. 의사결정의 순간이 왔을 때, 그들은 때를 놓치지 않고 과감하게 선택한다. 100% 확신이 들진 않더라도, 좋은 결정이라는 생각이 70%만 들어도 과감하게 실행에 옮긴다. 혹여 너무 중요한 의사결정이라 성급하게 결정했다가 낭패를 볼 수 있을 땐, 의사결정을 몇 단계로 나누어 수행해도 좋다.

무엇보다 좋은 의사결정자들은 실행에 옮긴 의사결정이 잘못됐다고 판단되면, 언제든지 자신의 결정을 수정하거나 심지어 번복한다. 잘못을 인정하고 의사결정을 빠르게 수정해 결국 최선의 결정에 도달한다. 그러나 안타깝게도 대부분의 사람은 정반대로 선택한다. 우리는 신중하게 결정하겠다는 생각에 의사결정을 미루다가 적절한 때를 놓치기 일쑤다. 확신이 들 때까지 선택을 뒤로 미루지만, 무슨 일이든 ‘확신이 든다’는 건 나만 그런 생각을 하는 게 아니라는 뜻이다. 먼저 선택한 사람만이 누릴 수 있는 선점효과를 모두 잃어버린 후라는 얘기다. 특히나 비즈니스에선 더욱 그렇다. 그리고 우리는 신중하게 한 선택은 절대 바꾸지 않는다. 선택을 바꾸면 자신의 잘못을 인정한 꼴이 되어 리더들은 더더욱 꺼린다. 그러나 새로운 정보를 얻거나 상황이 바뀌었을 때 의사결정을 바꾸는 능력은 리더가 갖추어야 할 가장 중요한 덕목 중 하나다. 목표를 완수하는 게 중요하지, 자신의 의사결정을 관철하는 게 중요한 것이 아니기 때문에, 늘 목표에 비추어 자신의 선택을 들여다보아야 한다.

리더가 자신의 의사결정을 바꾼다는 얘기는 그만큼 구성원들과 소통을 많이 했다는 얘기다. 밀실에서 혼자 심사숙고해 의사결정을 하는 '고독한 독재자형' 리더는 의사결정을 번복할 수 없다. '결정한 메시지'가 유일한 소통의 수단이었기 때문에, 그걸 바꾸면 실없는 사람이 된다. 평소 소통을 많이 한 리더는 자신이 왜 의사결정을 바꾸게 됐는지 구성원들을 쉽게 설득할 수 있다. 리더가 소통해야 하는 이유가 여기에 있다. 젊어서 성공한 리더들은 이런 탁월한 의사결정의 비법을 잘 알고 있다. 그러나 그들이 나이가 들면 불행하게도 상황은 바뀐다. 적절한 타이밍의 가치를 누구보다 잘 아는 그들의 의사결정은 점점 빨라진다. 그러나 젊었을 때 보였던 '의사결정을 조정하는 능력'은 현저히 떨어진다. '나는 직관이 발달했다'며 의사결정을 단박에 해버리지만, 그러다 보니 틀릴 확률도 높아진다. 젊었을 땐 그걸 조정하는 능력이 있었지만, 치명적이게도 나이가 들면 '인지적 융통성(cortical flexibility)'이 현저히 떨어진다.

그러니 잘못된 의사결정을 계속 고집하다가 낭패를 볼 수밖에. 이것이 바로 아널드 토인비가 말하는 '휴브리스'(Hubris · 과거 성공 사례로 인한 자기 과신이 결국 자신의 발목을 잡는 경우를 뜻한다)다. 신경과학적으로 보자면, 종종 벌어질 수밖에 없는 매우 자연스러운 과정이다. 갑자기 자신이 알고 있는 리더들이 머릿속에 떠오르지 않는가? 우리는 나이 든 리더가 젊은이들과 대화하며 그들의 말에 귀 기울이고 때로는 자신의 잘못을 인정하는 모습을 볼 때 진심으로 감동한다. "내가 미처 그런 생각은 못했는데, 자네 말을 듣고 보니 그런 것 같네"라며 인정하는 연세 지긋한 리더에게 감동해본 사람들은 안다. 그게 얼마나 어려운 일인지. 우리가 의사결정에 대해 알아야 할 가장 중요한 교훈은 아무도 좋은 결정을 계속 할 수는 없다는 것. 누구나 잘못된 의사결정을 종종 저지른다는 것. 뛰어난 의사결정자란 그것을 재빨리 알아차리고 그 피해로부터 세상을 구하는 것이다. 대통령에서부터 우리 회사 팀장까지, 모두에게 필요한 조언이다.

(정재승 KAIST 바이오 및 뇌공학과 교수, 중앙일보, 2013.6.7)

# 연습문제

1 조직의 목표를 달성하기 위해 조직구성원들이 담당할 역할의 구조를 설정하는 과정은?

① 계획 ② 조직화
③ 지휘 ④ 통제와 조정

2 다음 중 과학적 관리법을 제시한 사람은?

① 애덤 스미스 ② 페이욜
③ 테일러 ④ 메이요

3 다음 중 과학적 관리법에 대해 바르게 설명되지 못한 것은?

① 작업을 담당하는 직접노동인력과 각종 계획과 관리를 담당하는 간접부문을 분리하고 피라미드식 관리구조를 도입해야 한다.
② 시간과 동작연구를 사용하여 불필요한 동작을 없애고 일을 처리하는 데 필요한 활동만 명확히 하도록 유도한다.
③ 기업관리의 순환과정은 계획수립, 조직화, 지휘, 통제의 네 요소로 구성된다.
④ 작업을 분화하면 사람은 많이 투입되지만 전체적으로 생산량이 증가하게 되고, 근로자 개인에게 돌아가는 경제적 몫도 늘어난다.

4 다음 중 테일러의 과학적 관리법을 더욱 발전시켜 적용했던 포디즘(Fordism)의 특징에 해당하는 것은?

ㄱ. 원자재공급원의 다양화를 통한 경쟁유도 및 원가절감
ㄴ. 조립공정의 기계화와 제조공정 전체의 일체화
ㄷ. 피라미드식 관리구조

① ㄱ, ㄴ ② ㄱ, ㄷ
③ ㄴ, ㄷ ④ ㄱ, ㄴ, ㄷ

5 다음 예시문은 경영학의 어떤 이론이나 실증적 법칙을 상징적으로 보여주는 사례인가?

> • 1935년 영국 식민성의 행정직원은 372명이었는데 식민지가 크게 줄어든 1954년에는 1,661명으로 늘어났다.
> • 1차 대전이 끝난 후 영국 해군의 주력 함정 숫자가 전쟁 때에 비해 3분의 1로 격감한 것과 반대로 해군성 관료의 머릿수는 거의 배로 증가하였다.
> • 일본의 모 국립대학교는 지난 10년 사이에 학생 수가 반으로 줄어들었다. 그러나 교직원수는 학생모집을 핑계로 70% 가까이 증가하였다.

① 집권화의 원칙 ② 파킨슨의 법칙
③ 과학적 관리법 ④ 계층화의 원칙

6 미국의 웨스턴 일렉트릭(Western Electric) 회사에서 실시된 호손(Hawthorne)실험의 결과가 시사하는 내용에 해당하는 것은?

① 노동조합에의 가입 여부는 생산성에 영향을 미치지 못한다.
② 조직구조가 수평화될수록 종업원의 생산성은 증가한다.
③ 작업현장의 자동화는 종업원들의 동기유발에 부정적 영향을 미친다.
④ 종업원의 생산성은 작업조건보다는 비공식집단의 압력 등 사회적 요인에 의해 더 많은 영향을 받는다.

7 서로 관련 있는 부분들이 유기적으로 결합되어 있는 것으로 투입물, 산출물 그리고 투입물을 산출물로 바꾸어주는 변환과정으로 구성된 것을 무엇이라 하는가?

① 조직 ② 시스템
③ 피드백과정 ④ 통제수단

8 다음 중 시스템의 구조에서 변환과정에 해당하는 활동으로 보기 힘든 것은?

① 종업원의 업무활동 ② 경영활동
③ 기술의 응용 ④ 원자재와 정보의 투입활동

9 다음 중 경영과 관리에 대한 설명으로 옳은 것은?

① 관리는 조직 전체를 이끌어 간다는 의미로 많이 쓰이고, 경영은 조직 내 특정부문을 다루는 것으로 이해하곤 한다.
② 기업활동을 대상으로 하는 관리의 개념을 최초로 제시한 사람은 미국의 테일러이다.
③ 기업관리의 순환과정은 계획수립, 조직화, 지휘, 통제의 네 요소로 구성된다.
④ 인사, 재무, 마케팅, 회계, 생산 등으로의 구분은 의사결정의 긴급성에 따라 구분한 것이다.

10 다음 중 통제기능에 속하는 것은?

ㄱ. 감시(monitoring)의 역할
ㄴ. 비교(comparing)의 역할
ㄷ. 수정(correcting)의 역할

① ㄱ, ㄴ
② ㄱ, ㄷ
③ ㄴ, ㄷ
④ ㄱ, ㄴ, ㄷ

11 다음의 계층별 의사결정문제 특징에서 A와 C에 들어갈 의사결정문제의 유형은?

| 의사결정문제의 유형 | 담당계층 | 의사결정문제의 특성 | | |
|---|---|---|---|---|
| | | 영향을 미치는 범위 | 발생빈도 | 필요한 정보의 획득가능성 |
| A | 최고경영자 계층 | 넓음 | 가끔 발생함 | 어려움 |
| B | 중간관리자 계층 | 중간 | 자주 발생함 | 중간 |
| C | 일선관리자 계층 | 좁음 | 거의 매일 발생함 | 쉬움 |

① A－전략적 문제, C－운영적 문제
② A－전술적 문제, C－전략적 문제
③ A－전략적 문제, C－전술적 문제
④ A－전술적 문제, C－운영적 문제

12 다음 중 의사결정과정이 단계별로 제대로 제시된 것은?

① 문제의 정의 → 대안 개발 → 대안의 장단점 검토 → 대안 실행을 위한 방법 선택 → 실행과 피드백
② 문제의 정의 → 대안 개발 → 대안 실행을 위한 방법 선택 → 대안의 장단점 검토 → 실행과 피드백
③ 대안 개발 → 문제의 정의 → 대안 실행을 위한 방법 선택 → 대안의 장단점 검토 → 실행과 피드백
④ 문제의 정의 → 대안 개발 → 대안 실행을 위한 방법 선택 → 실행과 피드백 → 대안의 장단점 검토

13 다음 중 구조적 의사결정의 특징에 해당하지 않는 것은?

① 업무 자체가 반복적이다.
② 업무처리를 위한 확실한 절차가 개발되어 있다.
③ 업무 발생빈도가 매우 잦다.
④ 관리자가 상당한 시간과 여유를 두고 고민해야 한다.

14 다음 중 저관여 의사결정문제의 특징에 해당하는 것은?

ㄱ. 문제 구조가 상대적으로 복잡하지 않다.
ㄴ. 의사결정에 소요되는 시간이 길다.
ㄷ. 저비용 이슈가 주로 포함된다.

① ㄱ, ㄴ ② ㄱ, ㄷ
③ ㄴ, ㄷ ④ ㄱ, ㄴ, ㄷ

15 다음 중 효과적인 의사결정을 방해하는 요인에 해당하는 것은?

ㄱ. 불확실성(uncertainty)
ㄴ. 몰입의 상승효과(escalation of commitment)
ㄷ. 확증 편향(confirmation bias)

① ㄱ, ㄴ ② ㄱ, ㄷ
③ ㄴ, ㄷ ④ ㄱ, ㄴ, ㄷ

16 다음 중 민츠버그(Henry Mintzberg)가 제시한 경영자 활동에 대한 설명으로 옳은 것은?

> ㄱ. 대인관계적 역할 : 모든 경영자는 기업을 원만히 운영해 나가기 위해 상징적 대표자 역할, 지도자 역할, 연락자 역할을 해야 한다.
> ㄴ. 정보관리적 역할 : 올바른 의사결정을 하기 위해서는 정확하고 신속한 정보의 수집·분석이 필요하다. 경영자의 정보관리적 역할이란 정보의 청취자, 전파자, 대변자의 역할을 포함한다.
> ㄷ. 의사결정자 역할 : 의사결정자 역할이란 수집된 정보를 토대로 하여 여러 가지 경영문제를 풀어가는 역할로 기업가 역할, 분쟁조정자 역할, 자원배분자 역할, 협상자 역할로 나뉜다.

① ㄱ, ㄴ　　② ㄱ, ㄷ
③ ㄴ, ㄷ　　④ ㄱ, ㄴ, ㄷ

17 막스 베버가 제시한 관료주의의 핵심개념에 해당하는 것은?

① 조직은 계층화의 원칙보다는 원활한 의사결정을 도모하기 위해 수평적 구조를 갖는다.
② 관료주의는 인력을 충원하는 데 있어서 직무수행능력 요건보다는 리더십과 조직분위기에의 적응과 같은 내재적인 기준을 더 중시한다.
③ 조직목표 달성에 필요한 과업들이 세분화되어 있지 않지만 그만큼 구성원 역량의 폭과 깊이가 근무기간에 비례하여 고도화된다.
④ 조직의 활동을 합리적으로 조정하기 위해서는 일 처리를 위한 절차가 명확하게 규정되어 있어야 한다. 모든 조직구성원은 이 절차와 객관적 자료에 의해 평가받으며 주관적이고 감정적인 평가를 금한다.

| 정답 | 1. ② 2. ③ 3. ③ 4. ③ 5. ② 6. ④ 7. ② 8. ④ 9. ③ 10. ④ 11. ① 12. ① 13. ④ 14. ② 15. ④ 16. ④ 17. ④ |
|---|---|

Chapter 5

# 기업활동의 계획수립



경영관리에서 계획활동은 가장 먼저 시작되는 활동으로서 경영목표를 수립하고 어떻게 달성할 것인가에 관한 구체적 방법을 제시하는 활동이다. 계획활동은 계획기간을 기준으로 장기, 중기, 단기 계획으로 나누어지며, 특히 중장기계획인 전략계획은 기업이 설정한 목표달성을 위해 각종 정책을 수립하고 이를 통해 자원을 전략적으로 배분하는 경영활동을 의미한다. 본장에서는 경영계획을 효과적으로 수립하고 추진하기 위한 기업의 전략과 운영계획 과정에 관하여 살펴보도록 한다.

## 제 1 절 기업의 계획수립과정

계획의 수립은 모든 조직에서 가장 중요하게 여기는 활동이다. 조직목표를 설정하고 이 목표를 달성하기 위해 필요한 방법을 결정하는 과정이기 때문이다. 요즈음처럼 전 세계가 하나의 시장으로 통합되어 글로벌화하고 각종 정보통신기술이 급속도로 발전하는 환경에서는 이런 움직임에 신속히 대응할 수 있는 계획수립능력이 기업성장에 가장 중요한 요소이다.

계획수립과정은 조직 내의 모든 계층에서 다 일어난다. 판매담당 부서장은 판매목표를 설정하고 지역별로 판매담당자와 판매량을 할당하며 이를 지원하기 위한 예산을 세운다. 생산담당 부서장은 판매부서에서 세운 판매목표를 생산계획으로 전환시킨다. 월별 생산계획을 세우고 이에 필요한 자재, 부품의 구매계획과 기술자들의 작업스케줄을 상세하게 짠다. 자금을 담당하는 재무부서는 생산 및 판매 부서에서 요청한 예산을 토대로 하여 자금계획을 세운다. 필요한 경우 은행에서의 차입 등도 고려한다. 이런 상호간의 노력이 제때에 이루어지지 않으면 그 결과는 처음에 목표한 것과는 전혀 다른 모습을 띨 것이다.

계획수립과정에서 고려해야 할 항목 중 중요한 것은 목표간의 우선순위와 달성시기(timing)이다. 예를 들어 신제품 개발부서는 계획기간 내에 제품개발을 완성하기 위해 열심히 노력했지만 작은 부품의 품질문제가 완전히 해결되지 않았다고 생각해 보자. 품질문제는 나중에 애프터서비스 과정에서 고쳐질 수도 있다. 그렇지만 신제품은 시장에 내놓는 시간을 늦추면 경쟁업체에 뒤처질 것이라는 우려도 있다. 이럴 때 신제품 개발시기 준수라는 목표와 품질개선을 통한 소비자 만족이라는 두 가지 목표를 동시에 달성할 수는 없다. 당연히 회사 전체의 장기적 시각에서 우선순위가 결정되어야 한다.

계획수립과정에서의 목표달성시기란 목표가 장기적이냐 단기적인 것이냐를 말한다. 기업경영에서는 목표를 대체로 단기, 중기, 장기 목표로 나눈다. 단기는 대개 1년 이내에 달성가능한 것이고, 중기는 1년에서 5년까지, 장기는 5년 이상인 경우를 의미한다. 중장기계획은 대개 기업 전체의 구조를 결정짓는 전략적인 계획인 경우가 많고, 단기계획은 중장기계획에서 수립한 항목들을 구체적으로 달성하기 위해 필요한 세부적 활동을 대상으로 설정한다. 중장기계획은 전략계획(strategic planning)이라고도 부르고 단기계획은 운영계획(operations planning)이라고 부르기도 한다.

계획수립과정에서의 목표는 누구나 이해할 수 있고 또 이것을 달성하기 위해 노력하는 조직구성원들에 의해 긍정적으로 받아들여질 수 있어야 한다. 그저 열심히 노력하여 시장점유율을 극대화하고 원가를 최소화하자와 같은 구호성 목표는 피해야 한다. 이런 목표는 막연할 뿐만 아니라 누구도 목표로 생각하지 않는다. 목표는 가급적 숫자로 표시할 수 있어야 한다. 매출액 10% 증가, 원가 50% 절감, 생산성 20% 개선, 불량률 50% 감소, 종업원들의 외국어 구사능력 30% 제고 등과 같이 구체적이고 실현가능해야 한다.

계획수립은 목표 설정과 구체적 달성방법의 결정 외에도 이를 지원하기 위한 자원의 확보방안까지 마련해야 한다. 여기서 자원이란 사람, 원자재, 에너지, 자금 등을 포함한다. 아무리 목표와 달성방안이 훌륭해도 이를 실행하기 위한 자원에 대한 계획이 뒷받침하지 않으면 좋은 결과가 나올 수 없다.

계획수립 초기에 이런 자원의 사용가능성, 즉 확보방안도 미리 강구해야 한다. 충분한 자원을 확보할 수 없는 것으로 예상되면 계획을 축소하거나 시작시점을 연기해야 할 것이다. 예를 들어 스마트폰을 이용한 교육콘텐츠 개발을 통해 수익을 올리는 벤처기업을 창업했다고 생각해 보자. 이 회사의 당면 목표를 3년 내에 회원수 5만명 확보라 한다면 이 목표를 달성하기 위해서는 우선 교육자료의 개발, 제공하고자 하는 교육서비스의 홍보, 교육상담 전문가의 훈련 등은 기본이다. 그뿐만 아니라 이런 활동을 제대로 전개하기 위해서는 충분한 자금의 지원, 능력 있는 교육관련전문가의 확보, 모바일 관련 전문인력의 확보 등 물적·인적자원의 확보방안도 계획 안에 포함시켜야 한다.

## 제2절 전략계획의 수립

기업간 경쟁이 점점 더 치열해지고 소비자들의 요구와 취향이 다양해짐에 따라 이전과 같이 단기적인 경영계획만으로는 지속적인 성장과 발전을 기대하기 어려워졌다. 경쟁력을 강화하고 시장점유율을 높이며 지속적인 고객만족을 도모하기 위해서는 장기적이고도 전략적인 경영이 필연적으로 등장하게 되었다. 특히 정보통신기술, 생명공학, 컴퓨터 테크놀로지의 눈부신 발전은 새로운 시장을 만들어내기도 하고 기존시장을 사라지게 하기도 한다. 예를 들어 대형할인매장의 등장은 인근의 군소 슈퍼마켓의 몰락을 가져왔고, 인터넷의 등장은 온라인 게임, 무료국제전화와 같은 새로운 서비스를 창출했다.

피터 드러커는 경영자가 항상 자신에게 되물어야 할 질문으로 다음과 같은 5가지 이슈를 제시한 바 있다.[1] 이 이슈들이 바로 전략계획 수립과정에서 늘 고민해야 하는 물음이다.

- 고객은 누구이며 어디에 있는가? : 잠재고객 또는 비고객의 존재를 인지하기 위한 질문이다.
- 고객은 무엇을 사는가? : 구매의 진정한 대상은 무엇인가? 물건 하나에 불과한가, 총체적 경험과 인상인가?
- 고객에게 무슨 가치가 있는가? : 가격이나 품질 외에 도대체 고객이 느끼는 가치는 무엇인가?
- 이 사업은 어떻게 변할 것인가? : 잠재시장과 미래시장의 파악, 경쟁기업의 움직임 파악, 수동적이 아닌 적극적인 고객 창출
- 이 사업은 무엇을 추구해야만 하는가? : 환경은 계속 바뀌는데 기존의 목표를 항상 재검토하여 새로운 목표를 설정하고 있는가?

1) 다음 기사에서 재인용한 내용임(송경모(2018), 경영자는 단순한 관리자와 달라 조직에 활력 불어넣는 생명의 원천돼야, DBR 3월 Issue 1호, https://dbr.donga.com/article/view//article_no/8541)

## 1. 전략계획의 필요성

전략이란 기업이 기본적이고도 장기적인 사명과 목표를 설정하고 그 사명과 목표를 달성하기 위해 필요한 자원의 배분, 적절한 행동경로의 선택과정이라 할 수 있다. 따라서 전략계획이란 기업을 둘러싸고 있는 환경의 변화를 다각적이고 종합적으로 분석하여 기업의 성장과 발전을 위해 적절한 방향을 설정하고 이를 현실적으로 손쉽게 실현할 수 있도록 자원을 배분하고 체계적으로 활용해가는 과정이라 할 수 있다. 전략은 단순히 1년에 한 번씩 수립하는 연례적인 행사의 산물이 아니다. 지금과 같이 외부환경이 지속적으로 변화하는 상황에서는 장기적 전략 역시 지속적으로 검토·수정되어야 한다.

전략계획의 중요성을 간추려 보면 다음과 같다. 첫째, 기업규모가 점점 더 커지고 사업분야가 다양해지면서 부문간의 통합과 조정이 큰 문제로 등장하게 되었다. 경영전략을 통해 기업의 사명과 목표를 뚜렷이 확립해 놓고 이를 달성하기 위한 계획과 활동을 공식화함으로써 마케팅, 재무, 생산, 연구개발 부문간의 마찰을 줄일 수 있다. 둘째, 기업환경의 변화속도가 완만하여 변화의 폭이 그리 크지 않다면 과거의 경험이나 지혜, 사업방법을 토대로 하여 계획을 세울 수 있을 것이다. 그러나 요즈음과 같이 기술 및 경제, 사회 등 경영전반에 거쳐 급격한 변화가 진행되고 있는 상황을 고려해 볼 때 미래의 특유한 문제나 상황에 걸맞은 새로운 전략이 필요하다. 특히 환경에 관한 규제, 혁신적인 정보통신수단의 개발, 컴퓨터기술의 발전 등과 같은 기업환경의 변화는 전략적 경영의 중요성을 더해주고 있다.

## 2. 전략계획의 수립과정

전략계획의 수립과정은 기업의 규모와 업종, 경쟁 정도 등에 따라 다소 달라지겠지만 대개 [그림 5-1]과 같이 비전과 경영이념의 설정, 외부환경의 분석, 내부자원의 평가, 전략적 목표의 설정, 실행전략의 수립 등으로 구성된다. 단계별로 간략히 살펴보기로 하자.

[그림 5-1] 전략계획의 수립과정

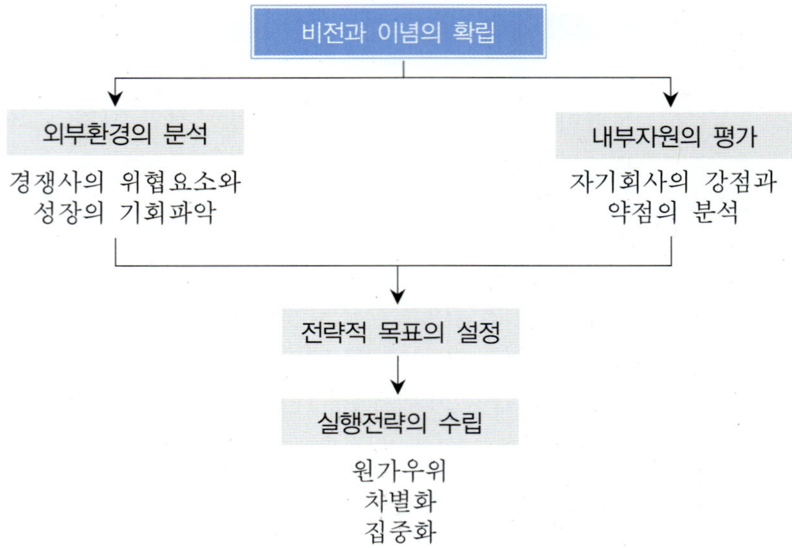


### (1) 비전과 경영이념의 설정

전략수립의 첫 단계는 기업의 존속이유와 사명을 뚜렷이 제시하는 것이다. 즉 "이 회사의 존립목적은 무엇인가"에 대한 명확한 답이 있어야 한다. 모든 조직은 인적·물적·재무적·기술적 자원을 투입하고 그 대가로 무엇인가 가치 있는 것을 소비자에게 제공하기 위해 존재한다. 조직구성원 모두가 같은 목표를 위해 일관성 있는 방향으로 움직이도록 유도하기 위해서는 기업의 존립목표와 미래상에 대한 장기적인 비전(vision)을 제시해야 한다.

비전은 성공을 가능하게 하고 힘을 불어넣어 줄 수 있어야 한다. 또 비전은 모든 일의 우선순위를 알게 해줄 수 있을 만큼 구체적이어야 하며, 끊임없이 변하는 환경 속에서 대담한 시도를 가능하게 해줄 만큼 포괄적이어야 한다. 근본적으로 비전이 없다는 것은 장래성이 없다는 말이다. 장래성이 없는 기업에 다니거나 그런 기업에 투자할 사람이 많지는 않을 것이다.

모든 조직구성원들이 긍정적으로 받아들일 수 있는 비전이 구축되면 그 다음에는 이 비전을 어떻게 달성할 것인가에 대한 조직 전체의 이념(mission statement)을 확립해야 한다. 이념의 제시는 단순한 구호의 외침에 그치는 것이 아니다. 조직구성원 모두가 이를 이해할 수 있도록 적극적으로 홍보·교육시키고 궁극적으로는 구체적인 전략에의 반영을 통해 자발적인 노력과 참여를 유도할 수 있어야 한다. 이러한 조직의 이념은 기본적으로 당연히 고객지향적이어야 하며 그 내용이 구체적이고 성취가능해야 한다.

### (2) 외부환경의 분석

외부환경의 분석은 경영활동을 수행하고 있거나 새로 시작하고자 하는 지역에서 기업의 경영활동에 큰 영향을 미치는 환경요인에 대한 분석과정이다. 예를 들어 기존고객과 잠재고객 그룹의 분석, 경쟁업체들에 대한 분석, 전반적인 경제여건에 대한 분석, 기술진보에 관한 예측 등이 외부환경의 분석에 포함된다. 이 과정을 통해 기업의 성장에 결정적인 영향을 미치는 주요 성공요인을 식별해내고 이를 토대로 하여 기업의 경쟁력에 위협이 될 수 있는 요소들과 앞으로의 성장에 큰 도움이 될 수 있는 기회를 자연스럽게 파악할 수 있다.

외부환경에서도 특히 경쟁에 직접적인 영향을 미치는 요인들이 있다. 경쟁이 전혀 없는 업종은 없지만 여러 가지 요인에 따라 경쟁 정도가 다르다. 스포츠센터처럼 일정규모 이상의 투자를 요하는 업종에서는 경쟁이 상대적으로 덜하다. 그러나 베이커리나 소형 음식점처럼 기본적인 기술과 일정규모의 자본만 있으면 누구나 뛰어들 수 있는 분야는 경쟁이 치열하다. 전략계획을 수립하고자 하는 경우 관심을 두고 있는 업종분야의 경쟁 정도를 미리 점검해 보는 것이 순서이다.

### (3) 내부자원의 분석

기술력, 마케팅능력, 자금동원능력, 서비스 수용능력, 인적자원 등 조직이 보유하고 있는 각종 내부적 능력을 경쟁사와 비교하는 단계이다. 이 과정을 통해 경쟁사에 비해 취약하다고 인정되는 부분에 대한 전략적 육성방안을 생각해 볼 수 있으며, 단기적으로는 이런 약점이 드러나지 않도록 적절한 조치를 계획할 수 있다.

외부환경과 내부자원의 분석은 SWOT분석을 통해 체계적으로 요약해 볼 수 있다. SWOT는 Strength(우리 조직의 강점), Weakness(우리 조직의 약점), Opportunity(시장의 기회요소), Threat(시장의 위협요인)의 앞자를 딴 것으로, 조직을 둘러싸고 있는 경쟁환경 분석을 통한 위협요인과 기회요소를 도출한 뒤 조직 자체가 지니고 있는 강점과 약점을 솔직하게 진단해 보는 과정이다. 참고로 〈표 5-1〉은 어느 대학 부설 e-learning과정의 SWOT분석 중 일부를 예시한 것이고 〈표 5-2〉는 어느 온라인 게임 개발업체의 SWOT분석 중의 일부를 예시한 것이다.

〈표 5-1〉
e-learning 프로그램의 SWOT분석 예시

| 기회요소 | 위협요인 |
|---|---|
| • 경영전문인력에 대한 수요 증가<br>• 고급 경영전문인력에 대한 사이버 재교육시설 부족<br>• 사이버 교육에 대한 유용성 인지 | • 예산지원에 대한 책임<br>• 교내구성원들의 질시<br>• 예산지원기관의 단기적 성과 요구 |
| **강 점** | **약 점** |
| • 전문적인 고급 콘텐츠 개발능력<br>• 신기술의 신진연구자 공급가능<br>• 강좌운영의 유연성 | • 인지도 결여<br>• 기획, 마케팅, 운영인력 부족<br>• 타 민간기관과의 연계성 부족 |

〈표 5-2〉
온라인 게임 개발업체의 SWOT분석 예시

| 기회요소 | 위협요인 |
|---|---|
| • 인터넷 사용시간의 지속적인 증가, 인터넷 이용자의 온라인 게임으로의 관심 전환<br>• 게임잡지, 게임관련 교육기관, 캐릭터 산업, 광고, PC방 등 관련산업의 파급효과 및 연관효과가 큼<br>• 해외시장 수요 확대 및 본격적인 해외 진출 : 중국, 동남아의 고속 통신망 확대 | • 인기게임 중심의 과점구조로 인해 이용료 고가화 우려<br>• 등급심의제로 10대 청소년층 감소 우려<br>• 게임중독증 등 사회적 폐해 증가 우려<br>• 스마트폰의 확산으로 모바일 게임 수요의 급증<br>• 중국 온라인 개발업체들의 대약진 |
| **강 점** | **약 점** |
| • 게임산업에서의 국제경쟁력<br>• 중독에 가까울 정도의 온라인 게임 애호가 확보 | • PC방에 대한 높은 의존도로 인한 개발사/운영사의 수익구조 편중현상<br>• 이용자의 특정계층 편중<br>• 시나리오 및 아이디어의 질적 수준 및 참신성 미흡<br>• 장르의 편중 및 제품/가격대의 다양성 부족 |

### (4) 포지셔닝 맵의 구축과 전략적 목표의 설정

경쟁기업과 효과적으로 경쟁하기 위해서는 잠재고객, 즉 소비자의 의식에 자사가 제공하는 서비스에 대한 차별적 위치를 심어줄 필요가 있다. 이런 과정을 포지셔닝(positioning)이라 하는데, 가장 단순한 방법은 경쟁서비스와 비교하여 나름대로의 혜택이나 편익을 강조함으로써 차별적 위치를 강조하는 것이다. 서비스 조직의 경우 맞춤화 수준, 서비스 품질의 수준, 인지도, 이미지 등을 지표로 하여 포지셔닝 맵을 구축하기도 한다. [그림 5-2]는 포지셔닝 맵을 예시한 것이다.

효과적인 포지셔닝은 상품의 자체적 우월성 여부와는 관계없이 소비자들이 해당상품을 어떻게 인식하고 있느냐의 주관적인 가치에 의해서 이루어질 수 있다. 수많은 상품들이 쏟아지고 있는 요즈음 소비자들이 구매할 때마다 매번 자신들이 구매할 상품을 재평가할 수는 없다. 포지셔닝은 소비자의 구매과정을 단순화하는 데 기여한다고도 볼 수 있다. 포지셔닝은 경쟁기업에 비해서 자사가 우위를 점할 수 있는 포지션을 결정하는 과정이기 때문에 소비자 및 경쟁상품에 대한 상세한 분석이 선행되어야 한다. 특히 경쟁상품에

[그림 5-2]
포지셔닝 맵의 예시

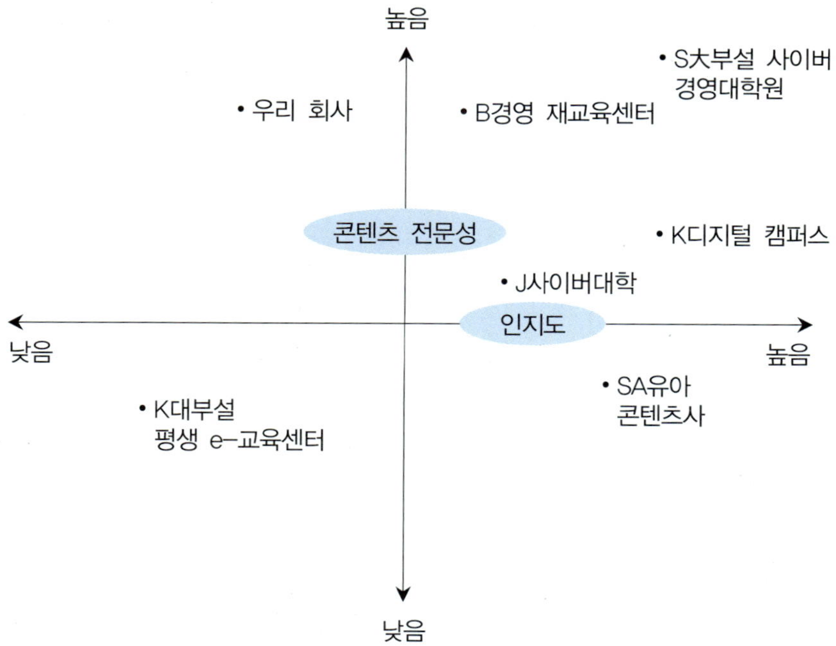

대한 평가가 제대로 이루어져야 한다. 이런 복잡한 과정을 거쳐 포지셔닝 전략이 수립되면, 그 다음은 목표한 위치로 이동하기 위해 필요한 세부 전략계획을 수립한다.

### (5) 전략의 수립

전략적 목표가 설정되면 구체적으로 이 목표를 현실로 옮기기 위해 전략이 구체화되어야 한다. 즉 고객에게 제공하고자 하는 상품의 종류와 목표시장의 결정, 경쟁우위를 확보하기 위한 여러 방안들이 결정되어야 한다. 미국의 경영학자 포터가 제시한 세 가지 전략유형인 원가우위전략(overall cost leadership), 차별화전략(differentiation), 그리고 집중화전략(focus)의 개념은 이 과정에서 유용하게 활용될 수 있다.[1)] 이제 이 세 가지 전략을 서비스 산업에 적용해 보기로 하자.

차별화전략은 경쟁사의 서비스와는 뚜렷이 구별되는 서비스를 제공함으로써 경쟁우위를 확보하고자 하는 전략이다. 다양한 서비스를 제공하고 디자인과 품질, 품격을 고급화함으로써 고가 서비스라는 인식을 유도하고 완벽한 애프터서비스를 통해 고객의 선호도를 높이고자 한다. 차별화전략을 취하면 원가절감보다는 서비스 가격대를 높게 설정함으로써 마진폭을 높이고자 한다. 서비스 기업들은 브랜드 이미지(예를 들어 식스 스타 호텔, 명품관), 특화된 서비스(예를 들어 플래티넘 신용카드, VVIP 고객제도 등), 체인화된 서비스 등을 통해 다른 기업들과의 차별화를 도모할 수 있다.

이들 기업들이 채택하고 있는 전략은 다음과 같다.

- 보이지 않는 서비스 상품을 보이도록 유도한다. 서비스는 형체가 없으므로 서비스를 받은 고객들은 아무런 기억 없이 서비스시설을 떠날 수 있다. 서비스를 받고 떠나는 고객들에게 기억에 남을 만한 기념품을 제공한다든가 또는 주기적으로 우편물이나 e-메일을 보냄으로써 기억을 새롭게 할 수 있다.
- 표준화된 상품에 맞춤화 특성을 가미한다. 표준화된 서비스라도 선택

1) Porter, M.E.(1985), *Competitive Advantage : Creating and Sustaining Superior Performance*, New York : The Free Press.

사양을 추가한다든가, 고객의 요구에 따라 특정품목을 서비스에 추가하거나 삭제하도록 함으로써 맞춤화를 통한 차별화를 추구한다. 예를 들어 음식 주문시 특정양념을 추가하거나 뺄 수 있도록 한다든가, 추가요금을 내면 특별 서비스를 선택할 수 있도록 한다.

- 서비스 관련 위험을 제거한다. 서비스를 직접 받기 전에는 서비스에 대한 우려를 떨쳐버리기 쉽지 않다. 이런 경우 품질에 대한 확실한 보증서를 제시해 주거나, 서비스에 대한 자세한 설명을 곁들임으로써 쓸데없이 가질 수 있는 서비스 관련 위험을 축소한다. 이런 경우 고객에게 브랜드에 대한 이미지를 확고히 설정해 놓으면 이런 위험 인식은 상당히 줄어든다.
- 서비스 품질의 엄격한 관리와 통제 수단을 도입한다. 차별화전략을 추구하는 서비스 기업에만 제한된 것은 아니지만 품격 높은 서비스 제공을 위해 교육 및 훈련을 강화하고 서비스 제공 내용에 대한 명확한 가이드라인을 설정하여, 경쟁기업과 비교될 만한 서비스를 제공한다.

원가우위전략은 차별화전략과는 확연히 대비되는 것으로 가급적 낮은 생산원가를 유지함으로써 가격을 낮추고 대량판매를 유도함으로써 시장점유율을 유지 · 확대하고자 하는 전략이다. 원가우위전략에서의 낮은 원가란 단지 생산원가뿐만 아니라 판매비용, 유통비용 등을 포함한 전체적인 원가 면에서 경쟁회사보다 낮다는 의미이다. 이러한 낮은 원가를 통해 시장점유율이 확대되면 대량 매출이 가능해지고, 이는 다시 원가절감으로 이어져 가격경쟁력은 더욱 개선된다. 원가우위전략을 구사하는 대표적인 서비스 기업으로는 E마트나 홈플러스와 같은 대형 마트, 맥도날드, 롯데리아와 같은 패스트푸드점 등이 있다. 이들 기업들이 채택하고 있는 전략을 요약하면 다음과 같다.

- 최저가를 추구하는 고객들을 대상으로 설정한다. 품격 높은 서비스보다는 저가상품을 선호하는 소비자들이 많다. 원가우위전략을 채택하는 서비스 기업들은 이러한 소비자들을 대상으로 불필요한 서비스 요인들을 제거하는 대신 가격을 낮추어 소비자들을 유인한다.
- 고객서비스를 표준화한다. 종합병원에 가서 종합검진을 받을 수도 있지만 저렴한 가격을 추구하는 고객들은 건강검진센터를 선호한다. 건강검

진이라는 표준화된 서비스만을 제공함으로써 원가절감을 유도한다.

- 자동화 시설을 이용하여 소요인력을 줄인다. 은행의 자동현금출금기, 인터넷뱅킹, 대학교의 증명서 자동발급기 등을 이용하여 무인화를 통한 원가절감을 추구한다.
- 고객과의 상호작용을 줄여 규모의 경제를 도모한다. 체인형으로 운영되는 드라이클리닝 서비스는 각 지점에서 세탁물을 수거하지만 직접 세탁하지는 않는다. 세탁물은 세탁공장으로 집결된 후 대규모로 처리되어 규모의 경제를 통한 원가절감을 도모한다. 패스트푸드 레스토랑의 주문자판기도 고객과 종업원의 직접적인 상호작용을 줄여줌으로써 종업원 1인당 고객대응시간을 줄여 더 많은 고객에 대한 서비스를 제공할 수 있다.

마지막으로 집중화를 들 수 있다. 원가우위전략과 차별화전략이 산업 전반에 걸쳐 목적을 달성하려는 것인 데 비하여, 집중화전략은 특정한 표적시장을 효과적으로 충족시키는 것에 초점을 맞춘다. 즉 모든 지역, 모든 소비자 그룹을 대상으로 하기보다는 특정 소비자 그룹을 목표로 하여 경영자원을 집중적으로 투입하여 경쟁하고자 하는 전략이다. 따라서 자사의 서비스를 전체 산업에 맞추기보다는 경쟁적 우위를 누릴 수 있는 부분만을 강조하는 방법을 택한다. 이 전략은 광범위한 영역에서 경쟁을 벌이는 다른 기업과는 달리 한정된 전략목표를 보다 효과적으로 달성할 수 있다는 생각에 바탕을 둔다. 집중화전략은 원가에 초점을 둘 수도 있고 차별화 쪽에 주된 목표를 설정할 수도 있다.

[그림 5-3]
전략의 유형

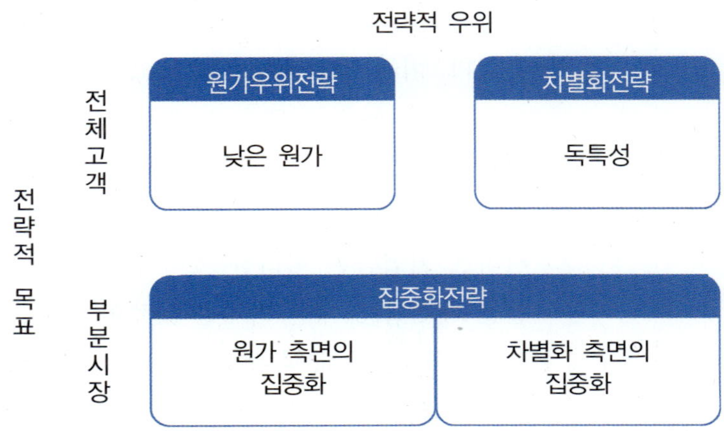

# 제3절 운영계획

## 1. 운영계획의 의의

전략계획은 대개 2년 이상의 장기간에 걸쳐 달성하고자 하는 목표와 경영활동을 대상으로 하지만 이것으로 모든 계획수립과정이 완료된 것은 아니다. 전략계획에서 제시된 목표와 경영활동은 운영계획을 통해 분기별, 월별, 주별 계획으로 세분화된다. 예를 들어 두 도시간의 고속도로를 건설하는 데 소요되는 건설비용, 고속도로의 위치와 폭, 톨게이트의 위치 등을 전략계획이라 비유한다면 토지의 수용과 실질적인 도로의 건설계획은 운영계획에서 결정되는 사항이라 할 수 있다. 운영계획을 통해 각 부서에서 해야 할 일, 월별·분기별로 해야 할 일, 각종 자재를 구매하는 일, 생산스케줄 수립, 판매지원을 나가는 일 등 매우 다양한 업무의 내용을 결정한다.

대부분의 조직구성원들이 해야 할 일을 계획하는 운영계획은 스케줄이나 계획의 형태를 띠기도 하지만 구체화된 사내 방침이나 표준·규칙·절차 형태를 띔으로써 각 부서간의 책임과 업무영역, 그리고 평가기준을 명확히 제공하는 역할을 하기도 한다. 운영계획도 계획수립과정인 만큼 목표와 이를 달성하기 위한 활동을 포함한다. 운영계획은 전략계획보다 목표가 더욱 구체적이면서 그 달성여부를 평가하기 위해 성과기준이 같이 주어지는 것이 보통이다. 각 부서별 평가기준은 곧 보너스와 같은 급여인상이나 보상시스템과 연결되므로 누구나 이해할 수 있고 공평하게 설정되어야 한다.

앞에서도 논의한 바 있지만 계획수립시 고려해야 하는 것은 여러 다양한 업무나 작업간의 우선순위를 정하는 문제이다. 전략계획과는 달리 운영계획에서는 사용할 수 있는 자원이나 허용가능한 시간, 그리고 처리과정상의 앞뒤 순서를 고려해야 할 때가 많다.

- 자원 : 각 부서가 쓸 수 있는 자금, 물적 및 인적 자원은 전략계획에서 이미 확정되었지만 한 부서 내에서도 여러 업무를 처리하므로 이들 업무수행과정에서 써야 할 자원을 적절히 배정해야 한다.

- 소요시간 : 각 업무처리에 소요되는 시간은 미리 확정짓지 않았더라도 다른 연계된 업무에 지장을 주지 않도록 신속히 처리해야 한다. 업무처리에 소요되는 시간 추정과 업무추진과정의 표준화 확립도 중요하다.
- 처리과정상의 앞뒤 순서 : 모든 업무에는 그보다 먼저 처리해야 하거나 그 업무가 종료된 후에야 시작할 수 있는 업무가 있을 수 있다. 처리과정상의 앞뒤 연계관계를 잘 파악하지 못하면 제때에 업무를 처리하지 못할 수 있다.

## 2. 프로세스 관리를 통한 운영계획 수립

조직이 다양한 업무를 효율적으로 처리하고 자원의 투입량을 절약하기 위해서는 일의 처리과정이 짜임새가 있어야 한다. 각자 열심히 하는 것만으로는 충분하지 않다. 운영계획은 프로세스적인 사고방식을 기반으로 수립되어야 한다. 프로세스란 투입물을 제품이나 서비스 산출물로 전환시키기 위해 함께 연결된 일련의 부가가치 업무를 지칭하는 용어이다. 프로세스는 활동이나 작업을 포함하지만 활동 그 자체와 똑같은 것은 아니다. 프로세스는 투입물을 산출물로 변환시키는 활동들의 모음으로, 투입물은 제품 또는 서비스를 만들어내는 데 필요한 정보, 자재, 자원으로 서비스 창출 프로세스의 출발점이며, 산출물은 조직 내의 다른 부서나 동료(내부고객), 또는 외부의 고객에게 제공하는 서비스로서 프로세스의 종착점(또는 결과)이다. 프로세스의 평가는 프로세스가 산출물을 통해 창출해내는 시간, 품질, 코스트, 유연성 등과 같은 가치를 토대로 한다.

[그림 5-4]
프로세스를 구성하는 업무의 유형

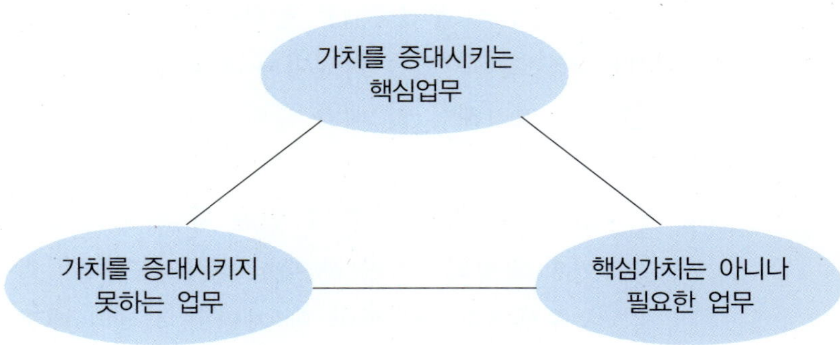

모든 프로세스에는 [그림 5-4]와 같이 몇 가지 유형의 업무가 혼재되어 있다. 여기서 가치를 증대시키는지 여부는 그 업무가 고객의 요구조건, 즉 고객니즈와 기대를 충족시키는 데 기여하는지 여부에 달려 있다.

- 가치를 증대시키는 업무(value-added task, 부가가치 업무) : 서비스 창출에 필수적인 작업
- 가치를 증대시키지는 못하지만 필요한 업무(예를 들어 소비자가 원해서 하는 최종 검사)
- 가치를 증대시키지 못하는 업무(non value-added task, 비부가가치 업무)이면서 소비자가 필요로 하지 않은 작업

프로세스 관리는 업무의 전반적인 과정을 전체적으로 일람하고 이 과정에서 부가가치를 증대시키지 못하는 업무들을 줄임으로써 일이 신속하고도 정확하게 마무리될 수 있도록 유도하는 활동이다. 업무처리과정에 참여하는 모든 관계자들이 함께 전체적인 일의 흐름을 보고 불필요한 작업이나 비능률적인 작업방법을 가려낸다.

프로세스 관리는 일의 처리과정을 간단한 그림을 이용하여 파악하는데, 특히 여러 부서를 거쳐 일이 진행되는 경우 모든 관련자들이 손쉽게 이해할 수 있도록 흐름도(flowchart)와 같은 시각적 도구가 많이 사용된다. 흐름도는 또한 조직 내의 각종 정보의 흐름패턴을 나타내는 데 사용되기도 한다. 흐름도는 그 일에 참여하는 모든 조직구성원과 이해관계자가 공동으로 구축한다. 한 번에 끝나는 경우는 거의 없으며 여러 번에 걸쳐 수정이 이루어진다.

흐름도를 구축하기 위해서는 다음과 같은 질문을 통해 일의 처리과정에 대한 정확한 자료를 축적해야 한다.

- 내가 속해 있는 부서를 거친 일은 다음에 어느 부서로 이동하는가?
- 내가 처리하고 있는 일은 누가 부탁한 것이며 어떻게 우리 부서에 도달했는가?
- 추가적인 서비스나 작업이 필요하다는 결정은 누가 내리는가?
- 만약 점검과정에서 불합격되면 어떤 조치를 취해야 하는가?
- 그 외에 해야 할 일이 있는가?

[그림 5-5]는 반품되어 들어온 상품에 대한 처리과정을 흐름도로 예시한 것이다. 우선 반품이 들어오면 이 물건이 우리 회사 것인지를 확인한다. 우리 회사의 상품인 것으로 확인되면 반품가능한가를 보고 환급에 필요한 서류를 작성한다. 필요하면 회계담당자에게 승인을 요청하여 처리하며 최종적으로 고객과 환급에 대한 자료를 컴퓨터에 입력하고 자동이체를 실시한다.

흐름도를 사용하면 무엇보다도 일이 처리되는 전체 과정에 대한 이해를 제대로 할 수 있어 능동적으로 계획수립을 할 수 있다. 또한 흐름도를 통해

**[그림 5-5]** 흐름도의 예시

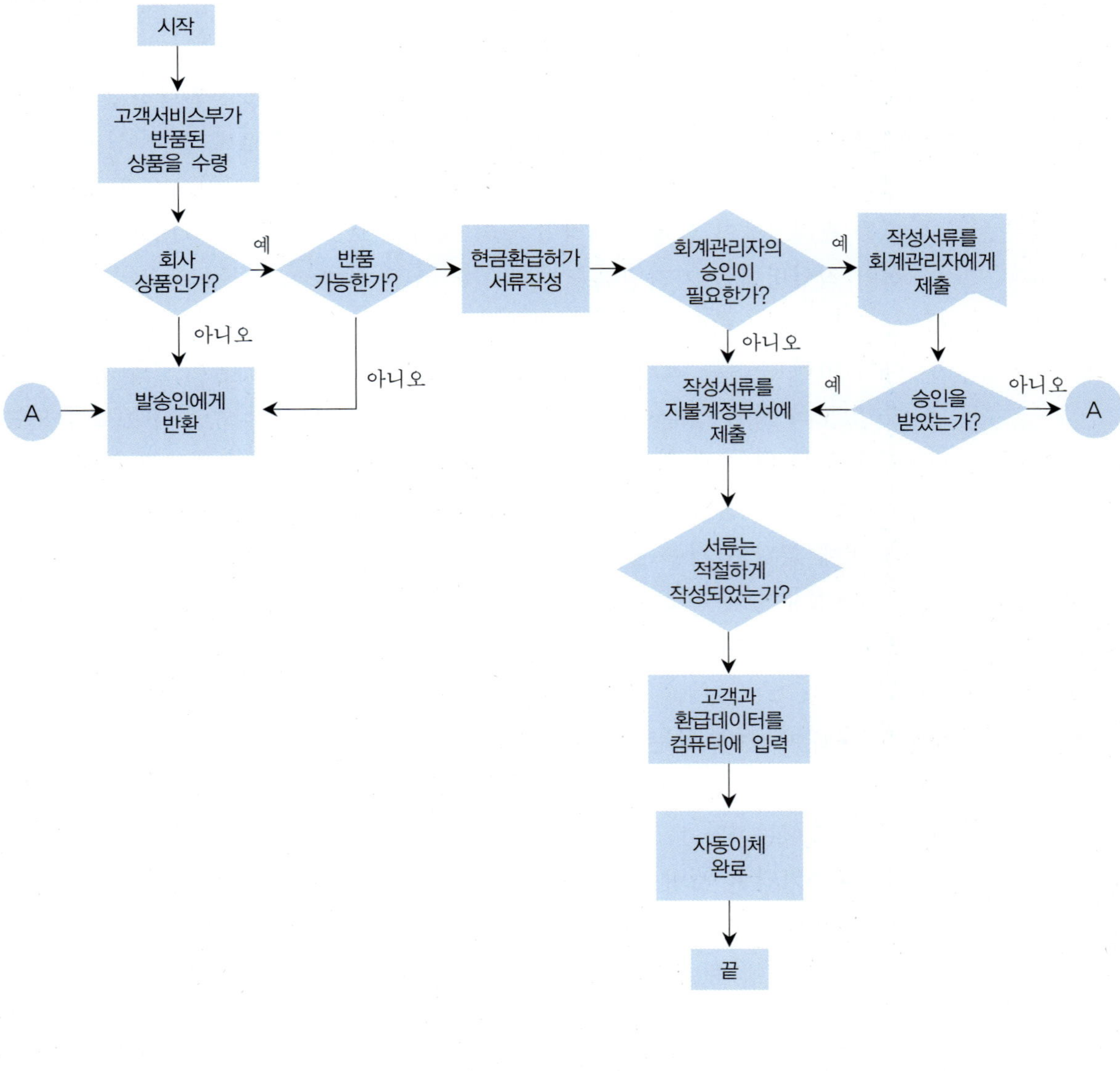

일의 처리과정을 객관적으로 보게 되어 개선 포인트도 쉽게 알아낼 직구성원들도 각자가 일의 처리과정에서 어디에 속해 있는지 알 신의 일을 필요로 하는 사람이 누구인지 시각적으로 파악해 낼 수 통해 각 부서간의 의사소통이 원활해지고 일체감을 조성할 수 있 된다.

## 개선

어 가는 전체적인 과정을 한눈에 볼 수 없다면 남이 무슨 일을 하기란 불가능하다. 프로세스 관리를 통해 운영계획을 수립하고 을 개선하기 위해서는 우선 현재의 프로세스를 상세히 기록하 작해야 한다. 이렇게 함으로써 프로세스를 명확하고 현실적으로 있게 되는데, 앞에서 살펴본 흐름도의 작성은 필수적인 준비단계

프로세스를 시각적으로 요약했으면 이번에는 프로세스를 측정할 차례이다. 성과자료를 수집하게 되면 어느 곳에서 개선이 필요한지 또는 원래 생각했던 만큼 프로세스가 효율적이지 못하다는 것을 발견할 수도 있다. 측정은 모순을 해결해 주며 개선 후의 비교기회를 준다. 실제 프로세스 성과와 새로운 프로세스 요구조건을 비교하기 위해서는 현재 프로세스 능력을 있는 그대로 측정해야 한다.

참고로 현재 프로세스를 파악하는 단계에서 가장 중요한 것은 [그림 5-6]에 예시된 것과 같은 프로세스의 세 가지 모습을 잊어서는 안 된다는 점이다. 즉 '이럴 것이다'라고 상상하는 모습이 있고, '진행되고' 있는 실제 모습이 있으며, 마지막으로 '바람직한' 이상적인 모습이 있다. '이럴 것이다'라고 생각하는 프로세스는 업무매뉴얼에서 찾아볼 수 있다. 대부분의 사람들은 업무매뉴얼에 규정된 대로 프로세스가 진행된다고 믿고 있기 때문에 개선의 출발선을 업무매뉴얼에 두는 경우가 많다. 그러나 규정된 업무흐름대로 진행되는지를 실사해 보면, 대부분의 경우 업무매뉴얼에 규정된 것보다 훨씬 복잡한 모습을 하고 있다. 이것이 프로세스의 실제 모습이며 개선의 출발선이 되는 것이다.

**[그림 5-6]**
**프로세스 흐름도의 세 가지 모습**

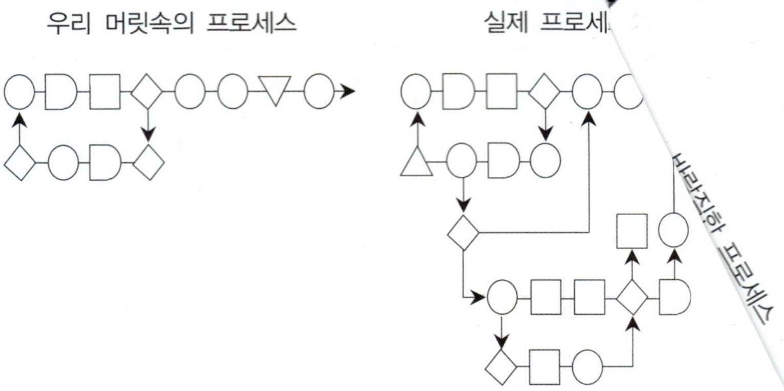


새로운 프로세스를 설계하기 위해서는 다음 사항들을 주의 [illegible] 야 한다.

- 책임의 한계는 명확히 정의되어 있고 적절한가?
- 중복되는 단계들은 없는가?
- 누락되거나 순서가 틀려 있는 단계는 없는가?
- 비능률적인 요소는 없는가?

이런 문제들을 제거하고 새로운 프로세스가 구축되면 흐름도를 다시 작성하고 프로세스에 참여하는 여러 부서의 의견을 반영한다. 아무런 문제가 없는 것으로 나타나면 일의 처리과정을 표준화(standardization)한다. 표준화는 새로운 지침 작성, 직무기술서 수정, 매뉴얼 작성 등을 통해 이루어질 수 있는데, 지속적인 개선의 기초가 된다. 이론적으로 표준이란 주어진 일이나 작업을 수행하기 위해 알려져 있는 방법 중 최선의 방법이자 현재 사용하고 있는 방법의 성과를 평가하기 위한 수단의 역할을 한다. 따라서 표준은 지속적 개선을 위해 존재하는 것이지 그 자체가 목표는 아니며 개선이란 결국 보다 나은 표준을 찾아가는 과정이라고도 할 수 있다. 표준이 변하면 이를 구체적으로 기록·정리하고 모든 관계자가 이를 준수할 수 있도록 제도화되어 있어야 한다. 이처럼 의미 있는 표준을 설정하고 이를 개선하며, 이에 따라 모든 조직구성원들이 움직인다면 다음과 같은 효과를 기대할 수 있다.

• 표준을 이용한 업무처리 결과에 일관성이 유지된다.
• 업무처리과정의 개선노력에 보다 적극적으로 참여하고 몰입하게 된다.
• 각 개별 조직구성원의 노하우가 구체적으로 표준에 반영될 수 있어 조직 전체에 큰 이익을 가져다준다.
• 조직구성원의 세대교체가 있더라도 지식과 기술의 이전이 용이해져 교육·훈련의 효과가 증대된다.

## 4. 사실에 기초한 프로세스 관리

프로세스 관리의 핵심은 감각보다는 사실과 데이터에 입각한 의사결정을 내린다는 데에 있다. 여기서 말하는 사실들이란 무엇인가? 바로 고객의 소리, 조직구성원의 소리, 프로세스의 소리 등이다.[2] 이러한 소리에 대한 구체적이고 입증된 자료를 기초로 기업경영이 이루어진다.

첫째, 고객의 소리를 듣는다는 것은 고객을 다른 무엇보다 최우선으로 생각한다는 것이다. 고객이 최우선이라는 생각으로 조직을 운용하고, 고객으로부터 의견을 경청하여 그것에 근거하여 행동하는 것이다. 사고를 고객 중심으로 바꾸는 것만으로는 부족하다. 실제로 고객의 목소리를 듣고 그에 따른 효과적인 대응을 하는 것이 절실하다. 고객의 목소리를 듣는 것은 그들이 겉으로 표현하는 것은 물론이고 겉으로 표현하지 않는 것까지도 들을 수 있

**[그림 5-7]**
사실과 데이터의 근원

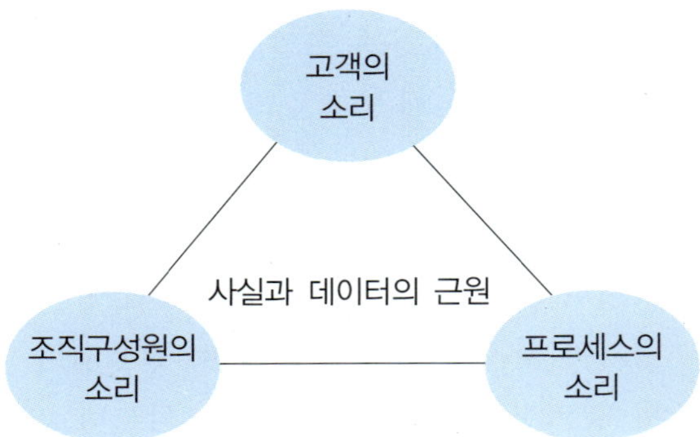


2) 장유상·김영수·이유택(2002), 『초일류기업 현장 리포트』, 삼성경제연구소, pp.14~20.

어야 한다. 의사가 환자의 겉모습만 보고 판단하지 않고 청진기로 환자의 심장소리를 듣는 것과 같이 고객의 심장에서 나오는 진정한 소리를 들을 수 있어야 하겠다. 고객의 소리를 듣고 그 소리를 객관적으로 평가하고 그에 적합한 대응을 하는 것이 고객의 목소리를 듣는 진정한 의미가 되는 것이다.

따라서 상품과 서비스에 관한 고객들의 의견을 수집하여 이를 기업경영에 반영하는 과정도 체계화될 필요가 있다. VOC(voice of customer, 고객의 소리)는 고객의 불평과 불만을 수집하는 기법으로 전화조사, 고객패널, 우편조사, 추적전화, 사후거래조사 등을 통해 수집된다. 즉, VOC는 고객이 기업에 보내는 커뮤니케이션을 총칭하는 말로서 고객의 문의와 상담 및 제안, 그 외 직접적인 방문과 항의과정에서 축적되는 모든 데이터를 의미한다. VOC는 고객과의 접점에서의 대응성과 신뢰성 그리고 공감성을 제고하는 데 도움을 주며, 다양한 고객의 소리를 체계적으로 수집·저장하여 분석함으로써 혁신활동에도 활용된다.

둘째, 조직구성원의 소리에 귀를 기울이면 조직의 성과향상에 큰 도움이 될 수 있다. 조직구성원은 프로세스를 통해 고객이 원하는 재화나 서비스를 제공한다. 고객에게 전달되는 서비스나 재화를 만들어내는 프로세스를 직접 운용하는 것은 기업이나 최고경영자가 아니고 바로 현장의 직원인 것이다. 프로세스를 운용하는 종업원들보다 프로세스의 효율적 관리를 더 잘할 수 있는 사람은 없다. 프로세스의 잘못된 점이나 개선의 기회를 제공할 수 있는 핵심적인 주체 역시도 종업원인 것이다. 종업원 스스로를 각자의 업무에서 리더가 되도록 만드는 것보다 더 강력하고도 효율적인 경영기법은 없을 것이다. 그렇게 하기 위해서는 조직구성원에 대한 교육 및 훈련, 제안제도, 보상제도 등이 적절하게 도입되어야 한다.

셋째, 프로세스의 소리이다. 오늘날의 기업환경은 수많은 경쟁과 위협상황에서 어떻게 하면 잘못된 점을 미리 감지하고 그것을 신속하게 개선하느냐에 달렸다고 해도 과언이 아니다. 매출이나 비용을 관리하는 것도 매우 중요하지만 그것들만 추구하다 보면 현재 어디가 잘못되었고, 어디서부터 개선해 나가야 할지 막막한 상황에 빠지기 쉽다. 때로는 잘못된 곳을 개선하기에 이미 늦어버린 경우에 처하게도 되는데, 이것은 프로세스를 잘 관리하지 못한 데서 비롯되었다고 할 수 있다. 우리 회사에서 무엇을 하고 있는지 그 프로세스가 얼마나 잘 운영되고 있는지를 안다는 것은 단순히 과거에 무슨 일이 일어났는지만을 아는 것이 아니라, 미래에 어떤 일이 발생할 것인가를 안다는 점에서 그 중요성이 더하다. 또한 문제가 발생되는 원인을 지속적으로 관심을 갖고 살펴보고 있는 상태이기 때문에 문제발생 전에 그 원인을 알 수 있고 그에 따른 적절한 조치를 취할 수 있다.

쉬어가기

## 최고의 케이스로부터 배우는 조직 혁신

글로벌 팬데믹으로 인해 기업 경영진들이 내려야 하는 의사결정은 더욱 복잡해졌다. 그중 하나가 혁신 프로그램을 어떻게 할 것인가에 대한 결정이다. 기업의 상황에 따라 멈추었던 혁신 이니셔티브를 재개하거나 제한된 자원만으로 혁신을 계속해야 할 수도 있고, 혹은 새로운 방식의 혁신 프로그램을 모색해야 할 수도 있다. 여러 연구 결과에 따르면, 조직 혁신에 성공하지 못한 사례는 성공한 사례보다 훨씬 더 많다. 지난 20년간 대부분의 기업 쇠퇴 원인은 혁신 이니셔티브를 추진하는 동안 실수를 범했거나 애초에 그 시급성을 간과했기 때문인 것으로 나타난다.

앞으로 성공적인 조직 혁신을 추진하기 위해서는 다른 기업의 성공 사례를 살펴보는 것이 도움이 될 것이다. 보스턴컨설팅그룹(BCG)의 최신 혁신 연구는 모든 성공적인 혁신 프로그램이 거쳐가는 네 가지 단계와 세 가지 여정, 그리고 각 여정에서 실행될 필요가 있는 사항들을 잘 설명해 준다.

**변화를 관리하면 비로소 혁신이 성공한다**

천 명에 가까운 글로벌 참여자들이 포함된 올해의 서베이 결과 중에는 몇 가지 눈에 띄는 수치들이 있다. 하나는 디지털 목표를 가진 혁신 프로그램의 비중이 2019년 37%에서 2020년 43%로 높아졌다는 것이고, 또 다른 하나는 2019년 37%에서 2020년 27%로 혁신 성공률이 감소한 것이다. 마지막으로 최고혁신책임자(Chief Transformation Officer : CTO)가 관리하는 변화 프로그램의 비중이 2019년 37%에서 2020년 51%로 크게 증가했다는 것이다. BCG의 데이터에 따르면 CTO가 개입될 경우 혁신의 성공률은 66%에 달한다.

산업, 지역, 조직 규모, 혁신 목표 전반에 걸친 BCG의 글로벌 벤치마크 샘플을 살펴보면 혁신의 성공에 있어 특히 중요한 세 가지 동인을 발견할 수 있다. 이 세 가지 동인을 모두 활용한 혁신은 그렇지 않은 경우에 비해 평균적으로 재무 목표보다 30% 이상을 실현하고, 비용 역시 평균 10% 감소되는 것으로 나타난다.

- 모든 변화 여정에 대한 전체적인 관리 : CTO들은 많은 성공적인 혁신의 핵심에 있으며, 세 가지의 변화 여정(리더, 직원, 프로그램)을 감독하고 변화 노력의 모든 단계 동안 가치의 실현에 기여한다.
- 일관된 리더십 구성 : 경영진은 혁신의 목적과 범위에 대해 합의를 이루고, 의견 차이를 조기에 해결해야 한다.
- 직원 중심의 변화 관리 : 사람을 변화의 중심으로 삼는 방식으로 혁신을 구성할 경우 직원의 동기부여 및 지지가 증가하고 혁신의 성공률이 크게 개선된다.

### 혁신을 추적하기 위한 데이터 중심 접근법

변화 관리에서 데이터는 매우 강력한 도구이다. 동일한 벤치마크를 활용하여 시행 중간에 선제적으로 문제를 파악하고 대응할 수도 있고, 사후적으로 혁신의 성공 또는 실패 이유를 파악할 수도 있다. 성공률을 높이는 주요 조치 및 활동을 파악하는 것도 가능하다. 벤치마크는 네 가지의 서로 다른 혁신 단계에서 주요 성공요인을 이해하는 데 유용한데, 각각의 단계에는 관련된 과제가 수반된다.

- 목표와 의지 : 혁신의 출발점인 목표와 의지 단계에서는 명확한 목적을 천명하고, 그에 맞는 리더십 팀을 구성하며, 전체적인 커뮤니케이션 접근방식을 수립하는 것이 매우 중요하다. BCG의 벤치마크에 따르면 명확한 목적이 정의될 경우 혁신 성공률은 80% 이상 증가한다.
- 기준선 및 목표 상태 : 혁신의 두 번째 단계에서는 다음의 세 가지 주요 활동들이 성공률을 끌어올린다. 첫째는 혁신을 구상한 대로 실행하는 리더십의 일관성, 둘째는 강력한 PMO(Program Management Office) 또는 TMO(Transformation Management Office)의 설치(이는 CTO가 이끄는 것이 선호된다), 셋째는 프로젝트 팀을 동기화시키고 팀원들의 일관성을 촉진하는 것이다.
- 솔루션 및 역량 개발 : 세 번째의 혁신 단계에서는 전사적으로 이루어져야 하는 변화를 정확하게 파악하고 기업이 필요로 할 새로운 역량을 파악하는 것으로 주안점이 바뀐다. 어떠한 혁신이든 가장 중요한 성공요인 중 하나는 사람과 관련된 변화 부분이며, 특히 감원에 대한 준비가 필요하다. 직원들이 직접 의견을 제시할 수 있도록 하고, 외부와의 커뮤니케이션 내용 중에 혁신과정에서 일어나고 있는 일들과 상충하는 것이 없도록 점검하는 등 대내외 커뮤니케이션 문제를 해결하는 것도 중요하다.
- 실행 및 지속되는 개선 : 마지막 단계에서는 이전의 행동으로 후퇴한 바가 있는지 파악하기 위한 진단을 실시해야 하며, 반드시 실행 계획을 마련하여 새로운 행동을 내재화시켜야 한다. 이 단계에서는 직원들에게 보다 핵심적인 역할이 요구되는데, 직원들이 혁신 노력의 중심에 있을 경우, 혁신 성공률은 그렇지 않은 경우에 비해 70% 더 높다. BAU(business-as-usual) 프로세스에 변화를 내재화시키는 것 역시 이 마지막 단계의 핵심 성공요인 중 하나이다.

### 디지털 혁신의 부상

기업에 따라 혁신 프로그램을 출범시키는 다양한 이유가 있을 것이다. 그러나 올해의 서베이에서는 특히 디지털의 중요성이 두드러졌다. 서베이 대상 기업 중 43%는 디지털 변화가 우선순위라고 답했다. 그러나 오직 20%만이 자사가 디지털 혁신에 대해 "매우 잘 준비되어 있다"고 답했다.

디지털 혁신에서 성공을 거두었던 기업들의 사례에서 성공을 위한 세 가지의 필요조건을 찾아볼 수 있다. 하나는 적절한 스킬셋을 구축하는 것으로, 여기에는 데이터 분석, 머신 및 딥 러닝, 인공지능에 대한 교육이 포함될 수 있다. 또 하나는 행동 변화에 초점을 맞추는 것인데, 이는 디지털 문화를 조성하는 것을 의미할 수 있다. 세 번째는 기업의 나머지 부분들과 디지털 혁신 노력을 통합함으로써 변화가 조직 전체를 관통하고 긍정적인 영향을 미치도록 하는 것이다.

**더욱 성공적인 혁신의 미래상**

성공적인 혁신을 이끄는 기업들은 일반적으로 장기적인 가치 창출에 초점을 맞춘다. 이들은 프로세스의 투명성을 보장한다. 또한 혁신이 어떤 단계, 어떤 상황에도 적용될 수 있도록 역동성도 보장한다. 조직 혁신에는 언제나 문화적 현실, CEO 및 다른 리더들의 특성, 올해의 경우에는 특히 팬데믹 등 약간의 X 인자가 존재한다. 변화 관리가 핵심적인 성과를 거두려면 계획된 혁신의 유형과 함께 이러한 X 인자들을 반드시 고려해야 한다. (보스턴컨설팅그룹(BCG), 2020.12.9, https://bcgblog.kr/learn-from-the-best-in-organizational-transformation/)

## "조직 망치려면 이렇게"… 삼성 전략회의 등장한 CIA문서

상사의 지시를 못 알아들은 척한다. 신속한 판단이 필요할 때 회의를 열자고 제안한 뒤 업무와 상관이 없는 무용담을 늘어놓거나 의사결정을 위한 위원회를 구성하자고 한다. 또 환경 탓만 하며 불평을 한다. 이렇게 하면 조직의 효율을 떨어뜨릴 수 있다. 지난 17일부터 나흘 동안 열린 삼성전자의 '글로벌전략회의'에서 이런 내용을 중심으로 하는 '미국 중앙정보국(CIA)의 스파이용 방해공작 지침'이 큰 화제가 됐다. 글로벌전략회의는 삼성전자의 각 사업부문장과 주요 임원, 해외법인장 등이 모여 내년 경영환경을 점검하고 전략을 수립하는 중요한 자리다.

21일 재계에 따르면 CE부문 글로벌전략회의에서 보여준 동영상은 CIA의 전신인 전략정보국(OSS)이 1944년 1월 발간한 '손쉬운 방해공작 현장 매뉴얼(Simple Sabotage Field Manual : Strategic Services)'을 주제로 한 것. 이 매뉴얼은 OSS가 적국의 조직·사회를 망가뜨리고 혼란을 유도하기 위해 만들었던 행동지침이다. 특히 스파이가 적국 조직 등에 침투해 사보타주(태업)를 유도하며 생산성을 떨어뜨리는 데 활용된 것으로 알려져 있다. 2008년 기밀문서에서 해제돼 세상의 빛을 보게 됐고, 매뉴얼의 지침들이 기업에도 적용될 수 있다는 연구들이 나오면서 관련 경영서적이 출판되기도 했다.

삼성전자는 글로벌전략회의를 통해 매뉴얼에 나온 내용을 공유하며, 임원들에게 '회사를 망가뜨리는 일들이 벌어지고 있지 않은지' 되새겨 보게 했다. 이 매뉴얼은 적국 주요 기업에 침투한 스파이들이 어떻게 하면 생산성을 떨어뜨릴 수 있는가를 안내한 20쪽짜리 소책자이다. 회의에 참석했던 임원진은 당시 스파이 행동이 무능한 직장인과 유사하다고 입을 모았다. 예를 들어 매뉴얼은 스파이들에게 바보처럼 행동할 것을 주문한다. 보고서의 경우 일부러 몇몇 항목을 누락시킨 채 작성하고 상사가 업무를 지시할 경우 못 알아들은 척하라고 지시한다. 또 스파이에게 멍청하고 무지하게 행동하라고 하며 상사가 이상한 눈초리로 볼 것에 대비해 "늘 사죄하는 태도를 보여라(Always be profuse in your apologies)"고 명령한다. 잦은 회의와 불필요한 발언도 좋은 사보타주다. 회사가 위급할 때는 회의를 열자고 제안해야 한다. 하지만 막상 회의가 소집되면 개인적 경험담 등 "상관없는 이슈들을 가급적 자주 제기하라(Bring up irrelevant issues as frequently as possible)"고 주문한다. 위원회를 구성해 의사결정을 넘기는 것도 방법 중 하나다. 동료가 멋진 아이디어를 낼 경우 단어의 정확성을 따지고 "사업에 성공하지 못하면 누가 책임을 질 것이냐"고 목소리를 높여 불안감을 고조시키는 방법을 사용한다.

신입직원들은 불완전하고 잘못된 방향으로 가르치고 탁월한 근무성과를 보이는 직원을 만나면 "회사가 당신을 차별하고 있다"고 꼬드겨 근무의욕을 저하시킨다. 매뉴얼은 사무직원으로 위장한 스파이를 위해 7가지 지침을 별도로 내린다. 상사를 찾는 전화가 걸려오면 "상사가 바쁘기 때문에 통화가 어렵다"고 답변하고, 우편물을 수령하면 즉시 전달하지 말고 시간을 끌기 위해 한꺼번에 전달하는 식이다.

(매일경제, 2018.12.23)

## 보고서 치장은 그만, 글로 써라… '제로 PPT' 선언하는 기업들

**'회의의 꽃'이었던 PPT가 진다**

"가족 여행 짜는데 자동으로 PPT(파워포인트·프레젠테이션용 소프트웨어)를 만들고 있더라고요. 강박적으로 텍스트 줄 맞추고 색깔 넣고. PPT 기계가 된 것 같아요." 13년 차 직장인 A(40)씨가 말했다. 회사에서 그의 별명은 'PPT 자판기'. 군 행정병 시절 배운 실력으로 입사 때부터 보고서를 도맡았다. 보고받는 임원 취향 따라 기사형, TED형, 애플형 등 프리스타일 변주까지 가능하다. A씨 같은 'PPT의 달인'들에게 썩 달갑지 않은 소식일 수도 있겠다. 최근 들어 PPT 보고서를 줄이는 회사들이 점차 늘고 있다. 아예 '제로(zero) PPT' '노 파워포인트(No PowerPoint)'를 내세우는 기업까지 나왔다.

국내 기업에서 파워포인트가 본격적으로 등장한 시기는 1990년대 말 무렵이다. 이후 '회의의 꽃'으로 불리며 전성기를 누렸지만 몇 년 사이 PPT를 '명예퇴직'시킨 회사들이 등장했다. "업무효율을 높이는 도구로 도입했는데 도리어 업무에 부담 주는 주범으로 지목됐기 때문"이라고 한다. 국내에서 공식적으로 PPT 퇴출을 선언한 1호 기업은 현대카드다. 2016년 현대카드는 '제로 PPT'를 선언했다. 업무만족도 조사에서 직원들이 호소한 고충 셋 중 하나가 'PPT 작성'으로 나왔기 때문이었다. 사내 보고용 문서는 PPT 대신 워드와 엑셀로 작성한다. 대외용 문서 작성용으로 부서마다 컴퓨터 한 대만 파워포인트를 깔도록 허용하고 나머지 컴퓨터에선 프로그램을 삭제했다.

실험 4년 차 시행착오는 없었을까. 현대카드에게 문의했더니 설명이 돌아왔다. "처음엔 엑셀로 PPT를 흉내 내는 보고서가 간혹 나왔습니다. PPT를 사용하는 것보다 시간이 드니 더 나쁜 경우였어요. 그래서 1년에 두 번 메모리에 남은 모든 작성물을 감사해서 PPT와 유사한 보고서들을 잡아내고 A·B·C 세 등급으로 나눠 벌칙을 줬습니다. 계몽 기간이 끝난 작년 하반기부터 벌칙 수위를 올렸는데 해당부서의 복지비를 한 달 또는 두 달간 없애는 방식입니다. 개인을 벌하는 것보다 더 효과가 있고 부서 분위기가 바뀌니까요. 사내에서 우리끼리 멋있는 보고서를 돌려 보아야 할 이유가 전혀 없어요. 한 시간 내용을 고민하고 다섯 시간 PPT 구도와 색깔에 우리 시간을 소모한다면 난센스입니다. PPT 스킬이 보고 내용을 저하해서는 안 됩니다"라고 했다.

전면 금지가 아니더라도 PPT 의존도는 줄어드는 추세다. 아모레퍼시픽은 올해 '캐주얼 보고 습관화' '보고 문서 간소화'를 내걸고 꼭 필요한 경우만 PPT를 쓰고 사내에서 획일적인 PPT 양식은 쓰지 않기로 했다. 대신 2장짜리 '워드 보고' 양식을 배포해 권장하고 있다. 1993년 입사한 신세계 홍보팀 J씨는 PPT의 진격과 후퇴를 피부로 느낀다고 했다. "IMF 외환위기 직후 마케팅 부서부터 PPT를 쓰기 시작했어요. 그래픽과 사진이 들어가니 자료의 가시성이 획기적으로 좋아지면서 다른 부서까지 확산됐지요. 'PPT의 신=일 잘하는 직원'으로 통했지만 3년 전쯤부터 꺾이는 추세예요."

**글로만 쓴 보고서, 숨을 데가 없다**

PPT 금지가 꼭 시간을 줄이기 위한 것만은 아니다. 과잉 포장을 걷어내고 본질에 집중하자는 취지가 깔려 있다. 몇 달 전 '아마존은 글을 쓰는 회사다'라는 글이 온라인에서 화제가 됐다. 삼성전자에서 룩셈부르크에 있는 아마존 유럽 본사로 이직한 김태강(30 · 시니어 프로덕트 매니저) 씨가 쓴 경험담이었다.

아마존 설립자 제프 베이조스는 '노 파워포인트' 흐름을 이끈 인물이다. "파워포인트는 애매모호한 소통 메커니즘이며 요약 목록 사이에 숨기는 쉽다"면서 '6 페이저(6-pager)'라는 방식을 고안했다. 회의 참석자는 각자 워드로 A4 6장짜리 줄글(글씨 크기는 10~11포인트)을 써서 와야 한다. 신문 기사 스타일로 쓰기도 한다. 회의가 시작되면 참석자들이 다른 사람이 쓴 글을 15~20분 정도(짧은 회의 경우 5~10분) 읽은 뒤 토론한다. 아마존이 최근 승승장구하면서 '6 페이저' 방식은 더 주목받고 있는 상황. 올 초 제이미 다이먼 JP모건 회장도 도입하겠다고 밝혔다.

김태강 씨는 "아마존은 반복적인 일이 있다면 자동화를 고민하는 문화가 정착돼 있는데 모든 시작에 '글'이 있다"면서 "상사에게 처음 들은 말이 '두 번 이상 동일한 질문을 받으면 시간낭비하지 말고 답을 글로 남겨 써놓고 URL만 보내주라'는 것이었다"고 했다. 그는 "끊임없이 생각하면서 글을 적다 보니 제품의 단점이나 놓쳤던 부분을 보충할 수 있게 된다"며 "언변이 좋은 사람들에게 PPT는 더할 나위 없는 매개체다. 논리적이지 않아도 타인을 설득할 수 있다. 하지만 글에는 숨을 곳이 없다"고 했다. 회의용 글은 유려한 글이 아니라 쉽고 논리정연한 글이다. 김씨는 "제 매니저는 딸에게 설명한다고 생각하면서 최대한 간단하고 읽기 쉽게 쓴다고 한다더라"고 했다.

보고서가 화려한 시각적 장치를 걷어내고 '쌩얼'을 드러낸다. 알맹이로 진검승부해야 하기에 실력이 고스란히 드러난다. 정태영 부회장도 "PPT는 콘텐츠가 없어도 분식(粉飾)할 수 있지만 글을 쓰면 평소 의견이나 능력이 없을 경우에는 여실히 드러난다"고 했다.

**PPT는 죄가 없다? 리더가 문제?**

'노 PPT'에 대해 회의적인 의견도 있다. 파워포인트를 만든 MS 출신의 한 기업 임원은 "MS에선 형식에 구애받지 않고 PPT를 자유롭게 쓰는데 오히려 한국 기업들은 줄 맞춤, 글꼴, 색상 등 지엽적인 부분에 집착한다"며 "한국 기업 특유의 형식주의가 불러온 본말전도가 제로 PPT를 가져온 것"이라고 했다.

보고자의 실력도 드러나지만 진짜 문제는 의사결정권자의 문해력(文解力)이란 시각도 있다. 한 대기업 직장인은 "요지를 빨간 글씨나 굵은 글자로 크게 해서 표시해도 이해 못하는 임원도 있고, 글자가 많으면 화부터 내는 상사도 많다"며 "글 읽기가 익숙하지 않은 상사가 태반인데 PPT를 없앨 수 있겠느냐"고 반문했다. 김태강 씨는 "국내 기업에도 통찰력이 뛰어난 임원은 많은데 아마존에서 놀란 점은 직급이 높을수록 문해력이 굉장히 뛰어나다는 점"이라며 "1시간 회의하면 20분 글을 읽고 질문을 받는데 임원들 질문이 너무 날카로워 베일 것 같다"고 했다. 결국 리더가 스마트해야 보고도 스마트해진다는 얘기다.

(조선일보, 2019.4.6)

# 연습문제

1 기업을 둘러싸고 있는 환경의 변화를 분석하여 기업의 성장과 발전을 위해 적절한 방향을 설정하고 이를 실현할 수 있도록 자원을 배분하고 체계적으로 활용해가는 과정을 무엇이라 하는가?

① 운영계획 ② 전략계획
③ 단기계획 ④ 실행전략

2 비전이란 무엇인가?

① 기업의 존속이유와 사명을 뚜렷이 제시한 선언문
② 자원을 배분하고 체계적으로 활용해가는 과정에 관한 선언
③ 기업의 지속적 성장을 위해 개발할 필요가 있는 시장과 신제품에 대한 설명
④ 기업의 목표 설정과 구체적인 달성방법에 대한 설명서

3 다음 중 전략계획의 중요성이 더욱 강조되는 이유에 해당하는 것은?

ㄱ. 기업규모가 점점 더 커지고 사업분야가 다양해지면서 부문간의 통합과 조정이 큰 문제로 등장하게 되었다.
ㄴ. 기업환경의 변화속도와 폭이 매우 커서 과거의 경험이나 지혜, 사업방법을 토대로 계획을 세우기가 쉽지 않아졌다.
ㄷ. 노동자와 사용자 간의 갈등이 점점 더 심화되고 이와 같은 노사문제 해결에 이전보다 더 많은 자금이 필요하기 때문이다.

① ㄱ, ㄴ ② ㄱ, ㄷ
③ ㄴ, ㄷ ④ ㄱ, ㄴ, ㄷ

4 경쟁사의 제품과는 기능, 디자인, 품질 면에서 뚜렷이 구별되는 제품을 제공함으로써 경쟁우위를 확보하고자 하는 전략은?

① 차별화전략
② 원가우위전략
③ 집중화전략
④ 다양화전략

5 낮은 생산원가를 유지함으로써 판매가격을 낮추고 대량판매를 유도함으로써 시장점유율을 유지·확대하고자 하는 전략은?

① 차별화전략
② 원가우위전략
③ 집중화전략
④ 다양화전략

6 다음 중 집중화전략에 관한 설명이 아닌 것은?

① 특정 표적시장을 효과적으로 충족시키는 것에 초점을 맞춘다.
② 전체 산업에 맞추기보다는 경쟁적 우위를 누릴 수 있는 부분만을 강조한다.
③ 한정된 전략목표를 효과적으로 달성할 수 있다는 생각에 바탕을 둔다.
④ 원가에 초점을 두기 때문에 기능, 디자인, 품질 면에서의 차별화는 중시하지 않는다.

7 운영계획을 세울 때 특별히 고려해야 할 사항에 해당하는 것은?

ㄱ. 기업의 경쟁환경
ㄴ. 처리과정상의 앞뒤 순서
ㄷ. 소요되는 시간과 비용

① ㄱ, ㄴ
② ㄱ, ㄷ
③ ㄴ, ㄷ
④ ㄱ, ㄴ, ㄷ

8 다음 중 운영계획에 대한 설명으로 바른 것은?

① 기업의 사명과 목표를 설정하고 그 사명과 목표를 달성하기 위해 필요한 자원의 배분, 적절한 행동경로의 선택과정이다.
② 운영계획도 계획수립과정인 만큼 목표와 이를 달성하기 위한 활동으로 정의되며 조직구조의 변경과 같은 구조적 활동도 포함된다.
③ 운영계획은 구체화된 사내 방침이나 표준·규칙·절차 형태를 띰으로써 각 부서간의 책임과 업무영역, 그리고 평가기준을 명확히 제공하는 역할을 하기도 한다.
④ 운영계획은 전략계획보다 목표가 더욱 구체적이므로 투입되는 물적자원의 규모도 전략계획의 경우보다 더 큰 것이 일반적이다.

9 다음 중 프로세스에 대한 설명으로 바르게 된 것은?

> ㄱ. 프로세스란 투입물을 제품이나 서비스 산출물로 전환시키기 위해 함께 연결된 일련의 부가가치 업무를 지칭하는 용어이다.
> ㄴ. 프로세스의 평가는 프로세스가 산출물을 통해 창출해내는 시간, 품질, 코스트, 유연성 등과 같은 가치를 토대로 한다.
> ㄷ. 프로세스의 투입물은 제품 또는 서비스를 만들어내는 데 필요한 정보, 자재, 자원으로 서비스 창출 프로세스의 출발점이며, 산출물은 조직 내의 다른 부서나 동료, 또는 외부의 고객에게 제공하는 서비스로서 프로세스의 종착점이다.

① ㄱ, ㄴ ② ㄱ, ㄷ
③ ㄴ, ㄷ ④ ㄱ, ㄴ, ㄷ

10 다음 중 프로세스를 구성하고 있는 업무에 해당하는 것은?

> ㄱ. 가치를 증대시키는 업무(value-added task, 부가가치 업무) : 서비스 창출에 필수적인 작업
> ㄴ. 가치를 증대시키지는 못하지만 필요한 업무(예를 들어 소비자가 원해서 하는 최종 검사)
> ㄷ. 가치를 증대시키지 못하는 업무(non value-added task, 비부가가치 업무)이면서 소비자가 필요로 하지 않은 작업

① ㄱ, ㄴ ② ㄱ, ㄷ
③ ㄴ, ㄷ ④ ㄱ, ㄴ, ㄷ

11 다음 중 흐름도를 구축하기 위해 알아야 하는 사항에 해당하지 않는 것은?

① 내가 속해 있는 부서를 거친 일은 다음에 어느 부서로 이동하는가?
② 내가 처리하고 있는 일은 누가 부탁한 것이며 어떻게 우리 부서에 도달했는가?
③ 추가적인 서비스나 작업이 필요하다는 결정은 누가 내리는가?
④ 각 업무별 투입원가는 얼마인가?

12 프로세스 관리의 핵심은 감각보다는 사실과 데이터에 입각한 의사결정을 내린다는 데에 있다. 프로세스 관리에서 사실이란 무엇을 의미하는가?

ㄱ. 고객의 소리
ㄴ. 조직구성원의 소리
ㄷ. 경쟁업체의 소리

① ㄱ, ㄴ
② ㄱ, ㄷ
③ ㄴ, ㄷ
④ ㄱ, ㄴ, ㄷ

13 다음 중 프로세스의 표준화를 통해 기대할 수 있는 효과에 해당하는 것은?

ㄱ. 업무처리과정의 개선노력에 대한 성과나 인센티브 지급이 용이해진다.
ㄴ. 각 개별 조직구성원의 노하우가 구체적으로 표준에 반영될 수 있어 조직 전체에 큰 이익을 가져다준다.
ㄷ. 표준을 이용한 업무처리의 결과에 일관성이 유지된다.

① ㄱ, ㄴ
② ㄱ, ㄷ
③ ㄴ, ㄷ
④ ㄱ, ㄴ, ㄷ

14 다음은 SWOT분석의 요소를 소개한 것이다. 바르게 된 것은?

ㄱ. Strength－우리 조직의 강점
ㄴ. Weakness－경쟁기업의 약점
ㄷ. Opportunity－시장의 기회요소

① ㄱ, ㄴ
② ㄱ, ㄷ
③ ㄴ, ㄷ
④ ㄱ, ㄴ, ㄷ

15 기업의 외부환경과 내부자원의 분석에 흔히 사용되는 SWOT분석에서 'T'는 무엇을 의미하는가?

① 기업의 약점
② 기업 운영에 필요한 자금력 수준
③ 기업의 경쟁력 약화에 경종을 울릴 만한 외부환경요인
④ 조직구성원의 역량수준

16 다음과 같은 액션을 취하는 기업은 다음 중 어떤 전략을 취하고 있다고 볼 수 있는가?

- 품격 높은 서비스보다는 저가상품을 선호하는 소비자들을 대상으로 한다.
- 고객서비스를 표준화한다.
- 자동화 시설을 이용하여 소요인력을 줄인다.

① 집중화전략 ② 차별화전략
③ 원가우위전략 ④ 다양화전략

17 다음 중 새로운 프로세스를 설계하고자 할 때 주의 깊게 분석해야 할 항목으로 볼 수 있는 것은?

ㄱ. 책임의 한계는 명확히 정의되어 있고 적절한가? 중복되는 단계들은 없는가?
ㄴ. 누락되거나 순서가 틀려 있는 단계는 없는가?
ㄷ. 조직문화를 해치거나 부서간의 업무협조방식에 부정적인 영향을 미치는 요소는 없는가?

① ㄱ, ㄴ ② ㄱ, ㄷ
③ ㄴ, ㄷ ④ ㄱ, ㄴ, ㄷ

18 다음 중 VOC(voice of customer, 고객의 소리)에 대한 설명인 것은?

ㄱ. 고객이 기업에 보내는 커뮤니케이션을 총칭하는 말로서 고객의 문의와 상담 및 제안, 그 외 직접적인 방문과 항의과정에서 축적되는 모든 데이터를 의미한다.
ㄴ. 전화조사, 고객패널, 우편조사, 추적전화, 사후거래조사 등을 통해 수집된다.
ㄷ. 고객과의 접점에서의 대응성과 신뢰성 그리고 공감성을 제고하는 데 도움을 준다.

① ㄱ, ㄴ ② ㄱ, ㄷ
③ ㄴ, ㄷ ④ ㄱ, ㄴ, ㄷ

| 정답 | 1. ② 2. ① 3. ① 4. ① 5. ② 6. ④ 7. ③ 8. ③ 9. ④ 10. ④ 11. ④ 12. ① 13. ③ 14. ② 15. ③ 16. ③ 17. ① 18. ④ |
|---|---|

Chapter 6

# 기업활동의 조직화



기업의 목표를 달성하기 위해 어떠한 활동들을 할 것인가에 대한 계획을 세운 다음에는 조직을 구성하는 조직화가 이루어진다. 조직화과정에서 조직의 틀을 어떻게 구성할 것인가를 결정하는 것이 조직설계이며, 조직설계의 결과로서 조직구조가 만들어진다. 조직구조의 유형에는 기능별, 제품별, 지역별, 매트릭스 조직구조 등이 있다. 본장에서는 조직화의 기초 개념인 조직의 의의 및 조직구조의 유형과 특성에 관하여 살펴보도록 한다.

# 제 1 절 조직의 개념과 구조

## 1. 조직의 의의

조직화는 조직의 목표를 달성하기 위해 개별 구성원들이 담당해야 할 업무를 정하고, 각 업무의 책임과 그 일을 행하기 위해 필요한 권한을 부여하며, 다시 서로 어울리는 개별 업무들을 모아서 적절한 크기의 부서로 합치는 과정이다. 조직이란 바로 이런 조직화의 결과이다.

조직이란 공통의 목표를 추구하기 위하여 여러 역할과 지위가 환경변화에 적합한 형태로 연결된 개인들의 집합체이다. 이 정의를 토대로 하여 조직의 특징을 간략히 살펴보기로 하자. 첫째, 공통의 목표를 추구한다는 것은 조직 내의 여러 개인 사이에 목표에 대한 견해 차이가 존재하더라도, 이와는 무관하게 조직이 전체적으로 추구하는 목표가 있다는 뜻이다. 조직의 목표는 개인의 목표에 우선한다. 예를 들면, 조직 내의 개개인들은 조직의 목표가 무엇이어야 하는가에 대한 여러 다른 견해를 가질 수 있지만, 일단 조직의 목표가 설정되면 개개인들은 이 목표를 개인 견해차와 상관없이 따라가도록 유도된다. 둘째, 조직 내에는 개개인들이 수행해야 하는 여러 역할과 지위들이 존재하는데, 이 역할과 지위는 조직목표를 달성할 수 있도록 그리고 환경변화에 적절히 대응할 수 있도록 체계적으로 설정되어 있어야 한다. 셋째, 조직이란 여러 사람들의 집합체이므로 하나의 사회적 개체로 이해되어야 한다.

## 2. 조직구조

인간의 몸에는 뼈대가 있어서 신체의 기본적인 골격을 형성해 준다. 마찬가지로 조직에도 기본적인 골격을 형성해 주는 뼈대가 있는데 이것을 조직구조라고 한다. 조직구조는 하나의 조직을 경영하기 위하여 가장 먼저 형성되어야 한다. 조직구조는 처해 있는 환경이나 성취하고자 하는 목표에 따라 매우 다양하지만 [그림 6-1]에 제시된 세 가지 측면에서 그 차이를 설명해 볼 수 있다.

[그림 6-1]
조직구조의 기본요소

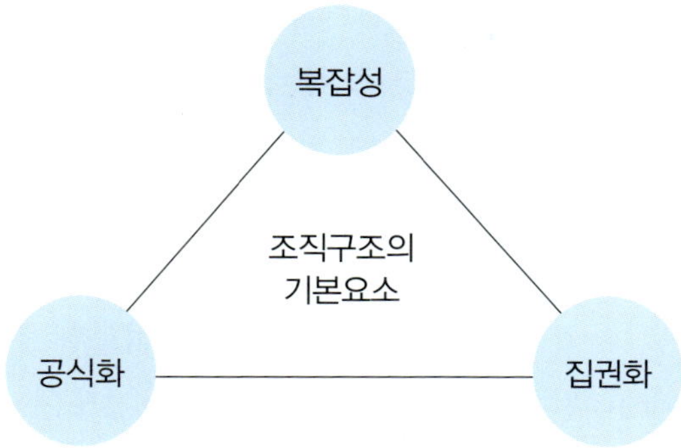


### (1) 복잡성

복잡성(complexity)이란 업무나 계층이 조직 내에서 얼마나 나누어져 있는가를 의미한다. 예를 들면, 노동의 분화가 많이 이루어져 있을수록 복잡한 조직구조라고 말한다. 이는 업무가 세분되어 있음을 의미한다. 또한, 사장에서부터 신입사원 사이에 많은 계층이 있을 때 이 역시 복잡한 구조라고 한다. 한 조직이 지역적으로 여러 지점으로 나누어져 있을 때에도 복잡한 구조라고 한다. 이런 조직구조를 일컬어 복잡성이 높다고 말하기도 한다.

복잡성이 높을 경우 이에 따르는 장점과 단점이 있다. 장점으로는 변화하는 환경에 다각적으로 대처할 수 있다는 것이다. 업무가 세분되어 있고 여러 기능을 수행하는 부서들이 존재하므로 그만큼 전문성이 높고, 따라서 다각적인 대처가 가능해진다. 단점으로는 통솔이 힘들어진다는 것이다. 수많은 업무와 부서들을 다루는 것은 당연히 적은 수의 업무와 부서를 다루는 것보다 어려워진다.

### (2) 공식화

공식화(formalization)란 업무가 얼마나 표준화되어 있는가를 말한다. 표준화되어 있다는 것은 조직에서 규정해 놓은 규칙이나 법칙에 따라 일을 한다는 의미이다. 이는 마치 설계된 대로 기계가 움직여주는 것과 같다.

일반적으로 업무에 대한 규정, 여러 가지 조직 내의 규칙, 일의 순서나 과정에 대한 지침 등이 있는 조직은 공식화 수준이 높은 조직이다. 즉, 조직 내 업무처리를 위해 공문과 보고서를 어느 정도 활용하고 있는가, 조직 내 규칙이나 절차 등이 어느 정도 표준화되어 있는가, 구성원 행위를 규제하는 규칙과 규정이 어느 정도 명시되어 있는가, 공문에 의한 지시가 어느 정도 빈번한가 등을 보면 공식화 정도를 짐작해 볼 수 있다. 공식화는 규정 매뉴얼이나 직무기술서의 유무로 측정되는데, 더욱 일반적인 방법은 종업원이 그들의 기능과 책임을 추구할 때 이들에게 자율권이 보장되는 것과 그들의 행위를 정확하게 규정하는 규칙의 정도에 의해 측정된다.

공식화의 정도가 가장 높은 조직으로는 군대조직을 들 수 있다. 각각의 계급에 따라 자신의 권한과 의무가 정해져 있고, 이에 따라 어떻게 업무를 수행해야 하는지 그리고 누구에게서 명령을 받고 누구에게 명령을 하는지가 분명히 정해져 있다. 공식화의 정도가 매우 낮은 조직의 예로는 연구소를 들 수 있다. 연구소에서는 특정한 업무지침이 있는 것이 아니고 각자가 연구주제를 선택하여 자유재량에 의하여 연구에 임한다. 자신이 담당한 연구를 어떻게 진행시키는가는 개개인이 자유로이 결정한다. 따라서 서로 다른 사람들이 서로 다른 방법으로 연구를 수행할 수 있다.

공식화의 정도가 높을 경우 이에 따르는 장점과 단점이 있다. 장점으로는 통솔이 수월해진다. 모든 것이 규칙에 의해 움직여지므로 획일적인 통솔이 가능해진다. 또한, 높은 공식화에서는 큰 규모의 조직을 효과적으로 관리할 수 있다. 조직의 규모가 비대해질수록 관리에 어려움이 커지나, 조직을 공식화함으로써 전체적인 통합이 가능해진다. 이것을 관료화된다고 말하는데, 물론 이에 따르는 부작용도 있다. 단점으로는 공식화된 조직 내에서는 개개인의 창의성이 떨어지기 쉽다. 문제해결 방법을 생각할 필요가 없이 규칙을 따르기만 하면 되는데, 이는 창의성이 무시되는 것을 의미한다. 또한 공식화된 조직에서는 변화를 기대하기 힘들다. 조직 내의 규칙에 얽매이다 보면 변화의 필요성조차도 느끼지 못하며 변화를 추구할 의욕조차 상실하게 된다.

### (3) 집권화

집권화(centralization)란 의사결정권한이 조직상층부의 특정 사람이나 집단에 집중되어 있는 정도를 말한다. 최고경영자 혹은 몇몇 사람들에게 의사결정권한이 집중되어 있을 때 집권화의 정도가 높다고 말한다. 집권화된 조직의 장점은 최고경영자의 입장에서 전체의 이익을 추구하기가 용이하다는 데에 있다. 또한 의사결정권한이 개인 혹은 집단에 집중되어 있기 때문에 조직 전체의 이익이 최고경영자를 통해서 대변된다. 반면 단점으로는 환경변화에 적절히 대응하기가 어렵다는 점이다. 중간관리자들이 환경변화에 대응하려 해도 최고경영자가 이를 인식하지 못할 경우 적절한 대응은 기대하기 어렵다.

이에 반대되는 경우가 분권화(decentralization)이다. 분권화에서는 의사결정권한이 조직의 중간계층이나 하위계층에 상당부분 양도되어 있어 중간관리자나 일선관리자들이 상당한 자유재량권을 갖는다. 여기서 권한이란 윗사람의 승인을 받지 않고 의사결정을 내리고 밑의 사람들에게 일을 지시할 수 있는 권리를 말한다. 권한의 부여란 의사결정에 관련된 것이며 업무처리 그 자체에 관한 것은 아니다. 예를 들어 마케팅부서 팀장은 신입사원을 채용하고 일정지역에 배정할 수 있는 권한을 가진다. 이 권한은 물론 경영자로부터 부여받은 것이다. 권한이양을 많이 할수록 조직 내의 전문가를 많이 키울 수 있는 분위기가 조성된다.

그러나 권한이양을 제대로 하기 위해서는 충분한 교육과 훈련, 그리고 경험이 뒷받침되어야 한다. 제대로 된 교육과 훈련 없이는 권한을 이양해도 올바른 결정을 내리기 힘들기 때문이다. 그렇지만 많은 경영자들이 권한이양을 하기 꺼리고, 자기들이 가지고 있는 결정권한을 부하들에게 주기 싫어한다. 권한이양을 마치 통제를 포기하는 것으로 생각하기 때문이다.

## 3. 분업과 생산성

조직구조에 대한 이해에 도움을 줄 수 있는 개념은 분업과 생산성의 관계이다. 일반적으로 분업은 생산성을 상승시키는 것으로 알려져 있다. 하나의 일을 여러 개의 작은 작업으로 나누어 한 사람이 한 가지의 단순작업을 반복할 경우 전체적인 생산성은 상승한다. 또한 분업이 적절히 이루어지면 담당자가 그 일을 그만두더라도 다음 사람을 빠른 시간 내에 훈련시켜 그 일을 담당하도록 할 수 있어 훈련비용을 줄일 수 있다.

그러나 분업이 이루어질수록 생산성이 상승하기만 하는 것은 아니다. 분업이 이루어질수록 어느 정도까지는 생산성이 계속적으로 상승한다. 그러나 일단 일정한 정도에 이르면 분업에 따른 생산성 증가는 멈춘다. 그 이후부터는 분업이 이루어질수록 생산성은 떨어지게 된다. 왜냐하면 작업 자체가 너무 세분화되고 특화되어 일하는 데 지루함을 느끼고 쉽게 짜증을 내기 때문이다. 또 지나치게 많은 사람을 필요로 하여 수요가 감소하는 경우 노는 시간이 많아지기 때문이다. 일에 따라 분업의 정도가 다르지만 분업이 얼마나 되었는가는 다음의 다섯 가지 측면에서 비교해 보면 대략 알 수 있다.

- 작업속도의 결정권한 : 일하는 사람 스스로가 작업속도를 마음대로 조정할 수 있으면 분업이 상대적으로 덜 이루어졌다고 볼 수 있다. 즉, 작업자가 작업속도를 결정할 수 있는 여지가 없으면 없을수록 분업이 심화된 상태이다.
- 작업의 반복성 : 처리해야 하는 일의 종류가 많으면 많을수록 분업이 덜 되었다고 볼 수 있다.
- 기술요구 수준 : 일을 처리하는 데 요구되는 기술수준이 높을수록 분업이 덜 되었다고 볼 수 있다.
- 세심한 주의력 : 세심한 주의가 요구되면 될수록 분업이 덜 된 것이라 볼 수 있다.
- 일처리 방식의 재량권 : 일을 처리하는 데 요구되는 방법과 도구를 사용하는 데 있어 선택의 재량권이 클수록 분업은 덜 되어 있다고 볼 수 있다.

〈표 6-1〉 분업의 정도를 나타내는 특징

| 특 징 \ 분업의 정도 | 높 음 | 낮 음 |
|---|---|---|
| 작업속도의 결정권한 | 없음 | 있음 |
| 작업의 반복성 | 심함 | 심하지 않음 |
| 기술요구 수준 | 낮음 | 높음 |
| 세심한 주의력 | 필요로 하지 않음 | 필요로 함 |
| 일처리 방식의 재량권 | 별로 없음 | 많음 |

## 제 2 절 조직구조의 유형

조직구조는 조직구성원들이 해야 할 일을 어떻게 나누느냐에 따라 달라지며, 조직구조에 따라 업무처리결과의 보고방식도 달라진다. 조직구성원들이 해야 할 일들을 여러 부서로 나누는 데에는 이유가 있다. 각 업무는 미리 정해진 과정과 절차에 따라 처리되어야 하는데, 일이 전문화될수록 한 사람의 경영자로서는 제대로 조정하기 힘들어진다. 예를 들어 10여명 정도의 직원으로 구성된 소기업은 사장이 생산, 판매, 회계, 자재 등 모든 일을 다 알고 있으므로 각 업무간에 갈등이 생기더라도 적절히 조정할 만한 경험과 시간을 가져 아무 문제가 없다. 그러나 100명 정도의 중소기업으로 성장하면 사장이 회사 내의 모든 문제를 다 알아서 해결하고 중재할 수는 없다. 어쩔 수 없이 회사 내의 직무를 몇 개의 그룹으로 나누고 그룹별로 관리자를 둘 수밖에 없다. 이 그룹이 바로 부서이며 최고경영자는 이들 부서의 책임자와의 협의를 통해 다양한 업무를 조정・통합해간다.

조직구조는 어느 기업에서나 볼 수 있는 조직표(organization chart)에 잘 나타나 있다. 기업운영이 잘 이루어지려면 계층간(수직적) 정보흐름뿐만 아니라 부서간(수평적) 정보흐름도 원활해야 한다. 조직구조가 구성원의 정보요구를 충분히 반영하지 못한다면 일부는 의사결정에 필요한 정보를 거의 알지 못한 상태에서 부적절한 결정을 내리기도 하고, 또 일부는 이런 잘못된 의사결정을 예방하는 차원에서 온갖 데이터와 정보의 수집・분석에 시간을 허비할 수도 있다. 부서수가 많아지면 부서간 의사소통, 의견조정 및 통합이 쉽지 않아, 구성원간의 의사소통과 상호작용을 촉진시킬 수 있는 제도가 요구된다.

조직설계에 있어 가장 중요한 요소가 바로 직무를 부서화하는 데 필요한 기준의 설정이다. 사용하는 그룹화 기준에 따라 조직의 구조가 달라지고 조직을 운영하는 방법도 달라진다. 이제 다양한 조직구조에 대하여 알아보기로 하자.

## 1. 기능별 조직구조

기능별 조직구조에서는 하나의 조직이 생산, 마케팅, 인사, 재무 등과 같은 관리적 기능들을 중심으로 여러 부서로 나누어진다. 예를 들면 [그림 6-2]에서와 같이 사장 아래에 이사를 책임자로 하는 4개의 부서로 나누어 조직이 구성될 수 있다. 각 부서는 같은 일을 하는 사람들로 구성되며 다른 부서와 업무상 중복되는 경우가 없다. 자신이 담당한 기능만 수행할 뿐 다른 부서의 기능은 수행하지 않으며 각 부서는 독자적으로 행동한다. 가령 생산담당 부서에서는 책임자인 이사부터 사원까지 생산에 관련된 업무만을 담당한다.

기능적 조직구조의 장점으로는 우선 전문성을 들 수 있다. 특정기능만을 담당하는 부서에서는 그 부서의 기능에 관련된 전문성을 축적해 나갈 수 있다. 둘째로는 업무중복을 피할 수 있다. 똑같은 업무가 여러 부서에서 반복되는 비효율성을 피할 수 있는 것이다. 단점으로는 부서 이기주의를 들 수 있다. 부서간의 이익이 상충되는 경우 부서만의 이익을 지나치게 내세우다 보면 전체의 이익을 망각할 우려가 있다.

[그림 6-2]
기능별 조직구조

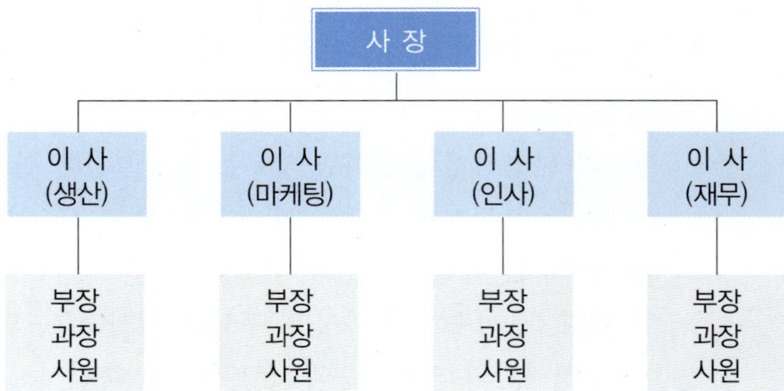


## 2. 제품별 조직구조

제품별 조직구조에서는 특정한 제품 혹은 제품그룹을 중심으로 부서화가 이루어진다. 예를 들면 자동차회사의 경우 [그림 6-3]에서와 같이 상용차, 승용차, 승합차의 세 제품그룹으로 나누어, 각 부서가 독립적으로 제품그룹을 전

[그림 6-3]
제품별 조직구조

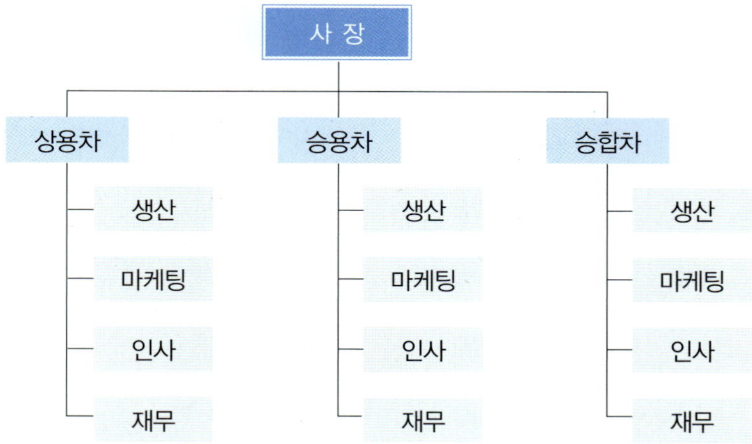


담하여 경영하는 경우도 있다. 즉 부서화가 이루어지는 기준이 상품의 종류가 되는 것이다. 각 부서는 독립적으로 운영되며 각기 여러 기능들을 포함한다. 예를 들어 [그림 6-3]에서와 같이 상용차, 승용차, 승합차 담당부문은 각기 생산, 마케팅, 인사, 재무 기능 등의 하부 부서들을 포함한다.

제품별 조직구조의 장점은 각 부서가 독립적으로 운영됨으로써 책임감을 가지고 경영에 임할 수 있다는 것이다. 또한 각 부서에서 여러 기능에 대한 다양한 지식의 습득이 가능하다. 단점으로는 업무중복으로 인한 비효율성이 초래된다. 생산기능의 경우를 예로 들면, 각각의 부서에 생산기능이 중복됨으로써 같은 업무가 중복되어 운영된다.

## 3. 지역별 조직구조

지역별 조직구조에서는 부서화가 [그림 6-4]에서와 같이 지역을 중심으로 이루어진다. 은행이 가장 대표적인 예이다. 은행은 지역에 따라 여러 지점을 가지고 있으며, 각 지점은 지점장의 책임하에 반독립적으로 운영된다. 유통업체의 경우에도 지역별 조직구조가 많이 발견된다. 대표적 유통업체인 백화점도 여러 지역에 분점들을 세워서 비교적 독립적인 경영을 도모한다.

앞서 언급된 제품별 조직구조나 시장별, 지역별로 구축된 조직구조를 사업부제라고도 부른다. 제품별, 시장별, 지역별로 책임경영단위인 사업부를 구

[그림 6-4]
지역별 조직구조

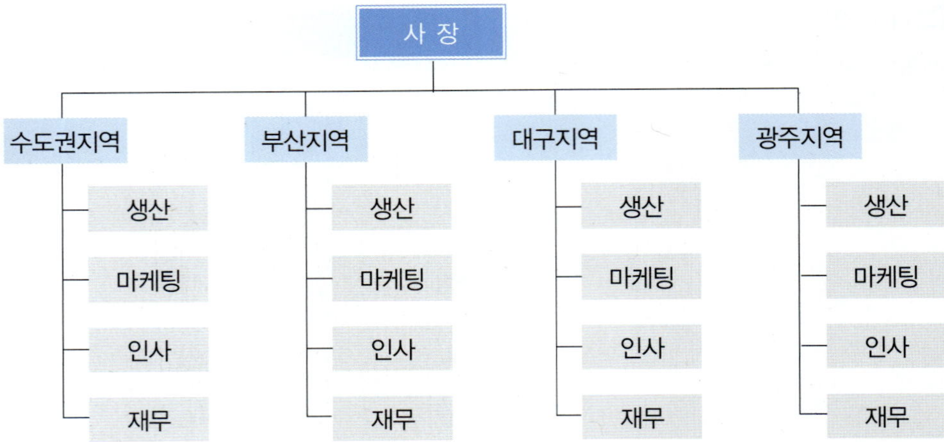


성하고 각 사업부 내에 독자적으로 생산, 마케팅, 인사, 재무 부서를 설치한다. 사업부제는 앞의 예에서 알 수 있듯이, 고객 세분화, 의사결정의 신속성, 시장수요 변화에 대한 적절한 대응 등이 요구되는 분야에 효과적이다. 사업부제는 권한의 집중이 아닌 개별 전략적 사업단위로 의사결정의 권한과 책임을 분산시키고, 사업본부장 중심의 책임경영을 가능하게 함으로써, 특정 시장이나 고객의 수요에 신속한 대응을 가능하게 한다. 의사결정의 신속성을 높여 경쟁자보다 먼저 시장과 고객의 변화된 수요를 충족시키는 데 효과적이다. 또한 개별 사업부서의 자주성과 창의성을 발휘시켜 사기 진작에도 도움을 주며, 각 사업부별로의 업적평가를 통해 건전한 경쟁 유도도 가능해진다. 다만 사업부제하에서는 각 사업부별로 인사, 재무, 마케팅 등이 운영되므로 조직 전체에서 볼 때 어느 정도의 업무중복과 생산성 저하가 나타날 가능성이 있다.

## 4. 매트릭스 조직구조

매트릭스(matrix) 조직구조는 기능별 조직구조와 제품별 조직구조를 합한 것이라고 볼 수 있다. 예를 들어 여러 다른 항공사나 국방부에서 여객기 혹은 전투기를 주문받아 생산·납품하는 기업을 생각해 보자. 하나의 주문이 들어오면 이를 완성하기 위하여 여러 부서에서 임시로 사람들이 선발되어 하나의 프로젝트(project) 팀이 형성된다. 또 다른 주문이 들어오면 다시 여러 부서에

[그림 6-5]
매트릭스 조직구조

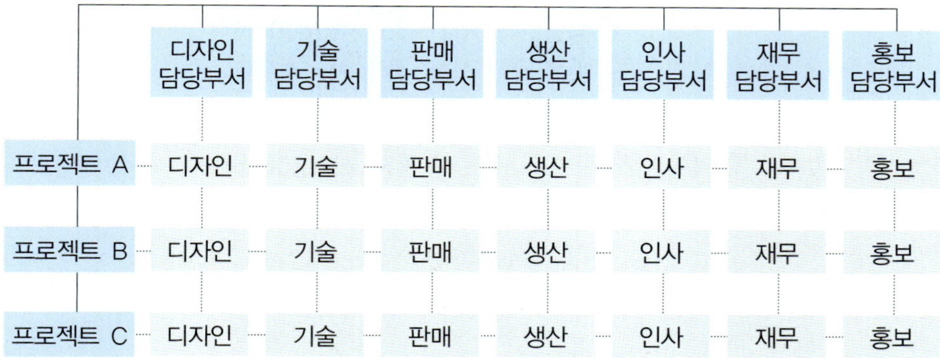


서 필요한 인원들이 선발되어 프로젝트 팀이 형성되며, 주문이 마무리되면 이 프로젝트 팀은 해체된다. 하나의 주문을 하나의 프로젝트로 생각하고 이를 완성하기 위해 형성된 팀은 일시적인 팀이라고 할 수 있다.

매트릭스 조직구조를 그림으로 나타낸 것이 [그림 6-5]이다. 프로젝트 A, B, C의 완성을 위해서 여러 부서에서 필요한 인원들이 선발된다. 각 프로젝트 팀은 프로젝트 완성을 위해서 형성된 임시 팀이다. 디자인에서 홍보에 이르기까지 여러 부서들은 각각의 기능들을 담당하며 개별 프로젝트 팀은 주문을 완성하는 데에만 몰두한다. 매트릭스 조직구조는 두 가지 중요한 특징을 지닌다. 첫째, 한 사람은 두 개의 조직에 동시에 소속되며, 그로 인해 두 사람의 상관으로부터 명령을 받는다. 프로젝트 A의 디자인 담당자는 디자인 담당부서뿐만 아니라 프로젝트 A의 소속이 된다. 이 경우에 디자인 부서의 책임자와 프로젝트 A의 책임자들로부터 지시를 받게 된다. 둘째, 매트릭스 조직구조는 기능별 조직구조와 제품별 조직구조를 합한 것이라고 할 수 있다. 디자인에서 홍보까지의 여러 부서는 기능적인 구조이며, 각 프로젝트는 제품별 구조라고 할 수 있다.

매트릭스 조직구조는 조직이 처해 있는 환경이 복잡하고 불확실하여 부서간의 의사소통, 정보처리 및 공유, 그리고 의사결정의 통합이 신속히 이루어져야 할 때 적절하다. 예를 들어 새로운 상품이나 신규 프로젝트 개발 요구가 빈번히 일어나는 한편, 이를 위해 매우 전문적인 지식과 노하우를 필요로 할 때 기능별 조직과 제품별 조직의 장점을 반영하고 있는 매트릭스 조직이 효과적이다.

매트릭스 조직구조의 장점은 여러 개의 프로젝트를 동시에 수행할 수 있다는 것이다. 각 프로젝트는 그 임무가 완성될 때까지 자율적으로 운영되며 여러 프로젝트가 동시에 운영될 수 있고, 동시에 여러 기능을 담당하는 부서들로 유지될 수 있다. 단점으로는 명령계통간의 혼선이 유발될 수 있다. 가령 기능부서와 프로젝트 팀에서 서로 상반되는 지시가 내려질 경우 업무에 지장을 초래할 수 있다. 따라서 대인관계기술이나 신상품, 신기술과 관련하여 심도 깊은 교육 훈련을 필요로 하며, 새로운 프로젝트에 배정받는 경우 상당한 시간이 지나야 해당업무에 익숙해지므로 조직구성원의 적극적 참여의식이 전제되지 않으면 매트릭스 조직은 오히려 혼란만 초래한다.

## 5. 가상 네트워크 조직

인터넷과 정보통신기술의 발전은 조직구성원들이 가상공간에서만 만나는 가상 네트워크 조직의 탄생도 가능하게 하였다. 각 부서는 물리적으로 서로 떨어져 있는 조직으로 정보공유와 업무처리를 위해 연결되어 있을 따름이다. 각 부서는 전 세계 곳곳에 흩어져 있을 수 있으며 필요에 따라 가상공간에서 업무를 협의하거나 또는 직접 만나 의사결정을 도모하기도 한다. 핵심업무 중 일부를 외부 기업에 의뢰한 뒤 최종결과물만 취합하여 업무에 활용한다.

네트워크는 필요한 정보와 데이터를 중심으로 연결되므로 의사결정 상황의 변화에 따라 구성원이 바뀌며, 조직의 니즈에 따라 멤버가 추가·제외되고 다른 조직과의 제휴도 가능하다. 매트릭스 조직처럼 조직구조나 형식이 유연하고 수평적 구조를 갖는다. 네트워크를 구성하는 개인이나 팀들이 동등한 입장에서 각자 가진 역량과 기술을 토대로 업무를 분담하고 협력함으로써 급변하는 환경에서 조직의 비전과 미션을 달성하려는 것이 목표라고 할 수 있다.

## 6. 조직구조의 선택

조직구조는 기업이 처해 있는 환경과 여건에 맞추어 선택해야 한다. 환경에 관계없이 항상 좋은 성과를 낼 수 있는 조직구조는 없다. 〈표 6-2〉는 조직구

〈표 6-2〉
조직의 특성과 조직구조의 선택

| 조직의 특성 | 적절한 조직구조 |
|---|---|
| 작은 규모 | 기능별 조직 |
| 글로벌한 사업적 특성과 규모 | 지역별 조직 |
| 첨단기술에의 높은 의존도 | 매트릭스 조직 |
| 목표로 하는 고객집단이 계속 변함 | 매트릭스 조직 |
| 다양한 고객들을 목표로 함 | 제품별 조직 |
| 안정적인 고객집단을 대상으로 함 | 기능별 조직 |
| 특화된 설비를 이용 | 제품별 조직 |
| 원자재 수송비용이 높음 | 지역별 조직 |

조의 선택에 도움을 줄 수 있는 방침이다. 표준화된 제품을 생산하는 중소기업은 기능별 조직이 적절할 것이며 대규모 전자회사처럼 다양한 제품을 생산·판매하는 기업은 제품별 조직이 바람직하다. 제약회사처럼 복잡하고 고도의 정밀한 기술을 이용하는 기업은 매트릭스 조직을 선호하고 항공사와 같이 여러 나라에서 영업을 하는 회사는 지역별 조직이 적절할 것이다.

# 제 3 절 조직운영의 원칙과 조직구조의 변화

## 1. 조직운영의 조정원칙

부서화는 조직이 해야 할 일을 나누어 각 개별활동의 표준화와 전문화를 가능하게 한다. 그러나 조직목표를 달성하기 위해서는 사람, 자원, 업무 등을 조정해야 할 필요가 있다. 조정(coordination)과 통합 없이는 일의 처리과정이 지연되고 낭비가 발생하며 업무를 수행하는 사람의 사기가 떨어질 가능성이 높다. 축구팀처럼 아무리 개별 선수의 개인기가 좋아도 하나의 팀으로서의 작전이 미비하고 팀워크를 단련할 시간이 충분하지 못했다면 시합에서 이기기 힘들다. 팀훈련에서 각자의 역할을 분담하고 동료와의 협동플레이를 연습하기 때문이다. 특히 부상자가 생겨서 1명이 퇴장당하는 것과 같은 예외적인 상황이 발생할 때 팀워크의 중요성은 더욱 빛난다. 개인의 사적 이익보다는 조직의 목표를 우선하는 정신이 필요하다.

조직운영과 관련한 조정의 원칙에는 다음 세 가지가 있다.

- 명령단일화의 원칙(unity of command principle) : 이 원칙은 조직 내에서 한 사람으로부터 명령을 받는다는 것을 의미한다. 즉, 나에게 명령을 내릴 수 있는 사람은 한 사람뿐이라는 의미로서, 명령체계의 통일성과 일관성을 유지하기 위한 방법이다. 명령단일화의 가장 대표적인 경우가 군대조직이다. 군대에서는 연대장은 사단장으로부터, 대대장은 연대장으로부터, 그리고 중대장은 대대장으로부터 명령을 받으며, 2인이나 그 이상으로부터 명령을 받지는 않는다. 이런 원칙을 명확히 하지 않으면 생산성과 사기가 저하된다. 앞에서 살펴본 매트릭스 조직은 이런 원칙을 깨뜨린 조직구조이다.
- 명령체계의 원칙(scalar principle) : 모든 조직구성원들을 대상으로 하여 구성원간의 상하관계 또는 명령체계를 명확히 해야 한다는 원칙이다. 모든 업무는 명확히 할당되어 중복되거나 불필요하게 분산되지 않도록 한다. 그러나 이 원칙을 지나치게 고수하면 일의 처리가 지연되고 낭비를 초래하는 부작용이 생길 수 있다. 경우에 따라 비공식적인 협조체계를 통해 문제점을 미연에 해소시키는 방안을 모색할 필요가 있다.
- 통제범위의 원칙(span of management principle) : 한 사람이 관리하는 부하의 수를 적절하게 제한해야 한다는 원칙이다. 일반적으로 조직구성원의 능력이 뛰어날수록 그리고 관리하는 일의 성격이 유사할수록 통제범위가 넓어진다. 일을 하는 데 필요한 표준과 절차가 명확한 경우에도 범위가 넓어진다. 표준과 절차 자체가 통제도구의 역할을 하기 때문에 관리자가 신경을 쓸 필요가 줄어든다. 전통적으로 한 사람이 관리할 수 있는 부하직원의 수는 4명에서 12명 정도이다. 그러나 1990년대 이후 피라미드식보다는 수평화된 조직구조를 더욱 선호하게 되면서 통제범위가 점차 넓어지고 있는 추세이다.

## 2. 조직구조의 변화

기업조직은 환경변화 속에서 적절한 생존방법을 추구하고자 노력하는데, 그 방법 중의 하나가 조직의 변화와 혁신이다. 조직이 변화와 혁신을 추구하는 이유는 바로 환경의 다양한 변화에 적절히 대응하여 격심한 경쟁체제 속에서 발전과 성장을 추구하는 데에 있다. 환경은 빠르게 변하고 있는데 이에 적절히 대응하지 못한다면 그 조직은 없어지고 만다.

조직의 변화란 조직 내의 인원, 조직구조, 기술, 운영방법, 전략 등에서의 변화를 의미한다. 변화는 필연적으로 새로운 것을 의미하지는 않는다. 현재까지 유지해오던 골격 속에서 부분적인 변화를 추구할 수도 있고, 기본골격조차도 바꾸어 버리는 전혀 새로운 변화일 수도 있다. 따라서 조직의 변화는 매우 광범위한 의미를 갖는다. 그렇다면 조직이 변화하는 이유는 무엇인가? 조직의 변화에 영향을 미치는 요인들을 이해함으로써 효과적인 변화를 계획할 수 있다.

- 조직목표의 변화 : 조직목표의 변화는 조직 내의 여러 부분에 변화를 유도한다. 예를 들면, 어느 기업이 안정적인 이윤추구라는 목표에서 기업의 지역적 확장이라는 조직목표로 전환할 경우 이에 따른 조직구조의 변화가 필연적이다. 안정적인 이윤추구의 목표하에서는 기능적 조직구조가 적절하나, 지역적 확장의 목표하에서는 지역적 조직구조의 전환이 필요하게 된다. 또한, 조직목표의 변화는 인간관계와 운영방법에도 변화를 가져오게 한다.
- 기술 : 기술의 발전은 조직으로 하여금 생산방법의 변화를 추구하게 한다. 가장 대표적인 경우가 기술의 발전에 따른 대량생산체제의 변화이다. 과거 분업에만 의존해서 생산성 향상을 꾀하던 시대와는 달리 이제는 자동화에 따른 생산방법의 발달로 인해 새로운 생산시스템의 개발이 불가피해지고 있다.
- 인적자원의 공급가능성 : 오늘날 선진 자본주의 사회에서 흔히 겪는 문제는 노동력의 공급이 점차로 줄어든다는 것이다. 우리나라의 경우도 예외는 아닌데, 이러한 노동가능 인력의 감소가 조직 내에서 많은 변화를 초래한다. 대표적으로 생산 및 운영의 자동화이다. 사무처리의

전산화와 생산의 자동화가 바로 노동력 부족에서 오는 조직변화라고 할 수 있다.

- 법규 : 새로운 법규의 제정이나 기존법규의 개정은 이 법규에 영향을 받는 조직들로 하여금 변화를 추구하게 한다. 예를 들면, 환경관련 규제의 강화는 생산업체들로 하여금 환경정화시설의 확충과 이를 전담하는 부서의 신설이라는 변화를 가져오게 한다.
- 노동조합 : 조직 내에서의 노동조합의 결성은 그 조직으로 하여금 경영자와 근로자 사이의 새로운 관계를 이끌어낼 수 있다. 이에 따라 지금까지 유지하던 노사관계에서 벗어나 새로운 노사관계의 변화를 모색하게 된다.

위에서 열거한 조직변화에 영향을 미치는 요인들 외에도 다른 여러 가지 요인들이 있을 수 있다. 중요한 것은 변화를 하게끔 하는 요인이 무엇이든간에 이 요인에 적합하게 조직 내에서의 변화가 추구되어야 한다는 것이다. 적절한 변화가 추구될 때에만 그 조직은 생존과 발전을 유지할 수 있다.

# 제 4 절 조직문화

## 1. 조직문화의 개념과 역할

조직이란 사람들로 구성되고 사람들이 움직이는 것이므로 외형적이고 물질적인 것만으로는 조직관리를 제대로 할 수 없다. 앞에서 기업경영에 필요한 자원을 논하는 과정에서 무형자원에 속하는 것으로 조직분위기를 거론한 바 있다. 조직분위기는 조직의 심리적 · 정신적인 면을 강조할 때 흔히 쓰는 용어이지만 전문적인 용어로는 조직문화(organizational culture)라는 단어를 사용한다.

일반적으로 문화는 “어떤 특정규범이 사회 내에 넓게 퍼져 공유되고 오랜 세월 지속적으로 사람들의 행위, 가치관, 인식방법에 영향을 주는 것”으로

[그림 6-6]
조직문화의 구성요소

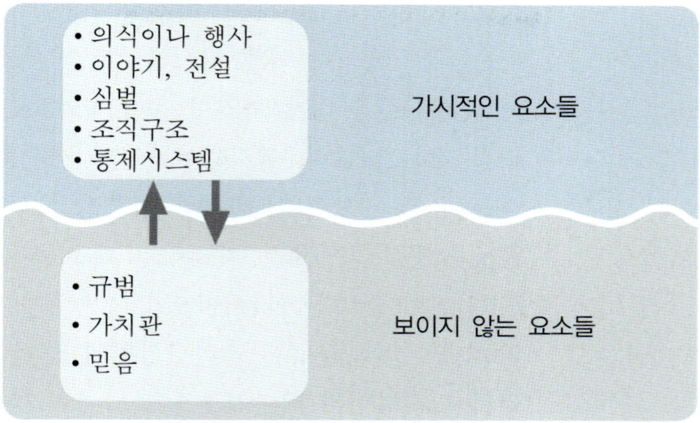


정의한다. 규범이란 일반적으로 법률적인 강제나 정부의 공식적인 선포에 기대지 않는 사회적 규칙이라 할 수 있으므로, 조직 내의 규범은 위반하더라도 처벌받지는 않는다. 그렇지만 조직 내의 내재적 가치에 대한 위반이므로 규범을 범한 사람들과는 상호작용을 거부하거나 또는 그런 행위에 대해 승인하지 않는다는 의견을 제시하거나, 심한 경우 불법적인 폭력 등의 방법으로 일종의 처벌이 가해지는 상황도 존재할 수 있다.

조직문화는 [그림 6-6]에서와 같이 조직 내의 규범뿐만 아니라 가치관, 믿음 등 조직구성원들이 공유하는 무형적인 것을 모두 포함하며, 조직구성원 전체가 당연한 것으로 받아들이고 이를 따른다는 특성을 가진다. 조직문화가 올바르게 정립될 때 조직은 발전하게 되며, 올바르지 못한 조직문화가 퍼질 경우 조직은 퇴보하게 된다. 따라서 조직문화는 조직의 경영과 관리에서 고려되어야 하는 매우 중요한 요소이다. 조직문화는 가치, 가정, 믿음, 사고방식 등과 같은 내재적 요소들로 구성되지만 실질적으로는 이런 무형적인 것들이 녹아들어간 다양한 활동패턴을 통해 이해할 수 있다.

내재적 속성들은 조직 내의 다양한 활동을 통해 반복적으로 나타나는데, 조직문화를 해석하는 데 큰 도움을 준다. 예를 들어 구성원들의 옷차림(드레스코드), 행동양식, 사내에서 전해지는 이야기들, 회사의 공식적·비공식적 행사나 모임, 사무실 내 인테리어 등은 조직구성원의 마음속 깊이 잠재되어 있는 가치를 나타낸다. 이제 한 기업의 조직문화를 엿볼 수 있는 외형적인 요소들을 살펴보기로 하자.[1)]

- 의식(rites)과 행사(ceremony) : 조직구성원뿐만 아니라 외부의 손님들을 위한 각종 행사나 이벤트는 해당조직의 조직문화 해석에 도움을 준다. 이런 행사들은 대개 기업이 높이 평가하고 있는 가치를 더욱 강조하기 위한 경우가 많다. 행사참여자간의 결집력을 강화하고 핵심가치에 대한 공유를 도모하며, 이러한 무형적 가치를 현실화시킨 기업 내의 영웅(hero)들을 치하하는 자리이기 때문이다. 즉, 이런 영웅들은 그 가치의 심벌이나 마찬가지이다.
- 이야기와 전설(myth) : 조직구성원에게 전해지는 위기극복의 성공스토리나 미션달성의 이야기들도 조직문화 형성에 큰 영향을 미친다. 이런 스토리들은 롤 모델 역할을 하는 회사 내의 전설적인 인물들의 이야기로 규범과 가치관 형성에 영향을 미친다. 물론 이 중 일부 스토리는 전해지는 과정에서 근거 없는 내용들이 추가되어 일종의 픽션이나 이야깃거리에 불과한 경우도 있지만, 조직문화 전파에는 도움이 된다.
- 심벌(symbol) : 조직문화를 이해하는 데 도움을 주는 또 하나의 도구로서 회사를 나타내는 조형물이나 상표, 그 외 회장 전용 엘리베이터, 임원 전용 구내식당 공간, 노조조합원만의 식당 등과 같은 물리적 시설도 조직문화의 일부를 반영하는 표식이다.
- 조직구조 : 수평적 조직일수록 조직구성원의 자율성을 보장하는 조직문화를 조성하는 데 기여하며, 강력한 수직적 통제를 지향하는 기업일수록 상명하달의 명령체계를 선호하는 조직문화일 가능성이 높다.
- 권력관계(power relationship) : 어떤 기업은 재무나 회계 부문 출신이 최고 경영자가 되는 경우가 많으며, 또 다른 기업은 엔지니어 출신을 임원으로 많이 승진시키기도 한다. 특정지역 출신을 선호하는 기업들도 있는데, 이런 것들도 조직문화 해석에 도움이 된다.
- 통제(control)시스템 : 급여보상제도, 의사결정이 이루어지는 방식, 품질관리제도, 종업원들의 비공식적 동아리에 대한 지원 등도 해당기업의 조직문화를 이해하는 데 도움을 주며, 또 조직문화를 형성해 가는 데 기여하는 도구이기도 하다.

---

1) Kee, M.R.(2003), "10 Key Cultural Elements," *Industrial Management,* November-December, pp.16～20.

이런 다양한 외형적인 요소와 조직구성원들의 가치관이나 준수 규범 등이 모두 반영된 조직문화는 조직 내에서 여러 가지 역할을 한다.

첫째, 조직문화의 가장 큰 역할은 조직구성원에게 소속감을 부여하고 안정된 업무수행을 가능하게 하며 조직 내에서의 행동에 대한 통제기능을 한다는 데에 있다. 자신이 일하는 조직에서 단순히 노동력을 제공하고 이에 대한 금전적인 대가를 받는 관계에서 벗어나 다른 구성원들과 일체감을 갖게 되고 나아가서 조직을 자신을 대표해 주는 하나의 실체로서 이해하게 된다.

둘째, 조직문화는 조직구성원의 안정된 업무수행에 기여한다. 조직문화가 존재함으로써 구성원들은 안정된 업무수행을 할 수 있다. 조직문화란 어떠한 문제가 발생하였을 때에 이를 어떻게 해결해야 하는가에 대한 지침서 역할을 하기도 하고 인간관계를 형성시켜 주는 역할을 하기도 한다. 평상시나 위기상황에서도 안정된 업무수행을 가능하게 한다.

셋째, 조직문화는 조직구성원들이 어떻게 행동해야 하는가를 알려주며 구성원들의 행동을 통제하는 역할을 한다. 이는 국가의 문화적 차이를 살펴봄으로써 잘 이해할 수 있다. 모든 나라에서는 독특한 문화가 존재하며 이 문화가 그 나라 국민들의 행동양식을 결정짓는다. 사우디아라비아나 이란과 같은 중동국가들의 문화 속에서 보는 행동양식과 미국이나 캐나다와 같이 개방적이고 자유스러운 문화 속에서 보는 행동양식 사이에는 커다란 차이가 존재한다. 그 이유는 바로 문화가 그 사회의 행동양식을 규제하기 때문이다.

## 2. 조직문화의 유형

최고경영자가 원하는 조직문화의 특성은 기업의 경영전략이나 조직구조에 따라 달라진다. 초기에 기업조직을 세우고 키워 나가던 설립자들이 갖고 있는 경영방식과 비전은 그 조직 특유의 문화가 형성되는 데에 결정적 역할을 한다. 설립자의 경영방식이 매우 공격적이고 조직확장을 꿈꾸는 것이었다면 그 조직의 문화는 진취적이고 모험적인 특징들을 갖게 된다. 이런 문화 속에서는 구성원들이 위험부담이 크더라도 장래성 있는 야심적인 사업에 몰두하게 된다. 반면에 설립자가 돌다리도 두드려보는 식의 조심스러운 경영방식을 추구한다면 조직문화는 안정과 확실성을 중요시하는 특징을 갖게 된다. 조직구성원들은 위험부담이 큰 사업은 피하게 되며 매사에 계획과 엄밀한 사전준비를 강조하게 된다.

조직문화의 유형은 경쟁가치 프레임워크(Competing Values Framework : CVF)를 기반으로 하는 카메론(K.S. Cameron)과 퀸(R.E. Quinn)의 연구에 잘 소개되어 있다.[2] 경쟁가치 프레임워크는 조직행동의 다양한 속성을 이해하고 이들 속성과 조직 내의 믿음이 기업의 성공에 어떻게 영향을 미치는가를 분석하기 위한 도구이다. 조직의 유효성(effectiveness) 정도를 나타내는 요인들의 분석과정에서 조직의 성공을 결정짓는 두 개의 핵심 축을 찾아내어 이론화한 것이 바로 경쟁가치 프레임워크이다. 여기서는 이 이론에 기반한 조직문화의 유형에 대해서만 간략히 살펴보기로 하자.

이 이론에서 조직문화의 유형을 구분하는 축은 두 가지이다. 이 중 첫 번째 축은 외부집중(external focus) 대 내부집중(internal focus)으로서 조직의 문화가 외부지향적이냐 또는 내부지향적이냐를 나타낸다. 또 다른 축은 유연성(flexibility) 대 안정성과 통제(stability and control)로서 조직이 안정적이고 통제된 환경에서 좋은 성과를 내는지 또는 유연하고 빠르게 변화하는 환경에 적합한지를 시사한다. 외부집중과 내부집중, 유연성과 안정성·통제를 결합하면 [그림 6-7]에서와 같이 네 가지 유형의 조직문화가 나타날 수 있다.

**[그림 6-7]**
카메론과 퀸이 제시한 조직문화 유형

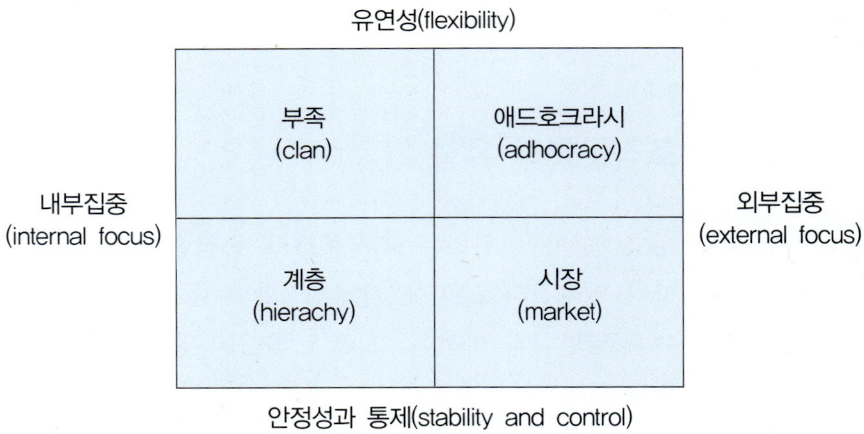


2) Cameron, K.S., and R.E. Quinn(1999), *Diagnosing and changing organizational culture*, Reading: Addison-Wesley.

• 내부집중이면서 조직의 유연성을 추구하는 부족 조직문화
• 외부집중이면서 조직의 유연성을 추구하는 애드호크라시 조직문화
• 내부집중이면서 안정성과 통제를 추구하는 계층적 조직문화
• 외부집중이면서 안정성과 통제를 추구하는 시장지향적 조직문화

부족(clan) 조직문화를 추구하는 기업은 구성원간의 긴밀한 관계구축에 초점을 두며 멘토링과 코칭을 통한 인재 양성, 팀 중심의 업무진행, 헌신적인 업무에의 몰입 등을 중시한다. 스타트업(start-up) 기업이나 중소기업에서 흔히 찾아볼 수 있는 조직문화로서 대가족이 확장된 것 같은 느낌을 주기도 한다.

애드호크라시(adhocracy)[3] 조직문화는 외부환경의 변화에 대한 신축적 대응을 통해 고객요구를 충족시키고자 하는 혁신적 조직문화 유형으로, 창의력과 위험감수 등에 대한 가치를 높이 산다. 구글, 트위터, 메타와 같은 인터넷 기반의 기업에서 찾아볼 수 있으며, 최첨단 반도체 관련 기업들도 애드호크라시 조직문화를 추구한다. 급변하는 소비자 니즈와 기술, 환경변화에 대응하기 위해서는 구성원들의 창의력과 대응력 그리고 역동적 참여가 요구되기 때문이다.

계층적(hierarchy) 조직문화는 외부환경이 극히 안정적인 기업에서 볼 수 있는 조직문화로서 내부 운영의 일관성과 신뢰도에 초점을 둔다. 조직 내에 이미 잘 정립되어 있는 정책과 관행을 따르는 것이 바람직하며 이를 위해 다양한 상징물, 스토리, 행사 등을 통해 이런 관행을 더욱 확고히 구축하고자 노력한다. 창의적 발의보다는 효율성 제고, 코스트 관리, 문제해결, 오류의 최소화 등에 신경을 쓰며 의사결정과정도 매우 보수적이고 신중하다.

마지막으로 시장지향적(market) 조직문화하에서는 조직목표에 대한 명확한 비전과 매출액 증가율, 시장점유율, 수익성 등과 같은 전략적 경쟁목표 달성에 초점을 둔다. 신속한 의사결정이 기본이며 장애요인이 있더라도 이를 힘차게 제거하면서 사업목표를 달성하고자 하는 분위기가 조직문화를 주도한다. 성과달성을 위해 모두가 최선을 다할 것을 기대하며 성과를 보이는 구성원은 지속적으로 승진을 거듭하는 현상도 쉽게 접할 수 있다. 따라서 보상

3) 애드호크라시(adhocracy)는 다양한 전문기술을 지닌 비교적 이질적인 전문가들이 프로젝트를 중심으로 그룹을 구성하여 문제해결을 도모하는 임시조직이다. 획일화된 통제나 역할의 명확화 대신에 구성원간의 협동, 상호조정, 수평적 의사소통을 통해 혁신을 추구한다. 태스크포스가 애드호크라시의 좋은 예로서 프로젝트 수행 이후에는 해체된다.

과 승진도 연봉서열보다는 성과에 기준을 두고 파격적 승진도 거침없이 이루어지곤 한다. 이런 조직문화를 추구하는 기업은 강력한 브랜드를 보유하고 있는 경우가 많으며 고객에게도 높은 가치를 제공하는 경향이 있다.

## 3. 조직문화의 유지와 변화

하나의 문화가 조직 내에서 받아들여지면 다음 단계에서는 그 문화를 계속적으로 유지시키게 된다. 조직문화를 유지시키는 데에는 많은 요인들이 영향을 미치는데, 그중 하나가 인원의 선발이다. 해당조직에서 새로운 사람들을 선발할 때에 기존 조직문화를 수용할 자세를 갖춘 사람들을 선발하게 되면 그 문화는 계속적으로 유지되나, 그렇지 못한 사람들을 선발하게 되면 그 문화는 오래 유지되기 힘들다. 따라서 적절한 인원의 선발을 통해서 조직문화를 계속 유지할 수 있다.

조직 내에서의 사회화(socialization) 역시 조직문화 유지에 영향을 미친다. 사회화의 대표적인 방법으로는 신입사원 교육훈련이나 정기적으로 열리는 체육대회 등을 들 수 있다. 신입사원들은 실무에 배치되기 전에 교육훈련을 통해서 조직의 문화적 특성들을 배우게 된다. 또한 실무 배치 후에도 정기적인 교육훈련을 통해서 조직문화에 익숙해진다. 체육대회와 같은 모임은 조직구성원 전체가 단결할 수 있는 기회를 제공할 뿐만 아니라 조직문화를 강화시키는 역할을 한다.

마지막으로 최고경영자의 역할이 조직문화 유지에 중요하다. 최고경영자가 조직구성원들에게 적절한 행동과 적절하지 못한 행동들을 구분하여 엄격하게 상과 벌을 적용할 경우 조직 내에서는 하나의 규범이 형성되며 이는 조직문화로서 계속 유지된다. 기존의 조직문화를 유지하기 위해서 최고경영자는 이를 계속적으로 강조해야 한다. 왜냐하면 구성원들이 공유하는 가치, 신념, 관습, 규범 등은 오랜 역사와 경험 속에서 형성된 것으로서 단기간에는 쉽게 변하지 않기 때문이다. 슬로건, 로고, 신화적 인물, 의식 등과 같은 상징적인 표현물을 일관성 있게 활용하는 것도 조직문화 유지에 도움이 된다.

하지만 조직문화는 바뀔 수도 있고 필요에 따라 바뀌어야 한다. 어떠한 경우에 조직문화가 바뀔 수 있는지 그리고 바뀔 계기가 마련되는지 알아보자.

- 위기상황 : 조직에 위기상황이 발생했을 때 조직문화가 바뀔 수 있는 계기가 마련된다. 위기상황의 예로는 심각한 재정난, 수익의 격감, 노사문제의 악화, 혁신적인 기술개발로 인한 시장환경의 변화 등을 들 수 있다. 이러한 위기상황 속에서 경영자들은 그들의 조직을 구하기 위한 여러 가지 방법들을 강구하게 되는데, 그중의 하나가 조직문화를 바꾸는 것이다.
- 최고경영자의 교체 : 최고경영자가 교체되는 것은 많은 경우에 조직문화에 변화가 오는 계기가 된다. 새로 임명된 최고경영자는 특유의 경영방법을 강조하게 되고 이에 따라 새로운 가치관이 조직구성원들에게 요구된다. 최고경영자는 새로운 가치관을 정립하기 위해서 이에 적합한 사람들을 등용하고, 세대교체나 인사이동을 실시하며, 새로운 가치관에 기준하여 상과 벌을 주고, 이를 주입시키기 위한 교육과 훈련을 실시한다. 이 모든 과정들을 통해서 새로운 조직문화가 서서히 혹은 빠르게 자리 잡게 된다. 구성원들의 자발적인 몰입은 조직 내에서 벌어지는 변화를 끊임없이 관찰·확인해 보는 과정 속에서 생성된다. 따라서 제반 경영활동의 변화가 뒷받침되지 않으면 구성원들의 가치나 행동 변화는 쉽게 일어나지 않을 것이다.
- 조직의 규모 : 조직의 규모가 큰 경우보다는 작은 경우에 조직문화를 바꾸기가 용이하다. 조직의 규모가 작은 경우에는 인원수가 적으므로 개개의 구성원들에게 영향을 미치기가 쉬워지고 의사소통이 효과적이다. 반면에 조직의 규모가 클 때에는 개개인의 구성원들에게 영향을 미치기가 상대적으로 어려워진다.
- 조직의 나이 : 오래된 조직일수록 조직문화를 바꾸기가 어려워진다. 오래된 조직일수록 그만큼 기존문화가 조직 속에 깊숙이 뿌리박혀 있게 되고 결과적으로 구석구석 배어 있는 문화를 바꾼다는 것은 어려워진다. 기존의 안정된 질서나 오랫동안 당연시되었던 관행을 바꾸려 할 때 필연적인 반작용으로 사람들은 이에 저항하기 때문이다. 상대적으로 조직의 나이가 어릴수록 기존문화의 강도가 약하므로 조직문화를 바꾸기가 용이해진다.

쉬어가기

## 직원 1,000명이 한 층에서 근무… 유니클로 30년 만의 조직혁신

세계 3위 의류업체 유니클로의 야나이 다다시 회장이 기획 · 생산 · 판매 등 대대적인 조직 쇄신에 나섰다. 유니클로의 위기를 이기기 위해 내건 그의 세 가지 전략을 알아보자.

거대한 직육면체가 얼굴을 내민다. 도쿄 시내에서 도쿄만(灣)의 인공 매립섬 오다이바를 잇는 다리인 레인보 브리지를 건너다보면 왼쪽 멀리 보이는 광경이다. 이 직육면체는 유니클로가 작년에 세운 초대형 물류센터다. 지상 6층, 가로 · 세로 240×70m로 도시 한 블록 면적을 수직으로 올린 건물이라 이해하면 쉽다. 오다이바의 아리아케(有明)역 근처에 지어졌기 때문에 '아리아케 프로젝트'라 불리는 유니클로 조직 혁신계획의 거점이다. 올봄 도쿄 롯폰기의 인력 1,000여명이 옮겨와 본사 기능까지 맡게 됐다.

일본 최대, 세계 3위 의류업체 유니클로의 야나이 다다시 회장 겸 사장이 사운을 건 개혁에 나섰다. 본사와 물류센터 기능을 합한 새 거점을 만들어 기획부터 생산 · 물류 · 판매, 업무 방식까지 조직을 쇄신하겠다는 것이다. 그가 1984년 히로시마에 '유니크 클로딩 웨어하우스(Unique Clothing Warehouse · 특별한 옷 창고, 약칭 유니클로)' 1호점을 세운 지 30여 년 만에 벌이는 '제2의 창업'이다.

후계자를 찾아야 할 나이를 넘긴 그가 조직혁신에 팔을 걷어붙인 건 '회사가 정체되고 있다'는 위기감 때문이다. 유니클로는 기본 품목 위주의 중저가 의류를 아시아 공장에서 한꺼번에 많이 만들어 파는 방식으로 2015년까지 거의 매년 두 자릿수 성장을 했다. 작년엔 미국 갭(GAP)을 누르고 자라(ZARA) · H&M에 이어 세계 의류업계 3위에 올랐다. 문제는 성장률 둔화였다. 작년 매출은 1조7,864억엔으로 전년보다 6% 오르는 데 그쳤다. 올해 예상 매출성장률은 그 절반인 3%에 불과하다. 직원 10만명 글로벌 기업을 일궈낸 야나이 회장은 왜 '도심 속 섬' 아리아케에 전사 역량을 집결시킨 것일까? 그가 노리는 세 가지 전략을 분석했다.

### 1. 불량재고 줄이기

야나이 회장이 특히 심각하게 본 것은 영업이익률의 급락이었다. 2004년 18.8%에서 2014년 처음 10% 아래로 가더니 작년엔 7.1%까지 내려갔다. 경쟁이 치열해졌기 때문만은 아니었다. 작년 의류업계 1위인 자라의 영업이익률은 17.2%, 2위인 H&M은 12.4%로 유니클로보다 훨씬 높았다.

그는 물류가 문제라고 봤다. 유니클로에선 제품을 기획 · 디자인 · 부품 조달 · 생산해서 매장에 진열하기까지 반년에서 일 년이 걸린다. 품질 좋은 상품을 저렴하게 파는 데는 적합하지만, 정작 매장에 상품이 진열될 때는 유행이 지나거나 날씨 · 기후와 안 맞아 재고로 쌓이는 일이 허다하다. 2015년 겨울에는 글로벌 이상 난동(暖冬) 현상 때문에 보온기능을 강조한 의류재고가 잔뜩 쌓였다. 기회를 놓치면 재고처리를 위한 대폭 할인이 불가피하고 고스란히 수익률 악화로 이어진다.

아리아케 프로젝트의 우선 목표는 재고 줄이기다. 새로 지은 건물은 이를 위해 면밀히 설계됐다. 한 층 면적만 1만6,500m$^2$(약 5,000평)인데, 1~4층과 5층 절반은 물류센터다. 모든 게 전산·자동화돼 있다. 항구 근처에 지은 것은 해외에서 만든 제품을 본사로 모은 뒤 수요에 맞춰 검사·재분류한 뒤 배로 실어 보내기 위해서다. 5층의 나머지 절반은 매장의 진열·운영을 미리 시험해 보는 곳. 맨 꼭대기인 6층은 사무실이다. 수요 조사·디자인·개발·기획·마케팅·생산·판매영업·IT(정보기술) 인력 1,000여명을 집결시켰다. 롯폰기의 고층 건물 7개 층에 나뉘어 일하던 인력이 한 층에 모인 것이다.

야나이 회장은 지난 4일 아리아케 프로젝트 설명회에서 "(인력을 한곳에 모음으로써) 제품의 실시간 기획·생산이 가능해지도록 하겠다"고 말했다. 작업 정보의 흐름을 보면 현재는 한 공정에서 다음 공정으로 상품과 정보가 릴레이된다. 생산자 중심일 뿐 아니라 공정이 넘어올 때까지 부서간 정보 공유도 어렵다. 그러나 앞으로는 소비자 수요가 중심이 된다. 소비자의 수요 데이터가 생산·물류 부문에서 실시간 공유되면서 일주일 단위였던 기획·생산 흐름이 하루 단위로 진화한다. 신제품 출시 스피드를 높임으로써 꼭 필요한 제품만 만들어 재고를 줄이겠다는 얘기다.

### 2. 온라인 판매에 익숙해지기

유니클로는 2020년까지 연 매출 3조엔 달성이 목표다. 3년 안에 기존 매출을 70% 이상 끌어올려야 한다. 그러려면 온라인 매출을 함께 높여야 한다. 야나이 회장은 "인터넷 쇼핑몰 비중을 30% 선까지 끌어올리겠다"고 최근 밝혔다. 야나이 회장은 새 건물 6층의 각 업무 부서 바로 옆에 IT 담당자들이 붙어 일하도록 만들었는데, 온라인 판매를 늘리기 위한 전초 작업이다. IT 담당들이 각 현장에 깊숙이 파고들어 필요한 정보를 모으게 함으로써 온라인에 익숙한 조직문화를 만들어보겠다는 것이다. 롯폰기에 본사 건물이 있을 때 IT 부서가 현업 부서와 층이 완전히 다른 '외딴섬'이었던 것과 크게 다른 것이다.

고객이 인터넷에서 색깔·디자인과 목·팔 길이 등 개인별 치수를 선택하면 10일 내로 제품을 집까지 배송하는 서비스도 곧 시작한다. 개인별 맞춤화로 새 고객층을 발굴하겠다는 것이다. 이 서비스를 위해선 모든 부서와 IT 담당의 협업이 필수인데 새 사무실은 이런 일에 최적이다. 모든 직원이 한 층, 한 공간에 있기에 몇 분 안에 사무실 내 미팅룸·카페에서 직원들이 모여 문제를 해결할 수 있기 때문이다.

### 3. 위계중시 조직문화 없애기

아리아케 프로젝트의 또 다른 목적은 '일하는 문화를 바꾸는 것'이다. 이것이 절실했던 이유는 최근 사내에서 일어난 한 사건에서도 찾을 수 있다. 외부에서 영입된 물류 담당 임원이 목표 미달을 이유로 경질됐는데, 이 일을 두고 외부에선 "이 임원이 유니클로의 '위에서 시키는 것만 하는' 경직된 조직문화에 희생됐다"는 비판까지 나왔다.

야나이 회장은 지난 8일 일본 주간 동양경제 인터뷰에서 "조직이 커지면 상사 말만 듣게 된다. 상사도 스스로 생각하지 않고 '사장이 말했으니까'라든지 '전에 이렇게 해왔으니까'라는 식으로 옛 일을 반복한다"며 자아비판했다. 그는 "아리아케 프로젝트로 재고를 줄인다는 것은 현상적 목표일 뿐"이라면서 "유니클로의 사업이 (오프라인 · 온라인 경쟁은 물론 스포츠용품 업체의 의류 시장 잠식 등으로) 이종 격투기처럼 바뀌고 있는데, 여기에 대비하려는 것이 더 큰 목표"라고 했다. 그는 "사원 의식이 가장 큰 문제이며, 물리적인 것보다 사원의 습관이나 업무방식의 재검토가 가장 큰 과제"라고도 했다. 야나이 회장은 "조직을 전부 수평적으로 만들고, 상사가 정한 것을 하는 게 아니라 자신이 일을 정해 해나가도록 바꾸려는 것"이라며 "조직이 경직되지 않도록 하나하나의 조직을 작게 만들고 담당자가 자기 아이디어를 확실히 내고 책임도 지도록 만들겠다"고 했다. (조선일보, 2017.10.6)

## 골병든 한국 기업문화 : 기업문화 개선 핵심열쇠는 CEO의 인식 · 의식

국내기업들이 병들고 있다. 상습적 야근과 상명하복식 업무지시, 비합리적인 평가시스템 등 후진적 기업 조직문화를 바꿔야 한다는 지적이 거세다. 아직도 '피처폰'급에 머물러 있는 기업문화를 '스마트폰'급으로 업그레이드해야 한다는 이야기이다. 대한상공회의소와 맥킨지가 지난 9개월간 국내기업 100개사, 4만여명의 임직원을 대상으로 한국기업의 조직건강도와 기업문화를 종합진단한 결과가 나왔다. 상의와 맥킨지가 발표한 '한국기업의 조직건강도와 기업문화 종합보고서'에 따르면, 국내기업의 조직건강은 글로벌기업에 견줘 '약체'로 평가됐다. 특히 중견기업 대다수가 글로벌기업에 비해 절대 약세인 것으로 드러났다.

조직건강도 진단은 맥킨지 조직건강도(Organizational Health Index : OHI) 분석기법을 활용했다. 리더십, 업무시스템, 혁신분위기, 책임소재 등 조직경쟁력에 영향을 미치는 제반사항을 평가 · 점수화해 글로벌 1,800개사와 비교했다. 조사대상 100개사 중 글로벌기업보다 약체인 기업은 최하위수준 52개사 포함, 77개사로 집계됐다. 중견기업은 91.3%가 하위수준으로 평가돼 조직건강에 적신호가 켜졌다. 반면 상위수준으로 진단을 받은 기업은 최상위 수준 10개사 포함 23개사에 그쳤다. 세부영역별 진단결과를 보면 △리더십 △조율과 통제(시스템) △역량 △외부 지향성 등 4개 영역이 취약한 반면, △책임소재 △동기부여 등 2개 항목은 우수한 것으로 확인됐다. 조직건강을 바라보는 경영진과 직원 간 시각차도 뚜렷했다. 경영진은 자사의 조직건강을 최상위 수준(71점)으로 평가한 반면, 직원들은 최하위 수준(53점)으로 진단하며 상반된 인식을 보였다. 세부항목별로는 △리더십 △문화 및 분위기 △방향성 항목에서 큰 격차를 나타냈다.

지속적인 성과창출을 가능케 하는 차별적인 조직운영 모델을 뜻하는 '지속성장 DNA' 확보여부를 조사한 결과에서는 '지속성장 DNA'를 갖고 있는 국내기업은 50%로 글로벌기업 66%보다 낮았다. 우리 기업은 아직도 제조혁신 역량을 중시하고 선도기업 캐치업을 도전목표로 설정해 빠른 실행을 하는 기존의 성공방정식에 머물고 있으며, 급변하는 시장패러다임에 부응해 능동적인 변신과 다양한 사업기회 포착이 힘든 것으로 나타났다.

기업문화의 구태는 더욱 심각한 것으로 나타났다. 상습적 야근과 주먹구구식 일처리가 개선되지 못하고 있으며, 업무 생산성도 현저히 떨어지는 것으로 나타났다. 대기업 재직 A과장은 "아직도 주먹구구식으로 일을 지시하는 경우가 대부분이라 결재라인 밟을 때마다 보고서 방향이 뒤집히는 일이 허다하다"며 "마치 자동차를 조립하고, 결재단계마다 조립된 차를 다시 분해하고 그걸 재조립하는 일을 반복하는 느낌"이라고 고충을 토로했다.

상명하복 불통문화에 대한 비판도 적나라했다. 국내기업에 임원으로 재직한 외국인 T씨는 "한국기업의 임원실은 마치 엄숙한 장례식장 같다"며 "임원 앞에서 정자세로 서서 불명확하고 불합리한 리더의 업무지시에 와이(Why)도, 노(No)도 하지 못하고 고개만 끄덕이는 것을 보고 이해할 수 없는 한국기업의 업무방식이 쉽게 개선되지 않겠구나 하는 생각이 들었다"고 지적했다.

대한상의와 맥킨지는 한국형 기업문화도 심층진단했다. 직장인 4만명을 대상으로 실시한 '한국 기업문화 실태 진단'에서 직장인들은 '습관화된 야근'을 가장 심각한 기업문화로 꼽았다. 야근, 회의, 보고 등 한국 고유의 기업문화에 대한 호감여부를 조사한 결과, '습관적 야근'이 31점으로 가장 낮은 점수를 받았다. 야근의 단초를 제공하는 비효율적 회의(39점), 과도한 보고(41점), 소통 없는 일방적 업무지시(55점)도 낮은 점수를 받았다.

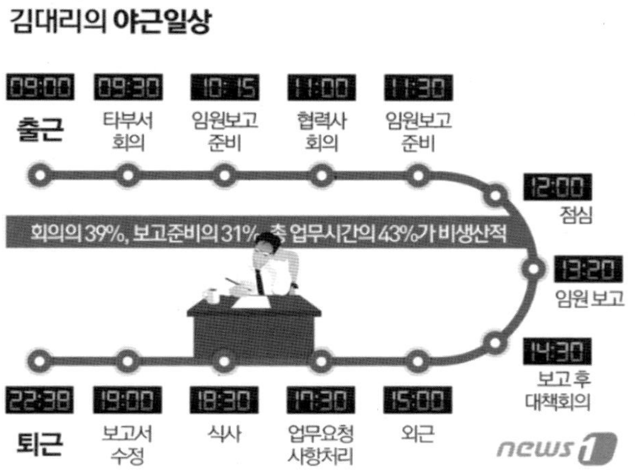


구체적 야근실태를 조사한 결과, 한국 직장인들은 주 5일 기준 평균 2.3일을 야근하고 있었다. '3일 이상 야근자' 비율도 43.1%에 이르렀고, '야근이 없다'는 직장인은 12.2%에 불과했다. 야근을 많이 할수록 업무시간과 성과는 오히려 떨어지는 '야근의 역설'도 확인됐다. 8개 기업 45명의 일과를 관찰한 결과, 상습적으로 야근하는 A대리는 하루 평균 11시간 30분을 근무했고, 나머지 직원들은 하루에 9시간 50분 일했다. 그러나 A대리의 생산성은 45%로 다른 직원들(57%)보다 더 낮았다. 생산적인 업무시간도 A대리(11:30×45%=5:11)보다 다른 직원(9:50×57%=5:36)이 더 많은 것으로 분석됐다.

여성인재에 대한 편견과 그로 인한 인사적체도 여전히 개선되지 못하고 있었다. 다만, 한동안 심각한 구태문화로 지적받던 회식문화는 크게 개선된 것으로 조사됐다. 잦은 회식이 업무나 개인생활에 지장을 주는지를 묻자 직장인의 76.7%가 '그렇지 않다'라고 답했고, 실제 회식 횟수도 주 평균 0.45회로 집계됐다.

(뉴스1코리아, 2016.3.15)

## 연습문제

1 다음 중 업무가 얼마나 표준화되어 있는가를 의미하는 것은?

① 복잡성 ② 공식화
③ 집권화 ④ 분권화

2 다음 중 업무나 계층이 조직 내에서 얼마나 나누어져 있는가를 의미하는 것은?

① 복잡성 ② 공식화
③ 집권화 ④ 분권화

3 다음 중 공식화의 정도가 상대적으로 가장 낮은 조직은?

① 군대 ② 학교
③ 대기업 ④ 연구소

4 다음 중 매트릭스 조직구조의 장점은?

① 명령계통이 확실하다.
② 업무의 중복이 별로 없다.
③ 여러 프로젝트가 자율적으로 동시에 수행될 수 있다.
④ 지역별로 독립적인 운영이 가능하다.

5 직원 한 사람이 기능별 조직부서의 책임관리자와 제품별(혹은 프로젝트별) 조직부서의 책임관리자 등 두 명의 상급자로부터 동시에 지시 및 통제를 받도록 설계된 조직구조는 무엇인가?

① 위원회 조직 ② 사업부제 조직
③ 매트릭스 조직 ④ 팀제 조직

6 다음 중 분업이 얼마나 되었는가를 판단하는 데 필요한 정보와 그 설명이 바르게 된 것은?

> ㄱ. 작업속도 : 일하는 사람 스스로가 작업속도를 마음대로 조정할 수 있으면 분업이 상대적으로 덜 이루어졌다고 볼 수 있다.
> ㄴ. 일처리 방식의 재량권 : 일을 처리하는 데 요구되는 방법과 도구를 사용하는 데 있어 선택의 재량권이 클수록 분업은 덜 되어 있다고 볼 수 있다.
> ㄷ. 요구되는 정보의 다양성 수준 : 일을 처리하는 데 필요한 정보가 다양하고 그 내용이 복잡할수록 분업이 덜 되었다고 볼 수 있다.

① ㄱ, ㄴ
② ㄱ, ㄷ
③ ㄴ, ㄷ
④ ㄱ, ㄴ, ㄷ

7 다음 중 사업부제 조직구조의 단점에 해당하는 것은?

① 자원의 중복투자에 따른 능률 저하
② 사업부별 업적평가 실시의 어려움
③ 의사결정권한의 집중화로 환경변화에 대한 대응력 저하
④ 조직구성원에 대한 지속적인 교육 · 훈련의 어려움

8 다음 중 한 기업의 조직문화를 엿볼 수 있는 외형적인 요소에 해당하는 것은?

> ㄱ. 의식(rites)과 행사(ceremony)
> ㄴ. 조직구성원에게 전해지는 위기극복의 성공스토리나 미션달성의 이야기
> ㄷ. 권력관계(power relationship)

① ㄱ, ㄴ
② ㄱ, ㄷ
③ ㄴ, ㄷ
④ ㄱ, ㄴ, ㄷ

9 다음 중 조직문화의 역할에 해당하지 않는 것은?

① 조직구성원들로 하여금 소속감을 갖게 한다.
② 자신이 일하는 조직에서 단순히 노동력을 제공하고 이에 대한 금전적인 대가를 받는 관계에서 벗어나 다른 구성원들과 일체감을 갖게 되고 나아가서 조직을 자신을 대표해 주는 하나의 실체로서 이해하게 된다.
③ 문제가 발생하였을 때에 이를 어떻게 해결해야 하는가에 대한 지침서 역할을 하기도 하고 인간관계를 형성시켜 주는 역할을 하기도 한다.
④ 업무 표준화를 신속히 진행시킬 수 있는 원동력이 되며 혁신의 동기유발을 촉진한다.

10 다음 중 경쟁가치 프레임워크를 적용할 때 내부집중적이면서 조직의 유연성을 추구하는 조직문화에 해당하는 것은?

① 부족(clan) 조직문화
② 애드호크라시(adhocracy) 조직문화
③ 계층적(hierarchy) 조직문화
④ 시장지향적(market) 조직문화

11 다음 중 경쟁가치 프레임워크를 적용할 때 외부집중적이면서 안정성과 통제를 추구하는 조직문화는?

① 부족(clan) 조직문화
② 애드호크라시(adhocracy) 조직문화
③ 계층적(hierarchy) 조직문화
④ 시장지향적(market) 조직문화

12 다음 중 애드호크라시 조직문화에 대한 설명으로 옳은 것은?

① 구성원간의 긴밀한 관계구축에 초점을 두며 멘토링과 코칭을 통한 인재 양성, 팀 중심의 업무진행, 헌신적인 업무에의 몰입 등을 중시한다.
② 외부환경의 변화에 대한 신축적 대응을 통해 고객요구를 충족시키고자 하는 혁신적 조직문화 유형으로 창의력과 위험감수 등에 대한 가치를 높이 평가한다.
③ 창의적 발의보다는 효율성 제고, 코스트 관리, 문제해결, 오류의 최소화 등에 신경을 쓰며 의사결정과정도 매우 보수적이고 신중하다.
④ 신속한 의사결정이 기본이며 장애요인이 있더라도 이를 힘차게 제거하면서 사업목표를 달성하고자 하는 분위기가 조직문화를 주도한다.

13 다음 중 외부환경이 극히 안정적인 기업에서 볼 수 있는 조직문화로서 내부 운영의 일관성과 신뢰도에 초점을 두는 것은?

① 부족(clan) 조직문화
② 애드호크라시(adhocracy) 조직문화
③ 계층적(hierarchy) 조직문화
④ 시장지향적(market) 조직문화

14 다음 중 조직운영과 관련한 조정(coordination)의 원칙이 바르게 설명된 것은?

ㄱ. 명령단일화의 원칙(unity of command principle) : 조직 내에서 사람들은 한 사람으로부터 명령을 받는다.
ㄴ. 명령체계의 원칙(scalar principle) : 모든 조직구성원들을 대상으로 하여 구성원간의 상하관계 또는 명령체계를 명확히 해야 한다.
ㄷ. 분권화의 원칙(decentralization principle) : 의사결정권한을 조직의 중간계층이나 하위계층에 상당부분 양도하여 중간관리자나 일선관리자들이 상당한 자유재량권을 갖도록 유도한다.

① ㄱ, ㄴ
② ㄱ, ㄷ
③ ㄴ, ㄷ
④ ㄱ, ㄴ, ㄷ

15 다음 중 조직문화의 변화를 불러일으킬 수 있는 상황이나 요인에 대해 바르게 설명된 것은?

ㄱ. 조직에 심각한 재정난, 수익의 격감, 노사문제의 악화, 신기술로 인한 시장환경의 변화 등과 같은 위기상황이 발생했을 때 조직문화가 바뀔 수 있는 계기가 마련된다.
ㄴ. 오래된 조직일수록 조직문화의 변화가능성이 높다. 기존의 안정된 질서나 오랫동안 당연시되었던 관행을 바꾸려는 움직임이 강력해지기 때문이다.
ㄷ. 최고경영자 교체는 조직문화에 변화가 오는 계기가 된다. 새로 임명된 최고경영자는 특유의 경영방법을 강조하게 되고 이에 따라 새로운 가치관이 조직구성원들에게 요구되기 때문이다.

① ㄱ, ㄴ
② ㄱ, ㄷ
③ ㄴ, ㄷ
④ ㄱ, ㄴ, ㄷ

16 다음 중 조직 내에서의 사회화(socialization) 활동에 해당하는 것은?

> ㄱ. 정기적으로 열리는 회사체육대회
> ㄴ. 신입사원에 대한 교육훈련
> ㄷ. 인사담당자와의 연봉협상 및 팀성과에 대한 설명회의

① ㄱ, ㄴ ② ㄱ, ㄷ
③ ㄴ, ㄷ ④ ㄱ, ㄴ, ㄷ

| 정답 | 1. ② 2. ① 3. ④ 4. ③ 5. ③ 6. ① 7. ① 8. ④ 9. ④ 10. ① 11. ④ 12. ② 13. ③ 14. ① 15. ② 16. ① |
|---|---|

Chapter 7

# 기업활동의 지휘와 통제



기업이 목표를 세워 세부적인 추진계획을 완성하고 이를 수행하기 위한 조직화활동이 이루어지면 이를 효과적으로 수행하기 위해 필요한 지휘활동과 마지막 단계로서 통제활동을 필요로 한다. 본장에서는 지휘활동을 효과적으로 수행하기 위해 요구되는 몇 가지 요소와 효율적 통제기법에 대해 살펴보고자 한다.

# 제 1 절 지휘와 동기부여

지휘란 조직의 목표를 달성하기 위하여 요구되는 업무를 잘 수행하도록 조직구성원들을 독려하는 행위를 말한다. 경영자는 직위가 올라가면 갈수록 특정분야에서 벗어나 기업경영 전반에 걸친 일을 수행해야 하는데, 이를 혼자서 다 처리하는 것은 가능하지도 않으며 바람직하지도 않으므로 많은 일을 부하직원에게 맡긴다. 따라서 부하직원들이 얼마나 일을 잘하느냐에 따라 경영자의 능력이 평가된다고 해도 과언이 아니다. 부하직원들이 주어진 일을 효율적으로 처리하도록 하기 위해서는 경영자 스스로 합리적이고 솔선수범해야 한다. 부하직원에게 일을 맡길 때 왜 이 일을 해야 하며, 어떻게 해야 하는지에 대해 합리적으로 직원들을 설득시킴으로써 그들이 자발적으로 하도록 유도해야 한다.

경영자의 지휘활동은 조직구성원과 서로 의견을 교환하고 어떤 형태로 작업을 진행해야 하는가에 대한 방향을 제시하고, 최대한의 능력을 발휘하도록 동기부여를 제공하는 모든 행위를 포함한다. 이제 동기부여에 관한 기본개념부터 살펴보기로 하자.

## 1. 동기부여의 의의

동기부여(motivation)란 "어떤 사람을 자극하는 행동을 불러일으키거나 또는 다른 사람으로 하여금 바람직한 행동을 수행하도록 이끄는 것"이라고 정의할 수 있다. 다시 말하면, 동기부여는 자발적 내지 적극적으로 책임을 지고 일을 하고자 하는 의욕이 생기게 하는 것으로 목적달성을 위한 행동을 유발시키는 행동과정이라고 할 수 있다. 발명왕 에디슨이 천재는 99%의 노력과 1%의 영감에 의해 탄생될 수 있다고 얘기할 정도로, 노력이나 노력을 하기 위한 여건 조성이 무엇보다도 중요하다. 따라서 경영자는 조직구성원으로 하여금 그들이 자발적인 노력을 통하여 조직목표에 공헌할 수 있도록 유도함과 동시에 적절한 동기를 부여함으로써, 조직 내 인간관계를 개선하고 발전시켜 나가는 것이 경영자에게 부여된 과제라 할 수 있다.

이런 노력에도 불구하고 기업 구성원 중 25% 미만만이 업무에 집중적으로 몰입하며 60% 정도는 시간은 쓰고 있으나 에너지나 열정은 별로 투입하고 있지 않다고 조사된 바 있다.[1] 나머지 20% 정도는 오히려 업무와는 아예 관계없는 일에 열중하여 동료들의 업무집중을 방해하는 경우도 있다고 한다. 그만큼 조직구성원의 동기를 유발하는 것이 쉽지 않다는 것이다.

조직구성원의 동기유발은 이들의 업무추진동인(drives)과 욕구(needs)를 이해하는 것으로부터 시작된다. 조직구성원들을 열정적으로 일할 수 있도록 끌어당기는 요인이 무엇인지 파악하는 것이 중요하며 성과에 대한 적절한 보상방법도 개발해야 한다. 동기부여에 관한 이론은 여러 가지가 있지만 본장에서는 매슬로우의 욕구단계이론과 허즈버그의 동기-위생이론 그리고 브룸의 기대이론 등을 간략히 살펴보기로 하자.

## 2. 매슬로우의 욕구단계이론

욕구는 무엇인가 결핍된 상태로서 이를 충족 또는 회복시키기 위해 정신적·신체적 긴장상태를 유발시키고 행동으로 자연스럽게 이어지게 한다. 욕구는 인간의 내면에서 돌출되는 것이지만 학습과 사회적 규범을 통해서 강화되거나 약화되기도 한다. 1940년대 인본주의 심리학의 대가인 매슬로우(Maslow)는 인간을 동기유발시킬 수 있는 욕구 다섯 가지, 즉 생리적 욕구, 안전욕구, 소속 및 사랑 욕구, 존경욕구, 자아실현욕구 등이 [그림 7-1]과 같이 계층적 구조를 이루고 있다고 주장했다.

- 생리적 욕구 : 삶 그 자체를 유지하기 위한 것으로 인간의 가장 근원적인 욕구이다. 이것은 학습되지 않는 욕구로 구체적으로 의식주 및 성에 대한 욕구 등이다.
- 안전욕구 : 일단 생리적 욕구가 충족되면 나타나는 욕구로 육체적 안전과 정신적인 안정을 찾고자 하는 욕구를 말한다. 공무원에 대한 인

1) Gallup(2006), “Gallup Study : Feeling Good matters in the workplace,” *Gallup Management Journal* 12, http://gmj.gallup.com/content/20770/gallup-study-feeling-good-matters-in-the.aspx

[그림 7-1]
매슬로우의 욕구단계이론

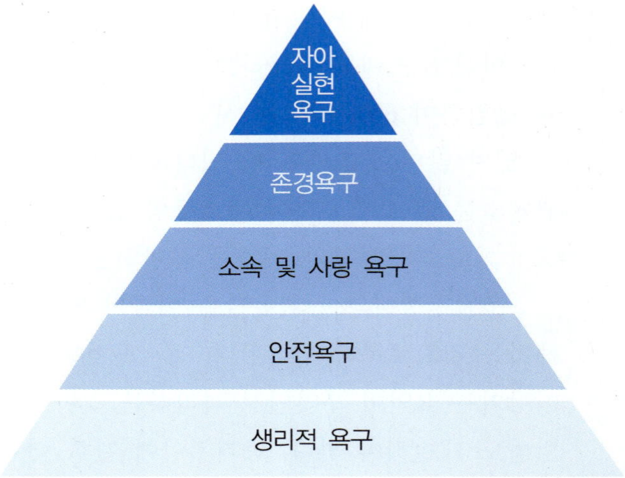


기가 좋은 것은 다름 아닌 직업에 대한 안정 때문이다.

- 소속 및 사랑 욕구 : 인간은 사회적인 존재이기 때문에 생리적 욕구와 안전욕구가 어느 정도 충족되면 싹트는 욕구가 바로 소속 및 사랑 욕구이다. 어딘가에 소속되고 싶어 하며 사랑하고 싶은 욕구를 갖게 된다.
- 존경욕구 : 안팎으로부터 존경받고자 하는 욕구이다. 내부적으로는 자존심과 자신감 등을 들 수 있으며, 밖으로는 권위와 인정 등을 들 수 있다.
- 자아실현욕구 : 자신의 현재적 내지 잠재적 유용성을 극대화시킴으로써 자기 자신의 능력을 최고도로 발휘하고 싶어 하는 욕구를 말한다.

매슬로우에 의하면 이 다섯 가지 욕구는 그 강도와 충족에 있어 하위계층욕구에서 상위계층욕구로 점차 이동한다고 한다. 즉, 생리적 욕구가 어느 정도 충족되면 안전욕구가 중요해지며, 계속해서 소속 및 사랑 욕구, 존경욕구, 자아실현욕구 쪽으로 욕구수준이 올라간다는 것이다. 그렇지만 인간이 한 시점에 단 하나만의 욕구를 추구하지는 않는다. 또 같은 일을 하는 직원이라도 한 사람은 적게 벌더라도 일찍 퇴근하길 원하고, 또 다른 사람은 시간외근무를 통해 더 많은 수입을 원할 수도 있다. 조직을 구성하는 인적자원은 상호연관된 여러 다양한 욕구를 가지며 그저 하나의 충족되지 않은 커다란 욕구만을 염두에 두지는 않을 것이다.

그렇지만 시간이 흐르면 거의 대부분의 조직구성원들은 본인의 잠재력을 최대한 발휘하여 최상층의 자아실현욕구를 충족하고 싶어 한다는 점에서는 매슬로우의 욕구단계이론이 시사하는 바가 크다. 여건이 되고 적절한 교육과 훈련 그리고 강력한 동기유발요인이 제공되면 누구나 자아실현욕구를 충족시키기를 원할 것이다. 존경욕구나 자아실현욕구는 조직 내의 규범과 가치관 등에 의해 상당한 영향을 받는다.

## 3. 허즈버그의 동기-위생이론

허즈버그(Herzberg)의 동기-위생이론은 일명 2요인이론(Two Factor Theory)이라고도 부르는데, 조직구성원이 직무를 수행하면서 만족 혹은 불만족을 느끼는 것은 서로 다른 차원의 요인이 작용하고 있기 때문이라고 한다. 즉, 직무에 불만을 품고 있는 종업원은 직무환경에 관심을 갖고 있으나, 직무에 만족하고 있는 사람은 직무 그 자체에 많은 관심을 갖는다는 것이다.

그래서 허즈버그는 직무에 만족을 주는 요인을 동기요인(motivators)이라 하고, 불만을 주는 요인을 위생요인(hygiene factors)이라 하여, 동기요인으로는 성취감, 인정감, 도전감, 책임감, 성장가능성, 직무 자체에 대한 도전감 등을 들었고, 위생요인으로는 회사정책, 감독, 대인관계, 임금, 작업조건, 직장의 안정성 등을 들었다. 동기요인이 충족되면 종업원들은 만족하게 되지만 동기요인이 충족되지 못하면 만족이 없어지게 된다. 반면, 위생요인이 충족되면 종업원들은 불만족이 없어지지만, 위생요인이 충족되지 못하면 불만족이 생기게 된다. 즉, 동기요인과 위생요인을 하나의 일직선상의 양 끝으로 보는 것이 아니라 서로 다른 직선상에서 상대적 개념으로 인간의 욕구를 파악하였다.

그렇지만 작금의 현실을 생각해 보면 임금, 대인관계, 작업조건 등이 만족과 무관한 위생요인이 될 가능성은 별로 높지 않은 것으로 생각된다. 우리나라에 유독 강하게 나타나고 있는 치열한 경쟁이나 비교의식 등을 고려한다면 허즈버그의 2요인이론은 우리 상황에는 잘 맞지 않을 것으로 판단된다.

## 4. 브룸의 기대이론

이 이론의 핵심은 개인의 동기는 그 자신의 노력이 어떤 성과를 가져오리라는 기대감과, 그러한 성과가 보상을 가져다주리라는 기대감에 의해 영향을 받는다는 것이다. 브룸(Vroom)의 기대이론에서는 [그림 7-2]에 표시된 것과 같은 네 가지 요인이 동기유발과정에서 작용한다고 본다.

[그림 7-2]
브룸의 기대이론

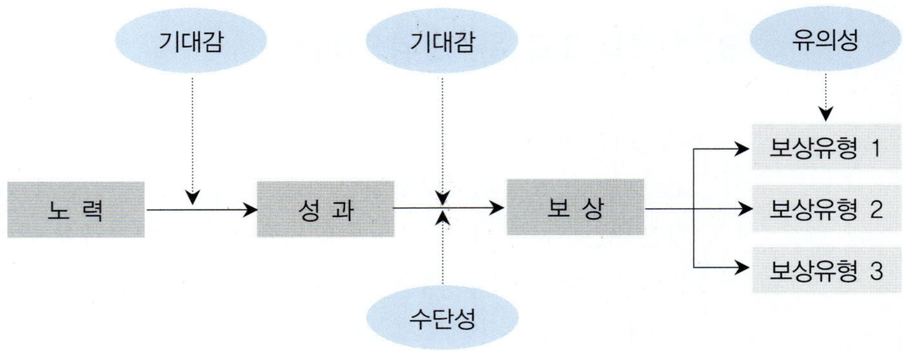


### (1) 노력과 성과를 이어주는 기대감

개인의 행동이 가져다줄 결과에 대한 기대감(expectancy)으로, 조직 내의 업무처리에 필요한 기술과 지식을 보유하지 못하면 이런 기대감은 높을 수가 없다. 아무리 열심히 해도 본인이 원하는 수준의 성과를 절대로 올릴 수 없는 것이라 생각이 들 수도 있고, 반대로 이 정도 노력(efforts)이면 확실히 원하는 성과(performance)를 거둘 수 있다는 기대를 할 수도 있다. 대개 업무에 임할 때에는 이 두 주관적 기대감 수준의 중간에 해당할 것이다.

기대감을 높이기 위해서는 업무에 필요한 교육 및 훈련을 제공하고 업무처리에 요구되는 직무기술에 익숙해질 때까지 시간적인 여유를 주며 쉬운 일부터 처리하도록 유도한다. 일의 난이도와 개별 구성원의 능력을 적절히 고려하지 않은 업무기회와 개인역량 간의 불균형은 구성원들의 몰입을 가로막는 장애물이다. 어떤 과제나 일이 주어졌을 때 실행가능한 일이라는 확신이 들면 그 일에 완전히 몰입하게 된다. 그런데 그 일이 자신의 능력범위를 넘어서는 것이라 판단하게 되면 심리적 불안을 갖는다.

반면 과제가 너무 쉬운 경우에는 쉽게 지루함을 느낄 수도 있다. 심리적 불안을 느끼는 사람은 결과에 대한 염려 때문에 일에 집중하지 못하고, 지루함을 느끼는 사람은 다른 할 일을 찾아 나서기에 바쁠 수 있다는 말이다. 따라서 구성원들의 몰입 에너지를 극대화하기 위해서는 구성원의 역량 단계별로 일을 배분하고, 실력 향상의 정도에 맞추어 새로운 업무나 도전 과제를 제시하는 것이 바람직하다.

### (2) 성과와 보상을 이어주는 기대감

열심히 해서 소기의 성과(performance)를 거두어도 원하는 만큼 금전적 또는 비금전적 보상(reward 또는 outcome)을 받지 못할 것으로 생각되면 열심히 일을 해야 할 이유가 없다. 보상에는 급여, 보너스, 표창장 등과 같은 외적인 보상과 일하는 즐거움, 성취감 등과 같은 내재적 보상도 포함된다. 성과를 보상으로 이어주는 기대감을 충족시켜 주기 위해서는 개인의 직무성과를 정확히 측정할 수 있어야 하고, 보상체계가 성과를 충분히 반영할 수 있도록 공평하게 구축되어 있어야 한다. 또한 관련 정보를 조직구성원에게 충분히 설명하여 오해가 생기지 않도록 유의해야 한다. 훌륭한 성과를 거두어 만족할 만한 보상을 획득한 조직구성원의 사례를 제시하는 것도 기대감을 높이는 데 상당한 기여를 할 수 있다.

### (3) 유의성

유의성(valence)은 개인이 보상에 대해 느끼는 만족감 또는 불만족감을 말한다. 보상이 개인의 욕구를 충족시켜 주고 개인이 중시하는 가치와 일맥상통하는 면이 있으면 유의성이 높다. 승진이나 성과급과 같은 보상은 적극적 유의성을 띠고, 처벌이나 문책과 같은 조치는 부정적 유의성을 띤다.

### (4) 수단성

수단성(instrumentality)은 개인이 지각하는 본인의 성과와 그로 인해 받게 되는 보상 간에 나타나는 연관 정도를 의미한다. 나 혼자 열심히 해서 좋은 성과를 거두었지만 나 외에도 같은 팀의 모든 동료가 똑같은 보상을 받는다면 수단성은 낮다고 볼 수 있다. 성과가 있든 없든 간에 승진하는 데 아무런 차이가 없는 경우도 수단성은 낮다. 조직 전반에 퍼져 있을지 모르는 냉소적 분위기도 수단성을 저해한다. 이는 구성원들이 경영진이나 리더를 불신하고 있다는 결정적 증거이기 때문이다.

개인의 조직 내에서의 행동은 이런 요인들을 복합적으로 반영한다. 예를 들어, 조직구성원이 열심히 일해서 빠른 시간 내에 승진하기를 원하지만 본인의 역량이 충분한 성과를 거둘 만큼 충분하지 못하거나(E-to-P 기대감이 낮음) 설사 역량이 있어 좋은 성과를 거둘 수 있더라도(E-to-P 기대감이 높음), 최고경영자가 훌륭한 성과에 대해 보상을 거의 신경 쓰지 않거나(P-to-O 기대감이 낮음), 당연히 특별승진을 시켜줄 것으로 기대했지만 표창장이나 소정의 장려금을 지불하는 정도로 그쳤다면(성과의 유의성이 낮음), 업무에 몰입하여 최선을 다하고자 하는 마음이 생기지 않을 것이다. 중간 정도 하더라도 시간이 지나면 대부분 승진시켜 준다면 누구도 열심히 일할 의욕이 생기지 않을 것이다. 즉, 열심히 해서 성과를 내도 보상이 시원치 않다면 능력 있는 사람도 열심히 업무에 몰입할 이유가 없으며, 보상 그 자체가 미진하다면 기대감과는 상관없이 일에 대한 동기유발이 나타날 리가 없다.

## 5. 동기유발과 임파워먼트

최근에는 조직구성원의 업무에의 몰입을 더욱 강조하면서 권한이양과 자율성을 통한 역동적인 조직운영에 대한 관심이 고조되고 있다. 특히 경영환경의 불확실성과 복잡성이 증대되고 변화 속도가 빨라지는 것도 조직구성원 자율성과 몰입의 필요성을 늘리는 요인이다. 리더가 혼자서 모든 중요 사안을 챙기고 신속하면서도 올바른 의사결정을 내리기가 점점 어려운 상황이 되어가고 있다. 따라서 업무가 제대로 진행되도록 성취동기를 유발시키기 위해서는 일정부분 구성원에게 권한을 이양하고 자율적으로 의사결정을 수행할 수 있도록 여건을 조성해 주어야 한다.

**[그림 7-3]**
임파워먼트의 구성요소

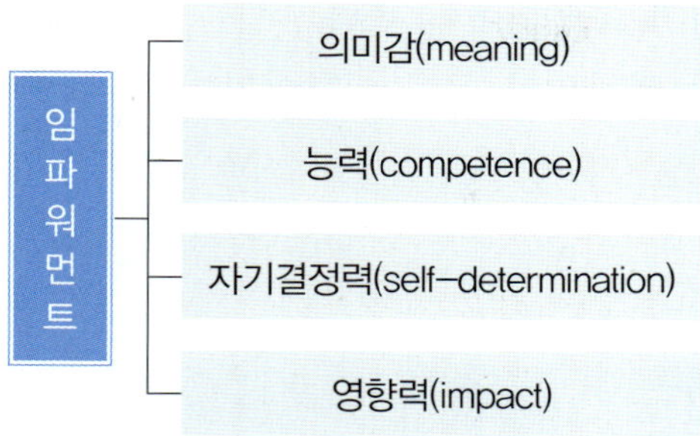


임파워먼트(empowerment)는 이런 상황에 적용될 수 있는 적절한 개념이다. 선행연구에 의하면 심리학적 임파워먼트의 구성요소는 [그림 7-3]에서와 같이 4가지 요소로 구성된다고 한다.[2]

첫째, 의미감은 자신에게 주어진 업무가 가치 있고 중요하다고 믿는 정도를 말한다. 자신에게 주어진 업무의 특성이 개인의 믿음, 가치관 등에 반하면 의미감은 저하된다. 둘째, 주어진 업무를 잘할 수 있는 능력(지식, 기술, 경험 등)으로, 앞으로 새로운 업무가 추가되더라도 이를 잘 처리하여 성장할 수 있다는 자신감을 의미한다. 셋째, 자기결정력은 업무처리과정에 있어 상당한 자율성과 독립성이 주어진 정도를 말한다. 넷째, 영향력으로서 자신이 하는 업무와 의사결정이 조직의 성과에 미치는 영향력 정도를 말한다.

임파워먼트된 조직구성원은 긍정적으로 업무에 몰입하며 잠재력을 발휘함으로써 더 높은 성과를 창출할 가능성이 높다. 또한 동료에 대해서도 긍정적인 태도를 갖기 때문에 상호간의 신뢰감도 높아진다. 특히 고객을 직접 상대하는 서비스 업종 근로자들의 심리적 임파워먼트는 직무만족뿐 아니라 고객에 대해서도 더욱 사려 깊은 행동을 하는 것으로 나타났다. 요약하면, 임파워먼트란 구성원들의 잠재력을 증진시키기 위해 책임, 권한 등을 개개인에게 부여하고 이를 충분히 활용할 수 있도록 코치하고 배려하는 과정이라 할 수 있다.

효과적인 임파워먼트는 앞에서 논의한 의미감, 능력, 자기결정력, 영향력의 구성요소를 기반으로 하므로 이를 위해서는 조직구성원 모두에게 조직목표를 명확히 제시해야 하며, 업무처리를 위한 다양한 정보도 공유하는 분위

2) Spreitzer, G.M.(1995), "Psychological empowerment in the workplace : Construct definition, measurement and validation," *Academy of Management Journal*, 38(5), pp.1442 ~ 1465.

기가 조성되어야 한다. 이와 함께 역량개발 및 코칭, 의사결정과정에의 참여 및 권한위임 등도 이루어져야 할 것이다.

## 제 2 절 리더십

### 1. 리더십의 의의

리더가 발휘하는 행동이나 영향력을 일컬을 때에 리더십(leadership)이라는 단어가 자주 등장한다. 예를 들어서 김 부장은 리더십이 좋아서 성과를 잘 올렸다거나 전임 국가대표 축구감독은 리더십이 부족해서 게임에서 졌다거나 하는 표현들을 종종 듣곤 하는 것이다. 이처럼 리더십은 기업에서는 물론 일반인들의 일상적인 대화 속에서 자주 사용되고 있는 단어이다. 조직의 목적을 효과적으로 달성하려면 조직구성원의 협조가 필수적이며, 그들과 상호작용을 하는 리더의 역할이 중요하다. 즉 훌륭한 리더십을 가진 경영자나 관리자가 있느냐 없느냐에 따라 조직성과가 달라진다.

리더십이 일류기업들의 핵심역량의 요체라면 성공적인 일류 리더가 되기 위해서는 구체적으로 어떤 능력을 가져야 하는가? 성공적인 리더로서 갖추어야 할 리더십 능력요건에 관해서는 여러 기업이나 학자들에 의해서 제시된 바 있다. 어떤 연구에서는 부하직원보다 높은 지능수준, 정서적인 성숙도, 성취의욕과 내적 동기, 정직성 등을 거론한 바 있으며, 잭 웰치가 회장으로 있던 GE는 '4-Es'라는 리더십 속성을 제안하였다. 훌륭한 리더는, 빠른 변화의 속도에 효과적으로 대처할 수 있는 에너지(Energy), 다른 사람들을 동기부여하고 활력을 불어넣어 줄 수 있는 분위기를 조성하는 활성력(Energize), 어려운 의사결정을 내리고 과감히 추진할 수 있는 결단력(Edge), 일관성 있게 지속적으로 행동에 옮겨 성과를 달성하는 실행력(Execute)이라는 능력을 갖추어야 한다는 것이다.[3] GE의 리더십 요건은 목표달성의 근본 원동력이 되는 것으로서 신속성, 열정, 협동성, 소신 있는 의사결정력, 추상적 경영이 아닌 행동과 현장 중심의 실천 능력을 강조하고 있다.

한편, 보다 세밀하게 리더십의 구성요소를 살펴보면 목표, 영향력, 상호작용 등을 생각해 볼 수 있다. 리더십의 첫 번째 요소는 목표이다. 탁월한 리더십을 발휘하였던 리더들을 보면 그들에게는 분명한 목표가 존재하고 있다. 목표란 방향의 설정이다. 그리고 목표가 분명할수록 구성원들은 리더가 제시하는 곳으로 열정적으로 달려갈 수 있다. 리더가 제시하는 목표는 구성원들에게 비전으로 자리 잡는다. 비전은 조직이 원하는 바람직한 방향으로 어떤 때에는 리더가 보여주는 꿈의 모습으로 나타나기도 하고, 열정으로 발현되기도 한다. 구성원들과 공유되는 비전은 조직 행동의 구심점이 되어준다.

리더십의 두 번째 요소는 영향력이다. 리더의 리더십은 곧 구성원들에 대한 리더의 영향력과 관계가 크다. 그리고 이러한 영향력의 근원에는 리더가 지니고 있는 권력이 존재한다. 즉, 권력을 많이 가지고 있는 리더는 그만큼 추종자들에 대한 영향력의 크기도 클 수 있으며, 이 점 때문에 많은 리더십 연구들은 권력의 종류와 크기에 주목하고 있다.

권력은 영향력의 원천이 어디 있느냐에 따라 크게 보상적, 강압적, 합법적, 준거적, 전문적 권력 등의 다섯 가지로 구분하곤 한다.[4] 이 가운데에서도 앞의 세 가지는 자리가 주는 권력이라고 해서 지위권력(position power)이라고 부르기도 하며, 뒤의 두 가지 권력은 개인 스스로의 역량에 기인한다고 해서

[그림 7-4]
권력의 유형

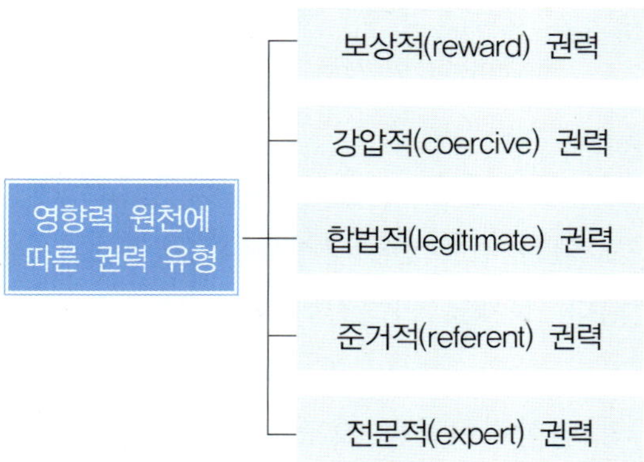


3) Krames, J.(2005), *Jack Welch & The 4 E's of Leadership : How into Put GE's Leadership Formula into Work in Your Organization*, McGraw-Hill.

4) French, J.P.R. Jr., and B. Raven(1960), "The bases of social power," In D. Cartwright and A. Zander (eds.), *Group dynamics*, New York : Harper and Row, pp.607～623.

개인권력(personal power)이라고 구분하기도 한다. 일반적으로 권력의 발휘에 있어서는 여러 가지 속성이 한데 어우러져서 작용하는 것이 보통이다.

- 보상적 권력 : 리더의 보상능력에서 기인하는 권력으로 임금이나 승진, 직무할당 등과 같은 조직 내에서 주어지는 보상을 통제할 수 있는 경영자의 힘이 대표적인 예이다. 대기업에서는 인사팀이나 경영평가팀, 감사팀 등이 조직 내에서 힘을 갖는 경우가 많은데, 이는 이들 부서가 보상적 권력을 갖기 때문이다.
- 강압적 권력 : 리더가 부하직원을 처벌할 수 있는 힘이 있다는 인식에서 비롯되는 것으로 해고나 징계, 직무변경 등을 지시할 수 있는 능력에서 기인되는 권력이다.
- 합법적 권력 : 리더의 공식적인 권위를 인정하고 이에 추종해야 할 의무가 있다는 생각을 바탕으로 한다. 합법적 권력은 조직의 공식적 지위에서 나오는 것이지만 그 외에도 개인의 능력이나 문화적 가치(예를 들어 연장자 우선) 또는 사회구조로부터 나오기도 한다.
- 준거적 권력 : 개인이 갖는 권력 중 가장 포괄적인 것으로 리더가 직위에 의한 권력을 갖고 있지 않거나 권력 필요성을 느끼지 못할 때에도 영향력을 발휘한다. 부하로 하여금 존경심을 갖게 하고 매력을 느끼게 하는 개인적 특성을 기반으로 한다. 종교지도자들이 좋은 예이다.
- 전문적 권력 : 특정 분야나 상황에 대한 지식, 기술, 능력 등 개인적 실력을 기반으로 발휘되는 영향력을 의미한다.

리더십의 세 번째 본질적인 요소는 상호작용(interaction)이다. 리더가 가지고 있는 영향력이 구성원 혹은 추종자들에게 일방적으로 전달되는 것만은 아니다. 실제로 리더십이 발휘되는 현장에서는 조직이나 구성원들의 상황에 따라서 같은 리더의 리더십도 제각기 다르게 발휘되곤 한다. 뿐만 아니라 리더의 영향력이라는 것도 리더가 추종자들에게 일방적으로 발휘하는 것이 아니라 추종자들의 여러 가지 행동(이를테면 적극적인 추종, 수동적인 복종, 노골적인 반발과도 같은 다양한 행동들)을 통해서 리더에게 영향을 미친다고 할 수 있다. 그리고 리더 또한 구성원들의 반응을 살펴보면서 자신의 리더십 행동을 조절하게 된다. 이처럼 리더십이란 리더와 구성원 사이의 상호작용이라는 속성을 가지고 있다.

한 리더가 조직을 이끌어가면서, 어떤 경우에는 인간관계를 통해서 구성원들을 통솔해야 하고, 또 어떤 경우에는 과업중심적으로 리더십을 발휘해야 할 때가 있다. 물론 한 조직에 있어서도 그 조직에 주어진 과업이나 조직의 성숙도에 따라서 상황과 분위기가 다르게 전개될 수 있다. 이때 훌륭한 리더라고 한다면 조직이 나아가는 올바른 방향을 향해서 적절하게 리더십 행동을 적용할 수 있을 것이다. 즉, 칭찬이나 배려, 적절한 보상과 위임, 정보전달, 의사결정, 질책 및 처벌과 같은 행동들이 그때그때의 상황에 알맞게 적용될 수 있을 것이다. 관리자의 리더십에 관계된 책자들이나 리더십 육성프로그램에서 커뮤니케이션의 문제나 의사소통, 갈등관리, 관리자의 적극적 경청 등과 같은 주제들이 중요하게 다루어지고 있는 이유도 바로 리더십의 주된 특성이 리더와 추종자의 상호작용 속에서 이루어지기 때문이다.

지금까지 설명한 것을 정리해 보면, 리더십이란 조직의 목표달성을 위해서 리더가 집단구성원들을 자발적으로 움직이게 하는 사회적 영향력 행사과정이라고 정의할 수 있다. 이러한 점에서 리더십은 리더 개인이 가지고 있는 특성이면서, 동시에 조직의 목표를 향해서 구성원들과 상호작용해 가는 과정이라 할 수 있다. 이러한 리더십에 대하여 많은 학자들이 그 유형을 분류하고 있는데, 미국의 레윈(Kurt Lewin) 등은 리더십을 전제적, 민주적, 자유방임적 리더십으로 간략히 분류하기도 했다.

- 전제적 리더십 : 조직 내의 의사결정을 리더가 혼자서 일방적으로 하고 작업방법에 대해 지시하며 꼭 필요한 부분만을 부하가 알아서 하도록 하는 리더십을 말한다.
- 민주적 리더십 : 의사결정의 권한을 부하들에게 대폭적으로 위임하는 리더십을 말한다.
- 자유방임적 리더십 : 될 수 있으면 의사결정과정에 참여하거나 간섭하지 않고 구성원들, 즉 부하들에게 의사결정의 권한을 완전히 위임하는 리더십을 말한다.

생산성이나 성과 면에서 볼 때 자유방임적 리더십이 가장 좋지 않다. 그러나 민주적 리더십과 전제적 리더십은 상황에 따라 각기 다른 결과가 나올 수 있다. 일반적으로, 민주적 리더십이 조직구성원과의 관계, 리더 부재 때의 구성원 태도 등에서 전제적 리더십보다 호의적으로 나타나기 때문에 생산성 효과가 동일하다면 민주적 리더십이 바람직하다고 할 수 있다.

## 2. 피들러의 리더십 상황이론

조직이 처해 있는 상황이나 여건에 관계없이 바람직한 결과를 창출해 내는 리더십 유형이나 특성은 찾기 힘들다. 리더십 상황이론(contingency theory)은 리더의 스타일뿐만 아니라 리더십 환경을 이루는 상황에 의해서도 적절한 리더십 유형이 있다고 보는 이론이다. 즉 특정의 상황에 가장 어울리는 리더십이 발휘될 때 그 집단의 성과와 구성원의 만족감이 증대될 수 있다는 것이다.

대표적인 리더십 상황이론으로는 피들러(F.E. Fiedler)의 상황모형을 들 수 있다. 피들러는 리더의 특성이나 행동개발과 더불어 리더십이 효과적으로 발휘될 수 있는 여건이 매우 중요하다고 강조하면서 리더와 부하의 관계, 과업구조, 그리고 지위권력 등의 세 가지 상황변수를 제시한 바 있다.

- 리더와 부하의 관계(leader-member relation) : 부하가 리더에 대해 느끼는 신뢰성, 확신, 존경의 정도로서 상하간의 관계가 좋고 나쁨을 의미한다. 이것이 높을수록 그 상황은 리더에게 호의적이다.
- 과업구조(task structure) : 과업의 복잡성을 의미하는 것으로 과업목표가 명료하고 목표에 이르는 수단이나 절차가 간단하며 의사결정 결과의 확인이 쉽고 유사한 의사결정이 반복되는 경우 과업구조는 단순해진다. 과업이 이처럼 구조화되면 될수록 상황은 리더에게 호의적으로 변하게 된다.
- 지위권력(position power) : 리더의 지위가 조직구성원들로 하여금 명령을 받아들이도록 할 수 있는 정도로 부하들에 대한 처벌, 보상, 진급·승진에 대한 추천권이나 결정권을 뜻한다. 이러한 권한이 강하면 강할수록 리더에게 유리한 상황이 된다.

[그림 7-5]
피들러의 리더십 상황이론

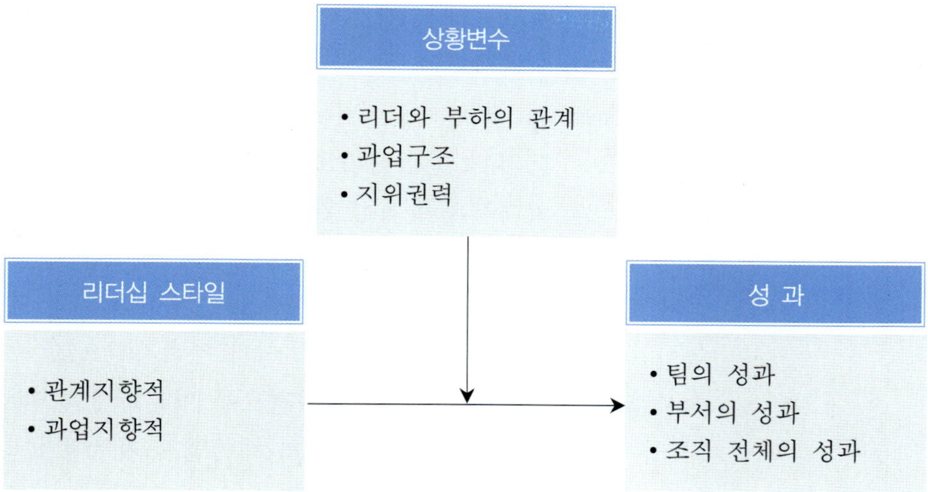


피들러의 연구에 의하면 리더십 상황은 리더와 부하 간의 관계가 좋고 과업구조가 단순하면서 구조화가 잘되어 있으며, 리더의 지위권력이 강할수록 리더에게 유리하게 작용한다. 역으로 리더와 부하 간의 관계가 좋지 않고 과업구조가 복잡한 데다 리더의 지위권력이 약할수록 리더에게는 불리한 상황이다. 그 외 세 변수의 특성 정도에 따라 리더에게 유·불리한 상황이 전개된다.

피들러는 리더십 상황이 리더에게 유리하거나 불리할 경우에는 과업지향적(task-oriented) 리더십이 효과적이고, 유리하지도 않고 불리하지도 않을 경우에는 관계지향적(relation-oriented) 리더십이 효과적이라는 주장을 하였다. 피들러의 연구에서 관계지향적 리더란 부하직원에 대해 신뢰와 존중, 그들의 니즈에 대한 진정한 관심을 보이며, 실제 행동으로도 부하직원의 의견을 존중하고 공평하게 이들을 대하는 경향이 있는 부류이다. 이에 반해 과업지향적 리더는 업무별로 부하직원을 명확하게 배정하고 회사 내의 규칙이나 업무처리방식을 준수하는지 여부를 점검하며 부하직원들이 가지고 있는 역량을 최대한 발휘하도록 분위기를 이끌어간다.

## 3. 하우스의 경로-목표이론

하우스(House)의 경로-목표이론(path goal theory)은 개인동기의 기대이론에 기반을 두고 리더의 노력이 성과로 이어지는 경로와 성과에서 보상으로 이어지는 경로상의 기대감과 유의성 관계를 중심으로 리더십의 영향 정도를 알아보고자 한 이론이다. 리더는 부하직원의 성과에 대한 유의성을 높이고 성과달성에 필요한 적절한 상황을 조성함으로써 주어진 과업 달성에 대한 기대감을 높이는 역할을 한다. 이 이론은 리더가 부하직원으로 하여금 조직목표를 달성시킬 수 있다고 기대하는 행동경로를 명확하게 밝혀주고, 원하는 보상은 더 쉽게 많이 받을 수 있다고 믿게 해야만 동기부여가 되어 성과를 높일 수 있다는 것이다. 경로-목표이론에서 리더의 행동은 다음과 같이 네 가지 유형으로 구분한다.

- 지시적(instrumental) 리더 : 주도적 리더라고도 하며 부하직원들의 과업을 계획하고 구체화하여 이들을 적극적으로 이끌어나가는 리더십 유형이다.

[그림 7-6]
하우스의
경로-목표이론

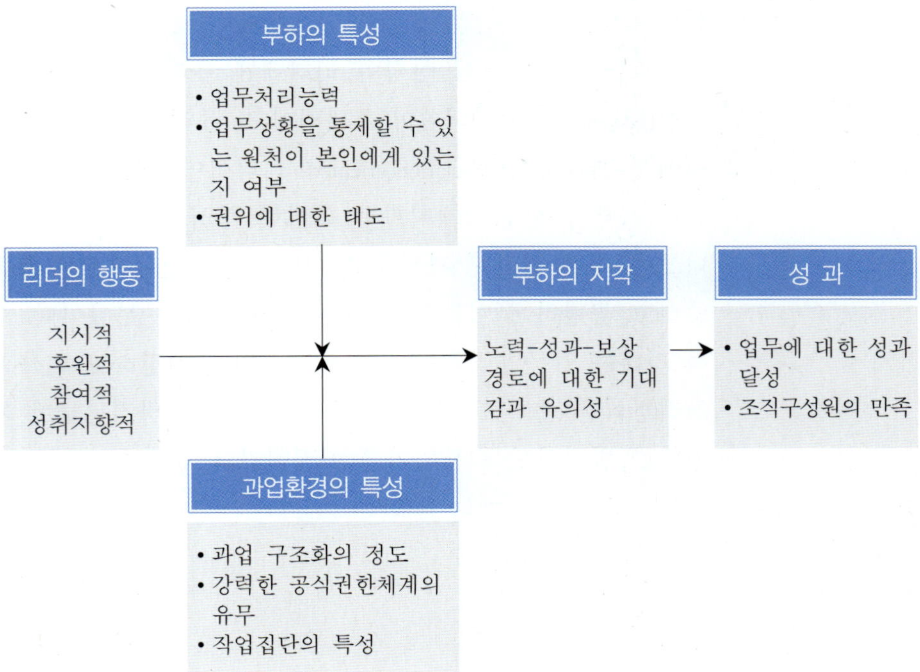

- 후원적(supportive) 리더 : 부하직원들의 욕구와 그들의 복지문제, 그리고 온정적이고 지원적인 조직분위기에 많은 관심을 보이는 리더십 유형이다.
- 참여적(participative) 리더 : 부하직원들과의 정보교환을 통해 부하들의 의견을 구하고 그들의 제안과 의견을 많이 반영함으로써 팀 중심의 관리를 중요시하는 리더십 유형이다.
- 성취지향적(achievement oriented) 리더 : 도전적 목표설정과 의욕적 목표달성 행위를 강조하는 한편, 부하직원들의 능력을 믿고 이들로부터 동기유발과 강력한 성과달성 행동을 기대하는 리더십 유형이다.

경로-목표이론은 [그림 7-6]에서와 같이 리더십의 상황적 요소(부하의 특성, 과업환경의 특성)에 따라 이에 요구되는 리더십 유형이 다르다는 것을 핵심이론으로 내세운다. 리더는 부하들의 특성 및 과업의 환경적 요소를 살펴가면서 적절한 리더십을 발휘함으로써 부하들의 노력-성과-보상 경로상의 기대감과 유의성에 영향을 줄 수 있고 이를 통해 업무에 대한 성과달성, 부하직원의 만족감과 보상 정도를 높일 수 있다고 주장한다.

# 제 3 절 커뮤니케이션

## 1. 커뮤니케이션의 중요성

조직활동이 순조롭게 진행되기 위해서는 구성원간의 의사소통이 원활하게 이루어져야 한다. 또 의사소통이 원만히 이루어지면 조직목표 달성을 위한 구성원들의 노력도 증대된다. 조직에서 의사전달의 흐름은 마치 인체에서의 혈액순환 작동과 같다. 혈액순환에 이상이 있을 때 그 사람이 온전한 생활을 할 수 없듯이 기업조직에서는 정보의 교환과 공유가 제대로 이루어지지 않으면 마비 상태가 엄습하게 된다. 그런 의미에서 볼 때 커뮤니케이션, 즉 의사소통이란 정보의 교환과 의미의 전달이라고 간단히 정의할 수 있다.

특히 기업의 규모가 커지면서 나타나는 전형적인 증상 중 하나는 내부 조직간에 높은 장벽이 생기는 것이다. 커뮤니케이션의 단절은 흔히 성장통(痛)으로 비유되는데, 부서나 부문별로 자신들의 이해를 우선시하는 부처이기주의가 횡행하면서 당장 자신에게 필요한 정보 이외에는 관심을 기울이지 않게 되는 것이다. 일단 장벽이 생기면 의외로 간단한 커뮤니케이션도 쉽게 일어나지 않는다. 상하간 · 부서간 · 내외부간 커뮤니케이션이 끊기며 정보의 흐름이 단절되고, 조직 내 갈등이 심화되면서 결국 기업 경쟁력이 약해진다. 이런 문제점을 다소라도 해소하려면 부서간 활발한 의사소통의 통로를 다시 뚫어주는 것 외에는 뾰족한 방도가 없다. 많은 기업이 인위적으로 부서간의 벽을 허물고 이야기할 수 있는 시스템을 운영하는 이유이다.

누구나 즐겨 애용하는 탈부착식 메모지 포스트잇(Post-it)의 개발도 커뮤니케이션을 강조한 3M의 독특한 분위기 덕분에 가능했다. 포스트잇 초기개발자는 업무 외 시간에 포스트잇의 원형이 된 독특한 접착물을 개발했지만 이를 상품으로 만들 생각까지는 미처 하지 못했다. 마침 책에 표시를 하기 위한 접착용 쪽지를 찾던 다른 직원이 초기개발자의 연구결과를 확인했고, 이후 두 사람간의 지속적인 커뮤니케이션을 거쳐 포스트잇이 탄생했다. 지식이 엄청난 양으로 늘어나는 정보화시대에 유능한 직원 혼자서 혁신적인 아이디어를 내놓고 실행하기를 기대하는 것은 무리이다.

이렇게 정보가 교환되는 커뮤니케이션 경로는 공식적 커뮤니케이션과 비공식적 커뮤니케이션으로 대별되며, 공식적 커뮤니케이션은 다시 수직적(상향적 · 하향적), 수평적, 대각선적 커뮤니케이션으로 구분된다.

## 2. 수직적 커뮤니케이션

조직 내의 의사전달이나 정보의 흐름이 조직 상하계층간에 이루어지는 수직적 커뮤니케이션은 위에서 아래로 전달되는 하향적(top-down) 의사소통과 아래에서 위로 행해지는 상향적(bottom-up) 의사소통으로 나눌 수 있다.

하향적 의사소통을 통하여 전달되는 내용으로는 상사로부터의 지시와 명령, 공지사항 전달 등을 들 수 있으며, 공식화된 지휘체계에 따라 전달된다. 조직의 규모가 크고 의사전달자와 수신자 사이에 지위의 차이가 크면 소통경로가 길어져 의사소통의 정확도는 낮아질 수밖에 없다. 하향적 의사소통을 보다 효과적으로 활용하기 위해서는 다양한 방법과 경로를 활용해야 한다. 이에 반해 상향적 의사소통은 조직 내 하위계층의 구성원으로부터 상위지위의 사람들에게 업무처리 결과나 정보 보고, 아이디어의 제안 또는 상사의 도움 요청 등의 경우에 활용된다. 제안제도나 고충처리제도와 같은 공식적인 상향적 의사소통 네트워크를 이용하는 경우가 많다. 상향적 의사소통 방식은 민주적인 조직환경에서 찾아볼 수 있으므로 솔직한 의사소통이 가능하도록 자유스런 조직분위기 형성이 필요하다.

## 3. 수평적 커뮤니케이션

수평적 커뮤니케이션은 조직 내에서 동등한 부서간 또는 동료들간에 이루어지는 소통방식으로 상호작용적인 성격을 띤다. 조직목표를 달성하기 위해 독립된 부서나 직무담당자들의 불필요한 갈등을 줄이고 상호간에 협조를 이끌어 내기 위해서 필요한 정보를 교환하는 과정이다. 부서간의 합의도출이나 타협을 위해서 반드시 거쳐야 하는 과정이므로, 원활한 진행을 위해서는 상향적 의사소통의 경우처럼 자유스럽고 개방적인 분위기 조성이 중요하다.

특히 부서간의 정보공유는 같은 계층간에 이루어지는 정보교환을 의미하는데, 구성원간의 업무조정・통합의 전제조건이다. 수평적 정보공유는 정보시스템의 도움 없이는 효과적으로 진행될 수 없다. 구성원 수가 많아지면 일일이 서로 만나 정보를 교환하고 의견조정을 시도할 수 없기 때문이다. 수평적 의사소통이 자주 이루어질수록 조직구성원 누구나 접속할 수 있는 정보시스템의 구축이 필요하다.

## 4. 대각선적 커뮤니케이션과 비공식적 커뮤니케이션

대각선적 커뮤니케이션은 조직구조상 동일 또는 유사 수준의 부서간 또는 구성원들간에 정보의 수평적 흐름이나 직접적 보고관계에 있지 않은 상이한 수준의 사람들간의 대각선적인 정보흐름을 말한다. 이런 의사소통은 어느 한편 또는 쌍방에게 정보제공과 협력 그리고 지원을 이끌어내는 데에 주된 목적이 있다. 다만 대각선적 의사소통은 정상적인 명령체계를 따르지 않고 이루어지기 때문에 의사소통의 중복이나 부서간의 마찰을 불러일으킬 수가 있다.

조직에서의 의사소통은 항상 공식적인 의사소통만이 통용되는 것은 아니다. 실제 조직에서 이루어지는 의사소통 중 많은 부분은 조직 내의 공식적 권한계층과 무관한 비공식적인 경로를 통해서 이루어진다. 비공식적 의사소통은 공식적 의사소통과 보완관계를 지니는 경향이 있기 때문에 조직 내의 의사소통에서 차지하는 비중이 높다. 비공식적 의사소통은 주로 정보의 결핍, 불확실성 및 정서적 갈등 등의 이유로 생겨나는 것으로 공식적 의사소통과는 몇 가지 다른 면이 있다.

비공식적 의사소통은 흔히 그레이프바인(grapevine)이라고 불리는데, 이는 의사전달체계가 포도넝쿨처럼 복잡하게 얽히고설켜 있어 정확한 정보전달이 되지 못하는 상태를 지칭하는 것이다. 조직 내에서 유포되는 소문이나 유언비어 등은 그레이프바인에 의해서 비롯된 것이 많다. 그러나 상황에 따라서는 비공식적 의사소통이 정보교류나 의사전달에 효과적으로 사용될 수도 있으므로 이에 대한 적절한 관리도 필요하다.

그레이프바인의 주된 주제는 일반적으로 뒷담화라고도 불리는 가십이 대부분을 차지한다. 한 연구에 의하면 미국의 경우 직장인의 약 90%는 가십성 대화에 상당한 수준으로 참여하고 있다고 한다.[5] 물론 뒷담화는 조직 내 소통에 윤활유와도 같은 기능을 하기도 하지만 개인 및 조직에 부정적인 영향을 줄 수도 있다. 구성원들은 가십을 통해 공식적인 의사소통 경로를 통해서는 얻기 힘든 정보를 얻거나, 상사나 동료와의 갈등으로 인해 발생하는 억눌린 감정을 부분적이나마 해소하기도 한다. 소모적이고 부정적인 가십을 예방하기 위해서는 조직 차원의 관심과 노력이 필요하다. 우선, 구성원에게 필요하고 구성원이 알고 싶어 하는 정보의 관점에서 서로 소통하고자 하는 노력이 요구된다. 또한, 다양한 구성원들이 서로를 이해하면서 신뢰관계를 형성할 수 있도록 직접적인 만남의 기회를 확대할 필요도 있다.[6] 물론 뒷담화,

5) Grosser, T.J., V. Lopez-Kidwell, G. Labianca, and L. Ellwardt(2012), "Hearing it through the grapevine: Positive and negative workplace gossip," *Organizational Dynamics*, 41, pp.52～61.

6) 최병권 · 원지현(2012), '직장 내 가십', 가볍게 넘길 대상 아니다, LGERI 리포트 2012년 11월, https://www.

즉 가십의 가장 흔한 주제인 보상과 인사에 대한 공평성이 전제되어야 험담 및 비난 위주의 부정적 가십을 줄일 수 있을 것이다.

## 제4절 통제

### 1. 통제의 의의

계획이 아무리 완전하게 수립되었다고 하더라도 집행과정에 대한 적절한 통제장치가 마련되어 있지 않으면 원래 의도했던 목표가 달성되지 못할 가능성이 많다. 관리과정에서의 통제기능이란 실제의 경영활동이 계획된 대로 진행될 수 있도록 감시하고 또한 그 계획으로부터 벗어나는 것을 사전에 예방하거나 수정하는 활동을 말한다. 경영자는 조직의 목표를 달성하기 위하여 적절한 계획을 수립하고 인적 및 물적 자원을 활용하여 이를 집행한다. 이때 계획된 대로 집행될 수 있도록 경영자가 취하는 제반 관리활동이 곧 통제활동이 되는 것이다. 대개의 사람들에게 통제라는 말은 부정적인 느낌을 준다. 무엇인가 강요하고 못하게 하며 감시한다는 느낌을 갖게 하지만 통제는 관리자가 하급자에게 강요하는 것이 아니다.

경영활동에서의 통제는 통제하고자 하는 것과 밀접히 연결되어 있는 표준(standard)의 확립, 실제 활동결과의 측정, 그리고 실제가 표준에서 벗어날 때의 시정조치 등 세 가지가 확립되어 있어야 한다. 그러므로 적절한 통제수단 없이 계획이 제대로 의도한 대로 진행되기는 어렵다. 조직에 있어서 표준은 하나의 목표이다. 표준은 평가를 위한 토대가 되므로 평가가 가능한 정보를 수집할 수 있어야 통제 그 자체가 가능하다. 그 때문에 생산부문이나 판매부문은 통제가 가능하지만 성과측정에 관련된 정보를 얻기 힘든 인사부서나 연구개발부서는 통제가 쉽지 않다. 예를 들어, 신약개발의 경우 1,000가지

---

lgbr.co.kr/report/view.do?idx=17856

시약을 테스트해도 1가지 신약을 개발하기 힘들다. 아무도 그 성공여부를 확신할 수 없다. 이럴 때 연구개발부서의 평가는 무척 어렵다. 그렇지만 생산부문은 통제가 쉽다. 불량률 목표가 0.01%라면 실제 생산라인에서 불량률을 측정하여 목표에서 벗어났는가를 분석해 볼 수 있기 때문이다.

통제는 또한 일상적인 경영관리과정에 적용되는 PDCA사이클의 핵심활동이다. PDCA사이클은 [그림 7-7]에 도시되어 있는 바와 같이 계획(Plan)-실행(Do)-점검(Check)-조치(Action)로 이어지는 관리 사이클을 의미한다. 예를 들어, 월요일에 출근하여 이번 주에 해야 할 일들의 우선순위를 정하고 팀 멤버들과 각자 해야 할 일을 나눈 뒤(Plan) 한 주일 동안 일을 진행한다(Do). 금요일 오후에 업무의 추진상황을 점검한 뒤 문제가 있었던 부분이나 기대한 만큼 성과가 나지 않은 작업을 점검하며(Check), 실수나 문제점 발생 이유를 제거하거나 업무처리방식을 개선하여(Action) 그 주간의 업무를 마무리 짓는다. 이런 사이클은 그 다음 주도 계속되며 이런 과정을 통해 지속적 개선과 조직구성원들의 학습이 이루어진다.

통제활동은 PDCA사이클에서 점검과 조치 단계를 의미한다. 적절한 통제활동이 전개되지 않는 조직은 목표의 달성여부를 신속히 파악할 수 없으며 구성원들의 실수를 통해 배울 수 있는 조직의 학습과정을 통한 역량 개선도 포기하게 된다.

[그림 7-7]
PDCA사이클

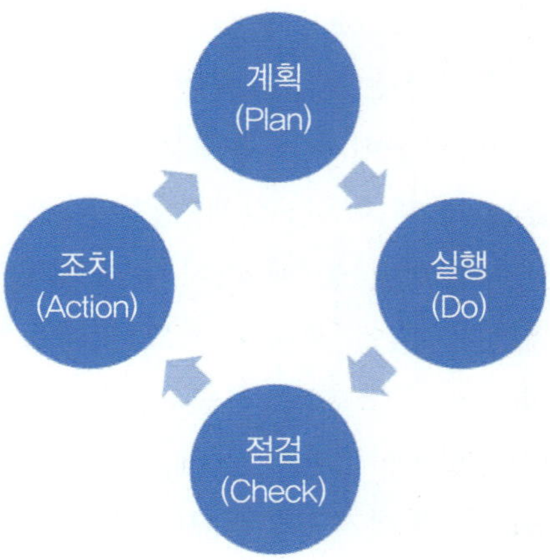

## 2. 통제방법의 유형과 요건

기업경영에서의 통제수단은 일이 진행되는 과정에 따라 [그림 7-8]에서와 같이 그 특성에 따라 크게 예방통제, 동시통제, 그리고 피드백통제의 세 가지 유형으로 나뉜다.

[그림 7-8]
통제수단의 유형

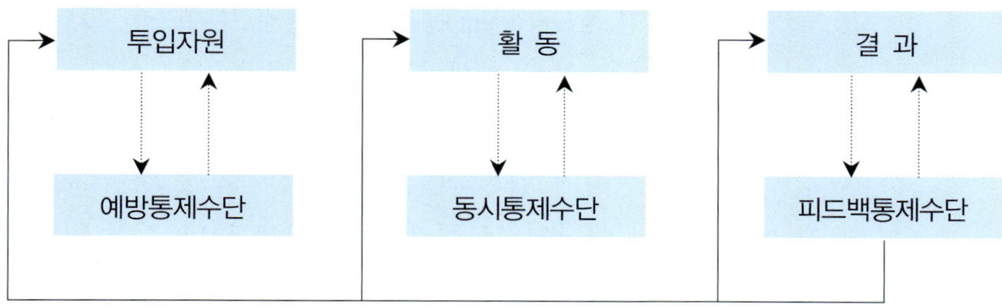


예방통제(preliminary control)는 경영활동이 실제 집행되기 이전에 원하는 목표나 표준으로부터 이탈되거나 오류가 발생하는 것을 예방하기 위하여 실시하는 통제로서 가장 바람직한 원천적인 통제유형이다. 예방통제를 위한 가장 중요한 수단은 인적 및 물적 자원이 제대로 구비되어 있는지를 사전에 점검하는 것이다. 아무리 계획이 훌륭하고 규칙이나 절차가 잘 구비되어 있다 하더라도 이를 성공적으로 뒷받침할 만한 자원이 확보되지 않으면 곤란하기 때문이다.

특히 성실하고 능력 있는 종업원은 예방통제에서 가장 중요한 요소이다. 종업원이 유능하고 신뢰할 수 있으면, 다른 통제요소가 결여되어 있더라도 통제의 유효성은 확보될 수 있다. 이와 함께 조직구성원간에 적절한 업무분담이 이루어져야 한다. 업무상의 이해관계가 상충되거나 상호견제기능이 상실될 위험이 있는 업무는 한 사람이 동시에 양 업무를 겸임하지 않아야 한다. 그 외에도 완제품 생산에 필요한 부품을 들여올 때 정밀검사를 한다든가 수돗물을 소비자에게 공급하기 전에 충분한 검사를 하는 것도 모두 예방통제에 속한다.

예산도 예방통제의 한 수단으로 이용될 수 있다. 예산은 경영활동을 효과적으로 수행하기 위해 수립되는 경영계획을 수량 혹은 화폐단위로 표시한 것이다. 즉 경영활동의 단위 혹은 부서별로 업무수행에 필요한 인적·물적

자원을 할당함으로써 예산이 편성된다. 이 예산은 해당부서가 투입된 자원을 능률적으로 활용했는지 또는 목표를 효과적으로 성취했는지를 평가하는 통제의 기초로 활용된다. 예산통제를 통하여 조직의 목표를 전체적인 관점에서 통합적으로 조정할 수 있으며, 또한 각 부서 혹은 책임단위별로 자원을 배분하고 업무수행의 책임을 부과함으로써 부서별 활동에 대한 통제를 실시한다.

동시통제(concurrent control)는 현재 수행중인 일이나 업무가 제대로 그 목표의 달성을 위해 진행되도록 감시하는 수단이다. 경영관리자들의 감독하에 이루어지는 통제방법으로 미리 정해진 절차나 규정에 의해 이루어지고 있는지 직접 현장에 입회하여 업무를 감독하는 것이다. 최종결과가 나타나기 전에 수정이 이루어지므로 비용이 적게 들며 지체 없이 적시에 통제가 이루어

[그림 7-9]
피드백통제과정의 절차

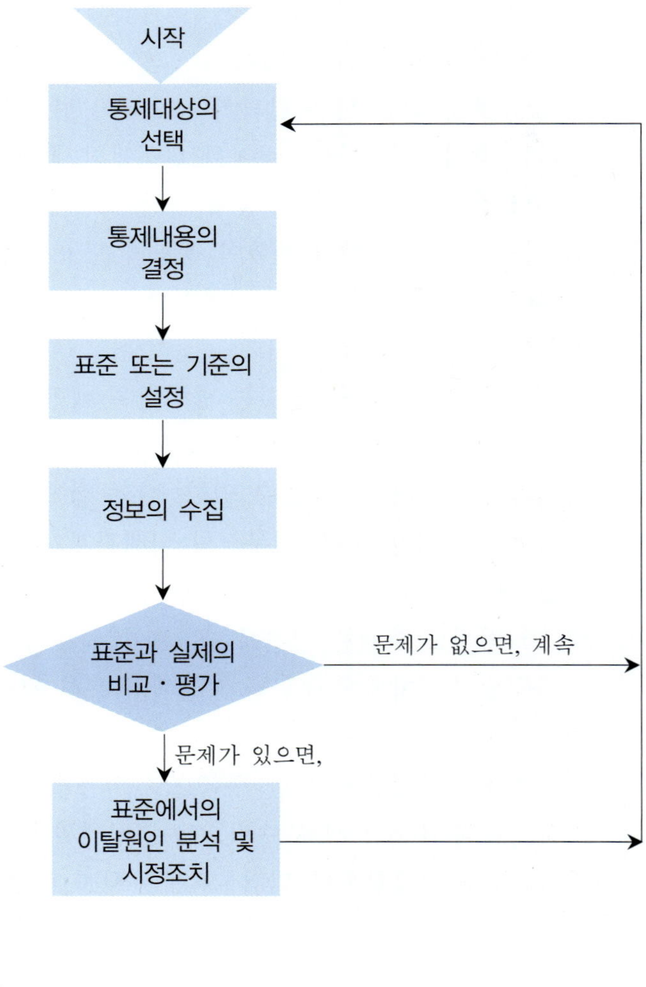

지는 이점이 있다. 동시통제가 효과적으로 수행되기 위해서는 경영자가 진행 상황에 대하여 신속하고도 정확한 정보를 얻을 수 있어야만 한다.

피드백통제(feedback control)는 가장 일반적인 통제수단으로 최종결과에 초점을 둔다. 달성된 성과가 계획과 어떻게 다른지를 확인하여 수행과정에서 발생한 문제점들을 확인하고 필요한 조치를 취하기 때문이다. 이미 집행이 완료되었기 때문에 피드백통제는 결과를 변경시키거나 새로운 결과를 생성시킬 수 없다는 한계점이 있다. 그러나 피드백통제는 계획과 집행이 어떻게 효과적으로 수행되었는지에 관한 정보를 제공해 주기 때문에 유사한 계획을 수립하는 데 도움을 준다. 또한 개인의 업적평가에 도움을 주는 정보를 제공함으로써 조직원에게 보상의 기준을 제시한다. 종업원은 자신의 업적을 검토함으로써 성취감을 확인하거나 오류를 성찰하는 등 스스로의 동기부여 수단으로 활용하기도 한다. 피드백통제는 [그림 7-9]에서와 같이 통제대상과 내용의 선택, 표준의 설정, 표준과 실제의 비교·평가, 표준에서의 이탈여부에 따른 시정조치 등의 과정을 거친다.

### (1) 통제대상의 선택과 통제내용의 결정

통제대상이 될 부서나 기능을 선택한다. 통제대상은 경영활동과정에서의 투입물, 생산과정, 산출물 등의 일부를 대상으로 삼을 수 있다. 예를 들어 PC생산업체의 경우 투입물은 각종 전자부품이 될 수 있고, 생산과정은 PC조립라인이 될 것이며, 산출물은 완성된 PC가 된다. 통제대상이 결정되면 원래 계획한 대로 일이 진행되는지 확인하기 위한 주요 지표를 선택해야 한다. 시장점유율, 재고수준, 불량률, 노동투입시간 등과 같이 매우 구체적인 것들을 선택한다.

### (2) 기준의 설정

비교를 하기 위한 표준이나 목표수치를 정한다. 관리자나 조직구성원에게 달성해야 할 목표를 분명하게 전달하는 원활한 의사소통의 역할을 할 뿐만 아니라 그들의 성과를 평가하고 필요한 사후조치를 취하는 데 도움을 준다. 만약 수치로의 표현이 불가능한 경우에는 객관적으로 이해가능하고 사후측정이 용이한 형태로 구체화시킬 수 있도록 기준을 설정해야 한다.

### (3) 정보수집 및 표준과 실제의 비교 · 평가

조직의 세부단위나 경영활동단위별로 실제로 수행된 성과를 측정해야 한다. 성과측정 없이는 계획과의 비교 및 수정조치를 취할 수 없다. 한편 계획대로 진행되지 않고 있는 활동에 대해 적절한 수정조치가 제때에 취해질 수 있도록 성과에 관한 정보수집은 지체 없이 이루어져야 한다.

기준이 설정되고 활동에 대한 성과가 측정된 다음에는 양자에 대한 차이가 비교 평가되어야 한다. 표준과 실적의 차이가 나타나면 그 차이의 원인도 분석해야 한다. 차이는 유리한 차이일 수도 있고 불리한 차이일 수도 있다. 불리한 차이는 실적이 목표에 미달하는 경우에 발생한다. 불리한 차이가 발생할 때에는 그 원인을 철저히 파악하여 목표를 달성하기 위해 필요한 수정조치를 취해야 한다. 유리한 차이에 대해서도 그 원인을 분석하여 기회를 보다 적극적으로 활용할 수 있는 전략을 수립하는 것이 바람직하며 필요한 경우 보상 등의 조치를 취할 수 있다. 또한 차이는 통제가능한 차이일 수도 있고 통제불가능한 차이일 수도 있다. 생산부서에 근무하는 종업원의 경우 재료투입량의 과다로 인한 제품원가의 불리한 차이는 통제가능한 차이일 것이나, 재료구입가격의 상승으로 인한 제품원가의 불리한 차이는 통제불가능한 차이가 될 것이다.

### (4) 시정조치

표준과 실제 간에 차이가 발생하면 경영자는 다음 세 가지 중 하나를 선택하게 된다. 첫째, 아무런 조치도 취하지 않을 수 있다. 차이가 허용가능한 범위 내에 있거나 경영자 입장에서도 통제불가능한 차이라고 판단될 경우에는 특별한 수정조치가 필요 없다. 둘째, 불리한 차이가 발생하였고 그 차이가 허용가능한 범위를 벗어날 경우에 경영자는 계획한 대로 목표에 도달할 수 있도록 필요한 수정조치를 취해야 한다. 수정조치로는 전략의 수정, 임금보상체계의 조정, 교육훈련의 강화, 직무의 재설계 혹은 인원의 재배치, 공정의 개선 등이 있다. 셋째, 주어진 여건에서 최선을 다하였다 하더라도 목표나 표준이 비현실적으로 높게 혹은 낮게 설정되었을 경우에도 차이가 발생한다. 또한 통제불가능한 원인에 의하여 지속적으로 큰 차이가 발생할 경우도 있다. 이때에는 경영활동에 대한 수정조치보다는 표준 자체에 대한 조정이 필요하다.

## 3. 통제수단의 요건

어떤 통제수단을 선택하든간에 효과적인 통제가 이루어지기 위해서는 미리 설정된 통제수단이 다음과 같은 요건을 충족시켜야만 한다.

- 목표와의 연계성 : 통제는 계획한 것을 이루기 위한 수단이므로 당연히 통제대상은 기업이 성취하고자 하는 목표와 밀접하게 연계되어야 한다. 품질의 우수성이 기업성장의 지름길이라고 주장하면서도 실제 평가는 매출액이나 생산량으로만 한다면 통제수단을 긍정적으로 받아들일 종업원은 없을 것이다.
- 객관성 : 통제수단이 개인적인 감정에 의해 좌우되거나 이득을 보기 위한 수단이 되어서는 곤란하다. 예를 들어 공인회계사를 통해 기업의 운영상태를 감사하도록 하는 것은 객관성을 유지하기 위해서이다.
- 완전성 : 완전성이란 통제수단이 기업의 목표달성에 필요한 결과나 행위를 모두 포괄하는 정도를 말한다. 생산관리부서를 단순히 생산량으로만 평가하면 불량품이 많이 나올 수도 있다. 일단 생산량 목표를 채워놓고 나중에 불량품을 고치고자 할 수도 있기 때문이다. 이런 경우 생산량뿐만 아니라 불량률이나 재고수준도 같이 평가해야 할 것이다. 영업부문의 경우도 매출액이나 출고량만을 강조하면 무자료 할인판매를 시도하거나 하청업자에게 떠넘기는 편법을 쓸 수도 있다. 마찬가지로 구매부서의 경우 구입단가만으로 평가한다면 구매물품의 질은 제대로 평가하지 않을 것이다.
- 적시성 : 적절한 통제를 위해 필요한 정보를 적절한 시간에 제공할 수 있는가를 말한다. 예를 들어 요즈음 일반화된 판매시점관리(point of sale : POS) 시스템은 판매되는 상품의 종류와 유형, 남아 있는 재고량 등에 관한 정보를 실시간으로 제공할 수 있어 재고관리나 판매관리에

큰 도움을 주고 있다.

- 합리성 : 통제수단을 많은 사람들이 아예 무시할 때, 경영자는 그 이유를 찾아야 한다. 적절한 보상제도가 뒷받침하지 않아 구태여 잘하고자 하는 필요성을 느끼지 못하거나, 엉뚱한 것들만을 통제하거나 또는 잘못되었을 때에 지나친 처벌이 뒤따르는 경우 이런 문제가 발생한다.

쉬어가기

## 천재들의 두 얼굴 사이코패스

사이코패스는 '반사회적 인격장애자'를 가리키는 용어다. 이들은 타인의 고통과 슬픔에 공감하지 못하고 양심의 가책이나 후회도 느끼지 않는다. 흔히 연쇄살인범을 떠올리기 쉽지만 정치인, 최고경영자(CEO), 스포츠 스타 중에도 사이코패스 성향을 가진 이가 많다. 사이코패스의 특징인 천재성, 집중력, 대범함이 진화하면 성공의 키워드가 된다.

오랜 전통을 자랑하는 영국 옥스퍼드대학 매그덜린 칼리지의 케빈 더턴 교수는 자기 안의 괴물을 찾아내기 위해 의자에 몸을 묶었다. 그리고 머리에 장치를 고정한 뒤 그의 뇌를 전자기에 노출시켰다. 이는 우리 뇌에서 감정을 담당하는 대뇌변연계의 기능을 교란시키기 위한 조치다. 잠시 뒤 더턴 교수는 그의 안에서 '지극히 주관적인 도덕적 오만의 첫 징후'가 나타나기 시작한 것을 느낄 수 있었다. 자신감이 지나치게 커진 상태의 더턴 교수에게 실험자들은 끔찍한 내용의 비디오를 보여줬다. 사람들을 고문하거나, 불구로 만들거나, 처형하는 장면을 담은 비디오였다. 더턴 교수는 비디오를 본 뒤 실험자에게 "솔직히 말하면 웃음을 참기 힘들었다"고 말했다.

여러 수치를 측정한 결과 이같이 도덕적으로 의심스러운 상태가 억지로 꾸며낸 것이 아니라는 사실이 증명됐다. 더턴 교수의 심장은 빨리 뛰지 않았고, 뇌파는 폭력적인 장면을 봤음에도 부드러운 곡선을 그리고 있었다. 변신은 성공적이었다. 영국인 심리학자는 자신의 연구 대상인 특수한 인격장애자, 즉 사이코패스와 비슷한 비양심적인 눈으로 한순간 세상을 바라볼 수 있었다. 이런 종류의 인간은 보통 사람들이 크리스마스 저녁 식탁에 올라온 통거위 요리를 썰 때 느끼는 것과 비슷한 정도의 동정심을 느끼면서 희생자를 고문하고 불구로 만들 수 있다고 캐나다의 심리학자 로버트 헤어는 말한다. 연구자들에 따르면, 많은 사이코패스들이 자유롭게 살고 있고 그들 중 일부는 자기 분야에서 큰 성공을 거두기도 한다. 이들은 사이코패스 성향의 범죄자와 완벽에 가까운 대담성과 냉혹함이라는 공통점을 가지고 있지만 교도소에 수감된 살인자와 달리 자신의 장애를 장점으로 바꿀 수 있는 능력이 있다. 이들은 토막살인을 저지르는 대신 사회적 성공을 거둔다.

### 대담함과 냉혹함은 성공의 필수 요소

그래서 심리학자들은 이런 형태의 인격장애자 그룹을 '성공한 사이코패스'라고 칭한다. "어떤 바보 같은 다윈 법칙의 조화인지는 몰라도 그들은 많은 사람들이 절실히 원하는 성격적 특성을 지녔다"고 더턴 교수는 설명했다. 이런 사람들은 항상 자의식이 높고, 자신에 대한 의심이나 양심의 가책으로 고통받는 일이 거의 없다. 이 때문에 더턴 교수는 보통 사람들이 사이코패스적 사고로부터 배울 점이 있다고 믿는다. 그는 자신이 쓴 〈사이코패스 : 성자, 법률가, 연쇄살인범에게서 배울 수 있는 것〉에서 "사이코패스 성향은 햇빛과 비슷하다. 너무 많이 받으면 위험하지만 적당히 조절하면 건강과 삶의 질에 좋은 영향을 미친다"고 주장했다.

희대의 금융 사기꾼 버나드 매도프는 사이코패스로 분류된다. 금융위기를 촉발한 리먼브러더스 파산의 주범인 리처드 펄드 전 회장. '고릴라'라는 별명을 지닌 펄드는 주변 사람들에게 '살아 있는 채로 심장을 뜯어내 씹어먹겠다'고 위협하는 것을 즐겼다. 오랫동안 전문가들은 사이코패스가 정상에 가까운 사회생활을 하는 것이 불가능하다고 여겼다. 심리학자들은 변덕스럽고 충동적이며 무책임하고 자신의 중요성을 과장되게 지각하는 사이코패스의 성격이 오랜 시간 직업을 유지하는 것을 불가능하게 만든다고 확신했다. 이들의 견해는 빠르든 늦든 사이코패스적 생활 방식은 결국 교도소에 수감되는 것으로 끝날 가능성이 높다는 것이었다. 그에 따라 사이코패스에 대한 연구도 희생자를 지하실에서 고문하고 살가죽을 발라내고 내장을 해체하고 싶어 하는 괴기성에 집중했다.

상당한 시간이 흐른 뒤에야 심리학자들은 목줄 없는 맹수 같은 사이코패스가 사회의 최상류층에도 모여 있다는 사실을 점차 깨닫기 시작했다. 특히 빠르게 변화하는 구조를 가진 현대의 기업 문화는 최고의 자리를 향해 돌진하는 사이코패스에게 이상적인 환경이다. 더턴 교수는 심지어 성공한 사이코패스가 어떤 방식으로 사회에 좋은 영향을 미칠 수 있는지를 스티브 잡스의 예를 들어 설명한다. 애플의 창업자 스티브 잡스는 성공에 필요한 세 가지 특징을 갖추고 있었다. 더턴 교수는 "매력, 집중력 그리고 무자비함, 이는 사이코패스의 가장 전형적인 세 가지 특성"이라고 말한다.

사이코패스 경영자와 일반인 경영자의 차이를 더턴 교수는 이렇게 요약했다. "보통 사람이라면 그가 방금 전 회사에 수십억달러의 손해를 끼쳤으면 화장실로 달려가 문을 잠그고 먹은 것을 다 토해낼 것이다. 사이코패스는 태연하게 집으로 돌아가 그에 대해 더 이상 생각하지 않는다." 여기서 말하는 것은 주식 브로커 버나드 매도프나 2008년에 파산한 투자은행 리먼브러더스의 마지막 최고경영자(CEO) 리처드 펄드 같은 인물이다. 매도프가 만든 다단계 판매 방식의 투자 펀드는 시스템이 붕괴하면서 약 650억달러의 손실을 초래했다.

이 사건을 지켜본 이들은 어떻게 한 개인이 이 정도로 엄청난 규모의 금융 스캔들을 일으킬 수 있었는지에 놀라움을 금치 못했다. "매도프는 전형적인 사이코패스의 파괴적 특징을 다수 보유하고 있었던 것이 분명하다"고 미국 일간지 〈뉴욕타임스〉는 전 미 연방수사국(FBI) 범죄심리분석관의 말을 인용해 보도했다. 이 신문은 "다단계 금융사기 시스템을 계획하려면 진짜 사이코패스 수준의 인격장애가 요구된다"고 분석했다. 리먼브러더스 사태는 심지어 매도프의 금융사기를 훨씬 뛰어넘는 규모다. 이 거대 금융기업의 파산은 6천억달러 이상의 손실을 남겼다. 파산의 주범인 리처드 펄드의 인생은 성공한 사이코패스의 전형적 예라고 할 수 있다. 금융업계에 투신하기 전 그는 공군 조종사였다. 긴장감과 전율에 굶주린 사이코패스들이 선호하는 고위험 직업군이다. 그의 전역 이유 역시 매우 전형적이다. 펄드는 상관에게 주먹을 날렸다.

(한겨레신문, 2016.5.25)

## 열정의 배신

"좋아하는 일을 찾아라." "열정이 이끄는 길을 가라." 진로에 대한 고민에 쉽게 하는 답이다. 당연하게 받아들여지는 얘기 같지만 과연 재미를 알고 열정을 따르면 성공적인 삶을 살 수 있을까. 미국 매사추세츠공대(MIT)에서 박사과정을 마친 칼 뉴포트는 2010년 생애 첫 취직을 앞두고 있었다. 하지만 2008년 금융위기의 충격 여파는 컸고 교수직을 둘러싼 경쟁은 그 어느 때보다 치열했다. 교수를 유일한 인생의 경로라고 생각해온 그에게 지도교수는 "얼마나 낮은 수준의 학교까지 감당할 수 있겠느냐"고 물었다. '어떻게 살아야 하는가'라는 고민 앞에 의문이 생겼다. 자신의 직업에 만족하고 일을 즐기는 사람들의 비밀은 무엇일까. 그는 벤처투자자부터 컴퓨터 프로그래머, 작가와 코미디언, 과학자와 교수 등 다양한 사람을 만났고 많은 이가 기계적으로 얘기하는 '열정'이 답은 아니라는 결론을 얻었다.

조지타운대 교수로 재직중인 그는 《열정의 배신》을 통해 열정은 속임수고 오히려 위험하다고 역설한다. 모두가 자기 안에 엄청난 열정을 갖고 있고, 누구나 그것을 발견할 수 있는 것은 아니다. 심리학자 로버트 밸러랜드의 연구에 따르면 조사 대상이던 대학생들의 84%가 열정을 갖고 있었다. 하지만 열정을 쏟는 활동은 댄스, 하키, 스키, 독서, 수영에 집중됐다. 소중한 열정이지만 주로 취미의 영역이었다. 직업 및 교육과 연결될 수 있는 항목은 전체의 4%에 불과했다.

잘하고 오래 하면 일에 대한 만족도가 올라간다는 연구 결과도 '열정론'을 반박하는 근거로 든다. 에이미 브제스니에프스키 예일대 조직행동학 교수는 대학 직원들을 조사해 자신의 일을 천직으로 여기는지를 알 수 있는 지표가 '근무연수'라는 결론을 얻었다. 그 일을 오래 하면서 자신의 일을 사랑하게 된 사람이 많다는 것이다. 이를 통해 저자가 내린 결론은 열정은 '제대로 일하면 얻을 수 있는 부산물'이라는 것이다. "자기에게 맞는 일을 찾을 게 아니라 제대로 일하는 법에 집중해야 한다"고 강조하는 그는 무작정 열정을 따르는 것을 대신할 세 가지 원칙을 제시한다. '누구도 무시하지 못할 실력을 쌓아라', '지위보다 자율성을 추구하라', '작은 생각에 집중하고, 큰 실천으로 나아가라'가 그것이다.

누구도 무시하지 못할 실력을 갖추는 게 우선이다. 훌륭한 직업은 희소성과 가치를 지니고 있으며 그를 얻으려면 무엇보다 뛰어난 인재가 돼야 한다는 것이다. 저자가 '커리어 자산'이라고 칭하는 능력을 쌓는 핵심 전략은 '세상이 내게 무엇을 줄 수 있는가'가 아니라 '내가 세상에 무엇을 줄 수 있는가'에 중점을 두는 '장인 마인드셋'이다. 내가 좋아서 하는 일인가 고민하느라 시간을 낭비하지 말고 일을 잘하는 데 투자하고 집중하라는 조언이다. 두 번째는 '꿈의 직업을 만드는 묘약'이라고 칭한 자율성, 세 번째는 일관된 목표를 갖고 집중하게 해주는 사명감이다. 칼 포트 교수가 발견한 바에 따르면 어떤 직업을 훌륭하게 만드는 요소들은 그만한 희소성과 가치를 지닌다. 좋은 직업을 얻으려면 우선 뛰어난 인재가 되어야 한다. 이를 위한 핵심 전략은 '장인 마인드셋'이다. 지금 일이 내 열정과 부합하느냐는 질문은 접고, 장인처럼 오로지 일 잘하는 데만 집중하는 것이다. 물론 실력만으로 행복을 보장할 순 없다. 칼 뉴포트 교수는 '자율성을 추구하되 함정에 빠지지 마라', '사람들이 기꺼이 돈을 낼 일을 하라', '자신을 마케팅하라' 등 일을 특별하게 만들어 줄 구체적 실천법을 제시한다.

(한국경제신문, 2019.3.7)

## 연습문제

1 매슬로우의 다섯 가지 욕구 중 최상층에 위치하는 것은?

① 존경욕구 ② 자아실현욕구
③ 안전욕구 ④ 소속 및 사랑 욕구

2 안정적 직업에 대한 선호는 다음 중 어떤 욕구를 충족시키기 위해서인가?

① 존경욕구 ② 자아실현욕구
③ 안전욕구 ④ 소속 및 사랑 욕구

3 허즈버그의 2요인이론에서 위생요인에 속하는 것은?

① 직무에 만족을 주는 성취감 ② 직무의 도전감
③ 직무의 책임감과 성장가능성 ④ 회사정책과 작업조건

4 다음 예시자료에서 밑줄 친 부분은 PDCA사이클에서 무엇에 해당하는가?

> 월요일에 출근하여 이번 주에 해야 할 일들의 우선순위를 정하고 팀 멤버들과 각자 해야 할 일을 나눈 뒤 한 주일 동안 일을 진행한다. <u>목요일 오후에 업무의 추진상황을 점검한 뒤 문제가 있었던 부분이나 기대한 만큼 성과가 나지 않은 작업을 점검하며</u>, 금요일까지 실수나 문제점 발생 이유를 제거하거나 업무처리방식을 개선하고자 노력한다.

① P ② D
③ C ④ A

5 달성된 성과가 계획과 어떻게 다른지를 확인하여 수행과정에서 발생한 문제점들을 확인하고 필요한 조치를 취하는 통제는?

① 예방통제　　② 동시통제
③ 피드백통제　　④ 예산통제

6 다음 중 피드백통제에서 평가를 위한 지표로 적절하지 않은 것은?

① 시장점유율　　② 불량률
③ 재고수준　　④ 신규 고용 근로자수

7 표준과 실제 간에 차이가 발생하면 경영자는 어떤 조치를 취해야 하는가?

① 차이가 허용가능한 범위 내에 있으면 특별한 수정조치를 취하지 않는다.
② 차이가 경영자의 입장에서도 통제불가능한 차이로 판단되더라도 그 원인을 찾아 수정조치한다.
③ 불리한 차이가 발생하더라도 그 이유를 찾기 힘들면 별다른 조치를 취하지 않는다.
④ 표준 자체에 대한 조정은 절대로 하지 않는다.

8 브룸의 기대이론을 설명하는 데 필요한 주요 요인에 대한 설명이 바르게 된 것은?

ㄱ. 노력과 성과를 이어주는 기대감 : 개인의 행동이 가져다줄 결과에 대한 기대감으로, 조직 내의 업무처리에 필요한 기술과 지식을 보유하지 못하면 이런 기대감은 높을 수가 없다.
ㄴ. 성과와 보상을 이어주는 기대감 : 내가 거둔 성과로 인해 원하는 만큼의 보상을 받을 수 있을 것인가에 대한 기대감이다.
ㄷ. 수단성 : 개인이 지각하는 본인의 성과와 그로 인해 받게 되는 보상 간에 나타나는 연관 정도를 의미한다.

① ㄱ, ㄴ　　② ㄱ, ㄷ
③ ㄴ, ㄷ　　④ ㄱ, ㄴ, ㄷ

9 다음 중 유의성(valence)을 제대로 설명한 것은?

① 승진이나 성과급과 같은 보상은 소극적 유의성을 띠고 있다고 본다.
② 처벌이나 문책과 같은 조치는 유의성과는 무관하다.
③ 열심히 일한 대가로서의 보상이 개인이 중시하는 가치와 일맥상통하는 면이 있으면 유의성이 높다.
④ 개인이 보상에 대해 느끼는 불만족감 정도만을 계량화한 개념이다.

10 다음 중 임파워먼트의 구성요소에 해당하는 것은?

ㄱ. 능력(competence)
ㄴ. 자기결정력(self-determination)
ㄷ. 영향력(impact)

① ㄱ, ㄴ
② ㄱ, ㄷ
③ ㄴ, ㄷ
④ ㄱ, ㄴ, ㄷ

11 리더가 직위에 의한 권력을 갖고 있지 않거나 권력의 필요성을 느끼지 못할 때에도 권력의 영향력은 발휘될 수 있다. 이러한 유형의 권력은 부하가 리더에게 존경심과 매력을 느끼게 하는 개인적 특성을 기반으로 형성된다. 다음 중 어떤 유형의 권력에 대한 설명인가?

① 보상적 권력
② 준거적 권력
③ 강압적 권력
④ 합법적 권력

12 다음 중 개인권력(personal power)에 속하는 권력유형을 바르게 설명한 것은?

ㄱ. 보상적 권력 : 리더의 보상능력에서 기인하는 권력으로 임금이나 승진, 직무할당 등과 같은 조직 내에서 주어지는 보상을 통제할 수 있는 경영자의 힘이 대표적인 예이다.
ㄴ. 강압적 권력 : 리더가 부하직원을 처벌할 수 있는 힘이 있다는 인식에서 비롯되는 것으로 해고나 징계, 직무변경 등을 지시할 수 있는 능력에서 기인되는 권력이다.
ㄷ. 합법적 권력 : 합법적 권력은 조직의 공식적 지위에서 나오는 것이지만 그 외에도 개인의 능력이나 사회구조로부터 나오기도 한다.

① ㄱ, ㄴ
② ㄱ, ㄷ
③ ㄴ, ㄷ
④ ㄱ, ㄴ, ㄷ

13 다음은 피들러가 제시한 상황모형을 구성하는 변수에 대한 설명이다. 바르게 된 것은?

> ㄱ. 리더와 부하의 관계 : 가장 중요한 상황변수로서 부하가 리더에 대해 느끼는 신뢰성, 확신, 존경의 정도로서 상하간의 관계가 좋고 나쁨을 의미한다. 이것이 높을수록 그 상황은 리더에게 호의적이다.
> ㄴ. 과업구조 : 과업의 복잡성을 의미하는 것으로 과업목표가 명료하고 목표에 이르는 수단이나 절차가 간단하며 의사결정 결과의 확인이 쉽고 유사한 의사결정이 반복되는 경우 과업구조는 단순해지며, 과업이 이처럼 구조화되면 될수록 상황은 호의적이다.
> ㄷ. 지위권력 : 리더의 지위가 조직구성원들로 하여금 명령을 받아들이도록 할 수 있는 정도로 부하들에 대한 처벌, 보상, 진급·승진에 대한 추천권이나 결정권을 뜻한다. 이러한 권한이 강하면 강할수록 리더에게 불리한 상황이 된다.

① ㄱ, ㄴ
② ㄱ, ㄷ
③ ㄴ, ㄷ
④ ㄱ, ㄴ, ㄷ

14 뒷담화 또는 가십은 다음 중 어떤 유형의 커뮤니케이션에서 주로 거론되는가?

① 수직적 커뮤니케이션
② 대각선적 커뮤니케이션
③ 수평적 커뮤니케이션
④ 비공식적 커뮤니케이션

15 레윈(kurt lewin)에 의해 분류된 리더십의 유형 중 조직 내의 의사결정을 리더가 혼자서 일방적으로 하고 작업방법에 대해 지시하며 꼭 필요한 부분만을 부하가 알아서 하도록 하는 리더십은?

① 전제적 리더십
② 권력지향적 리더십
③ 자유방임적 리더십
④ 통합적 리더십

| 정답 | 1. ② 2. ③ 3. ④ 4. ③ 5. ③ 6. ④ 7. ① 8. ④ 9. ③ 10. ④ 11. ② 12. ④ 13. ① 14. ④ 15. ① |
|---|---|

Chapter 8

# 마케팅활동의 관리



"마케팅 없이는 기업도 없다"라는 말이 있을 정도로 소비자와 직접 접촉하게 되는 마케팅활동은 그 중요성이 매우 높다. 여기에서는 소비자의 욕구를 파악하고 이를 충족시키기 위해 필요한 마케팅활동의 개념과 구성요소 그리고 주요 기능을 간략히 알아보기로 한다.

# 제1절 마케팅의 개념과 범주

## 1. 마케팅의 개념

신문이나 TV 등을 통하여 기업뉴스를 접하면 가장 많이 등장하는 단어 중의 하나가 마케팅이다. 기업은 고객을 위해 제품과 서비스를 창출하며 고객은 적절한 가격을 지불하고 이를 구입한다. 마케팅이란 이런 교환과정을 통해 인간의 욕구를 충족시켜 이를 통해 이윤을 추구하는 기업 내의 모든 활동을 의미한다.

많은 사람들이 마케팅과 판매를 같은 것이라고 오해하곤 한다. 물론 판매는 마케팅의 일부이다. 그러나 마케팅은 판매 이상의 것이다. 피터 드러커는 마케팅의 목적은 판매를 필요 없게 하는 것이라고 보았다. 그 뜻은 마케팅의 임무는 소비자들의 충족되지 못한 욕구를 발견하고, 만족시킬 수 있는 해결책을 마련하는 것이라는 것이다. 마케팅이 매우 성공적일 때, 사람들은 제품을 좋아하게 되고, 입에서 입으로 그 가치를 전하게 되어 구태여 판매활동을 벌일 필요가 없어진다.

따라서 마케팅은 곧 판매라는 등식은 성립할 수 없다. 회사가 상품을 소유하기 훨씬 이전부터 마케팅이 시작되기 때문이다. 마케팅은 소비자의 욕구를 파악하고 그 욕구를 만족시키기 위해 신제품을 개발하며 가격을 결정하고 적절한 유통경로를 통해 소비자에게 전달하는 활동이다. 따라서 판매는 제품이 개발되고 생산된 이후에 발생한다. 또한 마케팅은 상품의 수명이 다할 때까지 계속된다. 목표고객을 선정하고, 상품의 기능과 가치를 개선하며, 상품이 고객의 욕구만족에 적절한 것인가를 확인하는 것과 같은 다양한 일들이 마케팅에 포함된다. 이제 마케팅의 핵심개념을 간략히 살펴보기로 하자.

### (1) 소비자의 필요와 욕구

소비자의 필요(needs)는 기본적인 결핍을 느끼고 있는 상태를 말한다. 필요는 소비자가 인간으로서 존재하는 한 없어지지 않는 기본적인 것이다. 예를 들어, 인간은 삶을 영위하기 위해 먹는 것, 입는 것, 쉬는 곳을 필요로 한다. 이러한 의식주는 누구나 인간으로서 필요로 하는 것이다. 반면에 욕구(wants)는 소비자가 필요한 것을 충족시키기 위해 특정대상을 원하는 것이다. 예를 들어, 소비자는 생존하기 위해서는 먹어야 하므로 음식이 필요하다. 소비자는 자신의 음식에 대한 필요를 충족시키기 위해 특정상품에 대한 욕구를 느낀다. 특정상품은 쌀이 될 수 있고, 밀가루음식이 될 수 있다.

소비자는 누구나 음식에 대한 필요를 느끼지만 그 필요를 충족시키기 위한 욕구를 느끼는 상품은 소비자의 기호나 상황 또는 문화에 따라 영향을 받는다. 아침에 음식에 대한 필요를 느낄 때 한국사람은 쌀밥과 김치를 선호할 확률이 서구인에 비해 높다. 하지만 이러한 선호도도 개인의 취향에 따라 다양하여, 어떤 한국인은 베이글을 원할 수도 있다. 또한 특정상품에 대한 욕구는 시간이 지남에 따라 바뀔 수 있다. 오늘 아침에는 쌀밥을 원했지만 내일 아침에는 샌드위치를 원할 수 있기 때문이다.

필요와 욕구를 구분하는 것은 마케팅에서 매우 중요하다. 소비자는 똑같은 필요를 느끼지만 각각의 소비자마다 필요를 충족시키기 위한 상품에 대한 욕구는 다양하다. 따라서 마케터는 자신이 판매하는 상품에 대한 소비자의 욕구가 언제든지 경쟁상품에 대한 욕구로 바뀔 수 있음을 인식해야 한다. 예를 들어, 에어컨이 도입되기 전에는 소비자들은 선풍기에 대한 욕구가 강했다. 하지만 많은 소비자들은 선풍기에 대한 욕구에서 에어컨에 대한 욕구를 더 많이 가지게 되었다. 마케터는 소비자들의 욕구가 어떻게 변화하는지를 항상 체크하고 변화하는 욕구에 대처해야 한다.

### (2) 만 족

소비자는 제품이나 서비스의 이용을 통해 욕구를 충족시키는데, 이때 소비자는 자신의 기대수준을 충족시키는 상품에 대해 만족하게 된다. 상품의 품질(performance)이 기대수준(expectation) 이상일 경우 소비자는 상품에 대해 만족하는 반면에, 상품의 품질이 기대수준 이하일 경우 소비자는 불만족하게 된다.

흔히들 상품의 품질이 좋은 경우 소비자는 만족한다고 생각하기 쉽다. 하지만 소비자의 상품에 대한 기대수준이 매우 높은 경우 높은 품질에도 불구하고 소비자를 충분히 만족시키지 못할 수도 있다. 반면에 상품의 품질은 높지 않지만 소비자의 상품에 대한 기대수준이 매우 낮은 경우에는 소비자를 만족시킬 수 있다. 예를 들어, 미국의 사우스웨스트항공사는 정시도착이나 고객의 수화물 취급에 있어 중간 정도의 실적을 나타내었지만, 고객만족도에서는 최상위를 기록하였다. 이는 사우스웨스트항공사의 낮은 가격 때문에 소비자들이 서비스에 대한 낮은 기대수준을 형성함에 기인한다. 사우스웨스트항공사의 그저 그런 정도의 서비스수준이 고객의 사우스웨스트항공사에 대한 기대수준보다 훨씬 높았기 때문이다.

### (3) 가 치

소비자가 느끼는 가치(value)는 소비자가 상품을 사용할 때 얻는 이익(benefits)과 상품을 구매할 때 사용하는 비용(costs)의 차이이다. 마케터는 소비자가 느끼는 가치를 증대시켜야 하는데, 두 가지 방법으로 소비자의 가치를 증대시킬 수 있다.

첫째, 소비자가 얻는 이익을 증대시키는 방법으로 소비자가 느끼는 가치를 증대시킬 수 있다. 가장 쉬운 방법은 상품의 기능을 높여 소비자가 기능을 사용함으로써 얻는 이익을 높일 수 있다. 예를 들어, 자동차에 블랙박스와 내비게이션 등을 매우 저렴한 가격으로 공급하여 소비자가 얻는 이익을 증대시킬 수 있다.

둘째, 소비자가 상품의 구매시 부담해야 하는 비용의 절감을 통해 소비자가 상품으로부터 느끼는 가치를 증대시킬 수 있다. 같은 기능을 제공하는 상품의 경우 낮은 가격을 제시하면 고객이 부담하는 비용이 줄어들어, 그만큼 고객이 느끼는 가치가 증대될 수 있다. 따라서 마케터는 상품의 생산방법의 개선을 통해 제조원가를 줄이거나 효율적인 유통경로의 확보를 통해 상품의 최종가격을 낮추도록 노력해야 한다.

불황기에는 상품의 추가기능의 제공을 통한 가치 증대보다는 비용의 절감을 통한 가치 증대를 꾀하는 것이 좋다. 불황기에는 소비자의 구매력이 떨어지기 때문에 저가의 제품을 선호하게 마련이다. 따라서 필요치 않은 기능은 제거하고 꼭 필요한 기능만 제공하여 제품의 원가를 낮추는 것이 필요하다.

## 2. 소비자행동분석

소비자행동은 개인 또는 그룹이 자신들의 필요와 욕구, 그리고 꿈을 충족시키기 위해 상품 및 서비스를 선택, 구매, 사용, 교체하는 과정을 말한다. 소비자가 여러 상품들 중에서 어떤 브랜드를 선택하고 어떻게 평가하는지와 같은 소비자행동요인들을 제대로 이해해야 효과적인 마케팅활동을 전개할 수 있다.

소비자의 구매행동을 이해하는 출발점으로는 [그림 8-1]과 같은 자극-반응 모형을 생각해 볼 수 있다. 외부환경의 자극과 마케팅활동을 통한 자극이 소비자의 인지세계로 들어가게 되면, 소비자는 이에 대한 결과물로 반응을 하게 된다. 원하는 상품 선택, 브랜드 선택, 매장 방문 등이 결과물에 해당한다. 소비자에게 자극을 주는 요인으로는 디자인, 광고, 매장 내부인테리어, 가격 및 유통 전략 등 다양한 활동이 있다.

[그림 8-1]
소비자행동 모델

[그림 8-1]의 인지세계를 상세히 알아보고자 노력한 결과물이 바로 소비자 구매 프로세스이다. 대부분의 소비자는 비슷한 구매단계를 거친다. [그림 8-2]는 구매과정을 구성하는 몇 가지 단계를 요약한 것이다. 소비자는 필요인식, 정보탐색, 대안평가, 구매의사결정, 사용 및 경험, 그리고 마지막으로 구매 후 행동의 단계를 거치게 된다.[1] 이 과정을 통해 소비자의 실제 구매행위에서 구매 이전과 이후의 단계도 매우 중요함을 알 수 있다.

구매과정의 첫 번째 단계는 필요 인식이다. 배고픔이나 허전함과 같이 소비자 자신이 느끼는 기본적인 욕구, 친구나 주위 사람들을 따라 하고픈 욕구 또는 상품광고 등을 통해 전해지는 자극은 소비자의 니즈 유발로 이어지게 된다. 두 번째 단계는 정보탐색인데, 평소에 항상 사용하던 샴푸나 음식 등을 구매하기 위해서는 별다른 정보탐색과정을 거칠 필요가 없을 것이다.

1) 김정구 · 오준환 · 이우헌(2010), 『세계 일류들의 마케팅관리』, 율곡출판사, pp.166~167.

[그림 8-2]
구매과정모형

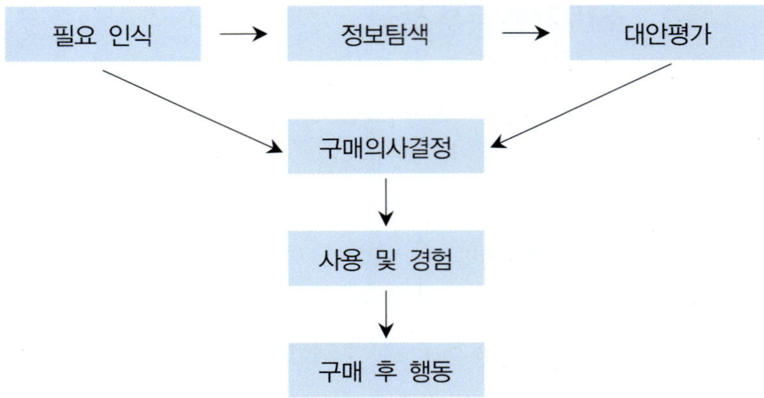


그러나 욕구를 충족시킬 수 있는 상품이나 서비스에 대한 정보가 기억 속에 충분히 저장되어 있지 않으면 다양한 정보원을 검색하게 된다. 충분한 정보탐색과정이 마무리되면 세 번째 단계인 대안평가에 들어가게 된다. 대안으로 선정된 상품이나 서비스의 기능과 품질, 가격과 같은 다양한 속성 등을 살펴보고 각 속성의 수준과 상대적 중요도를 나름대로 결정함으로써 종합적인 평가를 하게 된다. 네 번째 단계는 구매의사결정을 하는 단계인데, 전단계에서 다양한 상품과 서비스에 대한 평가가 이루어졌다 하더라도 그 결과에 따라 구매가 이루어지는 것만은 아니다. 주위 사람들의 의견이나 태도 등에 의해 영향을 받을 수도 있고 가지고 있는 가용예산이 줄어들어 구매를 미룰 수도 있다. 또한 구매결과에 대해 자신이 없는 경우에도 구매를 미루거나 취소하게 될 가능성이 높다. 다섯 번째 단계는 실제 구매하여 경험하는 과정이며, 마지막 여섯 번째 단계는 구매 후 행동이다. 상품을 구매한 후 소비자는 만족 또는 불만족을 경험하게 되고 구매 전의 상품에 대한 기대수준과의 비교가 이루어진다. 기대수준을 넘어서게 되면 추후에도 구매과정에서 대안에 포함되어 추가적 구매로 이어질 가능성이 높지만, 그렇지 않은 경우 더 이상의 구매는 이루어지지 않게 된다. 즉, 구매 전 소비자의 기대감과 실제 사용과정에서의 만족도의 괴리 정도에 따라 구매 후 행동이 상당한 영향을 받게 된다.

일반적으로 소비자는 [그림 8-2]의 여섯 단계를 연속적으로 거치지만 모든 소비자가 여섯 단계를 다 거치지는 않는다. 어떤 소비자는 중간단계를 뛰어넘기도 하고, 단계를 역방향으로 거치기도 한다. 예를 들면, 평소에 항상 사용하던 화장품이나 사무용품 등을 구매하고자 하는 경우 정보탐색과 대안

평가 단계는 건너뛰고 바로 구매행위로 넘어갈 수 있다. 이러한 것은 브랜드의 인지도가 높은 상품에서 흔히 발생한다.

## 3. 마케팅의 주요 의사결정문제

기업이 마케팅활동을 제대로 하기 위해서는 고객의 욕구를 충족시키기 위한 여러 다양한 활동을 계획하고 실행해야 한다. 예를 들어, 어떤 사람이 액세서리 사업에 진출하기로 했다고 생각해 보자. 이 사람은 마케팅과 관련된 몇 가지 중요한 결정을 내려야 한다.

- 어떤 고객에게 우리 회사가 생산한 액세서리를 팔아야 하나? 우리의 고객층을 어떻게 정의해야 하나? 고객층을 소득별로 분류해야 하나 또는 성별이나 취향에 따라 구분해야 하나?
- 어떤 제품을 내놓아야 하나? 다양한 색상을 가미한 화려한 디자인을 내놓아야 하나 단순하고 소박한 모델을 내놓아야 하나?
- 액세서리의 가격대는 얼마가 되어야 하나? 여러 개를 사는 사람에게는 할인을 해주어야 하나?
- 어떤 방식으로 소비자에게 접근해야 하나? 백화점, 보석상, 선물판매점, 액세서리 전문점 중 어떤 종류의 점포가 적합할까?
- 고객들에게 어떻게 우리 회사 제품의 존재를 알려야 하나? 판매원에만 의존할 것이 아니라 광고도 해야 하나?

이러한 일련의 결정들은 마케팅의 중요한 두 가지 개념을 설명해 주는 데 도움이 된다. 첫 번째 개념은 위 항목 중 맨 위에 있는 것으로 마케팅에서 가장 중요한 결정인 시장선택이다. 시장선택이란 소비자의 어떤 욕구는 충족시키고 어떤 욕구는 충족시키지 않을 것인지를 명확히 규정하는 것이다. 어느 기업이든지 매우 한정된 자원과 능력밖에 없으므로 기업은 일부 특정 소비자집단의 한정된 욕구만을 충족시킬 수밖에 없다. 어떤 기업도 "모든 사람에게 모든 제품"을 공급할 수는 없기 때문이다.

위 항목 중 나머지 네 가지는 마케팅믹스(marketing mix)에 관한 것으로 관리자가 마케팅활동을 수행하기 위하여 쓸 수 있는 도구를 말한다. 마케팅믹스는 기업이 목표고객으로부터 원하는 반응을 얻기 위하여 사용하는 도구이다. 마케팅믹스를 구성하는 요소로는 흔히 제품(product), 가격(price), 유통(place), 촉진(promotion)의 네 가지를 들며 4P라고도 한다.

- 제품 : 시장에 제공되는 제공물 그 자체로서 유형의 상품, 포장, 그리고 구매를 통해 소비자들이 획득하는 일련의 서비스
- 가격 : 배달, 보증 등에 들어가는 부과금을 포함한 상품의 가격
- 유통 : 목표시장의 고객들이 쉽게 사용 및 접근 가능하도록 위치시키는 것
- 촉진 : 상품의 구매 가능성 및 혜택을 목표소비자들에게 알리거나 설득하기 위한 광고, 판매촉진, 직접 우편판매, PR 등의 커뮤니케이션 활동

## 제 2 절 마케팅전략

시장선택과 상품개발은 마케팅전략의 핵심이다. 이제 마케팅전략을 [그림 8-3]과 같이 단계별로 나누어 구체적인 활동내역을 살펴보기로 하자.

[그림 8-3]
마케팅전략 프로세스의 구성

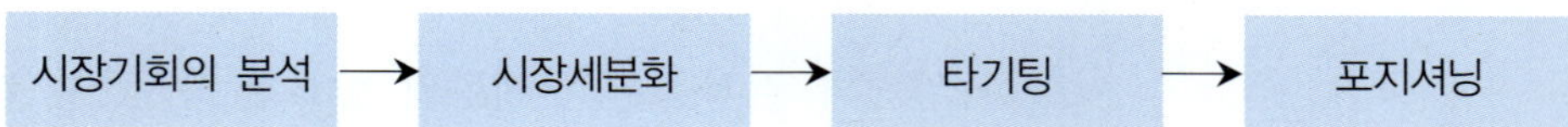


### 1. 시장기회의 분석

시장에 관한 조사분석은 마케팅을 위한 출발점이다. 조사 없이는 눈을 감고 시장에 들어가는 것과 같다. 좋은 마케팅은 시장기회를 주의 깊게 조사하여

이 시장에서 창출되는 수익이 기업의 목표를 충족시키는가를 분석한다. 소비자를 조사해 보면, 소비자는 그들의 욕구, 느낌 및 선호하는 정도가 각기 다르다. 여성은 남성의 것과는 다른 신발이 필요하며, 살찐 사람은 마른 사람과 다른 신발이 필요하다. 신발에 아름다운 패션이 들어가면, 소득, 교육 및 취향의 차이로 인해 선호하는 범위는 훨씬 더 확대될 것이다. 이런 활동을 마케팅조사라 한다.

## 2. 시장세분화

마케팅전략의 중요한 의사결정 중의 하나는 시장을 얼마나 동질적으로 다룰 것인가이다. 소비자는 다양한 욕구를 가지고 있다. 따라서 마케터는 모든 소비자를 동일하다고 가정하고 한 가지 제품만으로 모든 소비자를 만족시키려고 시도할 수도 있고, 다양한 요소를 중심으로 소비자들을 몇 개의 그룹으로 나누어 각각의 그룹에 다른 제품을 제시할 수 있다.

시장세분화(segmentation)란 마케터가 이질적 욕구를 가진 다양한 소비자들을 특정 제품군에 대한 태도, 의견, 구매행동이나 인구통계학적 변수(나이, 성별, 학벌 등) 등에서 비슷한 성향을 가진 소비자집단으로 묶는 과정을 의미한다. 시장세분화는 소비자의 욕구를 정확히 파악하고 수요에 적극적으로 대응하여 시장기회를 탐색하기 위한 것이다. 마케터는 세분화된 소비자집단들의 욕구를 충족시킬 수 있는 제품을 개발하여 소비자들을 만족시킬 수 있다. 예를 들어, 볼보자동차는 안전을 우선시하는 소비자와 그렇지 않은 소비자로 시장을 나누고 있다.

## 3. 타기팅

시장을 몇 개로 나눈 후에는 어떤 시장을 추구해야 할지 결정해야 한다. 기업은 수익성 또는 미래기회가 큰 세분시장을 표적으로 삼아야 한다. 각 세분시장에서 성공요인에 대한 자신의 경쟁역량을 점검해 봄으로써 기업은 목표시장을 지혜롭게 선택할 수 있다.

[그림 8-4]
마케팅 타기팅의 유형

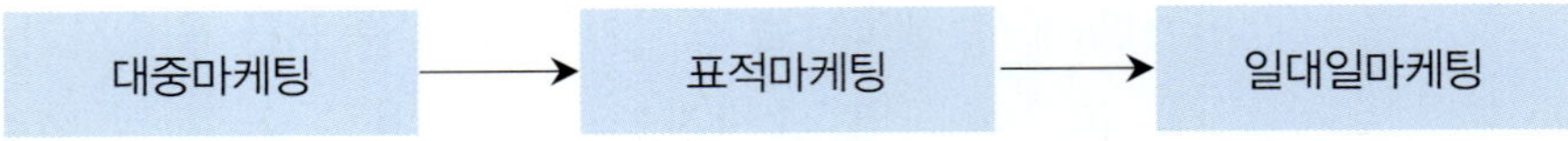


타기팅(targeting)은 대상범위에 따라 [그림 8-4]에서와 같이 크게 세 가지로 나눌 수 있다. 이 세 가지는 마케팅의 역사와 함께 진행되고 있다. 즉, 대중마케팅에서 표적마케팅으로 발전해 왔고, 현재는 표적마케팅에서 일대일마케팅으로 움직여 가고 있다.

- 대중마케팅(mass marketing) : 시장을 구분하지 않고 시장 전체를 대상으로 표준화된 상품과 서비스를 제공하는 기업이 주로 채택하는 방법이다. 외국 유명회사의 콜라는 특정 소비자를 대상으로 하기보다는 모든 사람들을 만족시키기 원한다.
- 표적마케팅(target marketing) : 시장 전체를 대상으로 하지 않고 한 개 또는 그 이상의 특정 세분시장에 초점을 맞추어 제품을 개발하고 판매한다. 10대들이 즐겨 찾는 음료나 옷을 생산하는 업체들은 모두 표적마케팅을 하고 있다고 볼 수 있다.
- 일대일마케팅(one to one marketing) : 마케팅활동으로는 가장 미세한 단계에 내려온 일대일마케팅은 상품공급과 커뮤니케이션을 각각의 개별소비자에게 맞추어 실행하는 것이다. 예를 들어, 맞춤주택 건설업자는 고객이 원하는 주택을 설계하기 위해 각 고객들과 함께 일하게 된다. 또한 외국의 어느 유명자동차 생산업체는 고객이 원하는 개별적인 사양을 디자인할 수 있는 웹사이트를 제공하고 있다. 인터넷 기술의 발전으로 개인 고객의 취향에 맞추는 고객맞춤형 서비스가 일대일마케팅을 통해 점차 활성화되어 가고 있으나, 비용의 문제로 인해 개인화된 제품의 제공은 아직 활발하지는 않다. 일대일마케팅이 이상적이긴 하지만 실제로 효용성이 크지는 않으므로 대개의 경우 시장을 몇 개의 단위로 나눈 후에 목표시장을 선정한다.

## 4. 포지셔닝

포지셔닝이란 세분화된 시장 중 표적시장을 정한 후 경쟁제품과는 다른 자사 제품의 차별적 요소가 표적시장의 소비자들의 인식 속에 위치하는 것이다. 포지셔닝전략은 제품의 포지셔닝을 위해 제품, 가격, 유통, 촉진 등의 마케팅 믹스를 이용하는 것을 말한다.

마케터는 자사의 제품 포지셔닝을 명확히 한 다음 각 마케팅믹스 요소들이 일관적으로 포지셔닝 형성에 기여하도록 해야 한다. 예를 들어, 자사제품의 목표시장을 안전을 우선시하는 소비자들로 정한 자동차 메이커의 경우, 에어백 시스템과 타이어, 고성능 브레이크 등과 같이 안전과 관련된 부품을 강화한 제품을 출시하도록 하고, 광고도 안전을 주제로 하여 소비자들에게 어필해야 한다. 또한 안전을 우선시하는 고객들이 상대적으로 고소득층이므로 이들이 거주하는 지역에 유통을 담당할 대리점들을 오픈하도록 해야 한다.

# 제 3 절 제품관리

## 1. 신제품개발과 제품의 수명주기

소비자의 욕구나 필요를 충족시킬 수 있는 것은 무엇이든지 다 제품에 들어간다. 따라서 물건뿐만 아니라 서비스 · 장소 · 아이디어 · 조직체 등도 모두 제품이 될 수 있다. 그런데 마케팅관리의 입장에서 보면 제품이란 제품을 구성하고 있는 속성들의 단순한 집합 이상의 것을 의미한다. 왜냐하면 소비자들은 제품을 그들의 욕구를 충족시키는 모든 편익의 뭉치로 파악하기 때문이다. 따라서 마케팅관리자가 제품을 개발하려고 할 때에는 먼저 그 제품이 소비자의 어떤 욕구를 충족시킬 수 있는지, 즉 소비자가 그 제품에서 어떤 편익을 얻을 수 있는지를 확실히 해야 한다.

오늘날과 같이 소비자들의 기호가 다양하고 급변하며 또 경쟁이 치열한

[그림 8-5]
신제품개발과정

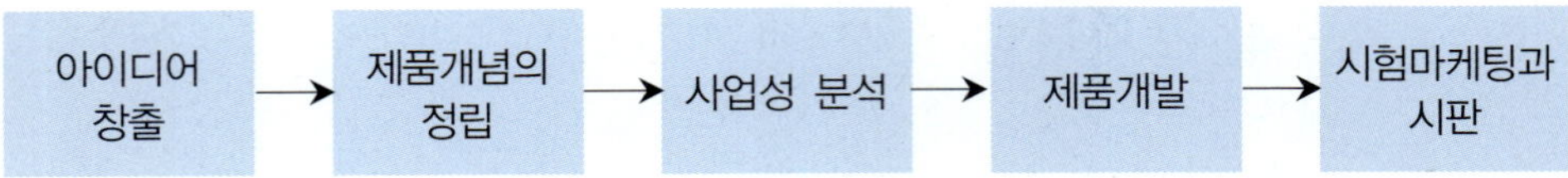


상황에서는 신제품이 기업의 성패에 아주 큰 영향을 미친다. 그러나 신제품의 개발에는 큰 위험이 따른다. 따라서 기업은 신제품개발과정을 철저히 관리하여 꼭 성공할 제품만을 시장에 내놓아야 한다. 신제품개발은 [그림 8-5]에서와 같이 여러 단계를 거친다.

신제품개발은 신제품에 관한 아이디어 창출에서부터 시작한다. 매력 있는 제품아이디어들을 가려내었으면, 그 다음 단계는 이러한 아이디어들 하나하나를 제품개념으로 발전시킨다. 제품개념이란 아이디어를 좀더 구체적이고 소비자들에게 의미 있는 언어로 제품을 표현한 것을 말한다. 예를 들어, 어떤 식품제조업체가 우유에 넣으면 우유의 영양가와 맛을 개선해 주는 분말을 만들 생각을 했다고 하자. 이것이 제품아이디어이다. 이러한 제품아이디어는 제품이 제공해 주는 주된 편익, 제품의 용도, 제품이 겨냥하는 고객시장에 따라 '아침에 시간이 없어 식사를 제대로 못하는 직장인들을 위한 영양식'이라는 제품개념으로 발전시킬 수 있다.

사업성 분석은 앞의 두 단계를 거친 아이디어들을 판매, 시장점유율, 수익률 측면에서 평가하는 과정이다. 아이디어가 아무리 좋더라도 만일 그 아이디어에서 나온 제품이 시장에서 회사가 정한 목표를 달성할 수 없다고 판단되면, 경영자는 그 아이디어를 이 단계에서 과감히 포기해야 한다.

앞의 단계를 모두 통과한 제품아이디어를 실제로 제품화시키면 마지막 단계는 시험마케팅과 시판이다. 시험마케팅은 새로 개발된 신제품을 실제의 시장과 유사한 환경과 특성을 지닌 소수의 소비자들에게 시험해 보는 과정을 말한다. 시험마케팅까지 무사히 통과한 제품이라 할지라도 시장에서 반드시 성공하리라는 보장은 없다. 따라서 경영자는 시험마케팅에서 얻은 자료와 경험을 잘 활용하여 시판에서 실패하는 일이 없도록 최선을 다해야 한다.

아무리 잘 만든 제품이라도 소비자들의 취향 변화, 경쟁사의 공격, 기술의 진보 등으로 인하여 언젠가는 시장에서 선도적인 위치를 잃게 된다. 사람도 유년기, 청년기, 성년기, 노년기를 거치듯이 제품에도 수명주기가 있다. 제품수명주기는 한 제품이 시장에 도입되어 사라질 때까지 거쳐 가는 도입기,

[그림 8-6]
제품수명주기

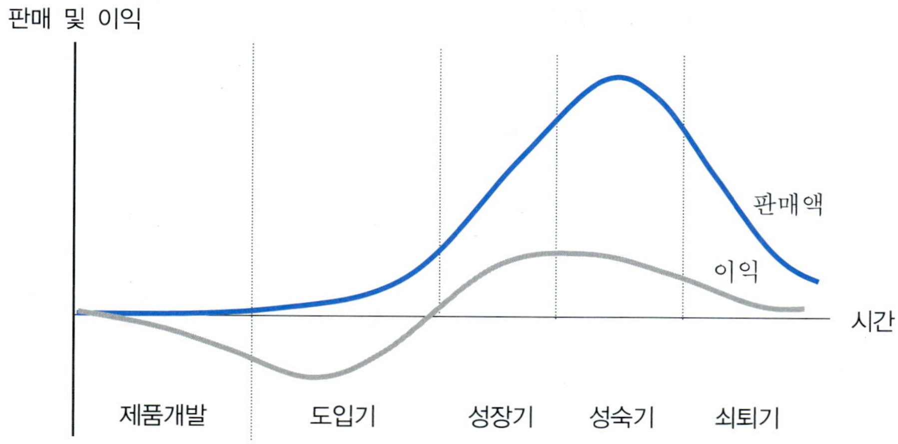


성장기, 성숙기 그리고 쇠퇴기로 구성된다.

- 도입기 : 소비자들이 그 제품의 존재에 대해 별로 아는 것이 없기 때문에 제품에 대한 수요가 많지 않다. 마케팅활동은 소비자들에게 제품의 존재와 사용효과를 알리는 데 중점을 둔다.
- 성장기 : 제품의 질이 향상되고, 가격이 떨어져 수요가 증가하기 시작한다. 소비자들도 제품에 관해 어느 정도 알고 제품을 판매하는 매장도 늘어난다. 광고·판촉활동이나 유통망의 개척으로 인해 많은 비용이 들지만 급속한 시장수요의 확대로 인해 매출과 이익이 급증한다.
- 성숙기 : 경쟁이 치열해지면서 판매 증가율이 줄어들기 시작한다. 경쟁으로 인해 가격이 떨어지며 다양한 판촉활동을 전개한다.
- 쇠퇴기 : 신제품개발, 대체상품의 등장, 새로운 기술의 개발, 소비자 취향의 변화 등으로 판매가 급속도로 줄어든다. 광고나 판매촉진 활동을 줄이면서 비용절감에 초점을 맞춘다.

## 2. 제품의 브랜드 전략

### (1) 브랜드와 브랜드 전략의 의의

브랜드는 사업자가 자사 제품과 경쟁업체 제품을 구별하기 위해 사용하는 고유한 명칭·기호·디자인·도형 등을 일컫는 말이다. 특정 메이커의 제품이라는 것을 명시하기 위한 명칭이나 표지로 사용되는 브랜드는 이제 기업의 핵심자산으로 인정받을 정도로 그 중요성이 인정되고 있다. 브랜드 전략이란, 기업이 하나의 제품이나 브랜드를 장기적으로 강력한 브랜드 또는 가치 있는 브랜드로 육성하기 위한 전략을 의미한다. 단기적으로 몇 년 동안만 수익을 내고 그만두려는 목적으로 제품이나 브랜드를 개발하는 기업은 없다. 모든 기업들이 자신들이 출시하는 제품이나 브랜드를 세계적인 것으로 만들고 싶어 하고, 또 이를 통해 장기적인 수익을 내고 싶은 꿈을 가진다. 이러한 꿈을 현실로 바꾸기 위해 가장 중요하게 생각해야 하는 것이 바로 브랜드 전략이다.

세계적인 명품으로 많은 매니아층을 보유하고 있는 할리 데이비슨(Harley-Davidson)처럼 그 나름대로의 브랜드 가치와 문화를 구축할 수 있다면, 고객은 비싼 가격의 할리 데이비슨을 구입하면서도 알 수 없는 소속감과 행복을 느낀다. 그리고 더 나아가 고객 스스로 할리 데이비슨이라는 브랜드를 더욱더 강력하게 만드는 과정에 동참하게 된다. 이것이 바로 브랜드 전략의 핵심이다. 즉, 작게 시작했지만 장기적으로 강력한 브랜드로 만드는 전략, 더 나아가서 강력한 브랜드를 유지하고 더욱 강화시키는 전략이 바로 브랜드 전략이다. 기업의 브랜드는 다양한 마케팅활동을 통해 소비자에게 새롭게 인식되고 그 가치가 더욱 증대된다.

그렇다면, 어떤 브랜드가 강력한지 어떻게 알 수 있을까? 즉, 강력한 브랜드를 구성하는 요소에는 어떤 것이 있을까? [그림 8-7]에 요약되어 있듯이 강력한 브랜드를 나타내는 요소로는 브랜드 인지도, 인지된 품질명성, 브랜드 연상, 브랜드 애호도 등의 네 가지를 들 수 있다.[2)]

첫째, 브랜드 인지도란 고객이 브랜드를 인지하고 있는 정도를 말한다.

2) 위의 책, pp.258~259.

[그림 8-7]
강력한 브랜드의 구성요소

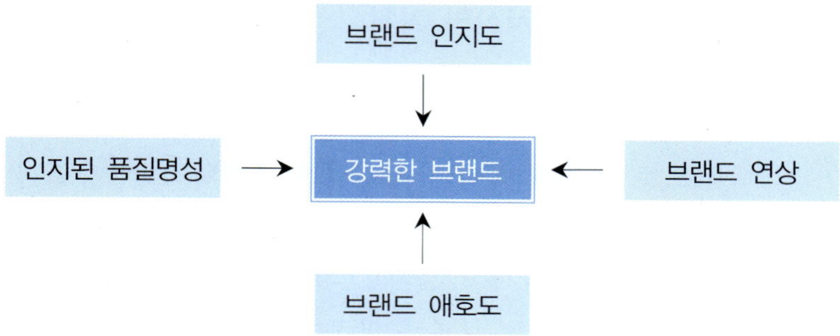


즉, 그 브랜드가 고객의 마음속에 얼마나 자리 잡고 있는가를 나타낸다. 신세계 이마트의 경우 타 브랜드에 비해 훨씬 많은 수의 매장을 운영함으로써 상대적으로 가까운 거리에서 제품과 서비스를 소비자에게 제공하고 있다. 이러한 입지적 요건과 다양한 마케팅활동을 통해 이마트는 가장 많은 소비자들이 인지하고 있는 대한민국 대표 할인점으로 자리매김하고 있으며 브랜드 인지도도 동종산업에서 가장 높은 것으로 평가되고 있다.

둘째, 인지된 품질명성은 고객이 상품 및 서비스와 관련해 느끼는 품질 수준을 의미한다. 국내 휴대폰시장 점유율 50% 이상을 기록하고 있는 삼성모바일 브랜드인 갤럭시는 높은 품질명성을 가지고 있는 대표적인 브랜드이다. 제품 그 자체도 우수하겠지만 사후서비스 역시 글로벌 수준이라고 평가받고 있다.

셋째, 브랜드 연상이란 고객이 브랜드를 생각할 때 연관되어 떠오르는 이미지를 뜻한다. 특정 브랜드를 생각할 때 좋은 이미지가 떠올라야 좋은 브랜드 연상(이미지)을 가지고 있다고 할 수 있다.

마지막으로, 브랜드 애호도란 고객이 브랜드에 대해서 갖는 애호의 정도이다. 즉, 특정 브랜드를 좋아하고, 또 사고 싶어 하고, 남에게 추천하고 싶은 정도를 나타낸다. 특히 고급차를 구입하는 경우 합리성보다는 감성적인 브랜드 애호도에 의해 구매가 이루어지는 경우가 많다. 예를 들어 벤츠를 구매하는 소비자는 벤츠라는 브랜드의 "부와 명예의 상징"이라는 이미지도 함께 고려하기 때문에 높은 브랜드 애호도를 갖고 반복적으로 구매하는 경우가 많다.

### (2) 브랜드 자산의 가치

브랜드 자산은 마케팅 전략에서 브랜드의 중요성을 강조하는 개념으로 '브랜드로 인해 독특하게 발생되는 마케팅 효과'라고 정의된다. 브랜드 자산은 브랜드가 쌓아온 명성과 고객에게 제공하는 가치 등에 근거해 형성되는 무형의 자산이며, 고객이 브랜드 이름을 인지함으로써 상품이나 서비스에 긍정적인 반응을 보이는 효과를 말한다. 즉, 같은 상품이라도 브랜드 이름을 가지고 있지 않을 때보다 브랜드 이름을 가지고 있을 때 소비자들이 더 긍정적인 반응을 보여준다는 사실이 바로 무형의 자산으로서 브랜드 자산의 마케팅 효과를 보여준다. 예를 들어 우리는 주변에서 수많은 테이크아웃 커피전문점을 발견하지만 큰 맛의 차이를 느낄 수 없음에도 불구하고 더 비싼 가격을 지불하면서까지 '스타벅스'와 같은 외국 유명 브랜드의 커피전문점을 찾는다. 이는 브랜드가 제품 그 자체가 가지고 있는 유형적 가치 외에 제품의 이미지, 즉 추가적인 무형의 가치를 고객에게 전달하고 있기 때문이다.

브랜드 자산의 가치는 고객이 특정 브랜드를 위해 가격을 얼마나 더 지불할 의사가 있느냐를 통해 측정되기도 하는데, 한 연구결과에 따르면 72%의 고객이 선호하는 브랜드를 위해 20%의 프리미엄을 더 지불할 의사가 있다고 했고, 40%의 고객이 50% 프리미엄을 지불할 용의가 있다고 대답했다고 한다. 화장품의 경우에도 그 성분이나 효과에는 큰 차이가 없다는 연구결과에도 불구하고, 수많은 여성들이 비슷한 기능의 저가제품보다 고급 브랜드의 화장품을 구매하는 경우가 많다. 이는 고객이 특정 고급 브랜드를 위해 보다 많은 돈을 지불함을 보여주는 좋은 예이다.[3]

훌륭한 기업일수록 자신의 상품과 서비스를 단기적인 수익의 수단만이 아닌 장기적 성장으로 이끄는 강력한 브랜드로 변신시킨다. 전략적으로 강력한 브랜드를 구축하기 위해서는 몇 가지 단계를 거치게 되는데, 브랜드의 비전과 포지셔닝을 수립하는 단계, 그에 맞춰서 구체적인 브랜드 마케팅 프로그램을 설계 · 실행하는 단계, 실행된 마케팅 프로그램의 성과를 측정하는 단계, 피드백을 통해 브랜드를 지속적으로 강화하고 새롭게 혁신하는 단계가 그것이다.

---

3) 위의 책, pp.258～259.

# 제 4 절 가격관리

## 1. 가격결정의 영향요인

소비자들은 원하는 제품을 사용하거나 소유하는 데에서 얻는 효용에 대하여 적절한 대가를 지불해야 하는데, 지불하는 가치의 총합을 가격이라고 한다. 기업이 설정하는 가격은 이익이 보장되지 않을 정도로 낮아서도 안 되고, 수요가 없을 정도로 높아서도 안 된다.

가격을 결정하는 데 있어 마케터가 고려해야 할 사항은 기업 내부적 요인과 기업 외부적 요인으로 나눌 수 있다.

### (1) 내부적 요인

가격결정의 내부적 요인으로는 기업의 마케팅목표, 마케팅믹스전략, 비용을 들 수 있다. 기업의 마케팅목표가 생존전략인 경우에는 수요가 증가하기를 바라면서 가격을 낮게 책정할 수 있다. 반면에 이윤극대화전략인 경우에는 수요와 공급을 고려하여 이윤이 가장 높은 가격대를 책정한다. 기업의 목표가 시장점유율 선두화전략인 경우에는 가능한 한 낮은 가격을 책정한다. 이 경우, 시장점유율이 가장 높은 기업이 제품생산시의 저비용 달성과 장기적인 고수익을 올릴 수 있다고 믿는다.

기업의 마케팅믹스전략은 가격책정에 영향을 미친다. 가격은 마케팅전략의 중요한 요소인 마케팅믹스(제품, 가격, 유통, 촉진)의 하나이다. 따라서 기업의 목표시장과 포지셔닝에 따른 마케팅믹스전략을 결정하면 가격도 마케팅믹스전략에 기여해야 한다. 예를 들어, 외제 고급자동차에 대항하여 국산고급차를 개발하였다면, 높은 품질의 자동차는 물론이거니와 고가의 가격전략을 사용해야 한다. 물론 이 경우, 높은 가격은 고급자동차에 사용될 고품질의 부품들을 감당해야 하기 때문이기도 하다.

제품과 관련된 생산 및 유통 비용도 가격결정에 중요한 요소이다. 제품원가는 가격의 하한선이 되고, 소비자의 제품에 대한 수요는 상한선이 된다.

소비자는 제품에서 얻는 효용의 정도에 대해서까지만 가격을 지불하고자 한다. 따라서 마케터는 이러한 양극단 사이에서 최적가격을 찾아내어야 한다. 그리고 가격을 책정하기 전에 마케터들은 가격과 수요의 관계에 대해서 이해해야 한다.

제품의 유통에도 많은 비용요소가 있다. 보통 제조업체는 자사의 제품을 소매업체의 점포에 진열하여 판매하는 대가로 소매업체에 돈을 지불하는데, 이를 입점비(slotting fee)라고 한다. 입점비는 푸시촉진의 한 형태로 미국의 식료품산업에서는 많이 활성화되어 있고 현재 책, 의류, 컴퓨터 등 다른 산업으로 확산되고 있는 실정이다.

### (2) 외부적 요인

가격결정의 외부적 요인으로는 산업환경(경쟁사의 존재), 경제상황, 고객의 수요 등이 가격에 영향을 미친다. 마케터의 가격결정에 영향을 주는 첫 번째 외적 요인은 경쟁사의 존재이다. 경쟁사와 유사한 품질을 제공하면서 더 높은 가격을 제시한다면 마케터는 대부분의 고객을 잃을 것이다. 그러나 경쟁사보다 유리한 원가구조를 가지고 있어 경쟁사의 원가보다 낮은 가격을 제시하면 경쟁에서 유리하다. 유사한 제품이 많아 경쟁이 치열할수록 시장에서의 움직임에 의해 가격이 결정된다. 반면에 담배, 전기, 우편 등의 제품과 서비스는 독점기관에 의하여 공급되는데, 이러한 경우 공익성을 고려하기는 하지만 가격결정에 있어 해당기관이 매우 큰 힘을 갖는다.

한 나라의 경제상황은 가격결정에 영향을 미치는 또 하나의 요인이다. 호황, 불황, 인플레이션 등의 경제여건은 지속적으로 가격결정에 영향을 미친다. 예를 들어, 불황 때에는 고급사양의 제품보다는 부가기능을 제한하고 기본기능에 충실한 제품을 공급하며 가격 역시 저가를 지향하는 것이 적절하다.

가격이 얼마나 적절하게 책정되었는지를 결정하는 것은 소비자이다. 따라서 가격정책은 고객지향적으로 설정되어야 한다. 고객지향적 가격결정은 소비자들이 제품을 통해서 얻는 효용에 얼마나 많은 가치를 두고 있는지를 알게 해주고, 이러한 가치에 맞게 가격을 설정할 수 있게 해준다. 제품에 대한 수요곡선은 주어진 기간에 책정된 각기 다른 가격에 대해 소비자들이 구매할 수 있는 제품의 개수를 의미한다. 일반적으로 수요곡선은 가격에 반비례한다. 가격이 높을 경우 한정된 예산을 가지고 있는 소비자는 제품의 구입량을 줄이게 되기 때문에 높은 가격일 경우 수요는 줄어든다. 하지만 과시용 제품의 경우에는 가격이 높을수록 더욱 수요가 높아지는 경향이 있다. 예를 들어, 명품으로 불리는 제품들의 경우 가격이 비싸면 비쌀수록 소비가 증가하는 추세를 보이고 있다.

## 2. 가격결정방법의 원리와 유형

### (1) 가격결정원리

적절한 가격을 책정하기 위해서는 제품 및 서비스가 창출해 내는 가치를 이해하는 것에서부터 출발한다. 가격결정원리는 크게 원가기반과 가치기반으로 나누어진다. 원가기반의 가격결정원리는 판매자의 입장에서 제품중심으로 가격을 결정하는 것이다. 마케터는 제품생산에 드는 원가에 목표이익을 더하여 가격을 책정한다. 따라서 마케터는 제품이 구매자가 지불하는 가격에 상응하는 가치가 있다는 것을 마케팅을 통해 구매자에게 확인시켜야 한다. 이 방법은 책정가격이 너무 높으면 매출액이 줄어들고, 가격이 너무 낮으면 수익성이 줄어드는 단점이 있다.

가치기반의 가격결정원리는 고객이 지각하는 제품가치에 근거하여 목표가격을 설정한다. 그리고 목표가격에 맞추어 제품을 디자인하고 이를 생산하

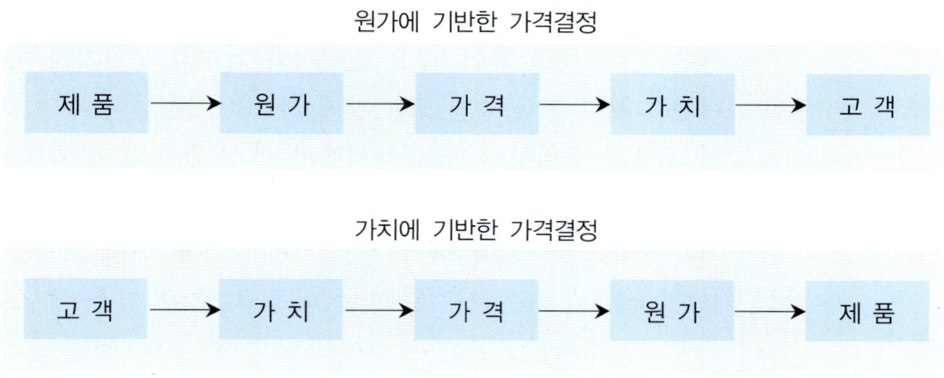


[그림 8-8] 제품가격의 결정원리

는 데 드는 원가를 추정한다. 따라서 가치기반의 가격결정은 고객의 욕구와 가치를 분석하여 소비자의 지각된 가치에 근거하여 이루어진다.

### (2) 가격결정기준에 따른 분류

일반적으로 가격을 결정하는 방법에는 원가기준법, 수요기준법, 경쟁기준법 등의 세 가지가 있다.

원가기준법은 제품의 원가를 중심으로 가격을 설정하는 방법으로 원가가산법과 목표이익법의 두 유형이 있다. 원가가산법은 제품의 단위당 원가에 일정률의 표준이익을 더하여 가격을 산정하는 것이다. 예를 들어, 소매상이 과자 한 봉지를 200원에 구입하고, 그 구입가격에 25%의 마진을 붙여 250원에 판매할 경우 이 소매상은 원가가산법을 사용하여 가격을 설정한 것이다. 목표이익법은 일정한 표준생산량하에서 총원가에 예정된 수익률을 가산함으로써 가격을 결정하는 방법이다. 예를 들어, 어떤 자동차회사가 20%의 투자수익률을 올릴 수 있도록 자동차 가격을 결정할 경우 이 회사는 목표이익법을 사용한 것이다.

수요기준법은 원가가 아니라 소비자의 인식가치와 수요 강도에 입각하여 가격을 설정하는 방법이다. 예를 들어, 원가가 낮다 하더라도 소비자들이 높은 가치를 부여하거나 수요가 매우 강할 경우에는 높은 가격을 매길 수 있을 것이다. 반대로 원가가 높다 하더라도 수요가 약할 때에는 낮은 가격으로 판매할 수도 있다.

경쟁기준법은 기업의 제품가격이 경쟁사의 제품가격을 중심으로 결정되는 경우를 말하며 여기에는 모방가격법과 입찰가격법의 두 가지가 있다. 모방가격법은 가격결정의 기초를 자사의 원가나 시장수요보다는 경쟁사의 가격에 둔다. 예를 들어, 주요 경쟁사의 가격과 동일하게 하거나, 경우에 따라서는 그보다 조금 높게 또는 낮게 가격을 결정한다. 철강, 제지, 비료 등과 같이 제품의 동질성이 높은 시장에서 이 방법이 많이 채택된다. 입찰가격법도 자사의 비용을 토대로 하여 가격을 결정하기보다는 경쟁사들이 어느 정도의 가격을 책정할 것인가에 대한 예측을 기초로 하여 가격을 결정한다. 경쟁사보다 낮은 가격을 제시해야만 계약을 따낼 수 있을 때 쓰는 방법이다.

### (3) 가격차별화전략

기업이 가격차별화전략을 시행하는 이유는 가격차별화전략이 기업의 이익증대에 크게 영향을 미치기 때문이다. 가격차별화전략으로는 네 가지가 있다.

- 시간을 중심으로 하는 차별화전략 : 어떤 제품에 대해 지불할 용의가 있는 가격이 각기 다른 소비자가 서로 다른 시간대에 구입하도록 하는 경우에 사용하는 차별화정책이다. 예를 들어, 저녁에만 영화를 관람할 수 있는 직장인에 비해, 대학생의 경우 언제 영화를 봐도 상관이 없기 때문에 조조할인을 하여서 이른 시간에 영화를 관람하도록 가격을 차별화할 수 있다.
- 지역에 따른 가격차별화전략 : 운송비용이 높고 소비자들의 지역간 이동이 적을 때 사용되는 전략이다. 예를 들어, 제품을 외국으로 수출할 때, 나라별로 각기 다른 가격을 제시하는 것이다. 선진국보다는 개발도상국에 낮은 가격을 제시하는 경우가 많다.
- 구매자 특성에 따른 가격차별화전략 : 주로 서비스산업에서 이용되는 차별화전략으로 구매자 특성을 바탕으로 하고 있다. 예를 들어, 놀이공원이나 동물원의 입장시 어린이나 노인들에게 무료나 저렴한 가격을 제공하거나, 버스나 지하철의 경우 학생을 대상으로 할인된 요금을 적용하는 것이다.
- 구매량에 따른 가격차별화전략 : 소비자들도 대량으로 구매하는 경우 그에 따른 할인을 기대한다. 또한 구매수량에 따라 수량할인을 받게 되면 더욱 많은 양을 구매하는 경향을 보인다. 대형창고형 할인매장은 대량구매에 따른 가격할인 혜택을 바탕으로 소비자들의 대량구매를 유도하는 소매업태이다.

### (4) 제품믹스의 가격결정

한 가지 상품이나 서비스를 판매하는 기업은 없을 것이다. 여러 가지 다양한 상품을 판매하는 경우 앞에서 논의한 단일상품의 가격결정방법과는 다소 다른 방법을 고려해야 한다. 예를 들어 TV의 경우 크기나 사양에 따라 다양한 품목이 출시되는데, 이런 품목의 조합을 제품계열(product line)이라고 하고, TV를 포함하여 냉장고, 에어컨 등 가전제품 판매기업이 제공하는 모든 개별 제품의 집합은 제품믹스(product mix)라고 부른다. 제품믹스에 포함되는 상품의 가격결정은 단일품목의 경우와는 다른 방식으로 이루어지는데, 다음과 같은 다양한 방식이 사용된다.

- 제품계열의 가격결정 : TV나 냉장고와 같이 한 회사에서 제공하는 제품계열이 다양한 제품으로 구성되는 경우 각 제품의 가격결정은 매우 어려운 과제이다. 각 제품의 제조원가, 소비자들의 품질에 대한 평가, 경쟁제품의 가격 등 다양한 요소를 고려하여 각 제품의 상대적 가격을 결정하게 된다.
- 선택사양이 있는 제품의 가격결정 : 자동차나 컴퓨터는 기본모델과 함께 다양한 선택사양이 제공되어 소비자의 선택폭을 넓혀 준다. 소비자 입장에서는 선택사양을 구매하지 않아도 기본제품의 사용에는 큰 문제가 없으므로, 판매자 입장에서는 선택사양의 가격을 적절하게 설정함으로써 선택사양의 가치와 편익이 판매가격을 월등히 넘어선다는 것을 강조하고자 한다.
- 묶음제품의 가격결정(product-bundle pricing) : 여러 가지 관련 제품을 묶어서 구입할 때 상당히 저렴한 가격으로 판매하는 방식이다. 예를 들어 워드프로세서, 스프레드시트, 발표자료 구축 프로그램 등을 하나의 패키지로 판매하는 것이 좋은 예이다. 패스트푸드 레스토랑도 세트메뉴라는 방식을 통해 몇 가지 먹거리를 하나의 상품으로 제공하는데, 각각 구입할 때보다 다소 싼 가격으로 제공된다. 판매업체 입장에서는 묶어서 판매하는 경우 매출도 높이고 또 한편으로는 규모의 경제도 도모할 수 있어 상당한 득이 되며, 소비자 입장에서도 구매과정이 단순해지고 상대적으로 낮은 가격으로 여러 가지 혜택을 받을 수 있어 묶음제품에 포함된 제품이 모두 필요한 경우 상당한 편익이 제공된다.
- 캡티브 제품가격결정(captive product pricing) : 특정제품을 사용하고자 하면 반드시 함께 사용해야 하는 제품의 가격결정방식을 의미한다. 프린터나 복합기는 싸게 판매하고 소모용품인 토너나 카트리지 가격을 비싸게 설정함으로써 이익을 추구하는 경우가 좋은 예이다.

### (5) 신제품의 가격결정

신제품을 출시하는 경우 가격은 시장에서의 성공여부에 절대적인 영향을 미치는 요인이다. 소비자가 받아들일 수 있는 적정가격수준을 훨씬 뛰어넘는 높은 가격의 설정은 매출 저하로 이어져 기본적인 제조 및 개발 원가조차 회수하지 못하게 되어 기업의 생존을 위협할 수도 있다. 추가적인 생산 및 공급을 가능하게 하는 충분한 운전자본의 여력도 없이 지나치게 낮은 가격으로 신제품을 출시하는 것도 문제가 될 수 있다. 신제품을 출시하고자 할 때 흔히 사용하는 가격전략에는 시장침투가격전략(market-penetration pricing)과 스키밍 가격전략(market-skimming pricing)이 있다.

- 시장침투가격전략 : 신제품에 대해 낮은 가격을 책정함으로써 시장점유율을 높이기 위한 전략이다. 소비자들이 가격에 대해 민감하게 반응할 때 효과적인 방법으로, 생산 및 판매량이 누적될 경우 제품의 제조 및 유통 원가가 급격히 하락하여 후발경쟁업체들을 따돌릴 수 있다고 생각될 때 흔히 사용되는 전략이다.
- 스키밍 가격전략 : 자사의 제품이 경쟁사 것과 확연히 차별화되고 최고의 품질과 브랜드를 지니고 있다면 높은 가격으로 신제품을 출시할 수 있다. 가격에 대한 민감도가 낮은 고소득 계층을 대상으로 고가전략을 유지하다가 이들의 구매가 감소하기 시작하면 일반소비자 계층을 대상으로 가격을 인하하는 전략이다. 전혀 새로운 제품이어서 당분간 경쟁제품이 출시되기 어려운 경우에도 적절한 가격전략이다.

## 제5절 유통경로관리

유통이란 제품이나 서비스를 소비자에게 전달하는 것을 말하며 유통경로는 최종소비자에게 전달하는 과정에 참여하는 제조업체와 상인들의 집합을 말한다. 따라서 유통은 제품과 서비스를 효율적이고 효과적으로 제조업체로부터 소비자에게 전달하기 위해 관련된 조직들의 상호작용을 다룬다. 국민경제적 관점에서 유통은 생산자와 소비자 간에 상품과 정보의 흐름이 원활히 이루어지게 하고 나아가 생산과 소비가 효율적으로 연결되게 하여 국가경제활동을 활성화시키는 역할을 담당한다.

## 1. 가치의 창출

유통경로는 제품을 한 장소에서 다른 장소로 전달하는 장소(place)의 기능을 제공하고, 대량생산된 제품을 잘게 쪼개 제품구색을 형성하는 형태(form)로서의 기능도 한다. 또한 유통기관은 정보탐색을 용이하게 하는 접촉점을 제공하는 탐색기능과 생산자와 소비자 사이의 거래횟수를 줄임으로써 비용감소를 가져온다.

### (1) 장소의 가치

최종소비자들은 광범위한 지역에 퍼져 있고 제조업체들은 주로 특정지역에 위치해 있다. 이러한 까닭에 최종소비자와 생산자 사이에서 지리적인 불일치가 발생하게 된다. 유통경로는 제품을 한 장소에서 다른 장소로 전달하는 '장소의 기능'을 한다.

만약 유통업체가 없다면 제조업체는 물건을 직접 소비자에게 배달할 수 있도록 트럭과 창고 등의 물류시설에 투자해야 한다. 이 경우 대기업이라면 가능하겠지만 중소제조업체의 경우에는 비용 문제로 인하여 많은 돈을 물류시설에 투자하기가 어렵다. 투자가 가능한 경우에도 많은 물류비용으로 인해 제품당 단가가 높게 형성될 수밖에 없다.

### (2) 형태의 가치

소비자가 구입하고자 하는 제품의 종류와 양에서 제조업자와 소비자 간의 불일치가 존재하게 된다. 제조업자는 규모의 경제를 실현하기 위하여 소수의 제품라인을 대량생산하려고 한다. 이와 반대로 소비자들은 필요한 제품들을 소량으로 구매하고자 한다. 즉, 제조업자들의 소품종 대량생산과 소비자들의 다품종 소량구매 욕구는 제품구색의 불일치를 발생시키는데, 이는 유통경로 구성원의 '형태의 기능'에 의해 해소될 수 있다.

제품구색의 불일치 문제를 해결하기 위하여, 유통업자들은 다량의 제품을 제조업체로부터 구매하여 제품을 소량 단위로 나누어 최종소비자에게 판매한다. 소비자들은 제품을 대량구매하여 오랫동안 저장하고 소비할 필요가 없게 된다. 이러한 형태의 기능을 가장 많이 제공하는 유통업태는 낱개 판매를 많이 하는 편의점이며, 창고형 클럽은 박스로 파는 경우가 많으므로 형태의 기능을 상대적으로 적게 제공한다고 할 수 있다.

### (3) 탐색의 가치

유통업체는 유통경로의 양 끝에 있는 제조업체와 최종소비자의 탐색을 용이하게 한다. 매개자인 유통업체가 없는 경우, 소비자와 판매자 사이의 거래는 직접 접촉하는 직접유통만 가능하다. 이 경우, 소비자는 제조업체들과 제조업체의 제품명들을 각각 기억해두고 그들과 직접 접촉하여 구매해야 한다. 제품들을 비교하여 선택하는 과정은 시간이 많이 소모되어 상상할 수 없이 힘든 일이 된다.

### (4) 거래횟수의 감소

제조업체와 소비자의 수가 많은 경우, 거래에 유통기관이 개입하지 않는다면 제조업체와 소비자가 직접 거래를 해야 하기 때문에 많은 거래빈도수를 야기한다. 개개의 거래는 비용을 초래하기 때문에 거래빈도수가 많으면 제조업체는 비용의 증가로 인해 제품가격을 올려야 한다. 이는 고객가치의 감소로 이어지므로 제조업체 입장에서는 거래빈도수를 줄이는 것이 필요하다.

유통기관의 참여는 생산자와 소비자 간 직접거래에 비해 유통경로상의 거래횟수를 줄여 거래비용을 줄임으로써 고객이 얻는 가치를 증대시킨다. [그림 8-9]는 거래상의 경제성을 보여준다. 왼쪽 그림은 유통기관이 개입하지 않은 경우로 직접거래가 이루어져서 소비자와 제조업체 간 총거래횟수는 9번

[그림 8-9]
유통기관의 역할

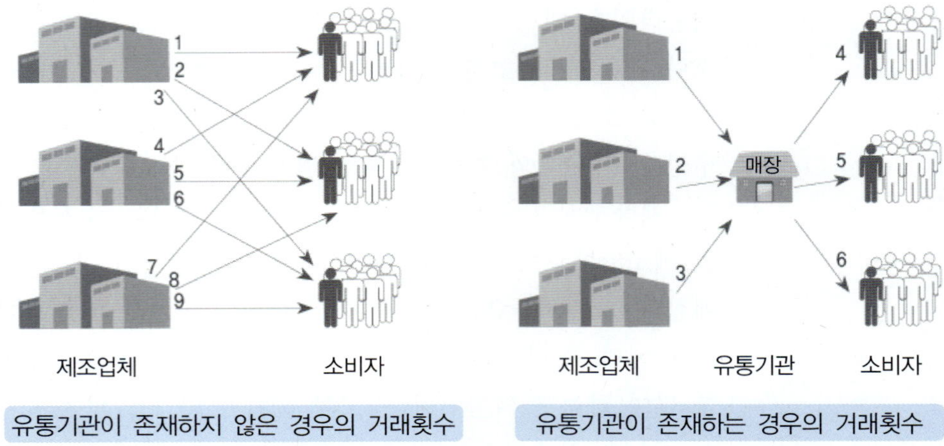


이 된다. 소비자들은 제품이나 서비스를 얻기 위하여 많은 비용을 쓰게 된다. 이와 반대로 오른쪽 그림은 유통기관의 개입을 보여줌으로써 거래횟수가 6번으로 감소하게 된다. 따라서 유통기관의 개입으로 인하여 거래횟수가 감소하게 되며 제조업체와 소비자 모두에게 실질적인 비용감소를 제공하게 된다.

## 2. 유통경로의 유형과 구성원

유통경로는 상품에 따라 매우 다양한 형태를 취하는데, 대개 네 가지 유형으로 분류해 볼 수 있다.

- 생산자 → 최종소비자 : 어떤 중간상도 개입하지 않는 경우로 의료장비나 항공기, 선박 등과 같이 고가격 제품 등이 이런 유통경로를 거쳐 소비자에게 전달된다.
- 생산자 → 소매상 → 최종소비자 : 가전제품이나 가구 등에서 많이 사용된다. 백화점이나 대리점이 소매상의 역할을 하는 경우가 많다.
- 생산자 → 도매상 → 소매상 → 최종소비자 : 생산자가 소규모이어서 소비자와 직접 거래하기가 힘든 식품, 의약품, 술 등과 같은 제품의 유통경로이다.
- 생산자 → 도매상 → 중간도매상 → 소매상 → 최종소비자 : 과일, 야채,

곡물과 같은 1차 상품에서 많이 사용되며, 소매상들이 매우 영세하기 때문에 도매상과 직접 거래하기 힘든 경우가 대부분이다. 생산자 입장에서 볼 때 유통경로가 복잡해져 유통물량이나 가격에 대한 통제가 어려워진다.

이 중 유통경로의 핵심구성원인 소매상과 인터넷을 이용한 무점포형 소매, 그리고 최근 많은 관심을 불러일으키고 있는 프랜차이즈, 옴니채널, 풀필먼트 서비스, 다크 스토어 등에 대해 간략히 살펴보기로 하자.

### (1) 소매상

소매업은 개인 혹은 비영리적 목적으로 구매하려는 최종소비자에게 재화와 서비스를 판매하는 것과 관련된 활동을 뜻한다. 따라서 소매상의 고객은 영리기업 또는 기관구매자가 아닌 최종소비자이며, 이들 개별소비자의 구매동기는 매우 다양하다. 재판매를 목적으로 구매하는 경로구성원에게 파는 유통업체는 소매상이 아니다.

소매상은 제조업체－도매상－소매상－소비자로 구성되는 전통적 유통경로상에서 최종소비자와 직접 접촉한다는 점에서 제조업체의 판매성과에 큰 영향을 미친다. 소매상은 유통경로상에서 제조업체와 소비자를 위해 이들 사이에서 다음과 같은 여러 가지 기능을 수행한다.

첫째, 소매상은 소비자가 원하는 상품구색을 제공한다. 소매상은 여러 공급업자들로부터 제품과 서비스를 제공받아 다양한 상품구색을 갖춤으로써 소비자들에게 제품선택에 소요되는 비용과 시간을 절감할 수 있게 하고 선택의 폭을 넓혀준다. 상품의 다양성(variety, 즉 의류, 전자기기, 장난감 등 취급하는 상품라인의 수)과 상품구색(assortment, 한 상품라인 안의 다양한 품목의 수)은 개별 소매상의 전략에 따라 달라진다. 상품의 다양성은 취급하는 상품이 얼마나 서로 다른 범주의 상품으로 구성되어 있는가 하는 것으로 상품라인의 넓이(width)를 의미하고, 상품의 구색은 각 상품라인에서 얼마나 깊이 있게(depth) 서로 다른 모델을 상품으로 갖추고 있는가 하는 것이다. 일반적으로 전문점(specialty store)은 상품라인의 폭이 좁은 대신에 취급하는 상품라인의 깊이가 있다. 반면에, 편의점은 상품라인의 폭이 넓은 대신에 깊이는 거의 없는 편이다.

둘째, 소매상은 제조업체의 제품을 양적 분할(bulk breaking)하여 소비자에게 제공한다. 소매상은 제조업체로부터 대량의 제품을 구매하여 소량으로 나누어 소비자들에게 판매한다. 코스트코와 같은 창고형 클럽은 백화점, 슈퍼마켓과 같은 전통적인 소매업태보다 대량 단위의 제품을 저가에 소비자에게 판매한다. 이러한 회원제 창고형 판매업태가 대량구매에 따른 저가를 고객에게 제공하기 때문에 이에 대응하기 위하여 전통적인 소매상들은 하나를 사면 하나를 더 주는(buy one, get one free) 전략이나 여러 개를 묶어서 가격을 매기는 등의 전략을 취하고 있다.

셋째, 소매상은 제품의 재고회전율과 마진을 이용하여 고객에게 가치를 제공한다. 재고회전율은 평균적으로 보유하고 있는 재고자산이 판매를 통해 특정기간 동안 회전되는 횟수를 말한다. 이 비율이 높은 것은 재고관리의 효율이 좋거나 판매가 잘되고 있는 것을 가리킨다. 마진은 소매상의 판매가격과 구입가격 간의 차이이다. 즉, 소매점이 상품을 판매함으로써 얻을 수 있는 이익의 크기를 의미한다. 전통적으로는 많은 개인적인 서비스를 제공하는 높은 가격이 높은 마진과 낮은 재고회전율을 가져왔다. 하지만 불황기에는 소비자들이 그들이 제품으로부터 얻는 가치에 더 집중하기 때문에 높은 재고회전율과 낮은 마진을 통하여 가격을 낮추는 것도 성공요소 중의 하나이다.

넷째, 소매상은 소비자에게 무료 수리서비스 제공과 제품의 배송, 설치, 사용방법 교육과 같은 서비스를 제공한다. 동종 및 이종 소매업태간의 경쟁 격화와 경쟁제품들간의 제품성능에서의 표준화 등에 따라 소매상이 제공하는 양질의 서비스가 특정의 제품 및 점포를 선택하는 데 있어 결정적인 역할을 하는 경우가 많다. 따라서 소매상은 그 소매형태만의 독특한 특징을 나타낼 수 있는 요소인 적절한 서비스수준을 찾아야 한다.

소매상은 소매상의 기능인 상품구색, 1회 최저구입량, 서비스수준 등의 기준에 의해 여러 가지 업태로의 분류가 가능하다. 소매업태는 이들 기능들의 통합된 조합에 따라서 다양한 소매상 유형이 존재하게 된다. 소매상의 형태는 백화점, 대형마트(할인점), 전문점, 창고형 할인점, 편의점, 대형할인전문점(category killer), 슈퍼마켓 등의 점포형 소매상과 카탈로그, 홈쇼핑, 인터넷, 자동판매기, 인적판매 등의 무점포형 소매상으로 분류된다.

### (2) 인터넷을 이용한 무점포형 소매

전통적 마케팅은 기업에 의해 주도되고 중간상인을 통해 기업이 목표소비자를 찾아가는 활동인 데 반해, 인터넷 마케팅은 판매자가 소비자를, 그리고 소비자가 판매자를 찾아가는 활동이 원활하게 이루어지도록 하는 것이다. 소비자에게 접근하는 방법으로 인터넷을 이용하며 무점포 소매업에서 가장 큰 성장세를 보이고 있는 것이 인터넷 소매업이다. 세계 최고의 초고속 인터넷망, 첨단 모바일 및 보안기술 등 인터넷 소매업의 발달에 필요한 기술 수준은 우리나라가 세계 최고다. 이러한 우호적인 기술환경을 바탕으로 우리나라의 인터넷 소매업은 급격히 성장하고 있다.

인터넷은 이미 모든 제품군을 판매하는 주요한 채널로 자리 잡고 있다. 매장이나 방문판매를 통하여 구매 전에 확인하고 구매하던 화장품도 인터넷 채널의 주요한 품목이 되고 있다. 인터넷에 익숙한 10~20대 젊은이들이 쇼핑 무대를 오프라인에서 온라인으로 옮기면서 매장이나 방문판매 대신 온라인 시장이 커지고 있는 것이다. 최근에는 쌀도 인터넷 채널을 통해서 팔리는 양이 늘고 있다.

인터넷 채널의 특징은 소비자와 판매자 간의 상호작용이 활발하다는 것이다. 이제까지의 마케팅은 일방향 커뮤니케이션으로 판매자가 기존의 4대 매체(신문, TV, 라디오, 잡지) 등의 일방적 통신수단을 이용하여, 일방적으로 제품을 광고하고, 구매자는 제시된 제품을 구매할 것인가 하지 않을 것인가를 결정해야 하는 수동적인 역할을 강요받았다. 하지만 인터넷은 구매자가 능동적으로 정보를 수집하여 이를 바탕으로 판매자와 동등한 위치에서 제품구매를 할 수 있는 환경을 조성한다. 제품출시 후 사용후기를 인터넷에 올릴 수 있어 구매자와 판매자 사이의 적극적인 상호작용도 자연스럽게 활성화되고 있다.

### (3) 프랜차이즈

프랜차이즈 시스템은 현대적 유통산업에서 큰 부분을 차지하고 있다. 본부가 가맹점 운영을 통제하고 전반적인 사업 포맷을 제공하는 대가로 수입을 얻는다. 우리나라의 경우, 외식산업과 편의점을 중심으로 프랜차이즈가 빠른 속도로 확산되고 있지만 아직도 전체 유통산업에서 차지하는 비중이 작다. 반면에 미국에서는 소매업 매출의 약 40%를 프랜차이즈 시스템이 차지하고 있다.

프랜차이즈 시스템을 어떻게 정의하느냐에는 많은 이견이 있다. 이러한 정의상의 혼란은 프랜차이즈 계약방식과 시스템 운영의 다양성 때문이다. 본부의 관점으로 본다면, 본부(franchisor)가 가맹점(franchisee)에 대해 제품, 서비스, 상호, 상점관리 노하우 등 전체 비즈니스 포맷을 제공하는 대가로 계약금, 로열티, 임대료 등의 수입을 얻는 라이선싱 계약을 말한다.

프랜차이즈 계약은 판매와 관련된 단순한 권리만 부여하는 것이 아니라, 영업권의 설정과 더불어 상호간의 권리와 의무관계의 설정, 기능과 역할의 분담, 지도와 통제의 수반 등 경영전반에 걸치는 포괄적인 복합계약을 통한 가맹점을 통제하는 특성을 지니고 있다. 여기서 중요한 것은, 프랜차이즈 계약에 의해 본부가 시장을 철저히 통제하는 형태의 유통경로이다. 프랜차이즈는 계약에 의해 부여된 권한을 바탕으로 경로구성원을 관리한다. 두꺼운 계약서에 본부의 마케팅과 관련된 권리 등이 명시되어 있어, 재화나 서비스의 품질관리, 가격정책, 광고 및 프로모션은 본부가 계약에 의해 통제권을 가지고 있는 경우가 많다.

### (4) 옴니채널

옴니채널(omni-channel)은 소비자가 온라인, 오프라인, 모바일 등 다양한 경로를 넘나들며 상품을 검색하고 구매할 수 있도록 한 서비스를 의미한다. 즉, 다양한 유통채널의 특성을 결합하여 소비자 입장에서 어떤 채널을 사용하든 간에 관계없이 마치 같은 매장을 이용하는 것처럼 느낄 수 있도록 설계한 쇼핑환경을 말한다. 옴니채널의 등장은 소비자 입장에서는 제품에 관한 정보탐색에서 구매, 대금결제, 애프터서비스, 반품 등의 전 과정을 마치 하나의 유통채널을 이용하는 것처럼 편리한 쇼핑을 기대할 수 있다.

물론 옴니채널이 등장하기 전에도 유통기업들은 온라인과 오프라인의 여러 유통경로를 보유하고 있었지만, 채널간 유기적인 연결이 쉽지 않아 같은 제품이라도 채널별로 가격이나 할인전략이 다르며 온라인에서 구입한 제품은 오프라인에서 교환이 되지 않는 등 각 유통채널별로 독립성을 유지해왔다. 이제는 옴니채널을 통해 여러 유통채널을 이용하지만 마치 하나의 유통채널을 이용하는 것처럼 끊김 없고 일관된 쇼핑경험을 할 수 있다.

물론 기업 입장에서는 유통채널별로 운영되던 기업 내의 복잡한 처리과정을 하나로 통합하고, 통합물류 및 배송관리, 고객관리 등에 대한 디지털 기반의 정보처리 인프라가 요구된다. 많은 국내외의 대형 오프라인 유통사들도 온라인 쇼핑몰을 구축하고 기존 유통채널과의 시너지 효과를 창출하는 데 주력하고 있다. 아마존닷컴과 같은 글로벌 기업은 물론이거니와 국내 유통업체들도 대규모 투자를 통해 온·오프라인 유통채널을 통합하고 빠른 배송과 온라인 주문-오프라인 픽업서비스를 제공하고 있어 온라인과 오프라인 유통의 경계가 빠른 속도로 사라지고 있다.

### (5) 풀필먼트 서비스

풀필먼트 서비스(fulfillment service)는 물류센터를 운영하는 전문업체가 상품을 판매하고자 하는 중소제조업체들의 위탁을 받아 보관, 포장, 배송, 재고관리, 교환·환불서비스 등 주문처리의 모든 과정을 담당하는 대행서비스를 의미한다. 즉, 물류센터를 거쳐 고객에게 배달 완료되기까지의 전 과정(상품의 입고, 보관, 선별, 포장, 배송, 교환·환불서비스 등)을 일괄 처리하는 것이다.

미국의 아마존은 FBA(Fulfillment By Amazon)를 개발하여 주문이행센터(fulfillment center)에서 아마존 및 판매업체들의 상품을 보관하였다가 제품주문과 동시에 배송을 시작함으로써 약속일자를 엄수하고 소비자와의 신뢰성을 강화하는 서비스를 시행하였으며, 고객과 물류센터 간의 거리를 줄여 배송시간 및 배송비용을 단축함과 동시에 판매자들에게도 제품생산에만 전념할 수 있는 환경을 제공하고 있다. 또한 다중채널 주문처리(multi-channel fulfillment) 서비스를 통해 판매자가 아마존을 통해 상품을 팔지 않더라도, 판매자 제품에 대한 재고관리 및 배송 서비스도 제공하고 있다. 예를 들어 경쟁업체인 이베이(e-Bay)를 통해 판매하는 고객의 상품도 FBA를 통해 배송할 수 있도록 서비스를 제공하고 있다. 우리나라에선 쿠팡이 2014년 로켓배송 서비스를 본격화하면서 해당 서비스를 도입했고, 이베이코리아도 유사한 서비스를 제공하고 있다.

### (6) 다크 스토어

다크 스토어(dark store)는 고객이 주문한 상품을 신속하게 배송하기 위해 도시 내에 상품을 보관하고 있는 소규모 물류거점을 의미한다. '다크 스토어'라는 이름은 '불 꺼진 슈퍼마켓'에서 유래했으며 마이크로 풀필먼트(micro-fulfillment) 서비스의 일종으로, 일반 오프라인 매장처럼 물품이 품목별로 배치되어 있으나 방문 고객은 받지 않으며, 온라인 판매용 상품만을 보관·포장·배송하는 시설이다.

다크 스토어는 주문한 제품을 신속하게 받아보고자 하는 소비자를 겨냥해 도심 외곽에 있던 물류센터 대신 도심 내에 거점을 확보하고, 인근 지역 주민이 주문하면 몇 시간 내에 물품을 배송해 준다. 식료품 등 필수품의 온라인 주문이 급증하면서 유통업계의 다크 스토어 도입이 더욱 활발해지고 있다. 미국의 월마트, 영국의 테스코 등 대형마트 체인이 온라인 주문 물량을 처리하기 위해 다크 스토어를 운영하고 있다. 국내 대형 유통업체들의 다크 스토어로는 SSG닷컴의 PP센터, 롯데마트의 세미 다크 스토어, 홈플러스의 풀필먼트센터 등이 있다. 배달앱 운용업체인 배달의 민족은 B마트, 요기요는 요마트라는 다크 스토어를 운영하고 있다.

## 3. 유통경로의 설계

제조업체간의 경쟁이 치열해지고, 거대화된 유통업체들은 제조업체에 보다 높은 마진을 요구하거나 촉진활동의 많은 부분을 제조업자가 부담하도록 요구하고 있다. 이에 따라 많은 제조업자들이 기존의 기능 이외에 마케팅활동을 고려한 효율적인 유통경로를 구축하려는 경향을 보이고 있다. 예를 들어, 제조업체의 직영점 개설은 마케팅과 관련된 통제력을 높일 수 있는 한 방안이지만 제조업자에게 많은 투자를 필요로 하며 기존의 유통업체들로부터 반발을 살 가능성이 높다. 따라서 제조업자는 새로운 유통경로를 구축하거나 기존의 유통경로를 수정하는 등 체계적으로 유통경로를 설계할 필요가 있다.

유통경로의 설계는 유통경로구성원의 관점에 따라 달라지나, 제조업체의 관점에서는 다음과 같은 유통경로 설계에 관한 결정을 해야 한다. 먼저 직접

채널을 이용할 것인지, 간접채널을 이용할 것인지를 결정해야 한다. 만약 간접채널을 이용한다면 각 경로구성원들의 기능을 결정하고 유통과업을 할당해야 한다. 즉, 어떤 유통업태를 통해서 제품판매를 할 것이고 어떤 기능을 소매업체가 실행하도록 할 것인가를 결정해야 한다. 직접채널의 경우에도 온라인이나 카탈로그 등 여러 채널 중에서 어떤 채널을 통해 판매할 것인가를 결정해야 한다. 또한 여러 채널을 동시에 이용하는 복수채널의 고려여부도 결정해야 한다.

유통경로구성원은 유통경로의 목표를 달성하기 위해 어떤 유통업태를 이용하고 얼마나 많은 유통업체의 점포들이 필요하며 각 유통업체는 어느 정도의 경로서비스를 제공해야 할지를 결정해야 한다. 이때 경로커버리지전략에 대한 결정이 필요한데, 집중적 유통, 전속적 유통, 선택적 유통 등에서 선택하게 된다.

- **집중적 유통** : 가능한 한 많은 중간상들에게 자사의 제품을 취급하도록 하는 것으로 과자, 저가 소비재 등과 같이 소비자들이 구매의 편의성을 중시하는 품목에서 채택하는 방식이다.
- **전속적 유통** : 제품의 이미지를 유지하고 중간상들의 협조를 얻기 위해 일정지역 내에서의 독점판매권을 중간상에게 부여하는 방식이다. 고가의 가전제품이나 남녀 정장의류 등의 품목에 흔히 사용된다.
- **선택적 유통** : 앞의 두 유통대안의 중간형태로 각 지역별로 복수의 중간상에게 자사의 제품을 취급할 수 있도록 하는 방식이다. 화장품, 유제품, 가전제품, 의류 등의 품목에 사용된다.

## 제 6 절 촉진관리

기업이 제품이나 서비스의 존재와 사용시의 혜택을 앞으로 구매할 가능성이 있는 소비자들에게 알리고 설득하는 과정을 촉진이라 한다. 다시 말해 목표시장의 소비자에게 다양한 메시지를 전달하는 기능이라고 할 수 있다. 촉진에 사용되는 수단으로는 광고와 홍보 및 소비자대상의 판매촉진으로 대표되는 풀(pull)전략과 각종 중간상 위주의 판매촉진 및 인적판매로 이루어진 푸시(push)전략이 있다.

풀전략의 목표는 소비자들로 하여금 자사의 상품을 찾게 만듦으로써 결과적으로 유통업자들이 그 상품을 취급하게 만드는 데에 있다. 이러한 정책은 소비자들의 브랜드 애호도가 높고 상품에 대한 관여도가 높은 고가의 상품의 경우에 적합하다. 반면에 푸시전략의 목표는 유통업자들로 하여금 자사 상품을 많이 취급하게 하고, 소비자들에게 적극적으로 권하도록 만드는 데에 있다. 푸시전략은 소비자들의 브랜드 애호도가 낮고 상품에 대한 관여도가 낮은 저가의 일상생활용품에 적합하다.

## 1. 광 고

제품이나 서비스의 속성이나 장점을 TV, 라디오, 잡지 등의 매체를 통해 알려 구매를 설득하는 수단이다. 하나의 메시지를 여러 번 반복하여 전달할 수 있는 장점이 있다. 광고는 특정기간 동안 특정의 표적청중들에게 메시지를 전달하는 것이기 때문에 광고의 목표가 마케터의 제품이나 정보를 알리기 위한 것인지, 소비자를 설득하기 위한 것인지, 상표를 기억나게 하기 위한 것인지에 따라 구분될 수 있다.

정보전달적 광고는 신제품을 시장에 소개할 때 주로 사용되는 방법이며, 이 경우 광고목표는 기본적 수요를 구축하는 데 있다. 설득적 광고는 경쟁이 심화될수록 보다 중요해지며, 따라서 기업의 목표는 선택적 수요를 구축하는 데 있다. 이 경우 특정상표와 직·간접적으로 비교하는 비교광고의 형태를 띠기도 한다. 상기광고는 성숙기에 있는 제품에 대한 효과적인 광고전략으로서 소비자를 설득하기보다는 제품을 소비자의 기억 속에서 사라지지 않게 하기 위하여 사용된다.

오늘날처럼 고가의 매체비용을 지불해야 하는 환경하에서는 수준 높은 광고카피는 매우 중요하다. 아무리 많은 비용을 들여서 광고를 집행하더라도 소비자의 주의를 끌지 못한다면 아무런 효과도 얻을 수 없는 것이 광고이기 때문이다. 소비자들은 매일 다수의 광고를 접하게 되나 모든 광고를 관심을 가지고 보는 것은 아니며, 또한 보거나 들은 광고의 내용을 오랫동안 기억하지도 못한다. 따라서 마케터는 다양한 광고 속에서 자사의 광고를 소비자들이 차별적으로 기억해 낼 수 있도록 하는 데 많은 노력을 기울여야 한다.

## 2. 홍 보

홍보는 매체를 통하여 제품, 서비스, 기업 등을 뉴스나 논설의 형태로 다루게 함으로써 이것들에 대한 수요를 자극시키는 것이다. 기업 이미지를 좋게 하고 자사에 대한 호의적인 평판을 얻음으로써 자사와 관련 있는 대중들과 좋은 관계를 유지하기 위해 사용하는 수단을 의미한다. 기업현황이나 신제품개발, 각종 행사에 관련된 뉴스거리를 제작하여 매체에 배포하거나 이에 관한 기자회견을 하기도 한다.

홍보는 제품이나 회사에 관한 흥미로운 이야깃거리들을 찾아내야 한다. 제품에 관련된 유익한 일화로 제시한다든지 제품사용으로 인한 이점들을 찾아내어 언론매체에 제공한다. 만약 이야깃거리가 충분하지 않다면 마케터는 뉴스로서 가치가 있는 행사를 주최하거나 후원하는 방법을 사용할 수 있다.

홍보업무 담당자들이 매체 종사자들과의 개인적인 친분을 형성하는 일은 홍보의 성공을 위해 매우 중요하다. 비록 흥미 있는 이야깃거리임에도 매체 종사자들이 흥미를 갖지 못하면 소비자들에게 전해질 수 없으므로 홍보 담당자는 매체 종사자를 만족시켜야 할 고객으로 여겨야 하며, 그들이 자사의 이야기를 기사나 뉴스에 실을 수 있도록 호의적인 관계를 유지할 필요가 있다.

## 3. 판매촉진

판매촉진은 제품이나 서비스의 판매를 확대시키기 위한 단기적인 동기부여 수단을 사용하는 방법이다. 광고가 구매시점 이전에 구매이유에 대한 정보를 제공하는 것임에 비해, 판매촉진은 구매시점 당시에 구매이유에 대한 정보를 제공하여 판매를 촉진시키는 방법이다.

판매촉진은 시장에서 보다 빠르고 강도 높은 소비자의 반응을 촉진시키기 위해 가격할인, 무료샘플, 쿠폰 제공, 경품, 리베이트 등의 방법을 사용하는 소비자촉진과 구매수당, 제품수당, 무료제품 제공, 협동광고, 스페셜 디스플레이 설치를 위한 판촉비 제공 등의 방법을 사용하는 중간상촉진의 두 가지로 구분할 수 있다. 판매촉진은 광고와 인적판매를 보조하는 개념으로 사용되기도 하였지만 오늘날에는 그 중요성에 대한 인식이 확산되어 가고 있다. 많은 양의 쿠폰이 발행되고 모든 연령층이 이를 이용하고 있는 것이 입증하고 있다.

## 4. 인적판매

판매원이 예상고객과 직접 접촉하여 서로 대화를 나누면서 고객들의 욕구와 필요를 환기시켜 구매행동을 일으키도록 하는 커뮤니케이션 활동을 의미한다. 광고, 홍보 및 판매촉진이 주로 대면접촉을 하지 않으면서 이루어지는 촉진수단임에 반하여, 인적판매는 대면접촉을 통하여 이루어진다. 판매원이 고객에게 직접 정보를 제공하기 때문에 고객이 제품을 평가하고 구입할 마음을 정하도록 하는 데 매우 효과적이다.

인적판매는 외부판매와 내부판매로 나뉘는데, 판매사원이 소비자의 직장이나 가정으로 방문하여 판매활동을 하는 것을 외부판매라 하고, 판매사원이 소매점포에서 소비자에게 판매활동을 하는 것을 내부판매라고 한다.

인적판매는 고객마다 독특한 문제를 갖고 있고, 이를 해결할 수 있는 방법도 고객마다 달라질 수밖에 없는 시장에서 중요한 역할을 하게 된다. 이러한 이유로 산업재는 거의 전적으로 인적판매에 의존하고 있으며 소비재 중에는 보험이나 화장품 등이 인적판매에 대한 의존도가 높다. 판매사원들은 고객과의 빈번한 대면접촉을 통해 친밀감과 신뢰감을 줄 수 있고 이를 토대로 장기적인 인간관계를 형성함으로써, 기업이 고객의 생애가치를 극대화하는 데 기여한다. 하지만 판매사원들의 인건비와 판매조직을 운영하는 데 들어가는 비용이 마케팅 예산 중에서 큰 비중을 차지하는 회사들이 많다. 이러한 기업의 경우 인적판매 관련 비용을 효율적으로 조정하는 것도 중요한 과제 중의 하나이다.

쉬어가기

## 온라인시장 핵심 '풀필먼트' 미래물류 주도

언택트 경제가 급성장함에 따라 물류의 중요성은 점점 증대되고 있다. 특히 코로나19로 인한 온라인시장 활성화가 눈에 띄는 가운데 소비자 요구에 신속·정확하게 대응할 수 있는 풀필먼트 시스템이 부각되고 있다. 물류시장의 급격한 변화에 따라 e커머스를 기반으로 한 신흥 유통기업들은 풀필먼트 확충에 대규모 투자를 진행하고 있으며 대형마트 등 전통적인 유통업체들 역시 기존 점포를 마이크로 풀필먼트화하는 등 체질개선을 시도하고 있다.

이에 따라 풀필먼트의 필요성과 기업들의 확충계획, 정부의 지원 로드맵 등을 알아본다. 풀필먼트(fulfillment)란 물류 전문업체가 상품의 입고, 포장, 배송 등 판매자를 대신해 주문한 제품이 물류창고를 거쳐 고객에게 배달하기까지의 전 과정을 일괄적으로 처리하는 것을 말한다. 풀필먼트라는 용어 자체는 이미 미국에서 20년 전 생겨났으며 그 안에서 행해지던 피킹, 포장, 배송, 환불, 교환 등 각각의 업무들은 이미 과거부터 물류·유통산업에서 다루던 영역이다. 아마존이 풀필먼트 서비스를 가장 활발하게 제공하고 있으며 백오피스 영역인 주문 이후 모든 물류·유통과정을 맡아 판매자를 대신해 처리하고 있다.

풀필먼트가 생겨난 이유는 온라인시장에서 고객이 주문한 상품을 최고로 빠른 시간 내에 전달하기 위함이다. 소비자의 요구는 진화하고 있으며 물류업계는 이러한 변화에 민감하게 반응하고 새로운 서비스를 제공해야 살아남을 수 있다. 상품선택에 있어 소비자들의 판단기준은 저렴한 가격에서 높은 품질의 서비스로 변화하고 있다. 풀필먼트는 단순한 물류창고의 개념을 뛰어넘어 상품의 적재부터 재고관리, 포장, 출하, 배송까지 처리하는 일괄 물류 프로그램의 역할을 하고 있다. 또한 소비자들의 상품구매 빅데이터를 분석하고 AI를 이용해 미래수요를 예측하는 수준까지 발전했다. 풀필먼트가 중요한 이유는 소비자만족도를 높이기 위한 가장 마지막 단계이기 때문이다. 제품이 동일하고 광고로 얻을 수 있는 효과도 한계에 도달한 상황에서 마지막 경쟁포인트는 배송속도다. 아직까지도 시장에서 움직이는 풀필먼트 서비스는 대부분 손해를 마다할 정도로 치열한 경쟁을 보이고 있다.

온라인시장이 급격한 성장을 이루고 있는 현재 유통사들은 손해를 감수하면서까지 시장확보를 위한 출혈경쟁 양상을 보이고 있다. 국내시장에서도 쿠팡, CJ대한통운, 네이버, 신세계, 컬리 등 탑플레이어들이 풀필먼트 서비스 확대에 총력을 기울이고 있다. 쿠팡은 2021년 4월 뉴욕거래소에 상장 후 가장 활발한 풀필먼트 투자에 나서고 있다. 쿠팡의 올해 물류센터 신규투자는 1조원을 넘어섰으며 신규 물류센터 확보면적은 축구장 100개 규모가 될 전망이다.

CJ대한통운은 컬리, 네이버 등과 손잡고 군포, 용인 등지에 풀필먼트센터를 연이어 오픈, 상품 보관온도에 따라 맞춤형 물류서비스를 제공하고 있다. 의류, 생활용품, 가정간편식, 건강기능식품 등 일상생활 속 수많은 제품들의 배송시간이 앞당겨지면서 소비자들에게 최고의 서비스를 제공한다는 방침이다. 컬리와는

'샛별배송 전국 확대 물류 협력 MOU'를 맺고 대전, 세종, 천안, 아산, 청주, 대구 등 지역에 샛별배송 서비스 제공에 협력하고 있으며 연내 부산, 울산 등 경남권과 광주 등 호남권까지 지역을 확대할 계획이다.

네이버와는 46만 스마트스토어와 연계해 e-풀필먼트 서비스를 제공, '24시 주문마감-익일배송' 서비스는 물론 새벽배송, 당일배송으로 서비스를 확대해나가고 있다. 특히 네이버는 클로바 포캐스트(CLOVA Forecast)를 통해 수요예측도를 높이는 실험을 하고 있다. 네이버 클로바 포캐스트는 네이버의 쇼핑 데이터와 AI기술력을 바탕으로 네이버가 자체 개발한 물류수요 예측 인공지능(AI) 모델이다. 이에 따라 과도한 인력수급으로 인한 비용부담을 낮추고 효율적인 풀필먼트센터 운영이 가능해진다. 또한 군포센터에 '스마트층'을 구축하고 연말까지 무인운송로봇, 포장자동화 시스템 등 첨단 물류기술을 도입하고 있다. AI로봇팔, 지능형 스캐너 ITS, 자동분류기 휠소터 등 풀필먼트센터와 연계된 택배현장의 첨단장비들도 지속적으로 업그레이드할 방침이다.

신세계그룹은 이베이코리아를 3조 4,000억원에 인수하며 온·오프라인을 통합한 국내 1위 유통사업자가 될 전망이다. 최첨단 온라인 풀필먼트센터를 보유하고 있는 SSG닷컴의 운영경험을 토대로 향후 4년간 1조원 이상의 온라인 풀필먼트센터에 집중 투자하고 신세계그룹의 오프라인 거점을 온라인 물류 전진기지로 활용해 물류경쟁력을 극대화한다는 계획을 발표했다.

최근 GS리테일은 재무적 투자자인 어피너티에쿼티파트너스, 퍼미라와 공동으로 컨소시엄을 구성하고 배달 앱 '요기요'를 운영하는 유한회사 딜리버리히어로코리아의 지분 100%를 인수하는 계약을 체결했다. 요기요 인수 즉시 GS25, GS더프레시, 랄라블라 등 1만 6,000여 소매점과 60여 물류센터망이 결합된 도심형 마이크로 풀필먼트를 통해 퀵커머스시장에서 압도적 상품구색을 갖추고 오프라인과의 시너지 창출을 구체화할 계획이다. 이를 통해 GS리테일은 가장 넓은 지역범위에서 가장 빠른 배달을 구현하는 퀵커머스 업계 1위 사업자의 지위로 단숨에 등극할 수 있을 것으로 전망된다. IT 기반 종합유통브랜드 '부릉(VROONG)'을 운영하는 메쉬코리아는 라스트마일 배송서비스에 더해 기업고객과 D2C셀러를 대상으로 새벽배송, 당일배송 비중을 공격적으로 늘리고 있다. 도심 속 물류센터인 마이크로 풀필먼트센터를 통해 최근 트렌드로 부상 중인 퀵커머스 배송서비스를 선보이고 있으며 새로운 모바일 퀵커머스 플랫폼을 준비하고 있다.

전문가들은 국내 유통서비스가 선진국과 비교해 크게 뒤떨어지는 수준은 아니라고 평가한다. 물류 프로세스와 관련설비 기술력은 매우 발달해 있으며 IT발전이 더딘 국가들은 우리나라를 벤치마킹하고 있는 상황이다. 하지만 국내 유통기업이 해외로 진출하기 힘든 이유는 현지의 제도적인 문제와 결제시스템 등이 걸림돌로 작용하고 있다. 미국의 아마존이 뛰어난 이유는 규모의 경제와 더불어 아마존 풀필먼트 서비스 FBA(Fulfillment By Amazon)에서 사용하는 코드 및 데이터들의 표준화가 잘 이뤄져 있다는 점이 한몫했다. 상품의 규격화가 체계적으로 정리돼 있어 이를 토대로 상품의 재고관리가 매우 용이하다. 특히 아마존 웹서비스(Amazon Web Services)는 소프트웨어적으로 잘 관리되며 축적된 빅데이터와 인공지능(AI)을 활용한 수요예측이 뛰어나 효율적인 풀필먼트센터 운영에 기여한다.

국내에서는 쿠팡이 아마존의 성공모델을 한국시장에 정착시킬 것으로 기대를 모으고 있다. 쿠팡은 공격적인 투자를 앞세워 물류센터를 확보하고 있으며 올해 신규투자만 1조원 규모를 넘어선 것으로 나타났다. 지역적으로 제한이 있지만 신선식품 전문유통기업인 오아시스나 마켓컬리 역시 아마존의 풀필먼트 서비스를 벤치마킹하며 시장에서 위치를 확고히 하고 있다. 최근 쿠팡이나 마켓컬리 등이 풀필먼트센터를 확산시키며 관련 소프트웨어시장도 열리고 있다. 기존의 풀필먼트 서비스라고 하면 대형기업 위주의 시스템이었다. 국내 유통업은 빠르게 발전하고 있으며 전자상거래 활성화를 기반으로 물류관련 기술들은 급성장하고 있다. 택배만 놓고 봐도 예전에는 수기로 작성하는 경우가 대부분이었으나 요새는 자동화로 돌아섰다. 그럼에도 불구하고 단편적인 성장에 지나고 있어 표준화나 가이드라인은 빈약한 상황이어서 이를 위한 제도적 보완이 시급한 상황이다.

(콜드체인뉴스, 2021.10.5, https://www.coldchainnews.kr/news/article.html?no=23886)

## 쿠팡의 최첨단 비밀기지

올 3월 준공한 대구 풀필먼트센터(FC)는 쿠팡의 '비밀기지'로 불린다. 외부인의 출입을 엄격히 제한할 정도로 경비가 삼엄하다. 하루 전에 지원해도 사지 멀쩡하면 누구나 일할 수 있는 쿠팡의 다른 물류시설과는 격이 다르다. 총 3,200억원을 투자했으며, 축구장 46개 넓이만 한 국내 최대 규모의 대구FC는 쿠팡의 다음 목적지가 어디인지를 보여주는 곳이다. 인공지능(AI)으로 중무장한 물류 로봇과 인간 노동의 최적 결합에 관한 거대한 실험실이 바로 쿠팡 대구FC다.

김범석 쿠팡 창업자(쿠팡Inc 대표)는 플라이휠의 신봉자다. 단기적으로 비용이 들더라도 초기에 엄청난 투자로 거대한 바퀴를 만들어 굴리는 순간, 수많은 작은 바퀴가 가는 거리보다 훨씬 더 멀리 갈 것이란 신념이다. 제프 베저스 아마존 창업자를 철저히 벤치마킹한 것이긴 하지만, 제너럴모터스, 삼성전자, 월마트 등 글로벌 굴지의 기업 대부분이 플라이휠의 작동원리를 실현함으로써 왕좌의 자리에 올랐다.

쿠팡의 전략은 마치 트로이의 목마와 비슷하다. 그리스 정예군을 숨길 거대한 목마가 자신들의 땅에 세워질 때 트로이 사람들은 '무엇에 쓰일 물건'인지 가늠조차 못했다. 김 대표가 수조원을 들여 전국에 대형 풀필먼트센터들을 연달아 지을 때 국내 e커머스 시장의 경쟁자들은 '미친 짓일 뿐'이라며 폄하하고 조롱했다. 제조업이 아니라 유통업에서 쿠팡처럼 엄청난 고정 투자를 단행한 곳은 이제껏 없었다.

쿠팡에 대한 오랜 의심은 올 3분기에 흑자전환에 성공함으로써 완전히 일소됐다. 이천 물류센터 화재와 코로나19로 인한 비용 증가 등으로 약 9,500만 달러가량의 손실 요인이 발생했음에도 불구하고, 쿠팡은 1,037억원의 영업이익을 거뒀다. 로켓배송이 나온 지 8년 만이다. 매출은 5조 4,784억원으로 역대 최고치를 기록했다. 올해만 800만제곱피트 규모의 물류 인프라를 증설하는 등 생산설비 투자에 전년 대비 15%가량 돈을 더 쓰면서 흑자를 냈다는 점이 의미 있다. 쿠팡은 플라이휠의 무서움을 입증했다.

쿠팡의 다음 행보와 관련해 김범석 대표는 이렇게 말했다. "앞으로도 프로세스 최적화와 머신러닝 · 로보틱스를 포함한 자동화 기술에 지속해서 투자해 합리적인 가격대의 제품을 제공하겠다." 2014년 로켓배송 서비스 개시 이후 전국적인 물류 네트워크 구축이 1단계 투자였다면, 앞으로는 현재 짓고 있는 신선식품 물류센터를 비롯해 모든 물류 인프라의 효율성을 최대치로 끌어올리는 데 집중하겠다는 설명이다. 핵심은 로보틱스다.

대구FC에서 쿠팡은 고객이 주문한 물건이 담긴 선반을 피커(picker) 앞으로 옮겨주는 AGV 로봇을 비롯해 수백 대의 분류 로봇들을 가동 중이다. 작업자들은 포장된 상품을 분류 로봇에 올려놓기만 하면 이들 로봇이 배송 지역별로 상품을 가져다 놓는다. 고객 주문과 함께 쿠친 트럭에 실리는 데까지 걸리는 시간은 채 10분을 넘지 않는다.

이와 관련해 쿠팡의 CFO(최고재무책임자)인 거라브 아난드는 "(쿠팡은) 40억 달러의 무제한 현금이 있는 상황이고, 앞으로 강력한 성장을 위한 투자를 진행할 것"이라고 말했다. 광고, 3자 물류, 핀테크 등 수익성 높은 사업들이 쿠팡의 흑자 기조를 지탱하는 한 앞으로도 경쟁자들을 압도할 투자를 단행할 것임을 짐작게 한다.

쿠팡의 이 같은 전략이 주목받는 이유는 테크(Tech)와 이익(profit)의 선순환을 입증하려 한다는 점에서다. 로봇 물류는 아마존, 알리바바 등 굴지의 e커머스 기업들이 이미 격전을 준비 중이다. 아마존은 미국 매사추세츠주 보스턴 외곽에 있는 혁신 연구소 및 로봇 제조 시설에서 최첨단 물류 로봇, 드론 배송, 전기 배송 차량 등에 관한 다양한 실험을 진행 중이다. 최근엔 스패로우라는 물류 로봇을 공개하기도 했다.

전문가들은 물류 로봇이 하드웨어 혁명의 시발점이 될 것으로 보고 있다. 인간과 로봇이 결합한 로봇 혁명이 적용될 최적지이고, 한 번 적용이 되면 대량 생산이 가능한 영역이기 때문이다. 보스턴다이내믹스 등 로봇 제조사들이 물류 로봇에 집중하고 있는 것도 이런 이유에서다.

물론 넘어야 할 산도 크고 높다. 물류 IT 전문가는 "자동화는 겉으로 보기엔 그럴듯해 보이지만 비용 대비 효율을 내기가 쉽지 않다"며 "로봇이 노동을 대체하는 것에 대한 정치권과 노동계의 반발도 감수해야 할 것"이라고 지적했다. 마크 저커버그 페이스북 창업자(메타 회장)가 메타버스라는 신산업에 엄청난 돈을 쏟아붓고도 이렇다 할 성과를 내지 못하는 것처럼 위험요인이 엄청나다는 게 전문가들의 예상이다.

김범석 대표는 이순신 장군의 신봉자라고 한다. 영화 명량이 나오기 전부터 그는 임직원들에게 단 12척의 배로 수많은 왜선을 침몰시킨 명량해전을 자주 언급하곤 했다. 의심과 비판 속에 지금껏 치렀던 김범석의 전투는 명량해전에 가까웠다. 그가 준비하는 다음의 전투는 한산대첩이 아닐까. 누구나 아는 전술이던 학익진을 물때와 바람, 적의 심리를 적절히 활용해 최고의 전술로 만들었던 이순신 장군처럼 로봇과 인간이 결합한 최적의 물류 시스템을 만들 수 있을지 지켜볼 일이다.

(한국경제신문, 2022.11.28, https://www.hankyung.com/economy/article/202211277487i)

## 제조업체가 미납 페널티까지 내야 하나?

**-미납액의 20%까지 부과, 한 해 수십 수백억 거둬들여[4]-**

우월적 지위를 이용한 유통업체의 횡포가 도를 넘어서고 있다는 지적이 나오고 있다. 제품을 공급하는 제조업체에게 납품가격 인하를 무리하게 요구하는 것은 물론, 판촉행사 비용 부담, 판매장려금 지원 등을 일방적으로 떠넘기는 일이 공공연히 일어나고 있기 때문이다. 결국 올해 초 풀무원이 까르푸에서 30여 종에 이르는 자사 제품을 철수한 데 이어 지난 5월에는 CJ가 100여 종에 달하는 제품을 전량 철수하는 일이 벌어졌다. 이에 대해 제조업체들은 "원부자재 가격 인상으로 제품 원가가 상승했음에도 불구하고 유통업체는 납품가격 인상을 고려하지 않고 있다"고 입을 모으며 "상처가 속으로만 곪다가 결국 터진 것"이라는 반응을 보였다. 제품 철수 이후 풀무원은 까르푸와의 협상 끝에 부분적으로 납품가격을 인상하기로 합의하고 다시 제품을 납품하고 있는 데 반해, CJ 제품은 아직 까르푸에서 찾아볼 수 없다. 이처럼 제조업체와 유통업체 간 분쟁이 잦아지자 공정위는 지난 6월 말부터 한 달간 이마트, 홈플러스 등 5대 할인점에 대해 납품업체들에 대한 불공정 거래행위 여부 확인을 위한 직권조사를 실시하기도 했다.

### 미납 페널티 부과, 관행으로 굳어져

그러나 납품가와 관련된 갈등처럼 바깥으로 드러나는 것보다 더 큰 문제는 바로 제조업체가 내고 있는 미납 페널티이다. 납품가격 인하나 기타 판촉행사 비용 부담 등은 공정위가 나설 정도로 문제시되고 있어 시정을 요구하는 업체들도 많지만, 미납 페널티는 수면 밑에서 자행되는 구조적인 문제로 관련 당사자들도 그냥 관행으로 여기고 넘어가는 경우가 많아, 시정될 여지가 희박하다는 데 문제의 심각성이 있다.

미납 페널티란, 유통업체의 제품공급 주문에 제조업체가 제때 납품하지 못하는 경우 유통업체는 판매기회 상실로 인한 손실을 입게 되므로 이에 대한 마진을 보전하기 위해 제조업체에 일정금액을 요구하는 것으로, 일종의 손해배상청구의 의미를 갖는다. 이러한 제조업체의 미납은 비단 국내에서만 발생하는 것이 아니다. 2002년 미국 조사에 의하면, 전 세계적으로 제조업체의 미납률은 8.3%로, 유럽 8.6%, 아시아 8.2%, 미국 7.9%의 미납률을 보이고 있다. 국내는 보통 미납률이 10% 정도라고 한다.

### 리드타임 여유 없이 제조업체에 발주

얼핏 보면 유통업체의 미납 페널티 부과는 납품을 하지 못한 제조업체로 인해 제품의 판매기회를 놓친 유통업체의 정당한 권리로 볼 수도 있다. 그러나 조금만 깊이 들어가 보면 원인 제공은 제조업체가 아닌 유통업체가 한다는 것을 쉽게 알 수 있다. 제품 발주부터 제조업체에게 불리하게 되어 있기 때문이다. 통상적으로 유통업체는 제조업체로부터 제품을 직접 매입하기 때문에 재고를 안고 가야 하는 부담이 생긴

4) 이 내용은 2004년 9월 월간 물류매거진에 탑재된 글이어서 상당히 오래된 내용이다. 특히 편의점 체인을 운영하는 대기업들과 상품공급업체 간의 미납이슈는 크게 개선된 것 같지 않아 쉬어가기에 올려본다. http://www.ulogistics.co.kr/test/board.php?board=special2&page=9&command=body&no=101

다. 따라서 재고를 줄이기 위해 여유재고를 최소화하고 필요할 때마다 발주를 하는 경우가 대부분이다. 이 때문에 유통업체는 리드타임에 대한 여유 없이 발주를 내는 경우가 많다. 전날 오후에 발주해 다음날 오전까지 제품을 받는 경우가 비일비재하며, 심지어 당일 발주한 제품을 당일 납품하라는 경우도 있다.

이를 제조업체 입장에서 보면, 대형 할인점만 5개사에 기타 유통업체까지 배송해야 하는 상황에서, 전날 발주한 주문을 다음날 오전에 모든 업체에게 배송하기에는 한계가 있을 수밖에 없다. 물류 인프라를 한없이 늘릴 수는 없기 때문이다. 따라서 제때 납품하지 못하는 경우가 생기기 마련이다. 이런 경우 제조업체는 고스란히 미납 페널티를 유통업체에 낼 수밖에 없다.

### 프로모션 경쟁으로 물량 한꺼번에 몰려

할인점이 경쟁적으로 벌이고 있는 '최저가 보상제도'나 '원플러스원' 등과 같은 행사도 제조업체에게는 부담으로 작용할 수밖에 없다. 어느 한 점포나 업체가 프로모션에 들어가면 다른 업체에서도 경쟁적으로 행사를 진행하므로, 프로모션이 특정기간에 집중되는 현상이 나타난다. 이런 행사기간에는 평소보다 훨씬 많은 물량을 공급해야 하기 때문에 확보해 놓은 재고가 없을 경우 제조업체는 제때 납품할 수 없게 되는 것이다.

할인점의 '최저가 보상제도'는 미납 페널티뿐만 아니라 제품가격에도 영향을 미친다. 제품을 최대한 싸게 공급하려는 할인점의 요구에 맞추기 위해 시장점유율 2~3위 업체는 출혈 경쟁을 감수하면서 제품을 납품하고 있다. 이에 시장점유율을 차지하기 위해 브랜드 파워가 있는 1위 업체들마저 가세하는 경우가 많아지면서 원가 이하로 제품을 공급하는 경우도 생기는 것이다.

그러나 가격은 한번 무너지면 쉽게 회복할 수 없기 때문에, 제조업체는 가격 붕괴를 피하기 위해 납품하는 업체에 따라 질량을 다르게 구성하는 등 제품을 다양화하고 있다. 하지만 이는 또 SKU의 증가를 가져와 재고관리가 어려워지는 등 악순환으로 이어지고 있다.

한 업계 관계자는 "유통업체가 미납 페널티를 부과하는 것은 여러 유통업체에 제품을 공급해야 하는 제조업체의 납품 한계는 물론 시스템 에러 등 자체의 과실은 인정하지 않고, 이를 성실납품 독려로 포장해서 일방적으로 제조업체에게 행사하는 것은 지나친 처사"라고 비난했다.

### 미납 페널티의 수익구조

이처럼 제조업체가 제품을 제때 납품하지 못하는 상황이 다양한 형태로 발생할 수밖에 없는 구조적 문제를 가지고 있지만, 일정비율의 미납을 허용하는 업체는 거의 없는 실정이다. 따라서 제조업체는 유통업체의 약정에 따라 미납 페널티를 지급하고 있다. 미납 페널티에 대한 약정은 유통업체별로 차이가 나는데, L사의 경우 총미납금액의 마진을 페널티로 부과한다고 한다. 보통 마진이 20% 내외인 점을 고려하면 상당히 큰 액수임을 알 수 있다. 이에 따라 제조업체들은 업체별로 차이는 있지만 전체 매출의 약 1%를 페널티로 지급한다고 한다.

유통업체들도 할 말은 있다. 제조업체에게 관련 자료를 보내 소명작업을 할 수 있도록 기회를 준다는 것. 그러나 그 기간이 너무 짧은 데다, 이를 담당하는 영업사원들은 기존 업무로 바빠 유통업체에서 보낸 두꺼운 서류를 일일이 살펴 이를 소명하지 못하고 있는 것이 현실이다. 또한 페널티가 판매대금에서 공제하는 형식으로 이뤄지므로 관행처럼 굳어진 것도 이를 부추긴다. 이 때문에 업체에 따라서는 미납 페널티가 내부 수익모델로 자리잡아 갈 정도로 은밀히 이뤄지고 있는 실정이다. 사정이 이렇다보니 유통업체가 마음먹기에 따라서는 대량의 물량을 계속 발주하는 등 제조업체가 도저히 대응하지 못하는 상황을 만드는 방법으로 이를 얼마든지 악용할 수 있다는 문제도 있다. 이럴 경우 제조업체는 속수무책으로 당할 수밖에 없는 것이다.

물론 모든 유통업체들이 미납 페널티를 받는 것은 아니다. S사는 '결품을 걱정하기보다는 매장에서 판매가 잘 될 수 있도록 고민하는 것이 중요하다'며 미납 페널티를 올해 폐지했다. 이 회사는 미납 페널티를 폐지하기 전에도 재고가 없는 상품에 대해서는 사전에 발주를 안 하도록 하는 등 예외조항을 많이 만들었다고 한다. 이 회사와 거래하는 한 제조업체 관계자는 "다른 유통업체와 달리 미납에 대한 예외조항이 많아 페널티를 낸 적이 거의 없다"고 밝혔다. 이처럼 제조업체들은 제품을 팔기도 전에 미납했다는 이유만으로 매출액의 1%나 되는 페널티를 유통업체에게 지급하지만, 갑의 입장인 유통업체와 마찰이 생길 경우 판로가 막힐 염려 때문에 먼저 나서서 시정을 요구하지 못하고 있는 것이 현실이다.

### 정보공유 통한 협업으로 해결해야

그러나 결품발생에 대한 책임을 미납 페널티로 부과하는 것만이 능사가 아님을 유통업체는 유의해야 한다. 한 조사에 따르면, 결품이 발생할 경우 '동일 제품을 사기 위해 다른 점포로 간다'는 대답이 31%, '브랜드를 아예 바꾼다'가 26%, '일시적으로 다른 브랜드를 구입한다'가 19%, '같은 점포에서 나중에 산다'가 15%, '아예 구입하지 않는다'가 9%로 나타나, 제품이 없을 경우 매장에서 매출이 일어나지 않는 경우가 40%, 다른 브랜드를 구입하는 경우가 45%로 양쪽 모두에게 손해인 것으로 분석됐다. 즉, 결품 발생에 대한 근본적인 치료가 있지 않으면, 소비자들은 제품은 물론 제품이 없는 매장도 찾지 않음을 이 조사는 보여주고 있다. 따라서 미납 페널티를 줄이기 위해서는 현재 유명무실한 페널티 소명절차를 확립하는 것은 물론 예외조항을 명확히 하는 것이 필요하다. 물론 궁극적으로는 제조업체와 유통업체가 정보공유를 통한 협업체제를 갖추는 것이 가장 중요하다.

제조업체와 유통업체가 정보를 공유해 재고 및 판매정보를 기초로 수요를 예측하고 이를 바탕으로 발주하여, 제조업체들이 생산시점부터 물량에 대해 정확히 예측할 수 있도록 해 재고관리가 제대로 이뤄질 수 있도록 해야 한다. 또한 유통업체는 프로모션을 진행하기에 앞서 제조업체와 사전에 협의하고 이를 날짜별로 예측할 수 있도록 해 물량이 센터로 적기에 갈 수 있도록 하는 자세도 필요하다.

업계 관계자는 "매장에서는 여전히 감에 의한 발주가 일어나는 데다, POS 데이터도 넘겨주지 않을 정도로 제조업체와 유통업체가 협업이 되지 않는 상황에서는 미납이 발생할 여지가 많다"며, "양자간 대화를 통해 서로의 입장을 충분히 공감하는 것이 필요하며, 제조업체는 미납 페널티에 관심을 갖고 이를 시정하려는 노력을 강구해야 한다"고 밝혔다.

## 연습문제

1 다음 중 마케팅의 정의로 가장 적절한 것은?

① 높은 수준의 기능을 제공하는 제품을 통해 이윤을 추구하는 기업 내의 활동
② 인간의 욕구(want)를 충족시켜 이를 통해 이윤을 추구하는 기업 내의 활동
③ 최고 수준의 제품을 저렴한 가격에 제공하여 고객을 만족시키는 기업 내의 활동
④ 인간의 필요(need)를 창출하여 이를 통해 이윤을 추구하는 기업 내의 활동

2 소비자가 느끼는 가치를 증대시키는 방법으로 옳지 않은 것은?

① 소비자가 얻는 이익의 증대
② 소비자가 상품의 구매시 부담해야 하는 비용의 절감
③ 불황기에는 상품의 추가기능 제공
④ 불황기에는 필요치 않은 기능 제거를 통한 가격 인하

3 마케팅의 주요 의사결정문제는 주로 무엇에 관한 것인가?

① 제품의 마케팅 ② 가격의 결정
③ 광고의 내용 ④ 마케팅믹스

4 마케팅전략 프로세스의 주요 구성요소에 해당하지 않는 것은?

① 시장기회의 분석 ② 시장세분화
③ 브랜드 정립 ④ 포지셔닝

5 상품공급과 커뮤니케이션을 각각의 개별소비자에게 맞추어 실행하는 마케팅은?

① 대중마케팅(mass marketing) ② 표적마케팅(target marketing)
③ 일대일마케팅(one to one marketing) ④ 개인마케팅(personal marketing)

6 경쟁제품과는 다른 자사제품의 차별적 요소가 표적시장의 소비자들의 인식 속에 위치하는 것을 무엇이라 하는가?

① 포지셔닝(positioning) ② 시장세분화(segmentation)
③ 타기팅(targeting) ④ 마케팅(marketing)

7 소비자의 구매행동은 첫 번째 단계가 필요 인식이고 마지막이 사용과 경험 및 구매 후 행동이다. 그 중간에 위치하는 세 단계의 순서가 바르게 된 것은?

① 정보탐색 → 대안평가 → 구매결정
② 대안평가 → 정보탐색 → 구매결정
③ 구매결정 → 정보탐색 → 대안평가
④ 대안평가 → 구매결정 → 정보탐색

8 다음 중 마케팅 4P가 아닌 것은?

① 제품(product) ② 생산(production)
③ 가격(price) ④ 유통(place)

9 기업의 디자인과 상표 개발 활동은 마케팅의 4P 중 어디에 해당하는가?

① product ② price
③ place ④ promotion

10 다음 중 브랜드와 브랜드 전략에 관한 설명으로 볼 수 있는 것은?

ㄱ. 사업자가 자사 제품과 경쟁업체 제품을 구별하기 위해 사용하는 고유한 명칭·기호·디자인·도형 등을 일컫는 말이다.
ㄴ. 특정 메이커의 제품이라는 것을 명시하기 위한 명칭이나 표지로 사용되는 브랜드는 이제 기업의 핵심 무형자산으로 인정받을 정도로 그 중요성이 인정되고 있다.
ㄷ. 브랜드 전략이란, 기업이 하나의 제품이나 브랜드를 장기적으로 강력한 브랜드 또는 가치 있는 브랜드로 육성하기 위한 전략을 의미한다.

① ㄱ, ㄴ ② ㄱ, ㄷ
③ ㄴ, ㄷ ④ ㄱ, ㄴ, ㄷ

**11** 다음 중 강력한 브랜드를 구축하기 위한 핵심요소에 해당하지 않는 것은?

① 브랜드 인지도 ② 인지된 애프터서비스 수준
③ 브랜드 연상 ④ 브랜드 애호도

**12** 다음 중 강력한 브랜드를 통해 기업이 기대할 수 있는 효과에 해당하지 않는 것은?

① 강력한 브랜드는 애프터서비스의 필요성을 대폭 줄여준다.
② 강력한 브랜드는 진입장벽을 구축함으로써 기업에 경쟁우위를 제공한다.
③ 강력한 브랜드의 구축은 신제품 도입을 보다 용이하게 한다.
④ 강력한 브랜드는 판촉에 관련된 유통업자의 협조를 쉽게 얻을 수 있다.

**13** 일정한 표준생산량하에서 총원가에 예정된 수익률을 가산함으로써 가격을 결정하는 방법은 무엇인가?

① 원가가산법 ② 목표이익법
③ 수요기준법 ④ 경쟁기준법

**14** 가격결정에 미치는 내부적인 요인이 아닌 것은 무엇인가?

① 마케팅믹스전략 ② 고객의 수요
③ 기업의 마케팅목표 ④ 비용

**15** 다음 중 가격전략에 관한 설명으로 바르게 제시된 것은?

ㄱ. 여러 가지 상품을 묶어서 판매하는 가격정책을 묶음가격(bundling)이라고 한다.
ㄴ. 프린터나 복합기는 싸게 판매하고 소모용품인 토너나 카트리지 가격을 비싸게 설정함으로써 이익을 추구하는 경우가 캡티브 제품가격전략(captive product pricing)의 좋은 예이다.
ㄷ. 신상품 출시 초반에는 낮은 가격을 책정한 뒤, 시간이 지나면서 점차 가격을 올리는 가격정책을 스키밍 가격전략(market skimming pricing)이라 한다.

① ㄱ, ㄴ ② ㄱ, ㄷ
③ ㄴ, ㄷ ④ ㄱ, ㄴ, ㄷ

16 소비자가 구입하고자 하는 제품의 종류와 양에서 제조업자와 소비자 간의 불일치가 존재하게 되는데, 이를 해소하는 유통의 가치를 무엇이라 하는가?

① 장소의 가치
② 형태의 가치
③ 탐색의 가치
④ 거래횟수의 감소 가치

17 유통전략 중 가능한 한 많은 중간상들에게 자사의 제품을 취급하도록 하는 것으로 과자, 저가 소비재 등과 같이 소비자들이 구매의 편의성을 중시하는 품목에서 채택하는 방식을 무엇이라 하는가?

① 전속적 유통
② 선택적 유통
③ 집중적 유통
④ 대량적 유통

18 제조업체가 제품판매경로로서 유통업체 등 중간상(middle merchant)을 활용하는 이유로 볼 수 없는 것은 무엇인가?

① 총거래횟수의 감소
② 위험부담의 경감
③ 높은 제품판매단가의 유지
④ 소비자 탐색 및 마케팅 비용의 절감

19 다음 중 옴니채널에 대한 설명으로 바른 것은?

ㄱ. 다양한 유통채널의 특성을 결합하여 소비자 입장에서 어떤 채널을 사용하든 간에 관계없이 마치 같은 매장을 이용하는 것처럼 느낄 수 있도록 설계한 쇼핑환경을 말한다.
ㄴ. 채널간의 유기적 연결을 도모하지만 상품가격의 결정과 반품정책 등에 관해서는 각 유통채널별로 독립성을 유지한다.
ㄷ. 소비자 입장에서는 제품에 관한 정보탐색에서 구매, 대금결제, 애프터서비스, 반품 등의 전 과정을 마치 하나의 유통채널을 이용하는 것처럼 편리한 쇼핑을 기대할 수 있다.

① ㄱ, ㄴ
② ㄱ, ㄷ
③ ㄴ, ㄷ
④ ㄱ, ㄴ, ㄷ

20 시장을 구분하지 않고 시장 전체를 대상으로 표준화된 상품과 서비스를 제공하는 기업이 주로 채택하는 마케팅은?

① 대중마케팅 ② 표적마케팅
③ 일대일마케팅 ④ 대응마케팅

21 다음 중 풀필먼트 서비스에 대한 설명인 것은?

① 식료품 등과 같은 필수품의 온라인 주문을 처리하는 온라인 서비스를 의미한다.
② 고객이 주문한 상품을 신속하게 배송하기 위해 도시 내에 상품을 보관하고 있는 소규모 물류거점을 의미한다.
③ 일반 오프라인 매장처럼 물품이 품목별로 배치되어 있으나 방문 고객은 받지 않으며, 온라인 판매용 상품만을 보관·포장·배송하는 시설이다.
④ 물류센터를 운영하는 전문업체가 상품을 판매하고자 하는 중소제조업체들의 위탁을 받아 보관, 포장, 배송, 재고관리, 교환·환불 서비스 등의 주문처리의 모든 과정을 담당하는 대행서비스를 의미한다.

22 다음 중 시장세분화를 통해 얻을 수 있는 장점이 아닌 것은 무엇인가?

① 목표시장에 맞는 제품개발 및 마케팅 활동의 조정
② 각 회사에 유리한 목표시장 선정
③ 규모의 경제 효과의 달성
④ 새로운 마케팅 기회 확인 및 창출

23 새로 개발된 신제품을 실제의 시장과 유사한 환경과 특성을 지닌 소수의 소비자들에게 시험해 보는 과정을 무엇이라 하는가?

① 제품개념의 정립 ② 사업성 분석
③ 시험마케팅 ④ 제품수명주기 분석

24 제품수명주기(Product life cycle)는 4단계로 구분된다. 이들 중에서 경쟁이 가장 치열하면서 매출액이 서서히 감소하는 시기로, 마케팅 관리자는 제품의 품질, 특성, 스타일 등을 개선시켜 매출액의 증대를 추구해야 하는 단계는 어느 것인가?

① 도입기 ② 성장기
③ 성숙기 ④ 쇠퇴기

25 소비자의 인식가치와 수요 강도에 입각하여 가격을 설정하는 방법을 무엇이라 하는가?

① 원가기준법 ② 경쟁기준법
③ 수요기준법 ④ 입찰가격법

26 다음 중 촉진활동에서 PR(public relations)행위에 해당하지 않는 것은 무엇인가?

① 회사나 제품 등에 관한 뉴스거리를 발굴하여 언론매체에 노출
② 각종 공익단체와의 공동 봉사활동 전개
③ 기념일이나 명절 시기의 할인쿠폰 발행
④ 최고경영자 또는 중역들의 각종 행사에의 참석 및 연설

27 다음 중 촉진관리에 대한 설명으로 바른 것은?

ㄱ. 기업이 제품이나 서비스의 존재와 사용시의 혜택을 앞으로 구매할 가능성이 있는 소비자들에게 알리고 설득하는 과정을 촉진이라 한다.
ㄴ. 촉진에 사용되는 수단으로는 광고와 홍보 및 소비자대상의 판매촉진으로 대표되는 풀전략과 각종 중간상 위주의 판매촉진 및 인적판매로 이루어진 푸시전략이 있다.
ㄷ. 푸시전략의 목표는 소비자들로 하여금 자사의 상품을 찾게 만듦으로써 결과적으로 유통업자들이 그 상품을 취급하게 만드는 데에 있다.

① ㄱ, ㄴ ② ㄱ, ㄷ
③ ㄴ, ㄷ ④ ㄱ, ㄴ, ㄷ

28 인적판매에 대한 설명으로 바르지 않은 것은?

① 판매원이 예상고객과 직접 접촉하여 서로 대화를 나누면서 고객들의 욕구와 필요를 환기시켜 구매행동을 일으키도록 하는 커뮤니케이션 활동을 의미한다.
② 광고, 홍보 및 판매촉진이 주로 대면접촉을 하지 않으면서 이루어지는 촉진수단임에 반하여, 인적판매는 대면접촉을 통하여 이루어진다.
③ 판매원이 고객에게 직접 정보를 제공하기 때문에 고객이 제품을 평가하고 구입할 마음을 정하도록 하는 데 매우 효과적이다.
④ 인적판매는 콜센터 운영기업이나 외부 방문판매 전문기업에 아웃소싱하는 것이 일반적인 관행으로 고객과의 접촉을 최소화할 수 있어 브랜드 가치 유지에 도움을 준다.

29 다음 중 다크 스토어에 대한 설명으로 바르게 된 것은?

ㄱ. 유통기한이 가까운 재고상품을 신속히 처분하기 위해 도시 외곽에 확보한 대형 오프라인 매장을 말한다.
ㄴ. 고객이 주문한 상품을 신속하게 배송하기 위해 도시 내에 상품을 보관하고 있는 소규모 물류거점을 의미한다.
ㄷ. 일반 오프라인 매장처럼 물품이 품목별로 배치되어 있으나 방문 고객은 받지 않으며, 온라인 판매용 상품만을 보관 · 포장 · 배송하는 시설이다.

① ㄱ, ㄴ ② ㄱ, ㄷ
③ ㄴ, ㄷ ④ ㄱ, ㄴ, ㄷ

30 다음은 어떤 판매방식에 대한 설명인가?

ㄱ. 산업재는 거의 전적으로 이 방법의 판매에 의존하고 있으며 소비재 중에는 보험이나 화장품 등도 이 방법을 통한 판매 의존도가 높다.
ㄴ. 고객과의 빈번한 대면접촉을 통해 친밀감과 신뢰감을 줄 수 있고 이를 토대로 고객과 장기적인 인간관계를 형성할 수 있다.

① 인적판매 ② 인적 풀필먼트 서비스
③ 다단계 판매 ④ 옴니채널 판매

| 정답 | 1. ② 2. ③ 3. ④ 4. ③ 5. ③ 6. ① 7. ① 8. ② 9. ① 10. ④ 11. ② 12. ① 13. ② 14. ② 15. ① 16. ② 17. ③ 18. ③ 19. ② 20. ① 21. ④ 22. ③ 23. ③ 24. ③ 25. ③ 26. ③ 27. ① 28. ④ 29. ③ 30. ① |
|---|---|

Chapter 9

# 기업회계의 이해



기업은 내 · 외부의 모든 이해관계자들이 공통적으로 사용할 수 있는 기본적이면서도 핵심적인 재무정보를 일반적으로 인정된 회계원칙에 따라 일정한 보고형식의 틀을 갖추어 정기적으로 보고해야 한다. 이때 작성되는 재무보고서를 재무제표(financial statements)라고 부르며, 이 재무제표는 기업 내, 외부의 이해관계자들과 의사결정자들이 사용할 수 있는 다양한 정보를 담고 있다. 2011년부터 증권거래소와 코스닥에 상장된 모든 기업들은 회계정보를 제공함에 있어서 한국채택국제회계기준(K-IFRS 또는 K-International Financial Reporting Standards)을 적용해야 한다. IFRS상의 주요 재무제표는 손익계산서, 재무상태표, 그리고 현금흐름표이다. 손익계산서는 해당기간 동안에 이루어진 경영성과, 즉 수익성에 관한 정보를 제공해 주는데, 크게 수익과 비용으로 구성되어 있다. 재무상태표는 일정시점에 기업이 보유하고 있는 자산과 부채 및 자본의 구성 상태를 보여준다. 현금흐름표는 일정기간 동안 기업의 현금흐름 변동내용을 표시하는 재무보고서이다.

# 제1절 회계순환과정과 유형

## 1. 회계의 순환과정

기업은 소비자, 노동조합, 정부기관, 투자자, 금융기관, 일반대중 등 수많은 이해관계자를 가지고 있다. 예를 들어, 금융기관은 기업에 자금을 대출해 주는 자금대여기관이다. 기업이 어느 금융기관에 대출신청을 했다면 은행은 대출의사결정을 하기 위하여 기업에 관하여 가능한 한 다양하고 많은 정보를 구하고자 할 것이다. 이때 금융기관이 사용하는 정보는 크게 회계정보와 비회계적 정보로 나눌 수 있다. 비회계적 정보의 예로는 기업이 생산하는 제품의 시장점유율, 경영자 능력, 기술수준 등이 있다. 이들 비회계적 정보가 유용하긴 하지만, 금융기관에게 핵심적인 정보는 특정기업의 부채비율, 수익성 및 현금흐름 상태를 알려주는 회계정보라 할 수 있다. 이처럼 기업의 이해관계자들의 의사결정에 유용한 정보를 생산, 제공하는 것이 회계의 기본목적이다.

회계는 기업의 경제적 활동을 측정하여 기록하고 이를 체계적인 틀에 따라 처리한 후 그 정보를 이해관계자에게 전달하는 과정이다. 다시 말해 기업운영과정에서 발생하는 재산이나 재물의 변동과정을 돈의 흐름으로 측정·기록하고, 이를 토대로 하여 경영자가 기업운영을 얼마나 잘하고 있는지를 기업소유주나 여러 이해관계자에게 보고하는 과정이라 할 수 있다. 회계정보 이용자는 경영자와 종업원 등의 내부이용자와 투자자, 채권자 등의 외부이용자로 나눌 수 있는데, 이들에게 기업의 운영상태에 대해 명확히 그리고 신속하게 관련 정보를 제공해야 한다. 즉 사업이 잘되고 있는지 아니면 어떤 어려움에 처해 있는지를 알리고, 앞으로 받아야 할 돈이 얼마이며 줄 돈이 얼마인지도 주요 이해관계자에게는 알릴 필요가 있다. 이와 같은 회계정보의 생산, 전달은 기업의 1차적 책임이다.

기업은 회계정보의 생산을 위하여 경영과정에서 발생하는 거래의 기록에서부터 재무제표를 작성하기까지의 일련의 회계처리절차를 주기적으로 밟게 되는데, 이런 과정을 회계순환과정(accounting cycle)이라고 부른다. 이 회계순환과정은 [그림 9-1]에 나타난 바와 같이 통상 회계거래의 기록, 회계거래

**[그림 9-1]** 회계순환과정

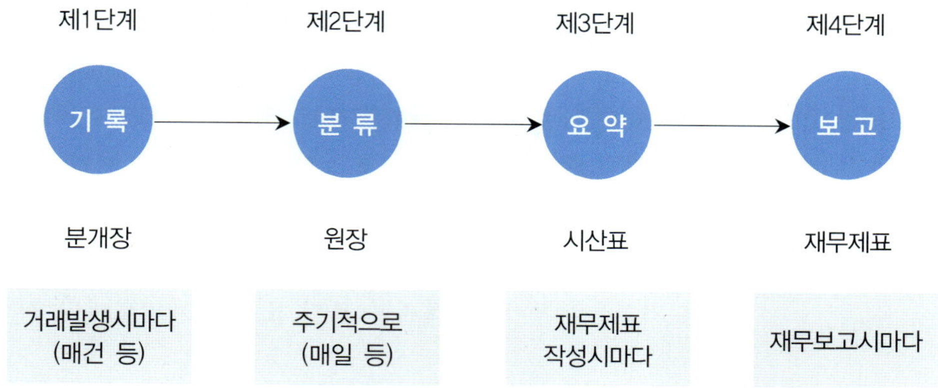


의 분류, 계정정보의 요약, 재무정보의 보고 등 4단계로 분류할 수 있다.

제1단계는 경영활동과정에서 거래가 발생했을 때 회계담당자가 회계기록의 대상이 되는 사건만을 골라 분개장에 발생순서별로 기록하는 단계이다. 이 기록하는 과정을 부기(bookkeeping)라고 부르며, 기록방법은 복식부기의 방법(double-entry bookkeeping)을 사용한다. 일상적인 계산에서는 왼편과 오른편의 구분 없이 특정 계정금액의 증가는 플러스(+)로, 감소는 마이너스(−)의 부호로 계산한다. 그러나 복식부기에서는 증감부호 대신 왼편(차변 또는 debit)과 오른편(대변 또는 credit)으로 나눠 어떤 계정의 증감을 왼편 또는 오른편에 기록하는 독특한 방식을 사용한다. 예를 들어 현금의 증가는 왼편에, 현금의 감소는 오른편에 기록한다. 또 수익의 증가는 오른편(대변)에, 비용의 증가는 왼편(차변)에 기록한다. 이런 복식부기를 사용함으로써 어떤 계정의 증가와 감소에 관한 거래를 일목요연하게 파악할 수 있다.

제2단계는 분개장에 기록된 거래를 같은 계정별(예를 들면 현금, 매출채권, 매입채무)로 분류하여 해당원장에 기입하는 단계이다. 제1단계에서 기록된 분개장의 모든 거래를 해당계정 원장별로 올바르게 분류하여 주기적으로 원장에 옮겨 적는 단계이다.

제3단계는 원장에 기록된 모든 계정에 대하여 기말시점 혹은 재무제표 작성기준시점의 잔액 혹은 총액을 계산하여 그 금액을 계정과목별로 한곳에 모아서 집계표를 만든다. 이때 작성된 표를 시산표라고 한다. 시산표에는 각 계정별 잔액이 모두 한곳에 집합 표시되어 재무제표 작성을 용이하게 한다. 이때 중요한 것은 복식부기의 특성상 왼쪽 합계액이 오른쪽 합계액과 동일해야 한다는 것이다. 동일하지 않다면 제1단계와 제2단계의 거래의 기록, 분류 과정에 오류가 있다는 뜻이므로 다시 점검해야 한다.

제4단계는 시산표상에 표시된 계정과목과 금액을 회계기준 등에서 정하는 방법과 순서에 따라 수익과 비용의 과목을 적절하게 배열하여 손익계산서를 만든다. 그리고 자산, 부채 및 자기자본으로 구분 표시하여 재무상태표를 작성한다. 현금흐름표는 손익계산서와 재무상태표를 기반으로 작성될 수 있다. 기업은 이들 재무제표를 분기 또는 회계연도마다 작성하고 보고할 의무가 있다.

마지막으로 다음 기간의 회계기록으로 연결시키기 위하여 당기말의 회계장부를 마감(closing)시키는 보조절차가 필요하다. 이 마감절차에 따라 손익계정이나 기타의 임시계정들은 다음 기의 기초잔액이 0원에서 시작한다. 반면 재무상태표의 자산, 부채, 자기자본의 계정들은 마감되지 않고, 다음 기에도 계속된다.

## 2. 회계의 유형

회계는 회계정보의 사용자에 따라 다음과 같이 크게 두 가지 영역으로 나누어 볼 수 있다.

- 재무회계(financial accounting) : 주로 투자자나 금융기관, 주주들에게 제공되는 회계정보를 창출하기 위한 회계로서 기업의 재무상태와 영업성적에 관한 정보를 제공
- 관리회계(managerial accounting) : 기업 내부의 의사결정을 위해 필요한 회계자료를 창출하는 과정으로 원가 및 경영관리에 관한 정보를 제공

회계순환과정을 통해 재무제표를 작성하는 것은 다수의 일반 정보이용자를 대상으로 하는 일반목적의 회계정보 생산과정이다. 기업이 어느 특정 이해관계자 집단에 치우치지 않는 일반목적의 재무보고서 또는 재무제표를 작성하는 것을 주요 목적으로 하는 회계를 재무회계라 한다. 반면에 기업 내부 또는 경영자의 경영활동에 필요한 회계정보를 생산하는 것을 목적으로 하

는 회계는 관리회계이다. 그 외에도 회계에는 세무회계(tax accounting)와 회계감사(auditing) 분야가 있다. 대부분의 기업은 법인세, 부가가치세 등 세금을 납부해야 하는데, 관련 법규에 따른 세무신고를 뒷받침하는 회계를 세무회계라 한다.

재무제표상의 회계정보는 어느 특정 이용자집단에 치우침이 없이 공정하게 작성되고 보고되어야 한다. 기업이 제공하는 회계 또는 재무정보의 신뢰성을 높이기 위한 장치 중의 하나가 외부감사제도(external auditing)이다. 기업은 공인된 외부감사인(보통 공인회계사)을 통하여 해당기업의 재무제표가 적정하게 작성되어 있는지 여부를 확인하게 된다.

# 제 2 절 재무제표의 구성

## 1. 재무제표의 종류

회계순환과정을 거쳐 회계자료가 어느 정도 정리되면, 모든 이해관계자가 공통적으로 사용할 수 있는 핵심정보를 일정한 기준에 따라 보고서 형태로 만든다. 이 보고서를 재무제표라고 부른다. 재무제표에는 손익계산서(또는 포괄손익계산서, statement of comprehensive income), 재무상태표(이전에는 대차대조표로 불리었음, statement of financial position), 현금흐름표(statement of cash flows), 자본변동표, 주석도 포함된다. 이 중 가장 중요한 손익계산서, 재무상태표, 현금흐름표의 정의는 다음과 같다.

- 손익계산서(또는 포괄손익계산서) : 일정기간 동안 기업이 벌어들인 수익과 이를 위해 투입한 비용, 그리고 이익이나 손실에 관한 중요 정보를 제공
- 재무상태표 : 일정시점에서 기업이 보유하는 재산상태를 나타내는 보고서로, 자산, 부채, 자본 등에 관한 정보를 제공하며, [자산=부채+자

본]의 등식이 성립

- 현금흐름표 : 일정기간 동안 기업의 현금흐름 변동내용을 표시하는 재무보고서로, 현금흐름에 영향을 미치는 활동을 크게 영업활동, 투자활동 및 재무활동으로 구분

재무제표는 기업의 재무상태와 경영성과에 관한 중요한 핵심재무정보를 제공하여 이해관계자를 포함한 다수의 정보이용자의 합리적 의사결정을 지원한다. 재무제표 작성을 위해 채택되고 있는 회계원칙은 공정성을 기본지침으로 설정하고 있으며, 공인회계사를 통한 외부감사제도는 이러한 공정성 여부를 확인하기 위한 감시장치라 할 수 있다.

그렇지만 현행 재무제표에는 계량화하기 어려운 정보가 많이 생략되어 있다는 한계가 있다. 예를 들어, 기업의 사회적 책임 이행여부, 기업의 인적자원에 관한 정보 등은 재무제표를 통해서는 알기 힘들다. 그 외에도 원가배분이나 회계추정 등과 같은 인위적 계산방법에 따른 평가나 측정으로 인해 실제 재무상태나 경영성과를 제대로 제공하지 못한다는 우려도 있다. 참고로 〈표 9-1〉은 재무제표상에서 사용하는 가장 기본적인 용어의 정의를 요약한 것이다.

〈표 9-1〉 재무제표상의 기본용어

| 용어 | 정의 |
|---|---|
| 재무상태표 | 일정시점의 현재에 기업이 보유하고 있는 자산, 부채 및 자본의 구성상태를 나타내기 위해 작성되는 재무제표 |
| 자 산 | 과거사건의 결과로서 현재 기업이 통제하고 있으며, 미래에 경제적 효익을 기업에 유입시킬 수 있을 것으로 기대되는 자원 |
| 부 채 | 과거사건의 결과로서 발생하였으며, 경제적 효익이 내재된 자원이 미래에 유출 또는 사용될 것으로 예상되는 현재의무 |
| 자 본 | 기업의 자산에서 모든 부채를 차감한 후에 남는 잔여지분 |
| 손익계산서 | 일정기간 동안의 경영성과, 즉 유상증자나 배당 등 주주와의 거래를 제외한 기업의 모든 거래로부터 주주지분인 자본이 증가하거나 감소한 금액과 그 내용에 대한 정보가 제공되는 재무제표 |
| 수 익 | 기업의 정상영업활동으로서 재화의 판매, 용역 제공의 대가로 발생하거나 그 밖의 활동에서 발생하는 자산의 유입 또는 부채의 감소액 |
| 비 용 | 기업의 정상영업활동으로서 재화의 판매, 용역의 제공에 따라 발생하거나 그 밖의 활동에서 발생하는 자산의 유출이나 사용 또는 부채의 증가액 |
| 순이익 | 수익에서 비용을 차감한 후에 남는 잔액 |

## 2. 포괄손익계산서의 구성

K-IFRS[1)]에서는 포괄손익계산서를 채택하고 있다. 주주와의 자본거래 이외의 원천에서 발생한 순자산의 변화는 모두 포괄손익을 구성한다. 포괄손익을 구성하는 항목 중 당기순손익의 결정에 포함되지 않지만 자본거래 이외의 다른 기업활동을 통해 순자산의 변화를 초래하는 항목은 기타포괄손익이라고 부른다.

포괄손익계산서는 일정기간 동안 기업이 벌어들인 수익과 이를 달성하기 위해 투입한 비용 그리고 이익이나 손실에 관한 중요 정보를 제공하는 보고서로서 기업이나 경영자의 성과평가에 가장 중요한 정보이다. 수익에서 비용을 공제한 것이 이익이므로, 수익과 비용에 관한 주요 항목들을 체계적으로 요약·정리하는 것이 신뢰성 있는 포괄손익계산서 작성의 첫 단계이다.

〈표 9-2〉
포괄손익계산서의 예시

포괄손익계산서

| 옵티마쇼핑몰 | 1월 1일부터 12월 31일까지 | 단위 : 만원 |
|---|---|---|
| 매 출 액 | 23,000 | |
| 기 타 수 익 | 3,500 | |
| (총 수 익) | | 26,500 |
| 매 출 원 가 | 16,000 | |
| 판 매 비 | 3,250 | |
| 관 리 비 | 2,500 | |
| 금 융 비 용 | 400 | |
| 기 타 비 용 | 150 | |
| (총 비 용) | | (22,300) |
| 법인세비용차감전순이익 | | 4,200 |
| 법인세비용 | | (1,100) |
| 당기순이익 | | 3,100 |
| (기타포괄이익) | | 1,400 |
| 당기총포괄이익 | | 4,500 |

1) 국제회계기준의 조화 및 통합을 위하여 만들어진 국제회계기준위원회(International Accounting Standards Board : IASB)에서 제정된 기준서가 IFRS(International Financial Reporting Standards)이다. 현재 약 160여개 국가가 국제회계기준을 전면 도입하거나 국제회계기준과 유사한 회계기준을 유지하고 있다. 2011년부터 국내의 모든 상장기업들은 한국채택국제회계기준(K-IFRS)에 따라 재무제표를 작성할 의무를 갖는다.

포괄손익계산서 작성에 관해서는 표준화된 양식을 정해 놓지 않고 있으나, 다음과 같은 과정을 통해 매출(수익), 매출원가, 당기순손익, 총포괄손익 등과 같이 반드시 개별금액으로 나타내야 할 항목을 계산하도록 규정하고 있다.

① 매출액을 추정한다. 매출액에는 영업활동과는 무관하게 발생한 이자수익이나 증권투자로부터 얻은 이익이나 배당금수익 등은 포함시키지 않는다.
② 매출원가를 계산한다. 매출원가는 해당기간에 판매된 상품이나 서비스의 생산 또는 구입원가를 말한다.
③ 판매비와 관리비를 계산한다. 판매비와 관리비는 상품과 서비스의 판매활동 또는 기업의 관리와 유지에서 발생하는 비용으로 급여, 퇴직급여, 복리후생비, 사무실 및 공장의 임대료, 접대비, 광고선전비, 공과금 등 매출원가에는 속하지 않지만 영업과 직접적으로 관련된 비용이 모두 포함된다. 그 외에도 감가상각비가 판매비와 관리비의 주요 항목으로 포함된다. 공장이나 설비와 같은 고정자산은 일정기간이 지나면 사용할 수 없게 된다. 그러나 그 가치는 그것을 사용할 수 없게 되었을 때 모두 없어지는 것이 아니라 일정기간에 걸쳐 평균적으로 가치가 감소된다고 보고, 가치의 감소분을 각 기간의 비용으로 할당한 것을 감가상각비(depreciation)라 한다.
④ 금융비용과 기타비용을 계산한다. 금융비용은 외부로부터 자금을 빌려 사용할 때 그 대가로 지불하는 비용을 의미한다.
⑤ 법인세비용 납부전의 순이익을 계산하고, 세무당국에 납부할 법인세를 공제한 뒤 당기순이익을 계산한다.
⑥ 그 외 기타포괄이익을 계산하고 이를 이익에 포함시켜 당기총포괄이익을 계산한다.

## 3. 재무상태표의 구성

### (1) 자 산

자산(assets)은 기업이 영업을 하기 위해 보유하고 있는 유무형의 경제적 자원을 의미하는데, 여기에는 현금, 부동산, 기계, 특허권 등 다양한 자원이 포함된다. 자산은 1년 이내에 현금으로 바꿀 수 있는 유동자산과 그렇지 못한 비유동자산으로 나누어진다. 유동자산에는 현금, 상품 판매후 아직 대금을 받지 못한 것을 지칭하는 매출채권, 영업활동을 위해 보유중인 자재나 상품을 말하는 재고자산, 임대보증금 등이 포함된다. 비유동자산은 1년 이상의 투자기간을 고려한 각종 투자자산, 기계나 설비 및 건물 등을 포함하는 유형자산, 영업권이나 특허권과 같은 눈에 보이지 않는 무형자산으로 구성된다.

〈표 9-3〉 재무상태표의 예시

재무상태표

| 옵티마쇼핑몰 | 12월 31일 현재 | | 단위 : 만원 |
|---|---|---|---|
| 자산 | | 부채 | |
| Ⅰ. 유동자산 | | Ⅰ. 유동부채 | |
| 현금 | 1,000 | 매입채무 | 3,000 |
| 매출채권 | 5,000 | 단기차입금 | 0 |
| 재고자산 | 1,000 | 선수금 | 1,000 |
| 임대보증금 | 3,000 | 미지급비용 | 1,000 |
| Ⅱ. 비유동자산 | | Ⅱ. 비유동부채 | |
| 투자자산 | 0 | 장기차입금 | 2,000 |
| 유형자산 | 5,000 | 회사채 | 0 |
| 무형자산 | 0 | 부채총계 | 7,000 |
| 자산총계 | 15,000 | | |
| | | 자본 | |
| | | Ⅰ. 자본금 | 5,000 |
| | | Ⅱ. 이익잉여금 | 3,000 |
| | | 자본총계 | 8,000 |
| | | 부채와 자본 총계 | 15,000 |

### (2) 부 채

부채(liabilities)에는 기업이 영업하는 과정에서 빌린 돈, 물건이나 기계를 구입하고 아직 지급하지 못한 채무 등이 포함된다. 부채 역시 1년 이내에 상환기일이 도래하는 유동부채와 1년 이후에 상환기일이 도래하는 비유동부채로 나누어진다. 유동부채는 상품이나 자재구입 후 아직 지급을 미루고 있는 것을 지칭하는 매입채무(외상매입금이나 지급어음이 포함됨), 상품을 공급하기로 약속하고 미리 받은 돈인 선수금, 전기, 수도, 가스요금과 같이 서비스를 공급받고 아직 그 대가를 치르지 않은 비용을 의미하는 미지급비용, 개인이나 금융기관으로부터 빌린 단기차입금 등으로 구성된다. 비유동부채에는 1년 이후에 갚아야 할 장기차입금이나 회사채 등이 포함된다.

### (3) 자 본

자본(owners' equity)은 자산에서 부채를 뺀 후에 남는 것으로, 사업을 개시하는 시점에 마련했던 자본금과 영업과정에 쓰고 남은 이익금인 이익잉여금 그리고 기타 자본구성요소인 자본잉여금, 자본조정, 기타포괄손익누계액 등으로 구성된다. 다만, 경영학원론인 본서에서는 자기자본의 개념을 자본금과 이익잉여금으로 구성되는 것으로 단순화하기로 한다.

## 4. 현금흐름표의 구성

현금흐름표는 기업의 기본적인 재무제표로서 현금의 유입과 유출에 관련된 거래내용을 제공하는 기능을 담당한다. 포괄손익계산서는 현금의 유입, 유출과 관련되는 수많은 거래들이 어떻게 기업의 현금흐름을 변화시키는지를 설명해 주지 못하는데, 이런 단점을 보완한 것이 현금흐름표이다. 현금흐름표는 크게 세 부분으로 나누어지는데, 영업활동 현금흐름, 투자활동 현금흐름, 재무활동 현금흐름으로 구성된다. 현금흐름표의 구성항목을 정리하면 〈표 9-4〉와 같다.

영업활동 현금흐름은 제품과 서비스의 생산 및 판매에서 창출되는 현금

〈표 9-4〉
현금흐름표의 구성

| [영업활동 현금흐름] | |
|---|---|
| 현금유입 :<br>1. 제품 등의 판매(매출채권 회수 포함)<br>2. 이자수입, 배당금수입 | 현금유출 :<br>1. 상품 등의 구입(매입채무 결제 포함)<br>2. 공급자와 종업원에 대한 지출<br>3. 이자지급, 법인세납부 등 |
| **[투자활동 현금흐름]** | |
| 현금유입 :<br>1. 대여금의 회수<br>2. 금융상품의 처분<br>3. 유형자산의 처분 | 현금유출 :<br>1. 대여금의 대여<br>2. 금융상품의 취득<br>3. 유형자산의 취득 |
| **[재무활동 현금흐름]** | |
| 현금유입 :<br>1. 현금의 차입<br>(어음 · 사채의 발행 등 포함)<br>2. 주식의 발행 | 현금유출 :<br>1. 차입금의 상환<br>2. 유상감자 및 자기주식의 취득<br>3. 배당금지급 |

[그림 9-2]
주요 재무제표간의 상호관계

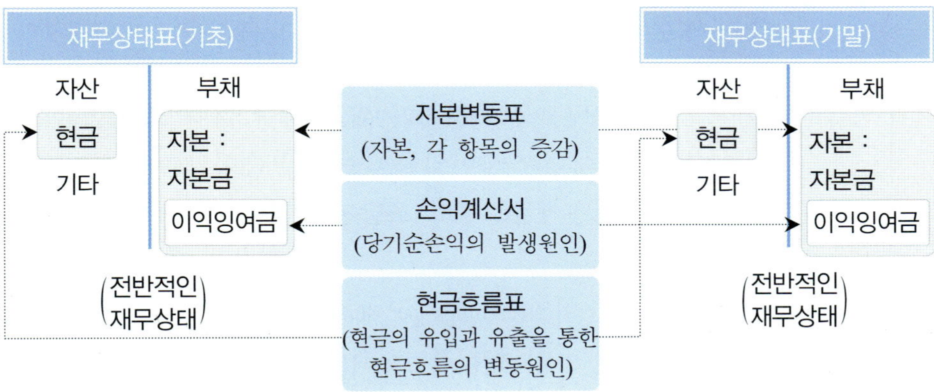


흐름을 말한다. 고객에게 제품 또는 서비스를 판매하여 획득하는 현금과 이들을 생산하거나 구매하기 위하여 거래처 및 종업원에게 지출되는 현금을 포함한다. 투자활동 현금흐름은 현금의 대여 또는 회수, 금융자산, 투자자산, 유형자산 및 무형자산의 취득 또는 처분에서 유출 또는 유입되는 현금을 포함한다. 재무활동 현금흐름은 부채의 차입과 신주발행 등으로 유입되는 현금과 부채의 상환, 배당금의 지급 등으로 유출되는 현금을 나타낸다. 이상에서 설명한 주요 재무제표간의 상호관계를 그림으로 정리하면 [그림 9-2]와 같다.

# 제 3 절 재무비율분석

기업의 경영상태나 성장가능성 또는 운영의 건전성 등을 알아보기 위해서는 기업의 손익계산서나 재무상태표를 상세히 분석해 보아야 한다. 손익계산서나 재무상태표와 같은 재무제표에는 일정기간 동안의 기업성과와 일정시점에서의 재무현황을 나타내고 있기 때문이다. 재무비율분석은 이런 자료를 이용한 분석도구이다. 재무비율분석은 기업의 수익성, 자산의 유동성, 자산의 효용성, 기업의 재무위험 등에 관한 개략적인 정보를 제공한다. 이 중에서 외부 정보이용자에게 가장 중요한 개념은 기업의 수익성과 기업의 재무위험이라 할 수 있다.

## 1. 기업의 수익성

기업의 수익성을 측정하기 위해 가장 많이 쓰이는 것은 주당순이익, 매출액순이익률, 총자산순이익률, 자기자본순이익률 등이다. 이들 수익성비율은 투자자나 채권자들로부터 조달된 자본이 얼마나 효율적으로 이용되고 있는지를 측정한다.

주당순이익(earnings per share : EPS)은 보통주 1주에 해당되는 당기순이익을 나타내는 기업의 경영성과에 관한 지표로서, 기업이 성과발표시 가장 보편적으로 이용하고 있다. 매출액순이익률(profit margin)은 매출액에서 모든 비용을 차감한 후 얼마의 이익을 얻고 있는지를 나타내는 값이다. 이 값을 구하기 위해 분모는 매출액, 분자는 당기순이익을 사용하는데, 분자를 영업이익으로 바꿔 매출액영업이익률이란 개념을 쓰기도 한다.

총자산순이익률(return on assets : ROA) 또는 총자본순이익률은 자기자본과 타인자본(차입금이나 사채와 같은 부채)을 합한 총자본투자에 대하여 얼마나 순이익이 발생했는지를 나타내는 값이다. 이 비율은 기업이 조달한 총자본을 얼마나 효율적으로 이용하고 있는지를 보여준다. 자기자본순이익률(return on equity : ROE)은 보통주 소유자들에 의하여 출자된 자본이 얼마나 효율적으로 이용되고 있는지를 보여주는 값이다.

〈표 9-2〉와 〈표 9-3〉의 포괄손익계산서와 재무상태표를 이용하여 옵티마쇼핑몰의 수익성비율을 구해보면 다음과 같다. 아래의 계산에서는 당기순이익을 사용했지만, 당기총포괄이익을 사용하여 수익성비율을 구할 수도 있다.

$$\text{주당순이익} = \frac{\text{당기순이익}}{\text{주식수}} = \frac{3{,}100\text{만원}}{1{,}000} = 3.1\text{만원/주}$$

(주식수는 1,000주라고 가정한다)

$$\text{매출액순이익률} = \frac{\text{당기순이익}}{\text{매출액}} = \frac{3{,}100\text{만원}}{23{,}000\text{만원}} = 0.135(13.5\%)$$

$$\text{총자산순이익률} = \frac{\text{당기순이익}}{\text{총자산}} = \frac{3{,}100\text{만원}}{15{,}000\text{만원}} = 0.207(20.7\%)$$

$$\text{자기자본순이익률} = \frac{\text{당기순이익}}{\text{자기자본}} = \frac{3{,}100\text{만원}}{8{,}000\text{만원}} = 0.3875(38.75\%)$$

## 2. 재무위험과 활동성

기업은 보통 타인자본(부채) 또는 자기자본 형태를 사용하여 자본을 조달한다. 부채를 과도하게 사용하면 파산의 가능성이 높아지는데, 이를 재무위험이라 한다. 재무위험은 기업이 장기적으로 채무의 원금과 이자를 원만하게 지급할 수 있는지를 평가하는 데 주요 목적이 있다. 어떤 기업의 재무위험을 측정하기 위하여 가장 많이 쓰이는 것이 부채비율과 이자보상비율이다.

부채비율은 여러 가지로 측정할 수 있는데, 우리나라에서는 통상 부채비율을 구할 때 분자는 모든 부채를 포함하고, 분모는 자기자본을 사용하여 계산한다. 이자보상비율(interest coverage ratio)은 이자 및 법인세비용차감전이익인 영업이익을 이자비용으로 나누어 측정한다. 이 비율은 기업이 채권자에게 지급해야 할 이자비용보다 영업이익이 얼마나 많은지를 나타내 준다. 〈표 9-2〉와 〈표 9-3〉의 포괄손익계산서와 재무상태표를 이용하여 옵티마쇼핑몰의 재무위험비율을 구해보면 다음과 같다.

$$부채비율=\frac{총부채}{자기자본}=\frac{7{,}000만원}{8{,}000만원}=0.875(87.5\%)$$

$$이자보상비율=\frac{영업이익}{이자비용}=\frac{매출액-매출원가-판매비-관리비}{이자비용}=\frac{1{,}250만원}{400만원}$$
$$=3.125(312.5\%)$$

부채비율과 이자보상비율은 장기채무에 대한 원금과 이자를 제때에 지급할 수 있는가를 평가하는 데 목적이 있지만, 다음의 유동비율은 만기가 1년 이내에 도래하는 단기부채에 대하여 상환재원이 되는 유동자산의 상대적 규모로 평가한다. 즉, 유동비율은 유동자산을 유동부채로 나누어 측정하는 것으로 유동성을 평가하는 데 주로 이용된다. 옵티마쇼핑몰의 자료를 이용하여 유동비율을 구해보면 다음과 같다.

$$유동비율=\frac{유동자산}{유동부채}=\frac{10{,}000만원}{5{,}000만원}=2(200\%)$$

그 외에 기업의 활동성을 나타내는 재무비율로 재고자산회전율과 총자산회전율을 사용하기도 한다. 재고자산회전율은 재고자산이 1년에 몇 번이나 현금이나 매출채권으로 전환되었는가를 측정한다. 이 값이 클수록 적은 양의 재고로 생산과 판매 활동을 효율적으로 수행하고 있다고 볼 수 있다.

$$재고자산회전율=\frac{매출액}{재고자산}=\frac{23{,}000만원}{1{,}000만원}=23$$

총자산회전율은 매출액을 총자산으로 나눈 값이다. 총자산은 총자본과 그 값이 같으므로 총자산회전율은 총자본회전율이라고도 한다. 이 값이 크면 유동자산과 비유동자산이 모두 효율적으로 이용되고 있다는 것을 의미하며, 회전율이 낮으면 과잉투자의 가능성이 높다고 평가할 수 있다.

$$총자산회전율=\frac{매출액}{총자산}=\frac{23{,}000만원}{15{,}000만원}=1.53$$

### 예제 9-1

다음은 (주)온누리벤처의 12월 31일 현재 포괄손익계산서이다. 발행주식수는 1,000주이다. 주당순이익, 매출액순이익률, 이자보상비율을 구하여라.

포괄손익계산서

(주)온누리벤처 1월 1일부터 12월 31일까지 단위 : 만원

| | | |
|---|---|---|
| 매 출 액 | 120,000 | |
| (총 수 익) | | 120,000 |
| 매 출 원 가 | 45,000 | |
| 판 매 비 | 15,000 | |
| 관 리 비 | 20,000 | |
| 금 융 비 용 | 10,000 | |
| (총 비 용) | | (90,000) |
| 법인세비용차감전순이익 | | 30,000 |
| 법인세비용 | | (7,500) |
| 당기순이익 | | 22,500 |

● 풀이

$$\text{주당순이익} = \frac{\text{당기순이익}}{\text{주식수}} = \frac{22{,}500\text{만원}}{1{,}000} = 22.5\text{만원/주}$$

$$\text{매출액순이익률} = \frac{\text{당기순이익}}{\text{매출액}} = \frac{22{,}500\text{만원}}{120{,}000\text{만원}} = 0.1875(18.75\%)$$

$$\text{이자보상비율} = \frac{\text{매출액} - \text{매출원가} - \text{판매비} - \text{관리비}}{\text{이자비용}} = \frac{40{,}000\text{만원}}{10{,}000\text{만원}} = 4.0(400\%)$$

### 예제 9-2

다음은 (주)온누리벤처의 12월 31일 현재 재무상태표이다. 올해 매출액을 120,000만원으로 가정하고 부채비율, 유동비율, 재고자산회전율, 총자산회전율을 구하여라.

재무상태표

(주)온누리벤처 12월 31일 현재 단위 : 만원

| 자산 | | 부채 | |
|---|---|---|---|
| Ⅰ. 유동자산 | | Ⅰ. 유동부채 | |
| 현금 | 50,000 | 매입채무 | 15,000 |
| 매출채권 | 25,000 | 단기차입금 | 35,000 |
| 재고자산 | 20,000 | 선수금 | 0 |
| 임대보증금 | 35,000 | 미지급비용 | 20,000 |
| Ⅱ. 비유동자산 | | Ⅱ. 비유동부채 | |
| 투자자산 | 0 | 장기차입금 | 100,000 |
| 유형자산 | 55,000 | 부채총계 | 170,000 |
| 무형자산 | 85,000 | | |
| 자산총계 | 270,000 | 자본 | |
| | | Ⅰ. 자본금 | 100,000 |
| | | 부채와 자본 총계 | 270,000 |

● 풀이

$$\text{부채비율} = \frac{\text{총부채}}{\text{자기자본}} = \frac{170{,}000\text{만원}}{100{,}000\text{만원}} = 1.70(170\%)$$

$$\text{유동비율} = \frac{\text{유동자산}}{\text{유동부채}} = \frac{130{,}000\text{만원}}{70{,}000\text{만원}} = 1.857(185.7\%)$$

$$\text{재고자산회전율} = \frac{\text{매출액}}{\text{재고자산}} = \frac{120{,}000\text{만원}}{20{,}000\text{만원}} = 6.0(600\%)$$

$$\text{총자산회전율} = \frac{\text{매출액}}{\text{총자산}} = \frac{120{,}000\text{만원}}{270{,}000\text{만원}} = 0.444(44.4\%)$$

## 제 4 절 회계감사

재무제표를 작성하는 주체는 기업이며, 따라서 그 내용에 대한 책임도 기업이 져야 한다. 그렇지만 경영자는 자신의 보수를 높이기 위한 이익 부풀리기 또는 부채나 주식 발행 전 이익 부풀리기 등 여러 가지 이유로 재무제표를 조작하고자 하는 유혹에 빠지기 쉽다. 정보이용자에게 제공되는 회계정보에 오류나 부정이 개입되어 있다면 그 정보이용자는 합리적이고 정상적인 의사결정을 할 수 없고 사회적으로 물의를 빚을 수 있다. 따라서 기업의 재무제표가 그 기업의 재무상태나 경영성과를 적정하게 나타내고 있는가에 대한 사회적인 검증장치가 필요하게 된다. 우리나라의 경우 주식시장에 상장된 기업들은 그들이 작성한 재무제표에 대하여 공인회계사에게 반드시 감사를 받도록 규정하고 있다.

공인회계사는 기업의 재무제표를 감사하고 그 의견을 담은 감사보고서를 작성하는데, 이 감사보고서에는 최종적으로 감사의견을 표시한다. 감사의견에는 적정의견, 한정의견, 부적정의견, 의견거절의 네 가지 종류가 있다.

- 적정의견(unqualified opinion) : 감사범위에 대한 어떠한 제한도 받지 않았으며, 회계감사기준을 준수하여 감사를 실시한 결과 재무제표가 기업회계기준에 따라 적정하게 작성되었다고 판단되는 경우에 표명되는 의견이다.
- 한정의견(qualified opinion) : 재무제표에 중요한 영향을 미치는 감사범위에 제한이 있었거나 또는 기업회계기준의 적용에 관해 경영자와 중요한 의견불일치가 있는 경우에 표명되는 의견이다.
- 부적정의견(adverse opinion) : 기업회계기준 적용과 관련하여 재무제표에 특히 중요한 영향을 미치는 경영자와의 의견불일치가 있는 경우에 표명되는 의견이다.
- 의견거절(disclaimer of opinion) : 감사인의 독립성이 결여되어 있거나 재무제표에 특히 중요한 영향을 미치는 감사범위의 제한이 있는 경우에 표명되는 의견이다.

# 제 5 절 원가 및 관리 회계

## 1. 원가와 비용의 의미

기업은 이윤을 추구하는 조직인 만큼 제품이나 서비스의 판매가격이 투입한 원가보다 커야 하는 것이 일반적인 상식이다. 물론 지나치게 많은 양의 상품을 구매 또는 생산하여 팔리지 않은 재고가 많이 쌓여 경영이 어려운 지경에 처한다면 불가피하게 원가 이하로 처분하기도 한다.

일상적인 용어가 되다시피 한 원가(cost)는 자원을 획득하기 위해 치른 대가를 의미한다. 제조업체에서 제품생산에 투입되는 원자재나 유통업체가 보유하는 상품 등을 취득하기 위해 지출한 금액은 모두 원가에 해당한다. 공장을 짓기 위해 취득한 공장부지의 구입에 지출한 금액도 원가이다. 이런 유형의 원가는 모두 취득원가에 해당한다.

비용(expense)은 원가와는 그 개념이 다르다. 〈표 9-1〉에서 정의한 바 있지만, 비용은 재화나 서비스의 판매에 따라 발생하거나 또는 그 밖의 활동에서 발생하는 자산의 유출이나 사용 또는 부채의 증가액 등을 의미한다. 예를 들어 광고 및 마케팅활동을 위해 지출된 금액은 비용이며, 사무실 임대료나 직원용 통근버스 운영비도 비용에 해당한다. 판매용도로 상품을 구입할 때 지출하는 금액은 원가, 즉 취득원가이지만, 이 상품이 실제 고객에게 전달되어 매출로 이어지면 매출원가라는 비용으로 전환된다.

예를 들어 최고급 커피만을 고집하는 어느 커피전문점에서 10Kg 커피원두를 무려 1,000,000원에 구입하여 고객에게 제공한다고 생각해 보자. 커피원두 구입을 위해 지출된 현금 1,000,000원은 원가가 되며 10Kg 커피원두는 곧 1,000,000원짜리 원두라는 자산으로 전환된다. 이제 이 원두를 내려서 커피를 판매하여 수익을 올리게 되면 매출이 발생하며 이때 사용한 커피원두의 가치만큼 비용(매출원가)이 발생한다고 본다. 만약 이번 달에 1,000,000원어치 원두 중 500,000원어치가 소진되었다면 원두 관련해서는 500,000원의 비용이 발생했으며 나머지 500,000원어치는 재고자산으로 남아 다음 달에 사용된다.

유통업체의 경우 협력업체에서 상품을 구매하여 판매하므로 취득원가의 계산은 별로 어렵지 않다. 협력업체에 지불하는 상품의 구입가격에 운반비나 수수료 그 외 각종 부대비용을 포함시켜 계산한다. 그렇지만 유통업체는 고객에게 상품을 판매하기 위해서는 상품의 취득원가 외에도 매장 임대료 및 운영비, 판매원 인건비, 배달비용, 광고선전비, 비품이나 시설의 사용가치 하락분을 반영하는 감가상각비 등 다양한 형태의 비용을 지불해야 한다. 상품의 취득원가는 얼마 되지 않을 수 있지만 고객의 손에 전달하기 위해서는 다양한 활동이 요구되기 때문이다.

제조업체의 원가계산은 더욱 복잡해져 제품 한 개당 제조원가를 추정하는 것은 결코 쉬운 일이 아니다. 예를 들어 감자칩을 만드는 업체를 생각해보자. 감자칩을 만들기 위해서는 감자, 밀가루, 식용유, 버터, 백설탕, 조미료 등 다양한 식자재가 일정량 소요된다. 이들 식자재가 복잡한 제조공정과 포장공정을 거쳐 감자칩으로 변신한 후 유통업체에 공급된다. 이 과정에서 발생하는 비용을 살펴보면, 감자칩 생산에 직접 참여하는 직원들에 대한 인건비 또는 노무비가 발생하며 제조공정 운영을 위한 각종 경비도 발생할 수밖에 없는데 이 비용은 제조경비라고 부른다. 이와 같이 재료비, 노무비, 제조경비가 감자칩 제조원가를 구성하는 요소들이다. 제조업체도 유통업체와 마찬가지로 제조원가 외에도 물류창고 임대료 및 운영비, 물류담당자 및 판매보조원 인건비, 물류비용, 광고선전비, 생산설비 이외의 비품이나 시설의 사용가치 하락분을 반영하는 감가상각비, 연구개발비 등 다양한 판매비와 관리비를 부담해야 한다.

제조원가는 직접비와 간접비로 나누어 분석하기도 한다. 직접비는 원가를 계산하는 상품이나 서비스별로 원가를 추적하여 부가할 수 있는 항목이

[그림 9-3]
제조원가의 구성내역

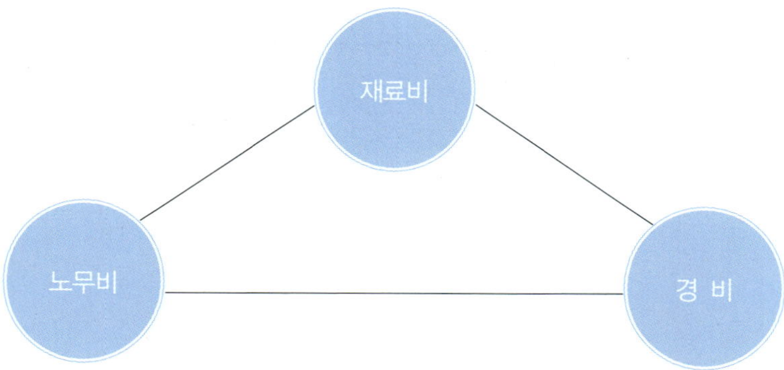

고, 간접비는 여러 품목에 걸쳐 공통적으로 발생하기 때문에 미리 정해 놓은 기준을 이용하여 여러 품목에 공평하게 할당하여 품목별 원가계산을 시도한다. 예를 들어 감자칩 제조업체가 감자칩 외에도 옥수수칩도 생산한다고 생각해 보자. 각 제품 한 봉지에 요구되는 각종 식자재를 정확히 추정하여 재료비를 계산할 수 있다면 이는 직접비에 해당한다. 그렇지만 제조공정 운영을 위한 각종 경비는 감자칩과 옥수수칩 생산 모두에 필요한 비용이므로 적절히 나누어 감자칩과 옥수수칩 제조원가에 포함시켜야 한다. 이런 비용은 간접비에 해당한다.

## 2. 원가 및 관리 회계의 의의

제품이나 서비스를 만들어 판매하는 기업이라면 각 품목에 대한 제조원가에 관심을 두지 않을 수 없다. 가격결정이나 기존 품목의 생산중단, 신제품의 생산여부 결정 등 다양한 의사결정분야에서 제조원가에 관한 회계정보가 필요하다. 원가회계는 생산에 투입되는 재료비, 노무비, 경비 등의 원가를 파악하여 각 제품에 대한 원가를 추정하는 과정이다. 원가회계보다 포괄적인 의미를 가지는 관리회계는 조직 내의 다양한 의사결정을 위한 정보를 제공하고 이를 분석하는 방법론까지 포함한다. 관리회계는 기업 내부의 경영관리자의 합리적 의사결정을 위한 정보를 제공한다는 측면에서 기업 외부의 이해관계자에 대한 서비스 성격을 띠는 재무회계와는 구별된다.

〈표 9-5〉 재무회계와 원가 및 관리 회계의 차이

| | 재무회계 | 원가 및 관리 회계 |
|---|---|---|
| 회계정보의 이용자 | 기업 외부의 이해관계자 | 기업 내부의 경영층, 관리자 |
| 정보의 주요 내용 | 재무 및 경영성과 | 제조원가에 관한 정보 및 각종 자원에 대한 활용(비용 및 효익)성과 |
| 용 도 | 기업성과의 평가 및 비교 | 가격결정, 생산품목의 교체, 설비투자관련 의사결정지원 |

쉬어가기

## 손실이냐 이익이냐… 베니스 상인만 알았다

'토마소, 도메네고, 니콜로 세 사람이 동업 관계를 맺었다. 토마소는 1472년 1월 1일에 760두카트를 투자했고, 4월 1일에 200두카트를 인출했다. 도메네고는 2월 1일에 616두카트를 투자했고, 6월 1일에 96두카트를 인출했다. 니콜로는 2월 1일에 892두카트를 투자했고, 3월 1일에 252두카트를 인출했다. 1475년 1월 1일에 그들은 자기들이 3,168두카트 13½그로소를 얻었음을 알았다. 각자 받아야 할 정당한 몫을 구하라.'

15세기 이탈리아 상인층 자제들이 상업학교에서 공부하던 연습문제의 사례다. 이는 단순한 소매상이나 보부상 수준을 넘어 유럽 대륙 전체를 무대로 복잡다기한 동업 관계가 맺어지던 실제 상업 세계를 반영한다. 이런 상황에서 자기 사업의 실태를 명확하게 파악하는 것이 무엇보다 중요해졌다. 그러기 위해 모든 거래를 장부에 일일이 적어두고 또 그것을 합리적으로 분류하고 계산하는 방법이 발전했는데, 그 정점에 이른 것이 복식부기(double-entry bookkeeping)였다.

누가 이 방식을 발명했는지는 불명확하지만 대략 1300년께 이탈리아 회계사들이 처음 사용하기 시작한 것으로 보인다. 아마도 대수식에서 힌트를 얻어 개발하지 않았을까 짐작된다. 대수식에선 한쪽에서 플러스인 것이 다른 쪽으로 넘어가면 마이너스가 된다. 이처럼 모든 거래가 발생할 때마다 차변(借邊)과 대변(貸邊)에 같은 금액을 계상함으로써 사업을 조직적으로 관리하는 것이 복식부기의 핵심이다. 이런 방식을 '베니스 방식(alla veneziana)'이라고 부른 것을 보면 아마도 베니스 상인들에 의해 개발됐을 가능성이 있다.

복식부기는 주로 이탈리아에서 많이 쓰였으며 북유럽에는 훨씬 늦은 시기에 도입됐다. 예컨대 16세기에 유럽 최고의 상업 가문 중 하나였던 푸거(Fugger) 가도 복식부기를 사용하지 않았다. 14세기에 이탈리아 상인들이 점진적으로 복식부기를 채용해 간 것은 분명하다. 중세 이탈리아 상인 가운데 가장 많은 기록이 보존된 프란체스코 디 마르코 다티니의 경우 1366년부터 1410년까지 회계장부가 남아 있는데, 1383년 이전에는 장부가 서술문 형식으로 돼 있었다.

이 시기에는 그의 사업활동의 많은 면모를 볼 수는 있지만 정작 가장 중요한 사실, 즉 그의 사업이 수익을 내고 있는지 손해를 보고 있는지는 알 수 없다. 후대의 우리뿐 아니라 다티니 자신도 자기 사업 현황을 대충 감으로 짐작하고 있었을 것이다. 그러다가 1383년 이후에 복식부기를 사용한 이후에야 사업의 실체를 명확하게 파악할 수 있었다.

사실 복식부기방법이 알려진 후에도 많은 경우 장부는 매우 허술하게 기록됐다. 당시 상인들은 요즘처럼 차변·대변의 숫자가 완벽하게 맞아떨어지지 않고 '대략' 맞는 정도로도 만족했다. 무엇보다 이상한 것은 수지결산을 제때 하지 않았다는 점이다. 사실 부기의 목적은 결국 수지결산에 있지 않은가. 그런데 15세기만 해도 상인들은 오랜 기간 결산을 미루기 일쑤였고, 때로는 장부 책 마지막 쪽이 다 채워질 때 가서야 결산을 하기도 했다. 냉철한 기준에 근거한 합리적 회사운영방식은 아직 더 기다려야 했다.

복식부기를 완전한 형태로 정리해 책으로 출판함으로써 복식부기의 아버지라 불리게 된 사람은 베니스에서 활동한 수학자 루카 파촐리(1445~1517)다. 그의 저서 『산수, 기하학, 비례와 비례적인 것들의 대전(Summa de arithmetica, geometria, proportioni et proportionalita, 1494, 1523)』은 웬만큼 글을 읽을 수 있는 사람들이 배울 수 있는 수학 입문서다. 점성술, 건축, 조각, 우주론, 군사, 심지어 신학에 이르기까지 거의 모든 분야를 수학적으로 설명하는 내용이다. 이 가운데 '계산과 기록'이라는 장에서 상업 산수와 부기의 내용이 체계적으로 정리돼 있다. 이 부분은 따로 독립돼 나중에 각국어로 번역 출판됐으며, 19세기까지도 독일과 러시아에서 복식부기 입문서로 활용됐다.

그의 방법을 따르자면 사업활동은 세 가지 종류의 장부에 순차적으로 정리된다. 우선 모든 거래는 그때그때 비망록에 적어두고, 다음에 그 내용을 분개장(分介帳)에 정리한 후 최종적으로 원장(元帳)에 복식부기방식으로 분류해 기입한다. 매년 규칙적으로 결산을 한다. 결산을 하려면 따로 종이 한 장을 마련해 왼쪽 편에는 차변총액, 오른쪽 편에는 대변총액을 열거한 후 두 항목을 모두 합산해 비교한다. 손실이나 이익을 합하면 양쪽 수치는 완전히 같아야 한다. 만일 수치가 일치하지 않으면 계산 실수나 누락, 부정이 있다는 의미이니 그 복잡한 계산을 처음부터 다시 검토해야 한다. 결과적으로 수입이 지출보다 많으면 사업이 성공한 것이고, 그 반대라면 잠 못 드는 밤이 찾아올 것이다.

파촐리는 이 부분에서 '신이시여! 신실한 저희 신자들이 그 같은 곤란을 겪지 않도록 보호하소서!'라는 기도의 말씀을 잊지 않았다. 하여튼 이렇게 장부 정리를 잘해야 수익과 손실을 분간할 수 있고, 사업의 추세를 잘 판단할 수 있다. 또 그래야 훌륭한 동업 관계도 유지된다. '계산을 자주 하면 우정이 오래간다'는 것이 그의 현명한 주장이다. (주경철, 서울대 서양사학과 교수, 한국경제신문, 2010.12.4)

## 흑자기업이 적자기업으로 돌변 '역분식 후폭풍'

LG화학 비상장 자회사인 팜한농은 지난해 3분기까지 381억원의 누적영업이익과 164억원의 순이익을 거뒀다. 그러나 연간실적은 154억원 영업이익, 499억원 순손실이었다. 계절적 비수기 이슈도 있었으나 400억원가량의 환경복원 충당금[2]이 일시에 더해지며 적자로 전환한 것이다. 게임업체 위메이드도 3분기까지는 영업이익 31억원 · 순손실 14억원이었는데 4분기가 지나자 '361억원 영업손실에 485억원 순손실'이라는 연간 수치가 나왔다. 전년 3억원에 불과했던 매출채권 대손충당금을 지난해 재무제표에 392억원으로 일시 반영한 것이 쇼크의 원인이었다.

2) 충당금이란 장래에 발생할 것으로 예상되는 비용이나 손실에 대하여 그 원인이 되는 사실이 이미 발생했다고 보고 당해 비용 내지는 손실의 전부 또는 일부를 이월 계상한 결과 발생한 부채에 준하는 항목을 말한다.

이처럼 지난해 상장기업들의 재무제표에 충당금 쇼크가 상당했던 것으로 확인됐다. 영업부진으로 인한 실적둔화보다는 매출채권이나 재고자산, 무형자산 등의 가치를 극도로 낮춰 잡으면서 이익지표가 떨어지는 '역분식 결산'이 나타난 셈이다. 원인은 엄격해진 회계법인들 때문인데, 기업뿐 아니라 투자자들도 실적 변동성을 지나치게 키웠다는 불만이 심각한 수준이다.

18일 금융정보업체 에프앤가이드에 따르면 코스피, 코스닥 상장기업들의 대손충당금(연결기준)은 2017년 13조 8,090억원에서 지난해 14조 6,251억원으로 5.9% 증가했다. 특히 재고자산 평가손실충당금은 7조 9,933억원에서 9조 9,096억원으로 24.0%나 급증했다.

대손충당금은 받지 못할 매출채권을, 재고자산 평가손실충당금은 팔리지 않을 제품의 손실을 재무제표에 미리 반영해 놓는 것이다. 금액이 클수록 이익이 감소하기 때문에 되도록 적게 하는 것이 일반적인데 지난해에는 정반대의 현상이 나타난 것이다. 넥센은 평소 6~7억원이었던 대손충당금을 지난해 130억원으로 잡았고, 웅진은 전년 39억원에서 지난해 246억원이 됐다. 이 밖에 CJ ENM(234억 → 757억), KT&G(256억 → 757억), OCI(35억 → 105억), 한화케미칼(796억 → 1,642억) 등 업종 구분 없이 경쟁적인 충당금 설정이 이어졌다. 재고자산충당금도 마찬가지다. 한국항공우주(19억 → 172억), 현대위아(80억 → 271억), 삼성전기(500억 → 1,078억), SK하이닉스(1,821억 → 3,780억), KT(583억 → 1,136억), 삼성SDI(956억 → 1,123억) 등이 대표적인 케이스다. 국제유가 하락이 있었던 S-OIL과 SK이노베이션 등은 2,000억원대의 재고자산충당금을 쌓았다. 이로 인해 흑자기업이 적자로 돌변하는 등 주가가 급락한 기업이 속출했고 연초 주식시장이 크게 흔들린 원인이 되기도 했다. 충당금 증가에는 잠재부실을 반영하고 가려는 경영판단도 있었으나, 대체로 외부감사를 맡은 회계법인의 입김이 컸다.

기업회계에 오류가 발생할 경우 외부감사를 맡은 회계법인들이 손해배상 책임을 지도록 하는 '신외부감사법'이 지난해 11월 시행됐다. 여기에 올해 연말에는 일정기간마다 회계법인을 바꾸도록 하는 '주기적 감사인 지정제도'가 도입된다. 바뀐 회계법인이 과거 회계법인이 맡았던 재무제표를 다시 검수하는 것이다. 한 상장기업 CFO(최고재무책임자)는 "회계사들이 손 끝 하나도 다치지 않을 정도의 수치를 내지 않으면 감사의견을 받지 못할 지경"이라며 "지난 감사에서 최대한 보수적인 재무제표를 내고도 5번 재작성을 거쳐 겨우 승인을 받았다"고 말했다. 그는 이어 "정상채권이라도 결제기간이 조금이라도 길면 무조건 충당금을 쌓아야 한다는 회계법인의 주장을 받아들이는 게 가장 어려웠다"며 "신규제품의 경우 판매계획을 인정하지 않고 일단 재고자산 평가손실로 반영하라고 했다"고 털어놨다. (머니투데이, 2019.4.19)

## 회계정보의 파워… 히든챔피언의 몰락

가전업체인 모뉴엘은 2011년 첫해 히든챔피언으로 뽑혔다. 세계 최대 가전전시회인 라스베이거스 CES에서 각종 상을 휩쓸었으니 당연한 선정으로 여겨졌다. 이때부터 은행의 지원이 집중됐다. 정부가 보증한다는데 꺼릴 이유가 없었다. 선정 당시 2,953억원에 불과하던 매출이 지난해 1조 2,737억원으로 뛰었다. 그런데 우리은행의 대출 담당자는 이상한 냄새를 맡았다. 그는 매출액 중 외상(매출채권)의 비중이 너무 높다는 점에 주목하고 실사를 요구했다. 그러나 모뉴엘은 꺼렸다. 결국 우리은행은 대출 850억원을 모두 회수했다.

신한은행도 모뉴엘의 해외판매 파트너인 미국 A사의 홈페이지를 검색하다 이 회사 제품이 많이 팔린 증거가 없다는 것을 발견했다. 이 은행 역시 대출을 거둬들였다. 이젠 거의 다 까먹은 중급회계 지식을 떠올려 모뉴엘의 재무제표를 뜯어봤다. 대차대조표·손익계산서를 보면 초우량기업이었다.

문제점은 현금흐름표에서 발견됐다. 해외 매출채권은 대개 60일, 늦어도 90일 안엔 현금으로 입금돼야 한다. 적어도 수천억원의 현금이 들어와야 하는데 이 회사의 지난해 영업활동으로 인한 현금유입액은 오히려 마이너스 15억원이었다. 또 1조원 넘는 매출을 올리는 제조업체인데 제대로 된 공장이 없었다. 홍보 블로그에 나오는 로봇청소기 공장을 보면 영세 하청공장 수준이다. 결국 휴지조각이나 다름없는 매출채권을 담보로 거액을 꿔준 셈이다. 모뉴엘이 법정관리를 신청하자 뒤늦게 금융감독원이 조사에 나섰다. 앞서 지난 9월 관세청이 내부제보를 받아 사기혐의로 압수수색까지 했지만 금감원이나 대출은행과 정보를 공유하지 않았다. 검찰도 수사에 착수했다.

관세청은 중간수사 결과 발표 성격의 브리핑을 통해 모뉴엘이 2009년 1월부터 2014년 7월까지 3,330회에 걸쳐 29억 달러(3조 2,000여억원) 상당의 허위수출을 했다고 밝혔다. 2007년 미국에 수출된 HTPC가 대량 반품돼 회사 자금사정이 어려워지자 범행을 모의했으며, 반품된 불량품을 정상물품인 것처럼 꾸며 허위수출한 것이 범행의 시작이었다. 박 대표 등은 미국의 ASI컴퓨터와 중국 CNBM·완싱·뉴에그 등 유명업체들에 물품을 수출하는 것처럼 꾸며 은행을 속였다. 해외 브로커를 통해 모뉴엘과 연결된 상대업체들은 수출금액의 1.5~10%를 수수료로 받고 허위거래를 묵인해 줬다고 관세청은 설명했다.

더불어 은행과 회계법인 등의 실사에 대비해 올 초 홍콩에 위장 공장을 설립하는 치밀함도 보였다. 홍콩 외곽의 한 공장. 텅 비어 있던 이곳에 사람들이 하나둘 모여들더니 삽시간에 30여 명이 집결했다. 곧이어 기계 돌아가는 소리가 들리면서 HTPC(가정용 영상·음향 재생장치) 완성품이 쏟아졌다. 얼마나 지났을까. 손님 몇 명이 현장에 도착한 뒤 조립라인을 비롯해 공장 이곳저곳을 훑어봤다. 창고엔 4만여 대의 HTPC 완성품이 쌓여 있었다. 손님들은 만족스러운 표정으로 현장을 떠났다. 자신들이 본 것이 급조된 '쇼'였다는 사실은 꿈에도 모른 채였다. 이 공장은 전자업체 모뉴엘의 '위장 조립공장'이었다. 이들은 대당 8,000~2만원 정도인 저가 HTPC를 대당 250만원으로 속여 수출한 뒤 관련 서류를 제시해 무역보험공사 보증 및 은행 대출을 이끌어 냈다. 2010년부터는 국내 당국의 추적 가능성을 원천봉쇄하기 위해 해외에서만 물품거래가 이뤄진 것처럼 꾸몄다. 이 때문에 허위 수출금액 중 해외거래분이 76%(2조 4,000억원)에 달한다. 모뉴엘은 6년간 국내 10여개 은행에서 총 3조 2,000억원을 대출했고 이 중 6,745억원을 갚지 않은 상태다.

(중앙일보, 2014.10.30)

# 연습문제

1 다음 중 기업의 관리회계보고서를 주로 사용하게 될 사람은?

① 기업 내부의 경영자　　② 일반투자자와 채권자
③ 일반대중　　④ 은행을 비롯한 여신기관

2 다음 중 일반목적 재무제표의 유용성에 관한 설명으로 적절하지 않은 것은?

① 정보이용자의 합리적인 의사결정을 돕는다.
② 사회 전체적으로 자원배분의 효율성을 증가시키는 부가가치기능이 있다.
③ 경영자의 관리적 의사결정에 기초자료로 활용된다.
④ 공정한 재무정보는 이해관계자의 이해조정을 위한 기초자료로 활용된다.

3 경영활동과정에서 거래가 발생했을 때 회계담당자가 회계기록의 대상이 되는 사건만을 골라 분개장에 발생순서별로 기록하는 과정을 무엇이라 하는가?

① 부기　　② 분개장 정리
③ 재무제표 작성　　④ 회계장부의 마감

4 다음 재무보고서 중 특정기간 동안의 기업경영성과를 가장 잘 파악할 수 있는 것은?

① (포괄)손익계산서　　② 재무상태표
③ 현금흐름표　　④ 이익잉여금처분계산서

5 만기가 1년 이내 도래하는 특정 현금예금은 다음 중 어디에 속하는가?

① 유동자산　　② 투자자산
③ 무형자산　　④ 기타자산

6 다음 중 제조회사의 재고자산으로 분류되지 않는 계정은?

① 원재료 ② 저장품

③ 재공품 ④ 시장성 유가증권

7 기업이 조달한 총자본을 얼마나 효율적으로 이용하고 있는지를 보여주는 비율은?

① 총자산순이익률 ② 자기자본순이익률

③ 주당순이익 ④ 부채비율

8 회계순환과정은 여러 단계로 구성된다. 각 단계에 관한 설명이 바르지 못한 것은?

① 제1단계 : 회계거래의 기록으로 경영활동과정에서 거래가 발생했을 때 회계담당자가 회계기록의 대상이 되는 사건만을 골라 분개장에 발생순서별로 기록하는 단계이다.

② 제2단계 : 회계거래의 분류과정으로 분개장에 기록된 거래를 같은 계정별(예를 들면 현금, 매출채권, 매입채무)로 분류하여 해당원장에 기입하는 단계이다.

③ 제3단계 : 계정정보의 요약단계로서 원장에 기록된 모든 계정에 대하여 기말시점 혹은 재무제표 작성기준시점의 잔액 혹은 총액을 계산하여 그 금액을 계정과목별로 한곳에 모아서 손익계산서, 재무상태표, 현금흐름표를 작성한다.

④ 제4단계 : 재무정보의 보고단계로 시산표상에 표시된 계정과목과 금액을 회계기준 등에서 정하는 방법과 순서에 따라 수익과 비용의 과목을 적절하게 배열한다.

9 회계는 회계정보의 사용자에 따라 여러 영역으로 나누어 볼 수 있다. 다음 중 그 설명이 바르게 된 것은?

ㄱ. 재무회계(financial accounting) : 주로 투자자나 금융기관, 주주들에게 제공되는 회계정보를 창출하기 위한 회계로서 기업의 재무상태와 영업성적에 관한 정보를 제공

ㄴ. 관리회계(managerial accounting) : 기업 내부의 의사결정을 위해 필요한 회계자료를 창출하는 과정으로 원가 및 경영관리에 관한 정보를 제공

ㄷ. 세무회계(tax accounting) : 대부분의 기업은 법인세, 부가가치세 등 세금을 납부해야 하는데, 관련 법규에 따른 세무신고를 뒷받침하는 회계를 말한다.

① ㄱ, ㄴ ② ㄱ, ㄷ

③ ㄴ, ㄷ ④ ㄱ, ㄴ, ㄷ

10 기업의 현금흐름은 다음 중 어떤 활동을 통해 발생하는가?

ㄱ. 영업활동(operating activities)
ㄴ. 투자활동(investing activities)
ㄷ. 재무활동(financing activities)

① ㄱ, ㄴ ② ㄱ, ㄷ
③ ㄴ, ㄷ ④ ㄱ, ㄴ, ㄷ

11 다음 중 기업의 활동성 평가에 도움을 줄 수 있는 지표인 것은?

① 총자본순이익률 ② 재고자산회전율
③ 이자보상비율 ④ 매출액순이익률

12 다음은 기업의 성과를 간략히 점검하는 데 도움을 줄 수 있는 지표들이다. 바르게 정의되지 못한 것은?

① 주당순이익(earnings per share : EPS) : 보통주 1주에 해당되는 당기순이익을 나타내는 기업의 경영성과에 관한 지표로서, 기업이 성과발표시 가장 보편적으로 이용하고 있다.
② 매출액순이익률(profit margin) : 매출액에서 모든 비용을 차감한 후 얼마의 이익을 얻고 있는지를 나타내는 값이다.
③ 총자산순이익률(return on assets : ROA) : 자기자본과 타인자본(차입금이나 사채와 같은 부채)을 합한 총자본투자에 대하여 얼마나 순이익이 발생했는지를 나타내는 값이다.
④ 자기자본순이익률(return on equity : ROE) : 보통주 및 장기차입금을 제공한 자본가들에 의해 공급된 자본이 얼마나 효율적으로 이용되고 있는지를 보여주는 값이다.

13 다음 중 제조업체에서 발생하는 판매비와 관리비에 해당하지 않는 것은?

① 물류창고 임대료 및 운영비
② 원자재 구입비용
③ 사무실 비품의 사용가치 하락분을 반영하는 감가상각비
④ 광고선전비

14 제조원가 중 원가를 계산하는 상품이나 서비스별로 원가를 추적하여 부가할 수 있는 항목을 무엇이라 하는가?

① 직접비 ② 간접비
③ 공통경비 ④ 감가상각비

| 정답 | 1. ① 2. ③ 3. ① 4. ① 5. ① 6. ④ 7. ① 8. ③ 9. ④ 10. ④ 11. ② 12. ④ 13. ② 14. ① |
|---|---|

Chapter **10**

# 재무관리

제 1 절 재무관리의 의의
제 2 절 화폐의 시간적 가치
제 3 절 투자결정
제 4 절 자본조달과 자본구조

기업은 통상 투자활동을 통해 제품과 서비스를 생산하여 판매한다. 이 투자활동을 위해서는 자본을 필요로 하는데, 기업은 내부적으로 또는 외부자본시장을 통해 자본을 조달한다. 기업활동에 있어서 가장 중요한 두 축이 자본조달과정과 투자결정이라 할 수 있는데, 이를 다루는 분야가 재무관리(financial management)이다.

# 제 1 절 재무관리의 의의

## 1. 재무관리의 목표

한 기업의 자금운영을 총괄하는 최고재무책임자(chief financial officer : CFO)는 언제나 다음과 같은 질문에 대해 어떻게 답할 것인지 고민한다.

- 기존 제품을 생산하는 투자안을 유지할 것인가? 아니면 새로운 상품을 생산하기 위해 신규 투자안을 시행할 것인가?
- 기존 투자안 유지 또는 신규 투자안 시행을 위한 자본을 어떻게 조달할 것인가?

첫 번째 질문에 대한 답은 기존 제품과 비교하여 신제품 생산에 소요되는 비용과 신제품이 벌어줄 미래의 수익을 비교하여 기존 제품이 창출하는 현금흐름에 비해 신제품에서 나오는 현금흐름이 크다면 신제품에 대한 투자를 결정하면 된다. 이처럼 기업경영을 위하여 어떤 투자사업을 수행할 것인가, 얼마만큼의 자금을 어느 자산에 투자할 것인가에 관한 의사결정이 투자결정이다. 투자결정은 자산취득 또는 자산에 대한 투자와 결부되어 있으며, 재무상태표에서 배운 대로 이 투자는 유동자산에 대한 투자와 비유동자산에 대한 투자로 나누어 볼 수 있다.

두 번째 질문은 투자에 필요한 자금을 어떻게, 어디에서, 얼마를, 어느 수준의 비용을 지불하고 조달할 것인가에 관한 것으로 이를 자본조달결정이라 한다. 투자에 소요되는 자금은 크게 나누어 타인자본(또는 부채)과 자기자본의 형태로 조달하게 된다. 따라서 기업은 투자에 필요한 자금을 타인자본과 자기자본 중 어떤 형태로 조달할 것인가를 결정해야 한다. 이 자본조달결정은 기업이 사용하는 타인자본과 자기자본의 구성비율을 의미하는 자본구조(capital structure)와 밀접한 관련이 있다. 현재 어느 기업의 타인자본비율(또는 부채비율)이 너무 높으면, 다음 자본조달시에는 자기자본 형태로 자금을 조달할 것이다. 반면에 타인자본비율이 너무 낮으면 다음 자본조달시에는 타인

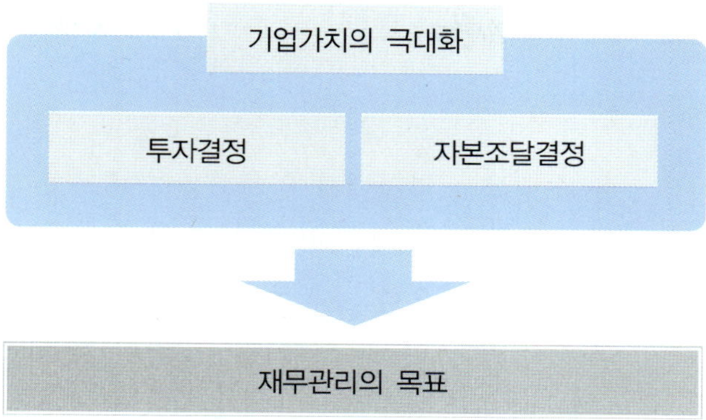


[그림 10-1]
재무관리의 목표

자본의 형태로 자금을 조달할 것이다. 이상의 투자결정과 자본조달결정이 [그림 10-1]에서와 같이 기업 재무관리의 두 축을 이룬다.

재무관리의 목표는 무엇인가? 기업의 생존, 시장점유율의 극대화, 이익의 극대화 등의 목표는 기업 경영자들이 생각할 수 있는 당연한 목표 중의 일부이지만 재무관리의 목표로서는 문제점을 갖고 있다. 예를 들어 이익의 극대화는 가장 일반적으로 언급되는 기업의 목표일 것이다. 그러나 이익의 의미가 정확히 무엇인지 모호한 면이 있다. 이익의 의미가 영업이익인가, 당기순이익인가, 아니면 포괄이익을 말하는가? 이익이 올해의 이익인가 아니면 몇 년 동안의 평균이익인가? 특정한 해의 이익을 늘리기 위해 기업은 관리비의 지출을 미루거나 재고의 보충을 미루는 등의 방법을 쓸 수 있다. 따라서 이익의 극대화란 재무관리의 정확한 목표가 될 수 없다.

기업의 재무관리를 논할 때 주식회사의 CFO는 주주를 위하여 의사결정을 한다는 가정을 한다. 이 가정의 관점에서 재무관리의 목표는 명확하다. 주주가 주식을 사는 이유는 배당금이나 자본이득(주식의 가치 상승으로부터 나오는 이득)을 얻기 위해서이다. 따라서 CFO는 주주의 이해관계를 최대한 구현하는 의사결정 또는 주식의 가치를 증가시키는 의사결정을 해야 한다. 즉, 재무관리의 목표는 기업의 가치를 극대화하거나 또는 기존 주식의 한 주당 가격을 극대화하는 것이다.

## 2. 기업의 현금흐름

기업경영활동의 대부분은 현금흐름과 연관되어 있다. 기업이 생산・판매활동을 수행하는 과정에서 원자재를 구매하고 근로자에게 인건비를 지급할 때 현금이 유출되며, 제품이 팔릴 때 현금이 유입된다. 생산라인에 있는 원자재, 제품 생산에 필요한 기계설비, 창고 속에 쌓여 있는 완제품에도 이미 지출한 현금이 잠겨 있다. 따라서 생산공정이 길어지거나 생산이 완료된 완제품이 판매될 때까지 창고에 보관하는 기간이 길어질수록 많은 현금이 묶이게 된다.

제품판매를 통해 현금이 유입되면 다시 생산과정에 투입되면서 원자재 구입, 노무비 지급, 제조경비와 일반 판매관리비 지출 등에 사용된다. 제품이 외상으로 판매되면 대금의 회수기간만큼 현금이 묶이게 되어 생산과정에 투입되어야 할 현금의 흐름이 원활하지 못하게 됨으로써 큰 어려움을 겪을 수 있다. 현금의 순환은 외부 자본제공자와도 관련을 맺고 있다. 주식회사의 경우 처음 기업을 시작할 때 주식발행을 통하여 자금을 마련한다. 이 기업이 정상영업과정에서 창출한 현금흐름으로 운영자금을 충당하지 못하면 외부에서 증자나 채권발행, 또는 은행차입 등을 통하여 자금을 마련한다. 이처럼 외부주주나 채권자로부터 자금이 조달되면 후에 이자나 배당금으로 현금을 지출해야 한다. 만약 지나치게 많은 돈을 빌려오면 지급이자에 대한 부담이 커져 파산의 위험을 초래할 수도 있다.

재무관리란 한마디로 현금흐름의 순환과정에 대한 종합적인 관리활동이라고 볼 수 있다. 즉, 경영활동에 필요한 자금을 조달하고, 조달된 자금을 운영하는 데 관한 모든 관리활동을 의미한다. 이미 언급한 대로 재무관리의 목표는 기업가치의 극대화에 있다. 기업의 가치를 극대화하기 위해서는 기업의 자산을 활용하여 현금흐름을 최대한 창출해야 한다. 자산으로부터 창출되는 미래의 현금흐름은 기업의 현재가치에 큰 영향을 미친다.

그렇다면 미래의 현금흐름은 어떻게 예측할 수 있는가? 미래현금흐름을 추정하기 위해서는 미래 매출액의 가정 등에서 출발하여 예측 재무제표를 먼저 만들어야 한다. 이에 대한 상세한 내용은 생략하기로 한다. 그러나 재무관리에서 중요한 개념인 현금흐름의 추정에는 회계학적 기초가 필요함을 알 수 있다.

# 제 2 절 화폐의 시간적 가치

재무전문가가 직면하는 문제 중 하나는 미래에 기대되는 현금흐름의 현재가치를 결정하는 것이다. 예를 들어 기업의 재무관리자는 투자결정을 자주 하는데, 먼저 투자안에서 창출되는 미래현금흐름을 예측한 후 의사결정을 위해 그 미래현금흐름의 현재가치를 알 필요가 있다. 또 채권구입결정을 위해서는 채권에서 창출되는 미래현금흐름, 즉 이자와 원금의 현재가치가 얼마인지가 중요하다. 다시 말해 재무관리자가 화폐의 시간적 가치(현재가치 또는 미래가치)를 이해하는 것은 기본 중의 기본이다.

화폐의 시간적 가치는 현재의 10,000원이 미래 어떤 시점에서 약속된 10,000원보다 더 가치가 크다는 것을 의미한다. 그 이유는 현재 10,000원을 은행에 예금하면 미래에는 원금 10,000원과 이자를 더한 금액을 받을 수 있기 때문이다. 이자율 또는 어떤 투자자산에 대한 기대수익률은 항상 양의 값을 갖는다. 만약 어떤 투자자산의 기대수익률이 음의 값을 갖는다면 어떤 투자자도 그 자산을 사지 않을 것이다. 따라서 그런 투자자산은 존재할 수 없다.

## 1. 미래가치

미래가치(future value : FV)는 주어진 이자율로 투자금액이 증가하여 미래 일정기간이 지난 후 투자금액이 얼마가 되는가를 나타낸다. 미래가치 또는 현재가치를 계산할 때 이자는 매 기마다 지급되고 다시 재투자된다고 가정한다. 이를 복리계산(compounding)이라고 하는데, 더 많은 이자를 받기 위해서 처음의 투자액에 매 기의 이자를 축적해 투자액을 증가시키는 것이다. 미래가치는 다음 공식을 이용하여 계산할 수 있다.

$$\mathrm{FV} = C_0 \times (1+r)^t$$

$C_0$는 오늘의 투자액을 말하며, PV(현재가치)로 바꾸어 쓸 수 있다. $r$은 매 기마다의 이자율이며, $t$는 투자되는 기간의 수이다. 이 공식은 이자가 매 기마다 지급되며 복리로 미래가치가 계산된다는 것을 가정하고 있다.

예를 들어 100만원을 연 10%의 이자를 주는 은행에 저축했다고 하자. 2년 후에 받을 돈은 얼마가 되는가? 이 문제는 현재가치 100만원에 대해 10%의 이자율을 적용하여 2년 후의 미래가치를 계산하는 문제이다. 따라서 미래가치는 다음과 같이 계산할 수 있다.

$$\mathrm{FV} = 100(1+0.1)^2 = 121\text{만원}$$

또 다른 예로 다음 문제를 풀어보자. 앞으로 3년 동안 매년 말에 4,000만원을 은행에 저축할 수 있다고 해보자. 이자율은 연 8%이다. 현재 은행에 7,000만원을 저축하고 있다고 할 때 4년 후에 당신의 돈은 얼마가 되는가? 이 문제는 각각의 현금흐름의 미래가치를 구하여 더하면 된다.

$$\begin{aligned}\mathrm{FV} &= 7{,}000(1+0.08)^4 + 4{,}000(1+0.08)^3 + 4{,}000(1+0.08)^2 + 4{,}000(1+0.08)^1 \\ &= \text{약 } 23{,}548\text{만원}\end{aligned}$$

## 2. 현재가치

현재가치(present value : PV) 또는 현가란 미래에 발생할 비용 또는 수익을 현재의 시점에서 평가한 가치이다. 현재가치의 공식은 다음과 같다.

$$\mathrm{PV} = \frac{\mathrm{FV}}{(1+r)^t}$$

예를 들어 1,000,000원을 연평균 10%의 이자를 지급하는 정기예금에 예금하였다 하자. 1년 후에 1,100,000원을 찾을 수 있으므로 정기예금이 유일한 투자대안이라 한다면 1년 후의 1,100,000원과 현재의 1,000,000원은 같은 가치를 가진다고 할 수 있다. 여기서 1,100,000원을 현재가치로 할인할 때 쓰이는 10%의 이자율을 할인율이라 한다. 만약 누군가가 1,000,000원을 투자하면 원금은 되돌려주지 않고 향후 3년간 매년 500,000원의 배당금만을 보장해 주겠다는 제안을 했다고 가정해 보자. 이 제안을 평가하기 위해서는 지금 가지고 있는 1,000,000원의 가치와 앞으로 3년간 매년 말에 500,000원씩 받을 때 얻을 수 있는 가치를 비교해야 한다. 할인율을 10%라 한다면 이 투자안의 현재가치는 다음과 같이 계산해 볼 수 있다.

$$1\text{년 후에 받을 500,000원의 현가} = \frac{500,000}{(1+0.1)} = 454,545\text{원}$$

$$2\text{년 후에 받을 500,000원의 현가} = \frac{500,000}{(1+0.1)^2} = 413,223\text{원}$$

$$3\text{년 후에 받을 500,000원의 현가} = \frac{500,000}{(1+0.1)^3} = 375,657\text{원}$$

따라서 이 투자안의 현재가치는 이들 현가를 모두 합한 1,243,425원이 된다. 그러나 할인율을 25%라 한다면 이 투자안의 현재가치는 1,000,000원이 되지 못한다.

$$\text{투자안의 현가(할인율}=25\%)$$
$$= \frac{500,000}{(1+0.25)} + \frac{500,000}{(1+0.25)^2} + \frac{500,000}{(1+0.25)^3} = 976,000\text{원}$$

## 제 3 절 투자결정

여러 가지 방법으로 조달된 자본은 기업의 미래 수익을 얻기 위해서 여러 자산에 투자된다. 기업의 투자는 미래에 실현될 수익을 얻기 위해서 현재의 자금을 지출하는 것으로 정의할 수 있다. 기업의 투자는 자금지출의 효과가 나타나는 기간에 따라서 경상적 지출과 자본적 지출로 구분할 수 있다.

경상적 지출 혹은 수익적 지출은 자금지출의 효과가 단기간에 완료되는 경우를 말한다. 원자재 구입을 위한 재료비 지출, 노동력 구입을 위한 노무비 지출 등이 그 예이다. 자본적 지출이란 투자로부터 얻어지는 미래의 현금유입이 1년 이상 장기간에 걸쳐 지속되는 지출을 말한다. 예를 들어 기계설비, 건물과 같은 고정자산 취득, 신제품 개발, 사업확장 등에 지출되는 것을 말한다. 이처럼 장기간에 걸쳐 영향을 주는 투자결정은 기업의 장기수익성과 위험을 근본적으로 결정짓는 요인이 되기 때문에 치밀한 사전계획의 수립이 요구된다. 장기성 자산의 취득시에는 수익성과 위험의 두 가지 요인을 잘 고려해야 하는데, 수익성은 투자사업으로부터 예상되는 기대수익을 말하고 위험은 미래의 불확실한 상황하에서 손해를 볼 가능성을 의미한다. 일반적으로 높은 수익을 얻기 위해서는 높은 위험을 감수해야 한다.

따라서 이 두 가지의 적절한 조화가 이루어지는 투자결정을 해야 할 것이다. 투자결정과정 전반을 다루는 것이 자본예산이다. 자본예산에서 사용되는 투자안 평가방법과 손익분기점 분석에 대해 알아보자.

## 1. 자본예산

자본예산(capital budgeting)이란 투자로 인한 수익이 1년 이상에 걸쳐 장기적으로 실현될 투자결정에 관한 일련의 과정을 말한다. 자본예산에는 토지, 건물 또는 생산시설에 대한 투자가 포함되며, 신제품개발 및 사업확장은 물론 투자의 영향이 1년 이상에 걸쳐 나타나는 광고비, 시장조사비 및 연구개발 등에 대한 투자도 포함된다. 이 같은 투자결정은 대규모 자금유출과 위험을 수반하므로 체계적인 관리가 요구된다.

투자사업을 수행하면 현금 유입과 유출이 있게 된다. 투자가치가 높은 사업이란 현금 유출보다 유입이 많은 사업을 말한다. 최적투자결정을 위해서는 먼저 투자사업으로 인해 발생하는 기간별 순현금유입액을 평가해야 한다. 순현금유입액이란 그 기간의 현금유입액에서 현금유출액을 뺀 값이다. 자본예산은 순현금유입액을 현재가치로 평가한 금액과 초기 투자액을 비교·평가하는 과정이다.

미래에 발생할 비용이나 수익의 현가는 할인율에 의해 크게 변하게 된다. 할인율이 높을수록 미래에 얻을 수 있는 가치의 현가가 작아지고 이와 반대로 할인율이 낮을수록 현가가 커진다. 그렇다면 할인율은 어떻게 결정할 것인가? 일반적으로 할인율이란 정기예금이자 등과 같이 전혀 위험이 내포되지 않는 투자안에서 얻을 수 있는 최대 수익률로 볼 수 있다. 만약 자금을 차입하여 투자할 경우 할인율은 차입금에 대해 지불해야 할 이자율로 볼 수 있다.

이제 구체적으로 순현가법, 내부수익률법, 수익성지수법, 회수기간법 등 투자안의 평가방법에 대해 알아보기로 하자. 이 중에서 순현가법과 내부수익률법이 가장 보편적으로 쓰이는 방법이다.

### (1) 순현가법

순현가(net present value)란 투자안으로부터 기대되는 미래의 현금유입에 할인율을 적용하여 현재가치를 구한 후 현재시점에서 투자되는 비용을 뺀 값이다. 예를 들어 경제적 수명이 $n$년인 새로운 기계설비의 도입에 $C$만큼의 투자를 필요로 한다고 하자. 새로운 설비의 가동으로 인해 $i$년도에 벌어들일 수 있는 순현금유입(총현금유입－총현금유출) 또는 순이익을 $R_i$라 하자. 순현가를 NPV라 하고, 자본비용(또는 할인율)을 $r$이라 한다면 NPV는 다음과 같이 정의된다.

$$\begin{aligned} \mathrm{NPV} &= \frac{R_1}{(1+r)} + \frac{R_2}{(1+r)^2} + \cdots + \frac{R_n}{(1+r)^n} - C \\ &= \sum_{i=1}^{n} \frac{R_i}{(1+r)^i} - C \end{aligned}$$

단일투자안일 경우 NPV가 0보다 커야 선택하게 될 것이고 상호 독립적인 여러 투자안의 경우 NPV가 0보다 큰 대안 중에서 NPV가 가장 큰 투자안을 선택하게 된다.

### 예제 10-1

다음은 (주)온누리벤처가 투자여부를 고민하고 있는 두 가지 서비스에의 초기투자비용과 향후 4년간의 순현금유입에 관한 자료이다. 두 투자대안이 상호 독립적이라고 가정하고 자본비용이 10%일 때의 NPV를 계산한 뒤 어떤 투자대안을 선택할지 결정하여라.

| 투자대안 | 초기투자액 | 1차년도 말 순현금유입 | 2차년도 말 순현금유입 | 3차년도 말 순현금유입 | 4차년도 말 순현금유입 |
|---|---|---|---|---|---|
| A | 10억원 | 4억원 | 4억원 | 4억원 | 4억원 |
| B | 15억원 | 4억원 | 4억원 | 6억원 | 8억원 |

**● 풀이**

다음 표에서 알 수 있듯이 투자대안 A의 NPV는 2.679462억원, 투자대안 B의 NPV는 1.914146억원이므로 투자대안 A가 더 우수한 대안이다.

(단위 : 억원)

| 연 도 | 투자대안 A | | 투자대안 B | |
|---|---|---|---|---|
| | 현금흐름 | 현재가치 | 현금흐름 | 현재가치 |
| 0 | −10 | −10 | −15 | −15 |
| 1 | 4 | 3.636364 | 4 | 3.636364 |
| 2 | 4 | 3.305785 | 4 | 3.305785 |
| 3 | 4 | 3.005259 | 6 | 4.507889 |
| 4 | 4 | 2.732054 | 8 | 5.464108 |
| | 합계 | 2.679462 | 합계 | 1.914146 |

### (2) 내부수익률법

내부수익률(internal rate of return : IRR)이란 NPV를 0으로 만드는 수익률이다. 따라서 투자안에서 기대되는 현금유입의 현가와 현재시점에서 투자되는 비용을 같게 하는 할인율이다. 예를 들어 경제적 수명이 $n$년인 새로운 기계설비의 도입에 $C$만큼의 투자를 필요로 한다고 하자. 새로운 설비의 가동으로 인해 $i$년도에 벌어들일 수 있는 순현금유입(총현금유입−총현금유출) 또는 순이익을 $R_i$라 한다면, 내부수익률은 다음 식을 만족하는 할인율이 된다.

$$C = \frac{R_1}{(1+r)} + \frac{R_2}{(1+r)^2} + \cdots + \frac{R_n}{(1+r)^n} = \sum_{i=1}^{n} \frac{R_i}{(1+r)^i}$$

위의 식에서 구한 $r$이 내부수익률이다. 참고로 순현가법에서 사용한 $r$과 내부수익률법에서 구한 $r$은 서로 다른 것임에 유의해야 한다. 순현가법에서의 $r$은 시장에 공개된 할인율이고 내부수익률법에서의 $r$은 계산을 통해 구한 값이다.

선택가능한 투자안이 하나일 경우, 투자안의 내부수익률이 투자에 소요되는 자금의 자본비용보다 크면 그 투자안을 채택하고 그렇지 않으면 포기한다. 예를 들어 은행에서 5%의 이자율로 투자에 소요되는 자금을 대출받을 수 있는데, 투자안의 내부수익률이 5%보다 크지 않으면 이 투자대안은 포기하는 것이 낫다. 선택가능한 투자대안이 둘 이상인 경우 투자안의 내부수익률이 자본비용보다 큰 것 중에서 내부수익률이 가장 큰 투자안을 선택한다.

단일투자안의 선택여부를 결정하는 경우 순현가법이나 내부수익률법은 모두 같은 결과를 도출해 낸다. 그러나 상호 독립적인 여러 투자안을 대상으로 하여 평가할 때, 투자안들의 투자규모나 수명이 현저히 다르거나 또는 투자규모와 수명이 같더라도 현금흐름의 패턴이 상당히 다를 때에는 평가결과가 다를 수 있다.

복수의 투자안 평가시 서로 다른 평가결과가 나올 수 있는 이유는 내부수익률법의 경우 어떤 투자안으로부터 기대되는 현금유입이 투자의 수명이 끝날 때까지 그 투자안의 내부수익률로 재투자된다고 가정하고 있기 때문이다. 예를 들어 어떤 투자의 내부수익률이 10%라면 투자의 경제적 수명이 다할 때까지 매년 10%의 복리로 성장한다는 의미이다. 이에 반해 순현가법은 시장에서 결정된 자본비용으로 재투자된다고 가정하고 있다. 내부수익률로 계속 재투자할 수 있다는 가정이 다소 비현실적인 것임을 감안한다면 순현가법이 내부수익률법보다 합리적인 평가기법이라 할 수 있다.

### (3) 수익성지수법

수익성지수(profitability index : PI)란 미래현금흐름의 현재가치를 초기투자비용($C$)으로 나눈 값으로 비용 대비 혜택 비율이다. 단일투자안의 경우 이 값이 1보다 크면 투자안을 채택하고 1보다 작으면 해당 투자안을 기각해야 한다. 또 수익성지수가 1보다 큰 선택가능한 투자대안이 둘 이상인 경우 수익성지수가 가장 큰 대안을 선택해야 한다. 수익성지수를 식으로 표현하면 다음과 같다. 이 식에서 $r$은 순현가법에서 사용한 자본비용이다.

$$\mathrm{PI}=\left[\sum_{i=1}^{n}\frac{R_i}{(1+r)^i}\right]/C$$

이 식에서 볼 수 있는 바와 같이 PI는 NPV와 밀접한 관련이 있다. 보통 NPV가 양의 값을 가지면 PI는 1보다 크고, NPV가 음의 값을 가지면 PI는 1보다 작다. 수익성지수는 투자기간 전체의 현금흐름을 고려하고 화폐의 현재가치를 반영하므로 투자의 효율성을 직관적으로 판단할 수 있다는 장점이 있다. 지수가 1보다 크면 경제성이 있으므로 투자할 가치가 있다고 보며, 1보다 작으면 경제성이 없어 투자할 가치가 없다고 본다. 투자자는 최소한의 금액을 이용해 최대한의 수익을 내려 하므로, 수익성지수가 높은 투자안에 투자할 것이다.

**예제 10-2**

[예제 10-1]에서 도출한 투자대안의 현재가치 표를 이용하여 각 투자대안의 수익성지수를 구하여라.

**● 풀이**

투자대안 A의 PI=(3.636364+3.305785+3.005259+2.732054)/10=1.2679
투자대안 B의 PI=(3.636364+3.305785+4.507889+5.464108)/15=1.1276

순현가법을 적용한 경우에서와 같이 투자대안 A가 더 우수한 대안인 것으로 평가된다.

### (4) 회수기간법

회수기간(payback period)이란 투자안에 소요되는 $C$만큼의 자금을 그 투자안의 순현금유입으로부터 회수하는 데 소요되는 기간을 의미한다. 예를 들어 $i$년도에 $R_i$만큼의 순현금유입이 있고 $C$가 현재시점의 비용이라고 한다면 회수기간 $N$은 다음 식을 만족시키는 최솟값이 된다.

$$C \leq R_1 + R_2 + \cdots + R_N$$

이 방법은 계산이 간편하여 많이 이용되고 있으나 회수기간 후의 현금흐름은 무시할 뿐만 아니라 화폐의 시간적 가치를 고려하지 못하므로 앞에 기술한 세 가지 방법에 비해 그다지 합리적인 결정을 유도하지 못한다.

### 예제 10-3

다음은 (주)온누리벤처가 투자여부를 고민하고 있는 세 가지 서비스에의 초기투자비용과 향후 4년간의 순현금유입에 관한 자료이다. 세 투자대안이 상호 독립적이라고 가정하고 회수기간을 이용하여 투자안을 평가하여라.

| 투자대안 | 초기투자액 | 1차년도 말 순현금유입 | 2차년도 말 순현금유입 | 3차년도 말 순현금유입 | 4차년도 말 순현금유입 |
|---|---|---|---|---|---|
| A | 10억원 | 2억원 | 4억원 | 6억원 | 4억원 |
| B | 15억원 | 4억원 | 4억원 | 7억원 | 7억원 |
| C | 20억원 | 6억원 | 6억원 | 6억원 | 4억원 |

**● 풀이**

투자대안 A는 3차년도 중간에 투자액이 모두 회수된다. 1, 2차년도에 6억원이 회수되므로 나머지 4억원은 4÷6×12개월=8개월 내에 회수된다. 따라서 투자대안 A의 회수기간은 2년 8개월이다. 투자대안 B는 정확히 3년 안에 투자액이 모두 회수되며, 투자대안 C는 첫 3년 동안 18억원이 회수되므로 나머지 2억원은 2÷4×12개월=6개월 내에 회수되어 총 3년 6개월이 소요된다. 따라서 회수기간이 가장 짧은 투자대안은 A이다.

### 예제 10-4

(주)온누리벤처는 자동화시스템 도입에 2억 5천만원을 투자하기로 했다. 자동화시스템의 도입으로 인해 기대할 수 있는 연간 현금의 흐름(현금유입－현금유출)은 [그림 10-2]와 같다. 초기에 2억 5천만원이 투입되면 1년 후에 4천6백만원, 2차년도 말에 5천2백만원이 들어온다. 5년 후에 이 시스템은 수명을 다하며 이때 이 시스템을 처분하면 1억 2천6백만원을 받을 수 있다. 회수기간법, 순현가법, 수익성지수법, 내부수익률법을 이용하여 투자율을 평가하여라.

[그림 10-2] 현금흐름 예시 자료

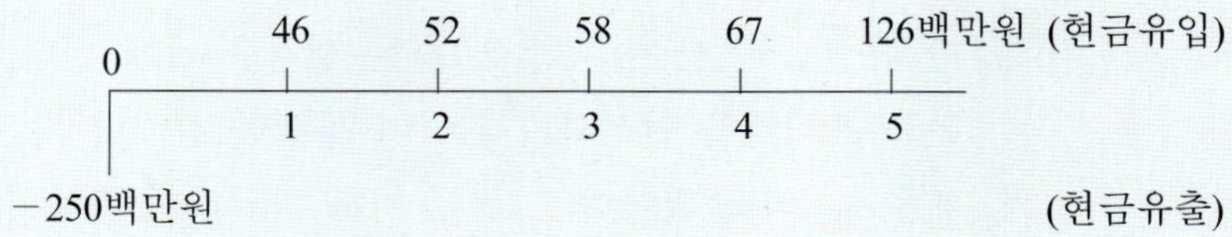

**● 풀이**

- 회수기간법 : 이 방법을 적용하는 경우 4년이 조금 넘으면 투자액을 모두 회수할 수 있다. 4년 말까지의 현금유입액은 46+52+58+67=223이며 5년째에도 126만큼 현금이 유입되기 때문이다.
- 순현가법 : 자본비용 또는 할인율을 10%라 가정한다면 NPV는 2.3676이므로 경제성만을 고려한다면 자동화시스템을 도입하는 것이 타당하다.

$$\begin{aligned} NPV &= \frac{46}{(1+0.1)} + \frac{52}{(1+0.1)^2} + \frac{58}{(1+0.1)^3} + \frac{67}{(1+0.1)^4} + \frac{126}{(1+0.1)^5} - 250 \\ &= 2.3676 \end{aligned}$$

- 수익성지수법 : 수익성지수는 순현가와 비용을 이용하면 손쉽게 구할 수 있다. 이 투자안은 PI가 1보다 크므로 경제성이 있는 투자안이라 볼 수 있다.

  PI=(250+2.3676)/250=약 1.01

- 내부수익률법 : 내부수익률은 다음 식을 만족시키는 값으로, 시행착오(trial and error)방식으로 계산해 낼 수 있다. 이 식을 만족시키는 내부수익률은 0.103 또는 10.3%로 자본비용 10%보다는 크므로 이 투자안은 충분한 가치가 있다고 볼 수 있다. 더구나 자동화시스템은 보다 일관성 있는 품질의 제품을 생산해 낼 수 있을 뿐만 아니라 노사분규로 인한 생산차질의 가능성도 줄일 수 있으므로 도입하는 것이 타당하다고 결론지을 수 있다.

$$250 = \frac{46}{(1+r)} + \frac{52}{(1+r)^2} + \frac{58}{(1+r)^3} + \frac{67}{(1+r)^4} + \frac{126}{(1+r)^5}$$

## 2. 손익분기점 분석

상당한 돈을 투자하여 사업을 시작하는 경우 누구나가 다 언제쯤 손해를 면하고 이익을 올릴 수 있을까 하는 생각에 접하게 된다. 예를 들어 패스트푸드 식당의 경우에 하루에 최소 몇 개 이상의 햄버거를 팔아야만 이익을 볼 수 있을까, 또는 건강검진센터의 경우 하루 몇 명 이상의 고객이 서비스를 받아야만 손실을 면할 수 있을까 하는 생각을 하게 된다. 이와 같이 미리 설정해 놓은 목표이익을 달성하기 위하여 필요한 판매량 혹은 매출액 수준을 아는 것이 재무계획의 출발이다. 그런데 이를 파악하기 위해서는 이익이 0이 되는 매출액 수준을 알 필요가 있다. 이것이 바로 손익분기점이다. 손익분기점(break-even point : BEP)이란 매출액(총수익)과 총비용이 일치하여 이익 또는 손실이 발생하지 않는 조업도(생산량, 판매량 또는 매출액)를 말한다. 즉, 손익분기점보다 적게 팔리면 손해를 보게 되고 그 이상 팔려야만 이익을 기대할 수 있다.

기업 내에서 발생하는 총비용은 조업도에 관계없이 일정하게 발생하는 고정비와 조업도의 증감에 비례하는 변동비로 나눌 수 있다. 변동비에는 직접재료비, 직접노무비, 소모품비, 판매수수료 등이 있으며, 고정비에 속하는 몇 가지 비용항목에는 건물·기계의 감가상각비, 관리직의 인건비, 수선유지비, 제세공과금, 보험료, 임차료, 지급이자 등을 들 수 있다. 반면 수익은 일정한 단위당 판매가격을 가정하여 조업도에 비례하여 증가한다고 가정한다.

손익분기점을 구하려면 우선 비용(변동비와 고정비), 수익(매출액), 이익의 관계를 다음과 같이 수식으로 나타내는 것이 이해가 쉽다.

$$\begin{aligned}\text{이익} &= \text{매출액} - \text{총비용} = \text{매출액} - (\text{변동비} + \text{고정비})\\ &= (\text{판매단가})(\text{매출량}) - (\text{변동비} + \text{고정비})\\ &= (\text{판매단가})(\text{매출량}) - (\text{단위당 변동비})(\text{매출량}) - \text{고정비}\\ &= (\text{판매단가} - \text{단위당 변동비})(\text{매출량}) - \text{고정비}\end{aligned}$$

순이익을 0으로 놓고 이에 대응하는 매출량 수준을 구해보면 다음과 같다.

$$0 = (\text{판매단가} - \text{단위당 변동비})(\text{매출량}) - \text{고정비}$$

$$\text{매출량} = \frac{\text{고정비}}{\text{판매단가} - \text{단위당 변동비}}$$

이를 그래프로 표시하면 [그림 10-3]과 같다. 이 그림에서 쉽게 알 수 있듯이 어느 기간의 매출량이 손익분기점을 초과할 경우에는 이익이 발생하고, 미달한 경우에는 손실이 발생한다.

예를 들어 판매가격이 1,000원인 볼펜을 생산·판매하는 A기업에서 연간 고정비로 6천만원, 그리고 단위당 변동비로 개당 400원의 비용이 발생한다면 손실을 면하는 수준의 연간 매출량은 다음과 같이 계산된다.

$$\text{손익분기점 매출량} = \frac{60{,}000{,}000}{1{,}000 - 400} = 100{,}000\text{개}$$

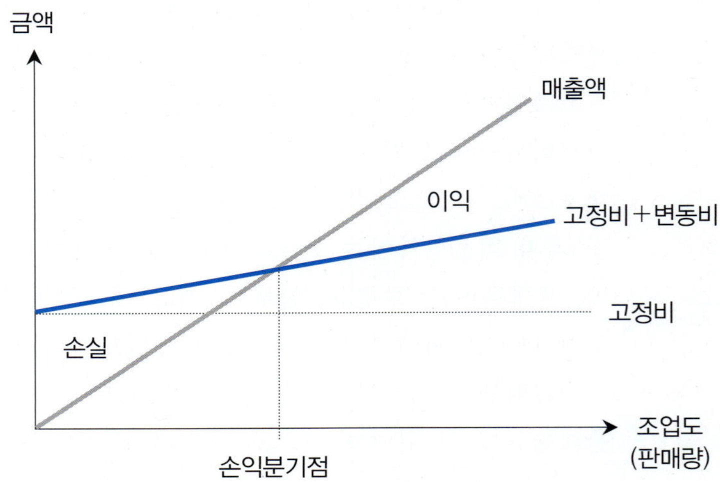


[그림 10-3] 손익분기점의 예시

손익분기점 공식을 이용하면 미리 정해놓은 이익수준을 달성하기 위한 매출액도 구할 수 있다. 예를 들어 어느 기업이 $\pi$만큼의 이익을 달성할 계획이라면, 이를 가능하게 하는 매출량 수준은 위의 공식 도출과정에서 알 수 있듯이 다음과 같이 구해진다.

$$\pi = (\text{판매가격} - \text{단위당 변동비})(\text{매출량}) - \text{고정비}$$

$$\text{매출량} = \frac{\text{고정비} + \pi}{\text{판매단가} - \text{단위당 변동비}}$$

위에서 예로 든 A기업의 연간 목표이익이 3천만원이라면, 이 목표를 달성하는 데 필요한 매출량은 다음과 같다.

$$\text{목표 매출량} = \frac{60,000,000 + 30,000,000}{1,000 - 400} = 150,000\text{개}$$

### 예제 10-5

K씨는 아내와 함께 집 근처에서 작은 커피숍을 열었다. 은퇴 후 창업을 했다가 몇 년 만에 망했다는 사연을 많이 들어 나름 창업학교도 가고, 부부가 함께 커피학원에 다니면서 바리스타 자격증도 땄다. 그러면서 3개월 정도 다른 동네 커피숍에서 아르바이트를 하면서 다른 사람의 노하우도 배웠다. K씨는 매달 아르바이트생 2명의 인건비 150만원, 월세 130만원, 기타 대출이자 및 공과금, 잡비 120만원 등 매월 고정적으로 600만원 정도 지출하고 있다. 물론 본인의 인건비는 고려하지 않고 있다. 커피 종류에 따라 원가가 다르긴 하지만 평균 2,500원에 판매하는 커피 한 잔의 재료비는 대략 500원 정도라고 한다.

(a) 월 30일 커피숍을 운영한다면 하루에 평균 몇 잔의 커피를 팔아야 적자를 면할 수 있는가?

(b) K씨가 한 달에 300만원을 생활비로 집에 들고 가려면 하루에 평균 몇 잔의 커피를 팔아야 하는가?

(c) 커피숍의 인테리어나 가구 및 주방설비는 평균 5년에 한 번은 교체해야 한다고 한다. 교체비용으로 5천4백만원이 소요되는데 이를 월평균으로 계산하면 대략 90만원이다. 이 비용까지 커피판매를 통해 확보하려면 하루에 평균 몇 잔의 커피를 팔아야 하는가?

**● 풀이**

(a) 한 달 고정비가 600만원이므로 하루 평균 고정비는 20만원이다. 커피 한 잔의 변동비가 500원이므로 손실을 면하는 수준의 하루 커피 판매량은 다음과 같이 계산된다.

$$\text{손익분기점 커피 판매량} = \frac{200{,}000}{2{,}500 - 500} = 100\text{잔}$$

(b) 한 달에 300만원을 생활비로 집에 들고 가려면 하루 평균 10만원을 순이익으로 더 벌어야 한다. 따라서 하루 목표 매출량은 다음과 같이 계산된다.

$$\text{매출량} = \frac{\text{고정비} + \pi}{\text{판매단가} - \text{단위당 변동비}} = \frac{200{,}000 + 100{,}000}{2{,}500 - 500} = 150\text{잔}$$

(c) 매출량 공식의 분자에 90만원÷30일=3만원을 추가하면 하루 목표 매출량은 다음과 같이 계산된다.

$$\text{매출량} = \frac{\text{고정비} + \pi}{\text{판매단가} - \text{단위당 변동비}} = \frac{200{,}000 + 100{,}000 + 30{,}000}{2{,}500 - 500} = 165\text{잔}$$

# 제4절 자본조달과 자본구조

## 1. 자본조달

기업이 일상적 경영활동을 수행하는 데에는 여러 가지 지출이 따른다. 원자재를 구입하고 인건비를 지급하며, 여러 관리활동에 자금을 투입하게 된다. 이런 일상적인 활동에 소요되는 자금의 상당부분은 기업의 영업활동으로부터 지속적으로 유입되는 자금으로 충당하지만, 일시적인 부족현상이 일어날 경우에는 외부로부터 단기적으로 돈을 빌려 충당한다. 단기자본의 조달수단으로는 어음의 발행, 은행으로부터의 단기차입, 그리고 외상으로 구매하는 방법 등이 있다. 여기서 어음(note)이란 미래의 일정기일에 일정금액을 지급하겠다는 것을 약속한 증권을 말한다.

한편 기업은 건물이나 기계의 구입, 사업확장, 신규사업 착수 등을 위하여 장기간 안정적으로 사용할 수 있는 장기자본도 필요하다. 기업은 주주들에게 배당하지 않고 내부에 쌓아둔 유보이익 등을 이용하여 투자에 필요한 자금을 조달할 수 있다.[1] 내부금융 또는 자기금융이라고도 부르는데 자금조달에 따른 경비가 발생하지 않으며 재무구조도 건전화할 수 있다는 장점이 있다. 기업이 1년 이상 장기간 동안 사용할 수 있는 장기자본의 조달방법 중에서 외부로부터 조달하는 외부금융의 방법으로는 주식발행(보통주 또는 우선주의 발행)과 회사채 발행 또는 은행으로부터 부채를 장기차입하는 방법이 있다.

### (1) 보통주

보통주(common stock)는 주식회사가 출자에 대한 증거로 주주에게 발행하는 증권을 말한다. 일반적으로 주식이라 하면 보통주를 말하는 것이며 한 종류의 주식만을 발행하는 경우 이 명칭을 붙일 필요가 없다. 보통주는 회사가 창립될 때 1차적으로 발행되며, 설립된 후에도 필요에 따라 유상증자의 형태

1) 내부유보금에는 현금이나 금융상품과 같은 현금성 자산도 있지만 주식이 상장된 기업의 경우 전체 유보금에서 현금성 자산은 25%가량이고 나머지는 공장, 토지, 설비, 연구개발 등에 투자되어 있다.

로 추가발행할 수 있다. 보통주에 투자한 주주들은 소유지분에 따라 의결권을 지니고, 이익배당을 받는다. 물론 회사의 영업실적이 좋지 않을 때에는 배당을 받지 못한다.

### (2) 우선주

우선주(preferred stock)는 보통주에 대해 배당이나 기업이 해산할 경우의 잔여재산의 분배 등에서 우선권을 갖는 주식을 말한다. 우선주에는 일정의 배당을 받은 후에도 역시 이익이 충분히 있을 경우에는 이것을 받을 수 있는 것과 보통주로 전환할 수 있는 것 등 여러 가지 종류가 있다. 확정이자의 배당수입을 얻을 수 있는 사채에 가까운 성격의 것도 있을 수 있다. 일반적으로 우선주는 의결권이 제한되는 성격을 지닌다.

### (3) 회사채

민간기업체가 설비자금 등을 조달하기 위해 발행하는 채권이다. 광의로는 은행에서 발행하는 금융채도 포함되나 보통은 일반 기업체가 발행하는 사채를 말한다. 회사채는 주식과 달리 회사의 수익에 관계없이 일정률의 이자가 지급되는 것이 특징이며, 금융기관에서 지급을 보증하는 보증사채와 무보증사채 및 담보부사채가 있다. 증권시장에서 주식과 함께 거래되고 있는 투자상품으로 최소한 공금리 이상의 수익이 보장된다. 회사채에 의한 자본조달은 주식과는 달리 기업주나 주주의 소유권과 경영권에 영향을 주지 않지만 회사의 경영성과에 관계없이 이자의 지급과 원금상환이 이루어져야 하므로, 자금사정을 어렵게 할 수도 있다.

그 외에도 회사채에는 신주인수권부사채나 전환사채와 같은 투자자의 선택옵션이 부가된 사채도 많이 발행되고 있다. 신주인수권부사채는 일반채권과 신주인수권이 결합된 것으로, 사채를 보유한 소유자에게 사채발행 이후에 미리 약정된 가격에 따라 일정한 수의 신주인수를 청구할 수 있는 권리가 부여된 사채이다. 따라서 사채 보유자는 일정이자를 받으면서 만기에 사채금액을 상환받을 수 있으며, 동시에 자신에게 부여된 신주인수권을 가지고 주식시가가 발행가액보다 높은 경우 회사측에 신주발행을 청구할 수 있다. 신주인수권부사채는 현 시점에서 대규모의 자금조달이 필요한 기업이 낮은 이자율로 사채를 발행하지만, 추후 높은 성장 가능성으로 인해 주가상승이 예상되는 경우 많이 발행된다. 또한 투자자 입장에서 보면 사채가 지니는 확정이자 지불의 기능과 주가 상승에 따른 자본소득도 기대할 수 있는 투자대상이다.

전환사채는 사채소유자의 의사에 따라 전환기간 내에 일정한 조건으로 사채 발행회사의 주식으로 전환할 수 있는 권리가 부여된 증권을 말한다. 주식 전환 전에는 사채로서의 확정이자를 받을 수 있고 전환 후에는 주식으로서의 이익을 얻을 수 있는, 사채와 주식의 중간 형태의 채권이다. 전환사채의 발행시에는 미리 전환비율, 즉 사채 단위당 전환이 인정되는 보통주식의 수나 전환가격이 미리 정해져 있어야 한다. 전환사채 보유자는 발행회사 주식의 가격이 전환가격을 웃돌게 되면 주식으로 전환해 시세차익을 누릴 수 있으며, 반대의 경우에는 만기까지 보유해 확정된 이자를 지급받게 된다.

#### (4) 장기차입금

장기차입금은 금융기관이나 외부로부터 1년 이상의 기간에 걸쳐서 정해진 이자를 지급하고 만기에 원금을 상환하겠다는 약속하에 차입하는 것을 말한다. 다른 자본조달수단보다도 금리가 저렴하고 안정적으로 이용할 수 있다는 점에서 많이 선호된다. 기업의 경영성과에 관계없이 원금과 이자지급이 이루어져야 하므로 운영자금에서 차입금 비율이 높을수록 파산의 위험도 높다.

## 2. 자본구조

기업의 자본은 자기자본과 타인자본으로 구성된다. 경영진이 원하면 기업은 채권을 발행할 수도 있고, 또는 유상증자를 할 수도 있다. 채권발행 또는 유상증자에 따라 기업의 부채비율이 달라지는데, 기업의 부채비율 결정은 자본구조를 결정하는 것과 같은 의미를 지닌다.

부채는 두 가지 중요한 특징을 가진다. 첫째, 부채로 자본조달을 하면 이자를 지급해야 하는데, 이자비용은 법인세 계산시 비용처리(tax deductible)되어 법인세 부담금을 줄여 준다. 다시 말해 부채사용시 법인세 부담이 적어진 결과, 현금흐름이 커지게 된다. 이러한 이자지불에 따른 법인세절약액은 기업의 가치를 증대시키는 결과를 가져온다. 둘째, 부채의 채무를 이행하지 못하면 재무적 곤경이나 파산으로 이어질 수 있다. 파산비용(bankruptcy cost)은 기업의 부채를 통한 자본조달을 제한하는 요인이 된다. 부채비율이 높아질수록 기업이 채권자들에게 채무를 이행하지 못할 확률이 높아진다. 이 확률이 증가하면 미래 파산비용의 현재가치도 증가하여 기업의 가치를 떨어뜨리는 역할을 한다.

기업의 입장에서는 이자의 세금절약효과가 가치를 갖는 한도까지 부채를 조달하려 할 것이다. 상대적으로 낮은 부채의 수준에서는 파산이나 재무적 곤경이 발생할 확률이 적고, 세금절약액이 파산비용의 현재가치보다 크다. 따라서 세금절약액이 파산비용의 현재가치보다 큰 구간에서는 기업은 부채비율을 늘리는 것이 기업가치를 증대시킨다. 반면, 부채수준이 높을 때에는 재무적 곤경이나 파산의 확률이 높아지고 파산비용의 현재가치가 세금절약액보다 커지게 되므로, 이 구간에서는 기업의 부채비율을 줄이는 것이 기업가치를 증대시킨다.

최적자본구조(optimal capital structure or target capital structure)는 이 두 구간 사이의 어딘가에서 부채비율이 결정되는 것을 의미한다. 다시 말해 최적자본구조는 기업의 가치를 극대화시키는 부채비율을 의미한다. 만약 현재 부채비율이 최적자본구조보다 낮다면, 기업은 향후 투자를 위한 자본조달시 채권이나 은행차입금의 형태로 자금을 조달하는 결정을 해야 한다. 반면에 현재 부채비율이 최적자본구조보다 높다면, 자본조달시 유상증자를 통하여 자금을 조달하는 것이 바람직하다. 이 구간 내에서의 유상증자는 부채비율을 낮추고 기업가치를 증대시키기 때문이다.

## 3. 부채의 손익확대(레버리지)효과

기업이 투자에 필요한 자금을 자기자본보다는 타인자본에 의존하면, 이자에 대한 부담이 커지게 된다. 타인자본에 대한 의존율이 높아 고정적인 금융비용의 부담이 커지면 영업이익이 적을 때 큰 손실이 나타난다. 그렇지만 많은 영업이익을 벌어들였을 때에는 이자 등의 금융비용을 지급하고도 기업의 주인인 주주 개개인에게 평균적으로 돌아가는 몫이 커지게 된다.

이제 다음 예를 통하여 자본구조 변경(부채차입)이 주주의 부에 미치는 영향을 평가해 보자. 분석을 단순화시키기 위하여 법인세는 없는 것으로 가정한다. 기업 A는 부채가 전혀 없는 100% 자기자본으로 운영하는 기업으로, 총자산 10억원이며 자기자본금 총액도 10억원이다. 만약 영업이익이 2억원이라면 이자를 지급할 필요가 없으므로 이 회사의 이익은 2억원이 된다.

만약 이 회사를 100% 자기자본으로 운영하지 않고 은행에서 5억원을 차입하여 자기자본은 5억원만 투입한다고 가정해 보자. 은행에서 빌릴 때 연간 이자로 10%, 즉 5천만원의 이자를 매년 지불해야 한다고 한다. 이 경우 영업이익이 여전히 2억원이라면 이자 5천만원을 지급하고 나머지 1.5억원이 이익으로 발생하게 된다.

첫 번째 경우는 자기자본 10억원을 투자해서 2억원의 이익을 얻게 되었고, 두 번째 경우는 5억원의 자기자본을 투자해서 1.5억원을 벌었다고 생각해 볼 수 있다. 따라서 자기자본에 대한 순이익률은 첫 번째의 경우 2억원÷10억원=20%, 후자의 경우 1.5억원÷5억원=30%가 된다.

만약 자기자본을 2억원만 투입하고 은행에서 8억원을 빌려 기업을 운영한 경우 이자 8천만원을 감안한다면 자기자본에 대한 순이익률은 〈표 10-1〉에서 알 수 있듯이 60%로 급증하게 된다. 이와 같이 부채사용에 따라 순이익률이 변화할 수 있는 현상을 부채의 손익확대(레버리지)효과라 부른다.

(영업이익－은행이자)÷자기자본=(2억원－8천만원)÷2억원=60%

그렇지만 경제상황이 좋지 않아 영업이익이 5천만원으로 줄어들었다면

〈표 10-1〉 자기자본 규모에 따른 자기자본순이익률의 변화

| 구 분 | 자기자본 10억원 | 자기자본 5억원<br>타인자본 5억원 | 자기자본 2억원<br>타인자본 8억원 |
|---|---|---|---|
| 영업이익 | 2억원 | 2억원 | 2억원 |
| 지급이자 | 0 | 5천만원 | 8천만원 |
| 순 이 익 | 2억원 | 1.5억원 | 1.2억원 |
| 자기자본 | 10억원 | 5억원 | 2억원 |
| 자기자본순이익률(*ROE*) | 20% | 30% | 60% |

〈표 10-2〉 영업이익이 줄어든 경우의 자기자본순이익률 변화

| 구 분 | 자기자본 10억원 | 자기자본 5억원<br>타인자본 5억원 | 자기자본 2억원<br>타인자본 8억원 |
|---|---|---|---|
| 영업이익 | 5천만원 | 5천만원 | 5천만원 |
| 지급이자 | 0 | 5천만원 | 8천만원 |
| 순 이 익 | 5천만원 | 0 | −3천만원 |
| 자기자본 | 10억원 | 5억원 | 2억원 |
| 자기자본순이익률(*ROE*) | 5% | 0% | −15% |

〈표 10-1〉의 자기자본순이익률은 〈표 10-2〉와 같이 달라진다.

부채사용에 따른 지급이자는 매출액이나 영업이익 크기에 관계없이 지급해야 하는 재무고정비이므로, 이익이 날 때에는 순이익률이 높아지지만, 손실이 날 때에는 손실률 수준이 높아지는 레버리지효과가 발생한다. 부채가 늘면 주주에게 귀속되는 이익의 증가 가능성도 높지만, 영업이익이 감소될 경우 주주에게 돌아갈 이익이 훨씬 더 큰 폭으로 감소될 우려도 크다.

## 4. 금융시장의 유형

기업이 성장·발전하기 위해서는 원활한 자금조달이 필요하다. 기업은 여러 방법을 통해 필요한 자금을 조달한다. 사업을 통해 벌어들인 순이익 중 일부를 다시 투자하기도 하지만 기업 내의 자금만으로 충분하지 않은 경우에는 외부로부터 자금을 조달한다. 주식시장에서 주식을 발행하거나 또는 회사채 발행이나 금융기관으로부터의 차입을 통해 자금을 마련한다. 이처럼 자금의 수요자가 공급자로부터 자금을 빌릴 수 있는 곳을 금융시장이라 한다.

기업이나 정부는 주로 금융시장에서 자금을 조달한다. 돈이 필요한 기업들이 회사채나 주식을 발행하면 저축이나 투자할 여력이 있는 일반 가계나 기업들이 이를 구입함으로써 자금의 공급자 역할을 한다.

금융시장은 조달하는 자금의 만기에 따라서 단기금융시장과 장기금융시장으로 분류할 수 있다. 단기금융시장은 만기가 1년 이내에 돌아오는 단기성 금융상품이 거래되는 시장을 말하며, 장기금융시장은 1년 이상 이용할 수 있는 장기자금이 융통되는 시장으로 자본시장이라고도 부른다. 자본시장은 기

업의 설비자금, 정부 및 지방자치단체의 사업자금 등 장기자금이 조달되는 시장으로서 자금의 공급방식에 따라 장기대출시장과 증권시장으로 구분될 수 있다. 장기대출시장은 간접금융방식이 행해지는 금융시장으로서 금융기관이 저축자로부터 조달한 자금을 장기자금수요자에게 대출하는 시장을 말한다. 증권시장은 주식·공사채 등의 증권을 통해 자금의 수급이 이루어지는 직접금융시장을 말하며 새로운 주식·공사채 등이 발행되는 발행시장과 이미 발행되어 있는 증권이 거래되는 유통시장으로 구분된다.

유통시장은 이미 발행된 증권이 매매거래되는 시장을 말한다. 발행된 증권은 증권거래소에 상장되어 거래되며, 증권소유자는 매매를 통하여 원할 때 이를 언제나 쉽게 현금으로 바꿀 수 있으므로 환금성이 높은 투자대상이 된다. 이때 발행시장은 주식이나 채권이 발행될 때 쉽게 소화되도록 도와주는 역할을 수행한다. 보통 기업은 규모가 커짐에 따라 기업공개(initial public offering : IPO)를 통해 대규모의 자금을 조달한다. 기업공개 과정을 거쳐 해당 기업의 주식은 주식시장에 상장되고, 상장기업은 향후 자기자본조달을 쉽게 할 수 있다. 다시 말해 이미 상장된 기업은 유상증자 등을 통해 자기자본을 쉽게 확충할 수 있다.

한국의 증권거래시장은 크게 유가증권시장(KOSPI market)과 코스닥시장(KOSDAQ market)으로 나뉜다. 유가증권시장에는 대개 규모가 크고 전통적인 산업에 속한 기업들이 상장되어 있다. 반면 코스닥시장에 상장된 기업들은 규모가 작고, 무형자산의 비율이 높은 경향이 있다. 예를 들면 코스닥시장에는 기술력 중심의 바이오기업과 벤처기업들이 많이 상장되어 있다. 코스닥시장은 1996년 설립된 이래 10여년 만에 상장기업의 수가 1,000개를 돌파하는 등 고속으로 성장하고 있다. 최근 2013년에는 창업초기 중소기업이나 기술형·성장형 혁신기업을 대상으로 하는 코넥스(Korea New Exchange : KONEX)시장도 개설되었다.

협의의 금융시장으로 불리는 간접금융시장은 자금공급자들의 여유자금을 예치받아 이를 자신의 명의로 자금수요자에게 공급해 주는 형태로 자금매개가 간접적으로 이루어지는 시장을 말한다. 일반은행, 특수은행, 보험회사, 신용조합 등을 통하여 자금매개가 이루어지는 경우를 말하는데, 개인들이 이들 금융기관에 요구불예금, 정기예금으로 저축하게 되면 이 자금이 모아져 은행의 명의로 자금이 필요한 기업에 대출된다.

쉬어가기

## 레스토랑 원가율 30% 법칙… 넘어가면 대부분 손해

좋은 재료로 정성껏 음식 만들기만 하면 사업 성공할까? 새벽마다 좋은 재료를 구입해 대대로 내려온 조리법으로 맛있게 요리해 낸다. 정성이 통했는지 어느덧 식당을 자기 집처럼 드나드는 단골도 생겼다. 소문이 나 손님이 많아지자 더 많은 손님을 맞이하기 위해 식당도 넓혔다. 그런데 왜, 돈이 쌓이진 않는 걸까. 다카이 요코(高井洋子 · 47) 채러티사(社) 대표이사(CEO)는 일본 자영업계의 스타 컨설턴트다. 가구 판매회사 CEO로 근무하며 3년 만에 연 매출 700억원을 달성한 경험을 바탕으로 2012년 경영 컨설팅사 채러티를 설립했다. 500명 이상 일본 경영자가 그에게 조언을 얻고 있다. 현장 감각을 살려 돈 버는 시스템을 만들기로 유명하다. 올해 초 출간한 '작은 가게의 돈 버는 디테일'은 일본뿐 아니라 한국, 대만, 동남아에서도 베스트셀러다. 우리나라 자영업자 수는 560만명에 달한다. 하지만 이 중 상당수는 초기 자본을 모두 날리고 실패한다. 당연한 듯 보이지만, 잊기 쉬운 작은 돈 버는 비법 5가지를 그에게 들었다.

### 1. 고객을 줄 세워라… 가게 확장한다고 이익 안 늘어

식당이 소문나면서 손님들이 가게 앞에 줄을 선다. 주인은 늘어난 손님을 받기 위해 가게를 두 배로 확장했다. 그런데 왜 이익은 두 배로 늘지 않을까. 고객을 줄 세운다는 것은 중요한 마케팅 포인트다. 일본 식당들은 대부분 좁고 좌석 수가 많지 않다. 손님을 다 수용할 수 없어 줄을 세우면, 줄을 서서 먹을 정도로 인기 있는 가게라는 소문이 난다. 그러면 손님을 모을 수 있고, 회전율도 높아진다. 서서 기다리는 손님이 있다는 건 오래 앉아 있는 손님을 일어나게 할 이유가 된다.

### 2. 스탠딩 좌석은 어떤가… 회전율 높이는 게 관건

유행하는 메뉴로 창업하면 단기간에 돈을 벌 수 있다. 그럴 경우에는 사이드 메뉴로 차별화를 두는 것이 좋다. 하지만 유행은 언제든 끝날 수 있다는 점을 염두에 두고, 초기 인테리어 비용은 줄여야 한다. 계속 식당을 운영할 것이라면 메뉴 변경이 쉽도록 해야 한다. 폭발적으로 유행하는 음식은 곧 시들해진다. 좋은 재료로 정성껏 만든다고 돈을 버는 건 아니다. 원가율(음식 가격에서 차지하는 식자재 가격 비율)이 중요하다. 일반 음식점에선 원가율이 30%를 넘어가면 대부분 손해가 난다. 만약 음식에 자부심이 커 원가율을 높이고 싶다면, 회전율도 높여야 한다. 일본에서 인기 있는 프랑스 식당 '오레노 프렌치'는 푸아그라 등 고급 식재료로 만든 음식을 3,000엔(약 3만2,000원) 이하로 판매한다. 원가율이 80%에 달한다. 그래서 스탠딩 좌석을 도입했다. 서서 고급 프랑스 음식을 먹는 것이다. 앉아서 먹는 테이블을 도입한 매장엔 시간제한을 뒀다. 원가율이 높은 대신 회전율도 같이 높이기 위한 방법이다.

### 3. 미끼 상품으로 유인하라

일본 식당을 보면 500엔짜리 하이볼(위스키에 소다수를 타서 만든 칵테일)이나 저렴한 생맥주를 메뉴판 제일 위에 올려놓거나, 가게 앞 간판에 적어 놓은 경우가 많다. 이것이 미끼 상품이다. 사람들이 가게로 들어오게 하는 메뉴들이다. 메뉴판을 만들 때도 미끼 상품을 위로 올려야 한다. 사람들은 메뉴판을 'Z'자로 읽는다. 꼼꼼히 메뉴판을 정독한 후 주문하는 사람은 드물다. 미끼 상품, 주력 상품을 'Z'에 맞춰 배열해야 한다.

일본 교토(京都)에는 1717년부터 300년 동안 한자리에서 차를 팔아온 '잇포도(一保堂)'가 있다. 이 가게에서 파는 차는 한 봉지에 평균 3만엔이다. 가게 안에서 끓여주는 차 한 잔은 비싼 건 1만엔까지 한다. 하지만 잇포도는 그렇게 비싼 차를 모두 무료로 시음하게 해준다. 친절하게 일본 차에 얽힌 문화도 설명해준다. 시음으로 유혹한 다음 박스로 차를 팔기 위함이다. 미용실에서 좋은 샴푸로 머리를 감겨주며 마사지 서비스를 해주는 것도 샴푸 등 헤어용품을 팔기 위해서다. 미용실에서는 그렇게 상품을 팔아 남는 이익이 훨씬 크다.

### 4. 고객 단계별 관리 – 슈퍼스타 단원은 자연히 단골 된다

그렇게 미끼를 물고 상품을 샀는데, 맘에 안 들면 그뿐 아닌가. 특히 교토 같은 관광지 상품은 한 번의 경험으로 끝날 것 같다. 그래서 고객이 물건을 계속 사도록 하는 시스템을 만들어야 한다. 일본 후쿠오카(福岡) 같은 관광지의 맛집들은 대부분 통신판매가 가능하다. 현장에서 맛을 보고 전단을 받아 가 집에서 주문한다. 주기적으로 정기 배송도 가능하다. 푸딩처럼 한 가지 메뉴를 계속 먹기 어려운 것은 다양한 맛으로 골라 보내준다. 계속 구매가 가능한 상품을 판매하는 것도 중요하다. 예를 들어 건강에 좋은 자석 목걸이는 한 번 사면 끝이다. 하지만 벌꿀은 다 먹고 나면 다시 구입하는 경우도 많다. 본인 가게의 벌꿀이 마음에 들어 반복적으로 사는 손님에게 로열젤리 같은 비싼 제품을 판매하는 건 어렵지 않을 것이다.

고객을 단골로 바꾸는 것도 중요한 포인트다. 홋카이도(北海道)에는 '러키 피에로'라는 햄버거 체인점이 있다. 맥도널드를 이긴 현지 햄버거로 유명하다. 이 집은 맛과 인테리어가 독특하지만, 가장 특이한 것은 고객을 단계별로 관리하는 시스템이다. 구매 포인트별로 준단원, 정식 단원, 슈퍼스타 단원 순으로 승급하는데, 슈퍼스타 단원이 되면 신상품 개발에도 참여할 수 있다. 이런 단원 시스템은 고객이 러키 피에로 햄버거만 고집하게 만든다.

### 5. 자녀에게 밑바닥 일부터 가르쳐라

직원들을 관리할 땐 꼭 지켜야 할 몇 가지 매뉴얼만 알려주고 나머지는 자율에 맡기는 것이 좋다. 매뉴얼이 너무 많으면 직원이 자신의 재능을 펼치고 싶어도 못 한다. 가게 주인이 직원이 하는 행동을 불안해하면, 여러 가지 매뉴얼을 많이 만드는데, 이건 뜻밖의 많은 부작용을 만든다. 햄버거 300개를 주문하는 사람에게 '드시고 가실 건가요? 포장하실 건가요?' 같은 의례적인 질문은 필요 없다. 많은 식당이나 기업이 직원을 채용한 후 기술적인 교육부터 하는데, 그전에 필요한 것이 이념적인 교육이다. 사소한 기술은 자율에 맡기는 게 좋다. 자녀들에게 식당을 물려줄 때는 '혼(魂)'을 잇도록 해야 한다. 오래가는 식당은 대대로 이어지는 이념이 뚜렷하다. 아직 혼을 잘 모르겠다면 일단 자녀가 어리광을 부리지 않도록 훈련시켜야 한다. 회사를 물려받는 데 필요한 것을 외부 회사에서 배우고 오게 하거나, 재료를 다듬고 쓰레기를 버리는 밑바닥 일부터 시키는 것이 좋다. 식당을 처음 여는 사람들이 실패하는 큰 이유는 너무 쉽게 생각하기 때문이다. 자녀가 부모들에게 성공한 식당을 물려받고 실패하는 경우도 마찬가지다. 부모가 하는 일이 쉬워 보이는 순간 끝이다. 사업에 성공한다는 건 그만큼 디테일이 필요하다. (조선일보, 2016.9.11)

## 플랫폼에 이어 핀테크[2)]에도 부는 한파… 수익모델 없는 곳 생존 고민

플랫폼 스타트업에 이어 핀테크 업체에도 혹한기가 다가오고 있다. IT와 금융을 결합하겠다는 비전 아래 우후죽순 생겨난 플랫폼 업체들의 자금난이 도래하고 있는 것이다. 비전만 있고 수익모델이 없는 곳들은 생존을 고민해야 할 것이란 전망이 조심스레 나오고 있다. '전직원 권고사직'을 통보하며 서비스를 중단한 오늘의 회에 이어 명품 플랫폼 등에 자금난 관련 이슈들이 전해지고 있다. 유동성 장세에서 투자 유치를 통해 명맥을 유지했지만, 최근 시장의 자금흐름이 원활하지 않으면서 대규모 인력 채용에 나섰던 업체들부터 자금경색 문제가 불거지고 있는 것이다.

이런 흐름은 IT와의 결합을 통해 혁신을 외치던 핀테크로 옮겨가고 있다. 토스를 중심으로 뱅크샐러드 등 간편송금, 마이데이터 활용, 조각투자를 통해 기존의 금융업을 대체하겠다면서 출범한 핀테크들은 기대에 못 미치는 수익으로 인한 어려움에 직면하고 있다. 핀테크 시장의 가늠자가 될 수 있는 토스의 경우 투자유치 성과가 기대에 못 미쳤다. IPO 직전 대규모 펀딩에 나섰던 토스는 1조원가량의 자금을 시장에서 모집하려고 했으나 5,000억원 정도 모집하는 데 그쳤다.

이마저도 기존 투자사들의 후속 투자 등을 통해서 마련한 자금이다. 애당초 펀딩 작업에 나섰을 때만 하더라도 글로벌 전략적 투자자 등 쟁쟁한 투자자들이 너도나도 나설 것이란 기대감이 있었지만, 실제 결과는 이와 사뭇 달랐다. 이에 따라 토스는 상장 시점도 뒤로 미룬 채 대출 등을 통해서 혹한기를 대비하고 있다. 핀테크 유니콘인 토스의 이러한 상황은 핀테크 업계 전반으로 퍼져나가고 있다.

플랫폼 업체와 마찬가지로 핀테크 발 인력 엑소더스가 일어날 수 있다는 말이 나온다. 핀테크 업체들이 IT 기반의 비즈니스 모델을 지향하다 보니 인건비가 비싼 개발자를 중심으로 해서 인력을 충원해 왔다.

---

2) 핀테크(FinTech 또는 Financial Technology)는 금융(Finance)과 기술(Technology)의 합성어로, 모바일, 빅데이터, SNS 등의 첨단 정보 기술을 기반으로 한 금융서비스 및 산업의 변화를 통칭한다. 모바일을 통한 결제·송금·자산관리·크라우드 펀딩 등 금융과 IT가 융합된 것이다. 새로운 IT기술을 활용하여 기존 금융기법과 차별화된 금융서비스를 제공하는 기술기반 서비스 혁신이 대표적이며 최근 사례는 모바일뱅킹과 앱카드 등이 있다. 산업의 변화로는 혁신적 비금융기업이 보유 기술을 활용하여 지급결제와 같은 금융서비스를 이용자에게 직접 제공하는 현상이 있는데 애플페이, 알리페이 등을 예로 들 수 있다(금융위원회 금융용어사전 참조).

여기에다 금융출신 고임금 인력 등을 적극 채용하다 보니 비용 부담이 여느 업체보다 크다는 설명이다. 한 핀테크 업계 관계자는 "인건비 등 한 달에 수십억의 비용 부담을 감당해야 하는 핀테크 업체들이 많다"라며 "조만간 이들을 중심으로 인력 감축 등이 일어날 것으로 본다"라고 말했다.

핀테크 업체들의 가장 큰 문제점 중의 하나는 수익모델이 명확하지 않다는 점이다. "기존의 신용평가 모델을 바꾸겠다" 또는 "금융데이터를 활용해서 고객 맞춤형 서비스를 제공하겠다" 등 비전은 거창하지만 실제 돈을 내고 쓰는 핀테크 앱은 찾아보기 힘들 정도다. 대부분의 핀테크 서비스는 무료로 사용되고 있으며, 이런 서비스들이 우후죽순 생겨나다 보니 이젠 유저 숫자마저 감소하는 악순환이 일어나고 있다. 여기에다 최근 금리가 상승하면서 전통 금융상품으로의 쏠림 현상도 발생하고 있다. 굳이 리스크를 감당하며 조각투자 등 핀테크 업체들이 내놓은 상품에 투자할 유인이 많지 않은 것이다.

한 금융권 관계자는 "은행에만 돈을 맡겨도 5% 수준의 이자가 나오는 상황에서 굳이 핀테크 업체를 찾아갈 유인이 많지 않다"라며 "유동성이 줄어든 상황에 금리마저 오르면서 핀테크 업체는 여러모로 어려운 상황에 직면했다"라고 말했다.

(조선일보, 2022.10.4, https://www.investchosun.com/site/data/html_dir/2022/09/30/2022093081582.html)

# 연습문제

1 재무관리의 목표는 무엇인가?

① 시장점유율 극대화　② 이익의 극대화
③ 기업의 생존　④ 기업가치의 극대화

2 자본구조와 자본조달에 대한 설명으로 적절하지 않은 것은?

① 부채사용시 지급되는 이자는 법인세를 줄이는 효과가 있다.
② 보통 재무관리자는 최적자본구조를 유지하려고 노력한다.
③ 부채는 파산위험을 높이므로 기업의 가치를 훼손시킨다.
④ 현재의 자본구조는 향후 투자를 위한 자본조달에 영향을 미친다.

3 다음의 투자결정을 위한 자본예산(capital budgeting) 기법 중 순현재가치(net present value : NPV)를 0으로 만드는 할인율을 도출하는 과정을 포함하는 기법은 무엇인가?

① 수익성지수(PI)법　② 내부수익률(IRR)법
③ 투자수익률(ROI)법　④ 회수기간(payback period)법

4 투자안 평가방법에 대한 설명으로 적절하지 않은 것은?

① 보통 NPV가 0보다 크면 수익성지수는 1보다 크다.
② 재무관리자는 순현가법과 내부수익률법을 가장 많이 쓴다.
③ 자본비용이 커지면 NPV는 작아진다.
④ 자본비용이 작아지면 내부수익률도 작아진다.

5 이미 발행되어 있는 증권이 거래되는 시장을 무엇이라 부르는가?

① 발행시장　② 유통시장
③ 단기금융시장　④ 장기금융시장

6 다음 중 내부수익률에 관한 설명으로 옳은 것은?

① 투자에 소요되는 자금을 그 투자안의 순현금유입을 통해 회수하는 데 소요되는 기간이다.
② 총현금유입에서 총현금유출을 뺀 후 투자금으로 나눈 비율을 의미한다.
③ 미래현금흐름의 현재가치를 초기투자비용으로 나눈 값이다.
④ 투자안에서 기대되는 현금유입의 현가와 현재시점에서 투자되는 비용을 같게 하는 할인율이다.

7 다음은 (주)새마을벤처가 투자여부를 고민하고 있는 세 가지 서비스에의 초기투자비용과 향후 4년간의 순현금유입에 관한 자료이다. 세 투자대안이 상호 독립적이라고 가정할 때 회수기간이 가장 짧은 투자안은 어떤 것인가?

| 투자대안 | 초기투자액 | 1차년도 말 순현금유입 | 2차년도 말 순현금유입 | 3차년도 말 순현금유입 | 4차년도 말 순현금유입 |
|---|---|---|---|---|---|
| A | 10억원 | 3억원 | 4억원 | 5억원 | 6억원 |
| B | 15억원 | 4억원 | 8억원 | 12억원 | 3억원 |
| C | 20억원 | 6억원 | 6억원 | 6억원 | 6억원 |

① A ② B ③ C

8 어느 공공기관이 상호배타적인 투자안 A, B를 분석한 결과가 다음과 같다. 이에 대한 해석이 바르게 된 것은?

- 두 투자안의 투자규모와 투자수명은 같다.
- 현 시점(0시점)에서 모든 현금유출이 발생하고 이후에는 현금유입만이 발생한다.
- 투자안 A의 내부수익률(IRR)은 10%, 투자안 B의 내부수익률은 15%인 것으로 분석되었다.
- 자본비용이 5%일 때 투자안 A의 순현가(NPV)는 투자안 B의 순현가(NPV)보다 크다.

① 두 투자안의 순현가를 같게 하는 할인율은 5%보다 낮다.
② 자본비용이 15%를 초과하면 투자안 B의 순현가는 0이 된다.
③ 시장이자율이 15%를 넘더라도 투자안 B의 내부수익률은 15%이다.
④ 자본비용이 5%를 초과하는 경우에도 투자안 A의 순현가는 투자안 B의 순현가보다 항상 크다.

9 다음 중 자기자본에 관한 설명으로 바르지 않은 것은?

① 주주에게 상환할 의무가 없다.
② 은행이나 그 밖의 채권자로부터 조달한 부채는 자기자본에 포함되지 않는다.
③ 기업의 주인인 주주의 자본제공에 의해 조달되는 출자자금을 포함한다.
④ 작년도에 지불하지 못한 자재에 대한 외상매입금 결제는 반드시 이번 연도 자기자본에서 처리해야 한다.

10 다음 중 타인자본에 해당하는 것은?

① 보통주 ② 우선주
③ 단기차입금 ④ 사내유보자금

11 벤처기업 및 유망 중소기업을 대상으로 증권 매매 및 중개, 시장정보 및 시황, 등록기업 소개업무 등을 맡고 있는 유가증권 장외시장은?

① 간접금융시장 ② 증권거래소
③ 코스닥시장 ④ 증권시장

12 차세대 스마트폰을 생산, 판매하고 있다. 스마트폰 한 대당 판매가격은 300,000원, 변동비는 60,000원이며, 총고정비는 9억 6천만원이 발생하고 있다. 손익분기점에서의 매출량은 몇 대인가?

① 2,000대 ② 3,000대
③ 4,000대 ④ 5,000대

13 집 근처에 커피전문점을 새로 오픈하려고 자료를 수집하였다. 편의상 아메리카노 커피만 한 잔에 3,000원에 판매한다고 가정해 보자. 매달 임대료와 인건비 및 관리비로 2,500,000원이 지출되며 아메리카노 커피 한 잔을 만드는 데 500원의 식자재 비용이 소요된다. 손익분기점에 해당하는 커피판매량은 한 달에 몇 잔인가?

① 1,000잔 ② 2,000잔
③ 2,500잔 ④ 3,000잔

14 다음 중 수익성지수에 관한 설명으로 옳은 것은?

① 투자안에서 기대되는 현금유입의 현가와 현재시점에서 투자되는 비용을 같게 하는 할인율이 가장 큰 대안을 택하는 방식이다.
② 투자안으로부터 기대되는 미래의 현금유입에 할인율을 적용하여 현재가치를 구한 후 현재시점에서 투자되는 비용을 뺀 값이 가장 큰 대안을 택하는 방식이다.
③ 미래현금흐름의 현재가치를 초기투자비용으로 나눈 값으로 비용 대비 혜택 비율을 이용한다.
④ 단일투자안의 경우 이 값이 1보다 작으면 투자안을 채택한다.

15 다음 중 신주인수권부사채에 대한 설명으로 옳은 것은?

ㄱ. 일반채권과 신주인수권이 결합된 것으로, 사채를 보유한 소유자에게 사채발행 이후에 미리 약정된 가격에 따라 일정한 수의 신주인수를 청구할 수 있는 권리가 부여된 사채이다.
ㄴ. 사채 보유자는 일정이자를 받으면서 만기에 사채금액을 상환받을 수 있으며, 동시에 자신에게 부여된 신주인수권을 가지고 주식시가가 발행가액보다 높은 경우 회사측에 신주발행을 청구할 수 있다.
ㄷ. 신주인수권부사채는 현 시점에서 대규모의 자금조달이 필요한 기업이 낮은 이자율로 사채를 발행하지만, 추후 높은 성장 가능성으로 인해 주가상승이 예상되는 경우 많이 발행된다.

① ㄱ, ㄴ　　② ㄱ, ㄷ
③ ㄴ, ㄷ　　④ ㄱ, ㄴ, ㄷ

16 다음은 자본구조 및 부채에 관한 설명이다. 바르지 못한 것은?

① 기업이 부채비율을 결정하는 것은 자본구조를 결정하는 것과 같다.
② 경영진이 원하면 기업은 채권을 발행할 수도 있고, 또는 유상증자를 할 수도 있는데, 이에 따라 기업의 자본구조가 달라진다.
③ 부채로 자본조달을 하면 이자를 지급해야 하는데, 이자비용은 법인세 계산시 비용처리되어 법인세 부담금을 줄여 준다.
④ 부채사용시 법인세 부담은 적어지나, 기업가치는 오히려 감소되는 부작용을 가져온다.

17 다음 중 부채의 손익확대(레버리지)효과에 대한 설명으로 바르게 된 것은?

① 부채사용에 따라 매출액 수준이 변화할 수 있는 현상을 의미한다.
② 부채사용에 따라 이자의 비용처리로 인한 세금절감혜택을 의미한다.
③ 부채사용에 따라 자기자본에 대한 순이익률이 변화할 수 있는 현상을 말하다.
④ 부채가 늘면 기대수익 증가의 가능성이 낮아지지만 그 대신 영업이익률은 증가할 가능성이 높은 현상을 말한다.

18 기업 A는 부채가 전혀 없는 100% 자기자본으로 운영하는 기업이며 총자산과 자기자본금 총액이 각각 20억원이다. 현재 영업이익이 5억원 수준이다. 만약 이 회사를 100% 자기자본으로 운영하지 않고 은행에서 5억원을 차입하고 자기자본은 15억원만 투입한다고 가정해 보자. 연간 이자는 10% 수준으로 5천만원의 이자를 매년 지불해야 한다면 자기자본에 대한 순이익률은 얼마가 되는가? 단, 분석을 단순화하기 위하여 법인세는 없는 것으로 가정한다.

① 15% ② 25%
③ 30% ④ 40%

19 다음 중 최적자본구조에 관한 설명으로 옳은 것은?

① 세금절약효과를 극대화하는 자본구조이다.
② 기업의 가치를 극대화시키는 부채비율을 의미한다.
③ 배당금 부담을 최소화하는 자본구조를 의미한다.
④ 미래의 현금흐름을 극대화하는 자본구조를 의미한다.

| 정답 | 1. ④ 2. ③ 3. ② 4. ④ 5. ② 6. ④ 7. ② 8. ③ 9. ④ 10. ③ 11. ③ 12. ③ 13. ① 14. ③ 15. ④ 16. ④ 17. ③ 18. ③ 19. ② |
| --- | --- |

Chapter 11

# 생산 · 공급망관리



사람의 욕구를 충족시키는 상품은 기업의 경영활동에 의하여 생산되고 판매된다. 제품이나 서비스의 생산 없이는 판매를 생각할 수 없으며, 판매할 가능성이 없으면 생산할 필요성이 없는 것이다. 본장에서는 제품과 서비스의 생산과 관련된 여러 활동들을 어떻게 관리할 것인가에 대해 알아보기로 한다.

# 제 1 절 생산 · 공급망관리의 의의

## 1. 생산 · 공급망관리의 역할

기업이 지속적인 성장을 거듭하기 위해서는 무엇보다도 소비자가 원하는 좋은 품질의 제품이나 서비스를 적정한 가격에 신속히 공급할 수 있어야 한다. 물론 이 과정에서 유통경로, 광고, 애프터서비스, 자금지원 등과 같은 전략적인 요소들이 큰 영향을 미친다. 제품이나 서비스가 다소 부실하더라도 가격할인, 광고공세, 외상판매 등을 통해 일시적으로 매출 증대를 실현할 수는 있다. 그러나 지속적인 성장을 하기 위해서는 소비자가 원하는 좋은 품질의 제품과 서비스를 신속히 개발 · 생산할 수 있는 역량을 갖추어야 한다.

생산관리 또는 구미 경영학계에서 흔히 사용하는 Operations and Supply Chain Management를 번역한 생산 · 공급망관리는 바로 이런 역량을 개발하고 유지 · 확대하는 것을 목표로 한다. 수많은 협력업체와의 협업을 기반으로 전 세계시장을 선도하고 있는 글로벌 기업의 경우 전통적인 생산관리의 범주를 대폭 확장하여 공급망관리(supply chain management : SCM)라는 새로운 시스템 내에서 통합적 의사결정을 도모하고 있다.

기본적으로 생산 · 공급망관리란 제품과 서비스를 창출하는 생산시스템

[그림 11-1]
생산시스템의 구조

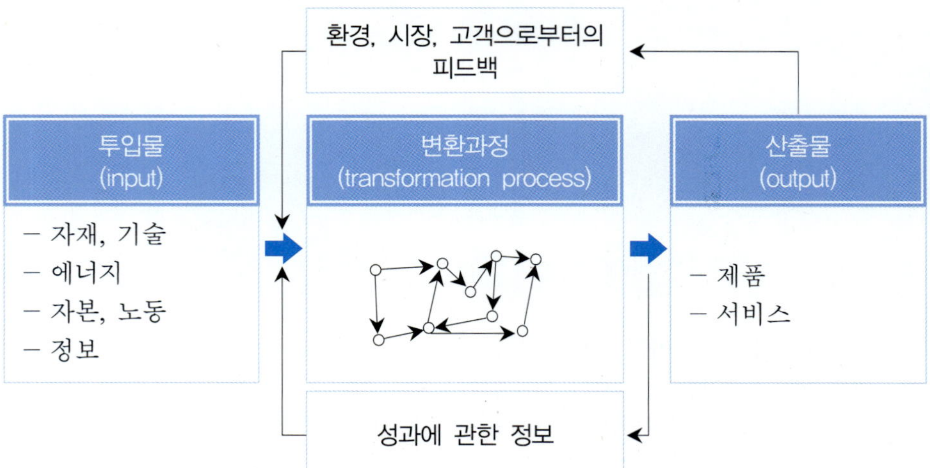

의 설계 및 운영을 이끌어가는 다양한 의사결정문제를 담당하는 관리활동이라 할 수 있다. 여기서 생산시스템은 [그림 11-1]에서와 같이 자재, 자본, 정보, 노동력, 에너지와 같은 투입물(input)을 제품이나 서비스와 같은 산출물(output)로 변환시키는 과정이라 정의할 수 있다.

제조업체의 경우 생산시스템은 제품을 생산하는 공장뿐만 아니라 원자재 · 부품 공급업체, 원자재나 완성된 제품을 일시적으로 보관하는 물류센터, 완성된 제품을 소비자에게 공급해 주기 위해 필요한 물류시스템 등 다양한 요소들로 구성된다. 단순히 공장 내의 설비나 작업장만이 생산시스템을 구성하는 것이 아니다. 여기서 생산이란 투입물을 부가가치가 증대된 산출물로 바꾸어낸다는 의미로 파악해야 한다. 예를 들어 공장에서 완성된 제품을 소비자에게 전해주는 물류활동도 부가가치를 창출하는 생산 · 공급망관리활동에 속한다고 볼 수 있다. 이런 식으로 생산 · 공급망관리를 정의한다면 공장이 아닌 본사조직에서도 생산 · 공급망관리에 참여하고 있는 사람들은 많다. 새로운 설비나 테크놀로지의 도입, 자재나 부품의 구매의사 결정, 공장의 규모와 입지 결정, 품질경영, 협력업체의 선정 등 제조부문의 구조, 즉 생산시스템의 형태를 결정하는 중요 의사결정문제에 참여하는 경영층과 관리자들도 모두 생산 · 공급망관리를 담당하고 있다고 볼 수 있다.

생산활동을 제조분야에만 국한시키지 않고 서비스의 창출과정까지를 포괄하는 개념으로 본다면 서비스업에서도 생산 · 공급망관리를 담당하는 사람은 쉽게 찾을 수 있다. 예를 들어 백화점이나 대형마트에는 엄청나게 다양한 제품들이 쌓여 있다. 직접 만든 것은 거의 없지만 소비자들이 구매하기 편하게 한 곳에 다양한 상품을 쌓아둠으로써 소비자들이 생산자를 찾아 여러 곳을 다니면서 쇼핑할 필요가 없게 만든다는 측면에서 부가가치 창출에 큰 기여를 한다. 대형마트의 생산 · 공급망관리활동은 질 좋은 제품을 공급하는 협력업체의 선정과 재고관리, 적정구매량의 계산, 구매요청 상품의 배송과 품질검사, 소비자들이 쇼핑하기 편하도록 매장의 레이아웃 개발, 반품 및 애프터서비스 등 매우 다양하게 펼쳐진다.

레스토랑이나 커피프랜차이즈와 같은 서비스업에서도 재고관리와 품질관리는 필요할 것이며 시설의 입지와 규모, 협력업체의 선정과 계약관리, 설비배치와 같은 문제도 발생하게 마련이다. 은행, 보험회사, 항공사와 같은 서비스업종도 제조업의 경우와 마찬가지로 소비자에게 가치 있는 서비스를 제공하기 위해 서비스 생산공정을 보유하고 있다. 물론 서비스는 제품과 달리 만져볼 수도 없고 생산하자마자 소비가 되어버리는 무형의 것이다. 그러나 생산시스템을 제품과 서비스의 창출과정이라 생각한다면 제조업이나 서비스업을 구분할 필요가 없으며 제조업에서 활용될 수 있는 많은 생산 · 공급망관리 이론과 기법들이 서비스업에서도 상당한 효과를 볼 수 있을 것으로 기대해 볼 수 있다.

## 2. 생산 · 공급망관리의 목표

기업의 경쟁력은 소비자가 원하는 좋은 품질의 제품이나 서비스를 얼마나 값싸고 신속히 공급할 수 있는가에 의해 결정된다. 제품이나 서비스의 경쟁력이 있다는 것은 경쟁기업에 비해 품질이 뛰어나거나 가격이 싸거나 또는 아주 신속히 공급해 줄 수 있는 능력을 갖추고 있다는 것을 의미한다. 물론 경쟁기업이 만들어낼 수 없는 제품이나 서비스를 공급할 수 있다면 그 외에 별다른 것은 생각할 필요도 없다. 그러나 유사한 제품을 공급할 수 있는 경쟁업체가 존재하는 기업은 생산 · 공급망부문의 경쟁력을 [그림 11-2]에서와 같이 품질, 시간, 원가, 유연성의 네 측면에서 생각해 보아야 한다.

[그림 11-2]
생산 · 공급망관리의 목표

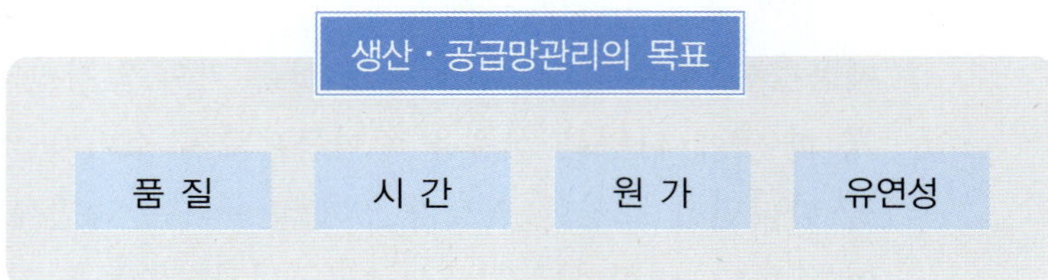


### (1) 품 질

기본적으로 품질(quality)은 소비자의 기대를 제품에 반영한 정도를 의미한다. 높은 품질이 목표인 경우, 품질수준은 경쟁회사의 제품보다 현격히 높거나 또는 판매가격을 상대적으로 높게 유지하더라도 충분히 팔릴 수 있는 정도가 되어야 한다. 즉 유사제품에 비해 상대적으로 월등한 질의 제품을 제공함으로써 경쟁에서 이겨나가는 경우를 말한다. 이때 생산부서의 최대 현안은 제품의 설계를 고급화하고 제조공정이 이러한 설계에 맞추어 제품을 생산해낼 수 있도록 관리하는 데에 있을 것이다. 물론 이러한 과제를 제대로 수행하기 위해서는 우수한 기술인력, 완벽한 제조설비, 고품질의 원자재 공급 등이 뒷받침되어야 한다.

### (2) 시 간

생산 · 공급망부문의 또 하나의 목표인 시간단축, 즉 스피드는 제품이나 서비스의 공급에 소요되는 시간의 단축과 설계소요시간의 단축이라는 두 측면이 있다. 스피드, 다시 말해 리드타임(lead time)의 단축은 단순히 일이 빨리 진행된다는 차원을 넘어선 전략적인 목표이다. 대규모 매장을 생각해 보자. 경쟁업체는 1주일에 1회 납품받지만 우리 매장은 1주일에 2회 납품받는다고 가정하자. 수요가 비슷하게 발생한다면, 우리 매장이 공급받는 1회 납품량은 경쟁업체의 50% 정도가 될 것이므로, 매장의 공간면적이 같다면 경쟁업체보다 두 배나 다양한 상품을 진열할 수 있다. 그뿐만 아니라 평균적으로 보유하는 재고도 경쟁업체의 2분의 1이다. 리드타임의 단축은 이처럼 눈에 보이지 않는, 그렇지만 큰 파급효과를 불러온다.

리드타임이 단축되면 비용이 절감될 수밖에 없다. 소비자들에 대한 서비스도 한결 좋아진다. 그렇지만 리드타임을 단축한다고 해서 단순히 열심히 빨리, 그리고 미리 시작한다는 의미는 아니다. 일을 지혜롭게 한다는 뜻으로 받아들여야 한다. 기계나 설비를 필요 이상으로 가동시킨다는 말도 아니다. 무엇보다 소비자에게 신속히 공급하려고 엄청난 양의 재고를 보유할 필요도 없다.

제품이나 서비스의 공급에 소요되는 리드타임의 단축은 생산공정의 단순화, 병목공정의 제거, 낭비의 제거 등을 통해 자재와 정보흐름의 속도를 높임으로써 가능하다. 신제품 개발이나 설계변경에 걸리는 시간을 단축하기 위해서는 설계, 제조, 구매, 마케팅 등 여러 부문의 전문가들이 한 팀을 이루어 병렬식으로 개발에 참여해야 한다.

### (3) 원 가

원가(cost)는 기본적으로 제품이나 서비스의 생산시설에 투입되는 설비투자비용과 이 시설을 운영하기 위해 필요한 비용을 포함한다. 석유화학이나 철강산업의 경우 자본집약적 생산구조가 용인되지만, 일반 소비자들을 고객으로 하는 경우 소수 품목의 대량생산만을 고집할 수는 없다. 신제품 도입이나 제품구조의 설계변경 또는 생산량 조절과 같이 시장환경에 적절히 대응할 수 있는 신축성을 상실할 가능성이 높기 때문이다.

일반 소비자에게 직접 상품을 판매하는 많은 기업들은 설계나 디자인이 마무리되면 판매가격을 먼저 정한 다음, 그 한도 내에서 재질과 제작방법, 원부자재 구입가격의 상한선 등을 결정하곤 한다. 우리에게 익숙한 글로벌 기업인 자라나 이케아 등이 이러한 원가결정방식을 선호한다. 무분별한 원가절감활동보다는 전략적인 가격결정방식을 기반으로 하는 체계적인 생산 · 공급망관리의 정착에 많은 노력을 기울이고 있다. 이들 기업은 원자재나 팔다 남은 재고의 최소화에도 상당한 노력을 기울임으로써 원가와 비용 절감을 도모하기도 한다.

팔다 남은 완제품재고나 더 이상 사용하기 힘든 자재나 부품재고는 일정시간이 지나면 그 가치가 현저히 떨어져 정상적인 판매나 처리가 어려워진다. 제조원가가 아무리 낮더라도 재고가 많이 남아 처분과정에서 상당한 손실을 불러일으킨다면 이 역시 생산 · 공급망관리의 핵심 목표로 인식되어야 한다. 회계부문에서 정의하는 제조원가에 포함되지는 않지만 불필요한 재고로 인한 평가손실은 원가와 밀접한 중요한 평가지표로 삼아야 한다.

### (4) 유연성

많은 미래학자들은 대량생산시대는 가고 유연생산시대를 거쳐 매스커스터마이제이션(mass customization)시대로 향해 가고 있다고 한다. 고객의 다양한 니즈를 충족시켜 주기 위해서는 유연한(flexibility) 생산시스템을 통해 다품종소량생산을 유지해야 하며 궁극적으로는 생산품목의 가짓수에 제한이 없는 매스커스터마이제이션에 돌입하게 된다. 매스커스터마이제이션은 대량생산처럼 신속히 값싸게 만들지만 고객의 니즈를 철저히 반영한다는 데 결정적인 차이가 있다. 즉 과거의 주문생산방식과 대량생산방식의 장점을 고루 취하는 방식이다.

다양한 소비자의 요구에 부응하는 제품을 신축성 있게 생산하기 위해서는 소비자의 니즈와 욕구를 정확히 파악할 수 있는 체계적인 방법을 갖추고 있어야 하는 것은 물론, 이를 구체적인 제품으로 반영시킬 수 있는 제품설계와 생산프로세스가 제대로 뒷받침해 주어야 한다.

그렇다면 신축성 있는 생산체제, 변화에 신속히 대응할 수 있는 생산체제는 어떻게 구축할 수 있는가? 한정된 설비를 이용하면서도 제품의 가짓수를 늘리고 생산수량을 필요에 따라 변동시키자면 우선 이와 같은 다양성을 소화시킬 수 있는 신제품 개발 및 생산시스템을 갖추고 있어야 한다. 소수의 품목만을 대량으로 생산할 수밖에 없는 생산설비나 고객의 디자인 수정요구를 받아들이기 어려운 제품 구조하에서는 유연성 제고가 어렵다. 물론 무리를 하면 다양한 품목을 생산할 수는 있겠지만 품질의 저하, 생산원가의 상승, 빈번한 품목교체로 인한 생산성 저하로 인해 아무런 실익이 없다. 유연생산은 다양한 품목을 마치 대량생산하듯 고품질, 저가로 생산해낼 수 있어야 한다. 기존의 체제로는 고품질은 가능하겠지만 원가, 신속성, 생산량의 신축성 측면에서는 뒤처질 수밖에 없기 때문이다.

그러나 4차 산업혁명과 맞물리면서 많은 관심을 불러일으키고 있는 스마트 팩토리(Smart Factory)의 등장은 기존의 자동화공장과는 차원을 달리하는 유연성을 제공할 수 있다. 스마트 팩토리는 각종 첨단 센서와 인공지능 기술을 활용하여 설비의 고장, 불량 여부, 생산진척도 등의 공장상황에 대한 실시간 제어를 가능하게 한다. 모든 제조업체들이 스마트 팩토리를 구현하여 시장상황에 신축성 있게 대응할 수 있으면 좋겠지만 판매품목이나 수요량에 관계없이 스마트 팩토리가 항상 정답은 아닐 것이다.

아직도 많은 중소기업의 경우 생산시스템의 혁신과 개선에 상당한 노력을 투입해야 한다. 이 경우 품질, 시간, 원가, 유연성의 네 목표간 우선순위는 어떻게 설정해야 하는가? 일반적으로 품질은 모든 다른 부문의 개선의 토대가 되기 때문에 최우선목표이고 시간단축과 원가절감이 두 번째와 세 번째를 차지하며 유연성 향상은 가장 달성하기 어려운 장기적인 목표로 보고 있다. 즉 품질개선은 낭비의 제거, 불량품비율의 하락, 재작업시간의 단축, 보증비

[그림 11-3]
품질, 시간, 원가,
유연성의 우선순위

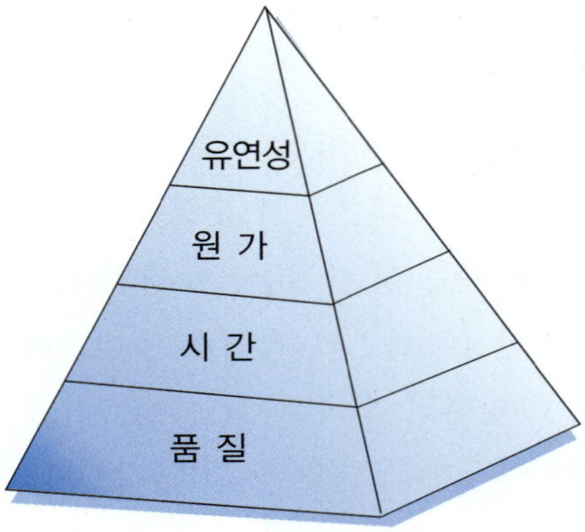


용의 절감 등으로 이어지므로 시간단축과 원가절감의 긍정적인 효과가 있다. 생산소요시간과 설계개발시간의 단축은 생산성 향상을 가져오며 이는 곧 원가절감을 가져온다. 다시 말해 원가절감은 품질개선과 시간단축 노력의 부산물이라고도 볼 수 있다. 그러나 원가절감이나 시간단축이 반드시 품질개선으로 이어지지는 않는다. 제조조직의 유연성 역시 품질개선과 시간단축에 의해 어느 정도 향상되지만 생산설비에 대한 장기적인 투자와 연구개발 노력을 필요로 한다.

이처럼 목표의 우선순위를 결정해두면 한꺼번에 지나치게 많은 것을 해보고자 하는 노력의 분산을 막을 수 있다. 뒤떨어진 생산설비, 엉성한 설비배치, 저급한 원자재와 부품의 사용, 비효율적인 생산규모 등과 같이 제조역량에 근본적인 문제점이 내재되어 있는 경우 어느 한 부문의 개선은 다른 세 부문의 개선에 큰 기여를 한다. 그러나 더 이상의 원가절감이나 유연성 향상이 불가능하게 보이더라도 품질개선과 시간단축을 통해 추가적인 개선이 가능하므로 제조부문의 혁신은 무엇보다도 품질부문의 혁신에서부터 시작해야 한다.

# 제 2 절 생산시스템의 유형과 운영방식

## 1. 자재와 반제품의 흐름에 따른 생산체제의 분류

생산 · 공급망관리의 여러 가지 기법 중에서 모든 유형의 시스템에 공통적으로 이용될 수 있는 경우는 많지 않고, 대개 생산시스템의 유형에 따라 그 접근방법이 크게 달라진다. 또한 신제품 개발이나 생산능력의 증대로 인해 새로운 공장을 건설한다든가 설비의 확장이 필요하게 될 때 생산시스템의 유형을 바꾸어 봄으로써 보다 효율적으로 경쟁해 나갈 수도 있다. 이 경우 선택하고자 하는 생산시스템의 구조와 잠재적 능력이 기업전략에 일치하는가를 알아보기 위해서도 각 생산시스템의 유형과 그 특징을 알아볼 필요가 있다.

일반적으로 많이 이용되는 분류방법으로, 자재흐름의 패턴에 따라 개별생산(job shop), 배치생산(batch process), 반복라인생산(repetitive line process) 그리고 계속생산(continuous process) 등으로 나눌 수 있다. 다만 여기서 주의해야 할 점은 자동차제조회사에서처럼 최종품목인 자동차는 조립공정을 거쳐 생산되지만, 자동차 조립에 필요한 수많은 부품들은 반복라인생산, 배치(batch) 또는 개별생산 공정 등을 통해 생산될 수 있다는 것이다.

### (1) 개별생산

우리나라의 소규모 제조기업에서 많이 볼 수 있는 생산형태로, 주로 고객의 주문에 따라 생산이 이루어진다. 공작기계제조업, 기계수리업, 특수산업설비제조업, 조선업 등에서 흔히 볼 수 있는 형태로, 설계도면에 따라 범용기계설비를 이용, 소량의 제품을 만들어내며 일단 생산이 완료되면 같은 제품을 생산하는 경우가 그리 많지 않다.

따라서 주문을 받기 전에는 어떤 제품을 생산하게 될지 예측도 불가능하여 원자재 구매계획을 세우기도 어렵다. 또한 주문에 따라 생산에 필요한 가공공정이 전혀 다를 수도 있으며 실제 생산에 들어가기 전에는 제품생산에 소요되는 시간을 정확히 파악하기 힘들어 자재흐름이 원활하지 못하다.

제조기업은 아니지만 개별생산제의 전형적인 예로 종합병원을 들 수 있다. 환자마다 진료받고자 하는 과목이 다를 뿐만 아니라 단일 진료과목 내에서도 병의 종류나 상태에 따라 진료시간이 다를 수 있다. 각 진료과목마다 여러 명의 의사가 대기하고 있으나, 환자의 대기시간은 진료과목에 따라 다르게 마련이다. 병원의 설비와 의사를 생산설비로 보고, 환자를 생산해야 할 주문으로 보면 병원 역시 개별생산제에 속함을 알 수 있다.

### (2) 배치생산

배치생산제는 다양한 품목의 제품을 범용설비를 이용하여 생산한다는 면에서는 개별생산제와 유사하나 생산품목의 종류가 어느 정도 제한되어 있으며 개별생산제에서처럼 특정품목의 생산이 1회에 한정되어 있지 않고, 주기적으로 일정량(batch)만큼을 생산한다는 점에 차이가 있다. 대표적인 예로 구두제조업, 가구제조업, 의료기기제조업 등을 들 수 있으며, 일반적으로 수요예측 및 재고수준을 기초로 한 계획생산을 주로 한다.

### (3) 반복라인생산

반복라인생산에서는 제품생산을 위한 작업이 여러 단계로 나뉘어 각 가공단계가 하나의 작업장을 이루고 있으며, 동일한 반복라인에서는 복수의 품목이 생산된다 할지라도 품목에 관계없이 원자재에서 완제품에 이르기까지 작업순서가 거의 일정하다. 자동차조립라인이나 기성복제조업체가 그 좋은 예로, 각 생산라인은 한 품목 또는 두서너 품목만을 생산한다.

반복라인생산은 생산의 속도를 결정하는 주체에 따라 작업자 주체라인과 기계 주체라인으로 나눌 수 있다. 작업자 주체라인에서는 각 작업자가 작업속도를 결정하게 되는데, 예를 들어 기성복제조업체의 경우 원단을 자르는 작업, 바느질하는 작업 등의 속도는 작업자의 경험에 의해 결정된다. 기계 주체라인의 경우 각 작업장의 작업속도는 기계적인 수단에 의해 결정된다. 예를 들어 컨베이어 벨트를 이용한 조립라인의 경우 각 작업자는 제한된 시간 내에 맡은 작업을 수행해야 하며 자동설비에 의해 생산하는 라인의 경우, 작업자의 작업범위가 원자재나 부품을 공급하는 정도로 제한되어 있기 때문에 전반적인 작업속도는 작업자보다는 기계적 장치의 가동속도에 의해 결정된다.

반복라인생산에 있어서는 배치생산에서와 같이 1회 생산량의 개념이 필요치 않으며 단위기간의 생산량은 라인의 설계단계에서 자동적으로 결정된다. 따라서 개별생산제나 배치생산제와 비교할 때 공정과 공정 사이에 재공품이 거의 존재하지 않는 반면 완제품재고는 상대적으로 많다.

### (4) 계속생산

석유화학, 제지, 비료, 시멘트 등 장치산업에서 흔히 볼 수 있는 제조형태로, 일단 원자재가 투입되면 막힘이 없이 완제품에 이르기까지 거의 자동적으로 생산이 이루어진다. 따라서 재공품이 있을 수 없으며 반복라인생산과 마찬가지로 매일매일의 상세한 생산계획이 필요 없다. 일반적으로 대규모 설비투자가 요구되며 생산할 수 있는 품목이 몇 가지 되지 않는 것이 특징이다.

[그림 11-4]는 각 공정유형별로 제품 가짓수와 1회 생산량을 비교한 것이다. 개별생산에서 배치생산을 거쳐 반복라인생산, 계속생산으로 진화할수록

[그림 11-4]
공정유형별
제품 가짓수와
1회 생산량 비교

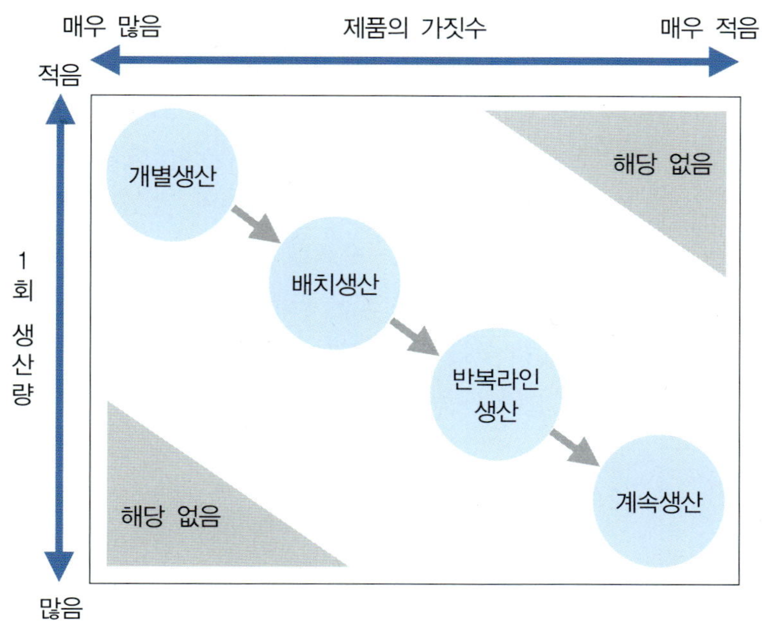

제품의 가짓수는 줄어들며, 대신 한 번 생산준비를 하면 많은 양을 생산하게 된다는 특징을 가진다.

## 2. 계획수립방식에 따른 분류

생산 · 공급망시스템의 운영은 고객의 요구와 주문을 어느 정도까지 세밀히 충족시켜 줄 것인가에 따라서도 크게 달라지며 이에 따라 생산 · 공급망을 움직이는 조직의 구조와 의사결정방식이 달라진다. 매일매일의 고객주문은 상세하고도 구체적인 계획으로 전환되는데, 계획수립방법은 제품고객화(customization)의 정도와 서비스수준에 따라 달라지며, 크게 계획생산(make-to-stock : MTS), 주문생산(make-to-order : MTO), 주문조립생산(assemble-to-order : ATO)의 세 유형으로 나눈다.

### (1) 계획생산

소비재를 생산하는 기업이 주로 이에 해당하며 고객의 수요에 신속히 대처하기 위해 상당량의 재고를 보유한다. 직접적인 고객주문은 거의 없으며 고객수요는 재고에서 충당된다. 계획생산을 하는 기업의 경우 생산계획은 각 품목의 제품번호를 이용하여 수립하며 모델의 수가 많을 경우에는 품목그룹별로 나누어 생산계획을 수립한다. 또 생산준비시간을 절감하고 생산성을 높이기 위해 유사한 품목들을 묶어서 같이 생산하기도 한다. MTS 환경하에서 수요관리는 고객에게 납기일을 약속하지는 않는다. 이미 완제품을 재고로 보유하고 재고에서 공급, 수요를 충족시킬 수 있기 때문이다. 만약 주문에 비해 재고가 충분하지 않으면 공급가능한 날짜를 가르쳐 주거나 공급가능한 물량을 제시할 수는 있다. TV, 냉장고, 컴퓨터 등과 같이 가정에서 흔히 사용되는 가전제품의 제조업체들은 계획생산을 주로 한다.

### (2) 주문생산

대개 완제품재고를 가지고 있지 않으며 고객의 주문이 확정되어야만 생산에

**[그림 11-5]**
MTS, MTO, ATO의 비교

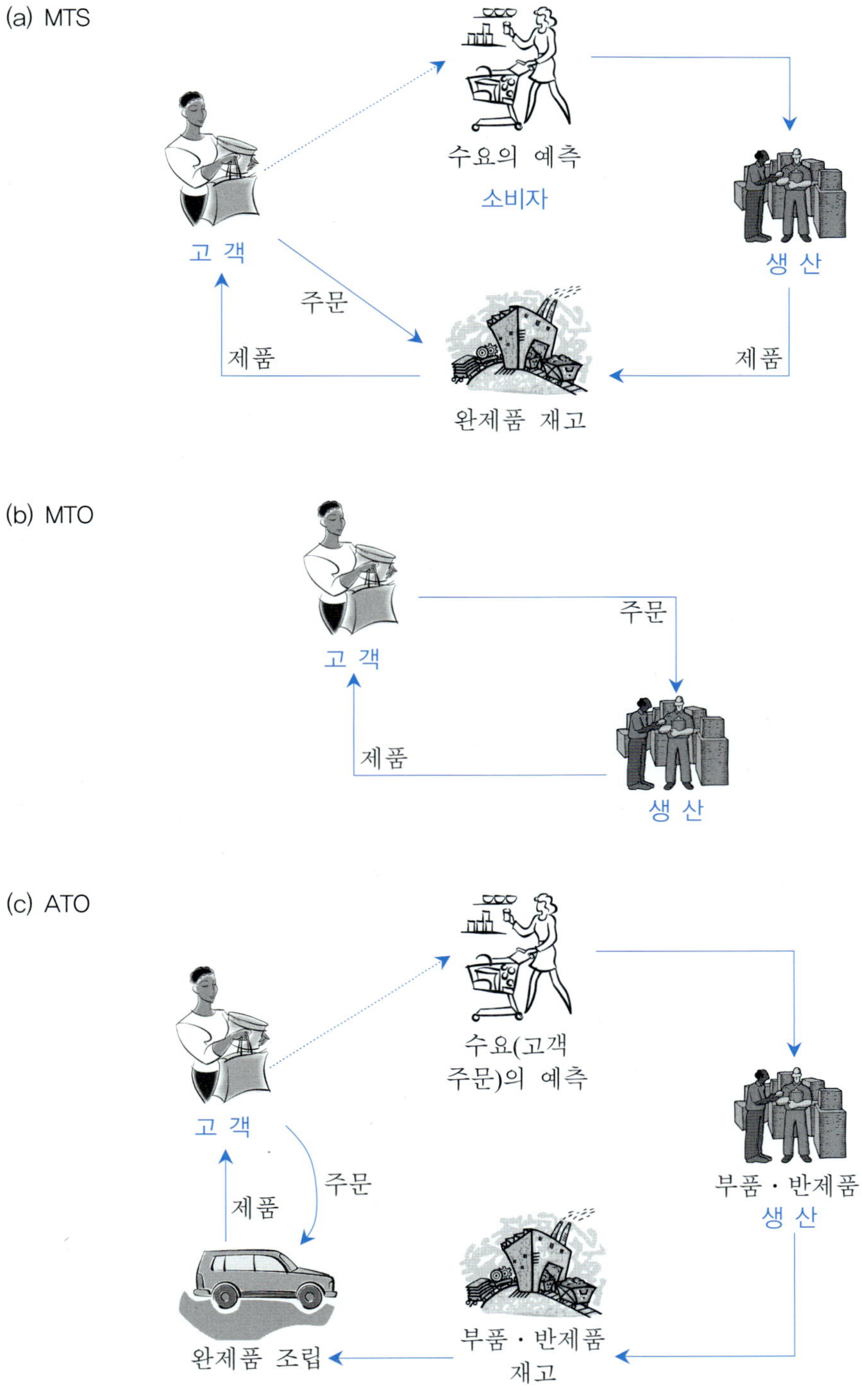


출처 : Schroeder, R.G.(2008), *Operation Management*, 4th ed., McGraw-Hill, p.61.

들어간다. 어떤 주문들은 제조과정에 있음에도 불구하고 엔지니어링 스펙이 확정되지 않은 경우도 있다. 이런 경우 생산이 진행되는 과정에서도 계속해서 고객의 주문변경에 대비해야 한다. 다만 고객의 요구사항을 미리 정확히 예측하기 어렵기 때문에 제품을 주문한 고객도 상당시간 기다릴 것을 예상한다. 이 체제하에서는 납기를 준수할 수 있도록 고객의 주문을 관리 · 통제하는 일이 주된 업무 중 하나이다. 대형선박이나 플랜트를 제작 · 공급하는 엔지니어링 업체들도 주문생산 위주로 운영되지만, 대기업과 거래관계를 맺고 있는 많은 중소제조업체들도 주문생산을 위주로 한다. 이들 기업은 수요예측의 어려움으로 인해 공장의 스케줄 수립이나 원자재 및 완제품 재고관리 측면에서 많은 어려움을 겪기도 한다.

#### (3) 주문조립생산

자동차조립과 같이 다수의 기본부품과 반제품을 조립하여 다양한 제품을 만드는 경우 최종제품에 대한 생산계획을 수립하기보다는 엔진, 기어, 차체 등과 같이 중요부품에 대해서만 생산계획을 작성하고, 최종작업과정인 자동차조립은 최종조립계획을 통해 별도로 운영한다. 소비자의 제품요구시간은 생산에 필요한 총소요시간보다 훨씬 짧으므로 고객 주문을 어느 정도 대비하여 생산에 임한다. 그러나 최종품목의 종류가 매우 많기 때문에 기본부품과 반제품에 대한 생산은 수요예측을 기초로 하지만 최종조립은 고객의 주문이 확정된 뒤에 시작한다. 고객이 선택한 사양에 대한 정확한 자료수집과 고객에게 약속한 납기의 확인과정이 매우 중요하다. 자동차, 공작기계, 컴퓨터 서버 등을 생산하는 기업들이 이 방식을 채택하고 있다.

## 3. 생산 · 공급망부문의 의사결정문제

생산 · 공급망부문이 주체가 되어 해결해야 할 제반 의사결정문제는 생산시스템의 설계와 운영에 관한 사항이다. 그러나 이들 제반 문제가 기업경영에 미치는 영향은 품질, 시간, 원가, 유연성 등 생산부문 목표의 상대적 중요도에 따라 달라진다. 대량생산 위주의 제조기업에서 중요하게 여기는 생산 · 공

〈표 11-1〉
생산 · 공급망부문의 의사결정문제

| 전략적 의사결정문제 | 일상운영적 의사결정문제 |
|---|---|
| • 상품과 공정의 설계와 기술도입<br>• 시설의 규모와 입지의 결정<br>• 물류망의 구축<br>• 공정의 분석과 설비의 배치 | • 생산계획의 구축<br>• 구매 및 재고관리<br>• 프로젝트의 계획과 관리<br>• 품질관리<br>• 자재관리 |

급망부문의 문제가 하청 위주의 중소기업의 경우 전혀 문제가 되지 않을 수도 있으며, 유사한 품목을 생산하는 기업이라 하더라도 지향하는 목표에 따라 문제의 중요도가 달라질 수도 있다.

일반적으로 생산 · 공급망부문의 의사결정문제는 그 결정효과가 기업경영에 얼마만 한 영향을 미치느냐에 따라 크게 〈표 11-1〉에서와 같이 전략적 의사결정문제와 일상운영적 의사결정문제로 나누어 볼 수 있다. 전자는 생산시스템의 설계에 관한 사항이 주로 포함되며, 후자는 생산시스템의 운영 및 관리에 대한 중 · 단기 의사결정문제가 주종을 이룬다.

전략적 의사결정문제는 기본적으로 생산시스템의 설계에 관한 것으로, 이들 문제는 품질, 원가, 납기, 생산조직의 신축성 등을 어느 정도 결정짓다시피 한다. 이 유형에 속하는 의사결정문제는 기업규모와 생산조직의 특성에 따라 다르나 제품과 공정의 설계, 시설의 규모와 입지의 결정, 물류망의 구축, 공정의 분석과 설비의 배치, 기술의 도입 등을 들 수 있다.

일상운영적인 성격을 띠는 의사결정문제는 생산계획의 구축, 구매 및 재고관리, 프로젝트의 계획과 관리, 품질관리, 자재관리 등 매우 다양하다. 그러나 비록 일상운영에 관한 의사결정문제에 속한다 하더라도 그 결정의 효과가 극히 국부적이거나 지엽적인 것만은 아니다. 설사 당장의 영향은 그리 없다 하더라도 일정시간이 경과하면서 그 결과가 누적되면 이 역시 전략적인 성격을 띤다.

우리나라의 대기업들과는 달리 나이키, 애플, H&M, 갭 등의 많은 글로벌 기업들은 자체 생산시설을 보유하지 않고 경영전략, 마케팅, 신제품 개발 등에 많은 노력을 투입한다. 그렇다고 해서 이들이 제조업체가 아닌 것도 아니다. 다만 자체적으로 생산을 하지 않고 협력업체를 통해 상품을 조달한다는 특징을 가진다. 이런 기업들도 생산 · 공급망 분야에 상당한 투자를 하고 있으며 이 분야의 관리능력과 역량도 당연히 세계적인 수준이다. 예를 들어 애플은 반도체나 TV도 생산하지 않고, 거의 모든 제품을 협력업체의 생산에 의존하며 메모리와 디스플레이 같은 부품도 협력업체에서 납품받지만, 생산 · 공급망부문에도 상당한 투자와 관리노력을 투입한다. 애플의 대표적인 협력업체인 팍스콘의 설비는 대부분 애플이 직접 구매해서 임대해 주고 있는 것이다. 즉, 부품을 만들지 않는다고 해서 기술마저 갖고 있지 않다면 부품 생산업체를 통제할 수 없으며 구입가격 측면에서도 불리할 수 있기 때문이다. 이처럼 제조시설을 직접 운영하지 않아도 생산 · 공급망관리에 대한 이해도가 일정수준 이상을 유지해야만 지속가능한 성장과 경영을 도모할 수 있다.

# 제 3 절 리드타임의 관리

## 1. 리드타임의 의의와 전략적 가치

기업경영의 스피드는 리드타임이 얼마나 긴가에 의해 결정된다. 리드타임(lead time)이란 일련의 상호 연결된 여러 일이나 작업들의 시작에서 종료까지의 소요시간을 말한다. 기업 내에서의 리드타임은 신상품 개발, 서비스 제공, 구매, 주문 및 서비스 처리 리드타임 등으로 구성된다.

신상품 개발 리드타임이란 신상품 개발을 시작한 시점부터 시장에 그 상품이나 서비스를 출시할 때까지의 소요시간을 의미하며, 서비스 제공 리드타임은 고객이 서비스를 요구한 시점부터 서비스가 완료될 때까지 걸리는 시간을 말한다. 구매 리드타임은 구매요청을 신청했을 때부터 그 품목을 구매요청자 마음대로 사용할 수 있을 때까지 걸리는 시간이다. 서비스 프로세스의 경우 리드타임의 60%에서 90%는 서비스 처리와는 별로 관계없는 이동 및 대기 시간으로 구성된다. 그러므로 리드타임의 단축이란 곧 직접적으로 서비스를 제공하는 데 소요되는 시간 외의 다른 요소들의 축소를 의미한다.

서비스 공급이든 상품개발이든 간에 리드타임이 길면 여러 가지 문제가 발생할 수밖에 없다. 소비자의 입장에서 보면 상품이나 서비스의 생산 및 공급에 소요되는 리드타임이 길면 주문도 리드타임에 맞추어 일찍 내야 한다. 리드타임이 길어질수록 먼 훗날의 것을 토대로 하여 예측을 한 후 그에 맞추어 계획을 수립해야 한다. 당연히 예측의 정확도가 떨어지므로 만일의 경우에 대비한 추가적인 준비를 하지 않을 수 없다. 고객의 관점에서 보면 리드타임의 길이가 문제될 뿐 어디에서 왜 지체되는가는 전혀 관심이 없다. 주문한 상품이 2주일 만에 도착했을 때 제조과정에서 1주일이 걸렸는지 5일이 걸렸는지 상관하지 않는다. 상품의 제조과정에서 3일이 단축되더라도 유통과정에서 3일이 더 걸린다면 고객의 입장에서는 아무런 차이가 없다.

서비스를 제공하는 입장에서 보더라도 별로 득이 될 것이 없다. 서비스를 제공하는 데 소요되는 시간이 길수록 고객들은 더욱 일찍 찾아오거나 일찍 주문을 내므로 더 복잡해지기만 한다. 기다리다 지친 고객들은 서비스받기를 포기하거나, 다른 곳에 가서 대체 서비스를 받을 수도 있다. 또 중간에 끼어들어온 새치기로 인해 불만이 더욱 커질 수도 있다. 특히 할인점이나 백화점과 같이 고객에 대한 직접적인 서비스보다 좋은 상품의 신속한 공급이 더 중요한 경우, 상품 공급에 소요되는 리드타임은 더욱 중요하다.

상품을 공급받는 데 소요되는 리드타임이 길면 길수록 계획수립의 가이드 역할을 하는 판매예측을 필요로 한다. 아무리 예측이 체계적이고 과학적이라 해도 대개는 틀린다. 리드타임이 길수록 예측의 정확도는 떨어지고 정확도가 떨어질수록 이를 대비한 완충장치를 필요로 하여 원가부담만 증가시킨다. 만약 리드타임이 무시할 만큼 짧다면 꼭 필요한 수요예측은 내일 판매량의 예측일 것이다.

이와 반대로 리드타임 축소전략이 제자리를 잡으면 마케팅과 판매 부서는 일이 너무도 쉬워진다. 고객에 대한 서비스 소요시간도 줄어들고 새로운 서비스도 신속히 시장에 내놓을 수도 있어 전체적인 서비스 시설의 회전율이 높아져 자금이 묶여 있는 시간이 단축된다. 가장 큰 혜택을 받는 이는 고객이다. 좋은 서비스와 상품을 신속히 공급받을 수 있기 때문이다. 전체적으로 재고회전율이 높아지고, 생산성도 높아지며, 소요공간도 줄어들어 임대료도 절감된다. 결국 간접비는 축소되며 원가도 현격히 떨어진다.

그뿐만 아니라 리드타임이 줄어들면 서비스 판매가격에 대한 프리미엄을 요구할 수 있으며 위험도 줄어든다. 똑같은 서비스나 상품이라도 경쟁업체보다 신속히 공급하면 고객은 만족하고, 구태여 다른 업체를 찾을 이유가 없다. 정상적인 납기보다 훨씬 짧은 시간 내에 서비스를 요구하는 경우에는 가격을 올려 받을 수도 있다. 즉 프리미엄의 청구도 가능하다.

리드타임의 축소는 다음과 같은 전략적 가치를 제고시킬 수 있다.

- 생산성 증대 : 리드타임 축소는 대응성(responsiveness)을 증대시킨다. 대응성은 시설의 회전율이나 상품판매 회전율로 추정할 수 있다.
- 신속한 대응에 대한 프리미엄의 요구 : 경쟁업체에 비해 대응성 측면에서 우위에 있는 기업들은 프리미엄을 요구할 만한 위치에 있다.
- 위험의 감소 : 리드타임 축소가 가능해지면 자연히 기업경영상의 위험이 상당히 줄어든다. 새로운 서비스나 상품개발에 따른 위험은 개발시간이 길수록 커진다.

기업의 핵심역량을 구성하는 이와 같은 리드타임 문제를 해소하기 위해서는 기본적으로 리드타임이 왜 필요한가, 또 이것을 왜 없애지 못하는가 하는 시각에서 출발해야 한다. 그러기 위해서는 조직 전체 그리고 서비스 프로세스 및 관련 상품의 공급망 전체를 다 체크해야 한다. 또한 리드타임과 관련된 항목을 평가하고 있는지 여부도 확인해야 한다.

## 2. 리드타임의 구성요소

리드타임이 필요 이상으로 길면 여러 가지 문제가 발생한다. 우선 외부의 고객들은 갑자기 증가된 리드타임에 맞추어 서비스 의뢰를 일찍 하거나 서비스 시설에 필요 이상으로 일찍 도착한다. 예상 밖으로 집중된 서비스 수요는 고객들의 대기 및 이동 시간을 증가시켜 결과적으로 리드타임은 더 길어지는 악순환을 되풀이한다. 리드타임은 고객으로부터 서비스 요구를 받은 뒤 고객에게 서비스를 완벽하게 제공할 때까지 소요되는 시간을 의미하며, 다음 식에서와 같이 주문의 적체량(backlog)에 정비례한다.

$$\text{리드타임} = \frac{\text{주문적체량}}{\text{시설의 처리능력}}$$

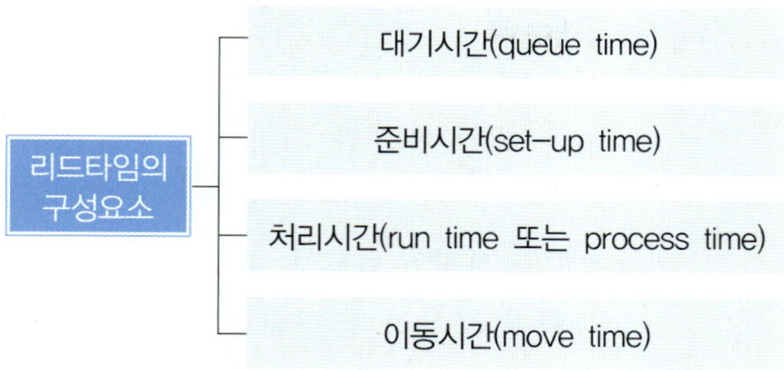


[그림 11-6]
리드타임의 구성요소

분모는 그대로 있는데 분자가 늘어나면 리드타임은 증가한다. 리드타임이 길어지면 더 일찍 서비스를 의뢰하므로 서비스 처리요구에 대한 부담은 더욱 커진다. 리드타임을 구성하는 요소들을 정리해 보면 다음과 같다.

- 대기시간 : 리드타임 중 차지하는 비율이 가장 높은 요소로서 처리능력이 부족하면 어쩔 수 없이 생길 수밖에 없다. 또한 평균적으로 충분한 능력을 가지더라도 작업량이 심하게 변동하면 대기시간은 길어진다.
- 준비시간 : 고객에 대한 서비스 제공과정에서 준비시간이 길수록 가동률은 저하된다. 대개의 경우 준비시간이 길면 같은 서비스를 반복해서 제공하려는 경향이 있다.
- 처리시간 : 리드타임에서 실제 처리시간이 차지하는 비중은 5%도 되지 않는 경우가 많다.
- 이동시간 : 한 부서에서 또 다른 부서로 이동하는 데 소요되는 시간이다. 종합병원에서 내과, 외과, 신경외과, 방사선과 등 몇 군데를 거쳐 진단을 받아야 하는 환자를 생각해 보자. 실제 진단을 받는 데 소요되는 시간, 즉 처리시간은 아마도 총 30분이 걸리지 않겠지만 진단을 모두 마치는 데 환자는 3일 이상 기다려야 할 것이다. 병원 서비스의 소비자인 환자의 입장에서 보면 왜 그렇게 긴 시간이 걸리는지 전혀 이해가 되지 않을 것이다.

그렇다면 리드타임이 왜 필요 이상으로 길어지는가? 그 이유를 간추려 보면 다음과 같다.

- 예측오류 : 수요예측이 정확하지 못하면 종업원들을 충분히 확보하지 못할 수도 있고, 경우에 따라서는 자재나 상품이 부족할 수도 있다. 수요에 대한 충분한 대비를 못하는 경우 처리능력 부족으로 대기시간은 늘어나고 결과적으로 리드타임이 길어진다.
- 수요와 생산의 동시성(synchronization) 결여 : 수요에 대한 평균적인 수용능력이 충분하다 하더라도 수요의 발생패턴이 불규칙하면 수요가 몰리는 시간에는 지연현상이 발생한다. 특히 수요발생과 생산이 긴밀하게 연계되지 않는 경우, 이러한 지연현상으로 인한 리드타임 증가는 더욱 가중될 수밖에 없다.
- 처리공정의 비효율성 : 처리공정이 지나치게 세분화되어 있거나 낭비적인 요소들이 많이 들어가 있을 때 작업장이 길어진다. 당연히 이동시간과 지연시간이 길어진다.
- 몰아서 한꺼번에 처리하는 관행 : 준비시간을 절감하기 위해 유사한 서류처리작업을 모아서 하는 경우가 있다. 고객관점에서 보면 대기시간을 늘리는 관행이다.
- 기능별 레이아웃 : 같은 기능의 설비를 한곳에 모아놓은 기능별 레이아웃하에서는 유사한 작업들을 모아서 하는 경향이 있기 때문에 대기시간은 길어진다. 개별 작업장만 보면 효율적이지만 여러 작업장을 거쳐야 할 때에는 전체적인 리드타임이 길어져 고객서비스는 저하된다.

## 3. 리드타임의 축소전략

어떤 상품과 서비스를 제공하든 간에 처리과정이 물 흐르듯이 연속적이어야 리드타임을 최소화할 수 있다. 리드타임 단축을 위한 단기적인 개선방안을 간략히 살펴보기로 하자.

### (1) 처리공정의 레이아웃 조정

서로 비슷한 처리공정을 거치는 상품과 서비스를 하나의 그룹으로 묶어 이들을 처리할 수 있는 설비와 기술인력을 한 곳에 모두 모아 팀(공장에서는 이것을 셀이라고 부름)으로 조직하면 이동거리는 줄어든다. 처리순서에 따라 자연스럽게 이동함으로써 다음 공정이 무엇이냐에 대한 혼란도 줄어들고 이 일이 끝나면 어디로 옮겨지는가를 생각할 필요도 없다. 업무처리 담당자간의 거리도 줄어들어 리드타임은 현저히 줄어든다. 특정기능에 배정되기보다는 서비스 상품그룹에 배정되면 전체의 입장에서 생각하는 습관이 개발된다.

### (2) 모아서 처리하기의 방지

서비스나 서류를 모아서 한꺼번에 처리하는 이유, 즉 배치(batch)로 처리하는 이유는 두 가지이다. 첫째, 준비시간을 줄이기 위해서이다. 유사한 품목들을 묶어 한꺼번에 처리하면 이를 위한 준비를 자주 할 필요가 없으며 결과적으로 수용능력이 늘어난다. 둘째, 불필요한 이동이나 움직임을 줄이기 위해서이다. 부서간을 이동할 때 한꺼번에 많이 가지고 가는 것이 효율적이다. 그렇지만 이 경우 일찍 서비스를 요청한 사람만 손해를 본다. 더 많이 기다리기 때문이다. 서비스 생산자 입장에서는 효율적이지만 수요자 입장에서는 서비스 만족도가 매우 낮을 수밖에 없다.

예를 들어 보면, 사이버 학습에서 Q&A는 가장 핵심적인 상호작용의 도구이다. 그러나 교수자 입장에서 24시간 내내 웹을 들여다보면서 답변을 올릴 수는 없다. 하루에 한 번씩 한꺼번에 답을 올린다면 수요자인 학생 입장에서의 리드타임은 최고 24시간이 될 수 있으며 평균 12시간이 된다. 만약 하루에 두 번 답한다면 리드타임은 반으로 줄어들게 된다.

# 제4절 재고관리

## 1. 재고관리의 개념과 범주

재고란 미래의 생산이나 판매 활동을 위해 보유하는 원자재, 재공품, 완제품, 부품 또는 조직의 운영을 위해 보유하는 소모품까지도 포괄하는 개념이다. 재고자산이 총자산에서 차지하는 비중이 클수록 자금의 운영폭이 줄어들게 되어 기업의 이익을 감소시키는 결과를 초래한다. 또한 필요한 시점에 필요한 장소에서 재고가 부족하다면 고객 욕구를 신속하게 충족시켜 줄 수 없다. 그렇지만 지나치게 재고를 많이 쌓아 두면 그만큼 불리해진다. 재고의 보관 및 보험에 소요되는 비용과 함께 부패, 도난 및 손상의 위험성이 존재하기 때문이다.

생산 · 공급망관리의 핵심 요소인 재고관리는 원자재 공급기업에서 공장, 공장에서 물류센터, 물류센터에서 매장 또는 소비자에 이르기까지의 각 포인트에서 재고를 추적하는 것이다. 재고관리의 목표는 적절한 시점에 적절한 장소에서 적절한 상품을 보유하는 것이다. 이를 위해서는 재고 가시성, 즉 언제 얼마나 주문할 것인가, 어디에 얼마나 보관할 것인가 등에 대한 의사결정의 결과에 대한 데이터가 신속하고 정확하게 추적될 수 있어야 한다. 고객 주문의 이행을 보장하고 발송처리시간을 최소화하며 재고수준을 적절하게

**[그림 11-7]**
재고관리의 3단계

|  |  |
|---|---|
| 1단계 | • 원자재나 부품을 구매하고 이를 물류센터나 보관창고에 인도한다. |
| 2단계 | • 원자재는 공장으로 이동되어 완제품을 만드는 데 사용된다.<br>• 완제품은 고객에게로의 발송 준비가 완료될 때까지 재고로 물류센터나 보관창고에 머무른다. |
| 3단계 | • 고객으로부터의 주문을 이행하기 위해 물류센터나 보관창고에서 완제품을 가져온다.<br>• 적절한 배송방법을 이용하여 고객에게 발송한다. |

유지하기 위해 정확한 재고량을 파악해야 한다. 크게 보면 재고관리는 [그림 11-7]에서와 같이 세 단계로 구성한다.

우선 첫 번째 단계에서는 원자재나 부품을 구매하고 이를 물류센터나 보관창고에 인도하게 된다. 두 번째 단계에서는 원자재나 부품이 공장으로 이동되어 완제품을 만드는 데 사용되며, 고객에게로의 발송 준비가 완료될 때까지 완제품재고로 물류센터나 보관창고에 머무른다. 마지막 단계는 고객으로부터의 주문을 이행하기 위해 물류센터나 보관창고에서 완제품을 가져오고, 적절한 배송방법을 이용하여 고객에게 발송한다. 이 세 단계에서 각각 처리해야 할 핵심업무를 중심으로 재고관리의 기능을 세분화하면 다음과 같다.[1)]

- 재고추적 : 공장이나 물류센터 또는 유통망 중 어디에 얼마나 많은 재고가 있는지 정확히 파악
- 이동관리 : 필요한 자재나 완제품을 적절한 곳으로 이동
- 자재관리 : 입고되는 자재와 제품의 수량과 품질을 체크. 외관 · 수량 · 규격 · 상태 · 성능 등에 이상이 있을 경우에 절차에 따라 반품처리
- 주문관리 : 구매가격 협상 및 조정, 견적서의 발송, 주문추적 및 반품관리
- 발송 기능 : 배송지연이나 부정확한 패키지 사용 등의 오류를 줄이기 위한 발송관리 및 자동화
- 재고관리 프로세스 분석 : 수요와 매출 예측을 위한 프로세스 정립 및 개선, 조달기간을 감안한 발주시점과 발주량의 결정
- 불용재고 관리 : 생산계획 및 개발일정 변경 등으로 인해 더 이상 사용하지 않게 되는 불용재고자재가 자주 발생하지 않도록 유관부서와 긴밀히 협조하며, 더 이상 팔리지 않는 완제품재고도 전용, 매각, 폐기하여 재고비용 최소화 시도

1) 이에 대해서는 다음 자료를 참조하기 바람. https://www.ibm.com/kr-ko/topics/inventory-management

## 2. 재고의 유형

재고관리의 3단계 구분과정과 기능에 대한 간략한 설명에서 짐작할 수 있지만 재고는 기능에 따라 [그림 11-8]에서와 같이 파이프라인재고, 순환재고, 안전재고, 비축재고, 완충재고 등으로 분류할 수 있다.

**[그림 11-8]** 재고의 기능별 분류

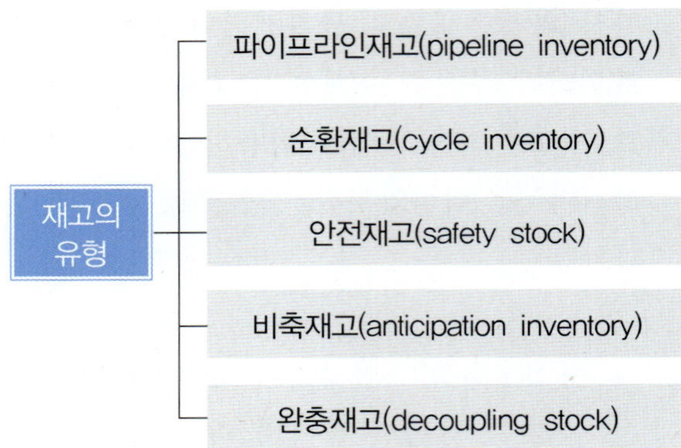


- 파이프라인재고 : 파이프라인재고는 공장에서 물류센터, 물류센터에서 대리점, 대리점에서 소비자 등으로 이동중인 재고를 말한다. 파이프라인재고는 출고, 수송, 하역 등 수송 및 자재처리에 소요되는 시간에 의해 결정되므로 이 시간을 줄이지 않고서는 파이프라인재고를 줄일 수 없다.
- 순환재고 : 순환재고는 생산준비비용이나 주문비용을 줄이거나 가격할인을 받기 위해 필요 이상 주문할 때 사용하고 남는 재고를 말한다. 재고관리의 가장 중요한 대상이 되는 재고유형이다.
- 안전재고 : 주문한 물량이 도착하는 데 소요되는 시간이나 리드타임 동안의 수요가 일정한 경우는 드물며 대개 불확실성이 개입되게 마련이다. 안전재고는 수요의 불확실성에 대비하여 추가적으로 보유하는 재고로서 평균수요량 이상 보유하는 재고를 의미한다.
- 비축재고 : 지금까지 파이프라인재고, 순환재고, 안전재고 등을 설명하는 데 있어 단위기간당 수요는 거의 일정하다고 가정하였다. 그러나 수요가 계절에 따라 변동하거나 원자재 가격이 상승하리라 예상될 때에는 미리 재고를 충분히 확보하여 대비한다. 계절적인 수요가 존재할

때에는 대개 생산능력에 여유가 있을 때 생산하여 성수기에 대비하게 된다. 예를 들어 에어컨이라든가 선풍기 등은 여름 한 계절에 주로 판매되므로 성수기 때의 급격한 수요에 대비하여 봄부터 생산에 들어가 재고를 확보해 둔다.

- 완충재고 : 여러 작업장으로 구성된 공장의 작업장과 작업장 사이에 여유분의 재고를 가지고 가는 경우가 있다. 한 작업장에서 문제가 생겨 공장 전체가 가동중지되는 경우를 막기 위해 보유하는 재고를 완충재고라고 한다. 어느 한 작업장에서의 지연이나 적체는 그 다음 작업장에서의 원활한 운영을 어렵게 하여 효율적인 자재나 제품의 흐름을 불가능하게 한다. 완충재고를 보유하게 되면 이러한 불규칙성이나 문제점을 어느 정도 흡수하여 공장 전체의 효율성을 향상시킬 수 있다.

이와 같은 다섯 가지 유형의 재고는 자재의 원활한 흐름, 설비의 효율적 이용, 자재취급비용의 절감, 소비자 서비스수준의 향상에 필요불가결한 요소들이다. 원자재를 주문할 때에는 재고비용은 물론 주문비용 및 수송비용을 감안하여 적정량을 주문해야 하며, 생산라인에서는 생산준비비용을 감안하여 1회 생산량의 생산계획을 수립해야 한다. 유통시스템에서는 1회 발송량을 조절함으로써 자재운반 및 취급 비용을 절감하며, 소비자 서비스수준을 향상시킬 수 있다.

이를 감안해 볼 때 재고관리의 목적은 단순히 재고량을 최소화하는 데 목적이 있는 것이 아니라 조직 전체를 효율적으로 움직이기 위해 필요한 재고수준의 산정에 있다고 볼 수 있다. 재고의 기능을 무시하고, 단순히 재고회전율만을 근거로 하는 무차별적인 재고감소는 결국 전체 비용을 증대시키는 부작용을 불러일으킨다.

## 3. 재고관리비용

재고와 관련해서 발생하는 비용으로는 크게 주문비용, 생산준비비용, 재고유지비용, 재고부족비용 등을 들 수 있는데, 이들 비용은 기본적으로 재고관리 시스템의 선택 및 운영방침에 결정적으로 영향을 미치게 된다.

### (1) 주문비용 및 생산준비비용

주문비용은 구매 또는 생산 의뢰를 하는 데 필요한 제반 활동과 관련된 비용을 말한다. 외부에서 구매하는 경우에는 구매처 및 가격의 결정, 주문에 관련된 서류작성, 물품수송, 검사, 입고 등의 활동이 주문비용을 발생시킨다. 외부에서 구입하지 않고 자체적으로 생산할 때에는 생산준비비용이 주문비용의 역할을 하게 되는데, 생산공정의 변경, 기계, 공구의 교체 및 이로 인한 작업시간의 손실 등이 그 내역을 구성한다.

일반적으로 재고관리에서는 주문비용이나 생산준비비용은 주문량 또는 생산량의 크기와 관계없이 항상 일정하게 발생하는 비용이라 간주한다. 예를 들어 물품수송비용의 경우, 수송량에 관계없이 비용이 일정하게 발생한다면 이는 주문비용으로 고려해야 하지만, 제품 1개당 일정액을 지출해야 하는 경우에는 구입원가에 포함시켜 재고유지비용을 계산할 때 고려해야 한다.

### (2) 재고유지비용

재고유지비용은 재고를 유지 · 보관하는 데 소요되는 비용이다. 재고유지비용 중 가장 큰 비중을 차지하는 항목은 이자비용 또는 자본비용인데, 현금이나 유가증권 등의 유동자산으로 가지고 있지 않고 재고형태로 자금이 묶임으로써 지출하는 비용으로 기회비용(opportunity cost)적인 성격을 가지고 있다. 이외에도 재고유지비용에는 취급, 공간, 보험, 세금, 도난, 진부화 및 파손 등에 따른 비용이 포함된다.

### (3) 재고부족비용

재고부족비용은 재고부족으로 인해 발생하는 판매손실 또는 고객의 상실 등을 비용화한 것으로 이 역시 기회비용의 개념에 그 근거를 두고 있다. 제조기업인 경우 재고부족비용은 조업중단이나 납기지연으로 인한 손실액까지 포함한다. 재고가 동이 나는 경우 고객은 공급이 재개될 때까지 기다릴 수도 있고 다른 곳으로 주문을 돌릴 수도 있다. 전자의 경우 주문적체상황을 지속적으로 파악하는 데 상당한 간접비용이 발생하며, 또한 기다리고 있는 고객의 주문을 빠른 시간 내에 처리하기 위해 값비싼 운송수단을 이용할 때에도 추가비용이 발생한다. 그리고 고객이 겪는 불편이 미래의 고객상실로 이어질 가능성도 배제할 수 없다. 고객이 다른 곳으로 주문을 돌리는 경우에는 판매 손실과 고객상실로 인한 직접적인 손실액을 추정해야 한다.

# 제 5 절 전략적 계획수립도구로서의 공급망관리

## 1. 정보흐름관리의 중요성과 채찍효과

시간과 공간적인 제약을 뛰어넘어 수많은 소비자와 기업들을 연결해 주는 인터넷은 기업경쟁의 환경을 송두리째 바꾸어 놓음과 동시에 기업들에 무궁무진한 사업기회를 제공하고 있다. 이제 전 세계 시장을 선도하는 많은 글로벌 기업들은 전통적인 생산관리의 범주를 대폭 확장하여 네트워크 기반의 의사결정 플랫폼을 가미한 공급망관리(supply chain management : SCM)라는 폭넓은 개념의 생산시스템을 개발·도입하기에 이르렀다.[2)]

지난 1980년대 서구와 1990년대 우리나라의 많은 기업들이 관심을 가졌던, 필요할 때 필요한 양만큼만 생산하고자 했던 적시생산제(Just In Time : JIT)는 정보공유가 쉽지 않았던 그 시대에는 매우 효과적인 도구였다. JIT의 핵심 개념은 공급망의 흐름상 인접하는 바로 전 단계 기업이나 자사 공장 내의 이전 공정과 생산 스케줄 정보를 공유함으로써, 해당기업이나 특정공정이 자신의 생산계획에 맞추어 적시에 필요한 양만큼의 부품이나 중간재를 전 단계 기업이나 공정으로부터 공급받아 곧바로 완제품을 생산·유통시키는 것으로

2) SCM의 중요성을 단적으로 보여주는 사례로는 글로벌 기업 애플(Apple)의 사례가 대표적이다. 혁신의 아이콘 故 스티브 잡스가 1997년 애플의 CEO로 돌아온 뒤, 애플의 생산과 재고 등 공급망문제를 해결하기 위해 1998년 SCM 전문가인 팀 쿡(Tim Cook)을 영입한다. 팀 쿡의 공급망관리능력은 애플의 재고는 줄이고 매출 마진은 끌어올렸다. 이를 통해 애플은 현재 시가총액이 3천조원에 육박하는 기업으로 자리를 더욱 공고히 했다. 애플의 사례처럼, SCM은 제조업이나 원자재 기업 등과 같은 분야에서 더욱 중요한 분야다(산업일보, 2021.10.13).

요약될 수 있다. 이는 기업들이 공급업자나 구매업자에 대한 고려 없이 자신만의 관점에서 물적 흐름을 최적화하는 협소한 시각에서 한 단계 발전한 것이다. 그러나 지속적인 경쟁의 심화로 인해 기업들은 JIT에서와 같이 정보공유와 협력이 인접하는 파트너와 이루어지는 수준만으로는 더 이상 경쟁우위를 확보할 수 없게 되었다.

공급망관리는 채찍효과의 해소라는 전략적 목표 달성에 상당한 기여를 한다. 채찍효과는 공급망 내에서의 정보흐름의 왜곡현상이 발생하는 이유와 그로 인한 결과를 이해하는 데 큰 도움이 된다. 1990년대 초 P&G는 팸퍼스 기저귀에 대한 수요가 공급망을 거슬러 올라가면서(즉, 원자재 공급기능쪽으로 올라가면서) 최종소비자의 수요변동이 증폭되어 공급망의 상위에 있는 기업들이 느끼는 수요변동폭(공급망의 전 단계 기업으로부터의 주문량의 변동폭)이 최종소비자의 수요변동폭보다 훨씬 크다는 것을 발견하였다. 이러한 주문량의 증폭현상을 채찍의 손목부분에서 끝부분으로 가면서 움직임의 폭이 커지는 것에 빗대어 채찍효과(bullwhip effect)라 부르게 되었다.

주문량 또는 수요량 증폭현상은 최종소비자의 수요량과 변동에 대한 정보가 제대로 전달되지 않고 왜곡되어 전달되고 있다는 의미에서 정보의 왜곡현상으로 해석할 수 있을 것이다. 이렇게 수요관련 정보가 왜곡되어 전달됨으로써 공급망의 상위에 있는 기업들은 최종수요의 실제 변동폭보다 훨씬 큰 변동폭에 대응하여 생산 · 구매계획을 세우고 실행에 옮기게 되어, 결과적으로 필요 이상의 잉여재고가 발생하고 생산량 변동으로 인한 추가비용이 발생하게 되어 공급망 전체가 비효율적으로 운영될 수밖에 없다는 현상을 밝혀냈다. 채찍효과의 원인으로는 크게 다음과 같이 네 가지 요인이 제시된 바 있다.[3]

- 단계적으로 이루어지는 수요예측 : 단계적으로 이루어지는 수요예측은 매우 일반화된 관행이다. 최종소비자의 수요데이터를 바탕으로 수요를 예측하고, 수요예측치에 근거하여 소매상은 도매상에 주문하며, 도매상은 소매상의 주문데이터에 의거하여 구매계획을 세운다. 이 구매계획에 따른 주문활동은 생산자의 생산계획의 기초자료가 된다. 이렇게

3) Lee, H.L., P. Padmanabhan, and S. Whang(1997), "The Bullwhip Effect in Supply Chains", *Sloan Management Review*, 38(3), Spring, pp.93～102.

이루어지는 단계적 수요예측은 최종소비자의 구매 또는 수요 정보가 공급망의 말단에서 수집되지만, 이 정보가 공급망 전체에 확산・공유되지 않음으로 인해 발생하는 현상이다. 따라서 단계적 수요예측은 곧 최종수요정보의 왜곡현상으로 볼 수 있으며, 이 왜곡현상은 수요예측의 변동의 증폭과 부정확성에 따른 불필요한 비용의 발생과 시간의 낭비라는 결과를 가져온다.

- 로트(Lot)주문방식 : 로트주문방식은 필요할 때 필요한 양만큼 주문하기보다는 일정기간 동안 필요할 것으로 예상되는 물량을 한꺼번에 주문하는 방식으로서 실제 수요량보다 주문량의 변동폭이 클 수밖에 없다. 만약 소매상이 실제 수요량만큼을 매일 도매상에 주문하고 도매상도 동일한 양을 생산자에게 주문한다면, 최종소비자의 수요변동폭을 증폭시키는 결과가 나타나지 않을 것이다.
- 판촉 및 세일 등으로 인한 가격변동 : 특별할인판매와 같은 영업부문의 매출촉진전략도 채찍효과를 야기한다. 가격할인으로 판매촉진을 하는 경우, 가격할인을 기다리며 구매를 미루거나 가격할인을 최대한 활용하기 위해 미래의 수요량을 미리 구매하기도 한다. 이는 세일기간에 판매고를 최대한으로 늘리는 효과를 가져오지만, 한편으로는 세일기간 동안에는 실제 수요량보다 많은 주문량이 발생하고 세일 전과 후의 기간에는 주문량이 급감하는 현상이 나타난다. 따라서 단기간 동안 발생하는 부풀려진 수요량을 충족시키기 위해 추가비용이 발생하게 마련이다.
- 공급을 초과하는 수요에 따른 구매자간 힘겨루기 : 생산능력이 수요를 충족시키지 못하는 경우에도 채찍효과가 발생한다. 특정제품에 대한 수요가 급증할 것으로 예상하는 경우에 볼 수 있는 현상인데, 이러한 경우에 도・소매상들은 물량확보를 위해 실제 수요예측치보다 훨씬 많은 양을 주문하는 것이 일반적이다. 이러한 경우 수요정보가 왜곡되어 생산자에게 전달될 것이다.

[그림 11-9] 채찍효과의 근원적 이유 : 주문량의 변동성

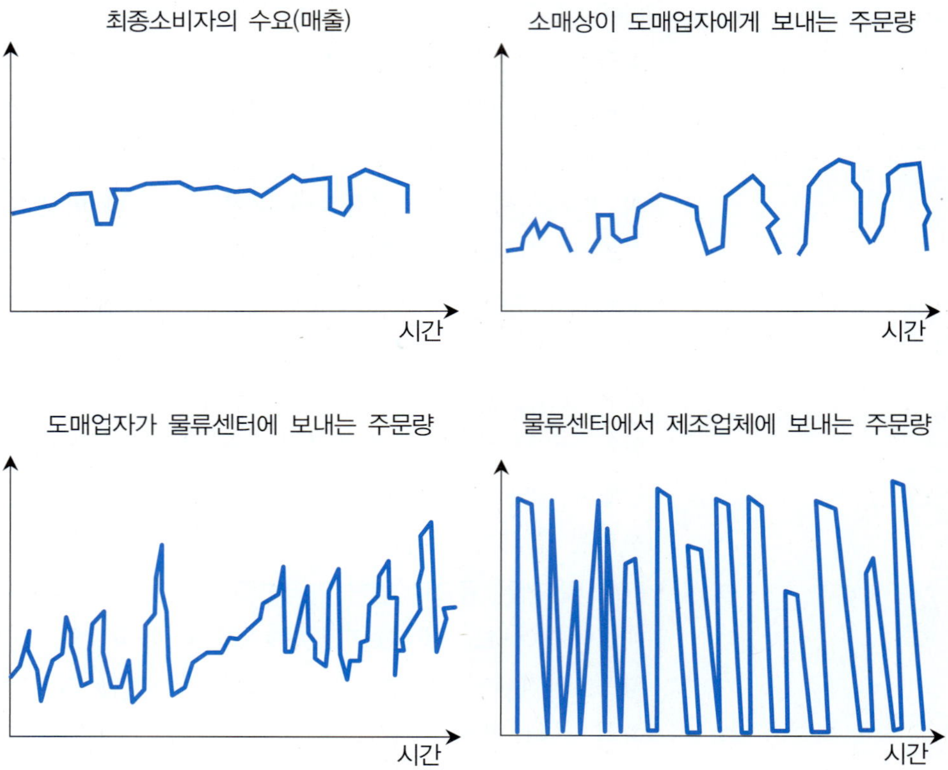


출처 : Ravi, A., S. Chopra, S.D. Deshmukh, J.A.V. Mieghem, and E. Zemel(2011), *Managing Business Process Flows; Principles of Operations Management*, 3rd ed., Pearson Education, New Jersey.

## 2. 공급망관리를 통한 채찍효과의 해소

채찍효과로 불리는 수요의 왜곡현상을 줄이고 시장에 대한 가시성을 높이기 위해서는 공급망을 구성하는 개별 기업간 정보공유와 의사결정의 동기화가 필요하다. 공급망이란 [그림 11-10]에서와 같이 고객, 유통업체, 소매업자, 도매업자, 제조업체, 부품 및 자재 공급업체, 물류업체 등으로 구성된 망 또는 네트워크로서 이들 구성원들이 유기적으로 서로 얽혀 상호작용이 이루어지는 네트워크를 말한다. 부품이나 자재 공급업체는 제조업체에, 제조업체는 고객에게 직접 판매하거나 유통업체 또는 대리점, 직판사 등을 통해 고객에게 상품을 판매한다. 유통업체는 다시 고객에게 직접 판매하거나 소매점 등

[그림 11-10]
소비자를
중심으로 하는
공급망 구성요소

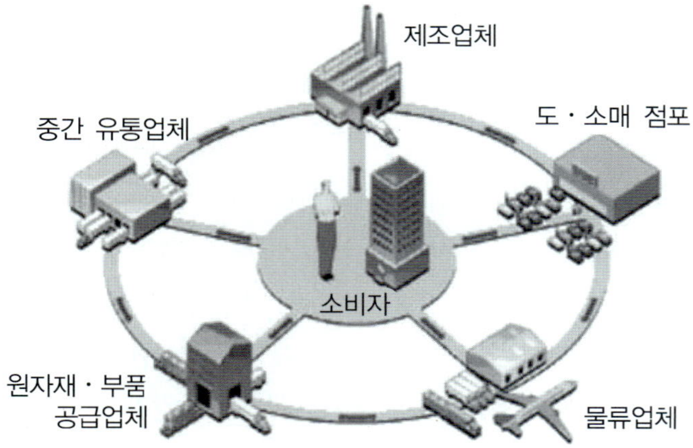


을 통해 고객에게 상품을 공급하기도 한다. 고객에게 판매가 완료되면 상품의 공급과정과는 정반대 방향으로 자금이 이동한다.

월마트나 이마트와 같은 글로벌 기업의 경우 이들 소매기업을 중심으로 수천개의 제조업체 및 유통업체들이 연결되어 있을 것이다. 누가 공급망을 이끌어가는 선도적 역할을 하느냐에 따라 공급망의 구조가 달라진다. 공급망관리는 이렇게 복잡하게 얽혀 있는 공급망 구성원 사이의 자재와 상품의 흐름, 정보의 흐름, 자금의 흐름을 통합적으로 관리함으로써, 고객에 대한 리드타임을 줄이고 공급망 내 재고를 최소화하고자 하는 데 목적이 있다. 공급망관리의 최우선 목표는 신속대응과 고객만족에 있다. 고객의 모든 요구사항에 대해 신속하게 대응한다는 것이다. 이는 언제, 어디서든지 주문이 가능하도록 하고, 고객의 요구사양에 따른 공급(make-to-order)을 하며, 현지 시장의 요구사항에 맞는 가격 및 납기를 설정한다는 것이다. 삼성전자, 애플, 도요타, 로레알, 델, H&M, 자라 등과 같은 거대 글로벌 기업의 경우 각 사가 주체적으로 공급망을 이끌어간다. 각 공급망에는 수천여 개의 협력업체들이 거미줄처럼 연결되어 최고의 상품과 서비스를 신속하게 고객이 원하는 곳에 공급하고자 노력한다. 이 과정에서 부가가치가 창출되며 엄청난 부가 축적된다.

물론 공급망관리의 개념이 등장하기 전에도 물적인 공급망 그 자체는 존재하였다. 그러나 유통업체, 소매업자, 도매업자, 제조업체, 부품 및 자재 공급업체, 물류업체 등은 각기 직접적인 거래관계에 있는 기업과의 협업만을 중시했고, 그 외의 공급망 참여기업과는 별다른 관계를 유지할 필요가 없었다. 실질적으로 아무 관계가 없어 보이기 때문이다. 이런 상황하에서는 공급망 참여기업간에 갈등이 빈번하게 발생했으며 거래 상대방의 약점을 적극적으로 악용하고자 하는 기회주의적 행위 또한 일반적인 관행으로 받아들여졌다. 또한 거래 상대방과 정보공유를 해보았자 별다른 인센티브가 주어지지 않기 때문에 정확한 정보를 제시할 이유도 없었다. 오히려 정보공유 자체를 전략적으로 불이익을 가져다주는 행위로 보았다.

그러나 국경을 초월한 경쟁, 기업환경의 불확실성 증대, 기업 활동영역의 국제화, 정보기술의 발달 등의 요인으로 인해 경쟁의 양상은 개별 기업간 경쟁의 차원을 넘어서 공급망간의 경쟁으로 변화하고 있다. 최종소비자 시장에서의 경쟁은 결국 공급망간 경쟁이고 따라서 자신만의 관점에서 탈피하여 공급망 전체의 관점에서 생산과 공급 활동을 계획하고 통제해야만 한다는 인식이 확산되면서 공급망관리의 전략적 중요성이 부각되고 있다.

## 3. 공급망관리의 구조

공급망관리는 크게 보면 두 분야, 즉 흐름(flow)의 관리와 관계(relationship)의 관리로 나누어 생각할 수 있다. 공급망에서의 흐름은 일반적으로 물적 흐름(physical flow), 정보흐름(information flow) 및 자금흐름(monetary flow)을 포함한다. 자금흐름이 공급망의 하부(최종소비자)에서 상부(원자재 공급)로 자금이 이동하는 것을 의미한다면, 물적 흐름은 반대로 공급망의 상부에서 하부로 자재가 이동하는 것을 지칭한다고 할 수 있다. 물적 흐름의 관리는 재고, 운송, 설비

[그림 11-11]
공급망에서의
흐름 유형

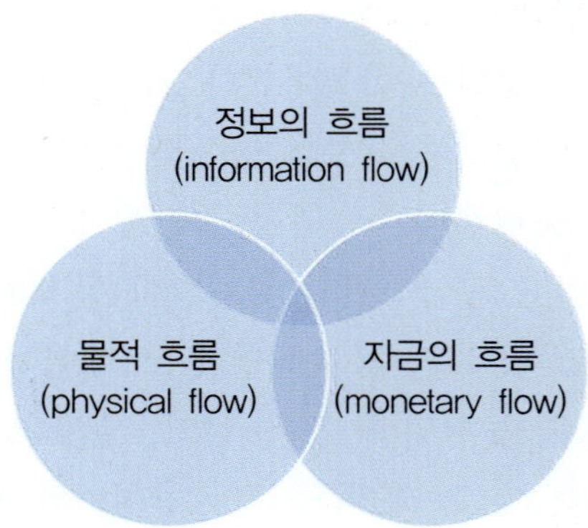

등과 관련된 의사결정을 포함한다. 한편, 정보는 양방향으로 흐르지만 물적 흐름과 관련된 대부분의 정보는 공급망의 하부에서 상부로 이동하는 특징을 보인다.

공급망관리의 궁극적인 목적은 최종소비자 시장의 수요에 맞추어 공급이 적시에 이루어지는 '수요와 공급의 동기화(Synchronization)'이다. 수요와 공급의 동기화는 곧 최적의 물적 흐름 상태를 달성한 것을 의미하고, 이는 결국 물적 흐름에 대한 정보를 수집하고 분석하여 공급망 내 물적 흐름을 계획하며 관리 및 통제하는 것을 의미한다. 따라서 정보시스템의 관점에서 본 공급망관리는 물적 흐름의 관리를 위한 정보흐름의 관리이며 정보의 공유에 기반한 생산 및 공급 활동의 조정과 협력으로 요약될 수 있을 것이다.

공급망관리의 최우선 목표는 고객만족과 신속대응에 있다. 고객의 모든 요구사항에 대해 신속하게 대응한다는 것이다. 이는 언제, 어디서든지 주문이 가능하도록 하고, 고객의 요구사양에 따른 공급(make-to-order)을 하며, 현지 시장의 요구사항에 맞는 가격 및 납기를 설정한다는 것이다. 삼성전자, 애플, 도요타, 로레알, 델, H&M, 자라 등과 같은 거대 글로벌 기업의 경우 각 사가 주체적으로 공급망을 이끌어간다. 각 공급망에는 수천여 개의 협력업체들이 거미줄처럼 연결되어 최고의 상품과 서비스를 신속하게 고객이 원하는 곳에 공급하고자 노력한다. 이 과정에서 부가가치가 창출되며 엄청난 부가 축적된다. 이들 기업에게 공급망관리란 자재와 상품의 흐름, 정보의 흐름, 자금의 흐름을 통합적으로 관리하는 데 필요한 핵심역량이며, 생산관리는 공급망의 최적화에 따라 움직이도록 제조시스템 운영의 계획과 관리방법에 관한 논의이다. 즉, 제조부문의 생산관리는 독자적으로 진행되는 것이 아니라 공급망 최적화라는 틀 안에서 유기적인 관점으로 고려되어야 할 부분이다.

물론 공급망관리가 모든 기업들이 반드시 도입해야 하는 생산·운영관리시스템은 아니다. 일반 소비자로부터의 수요나 주문보다는 대기업이나 대형유통업체의 개별주문을 기반으로 계획수립을 도모하는 중소기업들에게도 공급망의 개념은 중요하나 주체적으로 공급망관리를 도입할 수는 없다. 대부분의 작업이 자사 내의 설비에서 이루어지고 원자재 구매 역시 소규모로 이루어지기 때문에 구매기능의 전문화나 원자재 공급업체와의 장기적인 공급계약 역시 필요 없다. 주어진 납기와 품질수준을 충족시켜 주는 것만으로도 충분할 수 있다. 또한 자사에서 생산한 부품이나 제품이 공장 문을 떠난 후

시장이나 공급망 내에서 얼마나 소진되었는지, 대기업이나 대형유통업체를 거쳐 최종소비자에게 전달된 상품에 품질문제는 없는지 등에 관한 정보도 수집하기가 쉽지 않기 때문이다. 이런 규모의 기업들은 전통적인 생산관리의 혁신에 선제적인 노력을 투입하는 것이 순서일 것이다. 그렇지만 글로벌 기업으로 성장하고자 하는 기업은 절대 공급망관리를 등한시할 수 없으며 최고경영자를 포함한 조직구성원 모두에게 공급망관리에 대한 기본적인 이해가 요구된다.

쉬어가기

## 세계 1위 '자라' 누가 어떻게 만들었나

세계 1위 패션의류업체 자라(ZARA)는 거칠게 요약하면 한국 동대문시장의 제조생산방식과 닮았다. 최신 유행 패션을 신속하게 파악한 다음 최대한 빠른 시간 안에 생산하고 판매한다는 점에서다. 다만 동대문시장 제품이 아직 중국과 한국 경계에서 머물고 있는 반면 자라는 글로벌 최고 의류상으로 도약했다. 왜 이런 차이가 났을까. 자라 본사 시설들을 돌아보며 느끼고 분석한 자라만의 강점을 다섯 가지 정도로 요약하면 다음과 같다.

### 1. 시스템화된 속도전 : 기획 · 디자인 · 견본제작 · 배송팀이 한 공간에

자라의 첫 번째 성공 비결은 속도를 극대화한 시스템에 있다. 자라 본사는 층별로 여성복, 남성복, 아동복으로 나뉘어 있다. 사무실에는 별도 벽이나 칸막이가 없이 상품기획팀, 디자인팀, 견본제작팀, 배송팀 등 모든 부서가 한 공간에 모여 있다. '제품 매니저'가 매장과 연락을 주고받아 고객 취향을 실시간으로 분석하면 바로 옆자리에서 신상품 디자인이 시작된다. 완성된 디자인은 같은 공간에서 재봉질을 거쳐 시제품으로 만들어진다. 이를 모델이 착용해 본 다음, 최종 생산 여부를 결정한다.

생산이 결정되면 본사 바로 옆 공장에서 작업이 시작된다. 공장에서는 가장 먼저 원단에서 옷감 패턴을 뜨는 작업을 벌인다. 컴퓨터에서 테트리스 퍼즐을 떠올리게 하는 프로그램이 수차례 돌아가며 자투리 천 낭비를 최소화할 수 있는 옷감 절취선을 찾아낸다. 이후 기계가 정해진 선을 따라 원단을 잘라낸다. 한 번에 최대 200장을 자를 수 있는 기계다. 이 조각들이 외부 생산공장으로 보내져 완제품으로 탄생한다. 이후 이 제품은 다시 자라 본사로 돌아와 검수를 거친 뒤 다림질로 마무리된다. 직원들은 사람 신체 모양을 뜬 판 위에 옷을 올려 다림질한 다음 소매에는 뜨거운 바람을 주입해 둥근 형태를 유지하도록 모양을 잡는다. 이 모든 과정이 일사천리로 진행된다.

### 2. 중앙집중화로 품질 유지 : 본사에서 전 세계 매장 진열 · 조명 · 온도 · 습도 조절

본사 지하에 내려가니 난데없이 대형 쇼핑몰이 펼쳐졌다. 인디텍스 8개 브랜드별로 매장이 실제와 똑같이 꾸며져 있었다. 마네킹부터 조명, 인테리어, 상품 배치까지 실제 매장과 동일했다.

이곳은 '랩(실험실)'으로 부르는 실험용 매장이다. 전 세계 7,490개 매장은 이곳에서 정해진 진열방식을 그대로 따라야 한다. 바로 옆 관제실에 도착하니 10여명 직원이 모니터 앞에 앉아 전 세계 매장 상황을 점검하고 있었다. 매장 조명, 온도, 습도 등 모든 조건을 여기서 통제하고 시차를 고려해 관제실을 24시간 운영한다.

자라 제품은 57%를 스페인을 비롯한 포르투갈, 터키, 모로코 등 인접국에서 생산하고, 나머지 43%는 중국, 방글라데시, 베트남, 브라질 등 원거리 국가에서 받는다. 그런데 중국에서 생산하고 중국 매장 판매용일지라도 일단 스페인 본사에서 검수를 받아야 한다. 그리고 자라의 모든 제품은 스페인 내 10개 물류센터 중 하나를 거쳐 전 세계 매장으로 비행기로 운송된다.

자라 물류센터는 전 세계 매장별로 제품을 직접 보낸다. 보통 해외 브랜드라면 서울 인근에 대형 창고를 두고 제품을 보관하는데, 자라는 이런 과정을 생략한다. 자라 명동 매장 매니저가 본사에 필요한 제품을 요청하면, 스페인 물류센터에서 해당매장으로 곧바로 제품이 날아온다. 한국에 도착한 물건이 창고에서 대기하는 시간을 줄일 수 있다. 펠리페 카로 UCLA 경영대학원 교수는 "자라의 성공 비결을 한 가지만 고르자면 '중앙집중화(centralization)'"라고 지적했다. 헤수스 에체바리아 자라 CCO(최고홍보책임자)도 이런 분석에 동의하면서 "자라는 본사에서 전 세계 매장을 직접 통제하고 있으며 이게 경쟁력의 원천"이라고 말했다.

3. 데이터 분석, 수요예측 : 스타 디자이너 · 스타 비즈니스맨 없이 데이터로

자라 본사 3층에서는 디자이너 15명이 회갈색 재킷을 입은 모델을 둘러싸고 서 있다. "클래식하면서 트렌디해서 좋네요." 중국인 디자이너가 말문을 열자 영국인 디자이너는 "형태가 다소 과감해 보수적인 시장에서는 어떨지 의문이 들어요"라고 맞받아친다. 뒤편에 서 있던 다른 디자이너는 빅데이터 분석 자료를 꺼내며 "소비자 구매 패턴을 분석해 보니 중국 시장에는 과감한 색상, 유럽에는 단색으로 제작하는 게 좋겠네요"라고 말했다. 다른 디자이너들도 고개를 끄덕이며 동의하는 표정을 지었다.

자라는 신제품 실패율이 1% 미만이란 성적을 자랑한다. 의류업계 평균이 17~20% 안팎이란 사실을 놓고 보면 놀라지 않을 수 없다. 그 저변에는 철저한 데이터 기반 수요예측 모델이 자리 잡고 있다. 자라는 상품 수요예측과 재고관리 문제를 해결하기 위해 2005년 MIT 경영대학원 제러미 갤리언 교수(현 런던 비즈니스스쿨 교수)와 전 세계 매장 판매 · 재고 데이터를 분석해 재고 최적 분배 시스템을 개발했다. 블룸버그는 "자라는 '더 많은 데이터, 더 적은 상사(more data, fewer bosses)'로 혁신을 이뤘다"면서 "신제품 디자인은 상사의 지시가 아닌 디자이너간 토론과 데이터를 기반으로 이뤄진다"고 분석했다. 인디텍스 파블로 이슬라(Isla) 회장은 "자라에는 스타 디자이너도 없고 스타 비즈니스맨도 없다"며 "상사 지시 대신 각자가 데이터를 참고하여 권한과 책임을 가지고 일한다"고 말했다.

에체바리아 자라 CCO는 "옷을 빠르게 만드는 것보다 소비자가 원하는 걸 정확히 읽어내는 과정이 더 중요하다"고 강조했다. 디자이너의 감에 의존하기보다는 데이터를 기반으로 제품 기획을 결정한다는 얘기다. 본사에서 일하는 300여명 디자이너는 '제품 매니저'가 분석한 매장 내 소비자 취향과 의견을 토대로 새로운 상품을 신속하게 디자인하고 있다. 결국 매장에서 벌어지는 소비자 행동 패턴을 읽어내는 제품 매니저 역할이 중요하다.

본사에 30개 국적을 가진 직원이 근무하는 이유가 여기에 있다. 자국민이 아니면 정확히 파악할 수 없는 미세한 차이를 구분하면서 트렌드를 정확하게 읽어내기 위해서다.

4. RFID 등 첨단 기술 활용 : 年 4억5,000만개 상품 생산… RFID로 재고관리

자라 매장에서 원하는 상품을 골랐는데 맞는 치수가 없을 때 직원에게 문의하면, 스마트폰을 꺼내 가격표 QR 코드에 댄다. 그러면 해당치수가 매장 창고에 있는지, 인근 다른 매장에 있는지 등 갖가지 정보가 화면에 뜬다.

자라는 1년에 약 4억5,000만개 상품을 생산한다. 매장에는 늘 수백 가지 상품이 진열되어 있는 데다, 이마저 매주 신상품으로 교체된다. 이 때문에 아무리 훌륭한 직원이라고 해도 상품과 재고를 기억해서 파악하는 건 불가능하다. 이를 위해 자라는 무선주파수인식(RFID) 기술을 독자적으로 개발해왔다. 옷이나 액세서리 등 모든 아이템에 붙어 있는 RFID 칩은 해당제품 색상, 치수, 매장 내 위치, 판매량 등 모든 정보를 저장한다. 원피스가 한 장 팔리면 재고관리실에서 실시간으로 파악해 똑같은 치수 옷을 바로 채워 넣을 수 있다.

서울 강남점처럼 3,300$m^2$ 넘는 매장에 가득 쌓여 있는 재고 물량 파악도 1명이 반나절이면 거뜬히 해낸다. RFID 리더기를 손에 들고 매장 안 구석구석을 돌아다니기만 해도 모든 상품 정보가 한꺼번에 읽혀 중앙 컴퓨터로 보내지고, 이를 모니터에서 확인할 수 있기 때문이다. 자라 특유의 RFID 기술은 아직도 진화 중이다. 매장에서 필요한 재고가 본사 물류센터에 있다는 사실만 확인하는 차원을 넘어 물류센터 내 몇 번째 옷걸이에 걸려 있는지도 파악하는 단계로 발전하고 있다.

5. 친환경, 지속가능한 성장 : 환경단체 승인 받은 원단 · 폴리에스테르 사용

자라 본사에서 차로 45분 떨어진 거리에 있는 인디텍스 브랜드 풀앤베어(Pull&Bear) 본사에 들어서니 사무실 벽면의 통창 유리가 한눈에 들어왔다. 창밖으로 펼쳐진 숲을 보고 "전망이 훌륭하네요"라고 감탄하자 "에너지 절감을 최우선으로 지어진 친환경 건물"이라는 답변이 돌아왔다. 낮에는 실내조명이 필요 없을 정도로 강한 햇살이 사무실 안쪽까지 비친다.

인디텍스가 주도한 패스트패션 산업은 빠른 상품 회전율과 저렴한 가격으로 시장을 지배했지만, 의류도 일회용품처럼 잠깐 입고 버릴 수 있다는 인식을 심어줬다. 결국 막대한 의류 폐기물을 초래했고, 환경단체들로부터 비난을 받아왔다. 이런 시대적 반발에 발맞춰 인디텍스는 '지속가능한 성장'을 경영전략 한 축으로 채택했다. 유행에 민감한 자라의 저력을 다른 방식으로 구현한 셈이다. 이런 고민으로 탄생한 생산라인은 '조인 라이프'. 일부 상품에 조인 라이프 라벨을 따로 붙인다. 이 조인 라이프 제품은 환경단체 승인을 받은 면이나 텐셀 원단, 유기농 면, 재활용 면, 재활용 폴리에스테르 등을 활용한다. 생산과정에서도 인디텍스 고유의 '그린투웨어' 기술을 사용한다. 공업용수를 재활용하고 화학처리과정도 친환경적으로 운용한다. 인디텍스 담당자는 "친환경적으로 지속가능한 섬유소재를 찾기 위해 노력하고 있다"며 "앞으로 과거 사용했던 소재와 신소재를 결합하면서 생산방식을 개혁해가겠다"고 설명했다. (조선일보, 2019.6.6)

## 휴맥스의 프로세스 혁신

### 1. 개 요

벤처 1세대 기업으로 휴맥스는 1990년대 후반 고속성장을 거듭했지만 2000년대 초반 3,000억원대 매출액을 수년간 맴돌며 성장 정체에 부딪쳤다. 회사규모는 갑작스레 커졌지만 운영시스템의 효율성은 개선되지 않았고 하루에 많게는 9번이나 공장이 멈춰서는 등 곳곳에서 문제가 발생했다.

초창기 갑자기 몸집이 커진 것에 비해 내부 운영 수준은 초보 수준에 머물렀다. 자재 결품, 생산계획 변경, 생산 도중 불량 발생 등으로 하루에도 몇 번씩 공장이 멈춰 섰다. 자재를 잘못 발주해 재고과잉이 되기 다반사였다. 장부에 기록된 부품재고는 1,000개인데 실제로는 100개밖에 없어 기계가 돌아가려는 찰나 생산계획을 바꾸는 일도 허다했다. 누가 무슨 일을 하고 있는지, 프로젝트의 진행 상황은 어떤지, 제때 납품은 가능한지조차 알 수 없는 상황이 빈번하게 발생했다.

창업 초기에 가졌던 열정과 패기만으로는 조직을 운영하기 힘들 정도로 회사가 커졌지만 그에 걸맞은 내부 시스템을 체계화하지 못해 발생한 문제들이었다. 다행히 매출이 워낙 좋아 수십억원의 손실쯤은 쉽게 묻혀졌다. 혁신실을 설치한 이듬해인 2005년에 '마의 벽'인 3,000억원대 매출액을 돌파해 6,495억원의 매출액(연결재무제표 기준)을 올리기까지 했다. 내부 비효율은 이루 말할 수 없을 정도로 심해 당시 한 해 불용재고로 버리는 돈만 100억원을 넘어서기도 했다. 매출로 비효율의 비용을 충당하며 영업이익을 깎아 먹던 시절, 운영의 효율성을 어떻게 확보하느냐에 따라 회사의 운명이 좌지우지될 가능성이 높았다.

혁신실이 설치되기 이전 휴맥스는 비효율이 심해 프로젝트를 제 날짜에 맞춰 끝내는 경우가 거의 없었다. 예를 들어 프로젝트 계획을 100일로 잡아놓으면 실제로는 170일이 지나서야 가까스로 끝이 났다. 개발일정이 지연돼 생산에 차질이 빚어지니 영업담당자들은 생산일정이 촉박할 것을 우려해 프로젝트 수주 후 납품기일을 일부러 당겨서 요구하는 일이 빈번했다. 가령 9개월 뒤에 납품하면 되는 계약 건에 대해 7개월 후 납품해야 한다고 개발팀에 요구하는 식이었다. 그래야 9개월 뒤 납품이 가능했기 때문이다.

납기일뿐 아니라 주문수량에서도 서로 믿지 못하는 일이 비일비재했다. 영업팀은 실제보다 부풀려 보고하기 일쑤였고 애당초 정확한 수량이 아니라는 걸 아는 생산담당자는 영업팀이 넘겨준 주문수량에 임의의 숫자를 더하고 뺐다. 구매팀은 한술 더 떠 필요한 자재보다 더 많은 양을 주문했다. 자재가 부족해서 라인이 멈추는 것을 방지하려는 의도였다. 하지만 그 결과는 과잉 재고로 이어졌을 뿐이다.

어느 한쪽에서 과잉이라는 건 다른 어딘가에선 자재가 부족하다는 걸 뜻한다. 실제로 부품 하나가 없어 공장 전체가 중단되는 일이 하루에도 몇 번씩 일어났다. 많게는 하루에 9번씩 공장이 서는 날도 있었다.

### 2. 정보공유와 S&OP의 효과적 운영

개발팀과 영업팀, 구매팀 등 각 부서들은 서로를 신뢰하지 못하는 지경에 이르렀다. 급기야 회사 초창기 멤버들끼리 모여 '진짜로(?) 정확한 정보'를 공유하는 '생구알마'라는 비공식 회의를 조직해 제대로 된 정보를 공유하는 어처구니없는 일까지 벌어졌다.

생구알마란 생산, 구매, R&D, 마케팅의 앞 글자를 따 온 것으로 4개 부서 핵심 실무자들이 일주일에 한 번씩 모여 실제 일정과 정확한 주문수량 정보를 공유하는 자리였다. 본사만 문제가 아니었다. 심지어 해외법인들간에도 투명한 정보 공유에 기초한 협력은커녕 블러핑을 기반으로 서로 속이고 경쟁하는 사례가 비일비재했다. 예를 들어, 법인끼리 주요 공용자재를 우선적으로 확보해 놓으려고 필요수량을 부풀려 얘기했다. 이 과정에서 법인들이 이야기하는 예상 매출 목표치는 늘어났고 실제 매출이 일어나는 시점이 다가오면 시장 여건 악화 등의 이유를 들어 목표치를 막판에 하향 수정하는 일들이 벌어졌다.

주간 단위로 업무를 점검하는 시스템이 제대로 실행되려면 무엇보다 블러핑을 없애는 게 급선무라고 판단했다. 포커판에서나 자행되는 게 마땅할 부풀리기 커뮤니케이션 관행을 고치지 못하면 SCM이 제대로 돌아갈 수 없다고 판단했다. 2007년 말 모든 법인장을 본사로 불러들여 '블러핑 금지'를 역설했다.

또한 혁신실은 계획단계에서부터 부풀려 말하기 관행이 없어질 수 있도록 2008년 자체적인 플래닝 시스템을 개발하는 프로젝트를 주도했다. 플래닝 시스템은 각 법인마다 수요계획과 모델별 우선순위, 자재재고상황, 자재입고계획, 각종 물류계획을 입력하면 1주일간의 생산계획을 자동으로 계산해 내는 프로그램이다. 개개인의 주관이 반영된 '감퓨터'가 아니라 객관적인 '컴퓨터'가 생산관리계획에 대한 밑그림을 제시하게 함으로써 서로 믿고 신뢰할 수 있는 커뮤니케이션 기반을 구축했다.

'품질' 확보 못지않게 혁신실이 주안점을 뒀던 또 다른 목표가 있었다. 바로 업무의 '가시성' 확보였다. 매일매일 일이 얼마만큼 진행돼 가고 있는지를 한눈에 알 수 있어야만 SCM이 제대로 돌아간다고 판단했다. 2008년 하반기부터 생산계획과 실제 생산, 판매 실적을 1주일 단위로 점검하는 프로세스 혁신에 나섰다.

주 단위 프로세스는 한 달에 한 번씩 판매와 생산을 조율하던 기존 체계에 비해 무려 4배나 속도를 높이는 대대적인 개선 작업이었다. 즉, 모든 부서가 요일별 데드라인에 맞춰 1주일 단위로 업무를 상시 점검하도록 하는 것이 목표였다. 예를 들어, 월요일엔 전 세계 각지의 11개 판매법인이 해당주간(차주부터 향후 16주간)의 예상 수요 정보 입력을 마쳐야 하고, 화요일엔 이 데이터를 기초로 본사 수요관리팀에서 차주의 수요계획을 확정한다. 구매 부문과 제조 부문은 이 정보를 토대로 목요일까지 생산계획을 확정한다. 그러면 목요일과 금요일에 걸쳐 그에 연계된 자재이동계획 등 세부 계획을 세워 실행에 옮긴다.

요일별로 시간표를 정해놓은 이유는 생산시스템의 효율을 높이기 위해서였다. 이전에는 시장 변화에 유연하게 대응해야 한다는 취지하에 해외법인들이 본사 공장에 수시로 수요계획 변동을 요청했다. 하지만 11개 법인들이 일주일 내내 시도 때도 없이 생산 변경 요청을 하다 보니 전체 시스템의 효율은 떨어지게 됐다. 즉, 부분 최적화만 이뤄질 뿐 전체 최적화는 저해되는 결과를 낳고 있었던 것. 혁신실은 수요 변경 요청을 하더라도 일주일에 딱 하루에만 할 수 있도록 시스템을 설계했다. 이에 따라 생산 관련 부서는 일주일간 계획에 대한 변동 걱정 없이 정해진 목표 달성을 위해 몰두할 수 있게 됐다.

판매, 생산, 구매 부서 담당자들은 주 단위 업무 프로세스에 맞춰 매주 한 번씩 S&OP회의를 열고 장차 16주간의 자재 구매 및 물류, 생산 계획을 검토해 확정했다. 한 주가 끝나고 다음 주가 되면 이전 주에 세운 계획과 대비해 얼마나 목표를 준수했는지를 검토했다. 그리고 각 판매법인에서 새롭게 입력한 정보를 바탕으로 다시금 생산물량을 조율해 새로운 16주간의 계획을 확정 짓는 의사결정을 반복했다.

처음 혁신실에서 매주 계획과 실적을 점검하는 프로세스를 확립하겠다고 하자 "융통성이 너무 없는 것 아니냐" "회사가 경직돼 가고 있다" 등 내부 반발이 만만치 않았다. 어차피 매출목표는 월말 기준으로 체크하고 고객사 역시 월 단위로 움직이는데 왜 굳이 일주일마다 재고관리를 해야 하냐며 불만이 컸다. 일주일이나 이주일 정도 지나면 없어질 재고이고 이번 주에 안 팔려도 월말이 되면 다 팔릴 텐데 주마다 일일이 매출과 재고, 자재관리 상황을 파악해 보고하라는 건 업무 부담이 너무 커진다는 이유였다.

혁신실에선 SCM의 기본인 '정물일치'를 실시하려면 업무 사이클을 월 단위에서 주 단위로 바꿔서 4배 정도 빠르게 만들어야 한다고 강조했다. 이렇게 상시 점검 체계를 갖추다 보면 눈에 보이지 않는 정보와 화물의 흐름이 잘 드러나게 돼 전반적으로 업무 가시성이 높아지고, 장기적으로 회사의 생존능력을 높일 수 있게 된다는 점을 설득했다.

### 3. 달성률보다 중요한 것은 준수율

2008년 이전까지 휴맥스는 계획 대비 실제 달성 실적을 체크하는 '달성률'을 성과측정지표로 삼았다. '총량'뿐으로 세부 모델별 실적은 체크하지 않았다. 즉, 모델 구분 없이 총 1만 대를 생산한다는 목표를 잡고 실제로 9,000대를 생산했다면 90%, 1만 1,000대를 생산했다면 110%가 각각 달성률이 된다.

모델별로 얼마나 계획에 맞게 생산이 됐는지를 알아야 효율적인 SCM이 이뤄질 수 있다. 똑같은 지역에 들어가는 셋톱박스라도 어떤 모델의 제품이냐에 따라 그에 필요한 부품과 자재는 각기 달라진다. 만약 A모델을 많이 생산해서 B모델의 부족량을 채웠다면 A모델에 들어간 자재는 어딘가 과잉이 있었다거나 기계를 놀릴 수 없어서 미리 생산했다는 뜻이다. 모델별로 구분해 따로 실적을 점검하지 않으면 생산관리의 효율성을 높이기란 불가능. 이에 따라 총량이 아니라 세부 모델별로 실적을 계산하고 그 생산량에 맞춰 가중치를 두는 방식으로 성과측정지표를 개선했다.

목표 대비 실적치를 단순히 대비시키는 '달성률'이 아니라 세분된 목표에 실적치가 얼마나 근접해 있는지를 따지는 '준수율'을 성과지표로 삼았다. 이는 초과 생산한 물량도 거꾸로 깎는다는 뜻이었다. 예를 들어 600개를 계획했을 때 1,000개를 생산했다면 달성률은 167%가 되지만 준수율은 60%로 잡는 식이다. 이렇게 지표를 바꾼 것은 SCM의 핵심이 정해진 계획에 따라 차질 없이 실행되는 것이라고 판단했기 때문이다.

성과지표를 바꿔놓고 보니 과거엔 보이지 않았던 문제점들이 보이기 시작했다. 2008년 경 제품 총량을 기준으로 한 생산실적 달성률은 90% 이상으로, 심지어 100%를 초과할 때도 있었다. 하지만 모델별 실적을 따로 잡아 계획 대비 목표 달성의 정확도를 고려한 준수율을 따져 보니 고작 50% 수준에 불과했다. 새롭게 적용한 평가지표에 따라 실적을 재평가한 결과를 보자 굳이 번거롭게 KPI 지표를 바꿀 필요가 있겠냐고 불만을 갖고 있던 직원들의 목소리도 쑥 들어갔다.

'총량' 중심 지표에 묻혀 수년간 간과했던 비효율은 모델별 준수율로 성과지표를 바꾸면서 서서히 사라져갔다. 계획은 무조건 크게 잡은 후 잘되면 좋고 안 되면 말자는 식의 태도가 없어지고 S&OP를 통해 1주일마다 계획을 상시 점검해 실행하는 프로세스가 자리를 잡아갔기 때문이다. 조직원들은 계획을 세우는 단계에서부터 신중을 기했고 실제 실행 단계에서는 각 모델별로 목표한 바를 최대한 맞춰갈 수 있도록 노력했다. 그 결과 2012년 준수율은 90% 수준으로 2008년에 비해 2배 가까이 높아졌다.

재고비용과 물류비용도 크게 줄었다. 2008년에 비해 불용재고는 2011년 기준으로 80%, 물류비용은 20%가 각각 줄어들었다. 반면 매출액은 2005년 6,000억원대, 2006년 7,000억원대, 2009년 8,000억원대를 넘어 2010년 1조원대까지 돌파함으로써 2000년대 초반 겪었던 매출액 정체 현상을 완전히 극복했다.

**4. 시사점**

휴맥스는 사업 초창기부터 해외시장을 적극 공략한 결과 1997년 이후 고속성장을 구가했다. 그러나 그것도 잠시뿐, 기업 성장에 걸맞은 역량과 인프라를 갖추지 못해 성장통의 징후들을 앓았다. 무언가 잘못돼 가고 있다는 걸 누구나 인식하고 있었지만 "바쁘다"는 핑계로 다들 지나쳐 버렸다. 하루에 9번씩 공장이 멈춰 설 정도로 생산관리가 엉망이었지만 '시장 호황'의 우산 속에 숨어 당장의 매출액을 올리는 데 급급했다. 정말로 진실된 정보를 따로 공유하는 비공식 회의가 생겨났을 정도로 조직원간 불신의 골도 깊었다.

휴맥스는 전반적인 업무 프로세스의 '가시성'을 높임으로써 혁신을 성공적으로 수행할 수 있었다. 현대 경영학의 아버지라 불리는 피터 드러커는 일찍이 "측정할 수 없는 것은 관리할 수 없다"고 말했다. 무언가를 제대로 측정하려면 일단 눈에 보여야 한다. 성과측정지표 역시 달성률이 아닌 준수율을 도입함으로써 이전에는 파악하기 힘들었던 세부 모델별 생산, 판매 실적을 한눈에 파악할 수 있도록 했다. 이는 결국 SCM의 진일보를 의미했고 이 같은 운영혁신의 결과 휴맥스는 벤처 1세대 기업 가운데 매우 드물게 창업한 지 21년 만에 매출억 1조원을 넘는 큰 성과를 이룩할 수 있었다. (동아비즈니스리뷰, 135호, 2013)

## 부진 재고를 현금 대신 광고비로 쓴다고?

2011년, 스티브 잡스 뒤를 이을 애플의 총사령관으로 팀 쿡이 선정되었다. 이때만 해도 사람들은 애플의 미래를 우려 가득한 시선으로 봤다. 그리고 10년 후, 모두의 걱정과 달리 팀 쿡 체제 아래 애플은 매년 신기록을 자체 경신하며 전 세계에서 가장 시가총액이 높은 기업 자리를 차지하고 있다. 전문가들은 팀 쿡이 10년간 애플을 성장시킬 수 있었던 비결을 두 가지로 꼽는다. 바로 재고관리와 현금흐름 관리이다.

어떤 형태의 비즈니스든지 재고관리와 현금흐름 관리는 기업의 흥망성쇠를 좌우하는 중요한 열쇠다. 문제는 언제나 '이 정도는 팔리겠지'라고 생각하고 만든 수량이 팔리지 않는 순간부터 발생한다. 매출과 이익은 정체되고 현금흐름은 막히기 시작한다. 게다가 대부분의 재고는 시간이라는 참을성 없는 상수와 관련을 맺고 있다. 시간이 지날수록 옷은 유행이 바뀌고, 전자제품은 기술이 뒤처지고, 자동차는 연식이 지나 중고가 된다. 유효기간이 있는 화장품이나 식음료 같은 것들은 말할 필요도 없다.

기업경영에서 부진 재고의 누적과 현금흐름의 부재는 모든 악순환의 시작이다. 'Cash is King'이라는 말이 괜히 나온 게 아니다. 현금이 없으면 광고도 못한다. 광고의 부재는 기업의 존재를 잊게 한다. 잊힌 자리는 금방 다른 경쟁자가 꿰차기 마련이다. 그렇다고 기존의 광고회사나 미디어회사에 현금(광고비) 대신 부진 재고 자산으로 대신 결제할 수 없겠냐고 물어보면? 말도 안 된다고 할 것이다. 그런데 실제로 현금 대신 부진 재고를 받는 곳이 있다. 바로 액티브인터내쇼날(이하 액티브)이다.

#### 물물교환 플랫폼 비즈니스

액티브 본사는 미국 뉴욕에 있다. 이 회사의 시작은 1980년대로 거슬러 올라간다. 당시 미국은 1970년대 장기 불황을 겪으며 자신감이 바닥을 쳤던 시기였다. 게다가 물건을 찍어내기만 하면 팔리던 시기도 아니었다. 많은 회사가 난생처음 경험해 보는 어마어마한 양의 부진 재고를 떠안고 있었다. 이 같은 시대의 니즈에 맞춰 액티브의 혁신적 비즈니스 모델이 탄생했다. 액티브의 독특한 플랫폼 비즈니스에 업의 본질상 '연결(connect)'이라는 키워드가 더해지면서 비즈니스의 속성은 더욱 유기적이고 규모는 무한대로 확장이 가능한 롱테일 구조의 비즈니스 생태계가 조성됐다.

플랫폼 비즈니스는 공급자와 수요자가 만나 특정 플랫폼 내에서 가치를 교환하는 형태로 이루어진다. 즉, 플랫폼은 '연결' 비즈니스 모델로 운영되는 접점 형태를 갖추고 있다는 점에서 액티브는 '부진 재고'라는 매개를 활용하여 생태계를 구축했다. 액티브의 비즈니스 모델 기반은 물물교환 플랫폼이다. 고객사가 가지고 있는 부진 재고를 고객사가 필요한 것과 교환할 수 있도록 도와주는 역할을 한다.

예를 들어 의류회사 A사에 부진 재고가 쌓여 있고, 이 재고를 무언가로 바꿀 수 있다면 A사에는 무엇이 필요할까? 다른 회사의 의류나 가방을 원하지는 않을 것이다. 물론 현금이 가장 좋겠지만 부진 재고라는 말 자체가 이미 현금화했어야 할 타이밍을 놓쳐 경제적 가치가 하락한 재고를 의미하는 만큼 현금은 논외로 하자. 차선으로 필요한 것은 영업활동을 위해 필연적으로 지출해야 하는 현금성 지출예산 항목들일 것이다.

대표적인 예로 광고가 있다. 의류회사 A사는 어떤 식으로든 매년 광고를 집행해야 한다. 그래야 고객들이 지속적으로 A사 브랜드를 인지하고 상품을 살 테니 말이다. 이 과정에서 액티브가 등장한다. 액티브는 A사에서 처리하기 어렵고, 처분손실을 안고 있는 부진 재고를 매입한다. 심지어 덤핑(홀세일)으로 처리했다면 생산원가에도 못 미치는 가격인 3억~4억원 수준에 처리됐을 헐값으로 가져가는 게 아니라, 원래 A사가 희망했던 정상가(장부가+$\alpha$) 20억원의 가치 그대로를 인정해 준다. 이제 A사는 액티브에서 20억원의 트레이드크레디트(Trade Credit, 고객사가 액티브를 통해 광고 미디어 및 상품/서비스를 구매할 때 현금과 함께 사용할 수 있는 지불수단)를 받게 되고 이 T/C는 현금과 같은 사용가치를 지니게 된다.

액티브는 고객사들이 필요한 곳에 T/C를 사용할 수 있도록 광고 미디어를 비롯해 물류, 인쇄포장, 보험 등 제3자 파트너사들을 액티브의 '가치교환 플랫폼'에 참여시킨다. 그럼 고객사들은 T/C를 이용해 액티브 협력 파트너사를 통해 광고 미디어나 그 외 필요한 항목을 집행할 수 있게 된다. 기존 현금결제방식의 광고 미디어 에이전시와 비교해 보면 결제방식만 조금 바뀌었을 뿐인 것 같다. 하지만 이면을 들여다보면 쉽게 따라 하지 못하는 액티브만의 노하우가 숨어 있다. 먼저 미국, 영국, 중국, 한국 등 14개국에 진출한 광범위한 글로벌 네트워크가 그 첫 번째다. 액티브의 강력한 글로벌 네트워크 기반 덕에 매입한 재고를 시장가격과 유통채널의 교란 없이 처리할 수 있게 된다. 그래서 고객사들은 자사 재고가 엉뚱한 루트로 풀려 브랜드 이미지가 실추되지 않을까 하는 걱정을 하지 않아도 된다. 이런 특별한 방식 덕분에 액티브는 다른 광고 미디어 에이전시와 차별화된다.

### 액티브만의 차별화된 노하우

일반적인 광고 미디어 에이전시들이 가장 먼저 '광고예산이 얼마나 되는지'를 묻는 것에 반해, 액티브는 기업의 부진 재고를 먼저 파악한다. 그리고 이 부진 재고를 기반으로 적정 가치를 산정하고 유동화가능성을 추산한 후에 이 계산을 바탕으로 2~3년 이상의 장기적인 미디어플랜을 제안한다. 액티브의 접근 방식이 다르다고 미디어 집행의 퀄리티(광고단가/집행 효율성 등)가 떨어지는 것은 더더욱 아니다. 미디어를 집행할 때도 고객사가 기존 광고 미디어 에이전시를 통해서 집행했던 조건을 기준점(Benchmark Price)으로 삼아 광고 에이전시가 해왔던 미디어 퍼포먼스를 유지하거나, 상향 조정될 수 있도록 미디어 퀄리티 컨트롤을 유지할 수 있는 액티브만의 미디어 퍼포먼스 솔루션이 구축되어 있기 때문에 달성가능한 구조다.

전에 없던 방식으로 액티브는 'Corporate Trading(기업간 거래)'이라는 새로운 시장을 만들어냈고, 전 세계 시장점유율의 절반 이상을 차지하고 있는 글로벌 1위 기업이다. 1위 플랫폼이 갖는 이점은 더 많은 생산자와 소비자가 몰리게 되는 승자독식(winner takes all) 구조에 있다. 액티브는 현재 전 세계 500대 글로벌 기업 중 70%를 고객사로 두고 있다. 혁신은 아예 새로운 것을 창조하는 데서 나올 수 있지만, 기존에 나온 혁신적인 것을 어떻게 사용할지 의사결정을 내리는 데서 나오기도 한다. 전통적인 현금결제 위주의 광고비용 집행방식에서 벗어나 액티브의 재무적 솔루션을 통해 기업이 안고 있는 부진 재고를 광고비로 연계하는 방식으로 변경하는 의사결정만으로도 재무적, 회계적 처분손실 없이 부진 재고 문제를 해결하는 새로운 혁신을 가져올 수 있다. (중앙시사매거진, 2021.9.30, https://m.post.naver.com/viewer/postView.naver?volumeNo=32447175&memberNo=11166748)

## 연습문제

1 다음 중 생산 · 공급망관리의 의의와 기능에 관해 바르게 기술된 것은?

> ㄱ. 생산 · 공급망관리는 재화나 서비스를 창출하는 생산시스템의 설계 및 운영에 관한 제반 의사결정문제를 담당하는 관리기능이라 할 수 있다.
> ㄴ. 생산시스템은 재화나 서비스를 창출해내는 데 필요한 물적설비, 인적자원 그리고 이들 요소에 의해 결정되는 구체적인 생산과정까지를 포함하는 개념이다.
> ㄷ. 기업 전체의 목표를 이윤의 극대화 또는 기업가치의 극대화라 한다면 생산 · 공급망관리 부서의 목표는 이러한 목표를 달성하기 위한 수단의 역할을 한다.

① ㄱ, ㄴ ② ㄴ, ㄷ
③ ㄱ, ㄷ ④ ㄱ, ㄴ, ㄷ

2 다음 중 생산 · 공급망관리 부문의 전략적 의사결정문제에 해당하는 것은?

① 물류망의 구축 ② 품질관리
③ 프로젝트의 계획과 관리 ④ 재고관리

3 다음 중 생산 · 공급망관리 분야의 전략적 목표로 보기 힘든 것은?

① 원가 ② 품질
③ 설비가동률 ④ 리드타임

4 생산시스템을 개별생산, 배치생산, 반복라인생산, 그리고 계속생산으로 나눈 것은 다음 중 어느 항목에 근거한 것인가?

① 생산계획의 모체 ② 생산품목수
③ 생산량의 크기 ④ 자재흐름의 패턴

5 다음과 같은 특징을 갖는 제조업체는 어떤 유형의 계획수립방법이 적절할 것인가?

> ㄱ. 소비재를 생산하는 기업이 주로 이에 해당하며 고객의 수요에 신속히 대처하기 위해 상당량의 재고를 보유한다.
> ㄴ. 직접적인 고객주문은 거의 없으며 고객수요는 재고에서 충당된다.
> ㄷ. 모델의 수가 많을 경우에는 품목그룹별로 나누어 생산계획을 수립하며 생산준비시간을 절감하고 생산성 제고를 위해 유사한 품목들을 묶어서 같이 생산하기도 한다.

① 계획생산(make-to-stock : MTS)
② 주문생산(make-to-order : MTO)
③ 주문조립생산(assemble-to-order : ATO)

6 다음 중 반복라인에 관한 설명으로 옳은 것은?

① 제품생산을 위한 작업이 여러 단계로 나뉘어 각 가공단계가 하나의 작업장을 이루고 있으며 품목에 관계없이 원자재에서 완제품에 이르기까지 작업순서가 일정하다.
② 단위기간의 생산량은 생산준비시간 등 여러 요소에 의해 결정된다.
③ 공정과 공정 사이에 재공품은 상당히 존재하는 반면 완제품재고는 상대적으로 적다.
④ 일단 원자재가 투입되면 막힘이 없이 완제품까지 자동으로 생산이 이루어진다.

7 다음 중 제품생산 및 설계에서 신축성 또는 유연성이 가장 큰 공정은?

① 개별생산제 ② 배치생산제
③ 계속생산제 ④ 반복라인생산제

8 다음 중 리드타임 축소를 통해 기대할 수 있는 전략적 가치에 해당하는 것은?

> ㄱ. 생산성 증대 : 리드타임 축소는 서비스 시설의 회전율이나 상품판매 회전율을 높이는 데 기여한다.
> ㄴ. 현장의 학습능력 제고 : 다양한 상품에 대한 정보습득과 제조관련 능력이 제고되어 생산증대는 물론 신제품 개발시에도 가치 있는 정보를 제공할 수 있다.
> ㄷ. 위험 감소 : 리드타임 축소가 가능해지면 자연히 기업경영상의 위험이 상당히 줄어든다. 새로운 서비스나 상품개발에 따른 위험은 개발시간이 길수록 커진다.

① ㄱ, ㄴ ② ㄱ, ㄷ
③ ㄴ, ㄷ ④ ㄱ, ㄴ, ㄷ

9 다음 중 개별생산제의 특성에 해당하는 것은?

ㄱ. 자동화 설비를 이용하여 대량의 제품을 신축적으로 생산해낸다.
ㄴ. 주문을 받기 전에는 어떤 제품을 생산하게 될지 예측하기도 불가능하여 원자재에 대한 구매계획을 세우기도 어렵다.
ㄷ. 품목에 따라 생산에 필요한 가공공정이 전혀 다를 수도 있으며 실제 생산에 들어가기 전에는 제품생산에 소요되는 시간을 정확히 파악하기 힘들어 자재흐름이 원활하지 못하다.

① ㄱ, ㄴ　② ㄱ, ㄷ
③ ㄴ, ㄷ　④ ㄱ, ㄴ, ㄷ

10 다음 중 리드타임이 필요 이상으로 길어지는 이유에 해당하지 않는 것은?

① 예측오류
② 수요와 생산의 동시성 결여
③ 처리공정의 비효율성
④ 완제품 품질에 대한 지나친 검사 관행

11 재고를 보유하는 목적이 아닌 것은?

① 계절적 수요에 대비하기 위해
② 수요예측의 오류를 최소화하기 위해
③ 조달기간 동안의 불확실한 수요에 대비하기 위해
④ 구매비용이나 생산준비비용을 줄이기 위해

12 재고로 남아 있는 제품의 구입비용에 대한 은행이자는 어디에 속하는가?

① 주문비용　② 생산준비비용
③ 재고유지비용　④ 품질관리비용

13 다음 중 공장에서 물류센터, 물류센터에서 대리점, 대리점에서 소비자 등으로 이동 중인 재고를 의미하는 것은?

① 순환재고　② 안전재고
③ 파이프라인재고　④ 완충재고

14 생산준비비용이나 주문비용을 줄이거나 가격할인을 받기 위해 필요 이상 주문할 때 사용하고 남는 재고를 말하는 것으로, 재고관리의 가장 중요한 대상이 되는 재고유형은?

① 순환재고 ② 안전재고
③ 파이프라인재고 ④ 완충재고

15 다음 중 완충재고의 보유목적으로 바르게 된 것은?

① 수요의 불확실성에 대비하기 위해
② 생산준비비용이나 주문비용을 줄이기 위해
③ 한 작업장에서 문제가 생겨 공장 전체가 가동중지되는 경우를 막기 위해
④ 수요의 계절적 변동에 대비하기 위해

16 다음 중 공급망에서의 채찍효과(bullwhip effect)의 원인으로 볼 수 있는 것은?

> ㄱ. 단계적으로 이루어지는 수요예측 : 단계적 수요예측은 최종소비자의 구매 또는 수요 정보가 공급망의 말단에서 수집되지만, 이 정보가 공급망 전체에 확산·공유되지 않음으로 인해 발생하는 현상이다.
> ㄴ. 로트주문방식 : 로트주문방식은 필요할 때 필요한 양만큼 주문하는 JIT식 주문방식과는 달리 일정기간 동안 필요한 양을 모아 묶음으로 주문하는 방식으로서 실제수요량보다 주문량의 변동폭이 크다.
> ㄷ. 세일 등으로 인한 가격의 변동 : 가격할인으로 판매촉진을 하는 경우, 가격할인을 기다리며 구매를 미루거나 가격할인을 최대한 활용하기 위해 미래의 수요량을 미리 구매하기도 한다.

① ㄱ, ㄴ ② ㄴ, ㄷ
③ ㄱ, ㄷ ④ ㄱ, ㄴ, ㄷ

17 최근 공급망관리의 중요성이 더욱 강조되는 이유에 해당하지 않는 것은?

① 제조과정 이외에서 발생되는 부가가치가 증대되었기 때문이다.
② 공급받는 자재와 부품의 품질과 물량 등의 불확실성이 존재하기 때문이다.
③ 글로벌화에 따라 공급망상의 리드타임이 길어지고 불확실성이 증대되어가고 있기 때문이다.
④ 품질 제고를 위한 합리화와 자동화 생산시스템 구축 등이 필요하게 되었기 때문이다.

18 공급망 내에서의 흐름(flow)은 무엇의 흐름을 의미하는가?

| ㄱ. 정보 | ㄴ. 기술력 | ㄷ. 자재(제품) |
|---|---|---|

① ㄱ, ㄴ
② ㄴ, ㄷ
③ ㄱ, ㄷ
④ ㄱ, ㄴ, ㄷ

19 다음 중 공급망관리의 목표나 활동에 대한 것으로 보기 힘든 것은?

① 수요와 공급의 동기화
② 고객만족과 신속대응
③ 기업합병을 통한 생산 및 공급의 수직계열화
④ 정보 공유에 기반한 생산 및 공급 활동의 조정과 협력

| 정답 | 1. ④ 2. ① 3. ③ 4. ④ 5. ① 6. ① 7. ① 8. ② 9. ③ 10. ④ 11. ② 12. ③ 13. ③<br>14. ① 15. ③ 16. ④ 17. ④ 18. ③ 19. ③ |
|---|---|

Chapter 12

# 인적자원의 관리



인사(人事)는 만사(萬事)라는 말이 있듯이 모든 일의 근본은 사람과 관련되었음을 알 수 있다. 따라서 기업 경영의 성패는 인적자원을 어떻게 효율적으로 관리할 것인가에 달려 있다고도 볼 수 있다. 앞으로 경영환경의 급격한 변화에 적응하기 위해서는 과거의 전통적인 인사관리의 틀에서 벗어나 지식사회를 선도할 인적자원이 필요한 것이다. 이에 본장에서는 인적자원이란 무엇이며, 인적자원을 어떻게 확보·개발·유지할 것인가에 대해 간략히 살펴보고자 한다.

## 제 1 절 인적자원관리의 의의

기업경영에 있어서 자원은 최종산출물을 생산하기 위해 소요되는 투입요소를 말하며, 경영활동에 필요한 자금을 의미하는 재화적 자원과 건물, 토지, 기계 등의 물적자원 그리고 경영의 주체인 사람을 의미하는 인적자원으로 구분할 수 있다. 여기서 인적자원은 물적·재화적 자원을 이용하여 경영활동을 주도적으로 담당하는 경영주체로서의 성격을 가지고 있기 때문에 매우 중요한 의미를 가진다. 미래학자 앨빈 토플러에 의하면 다가오는 정보화시대에는 사람의 창조적인 두뇌활동에 의해 새로운 아이디어가 나오며 이를 기초로 가치가 창조될 것이기 때문에 사람이야말로 건물과 공장을 대신해서 이윤창조활동의 가장 중요한 자원이 될 것이라고 하였다.

'팩커드의 법칙'이라는 게 있다. 어떤 기업도 위대한 회사를 만들어갈 적임자를 충분히 확보하는 것 이상으로 매출이나 수익을 늘릴 수 없다는 것이다. 기업의 성장은 인재를 키워내는 것과 비례한다는 뜻으로 휴렛팩커드의 공동 창립자 데이비드 팩커드가 한 말이다.[1] 인재 양성은 구성원들을 동기부여시키는 가장 강력한 수단 중의 하나이다. 인간이라면 누구나 다른 사람으로부터 인정받고 존중받기를 원하는 강력한 욕구를 지니고 있으므로, 회사차원의 인재 양성이야말로 구성원들이 회사로부터 관심의 대상이 되며 인재로 존중받고 있다고 느끼게 하는 가장 확실한 방법이다.

기업경영환경의 급격한 변화와 더불어 실제로 기업의 인사관리에도 많은 변화가 일어나고 있다. 과거에 강조되었던 단기적인 개인목표보다는 장기적 경쟁력 및 조직 전체의 목표가 더욱 중시되고 있다. 현대 인사관리에서는 기업이 처한 환경을 고려하고, 장기적인 관점에서 개인목표와 조직목표의 조화를 중시하며, 인본주의적 차원에서 종업원들의 개인 개발을 강조하는데, 이러한 현대적 개념의 인사관리를 인적자원관리(human resource management)라고 한다. 인적자원관리의 개념은 기존의 인사관리 개념에 비해 인적자원의 전략적 가치와 자원으로서의 인간개발의 중요성을 한층 더 강조한다.

---

1) 유명한 컨설턴트 J. Collins의 다음 저서에서 나온 말이다. Collins, J.(2001), *Good to Great : Why some companies make the leap and others don't*, New York, NY: Harper Business.

[그림 12-1]
인적자원관리와 관련된 활동

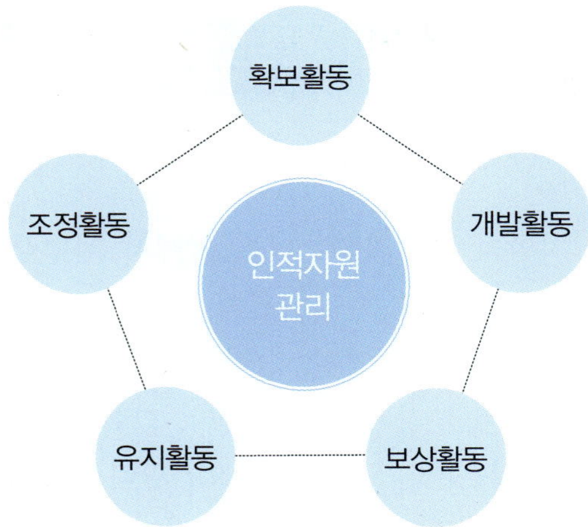


이처럼 현대적 인적자원관리에서는 종업원들의 개인 의사를 존중하고 그들의 능력 개발을 통해 만족감을 증대시키며 그와 동시에 기업의 생산성을 향상시키는 방향으로 전개되고 있다. 이와 관련해서 기업의 인적자원관리를 구성하는 활동은 [그림 12-1]과 같이 크게 다섯 가지로 나눌 수 있다.

- 조직의 일원으로서 우수한 인력을 어떻게 확보할 것인가? (확보활동)
- 확보한 인력이 자신의 능력을 최대한 발휘하여 부가가치를 창출할 수 있도록 종업원들의 잠재력을 어떻게 개발할 것인가? (개발활동)
- 종업원들이 창출한 가치에 대해 금전적 · 비금전적 보상을 어떻게 할 것인가? (보상활동)
- 어떻게 하면 종업원들의 사기를 높게 유지시키고 그들의 목표와 조직목표를 조화시키면서 조직목표 달성에 자발적으로 매진하도록 할 것인가? (유지활동)
- 효과적인 조직규모를 구성할 수 있도록 어떻게 종업원수를 조정할 것인가? (조정활동)

# 제 2 절 인적자원의 확보

기업의 인적자원관리는 앞에서 설명한 대로 필요한 인적자원의 확보활동부터 시작된다. 인적자원의 확보활동은 미래의 특정시점에 어느 정도 인적자원이 필요할 것인지, 그리고 그 시점에 필요한 인적자원을 제대로 확보할 수 있는지를 파악하는 것이다. 그런 다음 실제로 충원이 필요하면 모집은 어떻게 할 것인가를 결정하고, 합리적인 선발방법을 통해서 적임자를 채용하는 일련의 과정을 거친다. 인적자원의 확보활동을 효과적으로 수행하기 위해서는 먼저 직무관리와 인적자원계획이 선행되어야만 한다. 왜냐하면 필요한 인적자원의 양과 질을 파악하고 어느 정도의 지원자가 있을 것인가를 예측한 후에야 모집·선발과정이 이루어질 수 있기 때문이다.

## 1. 직무관리

직무란 한마디로 일을 말한다. 기업의 목표를 달성하기 위해서는 조직을 구성하는 사람들이 어떤 일을 하며, 그들이 맡고 있는 직무가 적합한지를 분석하고 평가해야 한다. 이러한 일련의 관리를 직무관리라고 하며, 직무분석과 직무평가로 이루어진다. 직무분석은 직무에 포함된 과업과 책임, 직무를 완수하기 위해 필요한 개인적 능력, 숙련도, 지식, 직무환경 등 직무에 관한 모든 정보를 체계적으로 수집·분석하여 이를 관리목적에 적합하도록 체계화하는 과정이라고 할 수 있다. 즉, 직무분석은 직무를 중심으로 직무와 인간의 관계를 밝힌 것이라 할 수 있다.

직무분석을 통해 얻은 직무에 관한 정보는 직무기술서와 직무명세서에 기록한다. 직무기술서(job description)는 직무담당자가 수행해야 하는 직무와 직무의 내용, 직무수행 방법 및 절차, 그리고 작업조건 등 직무 그 자체와 관련된 정보를 기록한 문건이며, 직무명세서는 해당직무를 수행하는 사람이 갖추어야 할 자격요건, 즉 구성원의 역량(job specification)을 기록한 문서로 교육정도, 경력, 지식, 기능 등의 인적 특성을 밝히고 있다. 그 외에도 직무분석을 통해 직무성과를 평가하는 척도인 성과기준, 동기유발과 적정임금 의사결정의 근거로 사용되는 직무와 개인의 특성, 직무와 작업자 및 환경 특성에 따른 직무 분류화도 도출된다.

이처럼 직무분석은 관리자가 조직 내의 다양한 업무를 분류하는 데 필요한 정보를 제공하여 인적자원계획 수립과정에서 기업의 니즈를 더욱 구체적으로 파악할 수 있도록 해준다. 직무분석은 또한 모든 필요한 업무와 책임이 조직구성원에게 제대로 할당되었는지 여부를 판단하는 데 도움을 준다. 즉, 기업이 필요로 하는 직무와 개인의 역량이 서로 매치되는가를 분석할 수 있다. 직무분석이 제대로 되어 있지 않으면 누가 어떤 일을 왜 하는지, 기업이 필요로 하는 업무를 제대로 수행하는지 여부를 판단하기조차 어렵다.

사람과 일이 조화롭게 연결될 때 기업은 효과적으로 목표를 달성할 수 있기 때문에 인적자원관리를 수행함에 있어 직무에 관한 정보를 제공해 주는 직무분석은 매우 중요한 의미가 있다. 직무분석은 다음의 여러 방법에 의해 이루어지는데, 각 기업의 상황이나 분석대상, 직무의 성질 등에 따라 여러 방법 중에서 하나 또는 그 이상의 방법을 선택할 수 있다.

- 관찰법 : 직무분석자가 직무수행자의 작업을 직접 관찰하여 직무내용, 직무수행방법, 작업조건 등 직무관련 정보를 획득하는 방법이다. 이 방법은 간단하므로 사용하기 쉽지만, 일이 복잡하고 직무를 수행하는 데 소요되는 시간이 긴 경우에는 정확한 자료수집이 곤란하다.
- 면접법 : 직무분석을 실시하는 담당자가 해당직무를 수행하는 사람과의 면접을 통하여 직무를 분석하는 방법이다. 면접은 한 명 또는 집단으로 할 수 있으며, 작업자로부터 직접 정보를 얻을 수 있으므로 직무를 정확하게 파악할 수 있으나, 직무수행자가 자신에게 유리한 방향으로 대답하여 부정확한 정보를 제공할 가능성도 있다.
- 질문지 방식 : 직무수행자에게 사전에 작성된 질문지를 나누어 주어 작업자에게 작성, 기입하도록 함으로써 직무에 관한 정보를 얻는 방법이다. 비교적 단기간 내에 많은 정보를 얻을 수 있기 때문에 시간과 비용 측면에서 유리하다. 하지만 질문지 작성이 쉽지 않고, 직무수행자가 정확하고 정직하게 응해주느냐 하는 문제점이 있다.
- 체험방식 : 직무분석자가 직접 직무를 수행해 보고 자신의 경험에 의

해 자료를 수집하는 방법이다. 이는 정확하고 상세하며 비교적 생생한 정보를 얻을 수 있지만, 직무분석자의 심리상태는 실제로 그 직무를 수행하는 직무수행자와 다를 수 있다.

- 일지법 : 직무를 수행하는 사람에게 매일 자신이 하는 일에 대해 일지를 쓰게 하여 직무에 대한 정보를 확보하는 방법이다. 이 방법은 직무에 대해 정확한 정보를 얻을 수 있다.

직무분석은 직무를 구성하는 다양한 요소들을 도출해 내는 데 도움을 주는데, 이 과정에서 해크먼과 올덤이 제시한 직무특성모형을 참조하면 더욱 명확하게 그 중요성을 이해할 수 있다. 직무특성모형에 의하면 모든 직무는 다음과 같은 다섯 가지 핵심직무차원을 가지는 것으로 설명하고 있다.[2]

- 기술 다양성 : 직무를 수행하기 위해 필요한 기술과 재능의 종류가 얼마나 다양한가를 의미
- 과업 정체성 : 작업자가 직무의 전체 혹은 일부분의 시작부터 끝까지 전 과정을 완결함으로써 눈에 띌 만한 어떤 결과를 산출할 수 있는 정도
- 과업 중요성 : 직무가 조직 내외의 타인에게 실질적인 영향을 미치는 정도
- 자율성 : 작업자가 직무를 완성하는 데 필요한 작업 계획 및 절차를 결정하는 데 있어서 실질적인 자유, 독립성, 재량권 또는 자율성을 제공받는 정도
- 피드백 : 작업자가 자신이 수행한 작업에 대한 성과관련 정보를 얻을 수 있는 정도

직무평가를 수행하는 과정에서 이런 다섯 가지 핵심차원에 대한 정보를 적절히 구축한다면 다음과 같은 의사결정에 효과적으로 활용할 수 있다.

- 직무가치의 정도에 따라 직무수행자의 능력을 기준으로 인력의 확보 및 배치에 있어서 합리성을 높인다.

---

2) Hackman, J.R. and G. Oldham(1980), *Work Redesign*, Reading, MA : Addison-Wesley.

- 동일 노동시장의 다른 기업과 비교하여 사내 임금체계를 합리화한다.
- 기업 내 각 직무의 난이도와 업무량 등을 평가함으로써 직무간 상대적 가치를 결정한다.
- 인력개발을 합리적으로 할 수 있으며, 인사이동과 승진을 결정하는 기준으로 사용된다.

## 2. 직무설계

직무평가를 지속적으로 수행하다보면 조직구성원들이 담당하고 있는 직무의 범위에 대해서도 다양한 평가를 하게 되고, 그 결과 일에 대한 심리적 의미나 동기부여적 잠재성에 초점을 두는 다양한 직무설계(job design) 개념을 고려하지 않을 수 없게 된다.

### (1) 직무순환

직무순환(job rotation)이란 작업자로 하여금 다양한 직무에 순환근무하도록 함으로써 그들의 활동을 다각화하고 결과적으로 작업자의 권태감을 줄이고자 하는 방법이다. 일종의 훈련프로그램으로서 2~3개월에 한 번씩 다른 직무로 옮기게 할 수도 있으며, 상황에 따라 다른 직무로 이동시킬 수도 있다. 후자의 경우에 해당되는 예로는 할당된 직무에 더 이상 흥미를 느끼지 못하거나 작업스케줄상 수평적 이동이 필요한 경우 등을 들 수 있다.

직무순환의 장점으로는 광범위한 경험과 지식을 제공해 줄 수 있고 지루함과 단조로움을 해소시키며 조직 내의 다른 직무나 활동을 이해할 수 있도록 하여 장래에 보다 큰 책임을 맡을 수 있는 준비단계를 마련해 줄 수 있다는 것을 들 수 있다. 그러나 가장 큰 문제점은 훈련비용이 급증하게 되고 새로운 직무를 주기적으로 맡게 됨에 따라 전반적인 생산성이 떨어질 가능성이 높다는 것을 들 수 있다. 또한 비자발적인 직무순환인 경우 사기 저하나 직무 불만족을 일으킬 우려도 크다.

### (2) 직무확대

직무확대(job enlargement)는 직무분화 또는 전문화와 대치되는 개념으로 현재 맡고 있는 직무에 유사한 작업을 추가시킴으로써 다양한 일감을 제공하고자 하는 것을 주된 내용으로 한다. 예를 들어, 조립공정의 한 부분만을 맡고 있는 작업자에게 공정 전체를 담당하도록 하는 것처럼 직무범위를 확대시키고자 하는 것을 의미한다. 그러나 직무확대는 직무순환과 마찬가지로 본래부터 별 흥미 없는 작업을 확장시킴으로써 오히려 사기를 저하시키고 직무에 대한 불만족을 증대시킬 우려가 높다. 그뿐만 아니라 제대로 계획이 수립되지 못한 경우 많은 사고를 유발시킬 수도 있으며, 적정한 보수가 지불되지 않는 경우 역효과를 낼 가능성이 높다.

### (3) 직무충실화

직무충실화(job enrichment)는 작업의 수직적 팽창을 통해 작업자의 책임범위를 확대시키고 직무의 계획, 수행, 평가에 자유재량권, 독립성 등을 부여하고자 하는 방법이다. 직무확대가 직무의 범위(scope)를 확대시키고자 하는 데에 비해 직무충실화는 직무의 심도(depth)를 증대시키고자 하는 방법이다. 직무충실화는 조직구성원에게 그들의 역량을 최대한 발휘할 수 있는 기회를 제공함으로써 강력한 동기유발 요인으로 작용할 수 있다. 따라서 지금 하고 있는 일에 책임 범위만 늘리는 것은 작업자의 위상이나 직급에 아무런 영향을 미치지 않으므로 직무충실화 개념과는 상당한 괴리가 존재한다. 물론 모든 조직구성원들이 직무충실화를 반기지는 않는데, 직무 범위나 심도 증대보다는 직접적인 물질적 보상을 더 중시하는 경우가 많기 때문이다. 따라서 직무충실화 여부는 경영진의 전략적인 판단이 요구된다.

### (4) 다기능 팀

팀이란 말은 스포츠분야에서 흔히 접할 수 있다. 팀은 공통의 목표를 달성하기 위하여 공동의 책임을 지고 상호 보완적인 능력을 가진 구성원들이 공동으로 업무를 추진하며, 그 결과에 대해 함께 책임을 지는 집단이다. 팀은 태스크포스(task force)나 위원회(committee)와 같은 작업그룹(working group)과는 다르다. 태스크포스는 기존의 조직구조하에서는 처리하기 어려운 문제를 효율적으로 해결하기 위하여 관련 분야의 전문가들을 섭외하여 조직한 작업그룹을 의미한다. 태스크포스는 주어진 과제가 마무리될 때까지 일정기간 동안 한시적으로 존속한다. 위원회는 특정목적을 달성하기 위하여 임명 또는 선출된 위원으로 구성되는 합의기관으로 팀과는 성격이 전혀 다르다. 가장 큰 차이는 팀은 업무수행과 관련된 책무성(accountability)을 요구한다는 것이다. 즉, 팀은 업무처리결과에 대한 책임을 지는 것은 물론 업무를 처리하는 과정이 적절하고 최선을 다했으며 그 과정에서 부적절한 행위가 있었는지 여부에 대한 평가도 받는다는 의미이다.[3]

우리나라 기업의 경우 부/과(예를 들어 영업부, 1과 · 2과 · 3과 등과 같이) 중심의 조직을 계층을 축소하면서 팀으로 명칭만 바꾸기도 한다. 기본적으로 업무수행 패턴이 과거와 크게 다를 바 없다면 이를 팀 조직이라 부르기는 어려울 것이지만 조직을 슬림화했다는 점에서는 의미가 있다. 그렇지만 팀은 축구팀처럼 원칙적으로 다기능 팀(cross-functional team)으로의 구성이 원칙일 것이다.

다기능 팀은 기업경영의 전략적 의사결정 프로세스로부터 현장의 다양한 생산 및 개선 활동에 이르기까지 다양한 형태로 활용되고 있다. 다기능 팀의 예로 글로벌 기업에서 흔히 찾아볼 수 있는 조직은 컨커런트 엔지니어링(concurrent engineering)의 원리를 반영한 제품개발팀이다. 컨커런트 엔지니어링은 제품의 품질과 성능을 결정하거나 여기에 영향을 미치는 여러 부서의 전문가들로 구성된 다기능 팀을 통해 제품의 설계가 이루어지도록 한다. 다기능 팀에는 제품디자인 엔지니어, 생산기술 엔지니어, 마케팅전문가, 구매전문가, 재무분석가 및 협력업체 기술진 등이 참여하도록 하여 부서간의 벽을 없애고 제품개발 및 생산에 관련된 모든 정보를 공유하도록 유도한다. 이러한 다기능 팀은 설계담당 엔지니어들과 같이 일하고 나중에 시작품생산을 위한 미니생산라인도 구축하며 생산이 본 궤도에 오를 때까지 계속 유지되고 설계변경까지도 책임진다. 판매전문가들도 소비자의 요구사항을 반영시키고 생산기술전문가는 어떤 설계가 작업시간을 단축할 수 있는지를 검토하며, 협

3) Katzenbach, J.R., and D.K. Smith(2008), *The discipline of teams*, Harvard Business Press.

력업체들 역시 신속한 생산 및 원가절감을 위한 다양한 의견을 개진한다.

삼성전자와 같은 글로벌 전자업체에서부터 패스트패션을 지향하는 유니클로에 이르기까지 많은 글로벌 기업에서 폭넓게 도입되고 있다. 이와 같은 팀의 시너지효과는 다음과 같다.

- 혁신에 관한 문제의식의 확산과 다양한 정보의 확보 : 아무리 한 사람이 많이 알고 있다 하더라도 전체의 시각에서 보면 그 가치는 극히 미미하다. 적지만 여러 사람들의 의견과 정보를 통합함으로써 전체적인 정보의 가치를 증대시킨다.
- 다양한 문제해결방식의 집결 : 서로 다른 배경을 가진 구성원들이 모이게 되면 전에는 생각하지 못했던 문제해결방식을 찾아낼 수 있다. 특히 남의 생각을 통해 제한적이고 편협했던 사고방식의 폭도 넓힐 수 있다.
- 팀이 도출한 대안의 타당성 인식 : 보다 많은 사람들이 팀에 능동적으로 참여할 때 그 대안에 대한 소유의식이 강해지고 책임감이 커진다. 결과적으로 이 대안을 다른 사람들에게 제시할 때 훨씬 빠른 시간 내에 그 타당성을 인식시킬 수 있다.

[그림 12-2]
팀 조직의 기대효과

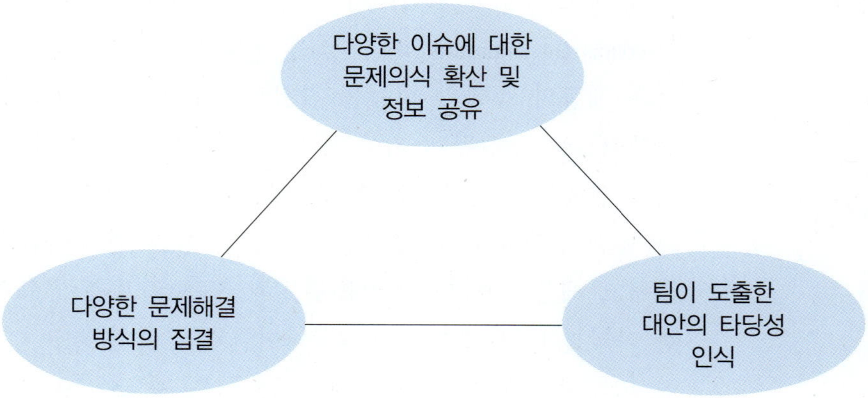

## 3. 인적자원계획

직무분석과 평가를 통해 기업의 목표달성을 위해 수행되어야 하는 활동 및 업무의 내용과 특성을 결정하고 이에 필요한 인력의 요건을 밝혀내면, 그 다음에는 특정 시기와 상황에 어느 정도의 인적자원이 필요한지를 명확히 해야 한다. 따라서 인적자원계획이란 기업의 내·외 환경과 사업계획을 고려하여 필요한 인적자원을 적절히 확보하기 위한 일련의 과정이라 할 수 있다.

인적자원계획의 핵심적인 부분은 목표달성에 필요한 인적자원 수의 예측과 현재의 인적자원 보유현황을 파악함으로써 인적자원의 수급상의 균형을 맞추기 위해 외부충원을 할 것인지, 내부이동이나 근무시간 변경 등을 할 것인지를 결정하는 제반 활동이다. 인적자원계획이 최근 중요시되는 이유는 기업의 대내외적인 환경변화를 반영한 미래지향적이고 통합적인 차원에서 인적자원관리가 전개되어야 하기 때문이다.

[그림 12-3]을 중심으로 인적자원계획에 대해 살펴보기로 하자. 첫째, 인적자원계획은 기업의 장기적 목표를 달성하기 위한 전략적 계획과 연결되어

[그림 12-3]
인적자원계획의 수립과정

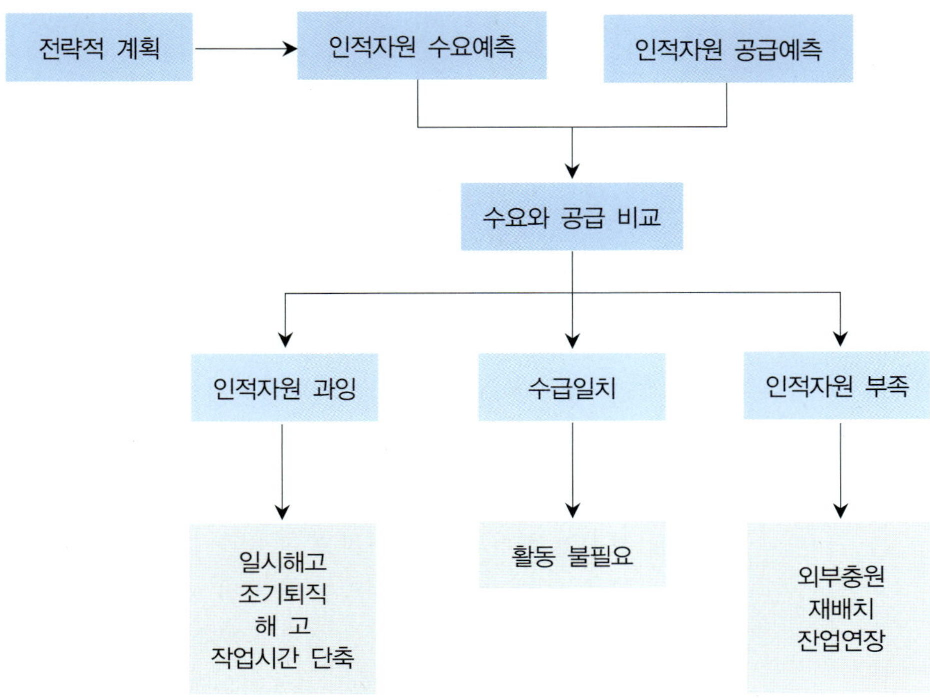

야 한다. 전략적 계획은 변화하는 기업환경 속에서 기업이 원하는 것은 무엇이며, 그것을 어떻게 달성하는가를 결정하는 것이다. 인적자원계획 담당자는 기업전략이 수립되면 전략적 목표의 달성을 위한 경영계획으로서의 인적자원계획을 수립해야 한다.

인적자원계획의 수립은 다음과 같이 몇 단계를 거친다.

- 인적자원 수요 추정 : 인적자원의 수요예측은 전략적 계획을 달성하기 위해 필요한 기술과 능력을 가진 인적자원의 형태와 수를 결정하는 과정이며, 운영계획이나 미래 매출액 추이 등을 예측과정에 반영한다. 대부분의 공기업들은 환경변화가 심하지 않고 서비스 수요 자체에 큰 변화가 없어 수요예측이 상대적으로 쉽지만, 첨단 전자제품이나 IT제품을 생산하는 글로벌 기업들은 정말 어려운 문제가 아닐 수 없다.
- 조직 내의 인적자원 구성현황 분석 : 현재 고용되어 있는 조직구성원들의 수와 역량을 살펴본다. 단순히 부서별 직원수뿐만 아니라 구체적인 업무처리 역량까지 상세히 기록해야 한다.
- 조직 내부의 인적자원 공급상황 추정 : 미래 일정시점에서 각 업무별 구성원수를 추정한다. 지금 일하고 있는 직원 모두가 앞으로도 계속 남아 있을 것이라는 보장이 없기 때문에 퇴직 예정직원, 평균적인 이직률 등을 감안하여 조사한다.
- 조직 외부에서의 인적자원 공급상황 추정 : 이직 및 퇴직으로 인해 빠져나가는 조직구성원들이 있고, 새로운 업무수요도 발생하므로 경영자들은 신규직원의 채용을 조직 밖에서 고려해야 한다. 기업이 필요로 하는 역량을 갖춘 인재 풀의 존재여부조차 판단하기 힘들기 때문에 채용가능 여부에 대한 세밀한 조사분석이 필요하다. 필요에 따라 임시직이나 계약직으로 당장 필요한 니즈를 채울 수 있다고 생각할 수도 있지만, 조직에 대한 충성심이나 몰입 정도를 고려한다면 적절한 대안은 아니다. 또한 적절한 교육훈련을 거치지 않은 임시직이나 계약직은 정상적인 채용과정을 거치고 교육과 훈련을 통해 역량을 확인받은 정규직에 비해 업무처리능력이 뒤처질 가능성도 높다.
- 채용 및 감원 계획 수립 : 인적자원에 대한 수요 및 공급 예측이 끝나면 인적자원에 대한 요구와 활용가능한 인적자원의 비교를 통해 인적자

원의 목표를 설정하고 채용 및 감원 계획을 실시한다. 만약 인적자원의 공급이 수요보다 크다면 인적자원의 과잉이 예상되기 때문에 해고, 조기퇴직, 작업시간 단축, 고용계획 축소 등을 고려해야 한다. 반대로 인적자원의 수요가 공급보다 크다면 인적자원 부족이 예상되기 때문에 기업의 외부로부터 필요한 인적자원 확보, 잔업시간 연장, 교육훈련을 통한 재배치 등을 계획해야 한다.

## 4. 채용관리

채용관리란 기업의 목적달성을 위해 필요한 인력을 모집하여 그들 중에서 직무요건에 필요한 능력과 동기를 가지는 사람을 선발하고, 선발된 유능한 인재를 직무에 배치하는 일련의 과정을 말한다. 채용관리는 모집, 선발 그리고 배치의 과정을 거쳐 마무리된다.

### (1) 모 집

모집이란 기업의 목적달성을 위해 기업 내・외에서 직무명세서상의 요건에 부합된 능력과 기술을 가진 인적자원을 확보하기 위한 활동이다. 모집은 기업 내부의 인원을 대상으로 하는 사내모집과 외부노동시장으로부터 모집하는 사외모집으로 나누어진다. 사내모집은 기업이 가지고 있는 각종 기술목록과 인력배치표를 통해 해당직무를 수행할 적임자를 찾는 비공개모집제도와 사보, 사내방송, 사내 게시판 등을 이용한 공개모집제도, 그리고 기업 내부 사람을 추천하는 내부추천 등의 방법이 있다. 사외모집은 채용광고, 인턴사원제도, 기존 종업원의 추천, 교육기관을 통한 추천, 채용박람회, 취업설명회 등의 방법에 의한 모집활동을 의미한다.

### (2) 선 발

모집이 직무요건에 부합된 인적자원을 모으는 과정이라면, 선발은 응모자 중에서 직무가 요구하는 기술과 능력, 그리고 일을 열심히 하고자 하는 충분한 동기를 가진 적임자를 선택하는 과정이다. 선발과정에는 많은 비용이 소요되기 때문에 최소의 비용으로 최적의 종업원을 선발해야 하고, 종업원의 성과가 바로 기업의 성과에 직결되기 때문에 직무요건에 가장 적합한 인적자원을 선발해야 한다는 점에서 효과적인 선발방법이 뒷받침되어야 한다.

선발은 응모자의 배경정보와 신체적 기능, 능력, 태도 등 여러 가지 요소를 종합적으로 평가하는데, 많이 이용하는 선발방식은 시험과 면접이다.

- 시험 : 시험은 시험대상자에 따라 집단시험 · 개별시험으로 나누고, 해답방식에 따라 필기시험과 실기시험 그리고 구술시험으로 구분된다. 이 중에서 가장 일반적으로 사용되고 있는 것은 필기시험으로 비용이 저렴하고 집단과 개인을 동시에 관리할 수 있다는 이점이 있다. 최근에는 복잡한 인간 행동을 단편적인 지식으로 파악하는 데 문제가 있기 때문에 채용 후 지원자의 행동을 예측하기 위해서 추리력, 학습능력, 기질, 적성 등의 심리적 요인을 측정하는 지능검사, 적성검사, 성취도검사, 흥미검사, 성격검사 등 심리검사의 중요성이 높아지고 있다.
- 면접 : 시험과 함께 가장 널리 사용되는 선발절차로 면접자와 지원자가 직접 대화를 통해 지원자를 평가하는 방법이다. 면접은 직무요건에 관한 사항을 재확인하고, 지원서에 나와 있지 않은 정보를 수집하며, 지원자의 인품을 종합적으로 평가하고, 잠재적인 능력과 의욕을 파악하기 위해서 실시한다. 면접은 직무명세서를 기초로 질문항목을 미리 준비하여 질문하는 구조적 면접, 면접자가 중요하다고 생각되는 사항에 대해서 질문하는 비구조적 면접, 다수의 면접자가 한 명의 응시자와 면접하는 위원회면접, 집단별로 특정문제에 대해 자유롭게 토론할 수 있는 기회를 부여하고 토론과정에서 개별적으로 적격여부를 심사하는 집단면접 등으로 구분된다.

명확한 기준을 설정하고 선발과정을 계획했다 하더라도 직무요건에 적합한 지원자가 불합격되는 일이 발생할 수 있으며, 반대로 직무요건에 적합하지 않은 지원자가 합격되는 일이 발생할 수도 있다. 이러한 오류를 범하지 않고 올바른 결정을 하기 위해서는 선발방법의 신뢰성과 타당성 및 선발비율이 고려되어야 한다. 신뢰성이란 일관성, 안정성, 정확성을 의미하는 것으로 동일한 사람이 동일한 환경에서 어떤 시험을 몇 번이고 다시 보았을 때 그 결과가 서로 일치하는 정도를 말한다. 타당성은 시험이 당초에 측정하고자 하는 내용을 얼마나 정확하게 측정하고 있는가를 밝히는 정도를 의미한다. 또한 선발방법이 합리적이 되기 위해서는 적정한 선발비율을 고려해야 한다. 선발비율은 선발예정자수를 총지원자수로 나눈 값으로 선발비율이 0에 가까울수록 기업은 지원자를 선택할 여유가 많기 때문에 기업의 입장에서는 바람직하다고 볼 수 있다.

### (3) 배 치

선발과정을 통해 직무에 적합한 지원자가 선발되면 그 지원자를 직무에 배치해야 하는데, 이 선발된 지원자를 기업 내의 각 부서에 배속시켜 직무를 할당하는 과정을 배치라 한다. 배치는 직무요건에 필요한 지원자의 자격요건과 수행능력이 부합되도록 해야 하는데, 이를 적정한 배치 또는 적재적소 배치라고 한다. 적재적소 배치가 이루어지지 못하면 종업원들은 기업에 적응하지 못하고 이직을 하게 되기 때문에 인적자원관리에 있어서 중요한 과제이다. 배치는 또한 지원자들의 만족감을 높이는 방향으로 이루어져야 한다. 적재적소의 배치가 이루어진다는 것은 기업이 종업원 개인을 존중하고, 종업원들의 성취를 충족시킬 수 있으며, 그들의 자발적 참여와 노력을 가능하게 해준다는 것이다. 이는 다시 이직률과 결근율을 낮추어 조직의 생산성 제고에 큰 기여를 한다.

# 제 3 절 인적자원의 개발

## 1. 조직구성원의 역량

기업의 인적자원 개발활동이란 확보된 인적자원에 대해 개개인의 잠재능력뿐만 아니라 현재의 직무를 원활히 수행할 수 있도록 기능 및 기술수준을 높이기 위한 조직차원의 지원활동을 말한다. 개발활동은 기업의 목표를 달성할 수 있도록 해주는 것은 물론, 개개인이 자신의 일에서 큰 보람을 느낄 수 있도록 지원해 주기도 한다. 또한 개발활동은 기술축적, 생산성 향상, 인력배치의 유연성 제고 등을 통해 기업경쟁력 제고에 기여하며, 개인의 능력확대 및 성장욕구 충족 등의 개인적 차원에서도 중요하다.

인적자원의 개발활동은 조직구성원이 가지고 있는 역량을 강화하는 도구이다. 개인의 역량은 [그림 12-4]에서와 같이 동기(motives), 특질(traits), 자아개념(self-concept), 지식(knowledge), 스킬(skill) 등의 요소가 결합되어 행동으로 나타난 것이며 업무수행에 있어서 성공적 결과를 만들어 내는 원동력이다.[4)]

역량의 구성요소에서 동기는 어떠한 대상이나 사물에 대해 일관되게 마음에 품고 있거나 원하는 것으로 행동의 근본원인이 되며, 주어진 목표를 향해 구체적 행동을 촉발시키는 원동력 역할을 한다. 특질은 상황 혹은 정보에 대해 일관되게 반응하게 하는 개인의 기질과 외적 특성을 말한다. 예를 들어

[그림 12-4]
역량의 구성요소

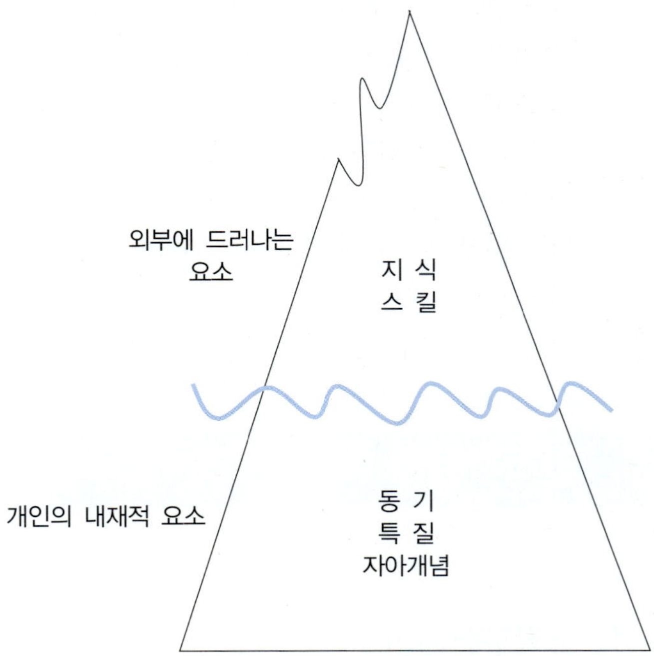


출처 : Spencer and Spencer(1993)

4) Spencer, Lyle M. Jr. and M. Signe Spencer(1993), *Competence at work : Models for superior performance*, John Wiley & Sons, Inc.

능력 있는 관리자들은 고객의 근거 없는 불평·불만에도 스트레스를 받지 않고 침착하게 대처하여 고객의 기분을 상하지 않는 방향으로 문제해결을 유도한다. 자아개념은 주어진 상황에서 단기적으로 나타나며 행동에 직접적인 영향을 주는 요소로서, 태도·가치관·자아 이미지 등을 포함하는 개념으로 동기와 특질을 결합시켜 개인의 행동에 직접적으로 영향을 미친다.

지식이 특정영역에 대해 개인이 가지고 있는 정보라고 한다면 스킬이란 특정한 물리적 혹은 정신적 과업에 대한 숙련의 수준을 의미하는 것으로 개인에게 체화된 일종의 기술이다. 스킬은 단순한 정보나 지식의 습득 정도를 말하기보다는 특정과업에 대한 신체적·정신적 능력 그리고 경험과 훈련 등이 결합되어 나타낸 것이다. 관리자에게 요구되는 대표적인 스킬로서는 커뮤니케이션, 대인관계, 리더십, 관리, 문제해결·의사결정 등을 들 수 있다.

[그림 12-4]에 간략히 요약되어 있지만, 지식과 스킬이 밖으로 드러나는 개인의 역량이라 한다면 동기, 특질, 자아개념은 속에 숨어 있는 요소로서 잘 드러나지 않아 평가하기도 힘들고 교육이나 훈련을 통해 긍정적 방향으로 개발하기도 쉽지 않다. 밖으로 드러나는 지식과 스킬 그 자체가 성과로 직접 연결되지는 않으며, 동기, 특질 그리고 자아개념 등의 눈에 보이지 않는 요인과 적절히 결합될 때 구체적 업무행동과 성과로 이어진다.

개발활동을 효과적으로 진행하기 위해서는 종업원이 현재 보유하고 있는 능력 및 개발할 수 있는 역량이 어느 정도인가를 알아야 한다. 종업원이 어떤 경우에 일에서 보람을 느끼고 있는지도 파악해야 한다. 종업원들이 가진 능력을 기업가치 창출에 기여할 수 있도록 새롭게 인적자원을 개발·구성하는 데 도움을 줄 수 있는 방법으로는 교육훈련, 경력개발, 인사고과제도 등을 들 수 있다.

## 2. 교육훈련

교육은 다소 이론적이고 개념적인 주제를 통해 지식을 습득하는 과정이며, 훈련은 특정한 직무나 한정된 주제를 통해 기술을 향상시키는 과정이라 할 수 있다. 이 두 과정은 서로 보완적 관계가 있기는 하지만, 교육이 일반적인 지식의 제공이나 지적 수준의 향상을 목표로 하는 데 반해, 훈련은 특정직무를 수행하기 위해 필요한 지식과 기술을 높이기 위해 문제해결능력을 높이고 행동을 변화시키는 것을 목적으로 한다.

교육훈련이란 직무요건에 일치하기 위해 필요한 기술과 지식을 개인이 습득하도록 하는 과정으로 기업목표를 달성하기 위해서 종업원들의 업무처리능력을 개발하는 역할을 담당한다. 특별한 기능이나 지식을 가진 종업원들을 채용했다 하더라도 새로운 기술과 이론이 끊임없이 등장하기 때문에 꾸준히 교육훈련을 실시하지 않으면 인적자원관리가 어려워진다. 새로운 기술이나 기계, 새로운 생산과 판매 방식, 그리고 새로운 경영방법 등에 대하여 교육훈련이 부단히 실시되어야 한다. 이러한 교육훈련은 종업원들의 잠재능력을 최대한 발휘하게 하고, 직무에 대한 보다 많은 지식과 기술을 습득하게 하여 효과적인 직무활동을 할 수 있도록 해준다.

기업의 사회적 책임이 절실히 요청되는 현실에 있어서 기업의 교육훈련은 최고경영자부터 일선관리자에 이르기까지 경영전략의 일환으로서 구성원 모두에게 실시되어야 한다. 신규 종업원에 대하여는 필요한 직무상의 지식이나 기술을 습득하게 하여 직무를 효과적으로 수행할 수 있도록 실시해야 하며, 재직 종업원에 대하여는 직무에 대한 새로운 이해와 접근방식을 제공하고 장래 상급자로서 필요한 직무수행을 위한 교육훈련이 실시되어야 한다.

교육훈련은 회사의 방침이나 규칙에 관한 입직훈련(orientation)을 통해 신입사원이 그 기업에 빠른 시일 내에 익숙해지게 도와주며, 현재 종업원들의 기술을 증진시켜서 내부이동에 대비한 능력의 질적 향상을 꾀하는 데 기여한다. 또한 새로 도입되는 기술이나 생산기법 등에 대해서 종업원들의 신속한 적응을 도모할 수 있으며, 사고나 불량률을 감소시킬 수 있다. 따라서 내실 있는 교육훈련은 종업원의 능력을 최대한도로 발휘하게 할 수 있기 때문에 종업원들의 불만·결근율 및 노동이동률 등을 감소시킨다.

## 3. 경력개발

경력개발이란 한 개인이 일생 동안 직업에 관련된 일련의 활동과 능력, 태도와 행동, 그리고 가치관 및 장래희망 등을 고려하여 기업의 경영목표와 전략에 맞게 종업원들을 개발하는 과정이다. 경력개발은 다음과 같이 경력목표,

경력계획, 경력관리의 3요소로 구성된다.

- 경력목표 : 개인이 도달하고 싶어 하는 미래의 직위를 말한다.
- 경력계획 : 한 개인이 자신을 파악하고 구체적인 경력목표를 달성하기 위해 경력과 관련된 직무 및 교육의 목표를 설정하고 구체적인 내용을 설계하는 과정으로 주로 개인적 측면에 초점을 맞춘다.
- 경력관리 : 개인의 경력목표를 설정하고, 이를 달성하기 위한 계획을 수립 · 실행 · 감시하는 과정으로서 개인 스스로 수행하거나 조직 내의 경력관리제도와 연결하여 수행하는 것을 말하며, 주로 기업 측면에 초점을 두고 있다.

따라서 경력개발은 기업과 개인의 욕구가 일치될 수 있도록 개인의 경력목표를 설정하고, 이를 달성하기 위한 경력계획을 수립 · 실행하여 각 개인의 경력을 개발하는 활동을 말한다. 조직구성원 개인 입장에서 생각해 보면 경력개발제도는 극히 상식적이고 당연한 요구이지만, 최고경영층 입장에서는 상당한 예산과 시간이 투입되면서도 구성원들이 계속 그 회사에 몸담고 있을 것이라는 확신도 없어 큰 관심을 두지 않는 경우가 많다. 기본적으로 조직구성원의 일과 회사에 대한 몰입을 촉진하는 요인으로는 [그림 12-5]에 도시되어 있는 바와 같이 크게 조직구성원 본인이 매일 처리하는 직무의 가치 제고,

[그림 12-5]
일과 회사에 대한 몰입을 촉진시키는 핵심요인

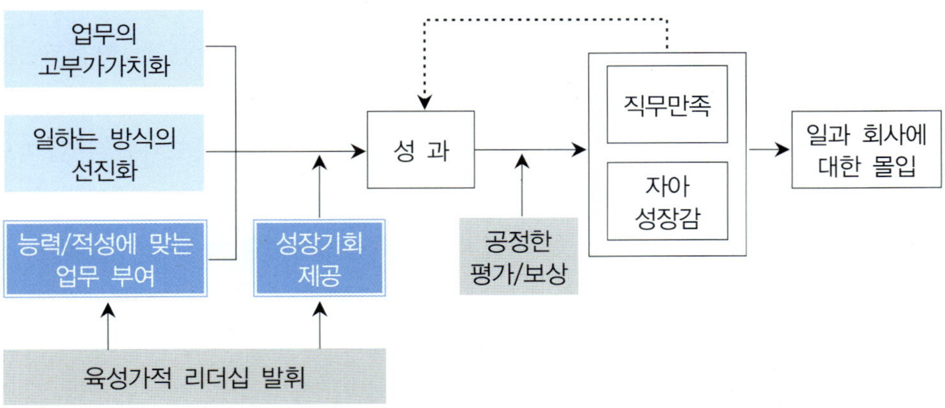


출처 : 최병권(2004), 동기부여 강화를 위한 3가지 포인트, LG주간경제 2004년 10월, https://www.lgbr.co.kr/report/view.do?idx=1972

그 직무로부터의 성과와 기여도에 대한 공정한 평가 및 합당한 보상, 그리고 본인의 중장기적인 역량 제고를 위한 육성가적 리더십(nurturing leadership) 등을 들 수 있다.[5]

직무의 고부가가치화, 일하는 방식의 선진화 및 능력·적성에 맞는 업무의 부여 등은 성과에 직접적인 영향을 미치며 이 과정은 조직구성원 본인이 지속적으로 성장할 수 있는 기회로 부각된다. 현재 몸담고 있는 회사에서 더 이상 배울 것이 없고 자신의 시장가치를 높일 수 없다고 생각하는 구성원은 아마 다른 기회를 찾아 회사를 떠날 가능성이 높다. 열심히 일한 결과로부터 발생하는 성과에 대해서는 공정한 평가와 보상이 수반되어야 하며, 성과를 낸 만큼 합당한 보상을 받을 수 있다는 기대감이 형성되어야 더 높은 성과 창출을 위한 노력이 계속된다. 기업의 최고경영층은 이러한 선순환 고리를 이해하고 구성원들이 자신의 꿈과 성장을 달성할 수 있도록 다양한 기회를 제공해 주어야 한다. 본인에게 부여된 업무에의 몰입은 곧 실력 배양으로 이어질 것이라는 확신을 주는 등 조직구성원들의 경력개발에 많은 노력을 기울여야 한다.

## 4. 인사고과

인사고과란 종업원의 태도, 성격, 자질, 적성 등을 평가하며 직무수행상의 업적을 측정하여, 종업원의 현재 및 잠재 능력을 파악하는 제도이다. 인사고과는 태도고과, 업적평가, 능력고과로 구성되는데, 다음과 같은 특징을 지닌다.

첫째, 인사고과는 기업 내의 사람을 대상으로 한다. 직무평가가 직무 그 자체의 가치결정을 하는 것임에 반해, 인사고과는 본질적으로 인간을 대상으로 그 가치를 평가하는 것이다. 둘째, 인사고과는 사람과 직무의 비교를 원칙으로 한다. 즉 종업원이 직무를 수행함에 있어서 나타나는 결과를 중심으로 한다. 따라서 직무간 비교를 통해 직무가치를 평가하는 직무평가와는 다른 것이다. 셋째, 인사고과는 상대적 평가이다. 따라서 인사고과의 결과를 절대적인 인적자원관리로 보는 것이 아니라 인적자원관리 시스템의 한 부분으로

5) 최병권(2004), 동기부여 강화를 위한 3가지 포인트, LG주간경제 2004년 10월, https://www.lgbr.co.kr/report/view.do?idx=1972

서 이해해야 한다. 넷째, 인사고과는 객관성을 높이기 위하여 어느 특정목적에 맞도록 조정되는 경향이 있다.

인사고과는 기업에서 종업원의 가치를 객관적으로 평가하는 방법을 제도화한 것이기 때문에 다른 어떤 제도보다도 중요하다고 할 수 있으며, 현대적인 인적자원관리의 거의 모든 영역에 영향을 미치는 귀중한 자료를 제공해 주는 역할을 한다. 인사고과의 목적은 구체적으로 다음과 같다.

- 공정평가 : 인사고과는 사람(고과자)이 사람(피고과자)을 평가하는 것이기 때문에 잘못될 소지가 많으므로 객관적이면서 과학적으로 이루어져야 한다. 종업원 개개인의 성격, 근무태도, 자질, 업적 등의 현재능력은 물론이고 잠재능력과 개발 가능성까지 공정하게 평가할 수 있어야 한다.
- 적정배치 : 인적자원을 적재적소에 배치함으로써 기업의 유효성을 제고시킬 수 있다.
- 능력개발 : 종업원의 정확한 능력을 파악하여 인적자원개발에 활용하기 위한 정보를 인사고과에서 얻게 된다.
- 공정처우 : 인사고과는 종업원의 성과를 바르게 측정하고 그에 따라 종업원의 승진, 임금, 방출 등에 대한 공정한 처우를 제공할 수 있다.
- 근로의욕 증진 : 인사고과를 통하여 해당직무와 그 직무를 수행하고 있는 사람의 적성 및 능력 등이 적합한지를 발견할 수 있게 된다. 이 과정을 통해 개선의 계기를 찾는 동시에 종업원의 성취의욕을 자극하는 계기로 활용할 수 있다.

일반적으로 인사고과는 상급자가 하는 경우가 많다. 평가 실시가 체계적이고 용이하며 평가자가 피평가자의 직무에 대하여 잘 알고 있다는 장점이 있기 때문이다. 그렇지만 본의 아니게 오류를 범할 수도 있는데, 흔히 범하는 평가상의 오류를 몇 가지 제시하면 다음과 같다.

- 상동적 태도 : 피고과자가 속한 집단에 대한 고정관념을 기초로 해서 평가할 때 나타날 수 있는 오류이다. 예를 들어 '어느 지역 출신 또는 어느 고등학교 출신이기 때문에 이럴 것이다'라고 판단하는 경우이다.

- 중심화 경향 : 평가자가 잘 알지 못하는 성과차원을 평가하는 경우 적당히 중간점수를 부여함으로써 평가행위를 안전하게 하려는 의도에 의해 나타나는 오류이다. 평가요소를 세분화하고 보다 명확하게 정의함으로써 이를 극복할 수 있다.
- 현혹효과(후광효과, halo effect) : 피고과자가 가지고 있는 하나의 특성에 대한 지식을 기초로 하여 다른 모든 특성에 대해 전반적으로 좋게 또는 나쁘게 평가하는 경향을 말한다. 예를 들어 판단력이 좋으면 성실하고 일처리 능력이 좋은 것으로 판단하는 것을 말한다.
- 시간적 오류 : 피고과자를 평가함에 있어서, 쉽게 기억할 수 있는 최근 업적이나 능력을 중심으로 평가하려는 데에서 생기는 오류이다.
- 대비오류 : 고과자가 정당한 평가기준을 무시하고 자신이 지닌 특성과 비교하면서 피고과자를 평가하는 오류를 말한다.

그 외에 평가분포와 관련된 오류도 발생할 수도 있다. 즉 여러 피고과자를 평가하는 경우에 평가결과의 분포가 위로 편중되는 관대화 경향, 아래로 편중되는 가혹화 경향 등이 그것이다. 평가분포와 관련된 오류는 고과자가 감정적인 경우에 더욱 심각한 문제가 될 수 있는데, 예를 들어 상사가 감정적으로 부하들에게 가혹한 고과점수를 주는 보복성 고과를 하는 경우가 이에 해당한다.

## 제 4 절 인적자원의 동기부여와 유지

인적자원의 동기부여와 유지활동은 종업원들의 개인목표와 기업의 목표를 조화롭게 추구하면서 종업원의 성과창출과 능력개발에 대한 노력을 지속적으로 유지하는 활동을 말한다. 종업원이 일 또는 조직에서 만족을 느낄 수 있는 원천은 매우 다양하다. 따라서 종업원이 만족할 만한 급여와 복리후생, 직무수행상의 안전확보, 직무환경의 개선 및 개개인의 건강유지 등 다양한 분야에 관심을 기울여야 한다.

## 1. 임금관리의 공정성

임금은 종업원들의 소득 중 가장 중요한 원천이 되며 기업 입장에서 볼 때 가장 중요한 자원의 근무의욕을 높여 생산성을 향상시키며 우수한 인적자원의 외부유출을 미연에 방지하는 기능을 한다. 인적자원은 기업의 성과를 창출하는 데 가장 중요한 요소이며 첨단기술의 개발과 축적에 없어서는 안 될 요소이므로 경쟁기업에 비하여 상대적으로 높은 임금수준을 유지하는 것 이외에 기업 내부에서 직종별·직무별 임금격차를 공정하게 관리하는 것이 중요하다. 종업원들 입장에서 볼 때 임금이나 승진을 통하여 적절한 보상이 이루어지지 않으면 동기부여를 기대하기란 쉽지 않다. 더구나 한 기업의 임금수준이 상대적으로 높다 하더라도 직무간의 형평성이나 개인간의 공정성이 결여되어 있다면 상대적으로 낮은 임금을 받고 있다고 느끼는 사람들은 결코 높은 근로의욕을 가질 수 없다.

임금 또는 임금관리의 공정성은 [그림 12-6]에서와 같이 분배공정성(distributive justice)과 절차공정성(procedural justice)의 측면에서 논의가 이루어지곤 한다.[6] 분배공정성은 조직 내에서 자신이 받게 되는 보상의 적절성을 의미하는 것으로 외적 공정성과 내적 공정성으로 구분할 수 있다.

[그림 12-6]
임금관리의
공정성 유형

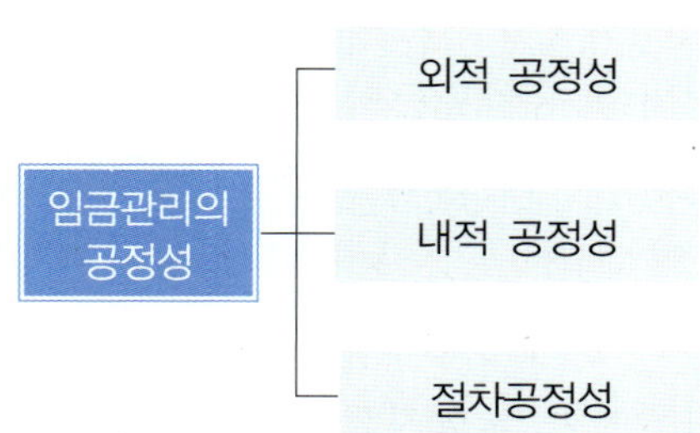


6) Hetidrix, W.H., T. Robbins, J. Miller, and T.P. Summers(1998), "Effects of Procedural and Distributive Justice on Factors Predictive of Turnover," *Journal of Social Behavior and Personality*, Vol. 13, No. 4, pp.611~632.

- 외적 공정성 : 조직구성원 자신이 본인과 유사한 직무, 학력, 연령, 직무량 등을 가진 자기 회사 밖의 다른 사람과 비교하여 느끼는 공정성을 의미한다.
- 내적 공정성 : 자신이 스스로 설정한 기준과 실제 조직 내에서 느끼는 만족도를 비교하는 데 초점을 두며, 업무에 투입한 노력에 대해 회사로부터 받은 보상에 대해 느끼는 공정성의 정도를 의미한다. 임금 결정에 있어 조직의 직무와 직능 및 근속에 따라 보상을 달리할 때 내적 공정성이 유지·확보된다. 만약, 수행하는 업무의 양이나 질, 기술적 숙련도의 요구 정도 등에 관계없이 일률적으로 급여가 책정된다면 내적 공정성이 훼손되었다고 평가할 수 있다.
- 절차공정성 : 임금에 관한 의사결정이 이루어지는 과정이나 시행되는 절차에 관한 공정성을 의미하는 것으로, 절차가 공식화되고 관련 정보의 공유가 전제되어야 한다. 특히 임금체계의 설계에 조직구성원들의 의견이 반영되는 정도가 높을수록 절차공정성이 높다고 평가할 수 있다.

능력이 우수한 인적자원을 고용하고 입사 후에도 다른 회사로의 이직을 막기 위해서는 임금과 관련된 외적 공정성과 내적 공정성 그리고 절차공정성이 적정수준 유지되도록 지속적으로 노력해야 한다.

## 2. 노사관계 관리

인적자원 유지활동의 중요한 요소 중 하나는 노사관계 관리이다. 노사관계는 노동자와 자본가 간의 관계 또는 노동조합과 경영자 간의 관계로 볼 수 있다. 역사적으로 노동자와 자본가 사이의 관계는 피고용자와 고용자 간의 관계에서 시작되었으며 그 후 경제가 발전하는 과정에서 노동조합의 출현으로 노사관계는 노동자와 경영자 간의 관계로 바뀌었다. 이제는 기업의 목표를 달성하기 위하여 노사가 서로 협력하는 관계로 발전해야 한다는 공감대가 형성되고 있다.

노동조합은 노동생활의 제반 조건을 유지·개선하기 위해 조직된 노동자의 단체를 의미하는 것으로 그 기능은 공제적 기능, 경제적 기능, 정치적 기능으로 분류할 수 있다.

- 공제적 기능 : 조합원의 생활 안정을 위한 활동 중에서 중요한 기능을 하는 것으로 조합원의 질병, 상해, 실업, 재난, 노령, 사망 등으로 노동력이 상실되어 노동자들이 어려운 시기를 맞이할 경우를 대비하여 조합이 기금을 마련하여 그것을 이용하여 상부상조하는 것을 말한다.
- 경제적 기능 : 노동력을 제공하는 주체인 노동자들이 자신들의 이해를 위하여 단체교섭이나 노동쟁의를 통하여 수행하는 교섭기능을 말한다. 이는 노동자들의 전체임금수준 향상, 작업시간의 축소, 고용 안정성 제고, 작업환경의 향상, 그리고 기타 노동자들에게 불리한 여러 가지 요인을 방지하기 위한 것이다.
- 정치적 기능 : 노동조합이 국가나 사회단체를 대상으로 하여 노동관계법의 제정 및 개정 등 노동자들의 권익 확보를 위한 역할을 하는 것을 말한다. 현대 경제사회에서 노동조합이 지니는 사회적·경제적 역할은 기업은 물론 국가차원에서도 중요시되므로 현대 노사관계는 노동조합과 경영자 간의 민주적이고 합리적인 분위기 속에서 노사협력체계를 구축하는 것이 중요하다.

오늘날 노사관계의 중요한 문제는 노동조합의 경영참가의 문제이다. 경영참가란 경영상의 제반 문제를 해결함에 있어서 경영자의 권한이라고 여겨진 경영권에 대해서 노동자를 대표해서 그들의 이익을 유지하거나 증진시키는 것을 목적으로 노사간에 공동으로 경영관리기능을 수행하는 것을 말한다. 이러한 경영참가에는 자본참가, 이익참가 및 노사협의제도 등 세 가지 유형이 있다.

- 자본참가 : 노동자들이 자본의 출자자로서 기업경영에 참여하는 제도로 종업원지주제도가 흔히 사용된다. 종업원지주제도는 증자시 일정기준에 따라 종업원에게 신주를 유상 또는 무상으로 인수할 수 있게 해주며, 주주로서 발언권을 갖게 되는 것을 말한다.
- 이익참가 : 노사가 미리 합의하여 설정해 놓은 목표와 비교하여 목표를 초과달성하였을 경우, 초과달성한 부분에 대해 노동자와 경영자가 일

정한 비율로 나누는 제도로 경영능률의 증진을 위하여 노동조합이 적극적으로 참가하여 협력을 유도하기 위해 실시하는 경영참가방식이다.

- **노사협의제도**: 기업체의 양당사자인 경영자와 근로자가 대등한 입장에서 단체교섭에서 취급하지 않았거나, 근로조건의 결정을 위해 기타 다른 제도에서 취급하지 않는 사항으로 노사 양측이 이해를 같이하는 사항에 대해서 협의함으로써 서로의 이해를 돈독히 하고 서로 협력하는 기능을 가지는 제도를 의미한다. 노사간 공통적으로 관련된 문제 발생시 단체교섭으로 해결하기 힘든 경우 노사가 협의하여 협력을 모색하도록 하는 제도적인 장치이다.

결국, 노사간 관계는 갈등보다는 서로 협력하는 입장에서 지속적으로 유지해 나가야 하고, 그러기 위해서는 정치, 경제, 사회, 문화적 제반 여건이 구비되어야 하며, 공동의 목표를 달성하기 위한 경영자와 노동자의 헌신적 노력이 요구된다. 특히 협력적이고 건전한 노사관계가 구축되기 위해서는 조직 구성원들의 이중몰입이 요구된다. 이중몰입이란 근로자가 기업과 노동조합 모두에 대해서 구성원 자격을 유지하고 싶어 하며, 조직의 구성원임을 자랑스럽게 여기고 조직의 가치가 개인의 가치와 일치한다고 느낌으로써 조직을 위해 책임감 있는 업무수행을 하고자 하는 정도를 의미한다. 노사관계의 개선은 경영자와 노동자 간의 공통된 과제를 민주적이고 합리적인 방식으로 다루어 나감으로써 이중몰입을 증대시키는 과정에서 이루어질 수 있을 것이다.

## 쉬어가기

### 직장인 대부분이 시간 까먹는 '가짜 일' 시달려… 업무일지부터 없애라

늦은 시간 식당, 술집에 가면 누군가는 휴대전화로 업무 관련 통화를 하거나 이메일을 읽고 있다. 이른 아침 출근길 전철 안에서도 이런 모습은 흔하다. 공항과 기차역에서는 업무차 낮 동안에 먼 도시로 출장을 갔다가 밤늦게 귀가하는 사람들을 볼 수 있다. 업무에 치이는 바쁜 일상은 현대 직장인의 모습이 됐다. 우리는 그렇게 일의 규제를 받으며 일에 매여 산다. 그런데 문득 궁금증이 든다. 이렇게 온종일 빼곡한 스케줄을 소화하고 있지만 과연 우리는 정말 필요하고 가치 있는 일을 하고 있는 걸까.

신간 '가짜 일 vs 진짜 일(원제 Fake Work)'의 저자 브렌트 피터슨은 근로자의 대다수가 회사의 전략과 일치하지 않는 '가짜 일'에 시달리고 있다고 주장한다. 어떤 프로젝트에 매달려 열심히 일하고 있지만 정작 이것이 회사의 목표를 달성하는 것과는 거리가 있다는 것이다. "직원들의 81%는 스스로 회사의 최우선 순위에 몰입하지 않는다고 생각한다. 회사가 무엇을 추구하는지, 어떤 목표와 우선순위를 가졌는지 모르기 때문이다. 심지어 직원 73%는 자신이 하는 일이 회사의 목표를 이루는 데 도움이 되지 않는다고 여긴다."

피터슨은 최근 전화 인터뷰에서 "최고경영자가 회사 로고가 새겨진 배지를 직원들 가슴에 달아주어도, 슬로건을 벽에 써 붙여도 직원들은 회사의 목표를 제대로 이해하지 못하기 때문에 가짜 일에 매인다. 직원들이 지금 당장 가짜 일을 멈추고 진짜 일을 하게 해야 한다"고 말했다.

"가짜 일은 무엇인가? 겉으로 보기엔 분명히 일인데, 회사의 전략과 목표에 도움이 되지 않는, 오히려 방해가 되는 업무다. 성과 없이 때만 되면 열리는 회의, 끊임없는 서류 작업, 상사에게 보고하기 위해 작성하는 업무일지, 갈등만 조장하는 회식 등이 여기에 해당된다. 이것은 단순한 문제 같지만, 우리가 확인한 바로는 너무 많은 근로자가 성과가 나지 않는 가짜 일에 매달린다. 쉽게 말해 회사의 자금과 시간을 낭비하는 일이다."

"사람들은 왜 가짜 일을 하나? 보상을 바라기 때문이다. 우리는 일하는 시간에 따라서 돈을 받기 때문에 20분짜리 일을 2시간 분량으로 만들어 더 많은 보상을 받는다. 밤을 새우고 늦게까지 회사에 남아 있는 사람일수록 인사고과가 더 좋게 나온다.

주당 40시간 근무는 이제 옛 이야기다. 대부분 미국 기업은 주 60시간 근무한다. 노동시장에서 살아남기 어려워지면서 서로 경쟁적으로 더 오래 일하는 것처럼 보이려고 애쓴다. 쓸데없는 미팅을 늘려 일만 부풀리기도 한다. 일하는 것처럼 보이면 그 보상을 청구할 수 있기 때문에 바쁜 듯 보이면 그걸로 되는 것이다.

"가짜 일과 진짜 일은 언뜻 봐선 구별이 안 된다. 가짜 일을 열심히 하는 직원이 오히려 유능해 보이는 상황도 발생한다. 만약 가짜 일이 확연히 구분되는 단순한 사안이었다면 책을 집필하지도 않았을 것이다. 그 자체가 가짜 일이 되었을 테니 말이다."

"얼마나 많은 직원이 회사의 목표를 인지하고 있다고 생각하나. 연구 결과에 따르면 직원들의 절반 수준인 56%는 회사의 가장 중요한 목표를 명확히 파악하지 못하고 있다. 또 직원의 81%는 회사의 지금 당장의 최우선 전략이 뭔지 모른다. 심지어 73%는 자신이 하는 일이 회사의 목표를 이루는 데 도움이 되지 않는다고 생각한다. 마지막으로 53%는 자신들이 하는 일이 사내에서 그리 중요하지 않다고 응답했다. 아주 참담한 결과다. 여기에 흥미로운 수치가 하나 더 있다. 얼마나 많은 직원이 올해 작년보다 더 많이 일했다고 답했을까. 92%나 된다. 거의 모든 직원이 올해 작년보다 더 많이 일했다는 것이다. 즉 많은 직원이 매년 더 많은 일을 처리하고 있지만 정작 업무의 방향과 의미도 모른 채 가짜 일로 시간을 허비하고 있다는 것이다."

"어떻게 하면 가짜 일을 줄일 수 있을까? 일단 지나친 서류 작업과 보고부터 줄여야 한다. 한 엔지니어링 회사 요청으로 생산성 컨설팅을 한 적이 있는데, 당시 경영진은 일을 효율적으로 정리하지 못하는 엔지니어들에게 잘못이 있을 것으로 예상했다. 그러나 우리가 찾아낸 진짜 문제는 장문의 보고서였다. 일일 업무일지부터 주간·월간 보고서 등 수많은 문서를 작성하느라 엔지니어들은 매달 4일 정도를 매달리고 있었다. 이는 전체 업무시간의 20%에 이른다. 실제로 보고서를 살펴보니 똑같은 내용을 다른 문장으로 바꿔서 짜깁기하는 수준이었다. 보고서에서 요구되는 정보는 단 세 가지다. 해결해야 할 문제, 시도한 방법, 그리고 결론. 그래서 우리는 15페이지에 달하는 보고서 대신 2페이지 분량의 요약문을 제출하도록 했다. 월간 보고서는 아예 없애버렸다. 그 결과 엔지니어들은 매달 진짜 일을 하는 데 3일을 더 쓸 수 있게 됐다. 직원들의 근무 만족도도 올라갔다. 가짜 일을 없애고 본업에 충실할 수 있게 되면서 이직도 줄어들었다."

"자유롭게 소통하는 조직을 만들면 된다. 소통이 부족한 조직은 일의 진행 상황을 알지 못해 프로젝트에서 역효과를 내거나 정보는 넘치지만 그것으로 무엇을 할지 모르는 문제를 초래한다. 보통 기업 임원 중 상당수가 소통을 꺼린다. '떠들지 말고 자리로 돌아가라'고 말한다. 사무실 복도에 비생산적인 농담이 넘쳐난다고 보기 때문이다. 하지만 직원들이 가짜 일에 시달리고 있는지 또는 가짜 일을 만들어 진짜인 척 꾸미는지는 소통 없이 알 수 없다. 결국 늘어난 가짜 일은 회사의 생산성 하락으로 이어지고 기업은 외부 컨설팅을 받아야 하는 상황을 맞는다."

"좋은 실적을 내고 빠르게 성장하는 회사의 경영진은 경청의 중요성을 잘 알고 있다. 이런 회사에서는 직원들이 '스토리텔러'의 역할을 한다. 직원들 입에서 나오는 이야기는 모든 사람이 활용할 수 있는 일종의 '직장 화폐' 같은 소중한 개념이다. 온갖 악조건 속에서도 프로젝트가 어떻게 좋은 성과를 냈는지, 회사가 어떻게 직원들을 대우하는지 등등 다양한 이야기가 생산되는 것이 좋은 회사라는 증거다. 회사는 정보가 조직의 구석구석까지 자유롭게 흘러들게 해야 하는 유기체다. 경영진이 특정 의사소통을 통제하고, 없애려고 한다면 자연스럽고 인간적인 방법으로 정보를 교환하는 데 방해가 될 뿐이다. CEO가 할 수 있는 최선의 방법은 소통이 잘 되는 활기찬 환경을 조성하고, 그들의 이야기를 충분히 들어주는 것이다."

(조선일보, 2016.11.5)

## 직장인 레시피… 주니어의 최대 덕목은 '적극성'이다

이른바 '부모 찬스', '응석 찬스'가 직장에까지 확산되고 있는 것이 현재 직장문화의 특징이다. 자신에게 주어진 일을 혼자 결정내려 보지 않은 경험은 자칫 남에 대한 과도한 기대나 응석으로 발현될 수 있다. 그러나 착각하지 말아야 한다. 직장은 대학 선배가 후배를 챙기듯, 부모가 자식을 위하듯, 부족한 2%를 채워주던 따뜻한 기억의 장소가 아니라는 것을.

**직장 내 응석과 애교는 '모자람'의 증명**

요즘 직장에 떠오른 새로운 고민거리로 '신입 증후군'이 있다고 한다. 조직에 생생하고 신선한 활력을 불어넣어 줄 기대감을 한몸에 안고 입사한 신입들로 인해 각 직장마다 뜻밖의 '난제'가 발생한다는 뜻이다. 물론 모든 직장, 모든 신입사원들에게서 공통적으로 발견되는 일은 아니다. 일부 '곱게 자란' 신입사원의 엉뚱하고도 돌발적인 언행에서 파생된 문제로, 요즘 젊은 세대들에 대한 부모의 과도한 매니지먼트, 즉 '자식 사랑'이 초중고를 넘어 대학은 물론 직장에까지 연결되고 있는 것. 부모가 직장 상사에게 전화로 어필을 하거나 부서를 바꿔 달라는 일도 비일비재하다고 한다. 반론도 있을 수 있다. 지금 같은 취업난 시대에 '누가 그런 응석을 부리겠는가?'라는. 하지만 직장마다 이야기를 들어 보면 조금은 어이없는 일이 발생하는 것도 사실이다.

모 회사 부장급 간부의 말이다. "우리 회사는 연수원에서 교육받고 부서 배치받은 신입에게 매년 서울과 지방 지점 순회 교육을 실시해. 지방 지점을 방문하는 경우 밤늦게 귀가하기도 하고, 어떤 경우에는 그곳에서 숙박을 하는 일도 있지. 물론 아무리 밤늦게 퇴근해도 다음 날 아침에 출근시간은 지켜야 하는 것이 상식이고. 그런데 한 신입사원 어머니가 나에게 전화를 해 '우리 아이가 매일 지방 출장을 다니는데 그렇게 힘든 일을 왜 시키는지 모르겠다. 또 밤 12시가 다 되어 퇴근하는데 아침 출근시간 30분 전에 사무실에 도착하는 것은 무리한 지시 아니냐'며 어필을 하더라고. 말은 예의를 차렸는데 직장생활 20년 넘게 하면서 그런 전화를 처음 받아서 어떻게 대응할지 모르겠더라니까." 이 신입사원 어머니의 말이 결코 '틀린 이야기'는 아니다. 하지만 조직의 입장에서는 분명 '낯선 다름'임에 틀림없다.

그렇다면 이것을 단순히 '요즘 세대'의 특징이자 개성이라고 받아들여야 하는가의 문제가 조직에 남는다. 또는 부모의 과도한 코칭으로 대학에 들어가고 취직한 세대들의 공통점일지 모른다. 물론 직장도 변해야 한다. 주 52시간 근무, 최저 임금 준수, 직장 내 갑질 문화 퇴치, 주말과 저녁이 보장된 삶, 상하 직급에 의한 직장 질서보다 서로를 인격체로 존중하는 소통의 문화 등등 아직까지 대한민국 직장문화에는 개선되어야 할 점이 무수히 많다. 하지만 직장은 밀레니얼 세대 신입들이 겪은 학창시절의 조직문화와는 그 출발점이 다르다. 직장은 철저한 '각자도생', '적자생존'의 사각 링이다. 너무 살벌한 용어로 겁주는 거 아니냐고? 직장생활 딱 1년만 경험해도 '아, 어떤 의미의 말인지 알 것 같아요'라며 공감할 것이다.

### 절이 싫으면 중이 떠나면 된다

S기업 기획부에 K사원이 입사했다. 이제 입사 1년 차다. 일류대 졸업에 스펙 빵빵하고 외모까지 뛰어나 신입사원연수 마칠 때는 각 부서에서 스카우트 쟁탈전까지 벌어진 재원으로 평가받았다. 하지만 막상 부서 배치를 받고 얼마 되지도 않아 K사원은 부서에서 기피 인물이 되었다. 연말 인사 방출 대상 1호라는 소문도 돈다. 하루아침에 신뢰도가 절벽 아래로 떨어진 이유는 무엇일까. 그 원인은 그가 아직도 직장생활을 학창시절과 혼동하기 때문이다. K사원은 부장을 대학 동아리 회장으로, 차장이나 과장은 신입생 시절 3학년 복학생 선배 정도로 대한다. 부장에게 보고 시한을 어길 때도 있고 지각은 물론 근태 지적도 빈번하다. 그때마다 부장은 조용히 타일러도 보고 따끔하게 혼도 내 보지만 K사원의 반응은 직장인으로서의 기본자세도 모르는 듯하다.

"부장님, 제가 일부러 그런 건 아니고요, 더 잘해 보려다가 보고시기를 놓치고 늦어진 거예요. 다음부터는 잘할게요, 네? 이번만 봐주세요. 그럼 부장님, 그렇게 알고 전 가겠습니다. 헤헤헤." 마음씨 여린 부장은 막냇동생 같은 K사원의 애교 섞인 살가움에 너털웃음을 지으며 넘어가지만 이를 바라보는 선배나 동료들의 속내는 부장과 똑같지 않다. 보다 못한 선배들도 그를 불러 타일렀지만 그때마다 그의 반응은 예상 외다. "아니, 빡빡하게 왜 그래요. 살다 보면 지각할 수도 있고 또 급한 일이 생겨서 일을 내일 처리할 수도 있지요. 같은 부서에서 이 정도 편의는 서로 봐줘야 하는 것 아녜요?" 선배들과 부서원들은 그를 포기했다. 그리고 그들은 이구동성으로 말한다. "아니, 회사를 무슨 대학 동아리로 알아. 저렇게 제멋대로 굴면 조직이 어떻게 유지되겠어. 부장님도 너무 마음이 좋으셔서. 차장님이라도 따끔하게 혼내야 하는 것 아닌가요? 아니면 이번 연말 인사 때 다른 부서로 방출해 버리시죠."

K사원이 부서에서 퇴출되지 않을 방법은 한 가지뿐이다. 그것은 '마감 정신'이다. 출근시간에도 마감이 있고 근무시간에도 마감이 있다. 그리고 가장 중요한 것은 업무지시의 마감 시한이다. 회사에서는 각 부서가 톱니바퀴와 같다. 그것이 유기적으로 잘 맞물려야 회사라는 큰 조직과 프로젝트를 성공적으로 이뤄 낸다. 부장이 K사원에게 지시한 일은 아무리 작은 톱니바퀴일지라도 일정시간에 맞춰 그 부속을 완성해 납품해야 한다. 그래야 크고 작은 톱니바퀴들과 연결되어 더 큰 톱니바퀴를 만들고 돌릴 수 있기 때문이다. K사원이 그 시간을 지키지 않음으로써 부서는 물론 전체 조직의 '시작'이 늦어지고, 결국 직장 전체에 나쁜 영향을 미친다는 '조직의 특성'을 알아야 한다. 그것을 못하겠다면? 스스로 그만두고 일하고 싶을 때 일하고 놀고 싶을 때 놀 수 있는 '혼자만의 일'을 찾아야 한다. 그것이 모두를 위해 좋다. 마감 정신도 없이 "우리끼리 빡빡하게 왜 이러세요"라는 말만 되풀이한다면 결국 조직이 K사원을 버릴 수밖에 없다.

### 긴 레이스, 배우고 또 배우는 직장생활

직장생활, 지름길이 없다. 박사학위 줄줄이 갖고 세계적 인재로 평가받아 S급 인재로 영입되는 '천재'들이나, 회장님 아들 혹은 최소 조카 정도가 아니라면, 맨 밑에서 출발해야 한다. 신입부터 시작해야 하고, 부서 배치도 회사 방침에 따라야 한다. 회장님 아들이 요즘 사회 화두로 떠오른 '공정'과 위배되고, '아빠 찬스' 아니냐고? 글쎄, 이 문제에 대해서는 필자도 답이 없다. 아무튼 그나마 신입들에게 유일한 공정은

'똑같은 출발선'에 서 있다는 점이다. 직장생활은 장거리 레이스다. 출발은 빠를 수도 있지만 골인 지점에 들어오는 것은 꾸준한 페이스를 유지해야만 가능하다. 이때 조직은 각 사원들에게 일종의 페이스 메이커 같은 역할도 해 준다. 때로는 속도를 내라고 채찍질하지만 또 어떤 순간에는 마음이 불안해질 정도로 속도를 늦추라고, 심지어는 돌아가라고도 한다. 직장생활의 목표는 개개인이 다 다르겠지만 자신이 정해 놓은 지점, 그것이 임원이라는 별을 다는 것이든 혹은 무사평탄하게 정년퇴직을 하든, 아니면 조직의 각종 시스템과 여건을 이용해 '나만의 인맥과 콘텐츠를 완성'해 독립을 꿈꾸든, 그 목표 지점까지 완주하는 것이다. 그랬을 때 그 가치를 인정받을 수 있다. 신병 훈련소에서 조교들은 이런 말을 종종 쓴다. "사회에서 자신이 무엇이었는지 잊어라. 여기서는 똑같은 훈련병이다." 맞다. 어느 조직이건 그 조직문화에 익숙해지려면 시간과 경험이 필요하다. 그것을 빠르게 습득하는 것이 영리한 직장생활의 지름길이다.

주니어에게 기대하는 최대 덕목 '적극성'

직장에서 신입사원에 거는 기대에는 일정수준의 선이 있다. 숙달된 업무능력을 기대하거나 경력자가 만들어 내는 작품을 기대하지는 않는다. 오히려 업무에 임하는 태도, 즉 활발하고 호기심, 또 그것이 능동적인 업무로 연결되는 딱 그 수준이다. 심지어는 '도움은커녕 짐이 되어 안고 업고 가는 존재만 되지 않으면 좋겠다'는 상사들도 많다. 물론 능동적이고 적극적인 직장생활을 하겠다는 의욕이 앞서 나서야 될 자리, 말해야 할 위치를 벗어나 온갖 것에 참견하는 것 역시 피해야 한다.

여기서 필요한 적극성과 능동성이란 부서 공통 업무에 대한 태도다. 자신에게 주어진 일, 일 처리도 깔끔하고 시간도 잘 지키고 업무 숙달마저 재빠르다면 합격점이다. 하지만 '그 이상의 것', 여기에서 적극성이 드러난다. 상사는 시키는 일, 주어진 일에만 충실하고 몰두하는 것에도 물론 만족감을 표현할 것이다. 하지만 상사들은 항상 업무 이외의 것에 대한 기대감이 있다. 물론 이 업무 역시 중요한 것은 아니다. 신입 1년 차에게 핵심 프로젝트를 맡기는 정신 나간 상사는 없다. 그런데도 묘하게 부서 내에는 '누군가 나서서 해 주어야 할' 업무가 분명 존재한다. 데이터를 수집하는 것, 각종 수치를 종합해 PT 자료를 만드는 것, 국내외 유사 업종의 동향 분석 등등이다. 여기서 차이가 난다. 이 일들은 각자 맡은 업무 외의 일이다. 부수적으로 프로젝트를 진행하는 가운데 각 프로젝트팀에서 모두가 필요한 기본 자료 같은 것이다. 이 업무를 능동적으로 나서서 해야 한다. 그저 주어진 일에만 열심이고 공통의 것은 애써 못 본 척하는 태도에서 많은 직장인들이 점수가 깎인다.

"K사원은 자기 일은 잘하는데 딱 거기까지야. 알아서 기본 데이터나 자료 정리를 해 주면 좋겠는데. 그런 것을 일일이 지시해야 하나. 좀 소극적인 것 같아"라는 상사들의 인식 출발이 바로 이 지점이다. 누구나 편한 것이 좋다. 같은 월급 받고 일하는데 1시간 더 일하고 내 일도 아닌데 찾아서 하는 것, 누구나 나설 수 있는 일이 아니다. "나는 이 회사에서 욕심도 욕망도 없어"라고 10년 경력자처럼 말하는 신입도 있겠지만 그와 비슷한 능력에 적극성까지 갖춘 다른 경쟁자가 등장하면 그는 순간 무기력한 존재가 된다. 회사도 K사원의 존재와 역할에 대해 큰 의미를 부여하지 않게 된다.

(매일경제, 2019.11.22, https://www.mk.co.kr/news/culture/view/2019/11/967827/)

## 공채에서 수시 채용으로… 전문 인력 확보의 시대

봄과 함께 본격적인 신입 및 경력직 공채의 시기가 돌아왔지만, 신종 코로나 바이러스의 영향으로 상반기 채용의 기업 설명회가 잇따라 취소되면서 면접 일정이 변경, 무기한 연장되거나 화상 면접을 실시하는 등 지난해와는 다른 채용 양상을 보이고 있다. 이러한 변화는 향후 채용 전형에 영향을 미칠 수 있는 만큼, 채용방식의 변화에 주목할 필요가 있다.

경제활동의 세계화 및 기술 혁신과 함께 산업구조와 비즈니스의 패러다임도 큰 변화를 맞이하고 있다. 여러 산업에 걸친 디지털 전환과 인공지능(AI) 등의 첨단기술에 대한 높은 수요로 관련 전문 인재 확보 경쟁은 글로벌적으로 더욱 심해지고 있으며, 이와 동시에 많은 기업들이 공채 제도와 신입사원 채용방식을 재검토하는 등 채용방식을 전환하려는 움직임이 확산되고 있다. 해외의 경우, 채용 일정과 정원을 그룹사 중심으로 결정하여 대규모로 채용하는 공채가 존재하지 않는다. 대부분의 경우 퇴직이나 공석이 생길 경우 인원을 충원하거나 사업전략에 맞춰 증원이 필요한 경우 수시로 채용하는 것이 일반적이다. 이러한 '수시 채용'은 국내에서는 외국계 기업을 중심으로 실시되어 왔지만 최근에는 국내 대기업들도 '수시 채용'을 확대해나가고 있다.

**경제의 세계화와 수시 채용의 흐름**

기존의 신입사원을 일괄적으로 채용하는 공채는 대규모 인력을 뽑은 후에 사내 교육을 하고 직무에 배치하는 형태의 체계적이고 구조적인 방식으로 이루어져 왔다. 그러나 글로벌 시대의 채용 기조로 인해, 이러한 공채형 인재 모집은 채용의 유연성 저하는 물론 경쟁력 유지에도 어려운 양상을 보이게 되었다. 이에 몇몇 대기업을 중심으로 전문성과 채용의 유연성 확보를 위해 수시 채용을 도입하는 사례가 많아지고 있다.

왜 기존의 공채 제도에서 이러한 수시 채용의 형태로 기업 채용 문화가 바뀌고 있을까? 국내뿐 아니라 글로벌 기업들과 경쟁하는 시대에 우수 인재에 대한 수요는 갈수록 높아지고 있다. 이러한 전문성을 가진 인재 확보를 위해서는 기존의 대규모 채용을 통한 교육과 인재 양성은 시간적인 측면에서 효율적이라고 말하기 어렵다. 국내 기업들이 글로벌 시장에서 경쟁력을 갖추기 위해서는 글로벌 기업들처럼 수시 채용을 도입하여, 필요할 때 심층 면접을 통해 직무 전문성을 갖춘 인재, 즉 바로 실무에 투입이 가능한 인재를 확보할 필요가 있다.

비즈니스 환경에서 효율적이고 민첩한 변화 대응을 중시하는 애자일(Agile)이 주목을 받으면서, 의사결정의 신속화와 조직의 유연성이 더욱 중시되고 있다. 그러나 공채로 선발된 대규모의 인력을 직무 순환 교육을 통해 업무에 투입한다면, 빠르게 변화하는 비즈니스 환경에 신속히 대응하기 어렵다. 이에, 즉시 실무에 투입할 수 있는 전문 인력을 신속하게 채용하는 수시 채용이 더욱 적합한 채용 형태로 많은 기업에 도입되고 있다.

### 채용 전형의 다변화

직무능력과 잠재력이 있는 인재 채용에 있어서, 전형방식은 상당히 중요하게 작용한다. 학력이나 연령 등의 조건으로 지원자를 선별하는 기존 공채의 형식으로는 지원자의 직무적합성을 온전히 파악하기 어렵다. 다수의 신입을 채용하고 교육을 통해 몇 년에 걸쳐 실무자로 양성하는 공채와 달리 실무 경험과 전문적인 역량을 이미 갖춘 신입 및 경력직 인재들을 엄선하여 채용할 수 있는 것이 수시 채용의 장점이다. 공채 전형의 인재개발이나 육성에 드는 비용을 고려한다면, 수시 채용방식이 상대적으로 생산성과 ROI가 높다고 볼 수 있다.

수시 채용방식은 현업 부서가 필요한 인재를 직접 뽑는 직무 중심으로 이루어지는 경우가 많기 때문에 면접이 직무적합성을 중심으로 유연하게 진행된다. 가령, 1차 면접의 동영상 전형의 대체나 프레젠테이션 면접, 혹은 함께 점심을 먹으면서 적응력, 커뮤니케이션 능력 등의 소프트 스킬을 파악하는 팀 면접 등 다양한 면접방법으로 지원자를 다각도에서 파악하는 면접이 실시되기도 한다. 수시 채용에서 맞춤형 인재를 선발하기 위해서는 인사 담당자나 실제 함께 일하게 될 팀의 상사가 팀의 비전과 성장 전략, 지원 포지션에 대한 기대와 일을 통해 얻을 수 있는 성취감 등을 적극 공유하여 지원자에게 직무를 어필하는 것도 좋은 방법이다. 또한 우수 인재 채용을 위해서는 기업의 트레이닝 제도나 유연 근무를 장려하는 기업 문화 등을 소개하여, 좋은 인재가 기업을 잘 알아볼 수 있게 돕는 것이 중요하다.

(https://www.robertwalters.co.kr/hiring/hiring-advice/year-round-hiring.html)

## ••• 연습문제

1 다음은 기업의 인적자원관리를 구성하는 활동과 그에 대한 간략한 설명이다. 바르게 된 것은?

> ㄱ. 확보활동 : 조직의 일원으로서 우수한 인력을 어떻게 확보할 것인가?
> ㄴ. 보상활동 : 종업원들이 창출한 가치에 대해 금전적 · 비금전적 보상을 어떻게 할 것인가?
> ㄷ. 유지활동 : 어떻게 하면 종업원들의 사기를 높게 유지시키고 그들의 목표와 조직목표를 조화시키면서 조직목표 달성에 자발적으로 매진하도록 할 것인가?

① ㄱ, ㄴ ② ㄱ, ㄷ
③ ㄴ, ㄷ ④ ㄱ, ㄴ, ㄷ

2 직무내용, 구체적 의무와 책임 및 작업조건 등 직무 그 자체와 관련된 정보의 기록양식을 무엇이라 하는가?

① 직무명세서 ② 직무기술서
③ 인사고과자료 ④ 직무질문지

3 다음 중 인사고과의 목적이 아닌 것은?

① 공정평가 ② 적정배치
③ 능력개발 ④ 생산성 혁신

4 다음 중 사내 교육훈련의 대상으로 볼 수 있는 구성원은?

> ㄱ. 신입사원 ㄴ. 최고경영자
> ㄷ. 현업에 종사중인 조직구성원

① ㄱ, ㄴ ② ㄱ, ㄷ
③ ㄴ, ㄷ ④ ㄱ, ㄴ, ㄷ

5 다음 중 직무평가의 용도에 해당하지 않는 것은?

① 인적자원의 수요와 공급의 균형을 도모한다.
② 동일 노동시장의 다른 기업과 비교하여 사내 임금체계를 합리화한다.
③ 기업 내 각 직무의 난이도와 업무량 등을 평가함으로써 직무간 상대적 가치를 결정한다.
④ 인력개발을 합리적으로 할 수 있으며, 인사이동과 승진을 결정하는 기준으로 사용된다.

6 다음 중 직무확대에 대한 설명으로 옳은 것은?

① 작업자로 하여금 다양한 직무에 순환근무하도록 함으로써 그들의 활동을 다각화하고 결과적으로 작업자의 권태감을 줄이고자 하는 방법이다.
② 일종의 훈련프로그램의 일환으로 2~3개월에 한 번씩 다른 직무로 옮기게 할 수도 있으며, 상황에 따라 다른 직무로 이동시킬 수도 있다.
③ 직무분화 또는 전문화와 대치되는 개념으로 현재 맡고 있는 직무에 유사한 작업을 추가시킴으로써 다양한 일감을 제공하고자 하는 것을 주된 내용으로 한다.
④ 광범위한 경험과 지식을 제공해 줄 수 있고 지루함과 단조로움을 해소시키며 조직 내의 다른 직무나 활동을 이해할 수 있도록 하여 장래에 보다 큰 책임을 맡을 수 있는 준비단계를 마련해 준다.

7 작업의 수직적 팽창을 통해 작업자의 책임범위를 확대시키고 직무의 계획, 수행, 평가에 자유재량권, 독립성 등을 부여하고자 하는 직무설계방식은?

① 직무순환
② 직무충실화
③ 직무통합
④ 직무확대

8 인적자원계획의 수립은 몇 단계를 거쳐 가는데, 퇴직 예정직원, 평균적인 이직률 등을 감안하여 수립하는 단계는 무엇인가?

① 조직 내의 인적자원 수요현황 분석
② 조직 내의 인적자원 구성현황 분석
③ 조직 내부의 인적자원 공급상황 추정
④ 채용 및 감원 계획 수립

9 조직구성원이 가지고 있는 역량 중 주어진 상황에서 단기적으로 나타나며 행동에 직접적인 영향을 주는 요소로서, 태도 · 가치관 · 자아 이미지 등을 포함하는 개념은?

① 특질(traits) ② 자아개념(self-concept)
③ 동기(motives) ④ 스킬(skill)

10 다음 중 가장 간단하고 사용하기 쉽지만 일이 복잡하고 주기가 긴 경우에는 정확한 자료수집이 곤란한 직무분석 기법은?

① 질문지 방식 ② 면접법
③ 관찰법 ④ 체험방식

11 개인의 역량 중 다양한 요소들이 결합되어 개인에게 체화되는 기술은?

① 스킬 ② 지식
③ 특질 ④ 자아개념

12 피고과자가 가지고 있는 하나의 특성에 대한 지식을 기초로 하여 다른 모든 특성에 대해 전반적으로 좋게 또는 나쁘게 평가하는 경향을 무엇이라 하는가?

① 시간적 오류 ② 중심화 경향
③ 후광효과 ④ 상동적 태도

13 다음 중 인사고과의 평가실시과정에서 나타나는 오류로서 피고과자가 속한 집단에 대한 고정관념을 기초로 해서 평가할 때 나타날 수 있는 것은?

① 대비오류 ② 중심화 경향
③ 현혹효과 ④ 상동적 태도

14 노동조합은 조합원의 질병, 상해, 실업, 재난, 노령, 사망 등으로 노동력이 상실되어 노동자들이 어려운 시기를 맞이할 경우를 대비하여 기금을 마련하여 상부상조한다. 이런 노동조합의 기능을 무엇이라 하는가?

① 경제적 기능 ② 사회 문화적 기능
③ 정치적 기능 ④ 공제적 기능

15 다음 중 임금 또는 임금관리의 공정성에 대한 설명으로 바르게 기술된 것은?

ㄱ. 분배공정성은 조직 내에서 자신이 받게 되는 보상의 적절성을 의미하는 것으로 외적 공정성(external equity)과 내적 공정성(internal equity)으로 구분할 수 있다.
ㄴ. 외적 공정성은 조직구성원 자신이 본인과 유사한 직무, 학력, 연령, 직무량 등을 가진 자기 회사 밖의 다른 사람과 비교하여 느끼는 공정성을 의미한다.
ㄷ. 수행하는 업무의 양이나 질, 기술적 숙련도의 요구 정도 등에 관계없이 일률적으로 급여가 책정된다면 절차공정성이 훼손되었다고 평가할 수 있다.

① ㄱ, ㄴ　　② ㄱ, ㄷ
③ ㄴ, ㄷ　　④ ㄱ, ㄴ, ㄷ

16 종업원지주제도는 다음의 노동조합 경영참가 중 어떤 유형에 해당하는가?

① 자본참가　　② 이익참가
③ 노사협의제도　　④ 단체교섭

| 정답 | 1. ④ 2. ② 3. ④ 4. ④ 5. ① 6. ③ 7. ② 8. ③ 9. ② 10. ③ 11. ① 12. ③ 13. ④ 14. ④ 15. ① 16. ① |
|---|---|

# Chapter 13 정보기술과 정보시스템의 활용

제 1 절 정보시스템이란?

제 2 절 디지털화에 따른 기업정보화 혁신

제 3 절 디지털 시대의 핵심역량

오늘날 기업들은 정보시스템을 구축하고 이를 활용하는 데 막대한 자금을 지출하고 있다. 이러한 노력은 기업들이 내부 업무를 효율화하고 고객 및 공급 파트너들과의 관계를 강화시켜 시장에서 경쟁우위를 점하기 위함이다. 그리고 일반소비자들도 일상생활에서 스마트폰이나 노트북과 같은 기기를 이용하여 인터넷에 접속해 인터넷 쇼핑, 소셜 네트워크, 이메일 등과 같은 서비스를 적극 활용하고 있다. 이렇게 기업의 경쟁력 확보와 최종소비자의 일상생활에 큰 영향을 미치고 있는 정보기술과 정보시스템에 대한 기본개념과 효과적인 활용방안에 대해 알아보도록 하자.

# 제 1 절 정보시스템이란?

## 1. 정보시스템의 구성요소

정보시스템은 기업조직의 운영에 필요한 유용한 정보를 생산하여 이를 필요로 하는 사람 또는 부서에 제공하는 역할을 수행한다. 시스템은 일반적으로 투입물(input), 변환과정(transformation process), 산출물(output)이라는 세 가지 구성요소의 집합으로 정의된다. 이러한 관점에서 보면, 정보시스템은 데이터를 투입물로서 받아들이고 이를 목적에 따라 변환시켜 결과물을 활용할 사람 또는 조직의 관점에서 유용한 정보를 산출해 내는 일련의 과정의 집합으로 이해할 수 있다.

데이터란 거래, 고객과의 대화, 제품의 생산과 같은 실제 발생한 사건에 대한 사실적 기록이다. 이 기록은 숫자를 포함한 문자이며 오늘날의 발달된 정보기술 환경에서는 사진, 그림, 소리, 동영상물 등을 포괄한다. 이렇게 데이터는 발생한 그대로의 기록이기 때문에 활용 용도를 염두에 두고 변환되고 가공되기 전에는 별다른 의미가 없다. 예를 들어 동네의 슈퍼마켓에서 기록한 판매 데이터는 일자, 상품코드, 수량, 가격 등이 단순 나열된 형태로서 슈퍼마켓을 운영하는 주인에게 의미를 주기에는 너무 복잡하고 무질서하게 보일 뿐이다. 그러나 컴퓨터를 이용하여 품목별, 일자별, 시간대별, 고객 성별 등의 관점에서 매출 데이터를 가공 정리하여 주인에게 제시한다면 이렇게 '가공된 데이터'는 주인에게 슈퍼마켓을 더 잘 운영하는 데 필요한 아이디어를 줄 수 있을 것이다. 즉, 의미 없는 무질서한 데이터가 실적을 개선하고자 하는 슈퍼마켓의 주인에게 매우 유용한 정보로 변환된 것이다. 이렇게 정보시스템은 데이터를 수집, 저장, 가공하여 사용자에게 유용한 정보로 변환시키고 제공하는 역할을 수행한다.

정보시스템은 데이터를 유용한 정보로 변환시키는 데 컴퓨터를 포함한 정보기술(information technology)을 사용한다. 정보기술은 정보시스템의 하부구조로서 하드웨어, 소프트웨어, 데이터 관리기술, 인터넷 등과 같은 네트워킹 및 통신기술 등을 포함한다. 정보시스템은 조직과 사용자의 목표를 달성하는 데 도움을 주기 위해 이러한 정보기술을 일종의 도구로서 활용하는 것이기 때문에 정보기술은 그 자체로 쓸모 있는 것이라기보다는 정보시스템으로 인해 정보기술이 유용해지는 것이다.

정보시스템은 정보기술이라는 도구적 기반과 함께 이를 사용하는 사용자를 포함하며 그 사용자의 목표달성에 요구되는 업무수행에 연관된 절차(procedure)에 대한 지식을 필요로 한다. 절차에 대한 지식은 해당업무의 효율적 수행과 관련되어 축적된 노하우(know-how)로서 소프트웨어에 담기고, 해당 소프트웨어를 구동시켜 업무수행에 활용하는 것은 그렇게 담긴 절차적 지식 또는 노하우에 적합하게 업무를 수행하는 것을 의미한다.

정보시스템이 제공하는 정보를 활용할 사용자가 없다면 그 정보시스템은 아무런 쓸모가 없다. 사용자가 정보시스템을 사용하는 데 필요한 지식과 기술을 가지고 있지 않거나 정보시스템이 유용하다는 믿음을 가지고 있지 않다면 정보시스템은 무용지물인 셈이다. 따라서 정보시스템은 정보기술, 사용자, 업무절차에 대한 지식으로 구성되어 있고 정보기술은 정보시스템의 일부일 뿐이다.

## 2. 기업 정보시스템의 종류

기업조직의 구조는 횡적으로 보면 마케팅 및 영업, 생산, 재무, 회계, 인적자원 등과 같은 다양한 부서로 구성되어 있다. 각 부서는 업무를 효율적으로 수행하고 부서의 목적을 달성시키기 위한 정보시스템이 필요하다. 이와 마찬가지로 기업의 상하 계층적 구조로 인해 조직수준에 따라 고유의 업무가 존재하고 이 업무를 수행하는 데 적합한 정보시스템이 필요하다.

계층적 구조는 가장 하위 수준의 현장요원과 일선관리자 계층, 최상위의 최고경영자 계층, 그리고 이 둘 사이에 위치하는 중간관리자 계층으로 나눌 수 있다. 현장요원과 일선관리자들은 하루하루 입출고된 품목의 종류나 수량, 특정 작업장에서 발생한 불량부품 개수, 당일 작업자 명단이나 작업시간 등과 같은 수준의 데이터가 필요하며 중간관리자들은 운영자층의 관리자들로서 품목별, 공장 내 작업장별 판매 또는 생산 실적 등과 같이 좀더 상위 차원에서 개괄화된 정보를 필요로 한다. 조직의 가장 상위 수준에 위치한 최고

경영자 및 중역들은 기업의 전체 성과와 현황을 파악하고 전략적 의사결정을 내려야 하기 때문에 지역별 · 기간별 · 품목별 총판매량 및 총재고량이나 경쟁자 대비 실적 등과 같은 최상위 수준의 정보를 요구한다.

이러한 조직의 수준에 따른 업무특성에 맞게 매일매일의 일상적 업무를 맡고 있는 현장요원과 일선관리자들은 거래처리시스템(Transaction Processing System : TPS)을 활용하고, 중간관리자들은 경영정보시스템(Management Information System : MIS)과 의사결정지원시스템(Decision Support System : DSS)을 사용하며, 최고경영자는 중역지원시스템(Executive Support System : ESS)을 이용하여 각 수준에 주어진 업무를 수행한다.

최일선에서 기업이 수행하는 활동을 담당하는 운영자들은 실제 제품을 생산하고 서비스를 제공하며 이 과정에서 발생하는 데이터의 수집을 담당하는 현장요원과 일선관리자들이다. 이들은 생산 및 영업 현장에서 자재와 상품의 움직임을 맡아 실행하고 제품을 판매하며 이와 관련된 회계, 재무, 인력 정보를 처리하는 등과 같은 조직의 기본적인 거래관련활동을 수행할 때 거래처리시스템을 활용한다.

여기서 말하는 거래는 특정기업과 외부 공급기업이나 고객 사이에서 발생하는 상품과 화폐의 흐름을 지칭하는 통상적인 의미의 외부거래뿐만 아니라 기업 내부 구성원 및 조직단위 간 발생하는 자재와 서비스의 흐름에 해당하는 기업 내부거래도 포함한다. 기업 내부거래의 예로서, 생산현장에서 한 작업장에서 다음 작업장으로 자재가 이동하는 것이나 B부서의 업무수행에 필요한 서류를 A부서에서 작성하여 B부서로 넘겨주는 것 등을 생각할 수 있다. 운영자들이 사용하는 거래처리시스템은 이러한 조직의 내부와 외부에서 발생하는 거래와 관련된 데이터를 수집 및 저장하고 이를 필요로 하는 사용자에게 제공하는 역할을 수행한다. 따라서 거래처리시스템에 문제가 생긴다면 이는 그 조직의 운영을 중단시킬 수도 있다. 은행의 입출금을 처리하는 시스템이나 항공사의 예약정보시스템 등은 기간업무를 담당하는 거래처리시스템의 대표적인 예이다.

중간관리자들은 최고경영자나 중역들의 전략적 의사결정에 합치되는 방향과 범위 내에서 계획을 수립하고 운영자들에게 실행을 명령하며 그들의 활동을 감독하고 통제하는 역할을 수행한다. 중간관리자들은 이러한 업무를 수행하는 데 필요한 정보를 경영정보시스템에서 얻는다. 경영정보시스템은 거

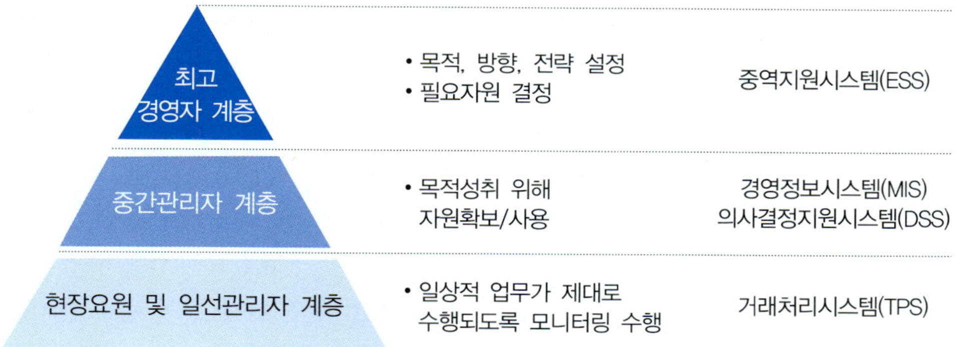


**[그림 13-1]** 조직수준별 정보시스템

래처리시스템의 산출물을 가공하여 기업과 특정부서의 운영현황에 대한 요약정보를 중간관리자에게 보고한다. 이 요약정보는 그래프나 테이블의 형태로 보고서에 담겨 제시된다.

의사결정지원시스템은 중간관리자들이 주로 사용하는 또 다른 형태의 정보시스템이다. 경영정보시스템은 그들이 담당하고 있는 업무영역의 현황을 파악하는 데 도움이 되는 정보를 요약하여 제공한다면, 의사결정지원시스템은 중간관리자들이 직면한 문제해결을 위한 의사결정을 내리는 데 필요한 정보를 제공한다. 이러한 정보에는 고려할 만한 대안들과 이 대안에 대한 평가정보 등이 포함되며, 중간관리자들은 이를 근거로 대안을 선택하고 실행을 지시한다.

의사결정지원시스템은 이렇게 대안의 생성과 평가에 필요한 투입정보를 거래처리시스템과 경영정보시스템에서 제공받지만 물가, 날씨, 지리정보 등과 같은 외부 정보를 활용하기도 한다. 의사결정지원시스템은 해결해야 할 문제에 대한 포괄적인 대안을 생성해내고 체계적으로 평가하기 위해서 당면문제를 수리적으로 모델화하며 이 수리적 모델에 데이터베이스에서 가져온 관련 데이터를 입력하고, 해당모델을 분석한다. 이 과정에서 의사결정지원시스템은 다양한 대안을 평가해 최적 또는 이에 근접하는 대안을 의사결정자에게 사용자 친화적인 인터페이스를 통해 제시한다. 따라서 의사결정지원시스템은 데이터베이스와 모델베이스에서 필요한 데이터와 연관된 수리적 모델을 추출하고 복잡한 알고리듬이나 기타 분석도구를 이용하여 대안을 형성·평가하며 인터페이스를 통해 의사결정에 필요한 정보를 제공하는 것으로 요약된다.

중역지원시스템은 최고경영자 계층을 위한 정보시스템으로 매출액・이익과 원가・시장점유율 같은 기업 전체의 성과, 경쟁업체의 움직임, 법적・제도적 환경변화 등에 관한 정보를 제공하고, 이를 이용하여 기업의 운명을 좌우할 수 있는 전략적 결정을 합리적으로 내릴 수 있도록 지원하는 시스템이다. 중역지원시스템이 이러한 기능을 잘 수행하기 위해서는 경쟁과 법/제도 등과 같은 외부정보뿐만 아니라 경영정보시스템이나 의사결정지원시스템이 제공하는 내부정보를 통합하고 이 중에서 가장 중요한 내용만 간추려 대시보드(dashboard)와 같은 사용자 친화적인 형태로 최고경영자에게 제시할 수 있도록 설계되어야 할 것이다.

## 제 2 절 디지털화에 따른 기업정보화 혁신

### 1. 디지털화와 디지털라이제이션 및 디지털 전환

디지털은 물질의 특성을 0과 1의 조합으로 바꾸는 과정이자 그 결과라고 할 수 있다. 디지털은 0과 1로 이루어지는 이진법 논리를 사용해서 0과 1의 각종 조합을 만든 후 그것의 조작과 처리를 통해 정보가 생산・유통・전달될 수 있게 해준다. 이와 같은 디지털화와 연관된 변화와 혁신은 다음과 같이 크게 3단계로 구분해 볼 수 있으며, 이는 기업의 정보화는 물론 비즈니스 그 자체에도 엄청난 파급효과를 불러오고 있다.[1)]

- 1단계는 2000년대 초반까지 개인 PC나 서버 등에 아날로그 정보를 디지털 정보로 전환・보관하는 정보의 디지털화(digitization)를 목적으로 하는 시기였다.
- 2단계는 2010년대 초반까지로 기업의 업무처리의 효율화를 위해 엑셀

1) Digitization, Digitalization, And Digital Transformation : Confuse Them At Your Peril(Forbes, Apr. 2018)

〈표 13-1〉 디지털화, 디지털라이제이션 및 디지털 전환[2)]

| | 1단계 : 디지털화(digitization) | 2단계 : 디지털라이제이션(digitalization) | 3단계 : 디지털 전환(digital transformation) |
|---|---|---|---|
| 시기 | 2000년대까지(PC 중심) | 2010년대까지(웹과 인터넷 중심) | 2011년부터(모바일/클라우드 중심) |
| 목적 | 정보의 디지털화(데이터/정보화) | IT기술을 활용한 프로세스 중심의 혁신(업무효율화, 비용절감, 효율성 제고) | 디지털기술 중심의 비즈니스 혁신(기존 상품의 매출증대, 새로운 고객과 매출 확보) |
| 중심기술 | 개인용 PC/대용량 컴퓨터 시스템/PC통신 | 정보기술(Information Technology) | 디지털 기술(Digital Technology) |
| 변화내용 | 아날로그 정보를 디지털 정보로 전환 | 업무처리 프로세스의 IT화, 주문 및 생산방식의 디지털화 | 새로운 비즈니스 모델 구현(제품의 서비스화, 제품과 서비스의 결합, 전혀 새로운 서비스의 개발) |
| 예시 | PC와 사무자동화 소프트웨어(한글, MS오피스), PC통신과 메일, 서버 | 기업용 소프트웨어(ERP/SCM) 기반의 업무혁신, 공장자동화 | 언택트 비즈니스(온라인 쇼핑, 화상교육), AI기술, 공유/중계 플랫폼, 가상화(가상화폐, 디지털 아바타) |

과 같은 기초적인 사무자동화 도구를 활용하던 업무처리방식을 조직 내 구성원간의 정보공유를 가능하게 하는 소프트웨어 기반의 디지털라이제이션(digitalization) 시기라고 할 수 있다.

- 3단계는 2010년대 초반 이후로서 모바일 디바이스의 급속한 확산, 사용자 중심의 SNS 환경 등장, 클라우드 서비스, AI, 빅데이터 분석, 블록체인 등과 같은 신기술 활용을 토대로 하는 비즈니스 혁신이 일상화되고 있는 디지털 전환(digital transformation) 시기라고 할 수 있다.

## 2. 디지털화에 따른 기업정보화 혁신

디지털로의 전환은 근본적으로 삶의 방식(즉, 일하는 방식, 소통하는 방식, 휴식하는 방식, 구매 및 서비스 방식 등)에 급격한 변화를 가져오고, 이는 다시 기업의 전략과 운영 프로세스 그리고 조직문화에도 큰 영향을 미치게 된다. 특히

2) 다음 자료에서 수정하여 정리함. 포스트 코로나 시대에 지속 가능한 기업으로 안내하는 Digital Navigation(삼성SDS, Sep. 2020); Digitization, Digitalization, And Digital Transformation : Confuse Them At Your Peril(Forbes, Apr. 2018)

다양한 유형의 비즈니스 모델을 유지 · 활성화하는 데 필수적인 플랫폼 형태의 사업 등장은 기업의 혁신성과 효율성 제고는 물론 기업간 경쟁 자체의 판도를 크게 흔들어놓고 있다. 디지털화에 따른 기업의 정보화 변화과정을 정리해 보면 다음과 같다.

### (1) 1단계 : 정보의 디지털화

이 단계에서 기업의 정보화는 지극히 초보적 수준이다. 1차적으로 한글워드, MS오피스, 업무용 소프트웨어 또는 애플리케이션 등을 이용하여 자료의 디지털화를 도모하고, 인터넷을 이용하여 직원 또는 부서 상호간 그리고 고객 등과 메신저나 e메일을 통해 업무를 처리하는 수준이다. 인사, 회계, 구매, 제조, 연구개발, 마케팅 및 영업 등 각 부서별로 업무의 현실적 필요에 의해 다소의 전문 기능을 갖춘 소프트웨어를 활용하고 있는 정도라고 평가할 수 있다. 많은 중소기업이 이런 수준에 머물고 있는데, 정보화 자체에 대한 이해가 부족한 최고경영층 입장에서는 회사 내의 각종 업무를 아우르면서 실시간적인 정보공유와 협업을 촉진시킬 수 있는 정보화에 투자할 여력도 없고 투자해 봤자 업무효율성이 큰 폭으로 제고될 것이라고 생각하지도 않는 경향이 있다. 정보화에 대한 투자는 한정된 자금운영상 우선순위가 별로 높지 않다.

### (2) 2단계 : 디지털라이제이션을 통한 정보와 업무의 통합화

기업규모가 커지거나 고객에게 제공하는 상품의 가짓수가 급속히 증가하게 되면 1단계에서 흔히 활용하는 업무처리방식으로는 고객에 대한 만족도를 충족시키기 어려워진다. 각 부서별로 처리하여 메신저나 e메일 또는 종이서류 형태로 관련 부서에게 업무협조나 협업을 하는 과정에서 불필요한 지연현상이 나타나게 된다. 옆 부서에서 파일이나 서류 형태로 접수한 데이터나 정보도 자체적으로 재정리해야 하며 이를 토대로 업무를 처리하는 과정에서 불필요한 대기시간이 늘어난다. 사내에 웹 기반의 인트라넷이 있다 하더라도 상품명이나 용어의 통일이 이루어지지 않은 1단계 수준의 기업들은 데이터의 정리와 원본확인에 많은 시간과 노력을 투자한다. 이런 기업들은 2단계의 통합정보화에 관심을 갖게 된다. 2단계 정보화는 흔히 전사적 자원관리시스템이라고 불리는 ERP(Enterprise Resource Planning) 시스템의 도입을 통해 진행된다.

ERP는 기능분야별 소프트웨어 모듈과 공통 데이터베이스로 구성된다. 기능분야별 소프트웨어 모듈로서 재무/회계 모듈, 생산/제조 모듈, 마케팅/영업 모듈 등이 있으며 이러한 소프트웨어 모듈들은 각 기능분야별로 가장 모범적인 업무처리방식(best practice)이 반영된 프로세스를 담고 있다. 또한 각 모듈들이 제대로 기능을 발휘하기 위해서는 다른 모듈들이 제공하는 데이터와 정보를 공통 데이터베이스에서 필요할 때 추출하여 활용할 수 있어야 한다. 따라서 공통 데이터베이스는 소프트웨어 모듈들이 독립적으로 수거하고 처리한 데이터와 정보가 모이는 중앙창고에 해당하며 이 데이터와 정보를 공유함으로써 다기능적 프로세스를 정확하고 신속하게 처리할 수 있게 되는 것이다.

### (3) 3단계 : 디지털라이제이션을 통한 외부기업과의 정보공유와 협업

공급망이란 앞서 제11장에서 살펴본 바와 같이 고객, 유통업체, 소매업자, 도매업자, 제조업체, 부품 및 자재 공급업체, 물류업체 등으로 구성된 망 또는 네트워크로서 이들 구성원들이 유기적으로 서로 얽혀 상호작용이 이루어지는 네트워크를 말한다. 부품이나 자재 공급업체는 제조업체에, 제조업체는 고객에게 직접 판매하거나 유통업체 또는 대리점, 직판사 등을 통해 고객에게 상품을 판매한다. 유통업체는 다시 고객에게 직접 판매하거나 소매점 등을 통해 고객에게 상품을 공급하기도 한다. 고객에게 판매가 완료되면 상품의 공급과정과는 정반대 방향으로 자금이 이동한다. 공급망의 관리는 흐름(flow)의 관리와 관계(relationship)의 관리로 나누어 생각할 수 있는데, 디지털라이제이션 기반의 공급망관리는 물적 흐름(physical flow), 정보흐름(information flow) 및 자금흐름(monetary flow)의 실시간적인 관리를 모두 고도화된 소프트웨어를 활용하여 전개한다. 특히 공급망 전체를 움직이는 비즈니스 계획(business planning)의 수립이 공급망을 구성하는 외부협력업체의 상황까지 감안한다는 점이 ERP 기능과는 차별화된다.

### (4) 4단계 : 디지털 전환을 통한 새로운 비즈니스 모델의 구현

디지털 기술(Digital Technology)의 발전은 온라인 · 모바일 게임이나 온라인 교육콘텐츠 등과 같이 제품의 서비스화 혹은 제품과 서비스의 결합 등을 가능하게 했다. 이와 함께 디지털화된 플랫폼을 기반으로 하는 다양한 기업들이 우후죽순처럼 나타나기 시작했다. 플랫폼은 공급자와 수요자 등 복수 그룹이 참여해 각 그룹이 얻고자 하는 가치를 공정한 거래를 통해 교환할 수 있도록 구축된 환경이다. 플랫폼 참여자간의 연결과 지속적인 상호작용을 통해 플랫폼 자체가 진화하며, 이 과정에서 모든 참여자에게 새로운 효용가치와 혜택을 제공해 줄 수 있는 상생의 생태계이다.

플랫폼은 수요자와 공급자, 개발자와 사용자, 프로슈머(생산에 참여하는 소비자) 등이 서로 원하는 것을 주고받는 공간이므로 사용자가 많으면 많을수록 가상공간에서 교환되는 정보가 다양해지고 여러 유형의 상호작용이 발생하게 됨으로 인해 사용자가 느끼는 서비스나 비즈니스 모델의 가치는 증폭되게 마련이다. 바로 이와 같은 현상을 네트워크 효과(network effect)[3]라고 하며 인터넷에 기반한 서비스나 비즈니스 모델의 성공척도로 평가된다. 이제 소셜 네트워크 서비스, 온라인 쇼핑, 화상교육, 핀테크, 공유서비스, 가상화(가상화폐, 디지털 아바타) 등 다양한 산업분야에서 플랫폼을 기반으로 수많은 글로벌 기업들이 시장과 기술혁신을 이끌어가고 있다.

3) 멧칼프의 법칙(Metcalfe's Law)에 의하면 네트워크의 가치는 네트워크에 연결된 사용자 수의 제곱에 비례하며, 이는 곧 네트워크 효과를 지칭하는 것이기도 하다. 멧칼프의 법칙으로 인해 네트워크 확장에 필요한 투자가 선행될 수 있었고 이에 따른 사용자들의 참여가 폭발적으로 증가하게 된 것이다. 이러한 네트워크와 사용자 참여의 폭발적 성장은 컴퓨팅 파워 대비 비용이 매우 빠른 속도로 지속적으로 감소하지 않았다면 불가능하였을 것이다.

# 제3절 디지털 시대의 핵심역량

## 1. 빅데이터 분석

빅데이터(big data)를 통해 많은 산업이 재편되고 있다. 예를 들어 아마존의 빅데이터 기술로 많은 경쟁자들이 문을 닫았다. 대형 서점과 레코드 가게뿐만 아니라 이른바 '사람 냄새'가 나는 만큼 자신들은 변화의 바람에서 안전하리라고 믿었던 동네 서점들까지 밀려났다. 온라인 영화 대여 및 스트리밍 서비스로 유명세를 떨치고 있는 넷플릭스는 신규 주문의 4분의 3이 추천 목록에서 만들어진다고 한다.

인터넷 서점 아마존에는 1990년대 말까지만 해도 리뷰를 쓰고 새로운 책을 추천하는 도서 비평가와 편집자가 10여 명 있었는데, 이들은 아마존 홈페이지에 등재될 책을 평가하고 선별하는 역할을 했다. 심지어 월스트리트저널지는 이들을 미국에서 가장 영향력 있는 도서 비평가라고 꼽기도 했다. 그러나 아마존은 개개인이 어떤 책을 샀는지, 또는 보기만 하고 사지는 않았는지를 담은 데이터를 활용, 개인 취향에 맞춰 책을 추천하기 시작했다. 편집자의 추천 목록에 따른 판매량과 컴퓨터 생성 콘텐츠가 만든 추천 목록에 따른 판매량을 비교해 본 결과 데이터에서 나온 추천 리스트의 책들이 훨씬 더 잘 팔렸다고 한다.

IT분야 연구기관인 가트너(Gartner)에 의하면 빅데이터의 특징은 단순히 어마어마하게 데이터가 크다는 데에 있지 않다. 데이터의 양뿐만 아니라 데이터의 다양성과 변화의 속도에 있다. 즉 빅데이터는 양(volume), 다양성(variety) 그리고 속도(velocity)의 세 가지 특징을 가지고 있는 것이다.[4] 오늘날 인터넷을 통해 쏟아져 나오는 데이터의 형태가 매우 다양하기 때문에 단순히 큰 규모로만으로 빅데이터라고 할 수 없으며 전혀 정형화되지 않은 SNS상의 댓글, 뉴스나 커뮤니티 사이트의 게시물, 동영상, 팟캐스트, 음악, 사진 등까지 포함한다. 이처럼 빅데이터는 비정형화 혹은 비구조적 상태일 뿐만

4) 다음의 사이트 참조, http://blogs.gartner.com/it-glossary/big-data/

[그림 13-2]
빅데이터 분석의 기대효과

아니라 데이터가 쌓이는 속도와 내용의 변화속도 역시 가늠하기 힘들다.

빅데이터의 가치는 계량적인 분석도구를 통해 다양하면서 큰 규모의 데이터를 활용해 이전에는 불가능했던 새로운 통찰이나 새로운 형태의 가치를 추출해 내는 데에 있다. 즉, 이전에는 볼 수 없었던 세상을 보게끔 해주고 복잡한 세상을 더욱 잘 이해할 수 있도록 도와준다. 빅데이터 활용은 다음과 같은 역할을 통해 기업으로 하여금 환경에 대한 새로운 차원의 분석과 인식을 가능하게 해주고 이전에는 불가능했던 새로운 기회를 제공해 준다.[5]

- 원가절감 : 빅데이터 기술은 엄청난 양의 데이터의 관리와 분석을 가능하게 해주며 경영활동을 더욱 효율적으로 이끌어나갈 수 있는 방법을 제공해 준다.
- 신속하고 더 나은 의사결정 : 다양한 데이터들을 매우 빠르게 분석할 수 있게 됨으로써 다양한 정보를 지체 없이 분석할 수 있게 되어 의사결정의 질이 한 차원 제고된다.
- 새로운 상품과 서비스의 개발 : 고객의 니즈와 욕구를 더욱 효과적으로 충족시킬 수 있는 방법을 제공함으로써 새로운 상품과 서비스의 개발을 용이하게 한다.

5) http://www.sas.com/content/dam/SAS/en_us/doc/whitepaper2/bigdata-bigcompanies-106461.pdf

과거에는 기업경영자들이 직관이나 개인적인 경험에 기반을 둔 전략적 결정을 내리곤 했지만 이제는 빅데이터가 경쟁우위의 원천이 되면서 전체 산업의 구조가 재편될 가능성이 높다. 예를 들어 비행기 엔진 제조업체인 영국의 롤스로이스는 단순히 제품을 만드는 데 그치지 않고 자사 제품에서 얻은 데이터를 분석, 획기적 애프터서비스를 구축했다.[6] 고장이 일어나기 전에 미리 문제를 감지해서 교체해 주는 것이다. 여기 활용되는 것이 빅데이터 기술이다. 영국 더비에 있는 운용 본부에서 전 세계에 산재한 3,700여 제트엔진 성능을 지속적으로 모니터하는데, 수십 년 동안 모인 데이터를 기반으로 어떤 엔진이 고장 날지를 미리 알 수 있게 된 것이다. 이 엔진 모니터링 서비스는 현재 민간 항공기 엔진 부문 연간 매출의 70%를 차지한다. 또 다른 예로 미국의 백화점 체인인 메이시(Macy)는 매년 7천3백만 개 아이템의 상품 최적 판매가격을 빅데이터 분석도구를 이용하여 결정하는데, 이에 소요되는 시간은 고작 한 시간 정도라고 한다. 빅데이터 분석을 기반으로 새로운 상품과 서비스를 개발하는 데 가장 유명한 기업은 구글(Google)일 것이다. 구글은 빅데이터를 활용하여 핵심검색기능과 광고 제작기능을 지속적으로 업그레이드시킨다. 심지어 무인자동차의 개발도 일종의 빅데이터 활용의 예로 볼 수 있다.

다만 외부 데이터의 경우, 정부 및 공공기관이 보유한 각종 통계 데이터, 기후 정보, 지도 정보 등 비교적 어렵지 않게 확보할 수 있는 외부 데이터도 있지만, 기업의 입장에서 시간이나 비용 등의 대가를 지불하더라도 확보하기 어려운 경우가 아직은 많다. 기업이 원하는 데이터가 아직 분석이 가능한 수준으로 개발되지 않은 경우가 많고, 데이터가 존재한다고 하더라도 데이터를 공유 및 구매하기 어려운 경우도 많다.

또한 웹 로그 데이터, 음성 데이터, 이미지 데이터, 텍스트 및 이미지나 동영상이 조합된 데이터 등 다양한 형태와 유형을 가진 비정형 데이터의 양이 급격하게 증가하면서 그 중요성도 부각되고 있다. 그렇지만 비정형 데이터는 많은 경우 제대로 분석되지 않은 채 유실되고 있으며, 확보한 데이터의 품질도 문제가 되는 경우가 많다. 기업들이 외부에서 데이터를 수집하고 활용하는 기회가 늘어나면서 출처가 불명확하거나 질이 떨어지는 데이터가 섞여 들어오기 때문이다. 소셜 미디어의 사용자 편향성, 기업들이 지원하는 대

6) 조선일보, 2015년 5월 30일자 기사 참고.

가성 소셜 미디어 평가와 리뷰가 증가하는 현상, 쓸모없는 정보가 많아져서 오히려 진정성 있는 고객의 목소리가 모호해지는 상황[7] 등으로 인해 소셜 데이터의 양과 질의 문제도 끊임없이 지적되고 있다.

## 2. 블록체인

블록체인은 일정크기의 거래정보(데이터)들이 모여 블록을 형성하고, 이런 블록들이 시간의 흐름상 순차적으로 체인으로 연결된 구조이다. 블록체인 형성을 위해서는 네트워크 참여자들의 거래내역 검증과 승인과정이 요구되고, 각 블록은 바로 이전 블록의 존재를 정확히 알고 있어 블록 내 정보를 조작하는 것이 불가능하다. 블록체인의 이런 속성은 거래관계에서 서로 신뢰하지 못해 다양한 조치를 취할 때 발생할 수밖에 없는 낭비와 비효율을 제거해 줄 수 있다. 모든 데이터와 정보가 네트워크 참여자 모두에게 공개·보관·관리되므로 특정 거래정보의 조작을 시도하기 위해서는 관련된 블록체인의 블록을 조작해야 하는데, 이는 현실적으로 불가능하다.

따라서 블록체인이 가져올 혁신의 본질은 '거래승인 권한과 데이터의 민주화'에 있다. 블록체인하에서는 금융기관이나 정부기관과 같이 공신력 있는 중개자의 개입 없이도 신뢰할 수 있는 거래가 가능해진다는 의미다. 물론 거래 당사자 및 등록 대상자의 신분은 암호화되어 익명성이 충분히 보장되는 구조이므로 개인정보 노출에 대한 우려도 없다.

블록체인 기술을 이용한 중요 기능으로 '스마트 계약'을 들 수 있다. 스마트 계약이란 블록체인을 통해 일정조건을 만족시키면 거래가 자동으로 실행되도록 하는 프로그램을 말한다. 계약 이행을 위한 조건을 스마트 계약서에 명기해 놓으면, 조건 충족과 동시에 계약 내용의 이행이 자동 실현되므로 계약 이행을 촉구하기 위한 추가적인 관리비용이나 계약 불이행의 위험 또한 원천적으로 배제된다.[8] 블록체인은 또한 다양한 디지털 자산의 소유권을 등

7) 김민희(2015), 빅데이터의 현실, 기대와 큰 격차, LG Business Insight 2015년 3월, pp.2～15, https://www.lgbr.co.kr/uploadFiles/ko/pdf/ind/LGBI1344-02_20150310160444.pdf

8) 한수연(2016), 블록체인, 비트코인을 넘어 세상을 넘본다, LG Business Insight 2016년 8월, pp.2～14, https://www.lgbr.co.kr/uploadFiles/ko/pdf/ind/LGBI1417-02_20160802131630.pdf

록하고 관리하는 플랫폼에도 적용될 수 있다. 채권, 주식, 특허, 미디어, 개인 창작물 등 디지털화가 가능한 모든 자산에 있어서 소유권을 명확히 하고, 스마트 계약 시스템으로 무단 사용을 원천적으로 방지하거나, 분쟁 발생시 특정시점의 소유권을 주장할 수 있는 손쉬운 근거자료가 된다.

블록체인 기술의 특성과 적용을 통한 기대효과를 정리하면 다음과 같다.9)

- 투명성 : 블록체인의 정보는 모든 참여자가 볼 수 있으며 변경이 불가능하다. 따라서 리스크 및 사기 행위가 감소하고 신뢰성이 구축된다.
- 보안 : 블록체인은 분산 및 암호화되는 특성을 가지고 있어 해킹이 어렵다.
- 중간자 감소 : 블록체인은 일부 유형의 타사 중개인에 대한 의존도를 줄이는 진정한 P2P 네트워크이므로, 프로세스의 효율성은 증가되고 데이터 입력오류와 거래 수수료가 줄어든다.
- 추적가능성 : 블록체인 기술은 공급망 전체의 투명성과 책임성을 개선할 수 있다. 기업은 자재를 소스까지 역추적하고, 진품 여부 및 원산지를 증명하며, 리콜을 앞당기고, 제품 흐름을 가속화하기 위해 모든 부문에서 블록체인 기반의 애플리케이션을 사용할 수 있다. 제품 리콜이 발생하더라도 제조업체는 블록체인을 활용하여 영향을 받은 배치(batch)에 집중함으로써 더 광범위한 규모의 리콜로 인해 발생하는 폐기물과 비용을 줄일 수 있다.
- 처리 프로세스의 속도 향상 : 블록체인은 당사자가 여럿인 시나리오에서 프로세스 실행 속도를 높이고 영업시간의 제약이 없어 더 빠른 트랜잭션을 가능하게 한다.
- 자동화 : 블록체인은 프로그래밍이 가능하므로 조건만 충족되면 자동으로 작업, 이벤트, 결제 등을 시작하게 할 수 있다.

9) https://www.sap.com/korea/insights/what-is-blockchain.html

## 3. 플랫폼과 비즈니스 모델의 혁신

플랫폼(platforms)은 원래 기차를 타고 내리는 정거장의 의미로 처음 사용되었지만 나중에는 정치 · 사회 · 문화적 합의나 규칙 또는 이데올로기 강령 등의 의미로도 사용되고 있다. 제조업계에서의 플랫폼은 소비자들이 볼 때 서로 다른 제품으로 인식되지만, 이들 제품에 특정부품, 치공구, 컴퓨터칩 등이 공통적으로 사용되며 생산 · 조립공정의 구조나 설비까지 유사한 경우 이들 제품은 같은 플랫폼을 공유하고 있다고 말하기도 한다. 디지털시대인 작금에는 플랫폼이란 다양한 상품을 판매하기 위해 공통적으로 사용하는 기본 구조인 경우도 있고, 보완적인 파생 제품이나 서비스를 개발 · 제조할 수 있는 기반이 되기도 하며, 타 서비스와의 연계를 도와주는 기반 서비스나 소프트웨어 같은 무형의 형태로도 존재한다.

기본적으로 디지털화된 플랫폼은 공급자와 수요자 등 복수 그룹이 참여해 각 그룹이 얻고자 하는 가치를 공정한 거래를 통해 교환할 수 있도록 구축된 환경이다. 플랫폼 참여자간의 연결과 지속적인 상호작용을 통해 플랫폼 자체가 진화하며, 이 과정에서 모든 참여자에게 새로운 효용가치와 혜택을 제공해 줄 수 있는 상생의 생태계이다. 모든 플랫폼이 다 그렇지만 특별히 기업형 플랫폼(industry platforms)은 네트워크 효과를 제공한다. 사용자가 많으면 많을수록 가상공간에서 교환되는 정보가 다양해지고 여러 유형의 상호작용이 발생하게 됨으로 인해 사용자가 느끼는 서비스나 비즈니스 모델의 가치는 증폭된다.

흔히 빅테크(big tech)라고 불리는 구글, 아마존, 메타(페이스북의 옛이름), 애플, 알파벳 같은 대형 IT기업들은 모두 플랫폼을 기반으로 급성장한 글로벌 기업들이며, 네이버와 카카오 등 온라인 플랫폼 제공기업도 국내 빅테크에 속한다고 볼 수 있다. 이들이 제공하는 플랫폼은 타 서비스와의 연계를 도와주는 기능도 제공한다. 외부기업들이 플랫폼의 자산에 기능성이나 접근성을 보탬으로써 나름대로의 수익을 창출하는 한편 플랫폼의 효용가치를 증대시킬 수 있다. 보완재의 양이 많거나 질이 높을수록 해당 플랫폼 기업은 사용자와 보완업체뿐만 아니라 광고주나 투자자와 같은 다른 잠재적 시장행위자에게 더 큰 매력으로 다가간다. 생태계는 이런 혁신적 플랫폼을 중심으로 자연스럽게 확장된다.

그렇다고 플랫폼의 네트워크 효과가 영속적인 것은 아니다. 사용자들이 여러 플랫폼을 동시에 사용하는 현상을 일컫는 멀티호밍(multihoming)은 플랫폼의 네트워크 효과를 반감시킨다. 예를 들어 메타는 소셜 네트워크 서비스 시장에서 1위 업체로 올라섰지만 인스타그램, 스냅, 틱톡 등 경쟁업체가 계속해서 등장하면서 위협을 받고 있다. 페이스북 이용자가 인스타그램도 쓰고 틱톡도 쓰는 멀티호밍이 나타난 탓이다. 멀티호밍을 극복하기 위해서는 독보적인 기술력 또는 편의성을 갖고 있거나, 멀티호밍 비용이 크거나, 혹은 틈새시장이 작아 시장 진입이 어려워야 한다. 독보적인 검색기술을 갖고 있는 구글이 한 예다. 또한 애플 스마트폰과 안드로이드 스마트폰을 같이 쓰는 건 물리적으로나 가격 면에서 멀티호밍 비용이 큰 경우로 볼 수 있다.

아마존과 같은 대형 플랫폼들은 멀티호밍으로 인한 매출감소를 막기 위해 아예 경쟁기업이나 플랫폼을 사들이기도 한다. 예를 들어 아마존은 아마존 마켓플레이스의 상거래 데이터 분석을 통해 성장세가 가파른 새 범주의 플랫폼을 발견하고 그 온라인 플랫폼을 모방하거나 아예 사들였다. 2009년 12억달러에 사들인 온라인 신발 소매업체 자포스, 2014년 9.7억달러에 인수한 게임 스트리밍업체 트위치, 2017년 6.5억달러에 사들인 중동 최대의 온라인 소매 사이트 수크(Souq), 2017년에는 137억달러에 홀푸드를 인수하여 아마존 프레시 및 그 휘하의 온라인 식료품 잡화점 사업과 결합시켰다. 그렇지만 플랫폼 기업들이 성장과 이윤추구, 네트워크 효과만을 뒤쫓게 되면 정부당국과 소비자단체로부터의 규제와 감시가 더욱 강해질 수밖에 없다. 보완적 서비스를 제공하는 네트워크 구성원과의 신뢰 유지를 포기하고 독점적 지위를 지속적으로 유지하기 위한 전략은 사회적·국가적으로도 큰 파장을 불러일으키기 때문이다.

쉬어가기

## 코딩 없이 코딩… 노코드, 개발 지형 바꾼다

소프트웨어(SW) 개발자 구인난이 심화되는 가운데 노코드·로코드에 대한 관심이 고조되고 있다. 노코드(No-code)는 코딩 없이 쉽게 앱·프로그램을 개발하는 것으로, 말로 하거나 포토숍처럼 클릭하는 등 직관적으로 개발하는 기법이다. 로코드(Low-code)는 코딩을 최소화하는 기법이다. 시장조사업체 가트너는 2024년 출시 앱 10개 중 7개는 노코드·로코드 플랫폼에서 나올 것이라고 예상했다. 또 SW 개발자 분석업체 슬래시데이터에 따르면 세계 개발자 46%가 노코드·로코드 개발도구를 일정부분 사용한 것으로 나타났다.

노코드·로코드 기술 규모 전망

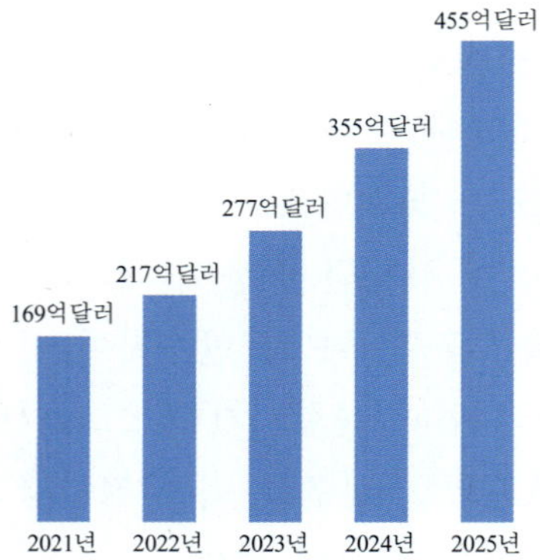

자료 : 마켓앤드마켓

노코드·로코드 기술 제공 기업

| 기 업 | 제 품 | 주요 특징 |
|---|---|---|
| 비아이매트릭스 | AUD 플랫폼 | 사용자·폴더·그룹별로 권한 부여, 회사 보안정책에 따라 주기적으로 접근하여 계정 관리 등 보안 강화 |
| LG CNS | 데브온 NCD | LG CNS가 1,000여 개 프로젝트에서 활용·검증 |
| 소프트파워 | 스마트메이커 | 파워포인트와 유사한 방식, 지난해 기준 소상공인 앱 제작사례 1,207건 |
| 업스테이지 | AI Pack | 기업 내부 데이터로 해당 데이터에 최적화된 AI 제작 가능, 9월 출시 예정 |
| 딥노이드 | 딥파이 | 의료진이 직접 의료 AI 솔루션을 만들게 도와주는 의료 특화 노코딩 플랫폼 |
| 아가도스 | 아가도스 스튜디오 시민개발자 에디션 | 플로우 다이어그램을 통해 웹·앱을 설계 |

### 디지털 전환·클라우드 확산… 노코드·로코드 앞당겨

디지털 전환과 클라우드 확산 등으로 노코드·로코드 시대가 앞당겨졌다. 소프트웨어정책연구소가 발간한 '디지털 전환을 촉진하는 노코드와 RPA' 보고서는 "소프트웨어(SW) 없이 업무를 수행하기 힘든 디지털 전환 시대가 도래하면서 전문 SW 개발자에 대한 수요가 폭증했다"며 "노코드·로코드 등 SW 개발 생산성을 제고할 수 있는 다양한 방법이 발전하게 됐다"고 적시했다. 클라우드 확산도 노코드·로코드 확산을 견인했다. 클라우드 도입 증가로 클라우드가 아닌 기존 시스템 기반 앱을 클라우드에 맞게 다시 만들어야 하는 필요성 등이 대두되며 개발 수요가 급증했다.

산업 곳곳에 SW 활용이 늘어날수록 SW 인력 부족 현상도 심화된다. 중소벤처기업부와 소프트웨어정책연구소 조사 결과, 향후 5년간 SW 분야 신규 인력 수요는 35만 3,000명으로 추산되지만 공급은 32만 4,000명으로, 연평균 6,000명가량 부족할 전망이다. 해외도 SW 개발자 부족은 마찬가지다. 소프트웨어정책연구소에 따르면 미국의 경우 컴퓨터 관련 일자리가 2029년까지 약 53만개 증가하지만, 컴퓨터 공학 전공 졸업생은 연 4만 7,000명으로 퇴직자를 고려하면 SW 개발자 부족현상이 지속될 전망이다.

**국내 노코드 · 로코드 산업 '꿈틀'**

구글과 MS, 아마존, SAP, 오라클, 세일즈포스 등 글로벌 주요 기업은 클라우드 기반 노코드 · 로코드 개발도구를 출시했다. 대표적인 노코드 · 로코드 플랫폼은 구글 '앱시트'와 MS '파워앱스' 등이다. 앱시트는 구글 스프레드시트에 이용할 데이터를 선택하고 어떤 모양으로 앱을 구현할 것인지 설정하면 앱을 만들 수 있다. 파워앱스는 지난해 일상대화로도 코딩할 수 있는 기능을 추가한 바 있다.

국내 노코드 · 로코드 시장은 태동기 수준으로 평가된다. 소프트웨어정책연구소는 노코드 · 로코드 국산 솔루션은 태동기로 시장의 니즈와 인식, 제품 인지도를 높이면서 장기적 관점에서 꾸준한 기술개발이 필요하다고 진단했다. 국내 기업 중 비아이매트릭스와 퀸텟시스템즈, 유라클, vtw, 아가도스 등이 시장에 진출한 가운데, LG CNS와 네이버 등 대기업이 무료 노코드 플랫폼을 선보이며 노코드 문화 확산에 가세했다.

소상공인을 대상으로 한 노코드 플랫폼도 인기다. 소프트파워가 노코드 솔루션 '스마트메이커'를 개인용 시장(B2C)에 공급한 이래 지난해 기준으로 소상공인 앱제작 사례는 1,207건에 이른다. 의료 특화 노코드 플랫폼도 등장했다. 딥노이드의 '딥파이'는 개발지식이 없는 의료진이 이미지 전 처리, 신경망 모듈을 블럭처럼 조합해 딥러닝 기반 의료 AI 연구를 할 수 있는 플랫폼이다. 딥파이를 활용한 AI 연구개발 수는 5,000건에 육박한다. 업스테이지는 최신 AI 기술을 다양한 업종에 손쉽게 적용할 수 있는 'AI 팩'을 하반기 출시할 예정이다.

코딩 없이도 코딩했을 때와 유사한 프로그램을 확보할 수 있다면 제작 효율이 극단적으로 제고된다. 멘딕스에 따르면, 기존에 SW 하나를 개발하는 데 정규직 개발자 5명이 필요하고 9개월이 소요됐다면, 노코드 · 로코드를 도입했을 때 생산성이 최소 4배 향상된다. 배영근 비아이매트릭스 대표는 "농림축산식품부의 농림사업정보시스템 시범사업 중 구제방역과의 복잡한 데이터 취합 및 보고서 작성 업무 프로세스의 경우 담당자가 기존에 6시간 이상 소요했던 업무를 5분 내외로 끝낼 수 있게 됐다"고 소개했다.

노코드 · 로코드로 작성 가능한 프로그램을 개발했던 개발자 인력 규모는 줄 것으로 관측된다. 대신 해당 업무와 조직의 요구사항을 잘 아는 비개발자 직원이 노코드 · 로코드를 통해 아이디어를 SW 형태로 구체화하는 사례가 증가할 전망이다. 이활석 업스테이지 최고기술책임자(CTO)는 "노코드 · 로코드로 프로그램을 작성할 수 있는 솔루션 개발 업무가 새롭게 등장할 것"이라며 "노코드 · 로코드로 작성 불가능한 프로그램을 만들 수 있는 개발자에 대한 니즈가 커질 것"이라고 말했다. 이 CTO는 "노코드 · 로코드로 작성된 프로그램을 서비스에 적용하기 위해서는 만들어진 프로그램에 대한 이해도가 필수이기 때문에 이전에는 별도의 직군으로 구별이 되었던 서비스 기획 같은 업무도 개발자의 역할로 점점 편입될 것"이라고 밝혔다. 소프트웨어정책연구소 관계자는 "현업 직원과 전문 SW 개발자의 역할을 구분하고 서로 역할의 변화를 이해하고 원활하게 소통할 수 있도록 지원해야 한다"고 조언했다.

(전자신문, 2022.5.29, https://www.etnews.com/20220527000067)

### 일상에 스며드는 AI 챗봇 '챗GPT'… 보도자료 작성부터 대학 과제 · 산업 홍보까지

인공지능(AI) 챗봇 '챗GPT(Chat GPT)'가 실제로 우리 일상생활 곳곳에 스며들고 있다. 정부부처가 언론에 배포하는 실제 보도자료를 챗GPT로 작성하는가 하면, 대학에서도 챗GPT를 반드시 활용해야만 하는 과제 등을 제시하고 있다. 국내 기업들 또한 챗GPT의 열풍에 올라타 AI 반도체를 비롯한 신사업 추진에 힘을 쏟고 있다. 23일 과학기술정보통신부에 따르면, 이 부처가 전날 언론에 공식 배포한 보도자료의 제목을 챗GPT를 통해 작성했다. 과기정통부 소속 직원들의 AI 챗봇에 대한 이해도를 높이고 부처 내 활용 방안을 탐색하기 위해 전문가 특강을 개최했다는 내용의 보도자료에 챗GPT를 실제로 사용한 것이다.

이번에는 챗GPT가 보도자료의 제목만 작성했지만 머지 않은 미래에는 챗GPT가 완전히 혼자 만들어낸 보도자료가 배포될 가능성도 배제할 수 없게 됐다. 이날 진행된 과기정통부 특강에서 업무메일, 보도자료, SNS 홍보 문구 작성 등 정부부처 업무에서 실제로 활용 가능한 챗GPT 기능 시연이 진행됐기 때문이다. 이종호 과기정통부 장관 또한 전날 LG, SK텔레콤, 네이버 등 AI 업계와 만나 챗GPT 동향과 정책 방향에 대해 논의하며 "챗GPT는 AI가 우리 일상 속으로 스며드는 신호탄이 될 것"이라고 강조하기도 했다.

정부뿐만 아니라 학계에도 챗GPT의 영향력이 본격화되고 있다. 이광형 KAIST(카이스트) 총장은 전날 열린 '디지털 교육 콘퍼런스' 기조강연을 통해 "챗GPT가 나옴으로써 교육 현장에서의 지식 전수 기능이 약화될 것 같다"며 "아직은 부족하지만 챗GPT는 범용 분야에서 인간을 능가하는 지능을 갖게 될 거다. 계산기의 등장으로 암산 능력의 중요성이 떨어진 만큼 이제 지식을 많이 갖고 있느냐를 겨룰 필요와 의미가 대폭 감소할 것"이라고 설명했다. 그러면서 "이제는 AI를 활용하는 능력이 중요해지고 그런 능력을 테스트 하는 시험도 등장할 수 있고 AI 보조교사도 나타날 수 있다"며 "AI 시대 우리 교육도 AI적인 사고방식을 이해해야 한다. 외국의 지배, AI의 지배를 받지 않기 위해서라도 AI 연구를 강화해야 하고, 동시에 우리 자손들이 인간으로서 성장하기 위해 인문 · 예술 교육도 소홀히 해선 안 된다"고 덧붙였다.

정부나 대학에서는 챗GPT 활용을 본격화하고 있고, 산업계에서도 AI 관련 기술을 적극적으로 사업화하고 있는 만큼 국내에서도 챗GPT를 비롯한 초거대 AI의 중요성과 영향력이 날로 커질 것으로 전망된다. 한 AI업계 전문가는 "챗GPT와 같은 AI가 인간을 위한 도구로 상용화되는 건 이미 기정사실화됐다. AI에 대한 우려가 크지만 AI는 실제 사람처럼 의인화되기보다는 어디까지나 도구로서 사용될 수밖에 없다"며 "이제는 어떻게 해야 AI가 실수를 하지 않도록 잘 학습시키고 안전하게 잘 쓸 수 있을지에 초점을 둬야 하고, 또 이를 어떻게 실현할지 기술적으로 고민해야 할 시점"이라고 강조했다.

(뉴시스, 2023.2.23, https://newsis.com/view/?id=NISX20230222_0002202655&cID=10406&pID=13100)

## 感 · 통찰력만으론 안 된다… 빅데이터 분석 능력 없으면 도태된다

"(뉴욕 남동부) 새러토가 애비뉴 409번지 부근에서 총성(銃聲) 8발 확인." 2015년 12월 4일, 미국 뉴욕 경찰국 소속 경찰관들의 스마트폰엔 이런 경고 메시지가 떴다. 해당구역에서 순찰을 하던 경찰관이 즉시 현장으로 파견됐다. 경찰관은 경고 메시지가 가리킨 건물 옥상에서 탄피를 발견하고, 다시 스마트폰을 꺼내 이 건물에 지명수배범이 거주한 적이 있다는 정보를 확인했다. 그는 즉시 수색영장을 발부받아 수배범의 옛 거주지를 샅샅이 수색, 방금 전 사용된 권총 2자루를 발견했다. 이어 건물 주변에 숨어 있던 지명수배범을 현장에서 체포했다. 뉴욕 경찰국이 빅데이터 기반 범죄 감시 프로그램 '샷 스포터(Shot Spotter)'를 활용해 신속하게 범인을 검거한 사례다. 샷 스포터는 뉴욕시 곳곳에 깔린 음성 센서 수천 개로 포착한 총성과 전자지도, 경찰 정보 데이터베이스(DB) 등을 종합적으로 분석해 범죄 발생 지역과 시간을 알려주고, 심지어 다음 범죄 가능성까지 예측한다. 사람의 귀로는 총성과 폭죽 소리를 정확하게 구별하지 못하지만, 샷 스포터는 거의 완벽하게 분간해 뉴욕시의 총격 범죄 사건 해결에 획기적인 도움을 줬다는 평가를 받는다.

각종 데이터로 범죄자를 찾아내는 아이디어는 오래전부터 공상과학(SF) 영화에 등장했다. 그러나 10년 전까지만 해도 이를 현실에서 구현하려면 큰 장애물을 넘어야 했다. 데이터를 수집하고 저장하는 기술은 충분했지만, 기존 통계 프로그램으로 대용량 데이터를 분석하려면 많은 비용과 시간이 필요했다. 이 때문에 기업과 공공기관은 데이터 분석의 중요성을 알면서도 엄두를 못 냈다.

빅데이터를 쉽게 분석할 길이 열린 것은 2006년 야후 엔지니어로 일하던 더글러스 커팅이 '하둡(Hadoop)'을 개발하면서부터다. 하둡은 대용량 데이터를 적은 비용으로 더 빠르게 분석할 수 있는 소프트웨어다. 여러 대의 컴퓨터로 데이터를 분석하고 저장하는 방식으로 빅데이터 분석 비용을 대폭 낮췄다. 페이스북이 자동으로 사진 속 인물이 누군지 찾아주는 기술, 구글이 이메일과 검색 패턴을 분석해 '타깃 광고'를 보여주는 기술 등이 하둡의 대표적 성과다. 뉴욕타임스 칼럼니스트 토머스 프리드먼은 "당신이 단 한 번도 들어보지 못했을 법한 소프트웨어인 하둡이 등장하고 나서야 비로소 빅데이터 분석이 가능해졌다"고 평가했다. 하둡을 개발한 커팅은 2009년 야후를 퇴사하고 빅데이터 소프트웨어 업체 클라우데라(Cloudera)에 합류, 현재까지 수석 아키텍트(설계자)로 일하고 있다. 최근 서울에 온 커팅을 만나 '빅데이터 시대'를 연 하둡의 개발 과정과 빅데이터 산업의 전망을 물었다.

"10년 전에도 데이터는 널려 있었지만 이를 제대로 분석할 방법이 없었다. 컴퓨터 한 대에 정보를 저장하고 분석했기 때문이다. 예를 들어, 세계 최대 건설장비업체인 캐터필러는 굴착기나 트럭 등 자사 제품 구석구석에 센서를 부착해 실시간으로 건설 현장에서 사용되는 제품의 데이터가 본사에 전송되도록 했다. 이렇게 모인 데이터는 굴착기 등 제품이 일주일 안에 고장 날 가능성이 커졌을 때 제품을 구매한 고객에게 미리 '부품 교체가 필요하다'고 알려주는 데 쓰인다. 이 과정에서 하둡으로 만든 빅데이터 프로그램은 각 제품에서 초당 수만 개 데이터를 실시간으로 수집해 분석한다. 과거에는 이렇게 방대한 데이터를 분석하는 것이 불가능했다. 하둡은 여러 대 컴퓨터를 활용해 병렬식으로 데이터를 분석하기 때문에 대용량 데이터를 단번에 분석한다. 빅데이터 분석에 필요한 마지막 퍼즐을 채워넣었다고 본다. 처음에는 하둡을 유료화할까 생각했지만, 더 많은 사람이 사용할 수 있도록 오픈소스(무료로 소프트웨어 소스코드를 공개하는 것) 형태로 개방했다. 덕분에 위키피디아처럼 각계각층 전문가가 하둡을 더 나은 방향으로 발전시켜나가고 있다."

"미국 최대 금융회사인 뱅크오브아메리카는 금융거래 내역 수십억 건을 분석해 금융 사기 방지 프로그램을 도입했다. 월트디즈니는 디즈니월드 방문객의 이동 패턴과 놀이기구 탑승률, 호텔 예약 정보, 디즈니TV 시청률 등 각종 데이터간 상호 연관성을 분석해 디즈니월드의 개・보수 작업에 활용한다. 월마트는 구글 등 검색 엔진의 키워드를 분석해 마트 내 제품 배열에 활용한다. 2011년엔 인기 퀴즈쇼인 제퍼디(Jeopardy!)에서 하둡으로 만든 IBM의 인공지능(AI)이 퀴즈 달인을 꺾었다. 하둡 출시 초기에는 민간 기업들이 주(主) 사용자였지만, 최근에는 공공기관도 하둡을 빅데이터 분석에 활용하고 있다. 올해 초부터 UC샌타크루즈는 종양 환자들의 데이터를 모아 일반 환자들이 종양에 걸릴 가능성을 미리 예측하는 프로젝트를 진행 중이다."

"2000년대 초반 많은 기업이 데이터 활용 방안을 고민했다. 당시 대용량 데이터를 분석하려면 정보처리센터를 지어야 하는 등 많은 비용이 들었다. 더 적은 비용으로 데이터를 처리할 방법을 고민하던 도중 우연히 데이터를 여러 곳에 분산해 분석・처리하는 아이디어가 담긴 보고서를 접했다. 구글 직원이 2003년에 작성한 보고서였다. 보고서 내용을 토대로 2003년부터 개발을 시작해 야후에서 엔지니어로 근무하던 2006년 완성했다. 출시 당시에는 마이크로소프트, 오라클, IBM 등 주류 IT 기업까지 하둡을 가져다 쓸 줄은 몰랐다. '하둡'이라는 이름은 10년 전 두 살배기 아들이 코끼리 인형을 보고 옹알거리던 말이다. 갓난아기도 부를 수 있는 쉬운 이름을 붙이고 싶어 '하둡'이라고 지었다."

"지금까지는 경험 많은 경영진이 감(感)과 통찰력에 의존해 다양한 결정을 했다. 하지만 이제 명확한 데이터 분석이 의사결정 과정에서 핵심적인 역할을 하는 시대가 됐다. 앞서가는 기업은 빅데이터를 분석해 얻은 정보로 제품 품질을 끊임없이 향상시킨다. 사용자의 피드백을 주기적으로 반영하는 테슬라의 전기자동차가 대표적이다. 구글, 페이스북, 애플도 마찬가지다. 요즘 기업 실무진을 만날 때 '소프트웨어가 세상을 집어삼키고 있다'는 마크 앤드리슨(넷스케이프를 공동창업한 유명 벤처투자자)의 말을 종종 인용한다. 5년 후 빅데이터 분석 능력이 떨어지는 기업은 경쟁에서 뒤처질 것으로 전망한다."

"한국의 빅데이터 활용 수준은 아직 초기 단계에 머무르고 있다. 빅데이터에 대한 관심은 크지만 정작 활용 범위는 좁은 편이다. 특히 에너지 기업과 자동차 회사는 빅데이터를 활용할 여지가 많다고 본다. 전통 제조업 분야 기업도 제품 개발에서 비용 절감 계획까지 다양한 분야에서 빅데이터 분석을 활용할 수 있다. 무엇이 잘못되고 있는지조차 모르면 개선책을 찾을 수 없다. 빅데이터 분석은 기업의 낭비 요소를 발견하는 데 큰 도움을 준다."

(조선일보, 2016.12.17)

# 연습문제

1 다음 중 조직 내 수준별로 사용되는 정보시스템의 종류가 잘 짝지어진 것은?

> 기업 내 조직수준 : (가) 현장요원과 일선관리자 계층
> (나) 중간관리자 계층
> (다) 최고경영자 계층
> 기업 내 정보시스템 : (a) 중역지원시스템
> (b) 경영정보시스템
> (c) 의사결정지원시스템
> (d) 거래처리시스템

① (가)-(a) ② (나)-(c)
③ (나)-(d) ④ (다)-(b)

2 은행의 입출금을 관리하는 정보시스템과 항공사의 예약정보시스템은 다음 중에 어떤 유형의 정보시스템에 속하는가?

① 거래처리시스템 ② 중역지원시스템
③ 의사결정지원시스템 ④ 경영정보시스템

3 공급망관리는 크게 보면 흐름(flow)의 관리와 관계(relationship)의 관리로 나누어 생각할 수 있다. 협력업체와의 장기적인 신뢰를 구축하는 행동은 어디에 속하는가?

① 물적 흐름(physical flow) ② 정보흐름(information flow)
③ 자금흐름(monetary flow) ④ 관계의 관리

4 다음 중 공급망에 대한 설명으로 바른 것은?

ㄱ. 오늘날의 경쟁은 기업단위의 경쟁이라기보다는 공급망 단위의 경쟁이다.
ㄴ. 공급망관리는 자재와 제품의 흐름을 효율적으로 관리하는 것이기 때문에 기업간 관계는 그다지 중요한 이슈가 아니다.
ㄷ. 공급망에서의 흐름은 물적 흐름, 정보흐름, 자금흐름을 포함한다.

① ㄱ, ㄴ ② ㄱ, ㄷ
③ ㄴ, ㄷ ④ ㄱ, ㄴ, ㄷ

5 네트워크의 가치는 네트워크에 연결된 사용자 수의 제곱에 비례하며, 이는 곧 네트워크 효과를 지칭한다는 내용의 법칙을 무엇이라 하는가?

① 테일러의 법칙 ② 멧칼프의 법칙
③ 무어의 법칙 ④ 머피의 법칙

6 다음 중 빅데이터 분석 도입의 기대효과에 해당하지 않는 것은?

① 빅데이터 기술은 엄청난 양의 데이터의 관리와 분석을 가능하게 해주며 경영활동을 더욱 효율적으로 이끌어나갈 수 있는 방법을 제공해 준다.
② 고객과 상호작용을 하는 모든 부서가 고객에 대한 단일 관점을 공유하도록 지원함으로써 리드타임 단축에 기여한다.
③ 다양한 데이터들을 매우 빠르게 분석할 수 있게 됨으로써 다양한 정보를 지체 없이 분석할 수 있게 되어 의사결정의 질이 한 차원 제고된다.
④ 고객의 니즈와 욕구를 더욱 효과적으로 충족시킬 수 있는 방법을 제공함으로써 새로운 상품과 서비스의 개발을 용이하게 한다.

7 기업의 업무처리의 효율화를 위해 엑셀과 같은 기초적인 사무자동화 도구를 활용하던 업무처리 방식을 조직 내 구성원간의 정보공유를 가능하게 하는 소프트웨어 기반의 혁신을 무엇이라 칭하는가?

① 디지털화(digitization)
② 디지털라이제이션(digitalization)
③ 디지털 전환(digital transformation)

8 다음과 같은 어려움을 겪는 기업들이 도입을 추진하는 정보화 시스템은?

> ㄱ. 고객에게 제공하는 상품의 가짓수가 급속히 증가하게 되면 1단계에서 흔히 활용하는 업무처리방식으로는 고객에 대한 만족도를 충족시키기 어려워진다.
> ㄴ. 각 부서별로 처리하여 메신저나 e메일 또는 종이서류 형태로 관련 부서에게 업무협조나 협업을 하는 과정에서 불필요한 지연현상이 나타나게 된다.
> ㄷ. 사내에 웹 기반의 인트라넷이 있다 하더라도 상품명이나 용어의 통일이 이루어지지 않은 기업들은 데이터의 정리와 원본확인에 많은 시간과 노력을 투자한다.

① ERP(Enterprise Resource Planning)
② SCM(Supply Chain Management)
③ Digital Technology
④ Big Data System

9 다음 중 플랫폼에 대한 설명으로 바르게 된 것은?

> ㄱ. 네트워크 효과를 통해 성장을 도모한다.
> ㄴ. 참여자간의 연결과 지속적인 상호작용을 통해 그 자체가 진화하며, 이 과정에서 모든 참여자에게 새로운 효용가치와 혜택을 제공해 줄 수 있는 상생의 생태계이다.
> ㄷ. 공급자와 수요자 등 복수 그룹이 참여해 각 그룹이 얻고자 하는 가치를 공정한 거래를 통해 교환할 수 있도록 구축된 환경이다.

① ㄱ, ㄴ
② ㄱ, ㄷ
③ ㄴ, ㄷ
④ ㄱ, ㄴ, ㄷ

10 다음 중 빅데이터의 활용과 확산을 가로막는 장애요인에 대한 설명으로 바르게 된 것은?

> ㄱ. 기업이 원하는 외부데이터가 아직 분석이 가능한 수준으로 개발되지 않은 경우가 많고, 데이터가 존재한다고 하더라도 데이터를 공유 및 구매하기 어렵기 때문이다.
> ㄴ. 빅데이터 분석과정에 대한 이해 부족으로 분석을 통해 추출되는 결과에 대한 활용의지가 높지 않기 때문이다.
> ㄷ. 소셜 미디어의 사용자 편향성, 기업들이 지원하는 대가성 소셜 미디어 평가와 리뷰 등으로 인해 소셜 데이터의 질 문제도 의문시되는 경우가 많기 때문이다.

① ㄱ, ㄴ
② ㄱ, ㄷ
③ ㄴ, ㄷ
④ ㄱ, ㄴ, ㄷ

11 다음 중 블록체인 기술의 특성에 대한 설명으로 바르게 된 것은?

> ㄱ. 블록체인의 정보는 모든 참여자가 볼 수 있으며 변경이 불가능하다. 따라서 리스크 및 사기 행위가 감소하고 신뢰성이 구축된다.
> ㄴ. 블록체인은 일부 유형의 타사 중개인에 대한 의존도를 줄이는 진정한 P2P 네트워크이므로, 프로세스의 효율성은 증가되고 데이터 입력오류와 거래 수수료가 줄어든다.
> ㄷ. 블록체인 참여자간의 연결과 지속적인 상호작용 그리고 핵심정보의 공유를 통해 기업간 거래과정의 효율성을 높일 수 있다.

① ㄱ, ㄴ
② ㄱ, ㄷ
③ ㄴ, ㄷ
④ ㄱ, ㄴ, ㄷ

12 다음 중 블록체인 기술을 이용한 스마트 계약에 대한 설명으로 바르게 된 것은?

① 특허 관련 분쟁 발생시 각 시점별로 소유권을 규명해 줄 수 있는 근거자료를 제공하는 시스템이다.
② 블록체인을 통해 일정조건을 만족시키면 거래가 자동으로 실행되도록 하는 프로그램이다.
③ 디지털 자산의 소유권을 등록하고 관리하는 블록체인 플랫폼 기반의 시스템이다.
④ 채권, 주식, 특허, 개인 창작물 등의 자산을 디지털로 전환시켜 주고 매매를 주선하는 시스템이다.

13 다음 중 멀티호밍(multihoming)에 대한 설명으로 바르게 된 것은?

① 사용자들이 여러 플랫폼을 동시에 사용하는 현상을 일컫는다.
② 플랫폼의 네트워크 효과를 촉진시키는 전략을 의미한다.
③ 틈새시장이 작아 시장 진입이 어려울 때 사용하는 플랫폼 기반의 시장침투전략이다.
④ 독보적 검색기술을 기반으로 시장을 공략하는 플랫폼 기반의 경쟁전략이다.

| 정답 | 1. ② 2. ① 3. ④ 4. ② 5. ② 6. ② 7. ② 8. ① 9. ④ 10. ② 11. ① 12. ② 13. ① |
|---|---|

Chapter 14

# 글로벌 경영의 이해



지난 20여 년 동안 세계는 독일의 통일, 구소련의 붕괴와 함께 동서냉전구조가 허물어지는 현상을 목격하게 되었다. 우리나라도 북방정책의 적극적 추진을 통해 베트남을 비롯한 거의 모든 구사회주의 국가와 외교관계를 맺게 되었다. 이젠 정치나 군사문제보다는 국익을 앞세우는 경제문제가 더욱 중요시되어가고 있다. 이런 상황에서 기업의 국제화는 피하기 어려운 추세인 것 같다. 국내시장만을 목표로 삼고 싶어도 경쟁상대는 국내기업뿐만 아니라 외국의 유수한 기업들까지 포함시켜야 할 때가 된 것이다. 그뿐만 아니라 외부와 단절된 상태에서는 기업경쟁력을 유지 · 향상시키기가 불가능하다. 기업은 이제 세계 어느 곳에서나 경쟁력을 발휘할 수 있는 상품이나 서비스 또는 경영관리 기능, 연구개발 기능, 마케팅 기능 등 최소한 어느 것 하나 또는 복수의 핵심역량을 갖추고 있지 않으면 생존을 위협받게 되었다. 본장에서는 이와 같은 글로벌화의 배경, 기업의 국제화전략 유형 및 글로벌화를 위한 전제조건 등을 살펴보도록 한다.

# 제 1 절 글로벌화와 해외시장의 진입전략

## 1. 글로벌화의 배경

디킨(P. Dicken)은 글로벌 시프트(global shift)라는 용어를 사용하면서 시장과 상품의 세계화가 급격하고 광범위하게 이루어지고 있음을 강조하였다. 시장의 세계화는 국내시장 중심으로 정부의 보호를 받으며 활동하던 기업들이 세계 각국의 시장을 하나로 묶어 생각하고 활동하기 시작함을 의미한다. 이제 독일시장이라든지 일본시장이라는 말은 사라지고 대신 세계시장이라는 개념이 존재하게 되었으며, 삼성전자, 현대자동차, 코카콜라, 자라, 맥도날드 등 다양한 글로벌 기업들이 표준화된 상품을 전 세계 시장에 내놓고 있다.

이제 글로벌화는 일상적인 용어가 되어 버렸지만 21세기에 있어서 기업의 생존과 성장을 위해 필수적인 요건이며, 이를 효과적으로 수행해낼 수 있는 역량이야말로 향후에 경쟁우위 확보를 위한 가장 핵심적 역량이 될 수 있다. 기업에 있어서 글로벌화란 기업이 국가별로 각기 서로 다른 전략을 취하기보다는 전 세계 시장을 하나로 간주하여 동일한 전략을 수행한다는 의미이다. 즉, 글로벌화는 국경에 따른 시장구분이 더 이상 의미가 없어졌다는 것을 전제로 한다. 글로벌화된 시장을 목표로 하는 기업들은 전 세계를 무대로 경쟁하면서 다양한 생산·판매망을 통해 자국에서 얻어낸 경쟁우위를 다른 나라에도 활용함으로써, 규모의 경제와 세계적인 브랜드 명성 등을 결합시켜 경쟁우위를 창출해 낸다. 이의 대표적인 산업으로서는 반도체, 컴퓨터, 스마트폰, 자동차, 프린터 등을 들 수 있다.

이와 같은 시장과 제품의 글로벌화 경향은 두 가지 측면에서 그 원인을 찾을 수가 있는데, 그 하나는 상품과 서비스, 투자, 자본 등의 흐름의 자유화 측면에서 국가간 장벽이 낮아졌다는 사실이며, 또 하나는 통신과 정보, 교통, 기술 등의 급격한 발전이라고 할 수 있다.

### (1) 무역 및 투자의 자유화

시장 및 생산의 세계화와 세계무역량의 증대, 외국인의 직접투자, 수출 등은 자국 내 시장에서 외국 기업체의 적극적인 진입을 가능하게 하고 있다. 미국 자동차시장에서는 한국과 일본 자동차업체들이 제너럴 모터스나 포드, 크라이슬러 등을 앞서고 있고 네덜란드의 필립스가 한때 장악했던 유럽의 소비자 전자제품시장도 삼성전자, LG전자, 일본기업인 마쓰시타와 소니 등이 장악하고 있다. 이렇듯 하나의 커다란 세계시장의 형성은 수많은 제품과 서비스에 있어 기업간 경쟁을 그만큼 심화시키고 있는 것이다. 예를 들어 삼성전자나 LG전자의 매출액을 보면 해외 매출비중이 80%를 넘으며 국내기업들의 해외 생산법인이나 판매법인도 중국이나 인도 등의 신흥시장 중심으로 급속히 증가하고 있다.

이처럼 글로벌화를 불러일으킨 가장 근본적인 요인은 세계단일경제체제의 성립이다. 정부의 보호 아래 향유해 왔던 안정적 시장 지위나 수익성은 막강한 경쟁우위를 갖춘 세계적인 기업들의 진입에 의해 순식간에 무너질 수 있다. 대부분의 상품들이 국가간 경계가 무의미한 치열한 경쟁시장에 포함되고 있다. 이제는 전 세계의 기업들을 경쟁자로 간주하고 기업활동을 해야 하는 상황에 접어들게 되었다. 특히 WTO[1)]체제의 출범에 따라 무역분쟁이 신속하게 해소되고 지적재산권에 대한 보호가 강화되는 등 미래는 현재보다 규제완화와 투자와 수익의 합리성이 증대되어 기업의 글로벌화는 더욱 급속히 진행되고 있다.

더불어 국제적인 자본 이동을 통하여 외국의 자본투자가는 투자이익을, 해당기업은 기업운용자금의 조달처로서 서로의 필요성에 의하여 자본의 자유로운 이동이 가능해졌다. 예를 들어 주식시장에서 삼성전자나 현대자동차 등의 주주들도 외국인 비중이 50%를 넘는다. 글로벌 투자자를 유치하기 위하여 회계제도의 투명성, 각종 규제완화, 영어사용 등 각종 사회제도 및 법률, 관습이 글로벌 스탠더드(global standard)에 부합되어야 함은 물론이다.

---

1) WTO(World Trade Organization), 즉 세계무역기구는 회원국들간의 무역관계를 정의하는 많은 수의 협정을 관리·감독하기 위한 기구이다. 세계무역기구는 1947년 시작된 관세 및 무역에 관한 일반협정(General Agreement on Tariffs and Trade : GATT) 체제를 대체하기 위해 등장했으며, 세계무역장벽을 감소시키거나 없애기 위한 목적을 가지고 있다. 이는 국가간의 무역을 자유롭게 보장해 준다.

요약하면, 해외의 유수한 기업도 직접적 경쟁자가 될 수 있는 시점이 도래했고 이들과의 경쟁을 위한 역량 구축이 필수적이다. 세계 수준에서 경쟁할 수 있는 역량이 없으면 자국시장에서도 몰락할 수밖에 없고 해외시장에서도 경쟁에서 이길 수 없다. 이제 더 이상은 자국시장과 해외시장의 구분조차 무의미해질 수도 있다. 경쟁상대를 전 세계로 간주하고 세계 수준의 경쟁력을 갖추어야만 생존과 성장을 이룰 수 있다는 사실의 인식이 글로벌화의 요체이다.

### (2) 인터넷 및 관련 기술의 급속한 혁신

무역 및 투자 장벽의 완화가 시장과 제품의 세계화를 가능하게 한 핵심요인이기는 하지만, 동시에 기술의 변화도 이러한 추세에 큰 영향을 미치고 있다. 제2차 세계대전 이후 컴퓨터 및 정보처리 기술, 물류망의 발달, 인터넷 및 통신기술의 급속한 발전은 타 산업분야에도 엄청난 파급효과를 불러일으키고 있다. 아마도 가장 중요한 기술혁명 중의 하나는 개인이나 기업 모두에게 있어 컴퓨터로 많은 양의 정보를 능률적으로 저렴하게 처리할 수 있도록 한 마이크로프로세서의 발달이라고 할 것이다. 마이크로프로세서의 발달은 통신기술의 진보를 보다 더 두드러지게 만들어 준다. 지난 30여년간의 글로벌 통신은 인공위성과 광섬유(optical fiber), 무선기술, 그리고 인터넷과 WWW 등의 발달로 혁명을 이루어 왔는데, 이 모든 기술이 마이크로프로세서의 인코딩과 전송, 디코딩과 다량의 정보처리능력 등에 따른 것이다.

또한 인터넷은 세계경제 발전의 핵심수단이 되었다. 데이터나 정보, 음성을 비롯한 실시간 동영상뿐만 아니라 각종 비즈니스도 인터넷상의 거래로 이미 널리 활용되고 있는 상황이다. 예를 들어, 인도에서 마이크로소프트의 소프트웨어를 구매하려면 신용카드로 결제하고 인터넷으로 다운로드를 받으면 그만이고, 브라질 건설회사의 구매부장이 포클레인을 구매하려고 할 때에도 인터넷상으로 각국의 물건을 살펴보고 인터넷 화상회의를 통해 그 회사 영업사원과 흥정하여 해외로부터 포클레인을 구입할 수도 있다. 인터넷은 글로벌 통신의 가격을 내리게 하고 모든 생산품이 인터넷상으로 거래될 수 있도록 만들 것이다. 이는 기업의 규모를 초월하여 세계시장으로의 접근을 훨씬 용이하게 하여 시장 및 제품의 세계화를 더욱 활발하게 하고 있다.

운송수단 역시 최근 많은 발전을 거듭해 왔다. 그중에서도 가장 중요시되는 발전은 상업용 비행기와 초대형 운송기, 운송을 보다 용이하게 만든 컨테이너 운송이라고 할 것이다. 무엇보다도 화물용 비행기는 시간단축이라는 측면에서 경제의 세계화를 부추기는 데 한몫을 단단히 했다. 결과적으로 미국 뉴욕에서 일본으로 물건을 보내는 것이 19세기에 같은 미국의 필라델피아로 보내는 것보다 훨씬 빠르다는 것이다.

이러한 기술혁신이 급속히 진전되면서 지난 40여년간 정보처리비와 통신비가 눈에 띄게 줄어들었고 글로벌 기업들 또한 자신의 생산기지를 보다 쉽게 분산시킬 수 있게 되었다. 삼성, LG, HP, GE 등과 같이 전 세계에 생산 및 판매 법인을 보유하는 기업들은 인터넷과 각종 위성통신 등의 도구를 이용하여 전 세계 법인들을 하나의 망으로 연결한다. 신상품을 개발할 때에는 한국, 일본, 미국, 유럽 등 각국에 형성된 팀을 중심으로 인터넷을 통하여 지속적으로 회의를 갖는다. 이 같은 글로벌한 상품개발은 신상품 개발 및 출시에 소요되는 시간 단축에 큰 기여를 한다.

또한 글로벌 통신망과 글로벌 미디어는 전 세계 문화라고 하는 새로운 문화를 창조하고 있다. 예를 들어 콘텐츠의 디지털화는 영화 및 방송프로그램을 실시간으로 전 세계에 전송하여 어디에서나 시청할 수 있는 여건을 구축할 수 있는 기반을 조성하여 글로벌 문화 혁명을 초래하게 할 것으로 기대하고 있다. 이런 흐름은 전 세계 소비자들의 동질화현상을 가속화시키고 있다.

### (3) 글로벌 차원의 협업 필요성

상품의 흐름이 국가간의 장벽을 무시하게 되면서 글로벌 차원에서의 시장 확대와 그에 따른 생산 통합, 정예화된 공급자로부터의 조달 등으로 규모의 경제를 확보할 필요성이 더욱 심각하게 대두되고 있다. 낮은 원가를 확보할 수 있는 국가로의 생산기지 이전을 통해 원가를 더욱 절감시킬 수 있을 뿐만 아니라 생산량 증대를 통한 규모의 경제도 가능하다. 국내시장만을 대상으로 상품개발과 생산을 계획해서는 글로벌 기업들의 원가수준을 이겨낼 도리가 없다.

글로벌화는 연구개발 측면에서의 규모의 경제를 요구한다. 경쟁기업들의 기술개발 가속화, 연구개발인력 확보의 어려움 등은 점점 더 높은 수준의 연구개발비용을 요구한다. 글로벌화에 따른 매출규모의 확대와 다양한 국가에서의 경영활동에 의한 개발자 확보를 염두에 둔 연구개발이 수반되지 않으면 타 기업을 선도해 나가기가 불가능하다. 또한 엄청난 투자를 요하는 새로운 기술개발의 수익성을 높이기 위해서도 내수시장만으로는 한계가 있으며 전 세계 시장을 염두에 두지 않을 수 없다.

## 2. 해외시장의 진입전략

어느 기업이든 국제화전략을 수행할 때 우선 생각해야 하는 문제 중의 하나가 해외시장 진입의 방식(mode of entry)이다. 챈들러(A. Chandler)는 국제화를 기업이 한 지방에서 전국으로, 나아가서는 세계로 변모해가는 과정으로 정의하고 그 이유로 규모의 경제, 생산자원과 신기술의 활용, 성장기회의 포착과 국내시장의 포화상태 등을 제시하였다. 예를 들어 기술의 발전으로 인해 통신과 물류비용이 줄어들어 기업들이 더 넓은 시장을 목표시장으로 설정하기가 용이해졌으며, 제조기술의 발전은 여러 다양한 시장에서의 고객 니즈를 충족시키면서 수익을 얻을 수 있게 해주고 있다. 또한 자국의 성장 한계를 극복하기 위한 대안으로 많은 기업들이 해외시장을 개척해서 성공해 왔다. 자신이 속한 산업이 성숙 혹은 쇠퇴하는 경우 이런 경향이 더욱 심해진다. 기업의 규모가 커지고 사업범위가 지역적으로 확대됨에 따라 자연스럽게 국제화가 이루어질 수밖에 없다.[2)]

루트(F.R. Root)는 국제화의 과정을 간접 내지는 수동적 수출, 능동적 수출, 라이선싱, 해외시장에서의 합작투자, 대규모의 다국적 마케팅과 생산의 5단계로 설명하였다. 국제화의 초기에는 외국의 수입업자의 의뢰에 따라 그들이 요구하는 제품만을 생산하여 수출하는 데 머물다가, 점차 기술을 개발하고 대량생산이 가능한 설비를 갖추게 되면서 판매량 확대를 위해 적극적으로

---

2) 유럽의 경영학자인 헥셔와 오린에 의하면(헥셔-오린의 이론) 한 나라는 그 나라에 풍부하게 부존되어 있는 자원을 집약적으로 사용하는 재화를 특화하여 수출하고 상대적으로 부족한 자원을 집약적으로 사용하는 재화를 수입하는 무역패턴을 보인다고 한다. 한국은 기술과 자본이 상대적으로 풍부한 반면 자원과 토지, 노동은 상대적으로 희소하다. 베트남이나 인도네시아 등은 상대적으로 노동, 토지, 천연자원이 아주 풍부한 반면 기술과 자본은 희소하다. 따라서 헥셔와 오린에 의하면 한국은 자본과 기술을 요하는 재화에 특화하여 베트남이나 인도네시아 등으로 수출하고, 반면 베트남이나 인도네시아는 천연자원 및 단순노동과 관련된 재화를 한국으로 수출하는 무역패턴을 보일 것이다.

해외시장을 개척하는 능동적 수출단계에 이른다. 수출시장이 점차 다양해지고 규모도 커지게 되면 현지 기업에 라이선싱 계약을 통해 제품을 생산하도록 허락하고 그 대신 커미션이나 로열티를 받게 된다. 즉, 그 회사만이 가지고 있는 기술을 사용하도록 허락하거나 상표명(brand name)을 빌려 주어 마치 그 회사가 직접 만들어 수출한 것과 같은 효과를 불러일으키게 한다. 이 단계를 넘어서게 되면 현지 기업과의 합작투자를 통해 현지에서의 본격적인 생산·판매에 들어가게 되며 이런 전략이 전 세계적으로 확대되면 대규모 다국적 기업으로 성장하게 된다.

이와 같은 국제화의 과정을 국제화에 따른 자원투입과 사업상의 위험수준, 그리고 상품 생산 및 판매의 통제가능수준에 따라 간략히 나타내면 [그림 14-1]과 같다. 수동적 수출에서 능동적 수출을 거쳐 합작투자쪽으로 진행될수록 국제사업을 운영하기 위한 자원이 더욱 많이 필요하게 되며 결과적으로 직접적인 책임의 폭이 넓어져 투자에 대한 위험도가 높아진다. 그러나 생산 및 판매를 포함한 전반적인 경영활동에서는 자율성을 많이 확보할 수 있어 통제력은 높아지게 된다.

국제시장을 목표로 하는 기업의 국제사업활동은 [그림 14-2]에 요약되어 있듯이 크게 무역, 지적재산권, 투자의 세 가지로 나눌 수 있다. 무역에는 직·간접 수출, 해외 자회사를 통한 수출 및 서비스 수출 등이 포함되며, 지

[그림 14-1]
국제사업의 변천과정

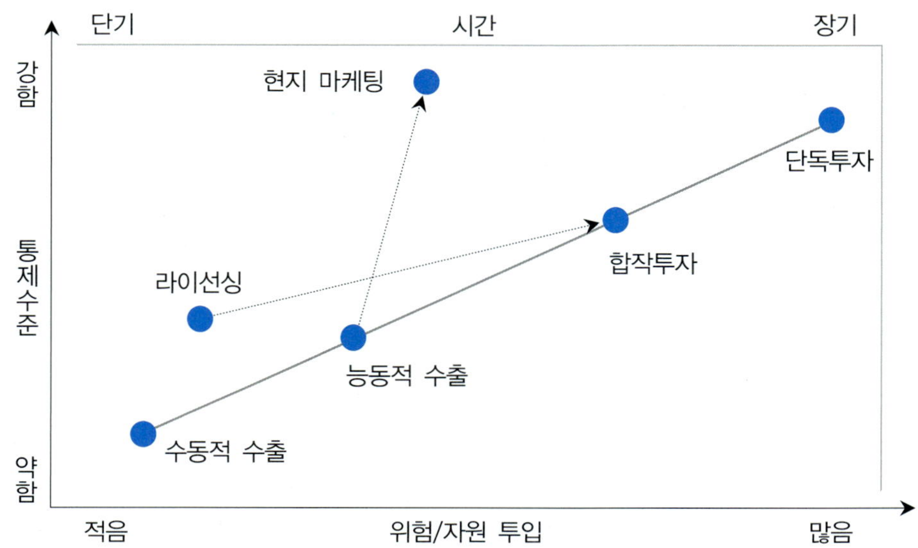

[그림 14-2]
국제사업활동의 형태

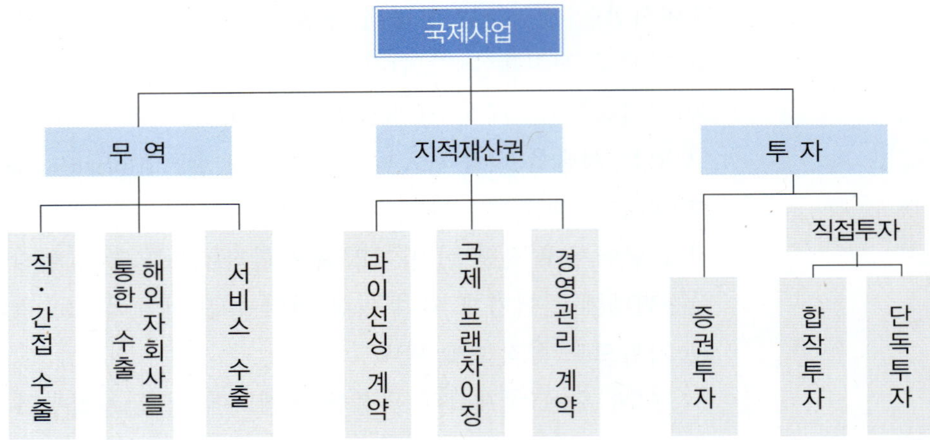


적재산권을 활용한 국제사업에는 라이선싱 계약, 국제 프랜차이징, 경영관리 계약이 포함된다. 그 외 투자에는 합작투자, 단독투자, 증권투자 등을 예로 들 수 있다.

## 제 2 절 무역과 지적재산권 공유를 통한 해외시장 진입전략

### 1. 간접수출

기업의 수출형태는 크게 나누어 간접수출과 직접수출로 구분될 수 있는데, 간접수출은 수출업무를 담당하는 중간상(middlemen)을 이용하는 형태의 수출을 말하며, 직접수출은 회사의 직원들이 직접 수출업무를 담당하는 형태를 말한다. 일반적으로 수출관련 인적자원이 확보되면 독자적으로 수출담당 부서를 만들어 활용하지만, 전문성을 갖춘 인적자원이 부족한 중소기업들은 간접수출방법을 많이 이용한다.

수출업무를 담당하는 중간상으로는 대리상과 무역상의 두 가지의 형태가 있는데, 전자는 수출업자를 직접적으로 대표하고 후자는 상품에 대한 일련의 소유권을 갖는다. 대리상으로는 수출업무를 대행해 주는 수출대행업체와 제조업체의 수출대리점 등을 들 수 있으며, 무역상으로는 수출 바이어와 해외수입업자, 그리고 무역회사 등을 들 수 있다.

중간상은 국내에 위치할 수도 있고 국외에 위치할 수도 있는데, 회사에 따라서는 해외에 거주하는 중간상을 선호하기도 한다. 물론 이 경우에는 국내 중간상을 이용하는 것보다 고객들에게 더 근접한 유통망을 제공해 준다는 이점이 있다. 즉, 해외시장과 끊임없이 접촉할 수 있는 직원을 제공받을 수가 있다는 것이다. 그러나 국내 중간상을 이용할 때보다는 회사와 밀접한 관계를 유지할 수 없는 데다 생산자와 중간상 사이의 의사소통과 언어상 장벽이 발생할 가능성 또한 크다. 간접적인 수출전략에 영향을 미치는 요인으로는 중간상의 유효성, 이들의 서비스에 따른 비용 및 기능, 그리고 제조업체가 중간상의 활동에 영향을 끼칠 수 있는 통제력의 범위 등이 있다.

## 2. 직접수출

직접수출이란 수출량과 유통경로의 통제를 강화하기 위하여 제조업체가 수출과 관련한 제반의 업무를 직접 수행하는 것을 말하는데, 여기에는 다음과 같이 여러 가지 접근방법이 있을 수 있다.

- 국제영업인력 : 기업은 자사의 상품을 해외에 판매하기 위하여 국제영업인력을 이용할 수 있다. 기업의 입장에서는 굳이 해외시설에 투자할 필요가 없기 때문에 비용이 적게 든다는 장점이 있으나, 외국의 소비자들이 회사대표와 직접 접촉을 가질 수 없고 회사 또한 해외시장의 변화를 효율적으로 감시 통제할 수 없다는 단점이 있다.
- 판매지점 : 기업이 해외에 판매지점을 설립할 경우에는 해외시설에 대한 일련의 투자가 요구되기는 하지만 기업으로서는 해외시장에 쉽게 접근할 수 있다는 이점을 갖게 된다.
- 판매 자회사(subsidiaries) : 제조업체의 경우 보통은 해외에 판매 자회사를 설립하는데, 이러한 판매 자회사는 분명히 제조업체의 통제하에 놓여 있음에도 불구하고 별개의 독립적인 회사로서 판매지점과는 구별

된다.

- 자체의 유통시스템 : 외국의 관련법이 허용하는 범위 내에서 완전한 소유의 판매망을 설립하는 경우이다.

국제화를 추진하는 기업들은 목표시장의 관행, 경쟁기업의 활동, 시장의 현재와 미래의 잠재적 규모, 법적 규제 및 상품유통의 기본적 유형, 그리고 재정 및 인적자원 문제 등 다양한 요인들을 근거로 접근방법을 택해야 한다. 그렇지만 직접수출은 간접수출에 비하여 다음과 같은 장점들을 갖고 있다. 첫째, 제조회사의 판매담당 직원이 중개자에 비하여 회사에 더욱 충실하고 회사의 생산라인에 대해서도 더 많은 지식을 갖고 있으며, 직원에 대한 충분한 교육훈련이 가능하다. 둘째, 판매담당 직원은 최종소비자들이나 소매업체들과 개인적인 접촉을 가질 수가 있어 시장의 움직임을 신속히 파악하여 대응할 수 있으며, 새로운 마케팅 기회나 경향에 관하여 소비자들의 피드백을 받을 수 있는 채널을 가질 수 있다. 셋째, 제조업체의 경우 경쟁업체에 대한 정보를 얻을 수 있어 상품의 시장적응력을 포함한 경쟁역량 강화에 필요한 다양한 정보를 축적할 수 있다. 넷째, 판매지점이나 판매 자회사가 새로운 상품광고를 위하여 막대한 광고비를 사용함으로써 판매 중개자가 관심을 갖지 않는 다양한 지역에서 상품의 시장적응력을 증대시키는 데 집중적인 노력을 쏟을 수 있다.

반면에 직접수출은 간접수출에 비하여 몇 가지 단점을 갖고 있는데, 우선 수출업무를 시작하는 데 많은 비용이 소요되고 많은 양의 상품을 준비해야 하며 수출하고자 하는 나라의 유통물류망을 비롯하여 행정적인 뒷받침 및 숙련된 직원 등으로 구성된 복잡한 조직을 구성해야 한다는 점을 꼽을 수 있다.

## 3. 온라인 유통채널을 통한 직접수출

최근 기업의 직접수출은 해외 온라인 쇼핑몰을 통해 더욱 손쉬워져 가는 추세이다. 그동안 국내 소비자가 해외 온라인 쇼핑몰에서 직접 구매하는 직구활동이 일상화되어가고 있었지만 외국 소비자들의 온라인을 통한 국내제품 직접구매도 급격히 증가하여 이제는 국내 소비자의 직구규모를 추월한 상태이다. 온라인 해외시장은 오프라인에 비하여 유통구조가 단순하고 접근성이 좋아 중소기업에 성장의 큰 기회를 제공한다. 현재 우리나라의 340만 중소기업 중 수출기업이 고작 9만개에 불과하므로 좁은 내수시장의 한계를 극복하기 위해서도 온라인 수출의 '글로벌化'가 요구된다. 자체적으로 운영하는 국내 온라인 쇼핑몰도 없는 기업의 수출은 해외 온라인 판매대행사를 활용한 간접수출도 가능하지만, 다음과 같이 글로벌 오픈마켓과 특화된 전문몰 그리고 신흥국 현지쇼핑몰 등을 통해 직접수출을 도모하기도 한다.[3]

- 글로벌 오픈마켓 : '아마존', '이베이', '티몰' 등 전 세계적으로 유명하고 사용자 수가 많으며 판매실적이 높은 해외 온라인 오픈마켓이 포함된다. 시장규모가 가장 큰 '티몰', '글로벌 티몰', 그리고 '라쿠텐' 등은 입점 조건이 상대적으로 까다롭고 입점에 소요되는 비용도 높지만 판매수수료는 5% 정도로 낮은 편이다. 나머지 쇼핑몰들은 입점 비용 없이 판매수수료 기반이며 한국기업의 진출이 용이하다.
- 특화된 전문몰 : 수공예품 전문 '엣시', 전자기기 전문 '뉴에그', 의류 전문 '아소스' 등 특정분야에 특화되어 고객충성도가 높은 전문 채널을 말한다.
- 신흥국 현지 쇼핑몰 : 베트남의 '라자다', 인도네시아의 '큐텐'과 '일레브니아' 등 온라인 쇼핑의 태동기 시장인 동남아시아 현지 쇼핑몰이 좋은 예에 해당한다.

국내 역직구몰도 직접수출에 상당한 역할을 한다. 해외 소비자가 온라인 상에서 국내 제품을 직접 구매하기 위해 접속하는 국내 역직구몰로는 국내 온라인 쇼핑몰의 글로벌 사이트와 해외 직판 전문몰을 예로 들 수 있다. G마켓, 11번가, 인터파크 등 국내 온라인 쇼핑몰들은 해외 소비자들이 국내 제품을 직접 구매(역직구)할 수 있도록 글로벌 사이트를 운영하고 있으며, 국내의 유명 온라인 오픈마켓 외에도 '더제이미닷컴', 'OKdgg', '판다코리아닷컴', 'kmall24' 등도 해외 직판을 전문으로 한다. 주요 국내 온라인 쇼핑몰의 글로

3) 해외 온라인 유통채널을 통한 직접수출방식에 대한 설명은 다음 자료를 주로 참고하였음. 김나라(2016), "온라인을 통한 중소기업의 수출 성공사례 분석," IBK경제연구소.

**〈표 14-1〉 해외 온라인 유통채널을 통한 직접수출방식의 유형**

| 유 형 | | 쇼핑몰(업체) | 특 징 |
|---|---|---|---|
| 해외 온라인 쇼핑몰 입점 | 글로벌 오픈마켓 | 아마존, 이베이, 티몰, 라쿠텐 | 해외 고객 접근성이 높지만 진입장벽이 높으며 운영노하우를 필요로 함 |
| | 특화 전문몰 | 엣시, 뉴에그, 웨이핀후이 | 특정분야에 특화된 업체들과 소비자 주문에 기반한 서비스를 제공하는 전문 채널들로 고객충성도가 높음 |
| | 신흥국 현지 쇼핑몰 | 큐텐, 라자다, 일레브니아 | 온라인 쇼핑의 태동기에 있는 동남아시아 시장이라 매출규모는 아직 크지 않지만 한류의 영향력이 크고 성장가능성이 높음 |
| 국내 역직구몰 입점 | 국내 온라인 쇼핑몰의 글로벌 사이트 | 글로벌 11번가, 글로벌 G마켓 | 국내 쇼핑몰 상품과 자동연동되어 별도의 초기 자본과 마케팅 비용이 필요 없지만 외국어 상담 가능자가 필요함 |
| | 해외 직판 전문몰 | 더제이미닷컴, OKdgg, 판다코리아닷컴, kmall24 | 해외 고객 상담, 배송, 마케팅, 사후관리까지 원스톱으로 지원받을 수 있음 |
| 해외 직판 독립몰 운영 (기업별 단독 쇼핑몰) | | 스타일난다, 난닝구 | 브랜드 인지도가 높아지면 단골고객 확보를 통한 고객 관리, 판매 데이터 분석을 통해 매출증대도 가능함 |

출처 : 김나라(2016), "온라인을 통한 중소기업의 수출 성공사례 분석," IBK경제연구소.

벌 사이트들은 입점 비용 없이 판매수수료 기반으로 운영되지만 외국어 상담 가능자 등 추가 인력이 필요하다. 반면 해외 직판 전문몰은 외국어 상담을 포함한 다양한 운영대행 서비스까지 제공하고 있어 온라인 수출을 위한 인적 역량 및 자금력이 부족한 기업들이 많이 활용하고 있다.

브랜드 인지도가 높아지고 충성도 높은 고객층이 형성되면 해외 직판 독립몰을 직접 운영하여 매출증대를 추구하기도 한다. 스타일난다, 난닝구 등이 좋은 예로서 빅데이터 분석을 통한 다양한 매출증대전략도 구축할 수도 있다.

## 4. 라이선싱 계약

라이선싱(licensing)이란 특정기업(licensor)이 보유하고 있는 기술이나 특허, 등록상표 및 상업적 자산 등의 사용권을 다른 기업(licensee)에 부여하고 그 대가로 일정 수수료를 받도록 체결하는 계약을 말한다. 라이선싱은 기술이전의 한 전략이 되기도 하는데, 합작투자나 해외직접투자 등과 비교할 때 해외시장에서 적은 시간투자로 세계화를 가능하게도 한다.

라이선싱 계약은 기술집약적인 산업에서 빈번하게 이루어지며 많은 자본투자나 인적자원의 투자가 없이도 가능하다. 이러한 라이선싱은 경우에 따라 계약회사와의 관계유지나 이익분배 면에서 어려움을 수반할 수도 있다. 그러나 더 이상 국내에서 제품을 생산하지 않거나 특허권의 가치를 인정받지 못하는 회사들에게 해외 라이선싱은 새로운 매출 및 이익실현을 가능하게 하는 중요한 전략으로 이용되고 있다.

라이선싱 전략의 이점은 기술이나 기업규모, 기업의 경험 등에 따라서 그때그때 달라진다. 우선 라이선스를 제공하는 기업 입장에서 본다면 수출이나 직접투자에 필요한 자본이나 경영자원 혹은 해외시장에 대한 정보가 부족할 때 최소의 노력으로 부가적인 이익을 얻을 수 있다. 또한 향후 직접수출의 대상이 될 시장을 시험하고 개발할 수 있으며, 사업다각화를 꾀하는 경우에는 비핵심적인 기술을 기꺼이 이전할 수 있다. 아울러 라이선스를 도입하고자 하는 기업 입장에서는 라이선싱 계약에 의거하여 새로운 상품이나 기술, 정보 등에 대한 접근이 가능하므로 기술에 대한 피드백을 기대할 수 있으며, 기업 내부에서 연구개발을 통해 상품이나 서비스를 개발하는 것보다 비교적 실패 위험성이 낮다는 이점이 있다. 또한 짧은 시간 내에 상품의 다양화를 기하는 효과도 기대해 볼 수 있다.

한편 라이선스를 제공하는 기업 입장에서는 시장에서의 독점적 위치가 다소 위협받을 수도 있다는 잠재적 위험도 고려해야 한다. 실제로 국내시장에서 경쟁상대가 생길 가능성을 줄이기 위해서라도 대부분의 라이선싱 계약들은 각기 다른 국가의 기업들 사이에서 이루어진다. 또한 라이선스를 제공하는 기업은 그것을 받아 생산·판매할 수 있는 시장을 제한하고 기술에 대한 피드백 제공을 요구하기도 한다.

### 5. 프랜차이징과 경영관리 계약

프랜차이징은 넓은 의미에서의 라이선싱의 한 형태라고 할 수 있다. 프랜차이징에서는 제공기업(franchisor)이 어떤 표준화된 제품이나 시스템, 경영 서비스 등을 특정기업이나 개인(franchisee)에게 제공하고 특별한 이름이나 상표를 포함하여 상품을 판매하도록 허가한다. 때로는 상품제조를 위한 특별한 절차를 제공하기도 하며 프랜차이징 계약 아래 모기업은 어느 정도는 경영통제권을 유지한다. 예를 들면, 동경에 있는 디즈니랜드는 프랜차이즈 계약에 의해 설립되었는데 월트디즈니 프로덕션은 동경파크로부터 10%의 가입수수료를 받고 음식점이나 기타 관련 점포들로부터 수익의 5%를 받는다.

한편, 경영관리 계약(management contracts)은 기업이 외국기업의 모든 또는 일부 경영활동을 수행해 주고 명시된 수수료나 이윤의 퍼센트 배율을 지불받는 형태의 시장진입방법을 가리킨다.

## 제3절 직접투자를 통한 해외시장 진입전략

### 1. 국제합작투자

국제합작투자(international joint venture)는 상이한 국적을 가진 두 개 또는 그 이상의 합작사들이 회사를 소유하는 형태의 회사이다. 합작투자는 새로운 기업을 설립하는 것일 수도 있고 아니면 몇몇 기존회사들이 가동중인 회사의 일부를 합병함으로써 만들어질 수도 있다. 어떠한 형태로 설립이 되든 간에 합작사들은 단일회사로서는 얻을 수 없었던 결과를 얻기 위하여 기업의 자원을 공동으로 투입·협력하게 된다.

합작투자의 장점은 해외 파트너의 기술과 그들의 유통시스템을 이용할 수 있다는 점과 더불어 독자적인 투자보다 적은 자본투자로 이루어지기 때문에 위험규모를 감소시킬 수 있다는 이점이 있다. 반면에 합작투자의 단점으로는 반드시 현지 파트너와 이익을 나누어야 한다는 점과 일부 국가에서는 자국 기업의 경영권을 요구하기 때문에 합작투자회사들이 경영통제권을 상실할 수 있다는 점 등을 들 수 있다. 이제 기업들이 국제적인 합작투자를 하는 목적을 구체적으로 살펴보기로 하자.

### (1) 기존사업의 강화

국제합작투자는 기존사업 강화의 일환으로 규모의 경제 실현, 필요한 기술과 노하우의 획득, 주요 프로젝트의 재정적 위험 감소 등의 목적을 위해 이루어지곤 한다.

### (2) 기존상품의 해외시장 진출

현재 국내에서 판매되는 상품 중에서도 해외시장에서 성공할 것으로 여겨지는 상품을 생산하는 회사는 한 가지 선택의 기로에 서게 된다. 국내에서 제품을 만들어 해외로 수출할 수도 있고 전 세계에 있는 회사들에 기술을 라이선싱할 수도 있으며, 해외에 완전소유의 자회사를 설립할 수도 있고 해외의 기업들과 합작투자를 할 수도 있다.

수출이 시장진출로 이어지지 않고 그렇다고 완전소유의 자회사를 만들자면 시간과 자금이 너무 많이 소요되는 경우 국제합작투자는 선택가능한 또 다른 대안으로 부각된다. 해외시장으로 들어가기 위해서는 어느 정도의 위험부담이 뒤따르는데, 외국의 기업들과 합작투자를 하고자 하는 회사들은 새로운 시장진입과 관련한 위험부담을 줄이기 위하여 이를 선택하는 경우가 많다.

### (3) 해외상품의 국내시장 도입

국제합작투자는 해외상품을 국내시장으로 도입할 수 있는 효과적 수단이 될 수 있다. 국제 파트너들은 기존의 생산시설이나 유통망을 사용하고, 합작 파트너의 기술을 공동소유함으로써 새로운 기술의 위협으로부터 자신들을 보호하거나, 또는 단순히 성장가능성만을 보고 합작투자를 선택하기도 한다.

## 2. 완전소유 자회사

완전소유 자회사(wholly owned subsidiary)의 전략에서 기업은 해외에 회사를 독자적으로 설립·소유하고 이때 발생하는 모든 비용을 자체 부담한다. 보통 기업은 해외에 있는 기존의 회사를 매수하거나 새로운 회사를 세울 수 있는데, 이러한 완전소유 자회사의 장점으로는 우선 기업운영에 대한 전적인 경영통제와 권한을 가질 수 있으며, 파트너와의 협의가 필요하지 않기 때문에 환경변화와 시장수요 변동에 빠르게 적응하는 일련의 융통성을 가질 수가 있다는 점을 꼽을 수 있다. 이에 반하여 완전소유 자회사가 갖는 단점 또한 없지 않은데, 우선은 위험도가 매우 크다는 점을 들 수 있으며 이윤이 현지 주민들에게 분배되지 않기 때문에 나쁜 기업 이미지를 형성할 수 있다는 점, 그리고 많은 국가의 정부관리들이 자국 내에 있는 완전소유 자회사에 비우호적이라는 점 또한 장애가 될 수 있다. 과거 많은 국가에서 정부관리들은 자국 산업의 여러 분야가 외국기업의 독점적 통제하에 운영되는 것을 부정적으로 여겨왔기 때문이다.

완전소유 자회사와 관련하여 현실적으로 많이 논의되는 문제는 수출을 할 것인가 아니면 현지에서 직접 생산할 것인가이다. 수출과는 달리 해외 제조공장에 투자하는 이점으로는 노동력과 현지 원자재의 이용이 가능함과 아울러 높은 수입세가 면제되고 운송비를 절감할 수 있으며 직접적 투자로 인해 현지 경제개발에 도움이 되기 때문에 현지에서의 기업 이미지 개선에 큰 기여를 한다는 점을 들 수 있다. 반면에 단점으로는 해외자회사들이 본국으로부터 멀리 떨어져 있어 통제하기가 어렵고 관리비용이 많이 든다는 점, 그리고 국영화라든지 몰수나 압류 등의 위험도 크다는 점을 꼽을 수 있다.

# 제 4 절 글로벌 경쟁역량의 강화전략

## 1. 글로벌 아웃소싱과 경쟁역량

국내의 많은 대기업들은 국내에서 축적한 경쟁우위를 해외에 구현하는 과정에서 직접투자를 통한 글로벌화를 경험하고 있으며, 앞선 기업들은 국내보다 해외에서 더 많은 매출을 올리기도 한다. 글로벌화의 급속한 진행과, 지구상의 모든 소비자를 직·간접적으로 연결시켜 줄 수 있는 인터넷 및 관련 기술의 급속한 발전은 기술과 영업체제뿐만 아니라 기업의 생산시스템 전반에도 엄청난 변화의 압력을 주고 있다. 글로벌 기업의 경우, 자재와 부품은 전 세계에서 조달되고, 역외에서 제조되어 현지의 주문사양에 따라 여러 나라에서 판매된다. 이러한 글로벌화의 추세로 미루어 볼 때, 아마도 21세기 대부분의 시장은 글로벌 기업에 의해서 지배될 것이다. 심지어 국가 단위 기업에 남겨질 유일한 역할은 식품산업과 같이 독특한 현지수요를 만족시키는 정도라는 전망도 제시되고 있다.

특히 생산, 부품 조달 및 구매, 보관 및 물류, 운송, 판매 및 유통 등의 기업활동이 글로벌화됨에 따라 리드타임이 길어지고 불확실성이 증대되어가고 있다. 국가별·지역별 편차가 크고 물류가 복잡해지면서, 어떤 주문을 어디서 받아서, 언제 어디서 어떻게 얼마나 만들고, 어떤 물류 및 유통채널을 통해 어떻게 운송하며, 필요한 자재 및 부품 조달을 어디서 어떻게 할 것인가에 등에 관한 방대한 계획수립과 실행 그리고 성과 추적이 점점 더 어려운 의사결정문제로 부각되고 있다. 글로벌화된 기업운영을 위한 합리적인 계획수립과 관리, 조정, 통제가 기업 생존에 핵심적인 과제로 부가되었다.

글로벌화를 추진하는 기업들은 이제 기업경영의 어떤 부문을 아웃소싱하고 어떤 분야에 자원을 집중해야 할 것인가를 결정하는 것이 매우 중요한 전략적인 과제로 등장한다. 이런 어려운 과제에 대한 준비과정으로 글로벌 전략담당부서는 원자재 구매에서 생산, 부품 조달 및 구매, 보관 및 물류, 운송, 판매 및 유통 등의 경영활동을 가치사슬분석(value chain analysis)이라는 개념을 빌려 분석하기도 한다. 이 프로세스를 통해 우리의 주된 고객은 누구인

[그림 14-3]
가치사슬의 기본구조

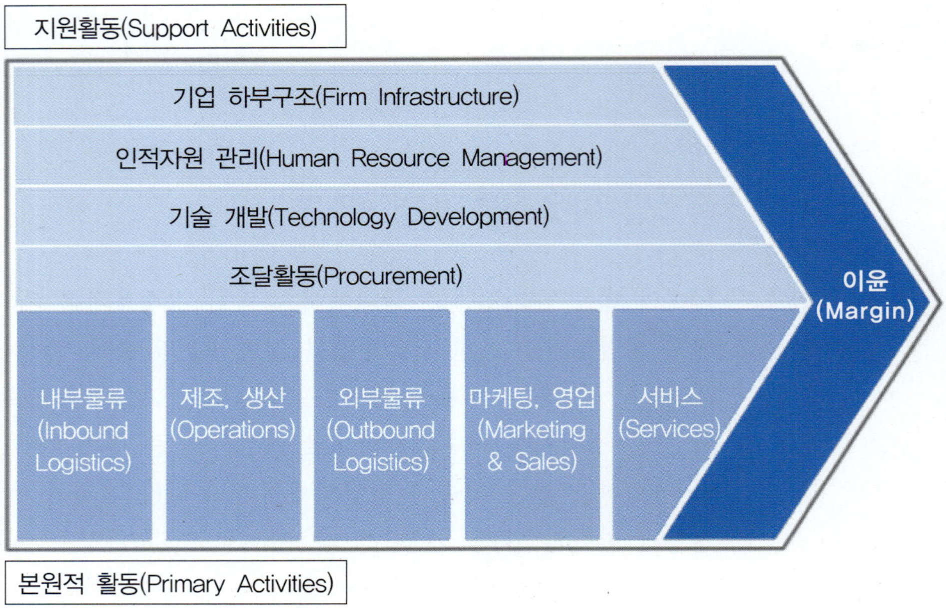


출처 : Porter, M.E., and V.E. Millar(1985), "How information gives you competitive advantage," *Harvard Business Review*, July-August, pp.149~153.

가, 이들 고객들에게 어떤 가치를 제공하기 원하는가, 그리고 이러한 가치는 어떤 방법을 통해 창출될 것인가 등에 대한 답을 구하게 된다.

[그림 14-3]은 단순화된 가치사슬의 기본구조를 보여주고 있다. 마이클 포터의 가치사슬 정의에 따르면, 모든 조직에서 수행되는 활동은 본원적 활동(primary activity)과 지원활동(support activity)으로 나누어진다. 본원적 활동은 원자재와 부품의 입고와 관련한 내부물류, 제조 및 생산 과정을 통한 제품의 물리적 창출, 완제품 공급과 관련한 외부물류, 마케팅 및 영업, 그리고 고객지원 및 AS 부문이 포함된다. 한편 지원활동은 회계, 재무, 총무와 같은 기업의 인프라스트럭처, 인적자원 관리, 기술 개발, 조달 프로세스 등을 포함한다. 지원활동은 모든 본원적 활동을 지원할 뿐 아니라 지원활동간에도 서로 지원한다.

가치사슬분석의 목적은 기업의 가치사슬을 구성하는 활동들이 무엇이며, 이 중 어떤 활동을 자체적으로 담당하고 어떤 활동을 아웃소싱할 것인가를 결정하는 데에 있다. 또한 아웃소싱 여부를 떠나 각 활동의 물리적인 위치를 어디로 할 것인가도 결정한다. 예를 들어 공장을 자국 내에 위치시킬 것인지,

주된 고객이 위치한 곳에 둘 것인지 또는 제조원가가 최소인 지역에 건설할 것인지 등을 결정한다.

더불어 각 경영활동의 연결성도 재검토하게 된다. 예를 들어 제품디자인 부문과 마케팅·영업부문은 긴밀하게 연계되어 있어야 정보공유 및 통합적인 의사결정이 가능해진다. 가치사슬 전체에 걸쳐 정보의 공유, 의사결정의 조정, 헌신과 신뢰의 관계 확립 등과 같은 많은 현실적 이슈 해결의 전제조건이라고도 할 수 있다.

## 2. 현지대응과 글로벌 통합능력

글로벌 기업의 경영활동구조가 정립되고 정보공유와 통합 등과 같은 경영의사결정의 기본원리가 구축되었다 하더라도 이를 성공적으로 운영하기 위해서는 현지 조직의 현지화 역량과 본사의 글로벌 통합화 역량이 상호 유기적으로 연결되어야 한다.

경영학자 프라할라드는 글로벌 경영의 두 축은 현지대응(Local Responsiveness)과 글로벌 통합(Global Integration)이며 이 둘 사이에 적절한 균형점을 찾는 것이 핵심이라고 주장한 바 있다. 해외 현지 조직의 현지화 역량과 본사의 글로벌 통합화 역량이 균형을 이룰 때 글로벌 사업을 성공적으로 이끌어갈 수 있다는 것이다. 여기에 현지 조직을 이끌어가는 글로벌 리더십이 뒷받침될 때 글로벌 경쟁력은 한층 강화될 것이다.[4] 현지대응이란 해외진출조직의 현지화를 의미한다. 현지화는 진출지역 또는 진출국가의 제반 여건에 맞추어 조직을 적응, 변화시키는 과정으로 현지 사업의 성공과 현지 조직의 지속적 발전을 위해서는 반드시 넘어야 할 산이다. 본사 중심으로만 현지 조직을 운영하게 되면 지속적 주재원 파견에 따른 비용도 부담이 될 뿐만 아니라 현지 정보 확보, 인재 활용 등에서도 많은 어려움에 봉착할 수밖에 없다. 또한 연구개발(R&D)활동의 전략 거점을 주요 시장에 분산 배치하는 식의 노력을 통해 혁신에 대해서도 각 시장에 맞게 다각적으로 접근해야 한다. 특정시장을 염두에 두고 개발한 제품은 다른 시장에 적합하지 않을 수 있기 때문이다.

---

4) 강진구(2009), "현지화와 통합화의 조화가 글로벌조직의 경쟁력," LGERI 보고서, LG경제연구원.

글로벌 조직 관리의 성공을 위해서는 현지화 못지않게 통합적 관리 체계가 중요하다. 조직 전체로 시각을 확대하면 조정과 지휘를 위한 통합적 사고가 우선되어야 하기 때문이다. 통합화 이슈는 자율성 부여 관점에서 이해할 수 있다. 국내에서 확보한 경쟁력을 해외에서도 유지시키고, 글로벌 조직간 시너지를 기대하기 위해서는 그만큼의 통제력이 요구된다. 반면 본사의 간섭이 지나치게 되면 현지화가 더 멀어질 수도 있음을 기억해야 한다. 해당지역의 특성을 무시하고 본사 주도의 무리한 표준화 또는 단순화는 현지 국가의 다양한 법적인 규제나 문화적 · 관습적 차이 등 복잡한 상황에 대한 조직 대응력을 떨어뜨릴 수 있다. 특히 국적 · 인종 · 성별을 넘어서는 다양성과 풍부한 글로벌 경험으로 무장한 강력한 리더십을 구축함으로써 시장별로 운영의 속도를 달리하며 다양한 요구에 발 빠르게 대응할 수 있어야 한다. 빠른 의사결정이 요구되는 신흥시장에서는 보고체계를 간소화함으로써 민첩성을 극대화할 필요가 있다. 현지화에 성공하더라도 글로벌 통합관리체계가 없다면 기업의 진정한 글로벌 경쟁력을 확보하기 어렵다. 글로벌 통합적 사고와 관리체계는 현지화 성공 체험들을 조직 전체의 역량으로 확대시키는 바탕이 된다.

글로벌화의 급진전은 조직관리나 리더십 이슈 외에도 글로벌 환경변화에 따른 불확실성과 변동성 확대라는 위협요인을 기업환경에 추가하는 역할을 하게 된다. 가장 흔히 거론되는 위험요인은 환율의 급변동이다. 국가간에 FTA 체결 등으로 상품 및 서비스의 국가간 거래가 더욱 확대됨에 따라 환율변화는 기업손익에 큰 영향을 미친다. 수출의존도가 높은 우리 기업들의 경우 미 달러화의 급격한 평가절하가 지금처럼 지속될 경우 환경요인으로서 기업에 미치는 영향은 커지게 된다. 특히 전문인력이 부족한 중소기업의 경우 환율변동에 따라 위험관리가 더더욱 쉽지 않다. 또 하나의 위험요인은 현지 국가의 법이나 규제 등의 정치적 환경이 예측하지 못한 방향으로 바뀌는 경우 그에 따른 위험도 높을 수밖에 없다. 최저임금을 일정수준 이상으로 무조건 올리라거나, 해당국가에서 벌어들인 수익의 일정부분은 무조건 재투자를 해야 한다는 규제를 불시에 도입하게 되면 상당한 손실을 부담할 수밖에 없다. 개발도상국에 진출하는 경우 지적재산권 침해도 해결하기 쉽지 않다. 합작법인형태로 시작하는 경우 파트너사와의 결별은 경우에 따라 지적재산권 침해로 이어질 수 있기 때문이다. 이와 같은 기업환경적 요인들에 대한 면밀한 대처 없는 글로벌화는 큰 손실을 초래할 가능성이 높다.

## 3. 조직구성원들의 문화적 차이에 대한 이해

기업이 글로벌 경영을 추진하게 되면 다양한 문화권의 사람들과 상호작용을 해야 하고 이질적인 문화와 관습 또는 관행에도 부딪히게 된다. 특히 해외에 공장이나 현지법인을 세우거나 국내에서 외국직원들을 고용하는 경우 해당 국가의 문화적 차이를 적극적으로 고려해야만 불필요한 갈등을 미연에 방지할 수 있을 것이다. 해당국가 문화의 상대성을 부정하는 태도는 그 나라 직원의 가치와 자존감을 무시하고 결과적으로 조직에의 몰입이나 충성도를 가로막는 장애요인으로 작용한다. 문화적 가치는 해당지역의 사회관계적 조건에 따라 각기 다른 고유한 의미를 지니기 때문이다. 특히 조직구성원에 여러 나라에서 온 외국인들이 많이 섞여 있을 경우 각 나라별 문화차이를 이해하지 못한다면 구성원간의 상호작용에서 발생할 수 있는 갈등을 제대로 해소시키지 못해 조직의 유효성이나 성과가 기대에 미치지 못할 경우도 많아진다.

네덜란드의 심리학자 기어트 홉스테드(Geert Hofstede)가 제시한 문화차원이론(cultural dimensions theory)은 경영계층의 이런 니즈를 어느 정도 해소시켜 주는 데 유용하다. 이 이론은 어느 사회의 문화가 구성원들의 가치관에 어떤 영향을 미치는가를 설명하는 데 도움을 준다. 세계 각국에 지사를 둔 다국적 기업인 IBM이 1960, 70년대에 수행한 직원 가치관 조사내용을 분석하기 위한 도구로서 문화간 차이를 수치화하여 설명하고자 한 연구결과를 토대로 개발된 이론이다.[5] 문화차원이론은 [그림 14-4]에서와 같이 권력거리, 개인주의와 집단주의, 불확실성 회피, 남성성과 여성성, 장기지향성과 단기지향성, 방종과 자제 등 모두 6개의 척도를 활용하여 국가별로 뚜렷한 차이가 날 수 있는 가치관 형성배경을 설명하는 데 도움을 줄 수 있다.

- 권력거리 : 살고 있는 국가나 사회 내의 권력이 계층간에 어느 정도 불평등하게 편재되어 있는가에 대한 구성원들의 인식 정도이다. 권력거리가 짧은 문화에서는 구성원간의 관계가 형식적 위치에 관계없이 보다 평등할 것이고, 하급자들도 보다 편안한 분위기에서 권력자의 의사결정과정에 기여하거나 비판할 수 있다. 이에 반해 권력거리가 긴 나

5) Hofstede, G.(2011), "Dimensionalizing cultures: The Hofstede model in context," *Online readings in psychology and culture*, 2(1), https://doi.org/10.9707/2307-0919.1014

**[그림 14-4]**
홉스테드의
문화차원

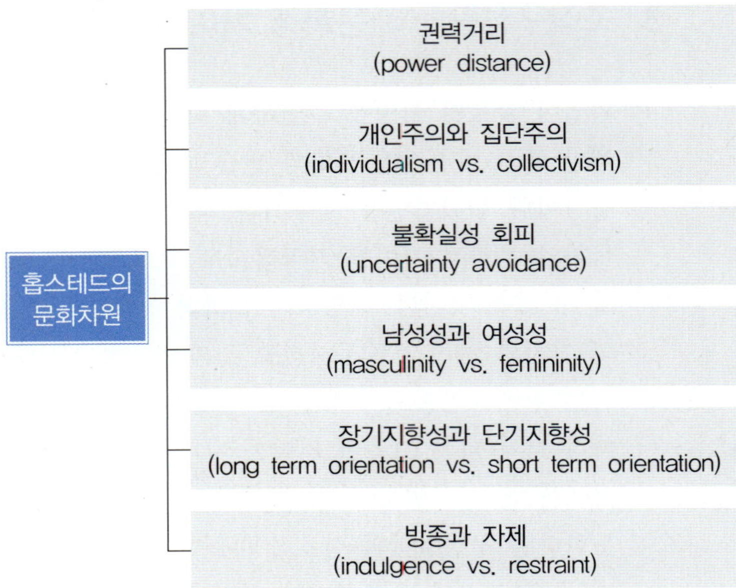


라에서는 전제적이고 가부장적이며, 권력은 단순히 그 사람의 조직 내의 위상이나 계급에 따라 결정되는 것으로 인정하는 경향이 있다.

- 개인주의와 집단주의 : 개인주의적 사회에서는 개인의 성취와 권리가 중시되며 자신의 소속을 스스로 결정한다. 이에 비해 집단주의적 사회에서는 개인들이 대부분 평생 동안 소속되는 집단이나 조직의 구성원으로서 행동한다. 특정집단에 대한 충성을 통해 무엇인가 보호받을 수 있다는 기대감을 갖는다.
- 불확실성 회피 : 미래의 불확실성과 애매성에 대한 사회적 저항력으로 평가된다. 말 그대로 불확실성 회피성이 강한 사회의 구성원들은 불확실성을 최소화함으로써 불안에 대처하며 이례적인 환경의 발생을 최소화하고자 한다. 이에 비해 불확실성 회피성이 낮은 문화에서는 가변적인 환경변화를 상대적으로 편안히 받아들이고 실용적인 경향이 있다.
- 남성성과 여성성 : 남성성이 강한 문화에서는 경쟁, 자기주장, 야망, 권력 등을 중시하나, 여성성이 강한 문화에서는 대인관계나 삶의 질 등을 높게 평가한다. 남성적 문화에서는 성역할의 차이가 크고 유동성이 작지만, 여성적 문화에서는 정숙이나 헌신 등의 속성이 남녀 모두 중요하게 평가된다.

- 장기지향성과 단기지향성 : 장기지향적인 사회는 미래에 더 많은 중요성을 부여하며 지속성, 절약, 적응능력 등 미래의 보상을 지향하는 가치를 중시하며 실용적인 접근을 선호한다.
- 방종과 자제 : 여기서 방종이란 삶을 즐기고 재미를 추구하고자 하는 인간의 기본적이고 자연스러운 충동을 자유롭게 만족시켜 주는 것을 허용한다는 것을 의미한다.[6] 이에 반해 자제는 이런 니즈의 충족을 억누르고 엄격한 사회적 규범을 통해 규제하는 분위기에 해당한다. 방종을 허용하는 사회는 개인의 행복과 안녕에 초점을 두기 때문에 여가시간을 중시하고 보다 큰 폭의 자유를 추구한다. 자제를 지향하는 사회는 개인의 욕구를 자제하고 사회적 규범에 가급적 일치하고자 하는 행위를 선호한다.

참고로 홉스테드 문화차원 웹사이트[7]에서는 여러 나라의 문화차원 척도값을 손쉽게 알아볼 수 있도록 자료를 제공하고 있다. 우리나라와 일본 및 미국의 문화척도점수를 알아보면 [그림 14-5]와 같다. 예를 들어 우리나라의 권력거리는 60으로 일본이나 미국보다 권력이 계층간에 상대적으로 더 불평등하게 편재되어 있다고 인식되고 있다. 이에 반해 개인주의는 18로서 일본의 46, 미국의 91에 비해 매우 낮은 개인주의 성향을 보인다는 의미이다.

**[그림 14-5]**
우리나라, 일본, 미국의 문화척도 값 예시

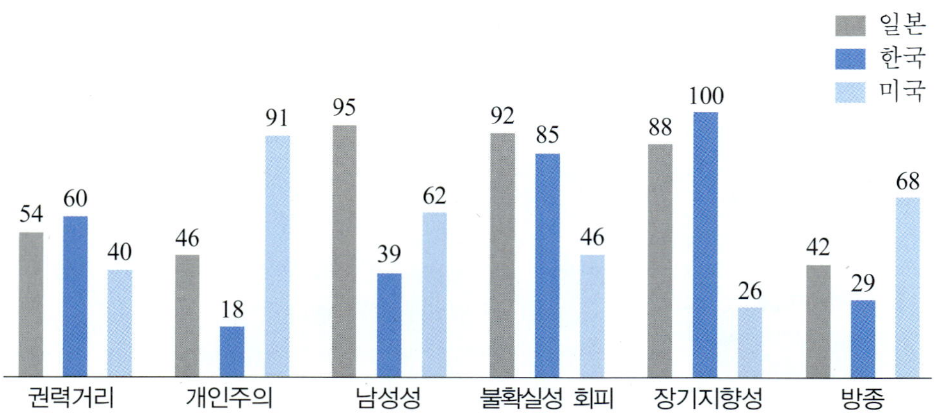


6) 이 척도는 불가리아 사회학자와의 공동연구를 통해 2010년에 추가되었음.
7) https://www.hofstede-insights.com/product/compare-countries/

쉬어가기

## 아마존 · 알리바바 "Made in Korea 모셔라"

아마존, 알리바바 등 글로벌 e커머스(전자상거래) 기업들이 한국 중소기업을 찾기 위해 몰려오고 있다. 미국, 중국, 동남아시아에서 제품을 판매할 높은 기술력을 갖춘 기업을 찾는 게 목적이다. 독일, 일본 제품보다는 싸고, 중국보다 믿을 만한 '메이드 인 코리아' 제품이 글로벌 시장에서도 인정받고 있다는 평가가 나온다.

**아마존 · 알리바바 "Made in Korea 모셔라"**

아마존은 다음달 말 한국무역협회와 함께 '셀러 콘퍼런스 2019'란 이름의 대규모 행사를 열기로 했다. 아마존의 기업간 거래(B2B) 서비스 '아마존 비즈니스'에 입점하고자 하는 기업들을 초청했다. 아마존 비즈니스는 개인이 아니라 기업을 상대로 상품을 판매하는 사이트다. 서비스 시작 3년 만인 작년 100억달러(약 12조원)의 매출을 올릴 정도로 급성장하고 있다. 아마존 비즈니스는 작년 6월 한국 기업 유치를 위한 전담팀까지 구성했다. 수백 개 한국 기업이 아마존 비즈니스를 통해 미국에서 상품을 판매중이다.

중국 알리바바도 적극적이다. 알리바바 최대 온라인 쇼핑 플랫폼 '티몰'에 입점할 한국 기업을 끌어 모으기 위해 애쓰고 있다. 지난 5월 '2019 알리바바 코리아 데이'란 행사를 서울에서 개최한 데 이어 7월 티몰 내 뷰티부문만 별도로 콘퍼런스를 열었다. 티몰 글로벌 관계자는 "높은 품질의 제품과 브랜드 인지도를 앞세운 한국 브랜드 및 유통기업에 대한 중국 소비자의 관심이 높다"고 말했다.

동남아 e커머스 중에선 태국, 인도네시아, 말레이시아 등 7개국에서 온라인 쇼핑몰을 운영하는 쇼피가 최근 한국에 사무소를 냈다. 수시로 입점 설명회를 열고 있다. 정재필 한국MD협회장은 "한국 기업은 대기업에 납품하면서 쌓은 제조 노하우와 소비자를 우선시하는 서비스 마인드 등이 큰 강점"이라며 "한류 영향까지 더해져 글로벌 쇼핑몰에서 한국 상품을 찾는 소비자는 점점 더 많아질 것"이라고 말했다.

국내에서 판매자 모집중인 주요 해외 e커머스

| | |
|---|---|
| 아마존 amazon | 아마존 자체 물류 활용, 미국 내 이틀 내 배송 |
| 알리바바 티몰 天猫 TMALL.COM | 화장품 · 패션 등 많은 한류 상품 판매 |
| 쇼피 Shopee | 싱가포르, 말레이시아 등 동남아 시장 1위 쇼핑몰 |

콘택트렌즈 '토종' 브랜드 오렌즈는 올초 중국 최대 온라인 쇼핑몰 알리바바 티몰에 입점했다. 해외 진출은 처음이었다. 알리바바는 작년 말 "오렌즈 같은 고품질 제품이 티몰에 들어오면 쉽게 자리 잡을 것"으로 보고 오렌즈에 입점을 권유했다. 예

상은 맞았다. 티몰에 입점한 지 6개월 만에 성과가 나기 시작했다. 티몰에서 오렌즈의 '스페니쉬' 한 가지 모델만 올 상반기 1만9,000여 개나 팔렸다. 이 제품은 4,000개가 넘는 평점에서 5점 만점에 4.9점을 받았다. 티몰 컬러 렌즈 부문 '상위 20위' 브랜드에도 들었다.

아마존, 알리바바 등 글로벌 e커머스(전자상거래)는 한국에서 브랜드 파워는 약하지만 품질이 뛰어난 중소·중견기업 찾기에 나서고 있다. '한국 중소기업 제품은 품질에 비해 저평가됐다'는 인식에 따른 것이다. 독일, 일본 제품보다는 싸고, 품질은 믿을 만한 '한국 제조업의 독특한 포지션'이 이들을 한국으로 향하게 하고 있다는 얘기다.

아마존의 기업간 거래(B2B) 전용 서비스 아마존 비즈니스는 작년 5월 의자 전문기업 시디즈를 입점시켰다. 시디즈는 사무용 가구 퍼시스 관계사로, 아마존 비즈니스를 만나기 전에는 부품 위주로 주문자상표부착생산(OEM) 수출에 주력했다. 시디즈가 의자 부품을 미국 총판에 보내면 이 총판이 조립해 자신의 브랜드를 달아 판매하는 식이었다. 물류망이 현지에 없기 때문이었다. 아마존은 시디즈에 "시디즈 브랜드로 상품을 직접 팔아보라"고 제안했다. 부족한 물류망은 아마존 물류 시스템인 'FBA(풀필먼트 바이 아마존)'를 통해 해결할 수 있다고 했다. FBA를 쓰면 아마존 창고에 제품을 넣은 뒤 이틀 내에 미국 소비자에게 보내줄 수 있다. 물류가 해결되자 시디즈 매출은 급격히 늘었다. 아마존은 시디즈를 아마존 비즈니스의 대표적인 성공 사례로 알리고 있다.

중소기업의 해외 진출에는 한국 대기업의 '후광효과'도 있다. 슈피겐코리아는 2011년부터 아마존에서 휴대폰 케이스 등을 판매해 '대박'을 냈다. 아이폰 케이스로 이름을 알리기 시작해 지금은 '삼성전자 갤럭시 맞춤형 케이스'란 평가를 듣는다. 디자인, 품질이 좋기도 하지만, '메이드 인 코리아'란 점도 한몫했다. 미국 소비자들은 '갤럭시엔 슈피겐코리아가 제격'이라 여겼다. 슈피겐코리아는 아마존 내 셀러 부문 톱10 브랜드가 됐다. 슈피겐코리아는 올 상반기에만 매출 1,326억원, 영업이익 205억원의 실적을 거두며 '강소기업'으로 입지를 다지고 있다.

**중국 618 행사 땐 한국이 톱3 들어**

'한류' 영향도 상당하다. 중국, 일본, 동남아시아 등 아시아 국가 소비자들은 한국의 화장품, 뷰티기기, 패션 관련 상품에 큰 관심을 보이고 있다. 알리바바는 지난 6월 1~18일 '618 쇼핑 페스티벌'을 열었다. 매년 11월 11일에 하는 '광군제'에 버금가는 행사다. 618 행사에서 한국 제품은 일본, 미국 다음으로 해외 국가 판매 순위 3위를 기록했다. 파파레서피, JM솔루션 등 한국 중소기업 화장품 브랜드가 특히 많이 팔렸다. 최근에는 선글라스 브랜드 젠틀몬스터가 티몰의 럭셔리관 '파빌리온'에 100번째 브랜드로 입점하기도 했다.

동남아 1위 e커머스 쇼피가 주력하고 있는 분야도 한류 관련 상품이다. 성공 사례도 나오기 시작했다. 귀걸이, 목걸이 등 수제 장신구를 주로 판매하는 누누핑거스는 쇼피를 통해 동남아에 진출했다. 쇼피의 '라이브 스트림'을 활용했다. 라이브 스트림은 TV 홈쇼핑처럼 쇼호스트가 나와 실시간으로 제품을 소개하는 모바일 방송이다. 라이브 스트림 방송을 할 때마다 '대박'이 터졌다. 가성비, 한류, 대기업 후광효과, e

커머스 플랫폼 활용 등이 어우러져 중소기업의 '메이드 인 코리아' 제품 수출은 지난해 사상 최대인 1,087억달러를 기록했다.

(한국경제신문, 2019.8.17)

### 넷플릭스 톱 100 중 K콘텐츠 16개… "외국인이 더 즐겨찾네"

지난해 '오징어게임' 신드롬으로 전 세계 주목을 받았던 K콘텐츠 열풍이 올해 더 세졌다. 글로벌 최대 온라인 동영상 플랫폼(OTT) 넷플릭스의 인기작 '톱 100' 국가별 순위에서 한국은 미국에 이어 2위를 차지했다.

특히 좀비·공포·범죄 같은 장르뿐 아니라 휴먼드라마부터 사극, 예능까지 다양한 소재와 스토리로 사랑받아 K콘텐츠의 확장가능성을 입증했다는 평가가 나온다. 봉준호 감독이 2020년 영화 '기생충'으로 미국 골든글로브 외국어영화상을 받고 "1인치 자막의 장벽을 뛰어넘으면 훨씬 더 많은 영화를 즐길 수 있다"는 인상적인 말을 남긴 후 2년여 만에 벌어진 변화인 셈이다.

15일 매일경제가 분석한 글로벌 OTT 시청 순위 집계 사이트 플릭스패트롤의 '톱 TV쇼' 차트에 따르면, 올해 넷플릭스 인기 상위 100개작 중 한국 작품은 16개로 집계됐다. 1위인 미국의 48개에 이어 두 번째로 많은 숫자다. 비영어권 콘텐츠 중에선 가장 높은 순위다. 지난해 같은 차트에서 한국 작품 수가 '오징어게임'(1위) '빈센조'(15위)를 비롯해 10개에 그친 데 비해 양적 성장도 이뤘다. 미국과 한국의 뒤를 이어 올해 상위 100개 순위에는 영국과 콜롬비아 각 9개, 스페인 7개, 멕시코 3개, 독일 2개, 아랍에미리트·이탈리아·일본·캐나다·터키·폴란드 각 1개의 작품을 올렸다.

K콘텐츠의 세계적 보편화는 가입자 행태에서도 드러난다. 넷플릭스 자체 통계상 전 세계 2억2,300만명(올해 3분기 기준)의 회원 중 60% 이상이 K콘텐츠를 시청한 것으로 확인됐다. 넷플릭스 가입자 5명 중 3명은 국적불문 우리나라 콘텐츠를 봤다는 의미다. 특히 한류 강세 지역인 태국, 인도네시아, 필리핀, 싱가포르를 비롯한 동남아시아에서 K콘텐츠를 시청한 회원 비중은 80% 수준에 달했다.

우리나라 작품 중 가장 높은 순위는 1월에 공개된 좀비 학원물 '지금 우리 학교는'(8위·이하 지우학)과 6~8월 방영된 휴먼드라마 '이상한 변호사 우영우'(10위·이하 우영우)였다. 지우학은 특히 첫 4주 동안 시청된 누적시간이 5억6,000만 시간을 넘겨, 역대 넷플릭스 비영어권 시리즈물 중 4위로 기록됐다.

우영우는 무려 20주 동안 비영어 TV쇼의 글로벌 톱 10 리스트에 오르며 장기간 인기를 끌었다. 이는 넷플릭스 사상 최대 흥행작으로 꼽히는 오징어게임과도 동일한 기록이다. 우영우가 자극적인 소재 없이 세계적인 인기를 끈 데에는 각국의 문화와 정서를 고려한 자막과 더빙도 큰 역할을 했다. 이 밖에 '사내맞선'(14위), '환혼'(28위), '신사와 아가씨'(30위), '스물다섯 스물하나'(43위), '작은 아씨들'(48위)을 비롯한 드라마가 인기작으로 꼽혔다. 100위권 밖으로 밀렸지만 '서른, 아홉'(103위), '소년심판'(106위), '나의 해방일지'(110위), '안나라수마나라'(122위)도 높은 점수를 얻었다. 플릭스패트롤은 12월 현재 자체 점수 3,000

점 이상을 기록한 전 세계 총 122개 TV쇼 순위를 제공 중인데, 여기에 한국 작품은 총 21개(17%)다.

이 같은 성적은 오징어게임 이후 우리나라 콘텐츠 기획력이 세계 무대의 검증을 통과했다는 의미로, 내년에도 인기 흐름은 계속될 것이란 분석이 나온다. 콘텐츠미디어산업 전문가인 노가영 작가는 "기생충 · 오징어게임을 거치면서 아시아인이 나오는 드라마 · 영화에 대한 거부감이나 진입장벽이 낮아졌다"며 "OTT 시장 개척자인 넷플릭스가 투자를 통해 마련해 준 판에서 K콘텐츠가 보기 좋게 해낸 것"이라고 말했다.

이제는 드라마를 넘어 한국식 예능이 세계 시장에 먹힐지도 관심이다. 올해는 넷플릭스 오리지널 '솔로지옥'(119위)이 국내 예능 중 유일하게 차트에 진입했다. 외딴섬에 남녀가 갇혀 데이트 상대를 찾는 리얼리티 연애 예능으로, 과감한 노출 · 솔직한 표현 등이 특징이었다.

보통 예능 콘텐츠는 문화권의 코드가 강하게 반영되는 탓에 드라마 · 영화에 비해서도 장벽을 뛰어넘기 어렵다고 여겨지는데, 솔로지옥은 보편적인 연애 감정과 드라마를 앞세워 좋은 성적을 거뒀다. 다만 이후 국내외에 회자되는 오리지널 예능은 아직 없다. 노 작가는 "최근 K예능이 적은 제작비 대비 큰 인기로 글로벌 OTT 업계의 관심을 받고는 있지만, 성공작을 내려면 국가와 언어를 초월하는 보편적인 기획력이 필요하다"고 조언했다. 넷플릭스 관계자는 "소재와 시청 국가의 다양화는 OTT를 통해 소비자 개인이 원하는 콘텐츠를 선택해 볼 수 있는 환경이 조성된 데 따른 필연적 결과"라며 "일원화된 흥행 공식이 아닌 장르와 포맷을 넘는 시도가 지속될 것"이라고 내다봤다.

(매일경제, 2022.12.15, https://www.mk.co.kr/news/culture/10570407)

## 연습문제

1 다음 중 글로벌화를 가장 잘 설명한 것은?

① 국가간의 거래에서 세금이 면제되는 현상
② 국가간의 자원이동에 있어서 장벽이 낮아지는 현상
③ 국가간의 상호의존도가 낮아지는 현상
④ 국가와 해외기업 간의 합작투자가 손쉬워지는 현상

2 글로벌화가 급속히 진행되는 요인으로 볼 수 없는 것은?

① 통신과 대중매체기술의 급속한 발전
② 국가간 무역장벽의 급속한 완화
③ 세계적인 유통망과 생산시설을 갖춘 다국적 기업들의 등장
④ 세계인구의 급증과 인종간 문화적 장벽의 해소

3 그 회사만이 가지고 있는 기술을 사용하도록 허락하거나 상표명을 빌려 주어 마치 그 회사가 직접 만들어 수출한 것과 같은 효과를 불러일으키는 국제화 단계는?

① 능동적 수출 ② 라이선싱
③ 합작투자 ④ 간접수출

4 루트(F.R. Root)가 제시한 국제화 과정 중 마지막 5단계에 해당하는 것은?

① 대규모의 다국적 마케팅과 생산
② 라이선싱
③ 국가간 협업기업
④ 해외시장에서의 합작투자

5 다음 중 직접수출에 해당하지 않는 것은?

① 국제영업인력을 통한 수출
② 해외 판매지점을 통한 영업
③ 판매 자회사의 활용
④ 외국기업의 국내법인을 통한 판매

6 다음은 해외 온라인 채널을 통한 직접수출방식에 대한 설명이다. 바르게 기술된 것은?

ㄱ. 글로벌 오픈마켓 : '아마존', '이베이', '티몰' 등 전 세계적으로 유명하고 사용자 수가 많으며 판매실적이 높은 해외 온라인 오픈마켓이 포함된다.
ㄴ. 특화된 전문몰 : 수공예품 전문 '엣시', 전자기기 전문 '뉴에그', 의류 전문 '아소스' 등 특정분야에 특화되어 고객충성도가 높은 전문 채널을 말한다.
ㄷ. 신흥국 현지 쇼핑몰 : 베트남의 '라자다', 인도네시아의 '큐텐'과 '일레브니아' 등 온라인 쇼핑의 태동기 시장인 동남아시아 현지 쇼핑몰이 좋은 예에 해당한다.

① ㄱ, ㄴ
② ㄱ, ㄷ
③ ㄴ, ㄷ
④ ㄱ, ㄴ, ㄷ

7 다음 중 지적재산권을 통한 국제사업에 해당하는 것은?

ㄱ. 라이선싱 계약
ㄴ. 국제 프랜차이징
ㄷ. 서비스의 직접수출

① ㄱ, ㄴ
② ㄱ, ㄷ
③ ㄴ, ㄷ
④ ㄱ, ㄴ, ㄷ

8 라이선싱 전략의 기대효과로 보기 힘든 것은?

① 라이선스를 제공하는 기업 입장에서 본다면 수출이나 직접투자에 필요한 자본이나 경영자원 혹은 해외시장에 대한 정보가 부족할 때 최소의 노력으로 부가적인 이익을 얻을 수 있다.
② 향후 직접수출의 대상이 될 시장을 시험하고 개발할 수 있으며, 사업다각화를 꾀하는 경우에는 비핵심적 기술을 기꺼이 이전할 수 있다.
③ 라이선스를 도입하고자 하는 기업 입장에서는 라이선싱 계약에 의거하여 새로운 상품이나 기술, 정보 등에 대한 접근이 가능하므로 기술에 대한 피드백을 기대할 수 있다.
④ 라이선스를 제공하는 기업의 독점적 위치가 위협받을 가능성이 거의 없다.

9 마이클 포터의 가치사슬 정의에 따를 때 본원적 활동에 해당하는 것은?

① 인적자원 관리
② 고객지원 및 AS
③ 기술 개발
④ 조달 프로세스

10 다음 중 기업들이 국제적 합작투자를 하는 목적에 해당하는 것은?

ㄱ. 글로벌 자금흐름의 원활화
ㄴ. 기존 상품의 해외시장 진출
ㄷ. 해외상품의 국내시장 도입

① ㄱ, ㄴ
② ㄱ, ㄷ
③ ㄴ, ㄷ
④ ㄱ, ㄴ, ㄷ

11 다국적 기업은 해외시장의 진입 전략 수립에 있어 글로벌 통합과 현지화(현지대응)라는 두 가지 상반된 압력에 직면하게 된다. 다음 중 현지화의 필요성을 증대시키는 요인은?

① 규모의 경제에 대한 중요성 증가
② 소비자 니즈(요구)의 동질화 요구
③ 국가별로 서로 다른 법적 규제 대응
④ 국가간 자유무역협정(FTA) 확대

12 글로벌화를 추진하는 기업은 가치사슬분석(value chain analysis)을 통해 경영의 방향성을 설정하곤 한다. 가치사슬분석을 통해 답하고자 하는 질문에 해당하는 것은?

ㄱ. 우리의 주된 고객은 누구인가?
ㄴ. 우리의 주된 고객들에게 어떤 가치를 제공하기 원하는가?
ㄷ. 고객에게 제공하고자 하는 가치는 어떤 방법을 통해 창출될 것인가?

① ㄱ, ㄴ
② ㄱ, ㄷ
③ ㄴ, ㄷ
④ ㄱ, ㄴ, ㄷ

13 다음 중 챈들러(Alfred Chandler)가 제시한 기업의 국제화를 불러일으킨 요인인 것은?

> ㄱ. 핵심인적자원의 자유로운 교류
> ㄴ. 생산자원과 신기술의 활용
> ㄷ. 성장기회의 포착과 국내시장의 포화상태

① ㄱ, ㄴ　② ㄱ, ㄷ
③ ㄴ, ㄷ　④ ㄱ, ㄴ, ㄷ

14 다음 중 홉스테드가 제시한 문화차원이론에서 삶을 즐기고 재미를 추구하고자 하는 인간의 기본적이고 자연스러운 충동의 허용 여부에 관한 척도는?

① 권력거리(power distance)
② 방종과 자제(indulgence vs. restraint)
③ 개인주의와 집단주의(individualism vs. collectivism)
④ 남성성과 여성성(masculinity vs. femininity)

15 구성원간의 관계가 형식적 위치에 관계없이 평등하고, 하급자들도 보다 편안한 분위기에서 권력자의 의사결정과정에 기여하거나 비판할 수 있다면 이 사회는 다음 중 어떤 특징을 가지는 문화권에 속해 있다고 볼 수 있나?

① 권력거리가 짧은 문화권
② 집단주의적 이념이 강한 문화권
③ 불확실성 회피 경향이 강한 문화권
④ 남성성이 강한 문화권

| 정답 | 1. ② 2. ④ 3. ② 4. ① 5. ④ 6. ④ 7. ① 8. ④ 9. ② 10. ③ 11. ③ 12. ④ 13. ③ 14. ② 15. ① |
|---|---|

# 찾아보기

## 저자약력


**김 태 웅** 성균관대학교 경영대학 명예교수

- 미국 인디애나대학교에서 MBA, 퍼듀대학교에서 생산운영관리 전공으로 경영학박사학위 취득 후 1988년 성균관대학교 경영대학에 부임하였음
- 20년 넘게 경영통계학, 경영학원론, 생산공급망관리 등을 강의하고 있음
- 현재, 중소제조업체의 ERP 구축과 운영, SCM 도입 등에 관심을 가지고 연구중임

**장 영 봉** 성균관대학교 경영대학 교수

- 미국 캘리포니아대학교 어바인캠퍼스에서 경영학박사학위 취득 후 캐나다의 브리티시 컬럼비아대학교 및 울산과학기술대학교(UNIST)에서 근무하였음
- 성균관대학교 부임 후 10여 년 동안 생산공급망관리론, 경영통계, 경영학원론 및 수리적 분석 방법론 등을 강의하고 있음
- 현재, ICT 산업에 대한 경제학적 실증분석을 토대로 ICT 기반 산업의 투자·경쟁분석, 스타트업 가치·위험분석, 인수·합병전략 등에 대한 관심을 가지고 관련 연구를 진행중임

**이 우 헌** 성균관대학교 경영전문대학원 겸임교수 및 (주)컴앤에스 대표이사

- 성균관대학교에서 MBA와 경영학박사학위(마케팅 전공)를 취득하였음
- 지난 2022년에는 한국경영학회로부터 대한민국 강소기업가상을 수상한 바 있음
- 현재, 전기·전력 분야의 리더로서, 전기에너지 분야에서 새로운 장을 만들고 있으며, 작지만 강한 기업으로 발전시키고 있음



**제4판 경영학원론**

2014년 1월 10일 제1판 1쇄 발행
2023년 7월 10일 제4판 1쇄 인쇄
2023년 7월 20일 제4판 1쇄 발행

저　　자 김태웅 · 장영봉 · 이우헌
발 행 인 권　영　섭
발 행 처 (주)신　영　사

경기도 파주시 심학산로 12(출판문화단지)
등　　록 : 1988. 5. 2 / 제406-1988-000020호
전　　화 : 031-946-2894(代)
F　A　X : 031-946-0799
e-mail : sys28945@naver.com
홈페이지 : http://www.shinyoungsa.co.kr

정가 **30,000**원　　ISBN 978-89-5501-837-0